U0331108

全国教育科学"十三五"规划
国家一般项目成果（BOA190040）

The Evolution
of Western
Education
in Early
Modern Times

近代早期
西方教育的
演进

易红郡 等◎著

华东师范大学出版社
·上海·

图书在版编目(CIP)数据

近代早期西方教育的演进/易红郡等著.—上海:华东师范大学出版社,2022

ISBN 978 - 7 - 5760 - 2430 - 2

Ⅰ.①近… Ⅱ.①易… Ⅲ.①教育史－研究－西方国家－近代 Ⅳ.①G519

中国版本图书馆 CIP 数据核字(2022)第 020038 号

近代早期西方教育的演进

著　　者　易红郡等
责任编辑　彭呈军
特约编辑　单敏月
责任校对　王丽平
装帧设计　卢晓红

出版发行　华东师范大学出版社
社　　址　上海市中山北路 3663 号　邮编 200062
网　　址　www. ecnupress. com. cn
电　　话　021 - 60821666　行政传真 021 - 62572105
客服电话　021 - 62865537　门市(邮购)电话 021 - 62869887
地　　址　上海市中山北路 3663 号华东师范大学校内先锋路口
网　　店　http://hdsdcbs. tmall. com

印 刷 者　上海商务联西印刷有限公司
开　　本　787×1092　16 开
印　　张　35.75
字　　数　635 千字
版　　次　2022 年 3 月第 1 版
印　　次　2022 年 3 月第 1 次
书　　号　ISBN 978 - 7 - 5760 - 2430 - 2
定　　价　128.00 元

出 版 人　王　焰

全国教育科学"十三五"规划国家一般项目成果（BOA190040）

序

单中惠

易红郡教授等著的《近代早期西方教育的演进》一书即将付梓,对于我国的外国教育史学科发展来说,这是一件值得学界关注且很有学术意义的事情。那是因为,采用"近代早期"为题的西方教育史专著之前在我国好像还没有过。以"近代早期"一词进行书名检索,可以发现,《近代早期西方教育的演进》是我国外国教育史学科领域第一本采用"近代早期"为题的西方教育史著作。从这一点上,就可以窥见作者在该著作的总体构思和具体探究过程中的创意。

实质上说,从著作内容来看,《近代早期西方教育的演进》是一本关于西方教育历史发展的断代史。但通阅全书,可以发现,尽管该书采用"近代早期"为题,但其实际上是包含"文艺复兴"和"宗教改革"以及17世纪的西方教育发展,甚至还带有中世纪教育的综合性研究成果。所以,就学术研究方法而言,综合性研究显然是《近代早期西方教育的演进》一书的鲜明特点,它也是阅读和理解本书的主要抓手。诚如作者在该书"前言"中所言:"文艺复兴在中世纪后期萌芽,在近代早期结出累累硕果。因此,本书的起点选择文艺复兴时期。"

基于教育学术研究的视野,《近代早期西方教育的演进》一书框架设计合理、结构逻辑严密、史料丰富详实。为了更全面、更清晰地揭示近代早期西方教育的演进,作者依据年代历史的发展确定了"古典教育的复兴""国民教育的起源""学校制度的革新""高等教育的变革""科学教育的兴起""教育制度的探索"这种体现各个时期教育主题的研究思路,并把全书分成了前后联系又融成一体的六个部分(6章)。同时,作者又在搜集大量中英文教育文献资料的基础上,对近代早期西方教育家的思想观点和西方学校教育的实践发展进行了细致具体的阐述。所以,正是在这种经纬交合的框架结构中,本书为读者提供了一部关于近代早期西方教育演进的绚丽书卷。

近代早期西方教育的演进无疑受到文艺复兴和宗教改革两大运动的深刻影响。因此,在该书中,文艺复兴与教育、宗教改革与教育也是作者所阐述的重点。首先,近代早期西方教育与文艺复兴的联系。作者强调指出,作为一种革新运动,以人文主义为强大思想动力而形成的文艺复兴运动,借复古之名创造了无数的新生事物,以便迎接一个新社会的到来;同时促使一个与中古教育完全不同的新教育制度的诞生,并随着时代的进步而不断地发展。文艺复兴是一个新旧交替和剧烈变革的时代,它脱胎于过去,不可避免地要打上传统的烙印;同时,它又代表着新生,充满了对未来的憧憬。其中,作者具体探讨了意大利、法国、荷兰、德国、英国的人文主义者(人文主义思想家)、人文主义文化、人文主义教育(批判经院主义教育)、人文主义精神以及古典教育、文科中学等。教育振兴之所以是文艺复兴运动的产物,那是因为在人文主义影响下,不仅学校数量增加了,而且办学形式、学校规模也有了很大的变化。其次。近代早期西方教育与宗教改革的联系。作者强调指出,在16世纪,宗教改革运动的兴起将西欧教育发展推向了一个全新的阶段,教育革新成为西欧国家的普遍特征,人们开始勾勒国民教育制度的蓝图。国民教育制度在近代早期开始萌芽。就整个欧洲来讲,由宗教改革所带来的一个重要成就是教育的伟大改革。其中,作者具体探讨了路德派、加尔文派、国教派、天主教会、虔敬派、詹森派、基督教学校兄弟会以及国民教育、城市学校、女子学校、初等学校、初等义务教育法等。因此,这场由改革和反改革交织的宗教改革运动,在广度和深度上对欧洲教育都产生了巨大的影响。宗教改革运动的兴起将西欧教育发展推向了一个全新阶段,教育革新成为西欧国家的普遍特征,人们也开始勾勒国民教育制度的蓝图。

应该看到,与专门论述文艺复兴时期教育的著作不同的是,《近代早期西方教育的演进》一书以"学校制度的革新"为切入口从文艺复兴教育进入了17世纪教育。作者强调指出,从文艺复兴到17世纪是西方学校教育制度变革的重要时期。学校教育作为社会生活的一个重要领域,以及传承人类文明的重要手段,也经受了人文主义的洗礼,欧洲现代教育的框架在很大程度上受益于这一时期的社会和文化。对于这一时期的学校教育来说,其最为突出的变化是:它开始摆脱封建主义和宗教神学的禁锢,日益走上了世俗化的道路。学校教育的局部革新,无疑是由非制度化向制度化的转变。因为它的内容、方式乃至性质等方面都发生了彻底的变化。其最终结果是学校教育制度的革新。其中,作者具体探讨了学校办学权(管理权和控制权)从教会转向世俗、学校分级制以及文科中学、文法学校、实科学校、耶稣会学院等。

就高等教育的变革而言,作者强调指出12世纪学术复兴的结果是中世纪大学的诞生。文艺复兴时期是欧洲中世纪大学向近现代大学的过渡时期,在人文主义思想的影响下,欧洲传统大学在数量、地域分布、管理体制、课程结构和科学研究等方面都有较大的发展,这种进步为欧洲高等教育的近现代化奠定了重要基础。一般说来,1500 年之后人文主义才在大学中确立了永久的地位,1550 年后人文主义几乎在欧洲各地都得到了认可。这表明欧洲大学的人文主义教育得到了发展。其中,作者具体探讨了德国、意大利、法国、英国、波兰以及北美殖民地学院的发展。

就科学教育的兴起而言,作者强调指出 17 世纪的自然科学发展与教育的发展是相联系的。因为,16 世纪至 17 世纪自然科学在各个领域取得了前所未有的成就,自然科学的勃兴促进了教育发展,使教育理论和实践逐渐走向成熟。自然科学的成就推动了近代科学教育的传播,一批倡导科学教育的先驱在其拟定的教学计划中,都赋予了自然科学以特别重要的地位;同时,自然科学的发展催生了一批新型的中等学校,并推动了教学内容和教学方法的改革。在自然科学的启示下,教育家们开始探索教育过程中的客观规律和秩序,以使教育工作更加合理和科学化。其中,作者具体探讨了自然科学的勃兴(科学革命、科学家、科学社团)、科学教育的先驱、德法英俄等国学校中的科学教育、科学发展对教育的推动等。

最后,本书在"教育制度的探索"中阐述了近代教育制度(教育管理制度、学校教育制度)的雏形以及未来教育制度的发展。作者强调指出,西方近代教育制度萌芽于中世纪,初具雏形于 17 世纪,发展于 18 世纪,完成于 19 世纪,改革、完善于 20 世纪,并将在 21 世纪发生质的飞跃。

与通常的西方教育史著作相比,更值得注意的是《近代早期西方教育的演进》一书的研究思路。尽管该书是依据年代历史为主线而展开阐述的,但在具体阐述中它又凸显出问题的意识,体现了年代历史和问题意识两者的结合。例如,就 17 世纪教育家夸美纽斯来说,他对国民教育、教科书、对分级制的理论总结、泛智教育、遵循自然原则等方面的理论阐述是分别在国民教育的起源、学校制度的革新、科学教育的兴起等不同问题上进行的。又如,就 17 世纪英国哲学家培根来说,他对科学机构(所罗门宫)、科学方法的价值等方面的理论阐述也是在不同的问题上进行的。再如,就耶稣会教育活动来说,它的耶稣会学校分级实践、耶稣会学院实践也是在不同问题上进行具体阐述的。毋庸置疑,这样的研究思路在一定程度上加强了教育历史与教育问题之间以及教育历史与教育现实之间的联系,从而使全书在研究广度与深度上都得到了提升。

还有,在具体阐述时,《近代早期西方教育的演进》一书不仅注意了近代早期西方教育与社会政治、经济、文化诸方面的发展关系的探讨,注意在城市学校发展中探讨了民族国家的形成、本族语的教学、印刷术的传入等动因;而且注意在阐述时突出重点,在欧美大学发展中更是加强了对德国哈勒大学、英国牛津大学、美国哈佛学院的阐述。

在《近代早期西方教育的演进》一书的最后,作者在潜心研究的基础上概括了体现全书结论的一段话:"从历史的角度看,相比各国教育演进的多元化结构而言,近代早期西方教育的同质化发展促进了教育更快速、更有创意的变化,其中最显著的变化是教育结构的分化,它包括学生、教师、教育管理体制、学校教育结构、课程结构等诸多方面。教育结构的持续分化是教育发展的重要特征之一,与之相伴的是教育功能的分化。正是这种教育结构的不断分化,使得近代早期西方教育系统变得更加复杂和多样。在近代早期,随着西方各国一些新的教育机构诞生、新的教育制度形成、新的教学内容出现、新的教育法案颁布,这种分化意味着一种新的教育价值观的肇始,以及新生力量对传统力量的变革。"

《近代早期西方教育的演进》一书是易红郡教授承担的全国教育科学"十三五"规划国家一般项目的研究成果,也是他继英国教育史领域系列化学术研究成果(《从冲突到融合:20世纪英国中等教育政策研究》《战后英国高等教育政策研究》《英国教育的文化阐释》《英国教育思想史》)相继出版后的又一个重要的学术成果,值得庆贺。当然,更值得庆贺的是,他作为我国一位知名中青年外国教育史学者,在不断取得丰硕学术成果的过程中所体现的锲而不舍的学术精神和脚踏实地的研究态度。

正如当代西方教育思想大师、美国教育家杜威所言:"创造性活动是我们最大的需要,但批判和自我批判是通往创造性释放之路。"因此,值此撰序之际,最后祝愿易红郡教授今后的学术道路成为在外国教育史学科领域通往创造性释放之路,取得更多更好的学术研究成果。

(作者系华东师范大学教育学部教授、博士生导师)

目　录

第二章｜国民教育的起源·061

前　　　言

意大利学者加林(Eugenio Garin)指出,古代和中世纪之间不存在断裂,中世纪和文艺复兴之间更不存在断裂。① 尽管历史看上去像一件无缝的天衣,它的变化往往极其缓慢而难以觉察,但从公元 14 世纪起,西方社会原先隐约的各种变化逐渐地显现,并汇聚成一种整体性的变革趋势,中世纪晚期充满危机与停滞不前的时代显然已告结束。从这时起,在政治、经济和文化教育等诸多方面,西方世界开始出现了一个发展变化和繁荣昌盛的时代。这一新时代肇始于意大利的文艺复兴,它标志着西方文化的近代转向。"在欧洲历史刚刚进入近代的黎明期,在佛罗伦萨和威尼斯诸城升起的一片灿烂星云,成了中世纪和近代的分水岭。但丁、彼特拉克、薄伽丘等人把形形色色的思想汇聚起来,从而产生了崭新的近代文化。最朴素的政治情怀,最自然的家乡之爱,最真挚的艺术、文学追慕,成为托起近代欧洲的力量。"②

一

就文艺复兴运动而言,它最早发端于文学,然后进一步扩展到艺术方面,进而在教育领域也大放光芒。从这一运动发生的渊源而言,客观地说是源于"十字军东征"(crusades)。这是一场长达近二百年的宗教战争(1096—1291),是以罗马教皇为首的基督教世界,向东方阿拉伯世界发动的一场侵略战争。"但不管怎样,这是正在形成的欧洲的一个激动人心的体验,是它的第一次真正的胜利。……首先,它不稳定地、临时性地占领了圣墓;其次,它对富饶的地中海明确无疑的重新征服。十字军东征完成了这一过程,西方的南部边疆借此得以固定下来。在相当长的时期里,直至 15、16 世纪地理大发现之前,它们是最重要的成就。"③就这一战争的结局而言,对东方是害大于利,对西方则是利大于害。但无论利害与否,首先挑起战争一方的最初目的并未实现,可它对西欧历史发展却带来了始料不及的后果——一个新的历史时代的到来。由于十字军东征促进了东西方交通的发展,推动了城市手工业和商业的繁荣及城市人口的激增,以手工业为主的劳动阶级开始形成,而掌握城市经济命脉的手工业主及大商人也随之出现。在这个集团中不乏经济实力雄厚的贵族,这部

---

① [意]欧金尼奥·加林著,李玉成、李进译:《中世纪与文艺复兴》,商务印书馆 2017 年版,第 105 页。
② 马克垚主编:《世界文明史》(上),北京大学出版社 2004 年版,第 458 页。
③ [法]费尔南·布罗代尔著,肖昶、冯棠等译:《文明史纲》,广西师范大学出版社 2003 年版,第 291页。

分人的加盟逐渐影响到政治体制的发展,并且进一步促进了意识形态的变化。以经院哲学为核心的上层建筑开始动摇,最终促成了文艺复兴运动的兴起,进而以排山倒海之势震荡整个西欧。

就思想和文化艺术而言,文艺复兴运动使久已被中世纪所遗忘了的古希腊罗马文学、艺术乃至哲学等重新大放异彩,并由此产生了许多学术和艺术方面的大师,他们在文学和艺术方面的光辉成就不仅照亮了18世纪至20世纪,甚至在今天仍然无与伦比。因此,有的学者指出:"文艺复兴意味着现代性。"①文艺复兴的灵魂是人文主义,而人文主义的核心是肯定人的价值、尊严和地位。"近代欧人思想上,人文主义是一朵怒放的春花,好奇、探讨、分析、经验都是最可赞美的果实。它特别树立起一种风格,与希腊、罗马、中世纪的文化截然不同。"②最初的人文主义者认为,古典著作中描绘的文明在处理世俗事务时是以人为中心,这些著作包括诗歌、戏剧、传记、道德和哲学,它们是古人生活的指南,本身具有重要意义。"由于有了人文主义者,欧洲从未对人类的能力和才智丧失信心;它们曾得到人文主义者的歌颂,至今仍然是西方生活和思想中最大的灵感之源。"③

文艺复兴运动最初发源于罗马帝国的故土——意大利,在这里古典教育首先得以恢复和发展,然后随着政治、经济的发展(其中还包括战争因素),以其不可阻挡之势渐次向欧洲北部的法国、英国等国家推进,最终席卷整个西欧。"人文主义是一场源于对古典主义复兴的渴望而兴起的文化运动。人文主义者倡导一种基于古希腊罗马著作学习的理性和世俗的教育,他们希望通过学习获得对于个体和社会的最大利益。通过不同方式和程度发展起来的特定人文主义精神,对于那些受其影响的国家的思想、教育和社会秩序产生了作用。"④这一运动的直接后果是导致了人文主义教育遍及整个西欧。我国教育史学家曹孚先生写道:"文艺复兴这一新文化运动曾经把一种清新的、活泼的学风带进文艺复兴早期的学校课堂,在打破中世纪的神秘主义、繁琐主义的封建学风方面起过巨大的进步作用。"⑤

---

① [英]彼得·伯克著,梁赤民译:《文艺复兴》,北京大学出版社2013年版,第4页。

② 阎宗临著:《欧洲文化史论》,广西师范大学出版社2007年版,第9页。

③ [法]费尔南·布罗代尔著:《文明史纲》,第322页。

④ Fritz Caspari, *Humanism and the Social Order in Tudor England*, Teachers College Press, Columbia University, New York, 1968, P. 1.

⑤ 瞿葆奎、马骥雄等编:《曹孚教育论稿》,华东师范大学出版社1989年版,第567页。

美国学者弗里曼·伯茨(Freeman Butts)指出:"这种学术兴趣的转变,可以在文艺复兴时期的很多知识领域中看出来,它代表了教育史上最重要的学术趋势之一。……总之,由于人文主义的教育影响,古代经典学识的复兴是文艺复兴时期在学术上最有影响的因素,就像宗教改革时期宗教的复兴和启蒙时代科学的复兴一样。"①古典教育的新生又进一步促进了人们思想的大解放,并由此震撼了封建制度和基督教会的思想支柱——经院哲学,最终引发了宗教改革运动。正如有的学者指出:"在许多促成宗教改革运动洪涛的支流中,至今最为重要的仍然是文艺复兴的人文主义。"②人文主义所引起的深刻变革必然会反映到宗教方面。"进行调查、讨论以及寻求新答案的欲望从传统学术领域扩散到了宗教研究领域。拉丁文、希腊文甚至希伯来文的文本,都拿来重新进行研究。结果,传统的宗教观点不可避免地受到挑战。文艺复兴带来了宗教改革。"③

文艺复兴扫荡了中世纪教育的阴霾,展露出新时代教育的灿烂曙光,开启了欧洲近代教育的先河。在文艺复兴时期,近代教育的许多特征已见端倪。总之,文艺复兴时期是西方古代教育向近代教育过渡不可逾越的时期。

二

起源于德国的宗教改革,从德国冲向四面八方,使原本统一的罗马天主教四分五裂,而这次运动的浪花又再次冲向教育,并使它发生了根本性的变化。

1517 年罗马教皇利奥十世(Leo Ⅹ,1513—1521 年在位)为了修建圣彼得大教堂,出售"赎罪券"筹款。派往马丁·路德(Martin Luther,1483—1546)所在教区募捐的推销人提出:"赎罪钱箱当当响,亲朋好友上天堂。"为反对罗马教廷出售赎罪券,同年 10 月路德写信给大主教以示抗议,并附上《马丁·路德对赎罪券的质疑》,也就是著名的《九十五条论纲》(Ninety-Five Theses),同时把抄本张贴在维滕堡大学教堂的大门上。路德认为,"赎罪券"决不能赦免罪过,教皇本人无权作出赦免,赦免罪过之权属于上帝;基督教徒只要真心悔

① [美]R.弗里曼·伯茨著,王凤玉译:《西方教育文化史》,山东教育出版社 2013 年版,第 188 页。
② [英]阿利斯特·麦格拉斯著,蔡锦图、陈佐人译:《宗教改革运动思潮》,中国社会科学出版社 2009年版,第 37 页。
③ [英]温斯顿·丘吉尔著,薛力敏、林林译:《英语国家史略》(上),新华出版社 1985 年版,第 447—448 页。

改,就能得到上帝的赦免,与"赎罪券"无关。《九十五条论纲》第 86 条写道:"现今教皇,富甲天下,为什么不用他自己的钱去建圣彼得大教堂,反而去拿贫穷信徒的钱?"《九十五条论纲》很快被译成德文,在两个星期内传遍德国,在两个月内传遍欧洲。由此,改变世界、走向"现代"的宗教改革运动揭开了帷幕。

马丁·路德当时绝对无意造成他所属的天主教会的分裂,或者把基督教世界分为两个敌对的阵营。他张贴论纲的做法也并非超常之举,僧侣们经常用这种方法发起辩论,类似今天的学者发表争鸣性文章。路德认为在上帝和个人之间不存在人为隔离,他提出了"所有的信徒都是牧师"的新理论,旨在消除教会的中介作用。路德的《九十五条论纲》中有四十一条遭到罗马教皇的谴责。1520 年 10 月,一份盖着醒目御玺的文件传到了维滕堡,这份具有教宗权力的最高级文书要求路德悔改认罪,并放弃他的错误言论,否则一切后果自负。在为期 60 天的期限届满时(即 1520 年 12 月 10 日),路德当众烧毁了教皇斥责其论点为邪说的敕令以示决裂。同时,他把一些教会条例及经院神学书籍掷入火中,以此象征着对教规、阿奎那哲学及罗马教会任何强权的抗拒。"1520 年 12 月初燃烧的火焰成为风行于整个德国的公然违抗教宗的最佳象征。"①

马丁·路德是第一个将印刷品用作宣传和争论工具的人。他写了多篇动人的文章,如《致德国的基督徒贵族》《被俘虏的教会》《一个基督徒应有的自由》等。当时并无报纸,也无杂志,争论全靠书本、小册子和公开的私人信件。由于路德的影响,德国印刷的书本数量从 1518 年的 150 本,增加到 1524 年的 990 本,其中五分之四是关于宗教革命的书籍。② 路德的书籍十分畅销,早在 1519 年就已销往法国、意大利、西班牙、尼德兰和英格兰等地。他的号召得到许多人的响应,宗教改革在德国迅速形成燎原之势。路德的思想成了自由的旗帜,凡是愿意同罗马教廷脱离关系的国家或地区都可以效仿他,把神圣的组织变成世俗组织。"自然,这种开放的、可以按照自己心愿与神对话的信仰方式,关心人们生活中的事情,特别容易在德国和整个欧洲流行开来。"③由路德点燃的宗教改革运动的烽火几乎烧遍了整个欧洲,接踵而至的是基督教世界的四分五裂。"在此期间世界上所发生的一切均与信仰改宗相联系,尽管它们起先并非与宗教信仰有任何关系。每一个国家,不论其大小,均或多

---

① [美]布鲁斯·雪莱著,刘平译:《基督教会史》,北京大学出版社 2004 年版,第 265 页。
② [美]威尔·杜兰著,台北幼狮文化公司译:《马丁·路德时代》,东方出版社 2007 年版,第 107 页。
③ 马克垚主编:《世界文明史》(上),第 464 页。

或少、直接或间接地受到了这一影响。"①

由马丁·路德掀起的宗教改革运动,对罗马教皇领导下的天主教的陈规陋习,以及整个教廷上层人物的腐化及贪婪进行了揭露和批判。"对于许多人来说,改革的呼声是要求改革教会的行政、道德与法治:歪曲与败德的事必须除掉;教宗必须较少关注俗世的事务;圣职人员一定要受合宜的教育;教会的行政必须简化,清除所有滥用职权的弊端。"②许多人回顾公元 1 世纪,缅怀使徒时代基督教的简朴与激情。对于宗教改革家而言,教会已经失去了它的思想遗产。"基督教信仰与实践所根据的独特观念,即使不是完全受到扭曲,也是被蒙蔽了,这些是由中世纪以来一连串的发展所造成的。"③他们希望通过宗教改革,返回到更纯正和清新的基督教形态,重拾基督教信仰的黄金时代。他们响应当时人文主义者的号召:"回到本源",即早期的教父作家奥古斯丁(Augustine)和《圣经》。他们的基本信念是,只有回到初期教会的信仰与操守,才能最有效地改革与更新基督教。

宗教改革是对基督教统一欧洲的一种反抗,它并不否认耶稣的真理,而是基督教的一种复兴。教皇必须退出政治舞台,恢复其伦理与道德地位。宗教要国家化,每个国家要以民族和语言为基础,每个人要用自己的言语直接向上帝祷告。这一运动沉重打击了罗马教廷乃至整个基督教的权威,使原本统一的世界分裂为新教(是指对天主教义的修正)与旧教两个阵营,并且使双方的斗争永无止息。"天主教与新教世界的分野至今仍然是欧洲文明的一个看得见的特征。"④新教被认为对资本主义和科学思想的兴起发挥了积极作用,虽然难以看出新教在思想上优于或逊色于天主教的成分,但它毫无疑义地影响了欧洲文化,并对它作出了新的、原创性的贡献。"确实,这次革命使几百万人改变了信仰的形式和对命运的认识,但它的影响远不止于此:它提出了观念和信仰的多样性这两个问题,培育了一种新的国家感,提高了方言的地位,打消了西方人同宗同祖的一体感。最后,从长远的观点来看,它通过促进向海外新世界的移民使西方和西方文明的势力得到了空前的扩展。"⑤

① [德]弗里德里希·席勒著,沈国琴、丁建弘译:《三十年战争史》,商务印书馆 2010 年版,第 1 页。
② [英]阿利斯特·麦格拉斯著:《宗教改革运动思潮》,第 3 页。
③ [英]阿利斯特·麦格拉斯著:《宗教改革运动思潮》,第 3 页。
④ [法]费尔南·布罗代尔著:《文明史纲》,第 330 页。
⑤ [美]雅克·巴尔赞著,林华译:《从黎明到衰落:西方文化生活五百年,1500 年至今》(上),中信出版社 2014 年版,第 4 页。

　　虽然西欧各地宗教改革传播的强度和速度并不一致,但都造成了政治、社会及意识形态方面的动荡和混乱,导致了一系列的起义、战争和极其惨烈的宗教迫害与宗教战争。1598 年 4 月 13 日,法国国王亨利四世(Henry Ⅳ, 1553—1610)颁布了《南特敕令》,这是欧洲历史上第一个宗教宽容的法令。宗教宽容就是主张不同信仰的组织或居民和平共处,它的基础是人与人之间的平等,互相承认对方拥有与自己同样的权利。宗教宽容是近代最早发展起来的个人权利之一,近代早期西方教育的发展几乎在所有方面都需要宗教宽容与之相适应。

　　"由于宗教改革的影响,从 1520 年代起教育越来越多地与宗教变革有关。在某种程度上,宗教改革是教育发展的产物。君主和贵族的高等教育,以及其他阶层人们的广泛教育,有必要重新评估它们在教会中的作用。……控制学校被认为是一种建立正统教会和压制异端邪说的合适的政治手段。"①因此,伴随宗教改革运动的另一产物是学校教育(尤其是初等教育)的大发展,它促使初等教育开始走向平民化、义务化与普及化。新教鼓励人们学习和阅读《圣经》②,并把识字作为入会的条件,这无疑成为推动民众扫盲的强大动力。这一方面的功臣应首推宗教改革运动的发起者马丁·路德,他第一个提出了初等学校向平民子弟开放,并且免收学费的口号。为了教会自身的生存和发展,路德新教派首先祭起了这一法宝,以争取新的信徒和扩大影响力。路德首先提出应向广大民众——城市平民的子弟,不分阶级、贫富贵贱实行免费甚至强制性的教育。他试图通过识字教育宣传教义,从此开启了义务教育之先河。他还规定学校应由政府控制,从而使原本为少数教士、贵族服务的学校教育走出寺院、教堂和宫廷,第一次成为广大市民和平民子弟能享受的权利。更重要的是,他改变了教育为宗教服务的奴仆性质,使之开始与生活和生产劳动相联系。

　　宗教改革是西方文明史上可以与文艺复兴、启蒙运动相提并论的一场伟大的思想解放运动,它的影响遍及社会每一个角落,因此它和文艺复兴一起成为西方教育走出中世纪而迈入近代早期的一个重要里程碑。

---

① Nicholas Orme, *Education and Society in Medieval and Renaissance England*, The Hambledon Press, London, 1989, P. 18.
② 《圣经》是一部完整的文学著作,也是诗歌和短篇故事的汇编。它生动地记载了人间事务,其内容包括历史、传记、地理、哲学、政治学、心理学、卫生学、社会学、宇宙学、伦理学、神学等,可以说面面俱到,包罗万象,无论哪种家庭或社会情形都能从中找到相应的例子和道德训诫。

三

文艺复兴和宗教改革彰显了人的理性,这是工业文明兴起的重要前提之一,但其直接后果则是人们对于自然科学的浓厚兴趣,是一场史无前例的科学革命。"西欧在经历宗教、政治、经济和社会转变的同时,思想和文化上也经历了一场洗礼。整个中世纪,在天文学和物理学领域占统治地位的仍是希腊、罗马古典时期的观念,而到了此时,天文学家和物理学家开始对这些古老的看法进行批判。他们对自然界的新观念建立于直接观察和数学推理上。……早期近代科学的力量如此强大,促使知识分子用科学和理性的方法,而不是用传统的文化权威,对道德、社会、政治思想进行了一次彻底的手术。教会对西欧的影响也因此日渐衰落,而世俗的价值观得到发展。"①

17 世纪近代自然科学的兴起,对教育理论和实践产生了重要影响,它有助于人们对自然、人和生活有更深入的理解,促进了文化教育的世俗化;它给人们提供了研究事物的新方法和新原则,引导文化教育开始走向科学之路;它为人们开辟了更为广阔的新天地,鼓舞人们探索教育教学规律的勇气。正如美国学者佛罗斯特(S. E. Frost)指出的:"一场影响人类全面生活并使人们开始科学探索的革命已经爆发,这场革命最终将在原子和太空时代得到繁荣。在教育事业中,人们可以清楚地看到这场革命的影响。"②

14 世纪至 17 世纪是西方社会由中世纪向近代转型的重要阶段,也是西方历史大变革、大发展时期。在这个变革的大潮之中,文化、艺术乃至宗教活动异彩纷呈,兴废相争,新的事物得到发展、壮大,从而使腐朽的封建文化黯然失色,并最终退出了历史舞台。处于这一历史发展过程中的教育,也在不断地发展和丰富自己,成为西方社会不断走向文明的有力推动者。这个时期不仅学校数量激增,而且类型日趋多样化。在最早出现文艺复兴运动的意大利,在宗教改革的发源地德国,在法国、英国乃至荷兰等地,小学和中学都如雨后春笋般地得到了迅猛发展。与此同时,大学也加快了自己的发展步伐,突破了原来的规模和水平,在教学内容、学科设置方面都发生了重大变化。面对众多的学校与科目,在教育管理方

---

① [美]杰里·本特利、赫伯特·齐格勒著,魏凤莲、张颖等译:《新全球史》,北京大学出版社 2008 年版,第 692—693 页。

② [美]S. E. 佛罗斯特著,吴元训等译:《西方教育的历史和哲学基础》,华夏出版社 1987 年版,第 251 页。

面必然也要有所突破,这是学校自身发展的需要。因此,新的教育制度诞生就成为历史发展之必然。

综上可知,我们可以说如果没有上述诸方面的发展变化,西方世界的文明也许会向后推迟若干世纪。受其影响,西方的文化教育也有了很大的变化。在这一历史时期,西方教育经历了一个重要的发展过程,尤其是学校教育制度的变革。宗教改革以后,教会对学校非常关心,对培养新生力量给予了极大的关注。教会要想培养新的基督教徒,就必须注重学校体制,使得各教派的信仰更牢固地扎根于教徒心中。除了教会之外,学校也是实现主权国家一体化的工具,它要超越所有地域和家庭的界限,创造一种统一的意识形态。近代早期西方教育的发展是通过各种类型的学校而具有自己的特点。在近代早期,我们可以看到近代西方教育体系所具有的基本特征,如民族化、公立化、义务化、世俗化、实科化等。但由于各国社会条件和历史传统不同,其教育发展水平、速度与特色也存在若干差异。可以说,它既是一个统一的整体,又有巨大的多样性。

四

人们习惯于把中世纪史与近代史的分界线划在 16 世纪(1500 年)前后,但近代教育方式及实践却发端于 14、15 世纪,而不是 16 世纪。因此,就时间段而言,本书涉及的主要时期是约 14 世纪中期(1350 年)到 17 世纪末期,这在某种意义上相当于史学家称之为"近代早期"的那个时代。例如,美国学者菲利普·拉尔夫(Philip Lee Ralph)等人撰写的《世界文明史》第四篇"近代早期的世界",就是从文艺复兴时期的文明(约 1350—约 1550)开始着笔。① 美国学者理查德·E. 苏里文(Richard E Sukkivan)等人认为,"尽管文艺复兴源于古典和中世纪的文明,但它的文化仍产生出具有近代早期特点的思想、艺术和价值观",②因此他们在《西方文明史》(第八版)中将近代早期界定为"文艺复兴至 18 世纪"。我国教育家瞿菊农(原名瞿世英)先生在《西洋教育思想史》中写道:"近代文化当然从文艺复兴起。近代

---

① 〔美〕菲利普·李·拉尔夫、罗伯特·E. 勒纳等著,赵丰、罗培森等译:《世界文明史》(上卷),商务印书馆 1998 年版,第 809 页。
② 〔美〕理查德·E. 苏里文、丹尼斯·谢尔曼、约翰·B.哈里森著,赵宇烽、赵伯炜译:《西方文明史》,海南出版社 2009 年版,第 387 页。

的教育亦从文艺复兴时代的人本主义的教育运动起。人本主义是正式向中代宣战的。"①阎
国华在《中外教育比较史纲》(近代卷)结语中指出,欧洲一些国家步入近代的时间比较早,
经历了14世纪发生在意大利,延续至16世纪,波及尼德兰②、西班牙、法国、英国、德国等地
的文艺复兴运动,以及16世纪发生于德国并影响整个欧洲的宗教改革运动;欧洲在反对封
建压迫和教会统治的声浪中开始走出中世纪。③　吴式颖和褚宏启主编的《外国教育现代化
进程研究》甚至将英法等国教育现代化起点设定在文艺复兴时代,因为文艺复兴时期的人
文主义运动崇尚理性、倡导世俗化,与中世纪贬抑理性和世俗性、崇尚信仰和宗教性是相对
立的。"文艺复兴时期的人文主义教育有中世纪乃至古代的基础,但它的确与它之前的教
育有本质的不同,并由其开始开启了教育发展的新时代,故我们将人文主义教育确定为西
欧一些国家如英、法教育现代化进程的起点。"④不言而喻,文艺复兴是一个新旧交替和剧烈
变革的时代。它脱胎于过去,不可避免地要打上旧传统的烙印;同时,它又代表着新生,充
满了对未来的憧憬。

　　就空间而言,本书将要探讨的地域包括欧洲一些主要国家和北美殖民地;就重点而言,
本书主要关注教育制度的变迁。由于文艺复兴早在14世纪和15世纪,即近代开始之前就
已方兴未艾,因此它部分地属于中世纪。文艺复兴在中世纪后期萌芽,在近代早期结出累
累硕果。因此,本书的起点选择文艺复兴时期。

---

① 瞿世英编:《西洋教育思想史》,福建教育出版社2011年版,第18页。
② 中世纪欧洲的西北部地区被称为"尼德兰",其地域范围包括现在的比利时、荷兰、卢森堡和法国东
　 北部。
③ 吴式颖、阎国华主编:《中外教育比较史纲》(近代卷),山东教育出版社1997年版,第867页。
④ 吴式颖、褚宏启主编:《外国教育现代化进程研究》,山西教育出版社2006年版,第21—22页。

第一章

古 典 教 育 的 复 兴

　　西方古代教育发展到 14 世纪时,为封建制度服务的经院教育,在教育内容、教育方法、课程设置等方面,都已不能满足当时社会发展的需要。从社会思想的变化而言,出现了文艺复兴运动,其中对于教育影响最大、最深、最广的是人文主义。人文主义所表达的思想以及它对人类尊严的坚守蕴含着无限的能量;同时,人的意识的普遍觉醒开启了一个崭新的时代。在这个时代里,在黑暗中沉睡了几个世纪的文学和艺术被唤起了新的生机。"这个火种一经点燃,便永远没有熄灭之日。尽管身处 16 世纪末的人们很难认识到这一点,但后来的历史却告诉我们:未来是站在人文主义者的一边的。"①以人文主义为强大思想动力而形成的文艺复兴运动,借复古之名创造了无数的新事物,以便迎接一个新社会的到来。同时,一个与中古教育完全不同的新教育制度开始诞生,并随着时代的进步而不断地发展壮大。

　　然而,根据教育发展的历史可知,学校教育实践,包括教学内容、学科设置、教学方法,甚至学校管理体制,往往落后于实际的需要。这里所谓的实际,既指当代社会政治、经济(包括生产生活的方式),还包括社会意识形态(如宗教、哲学及文化、艺术)等方面。也就是说,学校教育发展往往滞后于现实生活的需要。这种现象覆盖了西方文艺复兴时代,直至其后的宗教改革时期。正因为学校教育的发展具有滞后性,所以在整个文艺复兴时期,尽管西欧许多国家的人文主义者对中世纪封建制度、经院主义学派所管理的学校教育进行了无情地批判和讽刺,并且歌颂了古希腊罗马的教育,热情地展望了未来教育的图景,但在他们所生活的时代,人文主义者所希望的那种教育,在各级各类学校中的实际表现仍然极其微弱。即使偶尔有少数学校能跟随社会发展的步伐,也只是寥若星辰。这种状况无论在文艺复兴的发源地意大利,还是在发展较晚的西欧诸国都莫不如此。因此,在欧洲文艺复兴运动的兴起时期,甚至在它已经如火如荼、风起云涌席卷西欧大地的时候,学校教育的变化并未接踵而至。

　　究其原因,大致受到下列诸因素的影响:其一,实力强大的天主教会的阻挠;其二,人文主义思想尚未深入到寻常百姓家;其三,社会生活,特别是社会生产力尚未对教育提出新的要求;其四,广大社会民众受传统生活习惯的影响,对人文主义者所倡导的教育既缺乏认识,也无这方面的需求。另外,物质条件方面的限制也是其重要因素,当时中国的造纸术和印刷术尚未传到欧洲,因而直接限制了学校的发展规模和速度。于是,形成了这样的局面:

---

① [英]阿伦·布洛克著,董乐山译:《西方人文主义传统》,群言出版社 2012 年版,第 48 页。

一方面,由于受人文主义者的影响,新式的学校、具有进步思想的教师已经出现;另一方面,从学校管理而言,除少数为人文主义教育家所控制的学校外,其余学校仍被中古气氛所笼罩。

当然,上述教育发展的滞后性只是相对于同一历史时期的政治、经济(主要指生产力)以及宗教、哲学方面的变化而言。由于它所存在的时间和空间不同,这种滞后性延续的时间也就不同,有的经历时间要长些,有的则短些。其中起决定作用的因素是统治者在政治上的开放性,对教育发挥积极作用的认识,以及经济发展的速度。就文艺复兴时期而言,教育发展受各国君主或皇帝及宗教界上层人物的影响较大,这一点在文艺复兴运动中表现得淋漓尽致。尽管如此,各个国家或地区的教育都在向前发展,这种变化表现为受教育人数的增加和课程开设等方面。

总之,它们都处于向近代教育演变的过程之中,其具体表现如下:首先,所有经过人文主义洗礼的学校,其教育思想都由重视神而忽视人、重来世而无视现世生活向其相反的方向转变。人本主义、乐观主义、尊重儿童,承认人的力量成为这些学校的主导思想。其次,对人的培养要求发生了变化。这个时期的教育不仅重视古代文化遗产的研究,而且要求青年学生具有现实需要的才智,以及将来能担任公职或参与实际生产的知识技能。由此可见,这与中世纪仅仅为了培养教士的教育目的大相径庭。最后,一些西欧国家如意大利、法国、德国、荷兰等在重视高等教育的同时,也在改进中等教育和发展初等教育,如在普通中学增设实用科目,重视体育、音乐、美术教育等。

以上种种现象表明,反对封建主义教育,趋向复古的教育,但又在复古中有所创新,是这一时期西欧国家教育发展的共同趋势,而近代教育制度也在这种变化之中开始孕育萌发。

第一节　文艺复兴运动的兴起

文艺复兴运动是指 14 世纪至 17 世纪欧洲一些国家在文学、艺术、宗教乃至教育领域先后发生的一种革新运动。一些历史学家认为,文艺复兴不只是一个事件,而是一个渐进的过程。他们把文艺复兴的起点放在 14 世纪甚至更早,认为文艺复兴是从信仰时代向理性时代的转变,它只是教育故事的一部分。同样,人文主义所涉及的不只是个人主义或者不赞同轻易地接受教义和信仰的批判精神。① 文艺复兴以恢复古希腊罗马文化为发端,其目的在于以一种新兴阶级所需要的文化代替封建阶级的文化,为新的生产力发展和新兴阶级走向政治舞台开辟道路。它在形式上是复兴古希腊罗马的文学和艺术,呼唤古典文化的"再生",其实质则是释放人的潜能,为人性复苏和个人自由鸣锣开道,是一场波澜壮阔的思想解放运动。

一、文艺复兴运动的起源

从这一运动的起源来看,它最早产生于 14 至 15 世纪的意大利,后来逐渐扩展到西欧的法国、荷兰及德国。文艺复兴起源于意大利的原因:一是中世纪晚期意大利拥有欧洲各地最先进的城市社会,意大利的贵族通常生活在城市中心,而不是乡村的城堡,因而能参与城市的公共事务。尤其是意大利北部,城市化程度更高,城市的数量及规模都超过了欧洲其他地区。繁荣的意大利城市社会是文艺复兴最初发展的沃土。二是与西欧其他任何地区相比,意大利对古代有着强烈的感情,意大利人希望利用他们的古代遗产建立一种新的文化,以区别于法国的经院哲学。"这场运动的特别之处是全心全意地试图复兴另一种文化,在如此之多的不同领域和以如此之多的不同手段去模仿古代。这不是意大利文艺复兴唯一重要的特征,但这或许也是一个不错的开端。"②

文艺复兴导源于建筑、雕塑、绘画、文学、艺术及宗教思想,进而又扩展到了教育。就教育而言,在此之前整个欧洲的教育都为经院主义思想所笼罩,为各级教堂所控制,到处是暮气沉沉、毫无生机,并且都打上宗教思想的烙印。苦修、禁欲、来世的天国,是教育的一切、人生的一切,也是最终的目标。在这种令人窒息的思想控制下,古希腊罗马的文学艺术被视为异端,全都销声匿迹。法国史学家布罗代尔写道:"虽然古典的遗产进入了西方中世纪的生活、语言和思想习惯,但古典文学和古典诗人、哲学家或历史学家往往不再激起人们的热情,甚至不再引起人们对知识的兴趣。虽然拉丁语仍然是一门活的语言,但希腊语现在几乎不为人所知。在最优秀的图书馆中,古典作品的手稿上落满了尘土,无人去翻阅它们,

---

① Denis Lawton and Peter Gordon, *A History of Western Educational Ideas*, Woburn Press, London, 2002, P. 57.
② [英]彼得·伯克著,梁赤民译:《文艺复兴》,北京大学出版社 2013 年版,第 15—16 页。

为人们遗忘了。"①

在此期间，尽管一些著名寺院藏匿的古希腊罗马的历史文物资料也会偶有发现，但那时的僧侣或因受教会的教规所限只能闭目塞听，绝不敢越雷池一步；或被经院哲学所蒙蔽，尽管面临真理，也不敢进行研究，领略其中之真意。但到了14世纪，一方面由于十字军东征，东西方水上交通发达，意大利北部城市经济得到了发展；另一方面，由于受东方文化之影响，人们的思想日趋活跃，他们对压抑已久的心理普遍反感，急切思变；同时东方学者如拜占庭及阿拉伯的学者纷纷涌入意大利，传播异邦文化。其中许多思想原先就是古希腊罗马的文化，意大利学者一旦接触这些新鲜的思想，就倍感亲切，如获至宝。"人文主义者到处寻找这些文献，重新阅读它们，对它们进行编辑，添加上他们自己的充满激情的评注，借此激起公众对这些作品以及他们此后生活于其中的古典古代语言——拉丁语和希腊语——的尊崇。"②这样长期被埋没的古典文化，首先在意大利北部的一些城市重新露出一丝曙光。那些早已被人们冷落的古希腊罗马的文学艺术，受到那些急切思变的思想敏锐的人文主义者重视。在他们的推动之下，古希腊罗马文化重放异彩。这种现象西方史学家称之为"文艺复兴"。

所谓的"文艺复兴"，并非古代文化的简单恢复或再现，而是在新的作品中注入或渗透了新兴阶级的思想，获得了新的认识和理解。在文学艺术作品的创作中，在学校教育活动中，都增添了新的内容，获得了新的表现形式，并且形成了一种声势浩大的思潮，"人文主义"就是这方面最集中、最典型的代表。"人文主义对古代的热情不是把自己同古代胡乱地混淆起来，而是批判地同古代拉开距离，它把古代置于历史的范畴中和过去奥古斯都的神庙里。"③这种思潮不断地壮大并向欧洲的腹地挺进，最终广泛流传于西欧诸国。该思潮的实质是宣传以人为中心、以人为本位，反对以神为中心、以神为本位的思想；强调乐观的人生和过好现世生活，反对禁欲和为来世进入天堂而修行的思想。人文主义者无情地讽刺和嘲笑那些披着宗教外衣而愚弄教民的主教和牧师，深刻地揭露了他们的伪善行为。所有这些反映了新兴资产阶级发展政治和经济的要求。

文艺复兴运动的本质是以恢复古希腊罗马文化为契机，否定并代替封建文化，特别是

---

① ［法］费尔南·布罗代尔著：《文明史纲》，第320页。
② ［法］费尔南·布罗代尔著：《文明史纲》，第320页。
③ ［意］欧金尼奥·加林著：《中世纪与文艺复兴》，第104页。

为封建制度服务的思想支柱——经院哲学，宣扬以人为本的思想。它将人们从长期为封建制度服务的宗教思想禁锢中解放出来，以发展资产阶级所需要的文学艺术，推动新政治、新经济的发展。因此，这是一场深刻的革命运动，也是西方历史上一次伟大的进步运动，它对其后资本主义社会的到来产生了极其深远的影响。上述思想在意大利杰出的人文主义作家、文艺复兴运动的先驱之一薄伽丘（Giovanni Boccaccio，1313—1375）的文学名著《十日谈》中都有深刻的反映。当然，由于历史的局限性，作者无法预见到未来社会教育发展的光辉前景，直到 16 世纪法国文艺复兴运动的代表人物拉伯雷（Francois Rabelais，约 1494—1553）所写的文学名著《巨人传》才开始有明确的反映。

在人文主义思潮影响下，意大利的学校教育发生了急剧变化。我们可以清楚地看到，这种变化不仅表现在教育内容、所设学科之中，同时教学方法也被人文主义教师装饰一新，使原来被经院教育弄得暮气沉沉、疲惫不堪的古代教育重获新生。由此可见，文艺复兴不仅使古希腊罗马文化艺术重获生机，也使古代教育在人文主义思想影响下得到全新的发展。文艺复兴更是人们思想和精神上的大解放，以及人生观和世界观的大转变。正是这种思想观念的转变，人们才能认识古希腊罗马文化遗产的深刻内涵及其真正价值，才有勇气去冲破封建教会禁锢人们思想的枷锁，从而获得思想、情感、意识及学术上的大解放。美国教育史学家格莱夫斯指出："文艺复兴"之名是指"'希腊罗马'文教发展的精神之复还，及再次许可个人以自由发表意见之可能。因此这个新时代很可以视为久在睡梦中的各种情感与各种才能之再生，及人类本身一种伟大的觉悟，对于人生与现世界，及人生与世界向'思想界'所提出待解决之各种问题，有一种新的了解，兼及对于人类心灵处理此各种问题之能力，亦有一种新的认识了。"①

二、文艺复兴运动的动因

那么，文艺复兴运动作为一种社会思潮，何以能在这个时期，并且在意大利而不是西欧其他国家发生呢？概言之，它与以下三方面的因素密切相关。

1. "十字军东征"

"十字军东征"是引发文艺复兴运动的重要原因。"中世纪后半期，塞尔柱勃兴，引起十

---

① ［美］格莱夫斯著，吴康译：《中世教育史》，华东师范大学出版社 2005 年版，第 113 页。

字军的战争,久已抛弃的地中海,又恢复了往昔腓尼基、希腊与迦太基的繁荣,当时的经济生活,由农业转为商业,而文化逐渐脱离了中世纪的模型。"①

首先,罗马教皇为了扩大自己的权力,蓄谋东侵吞并东罗马帝国。公元 1054 年,罗马教皇公开宣称对东方基督教会拥有最高权力,这一极端要求引发了东西方之间的宗教分裂。罗马教廷对拜占庭信奉的天主教擅自脱离它的控制(自称为东正教),并与之分庭抗礼的行为极为不满,早有吞并之心。公元 11 世纪,教皇乌尔班二世(Urban Ⅱ,1088—1099 年在位)坐镇罗马教廷,双方矛盾更趋紧张。

其次,拜占庭在政治军事上的衰弱为十字军的兴起提供了可乘之机。公元 1071 年,拜占庭帝国在与塞尔柱突厥人会战失败后元气大伤,其亚洲的领土已丧失殆尽,处境极其危险。当时科穆林王朝(1057—1185 年)的皇帝阿历克塞一世(Alexios Ⅰ,1081—1118 年在位)曾多次求援于罗马教皇和德国皇帝。阿历克塞一世甚至向乌尔班二世表示,愿将东正教重新合并在罗马教皇的统治之下,希望他能出兵驱逐塞尔柱人,收复"圣地"。对此,乌尔班二世认为,这是他扩大教会权势,增加财富收入的绝好机会。此举出兵成功之后,不仅能控制整个拜占庭和东正教,而且可以使穆斯林人改宗基督教。"十字军在许多方面有利于教会,它可使教皇在这场声势浩大的群众运动中,置身于最前方,取得全欧洲的精神领导权;不仅如此,教皇还看到十字军可以部分地解决欧洲地方性的私人战争。……十字军是安定内部最有效的方法,把那些好战而难以驾驭的欧洲贵族士绅引出欧洲,把他们的残暴行径转向外界去对付穆斯林。"②

1095 年 11 月,教皇乌尔班二世在法国南部克莱芒市(Clemont)召开宗教会议,他向欧洲各地的主教、教士、封建主、骑士及农民发出号召,要求他们停止封建主之间的混战,到东方去和异教徒作战,夺回"圣墓",拯救圣地耶路撒冷。他当众许诺,凡参加十字军的人都可免罪,死后灵魂直接升入天堂;凡欠债者,出征期间可以不还,由教会保护他们家庭的财产;农奴参加远征者,可以获得人身自由。③ 同时,这位教皇还在会上蛊惑说,东方有丰富的战利品等着他们,那里的人吃饭的碗都是金的。在这种蛊惑下,人们齐声高呼"这是上帝所愿",许多人立即在衣服上缝上"红十字",作为参加远征军的标志。教皇的号召无疑给西欧

---

① 阎宗临著:《欧洲文化史论》,第 36 页。
② [美]C.沃伦·霍莱斯特著,陶松寿译:《欧洲中世纪简史》,商务印书馆 1988 年版,第 177 页。
③ 周一良、吴国璋主编:《世界通史》(中古部分),人民出版社 1972 年版,第 154 页。

社会各阶层提供了机会,封建主希望在战争中夺取新的土地和财富,商人希望利用战争建立自己的商业霸权,骑士希望在战争中建功立业,下层阶级希望借此摆脱农奴制的压迫。这些不同的出发点迅速汇集成征服东方的狂潮,形成了延续近二百年的"十字军东征"运动。"十字军代表着中世纪以虔诚、好战及贪婪三种动力为特征的融合。"①

1096 年秋,由德国、意大利和法国的封建主、骑士及大批农民、农奴组成的十字军约两万五千至三万人,开始了第一次向东方的侵略行动。至 1099 年 7 月 15 日,十字军占领了"圣墓"所在地耶路撒冷。这座城市的金银珠宝被劫掠一空,被杀者无数,甚至连妇孺也不能幸免。十字军的残暴行为,激起了东方各国所有穆斯林的愤怒,也遭到了无穷无尽的反抗。这种侵略和反侵略的战争一直绵延到 1291 年,其间经历的重大战役共有八次之多。长期战争的结果,不仅严重破坏了阿拉伯地区各国的和平与安宁,使人民的生命财产遭受重大损失,同时也使西欧参战国家的人民遭受巨大牺牲。十字军东征不仅使成千上万的人死于非命,无数的财产消耗殆尽;而且教会的威信也因此日益下降,乌尔班教皇要建立世界统一教会的梦想未能实现。

但从长远来看,"十字军东征"不仅仅是一场单纯的野蛮杀戮,它更是一次欧洲大扩张背景下的军事拓展,是欧洲殖民主义的最早范例。来自西欧的武装朝圣者们,以军事冲突的方式实现了地中海两大文明之间的互动和融合。"虽然这种融合和交往更多的是表面化的,但它也在动荡不安的中世纪地中海世界,传递出了两种不同文明间相互认知、学习,乃至融合的积极信息。"②这场延续多年的战争,对东西方之间商业和文化交流发挥了积极的作用。首先受益的是意大利北部地中海沿岸的几座城市,如威尼斯、佛罗伦萨等,这些城市地处东西方水陆交通要道,凸显了东西方贸易和文化交流的枢纽作用。"从 1204 年第四次十字军远征的时候起,多瑙河航路开始了与往返于君士坦丁堡、东方和南德城市之间重要的贸易干线——威尼斯控制的海路的竞争。直到 14 世纪下半叶土耳其人侵入欧洲之初,多瑙河航路沿线的许多税卡所征之通行税簿,证明了东方产品曾通过此路运往欧洲。……在这些通行税的记录中,特别地提到了胡椒、生姜、番红花、烛煤、丁香、生丝和经过加工的丝绸。"③据有关资料表明,"十字军东征"结束时,由东方输往西方的商品增加了近十倍。随

---

① [美]C. 沃伦·霍莱斯特著:《欧洲中世纪简史》,第 177 页。
② 侯建新主编:《欧洲中世纪城市、乡村与文化》,人民出版社 2014 年版,第 349 页。
③ [美]詹姆斯·W. 汤普逊著,徐家玲等译:《中世纪晚期欧洲经济社会史》,商务印书馆 1996 年版,第 267—268 页。

着商品贸易的增加,东方先进的生产技术如金属加工、纺织、制糖等也更多地传到西方。这些对于西方的经济,特别是农业和手工业的发展,以及思想意识都产生了深远的影响。"贸易的增长以及十字军东征的军事扩张,不仅对日益活跃的商品交换,且对各地的思想交流也起了重要作用。特别是后者,对教育的发展更是举足轻重。"①

尤为重要的是,绵延近二百年的战争使一批批十字军战士走向了闻名于世的东方,极大地开阔了他们的眼界。他们亲眼看到了异教国家人民的生产和生活,那里的城市和丰富的文化,特别是仍然保留着众多古希腊罗马文化的古迹,那里是完全不同于西欧的另一个文明古国,于是他们的观念开始发生变化。大批的十字军回国后,在原始落后的西方激起了普遍的欲望,人们渴望得到东方的财富,如丝织品、丝绸、瓷器、地毯、宝石、药物、胡椒、香水、橙子、无花果等。可以说,这些十字军是最早的古文明的受益者和传播者。与此同时,由于战争影响而逃往西方的文人学者,他们向西方各国尤其是意大利带去了阿拉伯及拜占庭帝国的文化,也就是原属古希腊罗马的文化。这些文人在意大利或创办学校,或充当贵族子弟的家庭教师。他们对文艺复兴运动的主要贡献,"在于古典语言和文字方面的指导、古典哲学精神的阐述和古典经典名著的翻译。……他们为西方文艺复兴时期的先驱者们提供了不少古典时期大师们的手稿和早期基督教父们的神学和教义方面的论述"②。据有关史料记载,在东罗马灭亡的前后年间,逃往西方的学者盛极一时,他们大多是挟学而西,意大利已成为他们的避难所。由于众多学者的到来,意大利逐渐形成了研究古希腊罗马文化之风,文艺复兴运动因此而兴起。

东方文人学者逃往意大利之后从事的教育活动,使意大利学者、开明贵族和宗教界人士开阔了眼界,并受到他们的热烈欢迎。他们宛如呼吸到一股全新的空气,精神为之一振。出现这种现象的另一原因是,在罗马古城到处都可见到古罗马时代的各种遗迹,如大型纪念建筑;同时,意大利学者还希望建立一种独特的文化,以与经院哲学相对抗。一些有文化修养的富商,甚至一些开明的贵族和宗教界人士,也热情欢迎这些学者。因为这些贵族大多数居住在城里,与富商之间往来密切。有的甚至直接从事银行业或商业,他们往往具有贵族和商人的双重身份。为了经济发展的需要和精神生活的丰富,他们希望突破沉闷的封

---

① [美]杜普伊斯、高尔顿著,彭正梅、朱承译:《历史视野中的西方教育哲学》,北京师范大学出版社2006年版,第56页。
② 徐家玲著:《拜占庭文明》,人民出版社2006年版,第517页。

建统治和教会思想的束缚。更为重要的是,在古代文化遗产中的政治学和雄辩术,能为他们提供可资利用的思想武器。另外,那时的教育又胜于中世纪由教会和寺院经营的教育,它能提供比较全面而且实用的读、写、算知识。

2. 古典作品的发现

意大利原为古罗马帝国的故乡,由于战争的破坏,使古代书籍与文物散失殆尽。另一方面,由于教会长期视古希腊罗马的著作为异端,禁止人们学习和阅读,因此古代文学著作早已被人们遗忘。但恰恰在人们对宗教神学的压抑感到无法忍受,急切思变之际,西塞罗(Marcus Tullius Cicero,公元前 106—公元前 43)和昆体良(Marcus Fabius Quintilianus,约公元 35—95)的著作相继被发现。西塞罗作品是以一种优美的拉丁散文写成,它不仅把希腊哲学的精华引入罗马,而且是散文中最优秀的范本。昆体良的著作不仅向世人介绍了完善的雄辩术原理,而且在文法修辞方面也是完美的范例。这些古代稀世文献的面世,对意大利文艺复兴运动的发生和发展产生了极为强烈的推动作用,为众多文人学者在思想和行动上提供了有力的支持。这一现象通常称之为"人文主义的兴起"。"这一人文主义的兴起可见之于以下方面:致力古典研究的学生数目急剧增加,因共同对古典著作有兴趣而联系起来的学术团体的形成,以及对古代作家失传抄本的热烈访求等等。"①从此,在意大利北部的一些城市如佛罗伦萨和米兰等地掀起了一股复古的旋风。"……在统治者和富人们的帮助下,人们开始收集手抄本、工艺品、古钱币和碑铭。发起了保护古代建筑、伟人的故居和陵墓以及早期文化中心的运动。翻译之风遍及全意大利。"②

崇拜古人是文艺复兴时期人文主义的鲜明特征。文艺复兴反对神学在人的生活中的统治地位,反对将人的思想成果(古典著作)置于神学的监控之下,主张古典著作应该立足于自身的优点,宗教不应该成为接受或反对它的标准。为实现这一使命,文艺复兴力图从古希腊和罗马的古典著作中寻求启蒙,因为这些古典著作比宗教对人的理解更为人性化,并且蕴含着解放的、自由的和博雅的教育理想。因此,自 15 世纪起人们开始热烈地搜集新的经典原本,他们的每一项新发现都被当作伟大的成就而欢呼。对新的原著和译本的搜寻,使人们重新认识到了古希腊罗马时代的重要意义。那些为人们所熟知的拉丁诗人、历

---

① 〔美〕坚尼·布鲁克尔著,朱龙华译:《文艺复兴时期的佛罗伦萨》,生活·读书·新知三联书店 1985 年版,第 325 页。

② 〔美〕S. E. 佛罗斯特著:《西方教育的历史和哲学基础》,第 195 页。

史学家、演说家和书信作家，连同亚里士多德、普鲁塔克等希腊作家的作品的拉丁文译本共同构成了一个宝库。它们在最绝对的意义上被认为是一切知识的源泉。"在 15 和 16 世纪，崇古风有增无减，因为人们认为文化传统正在解体，从古人那里可以找到丰富的思想和态度，以用于重新建设，就像把丢在阁楼上的宝贝取出来擦干净一样。古时作家的名字、著作的名称和涉及的内容令人感到新鲜，不是日常听厌了的东西。这是块未经探索的宝地，为在文学上有志向的人提供了丰富的宝藏。寻找、恢复、比较和编辑旧书稿成为一时之风。"①

出版商和学者一起进行了复原校订古典作品的工作。"在 1470 和 1500 年间，印刷了一万多册书籍和小册子，其中大部分在意大利出版，这说明意大利是思想文化运动的先导者。"②伊拉斯谟（Desiderius Erasmus，1465—1536）曾盛赞威尼斯的印刷商阿尔杜斯·曼努提乌（Aldus Pius Manutius，1449—1515），因为他出版古代作家的作品促进了古典文学的复兴。1507 年 10 月 28 日，伊拉斯谟在致阿尔杜斯·曼努提乌的信中写道："博学的曼努提乌，有一个愿望一直在我的脑海中萦绕。你精湛的印刷技艺，样式之美无与伦比，非凡的学识和智慧，这些都使希腊和罗马的文学更加广为人知。如果那些荣誉已经回报给你足够的利益，我会非常高兴。就名望而言，毫无疑问，阿尔杜斯·曼努提乌这个名字将会在文学后辈之中被口耳相传。……因为你怀着极大的热情投身于优秀作品的复原与出版工作。"③同样，阿尔杜斯·曼努提乌也称赞威尼斯人文主义者安德烈·拿瓦罗的校勘工作，他在信中写道："……最出色的拿瓦罗，你用早已被发现的古代手稿对西塞罗的著作《演讲家的规则》《如何表达充分》以及《修辞的研究》进行了精确的校勘……。现在你又热忱地承担了同样的工作，校勘他的演说辞和非凡的哲学著作。……在不知疲倦的校勘工作中，我就别提你是怎样一个优秀的典范了。你如此勤勉敬业，如此技艺高超，又如此博闻广识；不论是某些散文著作，还是诗人们最优秀的作品，你都不知疲倦地校勘着。"④

人们还以学习古希腊罗马语言为时尚，他们不仅学习其优美的文体，更重视从中汲取有益的养料，丰富他们的思想感情。"那时，彼特拉克为自己的古希腊语知识的欠缺而悲

---

① ［美］雅克·巴尔赞著：《从黎明到衰落：西方文化生活五百年，1500 年至今》（上），第 51 页。

② Levi Seeley, *History of Education*, Complete Unabridged, New York, 2009, P. 81.

③ 李瑜译：《文艺复兴书信集》，学林出版社 2002 年版，第 2 页。

④ 李瑜译：《文艺复兴书信集》，第 7 页。

叹。实际上,怀有这种感觉的人不止他一个。"①与此同时,在学校里拉丁文、希腊文的学习重新受到人们的重视,并被纳入必修课程。"除佛罗伦萨外,罗马和帕多瓦几乎一直聘请有希腊文教师,而维罗纳、费拉拉、威尼斯、佩鲁贾、帕维亚和其他城市则聘有临时教师。"②然而,也有学者指出,中世纪之后兴起的人文主义或文艺复兴不能仅仅解释为古典作品数量上的复古,因为在中世纪时也有古典作品。"它应解释为焕发出一种新的活力,在诸多因素的影响下产生了一种新的自我肯定和自我实现精神。"③

3. 开明人士的支持

由上可知,古希腊罗马文化从两条渠道流传于意大利的北部城市,但它们之所以迅速流传于社会,并被人们广泛接受,应该说与当时某些开明贵族和宗教界上层人士的支持分不开,因为只有他们才能对社会发挥较大的影响。同时,意大利在政治上具有特殊的地位,因为它是罗马帝国法定的一部分。但在日耳曼帝国的统治下,德国皇帝的权势则从未到达那里。意大利实际上被分割为若干个城邦国家(city state),这些国家为那些长期世袭的封建家族所统治。由于他们的财富、门第及声望,这些显贵家族组成了意大利社会最强有力的"阶级"。"可以毫不夸张地说,这些显贵家族正是文艺复兴的创造者:它的生活方式、它的价值观、它的思维和理解模式皆有赖于此。"④

在这种形势下,君主有充分的自主权,市民也享有民主权利。统治者为了巩固其地位和自身经济发展的利益,当然愿意接受古代文化,以抵制令人窒息的经院主义文化。更重要的是,文学艺术以及古代教育的复兴,是属于意识形态方面的内容,它们能否在社会生活中生根开花,必须符合社会生活特别是精神生活的需要,必须获得经济和政治方面的认可与支持。这些贵族和上层宗教人士是意大利的实力派人物,如果没有他们的支持,势必难以得到顺利的发展。但正是在 14 世纪,意大利精神生活的各个领域都出现了反经院哲学的思潮,这使得意大利人自然而然地偏爱古典文献所提供的另一种文化。也正因城市经济

---

① [美]埃伦·G.杜布斯著,陆建华、刘源译:《文艺复兴时期的人与自然》,浙江人民出版社 1988 年版,第 7 页。

② [瑞士]雅各布·布克哈特著,何新译:《意大利文艺复兴时期的文化》,商务印书馆 2002 年版,第 192 页。

③ Robert Ulich, *History of Educational Thought*, American Book Company, New York, 1950, P. 104.

④ [美]坚尼·布鲁克尔著:《文艺复兴时期的佛罗伦萨》,第 116 页。

较为发达,城市荣誉感增强,所以那些富有的商人、贵族都热衷于投资文化事业。

当时最著名的人物有米兰的王公维斯孔斯家族、孟都亚的贡萨家族,以及佛罗伦萨最富有的商人、美第奇家族(The Medicis)等。这些富豪都有一个共同的特点,他们都不满足于纯神学或纯哲学的研究,而对世俗生活的兴趣大增,于是在其宫中资助艺术和文学创作。柯西莫·美第奇(Cosimo Medici, 1389—1464)是银行家和佛罗伦萨的统治者,他在收集和抄写手稿方面花费了很多资金。1444年他在佛罗伦萨创建柏拉图书院和图书馆,并将图书馆向公众开放,这是欧洲第一家公共图书馆。该图书馆藏有多种《圣经》抄本,并有宗教注释本、早期基督教教父的著作,以及许多哲学、史学、诗歌和语法方面的古籍。维斯帕西亚诺当时负责这座图书馆的图书收集,他在其著作中对该馆的建立过程进行了描绘,清晰地反映了当时的人和事物的真实画面。由于美第奇家族富有慷慨,更重要的是其热心于公众事业,所以维斯帕西亚诺"在很短时间内就收集到45本书,在22个月中抄完了200卷"。① 尼科洛·尼科利(Niccolo Niccoli)是柯西莫·美第奇的友人,他把全部财产都用于买书。当他身无分文时,美第奇家族为他提供赞助。他所收藏的800册图书,价值6 000金币。② 在他去世后,柯西莫·美第奇将其交给了圣马可修道院,现在这些图书已成为洛伦佐图书馆的珍藏。美第奇家族的第三代统治者洛伦佐·美第奇(Lorenzo Medici, 1448—1492)极力振兴希腊学术,曾两次派人前往希腊求购名家著作的真迹副本,并大兴养士之风,吸引了当时很多有名望的人文主义学者和美术家。15世纪时,意大利各城市共和国的王公和市政官员周围都有一批艺术家和人文主义者,他们仿照美第奇家族的做法创办学校,在那里促进希腊哲学的复兴。由于印刷术的出现,这种文化现象在全欧洲传播开来。"在意大利,人文主义在手抄本时期已经出现并得到发展;但在阿尔卑斯山以北,人文主义显然是由于印刷书籍的出现而得到了传播。"③

希腊籍枢机主教贝萨利昂(Bessarion)是一个热诚的文学爱好者,他花费了30 000金币收藏异教和基督教作家的600部手稿,并四处寻找一个储藏所,以便把这些手稿安全地收藏起来。后来,威尼斯政府宣布为这些手稿修建一所房子。直到今天,圣马可修道院的图

---

① [美]E. P. 克伯雷选编,任钟印译:《西方教育经典文献》(上卷),人民教育出版社2016年版,第234页。

② [瑞士]雅各布·布克哈特著:《意大利文艺复兴时期的文化》,第184页。

③ [比]希尔德·德·里德-西蒙斯主编,贺国庆、王保星等译:《欧洲大学史》(第二卷),河北大学出版社2008年版,第479页。

书馆还保存了一部分贵重的手稿。① 城市贵族、富商及主教对古代文学艺术研究的浓厚兴趣也感染了罗马教皇。尼古拉五世(Nicholas V，1397—1455,1447—1455 年在位)、亚历山大六世(Alexander Ⅵ，1431—1503,1492—1503 年在位)、尤里乌斯二世(Giuliano della Rovere Ⅱ，1443—1513,1503—1513 年在位)、利奥十世(Leo Ⅹ，1475—1523,1513—1521 年在位)等都是著名的人文主义者,他们都支持文艺复兴运动,一心要恢复往日的辉煌,因而吸引了众多艺术家定居罗马。从有关资料中,我们可以清晰地看到教皇们的支持行动。例如,尼古拉五世于 1450 年在意大利许多地方开始建设图书馆,并派人寻找希腊文和拉丁文的书籍。不管在什么地方能找到,他都不惜任何代价。他雇佣了一大批最优秀的抄书员,还召集了一批学者,既是为了撰写新的著作,也是为了翻译已有的著作。"这个教皇雇佣了好几百个古典文学的学者和古代原稿的抄写者,他还以一万盾(荷兰银币)作为把荷马著作译成拉丁文的代价,并且收集了 9 000 册的藏书。"②这些图书供罗马教廷的人员使用,它们构成了梵蒂冈图书馆的基础。每当译出新书奉献给他时,他便奖赏大量金钱,目的是为了使抄写员能更自觉地从事译著。尼古拉五世搜集了有关各种学科的大量书籍,既有希腊文的著作,也有拉丁文的著作,总数多达 5 000 卷。③ 利奥十世在位时期,罗马大学有 21 个希腊文学和拉丁文学的教授席位,比其他任何一个领域都多;紧随其后的是民法,有 20 个教授席位。④ 教皇们的大力支持使人文主义运动遍及整个意大利,罗马也成为了文艺复兴运动的发源地和艺术之都。

三、人文主义教育的出现

从 14 世纪的意大利开始,一直到 15、16 世纪的欧洲大部分国家,人们开始对古典学识产生浓厚兴趣。在文艺复兴运动中,涌现出了一批人文主义学者,他们是文艺复兴运动中思想极为活跃的学者,有的是文学家、诗人,有的是哲学家、教师。这些学者的出现直接促进了古典教育之复兴。"意大利是第一个推动人文主义发展的国家。14 世纪的但丁、彼特拉克和薄伽丘用他们的新思想激励人们,……他们恢复了对拉丁文和希腊文名著的学习,

---

① [瑞士]雅各布·布克哈特著:《意大利文艺复兴时期的文化》,第 185 页。
② [英]汤因比著,曹未风等译:《历史研究》(下册),上海人民出版社 1997 年版,第 306 页。
③ [美]E. P. 克伯雷选编:《西方教育经典文献》(上卷),第 240 页。
④ [美]杜普伊斯、高尔顿著:《历史视野中的西方教育哲学》,第 57 页。

他们从不显眼的档案中收集原稿,激发人们对学习的热情,并且用母语创作通俗的文学作品。他们向意大利民众灌输热爱自由的思想。他们对新学问的热情吸引了来自德国、法国和其他国家的学者,这些学者又把人文主义思想传播到自己国家。"①

1. 人文主义者与人文主义

"人文主义者"一词的兴起,是人文学科在大学中确立独特地位的标志。早在 15 世纪末,意大利的学生就开始用 umanista(即英语中的 humanist)一词称呼他们的古典语文教师,这些 umanista 所教授的科目包括语法、修辞、历史、文学和道德哲学等。1490 年,"人文主义者"(humanista)这个词出现在比萨大学校长的书信中。1512 年,博洛尼亚大学用它称呼新的人文作品讲席的负责人。从 1515 年起,"人文主义者"还用于指那些在大学之外进行人文学科研究的代表性人物,如阿尔杜斯·曼努提乌(Aldus Manutius,1450—1515)和伊拉斯谟等。所谓人文主义(Humanism)是指以人类文化为中心的一种观念形态,它的核心思想是"人乃万物之本",这是人文主义者所信奉的人生观和世界观。

从"以人为本"的思想出发,人文主义者主张尊重人权、人性和自然;主张个性的自由发展,反对天主教会用神权压制人权,用神性扼杀人性;主张享乐主义,反对禁欲苦修;主张科学,反对迷信。所有人文主义者都注重现实和人类社会的事业,而无视死后未来的生活。"人文主义者并没有彻底背离中世纪的精神和宗教,但是,对经典语言和文学的强烈兴趣使他们鄙视所有的其他权威。"②人文主义重新发现了那些湮没在历史中的古希腊罗马作家,他们是古代异教徒的代表。从教育方面看,所有人文主义教师都重视古希腊罗马文学艺术的研究,主张正确对待自然科学的教学,尊重儿童,重视体育和美育,反对体罚。人文主义者热衷于经典著作,认为经典著作的价值最高,而且关于人类本性完善和发展的最好描述,可以在古代经典文学中找到。正因如此,那些对复兴古典学科感兴趣的人把自己称为"人文主义者"。

有的人文主义者在大学任教,有的担任家庭教师,有的则创办了学校。他们具有以下几方面的特点:从研究对象而言,他们以对拉丁语、希腊语、文法学、雄辩术的研究,取代了中世纪经院哲学对逻辑学和形而上学的研究,其中古代文学更受人文主义者青睐。"这些人并不是把古代世界当作一个猎奇和借以炫耀知识的场所,而是把它当作行为的楷模。古

① Levi Seeley, *History of Education*, Complete Unabridged, New York, 2009, P. 81.
② [美]R. 弗里曼·伯茨著:《西方教育文化史》,第 188 页。

典的人性不仅使生活充实与和谐,而且还通过思想和艺术作品,令人惊奇地反映出生活的充实与和谐。欣赏或阅读这些文艺作品,就可以使我们接触这些作品所传递的思想,也就意味着我们开始同完善的人进行理想的对话,从他们那里学习所谓完美生活的含义。"①人文主义研究还表现为研究古典文献方法与技巧的日趋完善,以及对古希腊古罗马文明特性的了解日益加深。在教育方面,拉丁文古典著作成为学校课程的核心,而希腊语则是高年级学生必修的科目。在思想方面,他们强调尊重人。所谓尊重人,就是要尊重人的价值和尊严,认为人是上帝创造物中仅次于天使的卓越之辈,只有人才能得到并领悟上帝的意旨;只有人才能支配自己的命运,并在世上过幸福的生活。

另外,几乎所有的人文主义者都主张以理性取代神启,反对来世观念和禁欲主义。人文主义者坚持认为,正是由于人具有理性能力,才把人与动物王国的其他成员区别开来。人的本性无论在何时何地,从本质上来说只有一种,即亚里士多德所说"人是一种理性的动物"。人文主义者以人的理性能力而自豪,他们嘲笑那些把神的启示当作知识的源泉的观点。"理性是人类真正的认知方式。除了艺术作品的创作之外,用双手去工作是低于人的,神的启示是超于人的,只有理智活动则是完全属于人的。"②在创作方面,他们要求文学艺术鲜明地表现人的思想感情,而科学则需要为人生谋福利;教育则需发展儿童的个性与聪明才智,将人而不仅是儿童从神学中解放出来。由此可见,人文主义者批判和攻击的矛头首先是对准教会,对准为它服务的经院哲学,而这一切都是为了反对封建主义的需要,这可以说是人文主义最本质的特征。

人文主义的种种主张反映了当时要求进步的群体——政府官员、城市商人、开明贵族等在政治上求解放,在经济上求发展的需要。意大利学者加林指出:"最早最重要的人文主义者都是法学家、政治家、诗人,并非偶然;……最重要的文化人士都是政府官员、大商人,是每天在自己的城市里工作,并感觉到历史变化的人。"③人文主义全面继承并进一步发展了古希腊罗马的文化思想和哲学,有力地冲击了腐朽的封建文化及为其服务的经院哲学。它从根本上撼动了教会的统治地位,解放了人们的思想,使整个西欧社会的精神面貌为之改观。它对西方社会的发展产生了极其深刻的影响,实际上一种现代社会精神早已孕育其

① [意]加林著,李玉成译:《意大利人文主义》,生活·读书·新知三联书店1998年版,第74页。
② [美]杜普伊斯、高尔顿著:《历史视野中的西方教育哲学》,第58页。
③ [意]欧金尼奥·加林著:《中世纪与文艺复兴》,第193页。

中。由此可以认为,如果没有文艺复兴运动,就不可能出现后来的宗教改革运动,因而也不可能出现古典教育的复兴,近代资本主义文明势必要向后推迟若干年。

2. 人文主义教育与经院主义教育

人文主义学派与经院主义学派几乎毫无共同之处。因为它们具有完全不同的世界观和人生观,在对待神和人、来世和现世生活的问题上截然不同。在教育上,它们也提出了不同的要求。人文主义者建议通过更好地理解古典作家和他们的作品发起一场新的教育运动;而"基于亚里士多德主义的经院哲学,不仅想提高理性地解读信仰的能力,还违背早期经院主义神学家的意愿,为了自己的利益在信仰上怀疑并且热衷于推理"①。

人文主义教育与经院主义教育的根本分歧在于:首先,对受教育者或者儿童的态度如何,是区别两种教育的试金石。经院主义学派秉承了教会的思想,认为人生来有罪,儿童是赎罪的羔羊。由此出发,在教育过程中主张体罚。其次,是否承认和尊重儿童的个性,是区别封建经院主义教育与人文主义教育的分水岭。儿童不同于成年人,他们在身心发展、生活要求及兴趣、习惯等方面都有独特之处,但经院主义教育无视这些存在,在教学方面千篇一律,主要采用填鸭式和死记硬背的方法。最后,在向学生传授什么样的知识方面,经院主义和人文主义之间也存在着根本分歧。前者主张以教义为中心,学校的一切活动都围绕着为教会和神服务,而从来不考虑儿童当时和成年后的任何需要;后者则着眼于以培养人为根本目的,它主张在智、德、体诸方面安排多种多样的学科进行全面教育。更重要的是,它将古典语文作为核心课程,而算术、体育甚至音乐、美术也成为课表中不可或缺的学科。

总之,人文主义教育与经院主义教育之间存在着根本差异,这种差异不仅表现在教学内容、课程设置及教法选用方面,甚至还表现在对学生日常生活的要求方面。前者是完全适应正在成长的人的要求,是乐观的、健康的、活泼的,而后者则完全与这些方面的要求相背离,从本质上说它彻底违背了一个正在成长的少年儿童的教育规律。

3. 古典教育的复活

这里所谓的古典教育,也就是古希腊罗马时代的教育。长期的封建统治和教会恶意摧残,使得西方古代璀璨的文化黯然失色,"文明"一词也从辞典中抹去。只是由于人文主义

① Robert Ulich, *History of Educational Thought*, American Book Company, New York, 1950, P. 103.

的兴起,西方古代教育才开始重获新生。"毫无疑问,文艺复兴时期见证了古典学术的兴起。希腊文与拉丁文的古典作品都按照其原文被广泛研读。……故此,人文主义基本上可以视之为是一场致力研究古典时代的学术运动。"①可以说,人文主义产生之时,也是古代教育复兴之日。这种复兴体现在人文主义教师的实践之中。具体表现如下:

其一,普遍重视拉丁语和希腊语的学习,前者几乎为所有初等教育的必修课程,后者则是中等或高等学校的必修科目。当时在意大利人文主义学者中广泛流传着一种思想,认为所有一切真正学问的根基在于拉丁文,而希腊文更是其他各种知识的入门;不懂希腊文,拉丁文学问则无从谈起。"只有在这种对语言学的研究中,我们才可能从无声的文字里悟出生活的含义:不是从文字到文字,而是要透过文字寻求它所表达的真实含义。通过交谈,汲取古人行为的智慧,我们将会变得更加聪明和有力量。"②

其二,将古典文学,特别是经典作家西塞罗等人的作品列为必读教材。古典文学之所以受到如此重视,其原因在于它能给人以智慧,是文道并重和打开心灵的钥匙。"文学敲打人们的心扉,唤醒沉睡的精神,给人们指出通向智慧的入口。……推敲词句,辨明其含义之精微,恢复语言的原始声音,这是从被埋葬的世界中,从被时间夺走的一切光辉的陈迹中,重新复活古代生动思想的唯一手段。"③

其三,由于受昆体良教育思想的影响,人文主义教师都重视改进教学方法,重视儿童的思考和技艺。"我们必须承认,人文主义者在教学方法上向前迈进了一大步。他们自己的个性和愿望促使他们运用古代晚期成熟的教学原则,并且产生了一种新的教学热情。它在某种程度上体现了一种现代教学态度,它将学习理解为一种使年轻人熟悉过去权威以及使个人生活更加丰富的方式。"④

其四,重视选择良好的教育环境。西方古代教育从柏拉图、亚里士多德创办学园开始,都十分重视学校环境,人文主义教师继承了这一优点。在意大利,从维多里诺开始,就是将学校设立于风景优美的旧王宫。这种环境既有利于学生安心学习,也有利于身体健康。这是西方古代教育留给人类的宝贵遗产。

① [英]阿利斯特·麦格拉斯著:《宗教改革运动思潮》,第40页。
② [意]加林著:《意大利人文主义》,第74页。
③ [意]加林著:《意大利人文主义》,第74页。
④ Robert Ulich, *History of Educational Thought*, American Book Company, New York, 1950, P. 111.

其五,学校管理充分体现了人文主义精神。几乎所有人文主义者都主张在学校生活和教学工作中尊重学生的人格和兴趣,培养他们的思考能力,而反对填鸭式的教学;重视他们的健康和体育活动,活跃其身心;重视音乐教学及游戏活动,反对体罚等。

由上可知,古典教育的中心突出了一个"人"字,它彻底抛弃了经院主义教育将儿童视为赎罪之羔羊的观念。正因为将儿童当作人看待,所以才能看到其人格、兴趣、爱好及身心和谐发展的诸多特点。人文主义教育的理想是将受教育者培养成有自尊心的人,以及身心和谐发展、能言善辩、富有文化修养的人,而不再是神的奴仆。实际上,这就是古希腊罗马时代教育精神的复活。

第二节　意大利的人文主义教育

在中世纪初期,意大利的文学知识并没有完全消失,本笃会派(529 年由意大利人本尼迪克创立)修道院保存了许多古典作品的手抄本,特别是意大利中部的卡西诺山修道院既是学习的场所,又是图书馆。当时研究某些古典作家的作品已成为日常教学活动,维吉尔、贺拉斯、泰伦提乌斯、李维等人都是研究的对象。"古典传统在意大利的根基本来就最为深厚(这是天经地义的事情),因此更有力地抵御了 401 年之后侵略战争的蹂躏。日耳曼在意大利的占领统治并没有造成古代生活的彻底消失。"[1]希腊文学也没有完全从意大利消亡,自罗马共和国建立之日起,希腊语就是意大利南部许多老百姓的语言。在中世纪的萨莱诺大学,教师和学生也没有丧失学习希腊语的兴趣。

另外,"相比其他任何人,意大利人保留了更多的古罗马文化;在黑暗野蛮的欧洲,他们率先建立了一种新的政治和社会秩序,并且使生活重新得到改善"[2]。但从彼特拉克到伊拉斯谟时期,才是真正开创一个新纪元的时代,意大利人文主义教育开始发展成型。从 1333 年彼特拉克第一次重大发现到 1450 年,学问的复兴已成为遍及意大利的一场运动。"意大利是最早从中世纪生活状态中解放出来和开始享受当时欧洲正在期待的那种新生活的国

---

① ［法］亨利-伊雷内·马鲁著,王晓侠、龚觅、孟玉秋译:《古典教育史》(罗马卷),华东师范大学出版社 2017 年版,第 245 页。

② Ellwood P. Cubberley, *The History of Education*, Houghton Mifflin Company, Boston, 1920, P. 244.

家。在意大利有统一的语言,有鲜明的民族感,文化上有相当大的进步,有足够的财富,和有在君主专制时代从变幻不定的政局中赢得的相对自由。"①

根据历史学家的观点,大约在1500年意大利几乎所有拉丁语学校(无论是世俗还是教会的)都实行了人文主义教育。当时意大利的城市和大学就像磁石一样吸引着各国的思想家,正如当年维滕堡、里昂、斯特拉斯堡和日内瓦相继吸引着新教徒一样。引起青年才俊和游客好奇的不只是知识,还有新的绘画、雕塑、教堂、宫殿,以及先进的科学、法律、思想、礼仪和经商的方法等。在文艺复兴之处,意大利的诗歌、戏剧、小说和人文主义的学术方法被视为典范,而重视文学又影响了人们对法律、历史、政治和宗教的态度。正如有的学者指出:"在整个14世纪和15世纪的意大利,许多希腊语和拉丁语文本的重新发现,在很多领域改变了人们的态度和品味,而不仅仅是文学。"②同样,"中世纪晚期意大利富有活力的城市社会孕育了一种世俗的教育体系,它与古典主义结合在一起,引发了种种新的、更为世俗的表现形式"③。

一、彼特拉克的人文主义教育

意大利之所以成为文艺复兴的发祥地,除了经济和政治原因外,还有民族的、爱国的因素,因为意大利是罗马帝国的故乡。第一个人文主义者彼特拉克(Peterach,1304—1374)就是在这里诞生的。彼氏是文艺复兴时期意大利杰出的文学家、诗人和教育家,在西方历史上人们称他为文艺复兴的开路先锋、意大利"第一位现代学者及文学家",是"文艺复兴之晨星"。有的学者指出:"作为'人文主义之父',彼特拉克的首要地位当仁不让。……他并不是第一个对人文学表现出兴趣的人,然而他却以一个伟大创新者的卓越才能为人文主义注入了生命。他比中世纪的任何人都更加熟悉拉丁语经典著作:他在维罗纳发现了西塞罗的散佚书简,校勘了李维的著作,用拉丁语写下了许多原创作品,从而恢复了拉丁语作为一种活的语言的地位。……他同时也用意大利语进行诗歌创作,这些作品在意大利文学史上享

① [英]托马斯·马丁·林赛著,孔祥民、令彪等译:《宗教改革史》(上卷),商务印书馆2017年版,第50页。
② Denis Lawton and Peter Gordon, *A History of Western Educational Ideas*, Woburn Press, London, 2002, P. 57.
③ [美]菲利普·李·拉尔夫、罗伯特·E·勒纳等著:《世界文明史》(上卷),第844页。

有崇高的地位。"①彼特拉克的著作使人们从中世纪的黑暗和野蛮中看到了新时代的曙光。

彼特拉克自称罗马民族是他的祖先,罗马帝国是他的祖国。他通常被视为重新对拉丁文经典作品特别感兴趣的发起者,他希望重塑罗马帝国的辉煌,因此热衷于到各地搜集那些早已散失的拉丁文著作原稿,并加以整理和誊抄,他熟悉几乎所有可能接触到的拉丁文作家。1333 年彼特拉克在比利时的列日(Liege)首次发现了此前不为人知的两本西塞罗演说词。1345 年彼特拉克又在意大利的维罗纳(Verona)发现了遗失多年的西塞罗书信《致友人书》,这本书信集使他充分认识了古代的事件和思想。彼特拉克对西塞罗极为崇拜,称其为"罗马光辉灿烂的缩影"。在他看来,古人们栩栩如生,仿佛和他们生活在一起,甚至在生活上也努力和西塞罗、荷马、维吉尔、贺拉斯、李维、塞涅卡和昆体良等人一致。他认为,文字流畅的最佳范例见于古代文学经典著作,这些著作充满着伦理智慧,学习它们可以发挥事半功倍的效用。因而彼特拉克致力于寻找尚未发现的古代拉丁文献,并且模仿古代文献和引用古典警句撰写自己的道德文章。"他的一生都在收集和抄写手稿。……他开始誊写和比较古典手稿,并在此基础上重新认识过去。同时,他写了许多十四行诗、民谣、歌词和信件,这些都充满了新的现代古典精神。他还绘制了意大利的第一幅现代地图。"②

彼特拉克是一个虔诚的基督教徒和卫道士,他从未用自己所喜爱的古人去取代信仰和基督教义。他认为经典著作可以完善人们的智力并使行为文明化,而《圣经》则关系到人们永久的幸福。他用圣奥古斯丁的话解释内在修养,认为重视内在修养并不是把自己孤立起来,而是开辟与上帝进行更为有效接触的途径。他颂扬尘世生活的价值和语言的价值,以及超越时间、空间和其他任何界限与整个人类社会对话的价值。彼特拉克极力反对中世纪的学风,以及对亚里士多德的极端崇拜。他承认亚里士多德是伟大的学者,但同时认为有很多事情是亚里士多德所不知道的。

彼特拉克治学严谨认真,他以"观察、研究、理性"作为治学和行动的座右铭。他的著作无论是文学、诗歌、评论或道德学说,都充满了古代经典著作的精神。彼特拉克的散文作品《名人传》(1338—1374)记叙了古罗马历史和《圣经》、神话传说中的杰出人物生平,并用历史人物的英雄事迹激励世人。他的《备忘录》(1343—1345)借用历史上的逸闻趣事,向同时

① [英]阿伦·布洛克著:《西方人文主义传统》,第 20 页。
② Ellwood P. Cubberley, *The History of Education*, Houghton Mifflin Company, Boston, 1920, P. 245.

代的人进行道德教育。彼特拉克的教育思想主要蕴含于文学作品之中,但在当时影响最大的是抒情诗。他用意大利语写成的抒情诗歌集,冲破了中世纪禁欲主义和神学思想的藩篱,表达了以人与现实生活为中心的新世界观,以及以个人幸福为中心的爱情观。有人认为,他的诗具有使人精神愉悦和陶醉的魅力,以及使人相爱和悲伤的魅力。在他的诗中,人们可以敏锐地感受到自然美。① 他是古代文化的活代表,他模仿各种体裁的拉丁诗歌,力求用他卷帙浩繁的历史和哲学著作介绍古人作品。②

当彼特拉克 36 岁时,罗马大学和巴黎大学都邀请他去讲学。1340 年他应邀到罗马大学讲学,并于复活节那天被罗马元老院封为"桂冠诗人"。随后他又周游各地,传播文艺复兴时代的精神,在当时产生了广泛的影响,人们称他为"第一个现代人"。"从彼特拉克以后,人文主义就向另一个层面上发展,正如所有卓有成效的革新一样,他寻求一条新的道路以代替过去进入的死胡同:在诗和语言学领域,在道德生活和政治领域,以及在那些表面看似敌对,而内在却联系十分密切的所有艺术领域里,叛逆地希望改变和推翻这个世界。"③正是从彼特拉克开始,开创了学习希腊语的新潮流。彼氏不仅自己研究古希腊语,而且鼓励他的弟子学习古希腊语。

受彼特拉克影响最大的学者有薄伽丘、巴齐扎(Gasparino Barziza,1370—1431)等。薄伽丘是《十日谈》的作者,当时最著名的拉丁语学者。他的思想比彼特拉克更激进,他在许多故事里批判天主教会,嘲讽教会的黑暗与罪恶,抨击僧侣的奸诈和伪善。他描绘和歌颂现世生活,赞美爱情是高尚情操的源泉;他谴责禁欲主义,对于封建贵族的堕落和腐败予以无情的鞭挞。在彼特拉克的鼓励下,薄伽丘还将《荷马史诗》译成了世界上第一个拉丁文本。巴齐扎是帕多瓦大学的教师、杰出的人文主义者,他收集的西塞罗原稿最多。巴齐扎将拉丁文视为一种最活泼的语言文字,并按照当时的要求修正、删改西塞罗的模范语汇和文体。

在彼特拉克及其弟子的影响下,越来越多的人文主义者认为经典拉丁文作品比中世纪拉丁文作品更有价值,是人类精神的更好表达。于是意大利掀起了学习古典语言和文学的潮流,从此结束了当时"欧洲研究希腊语的人是凤毛麟角的历史",从而揭开了古代教育的

---

① [美]S. E. 佛罗斯特著:《西方教育的历史和哲学基础》,第 182 页。
② [瑞士]雅各布·布克哈特著:《意大利文艺复兴时期的文化》,第 201 页。
③ [意]欧金尼奥·加林著:《中世纪与文艺复兴》,第 105 页。

新篇章。意大利学者加林写道:"在所有人看来,掀起这场新的古典人文学科研究热潮的人,还是彼得(特)拉克。他在从事文学和人文学研究的时候,非常明白这项工作的意义和它们在精神上对全人类所产生的教育价值。这种教育价值是通过同古代大师们的专心致志的对话来实现的。"①美国学者佛罗斯特也说:"彼特拉克被称为'文艺复兴的先驱'。他完全无愧于这个称号。但如果更确切地说,他应是古典世界、中世纪和文艺复兴之间的桥梁。"②

到彼特拉克去世时,收集古代手抄本的热情风靡整个意大利,一些杰出人物如罗马教皇等都把资金花费到原稿和稀少的手抄本上。彼特拉克死后,仅在意大利就发现了大量的拉丁语经典著作。可以说,如果没有彼特拉克及其弟子对古希腊罗马文化的研究,意大利古典教育之复兴是难以想象的。"只有到了彼特拉克和十四、十五世纪的意大利人文主义者的时候,古代世界才开始被视为一种凭借其自身价值而独立存在的文明,而不再是一个任人拿取的货仓。如果说中世纪的人们对古代世界的感觉是一种信手拈来的熟稔的话,那么文艺复兴时期的人们则第一次从历史的角度对其加以审视,从而认为它遥远陌生而又令人神往。"③

二、维多里诺的人文主义教育

意大利人文主义教育的兴起,一方面受彼特拉克的影响,同时也与各地的君主、贵族有关。这些君主、贵族支持的方式各不相同,有养士者,有兴办图书馆者,更有聘请人文主义教师兴办私学者。但这类学校不仅限于一家一户的子弟,它同时还招收其他皇亲贵族的子弟一起学习,因而规模和影响都比较大。这类学校在当时分布较广,佛罗伦萨、威尼斯、帕多瓦、维罗纳(Verona)等一些著名城市都存在。特别是在威尼斯设立了各种希腊式的学园,更使古代文学的研究蔚然成风。在意大利古典教育的复兴中,维多里诺的"宫廷学校"堪称典范。

维多里诺(Vittorino,1378—1446)18 岁进入帕多瓦大学学习,师从彼特拉克的学生乔瓦尼(Givanni)。在大学期间,他听乔瓦尼授课,同时也担任他的助手。由于与这两位名师

---

① [意]加林著:《意大利人文主义》,第 18—19 页。
② [美]S. E. 佛罗斯特著:《西方教育的历史和哲学基础》,第 182 页。
③ [英]阿伦·布洛克著:《西方人文主义传统》,第 12 页。

交往，"他获得理解西塞罗精神的洞察力。这种洞察力最后使他成为那个时代的一位最优秀的拉丁文学家。获得文科学位后，他又因掌握数学而获得各种荣誉，但当时数学尚不在大学所承认的课程之列"。[①] 毕业后，维多里诺在帕多瓦教了二十年的文法和数学，1415 年又到威尼斯的格里诺(Guarino)学校学习希腊语。五年之后，他在威尼斯开办了一所私立学校，名人弟子从者如云。1423 年维多里诺接受孟都亚(Mantua)侯爵冈查加(Gonzaga)的邀请，创办了"快乐之家"(the playful or merry House)，他在这里任教达二十三年。直至逝世之日，维多里诺将其一生都献给了高尚的教育事业。

"快乐之家"意味着为学生提供愉快而欢乐的学习环境，其办学理念是把学生培养成为未来的统治者、政治家、高级官吏、教会领袖、军人、外交官和企业家。在这所学校受教育的学生，除了冈查加的子女外，还有其他贵族家庭的子弟，以及许多有潜力的平民学生。全校学生共有六七十名，他们全部住校，接受维氏及其助手的教导。根据维多里诺与冈查加的协议，平民子弟的学习费用及部分贫困生的生活费，全部由冈查加及有关贵族负担。"为真正有能力的人提供平等的机会"，这是维多里诺教育思想的一项基本原则。例如，奥格尼本是一位平民子弟，他后来成为了一所著名公立学校的校长，并把维多里诺的人文主义教育思想付诸实践。

"快乐之家"的学生要广泛学习拉丁语和希腊语古典著作。它开设了广泛的学科，除文学之外，历史、哲学、算术、几何、天文、音乐和体育在课程表中都有一定的地位。维多里诺把身体锻炼和知识学习相结合，并且注重发展儿童的个性。他将"造就为社会服务的有高度责任感的公民"作为教育目标。维氏的学校也相当重视宗教教育。他认为宗教教育是学校教育的重要手段，如果没有宗教教育也就没有真正意义上的教育。维多里诺的教育宗旨是："实现一种和谐，即使教会的道德和宗教教育与昆体良所赞成的古典教育、与意大利卡斯特罗的骑士般的训练相一致，所有这些都充满了某种对优雅与和谐的希腊式情感。"[②]维多里诺的教育实践在教育史上具有重大意义。

1. 第一次复活了古希腊罗马时代的教育

古希腊教育包括荷马至希腊化时期的教育思想与实践，它的中心内容是音乐与体育，

---

① ［英］博伊德、金合著，任宝祥、吴元训主译：《西方教育史》，人民教育出版社 1986 年版，第 164 页。
② ［英］威廉·哈里森·伍德沃德著，赵卫平、赵花兰译：《文艺复兴时期教育研究》，山东教育出版社 2013 年版，第 31 页。

而音乐不仅有读和写,还包含语文知识。阅读方面则有诗人的作品,特别是荷马史诗的内容。体育方面包括跑、跳、掷及各种游戏,其目的是促使青少年身体健壮而优美。所谓古罗马教育,简而言之就是要继承昆体良的教育思想,把罗马的诗歌、文学用格言、警句和举例的方式表达,在学校中重视雄辩术及数学、医学和建筑等实用知识的教学。所有这些在维氏学校几乎都已得到完美的体现。从柏拉图、亚里士多德开始,古希腊学者在办学过程中就重视环境的选择,这是因为希腊人称学校为"Schola",其含义是休闲之所,即人们从事研究时心灵安静与舒适的地方。维多里诺也全盘承袭了这一思想,他的"快乐之家"原属古代废弃的王宫花园,建筑恢宏壮丽,房屋高大,走廊宽敞,四周有美丽平坦的草坪,小河蜿蜒其中,河边绿树成荫。课堂之余,学生可在此休闲散步,游乐嬉戏,尽情享受大自然的美景。与此同时,他们也可以自由地选择僻静的角落进行祈祷、学习或思考。如此优美的环境,既有利于儿童的学习,又有利于身心健康。特别是维氏对学生无拘无束的管理,正符合古希腊学者对"学校"含义的理解,是古希腊学校精神的发扬光大。

2. 实现了教育不分贫富贵贱和男女平等的理想

古代教育不分贫富贵贱,男女一律平等;但是到了封建教育,不仅各阶级之间等级森严,而且男女之间也不平等。人文主义者就是要恢复古希腊罗马时代人人平等的教育理想。这一点在维多里诺的"快乐之家"得到了体现。那里不仅有王公贵族的子弟,还有同等数量的平民子弟,他们的学习和膳宿费用皆由冈查加侯爵和其他贵族分担。在"快乐之家"男女学生享有同等的地位,如勃兰登堡的公主在这里接受了几年教育,最后和侯爵的一位继承人结婚。因此古代教育人人平等,不分男女贵贱的理想在此得到了充分体现。维氏之所以坚持这样做的一个重要依据是,他认为由纯贵族组成的学校绝对不是好学校,必须有非贵族的子弟为伴,这样才能改变他们身上的某些习性,以适应社会之需要。

3. 恢复了古代教育中德智体美和谐发展的理论

在"快乐之家"的课程安排中,真正体现了德、智、体、美全面发展的理念。维多里诺认为,"教育不仅应该关心身体和心智,而且还要关心感官和精神"[①]。在教育过程中,维多里诺不仅关心学生的学习,而且俨然以父师自命,关心他们衣食卫生,加入他们的游戏等娱乐活动。他希望学生的身心和道德都能得到一致的发展,实现古希腊"自由教育"(liberal

---

① Denis Lawton and Peter Gordon, *A History of Western Educational Ideas*, Woburn Press, London,2002,P. 60.

education)的传统。"道德教育贯穿于整个课程,而且所学习的一切知识都要考虑是否对学习者产生积极的道德影响。"①同时,既重视学生知识与道德品行的教育,又应重视实际能力的培养,使他们成为有用之才,将来尽其能力忠于上帝、国家和社会。这既是维氏复古教育不同于中古时代教育之处,也是他追求的最终目标和古代教育目的之再现。"维多里诺的学校就是培养政治家、行政官、高级教士、杰出将领以及和他自己有同样想法的教师。"②中世纪由教会控制的教育彻底偏离了古代教育的优良传统,整个教育只有一个中心,即一切为了来世,为来世做准备是当时教育所追求的唯一目标。维多里诺重视体格训练,要求男孩都要习惯于寒冷和长时间的锻炼,而且还要进行各种各样的军事训练,其目的是培养文雅的举止、动作的柔韧和形象的端庄。同样,维多里诺对于音乐怀有类似古希腊人那样的感情,认为教育主要在于环境的影响(不管是否觉察到),在这些影响中音乐具有重要地位。他完全赞同柏拉图关于音乐曲调的判断,认为当心灵受到压抑时轻浮和卑微的音乐应该被禁止,以免它对人的精神状态产生影响。由此可见,维氏人文主义教育与中世纪教育截然不同。

4. 课程安排注重系统性和连贯性,并根据儿童个性特点开设

维多里诺接受了昆体良的观点,认为一个受过教育的人能够真诚和敏捷地表达自己。在他看来,西塞罗的《书信集》对于写作很重要,西塞罗的所有演说对于儿童学习修辞学也是有效的。拉丁文是"快乐之家"最重要的课程,但儿童对该科目的学习应遵循循序渐进的原则。儿童主要从训练发音开始,对重音、语势都要做到适当。儿童十岁之前,训练他们背诵经典著作中较容易的部分,随着年龄增长要学习那些演说辩论较难的内容。学完拉丁文著作之后,就开始学习希腊语,研究希腊诗人、演说家、历史学家及教父的著作。可以说,维多里诺对希腊语的重视超过了文艺复兴初期其他任何一位教师,甚至包括格里诺。"作为一位教授语言的教师,维多里诺是很胜任的。但更进一步讲,他具有一种明确的希腊精神,并且对柏拉图有一种近乎系统的理解,在这一点上他超过了当时意大利所有的同时代人。"③更为可贵的是,维多里诺在教育过程中还十分注意观察儿童,考察他们的性情癖好以及将来的志向。他认为,并不是每个儿童都表现出同样的天赋和嗜好,但假如我们能留心

---

① Denis Lawton and Peter Gordon, *A History of Western Educational Ideas*, Woburn Press, London, 2002, P. 60.
② [英]威廉·哈里森·伍德沃德著:《文艺复兴时期教育研究》,第32页。
③ [英]威廉·哈里森·伍德沃德著:《文艺复兴时期教育研究》,第37—38页。

观察,每个儿童总会有某些天赋。最重要的是,维氏要以这一思想为基础,选择最适合于每个儿童天性的教育方法。

5. 维氏的宫廷学校体现了以人为本的精神

教育是以人为本,还是以神为本;是追求来世的天堂,还是重视现实的生活,这是人文主义教育与经院主义教育的本质区别。在维氏的宫廷学校,经院主义教育所实行的禁欲、苦行、迷信和体罚等,早已消失得无影无踪;取而代之的是健康、活泼、乐观和睿智的教育。在这种人文主义精神熏陶下,维氏的教育取得了丰硕成果,他培养了众多有名的牧师、政治家、学者、教师甚至国王。因此,维多里诺所领导的学校已成为当时人文主义教育的楷模,他本人也被誉为"快乐教育之父"。"与当时的教会学校相比,那种学校的整个学习经历无疑是让人耳目一新和精神振奋的,而且学习那些伟大人物的作品可以成为一种自由化的教育。"①

维多里诺在孟都亚创办的学园,"为意大利贵族子女的教育提供了典范,并且影响了许多后来的作家如卡斯底格朗、托马斯·埃利奥特、罗格·阿卡姆和理查德·马尔卡斯特,他们都在教育内容和方法方面贡献了新的思想"②。当时许多最杰出的教会和国家领导,以及最优秀的学者都在这里受过教育。维多里诺的"快乐之家"模式还传播到西欧其他国家,为那里的人文主义学校所借鉴。"维多里诺的思想对欧洲教育产生的深远影响长达几个世纪。"③

从教育制度而言,以维多里诺的宫廷学校为代表,它实际上已形成了这样一些特点:首先,在学校所有权方面,他打破了中世纪由教会垄断学校教育的状况,恢复为贵族、私人与教会办学并行的现象;其次,在人类历史上,他率先实现了平民与贵族子弟在同一学校无歧视地接受教育的愿望;再次,在教育管理方面,教育者能自觉地、有意识地根据儿童的年龄和实际水平安排各门学科,并且各宫廷学校也都开设了人文主义课程,实现了教学的系统性和循序性;最后,他明确宣布废除体罚,使儿童的人格破天荒地受到真正的尊重。所有这些都意味着一个新的教育制度即将诞生。

但需要指出的是,维多里诺所领导的学校只是当时最突出、最典型的代表。意大利其

① [美]R. 弗里曼·伯茨著:《西方教育文化史》,第198页。

② Denis Lawton and Peter Gordon, *A History of Western Educational Ideas*, Woburn Press, London, 2002, P. 59.

③ Denis Lawton and Peter Gordon, *A History of Western Educational Ideas*, Woburn Press, London, 2002, P. 60.

他城市如佛罗伦萨、威尼斯、帕维亚、维罗纳等地的贵族和君主也都纷纷聘请人文主义教师，并且以"快乐之家"为模本，创办了为其子弟服务的新式人文主义学校。例如，1429 年至 1460 年维罗纳·格里诺（Verona Guarino，1374—1460）在费拉拉（Ferrara）宫廷创办了另一所著名的学校，以教育尼科洛（Niccolo）侯爵的儿子。为此，1459 年格里诺还专门写了一份教与学的纲要，送给侯爵的儿子马菲奥·甘巴拉（Maffeo Gambara）。他说："亲爱的马菲奥，您已经从您的老师那儿获得一件礼物，您将看到它的内在的用处比它表面上所应允的要多得多。因为，这是教的纲要和学的规则……您要把它们看做最好的箴言。……如果您全心全意地致力于遵循这些箴言，您就会从中产出很多果实……"①格里诺也是当时意大利著名的人文主义学者，他曾在君士坦丁堡学习过五年，学成归来时带给家乡维罗纳一大批希腊文原稿。格里诺把这些原稿翻译成拉丁文，并用作演讲的材料。他说："……会写拉丁文的诗是一个有教养的人的主要标志之一。现在我想指出第二个标志，……这就是熟悉希腊语言和文学。……我仍然坚信，没有希腊文的知识，任何真正意义上的拉丁学术本身是不可能的。"②费拉拉宫廷学校不仅招收来自意大利各地的贵族子弟，而且收留一部分经过选拔的贫苦学生，并为他们提供一定的生活费用。瑞士学者雅各布·布克哈特指出："这种由少数著名的人文主义者管理的学校制度，不仅在组织上达到了非常完美的地步，而且成了在近代意义上的一种进行高级教育的手段。"③

第三节　法国古典教育的复兴

在阿尔卑斯山以北，法国首先接受了来自意大利文艺复兴运动的影响，并于 1458 年在巴黎大学设立了希腊语教授席位。有的学者认为，"法国文艺复兴的产生是多种因素综合作用的结果，它既受惠于新文化运动起步较早的意大利以及西北欧地区已经形成的人文主义思潮，同时也得益于法国本身所固有的注重博学、突出怀疑和擅长讥讽等文化传统；它既得到新时代更为繁盛的物质财富的滋养，同时它也得到新时代不同社会阶层的

① ［美］C. W. 凯林道夫编，任钟印译：《人文主义教育经典文选》，北京大学出版社 2012 年版，第 225 页。
② ［美］E. P. 克伯雷选编：《西方教育经典文献》（上卷），第 249 页。
③ ［瑞士］雅各布·布克哈特著：《意大利文艺复兴时期的文化》，第 208 页。

支持"①。然而，也有学者指出："在15世纪，巴黎大学得到了蓬勃发展，它形成了一种富有生机的经院哲学，这可能延缓了文艺复兴思想在法国的传播。"②

　　一般说来，法国文艺复兴的原因有两方面：一是地理因素，因为法国和意大利是最近的近邻。一批意大利人文主义者应国王弗兰西斯一世（Francis Ⅰ，1515—1547年在位，他是那个时代最伟大的赞助人之一）的邀请去了法国，他们受到了极其热烈的欢迎。同时，也有许多人如外交官、牧师、军人、商人和朝圣者去意大利访问。在对意大利文化感兴趣的访问者中，人数最多的是学生，尤其是准备去博洛尼亚和帕多瓦大学学习法律与医学的学生。对学者们而言，他们去意大利旅行是为了学习在法国无法获得的原著和方法。二是战争因素，由两次战争促成。1494年法王查理八世（Charles Ⅷ，1470—1498）向意大利提出继承那不勒斯王位的问题，交涉未果而诉诸战争。1499年查理八世的继任者路易十二（Louis XII，1462—1515）再次举兵进攻意大利。这两次战争尽管不如人意，却给法国带来了意想不到的结果，它极大地推动了法国文艺复兴的发展。"建筑、艺术和学问方面的新思想被带回到法国，同时法国学者也去意大利旅行；在16世纪早期，巴黎成为了新的人文主义研究中心。在希腊语方面，法国完全取代了意大利而成为希腊生活和文学的现代阐释者。"③

　　由于战争的影响，两国人员的交往越来越多。首先是军人，其次是商人和旅行者。他们来往于米兰、佛罗伦萨、罗马及那不勒斯，亲眼目睹了意大利城市的繁华及古典文明，以及知识界、思想界的活跃状况，深受感动，并决心学习和仿效它。1507年法国人首次印刷了古希腊文著作。法国君主曾一度支持文艺复兴运动，并对人文主义思想采取保护态度。弗兰西斯一世对于出版古典作品有着重要影响，他聘请人文主义学者翻译并出版了修昔底德、色诺芬、普鲁塔克和荷马的作品。"大领主和富裕的资产者仿效国王，也成了文学艺术的保护者。他们把'人文学者'聚集在一起，出钱资助他们：红衣主教让·迪贝莱就曾保护并供养拉伯雷。"④1530年弗兰西斯一世建立了皇家学院，网罗专门人才研究希腊语、拉丁语和希伯来语。该学院不仅成为当时法国古典语言、文学、哲学研究的中心，而且成为与保

---

① 陈文海著：《法国史》，人民出版社2004年版，第171页。

② Denis Lawton and Peter Gordon, *A History of Western Educational Ideas*, Woburn Press, London, 2002, P. 61.

③ Ellwood P. Cubberley, *The History of Education*, Houghton Mifflin Company, Boston, 1920, P. 253.

④ ［法］皮埃尔·米盖尔著，蔡鸿滨、张冠尧等译：《法国史》，商务印书馆1985年版，第153页。

守势力和天主教会控制的巴黎大学相抗衡的重要阵地。在法国大革命期间,皇家学院改称法兰西科学院。1539 年弗兰西斯一世还在枫丹白露(Fontainebleau,巴黎大都会地区的一个市镇)设立图书馆,以专门收藏古籍,该馆后来被视为国家图书馆的前身。"意大利对 16世纪上半叶法国的影响不仅止于文化,而且,这种影响的范围之广,规模之大,也部分地说明了仅用几十年编织起来的文化纽带为什么能够如此紧密。意大利是文学的发祥地。作为人文主义之乡,也作为诗歌之乡——如果想到彼特拉克的话,那里名校云集,人才荟萃,不断吸引和输送着优秀的知识分子……"①

勒菲弗尔(Jacques Lefevre,1455—1536)是法国人文主义之父,他很早就致力于古典著作的翻译和校订。他发表的亚里士多德著作译本,以其文笔的精练与细腻而成为权威性著作。语言学家比代(Guillaume Bude,1467—1540)是与勒菲弗尔比肩的另一位杰出代表。作为弗兰西斯一世的密友,他曾多次以外交使节的身份出访意大利各邦国。他的研究领域十分广泛,不仅精通希腊文,还广泛涉猎哲学、神学、法律和医学。比代于 1529 年发表的《希腊语译注》,使其成为欧洲研究古希腊文化的著名学者。1536 年多雷(Etienne Dolet,1509—1546)发表了《拉丁语诠释》第一卷,既展示了他的拉丁文造诣,也表达了他对古代无神论的推崇。

在法国文艺复兴运动中,最引人注目的成就是人文主义教育。1536 年拉伯雷发表了长篇小说《巨人传》,这是文艺复兴时期的第一代作品。拉伯雷第一个举起了文学的大旗,鼓吹文艺复兴,宣扬古典教育,批判封建统治,嘲笑经院主义及其所控制的教育。"在 16 世纪,拉伯雷的作品大概出了 42 版,每版有一两千册。不仅开明的贵族,资产者也阅读拉伯雷的作品。"②

一、拉伯雷的人文主义教育

1. 拉伯雷的生平

拉伯雷是 16 世纪文艺复兴时期重要的人文主义作家。他出身于法国中部都兰省施农

---

① [法]阿兰·克鲁瓦、让·凯尼亚著,傅绍梅、钱林森译:《法国文化史(卷二):从文艺复兴到启蒙前夜》,华东师范大学出版社 2012 年版,第 102 页。
② [法]皮埃尔·米盖尔著:《法国史》,第 152 页。

城一个富裕的律师家庭,童年时代在其父亲的田庄中过着自由自在、无忧无虑的生活。优美恬静的田园风光及纯朴敦厚的农村习俗,对年幼拉伯雷的性格形成产生了深刻的影响。但好景不长,拉伯雷进入少年期后,却被违愿地送进一所修道院,接受令人窒息的经院主义教育,他被强行灌输经院哲学和拉丁文。1520 年左右,他再次被送入管理更加严格的圣方济各会当修士。但这些教育与拉伯雷喜爱自由、崇尚朴素的性格相违背。因此,拉伯雷在修道院里并未安分守己地进行修炼,在严厉的教规约束下,他千方百计寻找自己的发展道路。

拉伯雷想方设法与著名的人文主义学者取得联系,并与同窗好友一起偷偷地学习希腊文。当时的教会将希腊文视为恶魔的语言和异端邪说的根源,1523 年作为封建制度精神堡垒的巴黎神学院曾明令禁止学习希腊文。拉伯雷所在的修道院被查抄,他的希腊文书籍被没收,他也因此被关禁闭。当时法国伟大的希腊语学者吉劳穆·博戴曾致信拉伯雷。他写道:"我们知道,也正如他们所言,出于对希腊学的狂怒,他们把我们当作那些已经被捕的人的领袖进行攻击。他们断言要消灭这种刚刚复苏的对于希腊文学——我们这个时代永恒的骄傲——的狂热崇拜。"[1]教会这种粗暴举动在年轻的拉伯雷心中无疑埋下了仇恨的种子,因而他不得不愤然离去,以示抗议。最后,他转到圣本笃会的马伊修道院。由于该院的院长是古典文学爱好者,拉伯雷在此如鱼得水,受人文主义思想影响很深。后来,他以修道士的身份于 1523 年和 1527 年漫游法国各地。这两次旅行收获极大,他深刻地了解了社会各阶层人民的生活状况,为后来的创作奠定了良好基础。

1530 年,拉伯雷进入蒙彼利埃医学院学习。他对解剖学兴趣颇浓,在学习期间曾当众解剖过一具尸体。他是当时法国最早研究解剖学的医生之一。在法国的两次旅游和行医经历,使他对法国各阶层人民的思想情感有较深的认识。他看到了穷苦人民生活的苦难和教会的虚伪,他决心拿起笔谴责封建社会及其精神支柱——教会,以此医治社会的精神创伤。

拉伯雷学识渊博,他掌握了拉丁文、希腊文和希伯来文,阅读了大量的历史、地理和文学书籍,精通医学、哲学和法律,对数学、植物学、考古学、天文学、图画、音乐等都有较深的造诣。"他的确是近代无可争辩的一位饱学之士,他在拉丁语和希腊语方面的学识使他可与比代书信往来,在神学、法律、医学和音乐方面都有颇深的造诣。多次意大利之行更加深

---

[1] 李瑜译:《文艺复兴书信集》,第 34 页。

了他对同时代最先进文化的了解,他在作品中表达着对知识的渴望,对古代的敬仰,也体现了自由的批判精神。"①拉伯雷创作的五卷本《巨人传》也包含了丰富的科学思想。因此,人们称《巨人传》为百科全书式的文学巨著。

2.《巨人传》的教育构想

《巨人传》是一部政治性、思想性很强的讽刺性文艺作品,同时又含有丰富的教育思想。该书的主要矛头是针对封建社会、经院哲学及其教育的愚昧,同时也宣扬了人文主义思想及其教育主张,反映了新兴资产阶级在政治思想、文化教育方面的要求。该书采用了夸张的手法,其中许多故事情节的描写几乎到了令人难以想象、拍案叫绝的程度。但正是这种夸张体现了作者对人的巨大力量的承认,对神的蔑视,表现了人力胜天的思想。在拉伯雷的笔下,这些巨人在揭露封建制度的丑恶和抗击经院教育的斗争中,表现出无比的勇敢和聪明。因此,它是一曲对人的智慧和新教育的颂歌。

拉伯雷在描写过程中,涉及许许多多的科学知识,因此我们常常会看到各种科学思想的闪烁,有茅塞顿开、受益无穷之感。这种手法与中世纪敌视科学,摧残学术,推行愚民政策和宗教偏见的行为形成了鲜明对照。拉伯雷在《巨人传》中还穿插了大量的民间故事,其用意是试图以这种方式表现该书的生动性,增强可读性,但更深刻的用意是通过这种方式表现对劳动群众的智慧和善良的赞扬,从另一个侧面突出了人而不是神的思想。同时,他还对虚伪、愚昧的教士和饱食终日、无所事事的经院哲学家进行了辛辣的嘲讽。一位卓有见地的批评家说,拉伯雷预示了整个法国文学,他为所有文学形式提供了光辉的榜样,包括寓言、警句、戏剧性的对白和讽刺。②

《巨人传》是为迎接即将到来的新时代的一曲颂歌。拉伯雷笔下的巨人食量过人,饕餮盛宴,纵情作乐,他以此赞扬新兴资产阶级的世俗生活,嘲讽僧侣的苦修和禁欲主义。拉伯雷赞扬了巨人的优良品质。例如,高朗古杰酷爱和平,热爱人民,当他的国家受到敌人侵略时,他勇敢地率领群众击退敌人。卡刚都亚则表现了与邪恶教会斗争的勇敢精神,他蔑视教会的权威,将巴黎圣母院的大钟从钟楼上取下来当作他的马铃。他的这一近乎疯狂的举动使教士们惊恐万状。拉伯雷笔下的第三个巨人是庞大固埃,他体现了文艺复兴时期新兴资产阶级对新生事物的好奇心和创造精神,他到世界各地游历和冒险是为了探索宇宙奥

① [法]阿兰·克鲁瓦、让·凯尼亚著:《法国文化史(卷二):从文艺复兴到启蒙前夜》,第79页。
② [美]雅克·巴尔赞著:《从黎明到衰落:西方文化生活五百年,1500年至今》(上),第144页。

秘,寻求真理。这三个人的形象虽然荒诞不经,甚至不可思议,但实际上是拉伯雷对新兴资产阶级代表人物的歌颂,他们是勇敢、乐观、自由和智慧的化身。这些都反映了拉伯雷的理想和愿望。"他不同于其他所有人的地方就在于,他所渴求的那种理想具有巨人般的豪迈性格。他所传递出的那种对于生活的渴望,既饱含激情,又丰富多彩。"①

拉伯雷的理想更集中地反映在特来美修道院里,这是他为人们建造的理想的乌托邦。特来美修道院与众不同,它没有高大的围墙,而且男女兼收。"这里规定无论男女,入院之后,只要本人愿意,随时可以出院,不受任何约束。……这里规定,男女修士可以光明正大地结婚,人人都可富有钱财,自由自在地生活。"②特来美修道院唯一的院规是"做你所愿做的任何事",充分体现了文艺复兴时期新兴资产阶级争取个性解放与人性自由的理想。在特来美修道院的大门上,明文规定了不许进来的人,如伪君子、老滑头、假正经、貌似规矩、低头歪脑、冒充老实的坏东西,贪得无厌的老讼棍、律师、帮办、主教、法官、书记长,重利盘剥的守财奴等,但它欢迎正直的骑士和正确传播福音的人。

特来美修道院赋予人们最大的特权是"自由"。在生活方面,修士们可以按照自己的意愿进行,无论是作息起居或做任何别的事情,都没有人惊扰或强迫。他们的院规只有一条:"随心所欲,各行其是。"这些修士们为什么能获得如此自由呢?"因为出身清白,受过良好教育,惯和良朋益友交谈的自由人们自有一种天生的本性,推动他趋向德行而远避邪恶,这种本性,他们称之为品德。"③由于有了自由,只要是讨人喜欢的事大家便争着去做,因而形成了一种值得称道的竞赛。这些修士全部受过良好的教育,无论男女都能读写和歌唱,熟练地弹奏乐器,能说五六种语言,并运用这些语言写作。"除了这里,谁见过如此勇武,知礼,马上步下一般矫捷,雄健,活跃,又善于使用各种武器的骑士? 除了这里,谁见过如此皎洁,窈窕,容貌娟丽,手腕灵巧,针织和一切女红又做得如此精妙的体面而自由的妇女?"④

拉伯雷在《巨人传》中不仅批判和嘲讽经院主义教育的不合理性,还热情歌颂了新的人文主义教育。他指责经院主义教育使聪明的孩子变得愚昧和呆滞,而人文主义教育则可以使受教育者成为更加聪明能干之才。拉伯雷所设想的教育,具有极大的创造性和想象力。从教学科目的设置而言,它涵盖了培养一个完人的众多方面。他不仅重视古典文学的学

---

① [法]爱弥尔·涂尔干著,李康译:《教育思想的演进》,上海人民出版社2003年版,第262页。
② 任钟印主编:《世界教育名著通览》,湖北教育出版社1994年版,第196页。
③ 任钟印主编:《世界教育名著通览》,第199页。
④ 任钟印主编:《世界教育名著通览》,第199页。

习,而且自然科学、数学以至于与生活相关的烹饪学、营养学的知识也未错过。更为巧妙的是,他把与植物学相关的知识搬上餐桌进行讲授,充分显示了教学方法的灵活性。更为难能可贵的是,这位人文主义大师还让高康大接受劳动教育,带领他向各行各业的手工业劳动者学习。就这一点而言,它已远远超出了古希腊罗马时代的教育,已经不是什么恢复,而确确实实是一种创新。

人文主义教育与经院主义教育之间的所有差别,从根本上说都是由于教育目的不同而造成的。经院主义教育的最终目的是培养为教会服务的僧侣、牧师或修士,为过好天堂的生活做准备;而人文主义教育则是培养德智体美诸方面都得到发展的人。这正是老国王高朗古杰理想中的人物,高康大本人对这些也极表赞同,他在这方面的热情和坚定甚至比老国王有过之而无不及。这种情况最清楚地表现在高康大对儿子的教育要求上,他在给儿子庞大固埃的家书中写道: 现在全世界都有有学问的人、知识渊博的教师、藏书丰富的图书馆,我认为柏拉图时代也好,西塞罗、巴比尼安(3 世纪罗马帝国著名的政治家)的时代也好,哪个时代都没有现在这样求学便利。今后不在密涅瓦教堂(此处指教授文艺之学校)里学成后出来,谁也没法再在社会上立足,也没有人肯与他交往。“为此,我的爱儿,我勉励你善用你青春的光阴,一心向学,培养德行。”①

高康大还向他的儿子提出要把各种语言学好,首先是希腊文,其次是拉丁文、希伯来文,最后是加尔底亚文和阿拉伯文。在语法方面,希腊文要学习柏拉图,拉丁文要学习西塞罗;文艺方面,则要学习几何、算术、音乐以及天文学。此外,高康大还要求他的儿子学习法律,并熟记全部条文;学习关于自然的知识,以及希腊、罗马和阿拉伯的医学。总之,要成为一个知识渊博的人。在掌握这些知识之后,再去学习剑术和骑马,以便保卫自己的家园。更令人惊奇的是,高康大还创造性地提出了对所学知识进行测验的问题,而检测的最好方法是参加各种讨论会,和一切有学问的人公开辩论,并且和巴黎以及全国各地的文人学士交流。② 在这里,我们清晰地看到了一个未来的新兴社会对人才培养的要求,一个未来的新教育的蓝图。它早已不是古代教育的复兴,而是在复兴基础上新的发展和创造。

《巨人传》成书于 16 世纪上半叶,正是法国文艺复兴运动蓬勃发展的年代,该书中洋溢的浪漫主义与乐观主义是时代精神和法兰西民族精神的真实写照。人文主义思想不仅在

---

① 任钟印主编:《世界教育名著通览》,第 203 页。
② 任钟印主编:《世界教育名著通览》,第 203 页。

《巨人传》中得到了淋漓尽致的体现,而且得到了进一步提炼和升华。"可以很肯定地说,拉伯雷的理想至少在一定程度上也是那个时代的理想。他致力于通过教育创造的人,也就是他和他的许多同时代人自己也致力于成为的那种人。所以说,他的作品表达的并非一己之见,而是说出了他所处的整个世纪的主要渴望之一。"①

二、法国学校古典教育的复兴

如果说拉伯雷的《巨人传》在思想上为法国古典教育复兴开辟了一条广阔的道路,那么法国学校古典教育的重现则是它的最好成果。在学校教育方面,率先着手恢复古典教育的是比代。他特别喜爱希腊和罗马古典学科,是翻译和教授希腊文的杰出学者。比代的教育名篇是 1516 年写给弗兰西斯一世的一篇论文,名为《论君主的教育》(*On the Instruction of Prince*)。比代为君主勾画了人文主义教育的蓝图。他认为任何人(包括国王)都需认真学习文字和文学,特别是希腊文、拉丁文及其有关的文学作品,这些学问犹如指路明灯,是每个人必不可少的。比代建议留心于古典学科的研究。他认为凡人即使是国王也需努力掌握语言学,这种学习可以通过希腊语、拉丁语而获得。比代声称,学习希腊语优先于学习其他知识,它甚至比拉丁文学习还重要。"作为一种语言,作为思想的体现,作为哲学真理表达的基本工具,希腊语都是独一无二的。"②法王欣然接受比代的建议,并于 1522 年任命他为皇家图书馆馆长。于是比代更加热心于搜集经典著作的古本真迹,并帮助罗伯特·埃斯蒂安(Robert Estienne)创办皇家出版社(1526 年)。比代还在皇家学院设立希腊文、希伯来文、拉丁文和数学讲席,从此古典教育在法国获得了长足的发展。

对法国古典教育复兴发挥重要作用的另一位学者是加尔文的教师马瑟林·科迪埃(Mathurin Cordier,1479—1564)。科迪埃具有丰富的教育经验,他在巴黎波尔多(Bordeaux)地区的学校中积极宣传和推动人文主义教育。1536 年当加尔文在瑞士进行宗教改革时,他应邀赴日内瓦组织或改革学校。从那一年到 1564 年去世,科迪埃一直在瑞士生活,始终从事教学工作。科迪埃在人文主义教育方面的重要贡献,是他所著的讨论拉丁语词尾变化的小册子《论修正讹误的演讲集》,其主要目的是为了改进拉丁语学校的拉丁语

---

① [法]爱弥尔·涂尔干著:《教育思想的演进》,第 265 页。
② [英]威廉·哈里森·伍德沃德著:《文艺复兴时期教育研究》,第 152 页。

教学法。他主张用法语作媒介教授拉丁语,这样儿童既可以同时学习两种语言,又可以降低拉丁语学习的难度。科迪埃的另一著作是他在瑞士任教时所著的《对话集》(1564年),这是专门为学习拉丁语的学生准备的。"……作为一份具有历史价值的文献,科迪埃的《对话集》在当今也有重要的意义,和维韦(夫)斯的类似的对话集一样,使我们直接深入地了解那个时代的学校生活。"①上述两本书不仅在当时产生了重大影响,而且直到16世纪还广为学校使用,并被译为英语等多种文字出版,流行于西欧诸国。"作为一本学校手册,科迪埃的《对话集》享有非凡的声誉。其在16世纪最后几十年的发行量超过了任何其他的拉丁语课本。"②

法国古典教育盛行于波尔多地区的一些学校,其中古伊纳学院(College of Goyonne)是这方面的典型代表。该校不仅开设了门类众多的古典教育课程,如希腊语、拉丁语,还开设了数学、修辞、演说、哲学及亚里士多德的自然科学等课程。该校在管理方面也初步显示了新教育制度的端倪,它实行分级制,全校共分十级(或班);拉丁文、宗教被列为主科,每个年级必修,三四年级开始学习希腊文、数学、修辞学等科目,哲学、自然科学则属于高年级课程。课堂教学采取辩论的方式,学生相互提问,讨论课本内容,随后由教师进行解释。法语通常被用作拉丁语的句法分析和写作的工具,但在学校里或操场上不允许说法语(低年级学生除外)。年龄大的男孩要用拉丁语和年龄小的男孩说话,只有在没有听懂的情况下才能用法语重复一遍。上课时间是上午8时至10时、中午12时至下午1时、下午3时至5时。全校师生每天要参加弥撒。每一学年从9月份开始,一直持续到次年的8月初。

除了古伊纳学院外,开设古典语的学校还有1530年成立的皇家学院,它不仅开设了希腊语、拉丁语,而且还开设了希伯来语。皇家学院开辟了独立自主研究的新天地,它在非宗教学科如科学和艺术方面的研究,摆脱了教会和经院哲学的束缚,从而改变了中世纪学校仅仅是神学奴婢的状况。在教育管理方面,皇家学院也突破了教会的控制而独树一帜,它根据弗兰西斯一世的指令规定,如果学院的师生在法律上需要接受审判,则由学校自设法庭,而不再接受宗教的审判。这样该校就开创了政教(教会)分离的先河。

从古典教育复兴或新教育制度的创新而言,16世纪30年代活跃于法国西南部波尔多城的圭阳学院给人们留下了更深刻的印象。1534年波尔多市政府自治机构,决定根据人文

① [英]威廉·哈里森·伍德沃德著:《文艺复兴时期教育研究》,第179页。
② [英]威廉·哈里森·伍德沃德著:《文艺复兴时期教育研究》,第182页。

主义思想重新创办一所"男童学校"。该校共 10 个年级,并附有两年的以培养艺术能力为主的文学院。圭阳学院最昌盛的时期,是 1556—1570 年由埃利特·维奈特(Elit Vinet)任校长期间,他给后人留下了一份宝贵的课程大纲,即《课程和教法》。从这里,我们可以看到十年级及两年制文学院课程的安排和关于教法的要求,更能预示到一个新教育制度的萌芽。

以下是圭阳学院十个年级的组织及课程安排和教法说明的要点:①

第十(或最低)年级:入学年龄 6—7 岁,他们需具备"字母表"或拼音的知识。

课本:《拼音字母表》《主祷文(我们的祖先,Pater Noster)》《七种忏悔诗》《万福玛丽亚》《童蒙课本》。

能力测验:能阅读上述课本,懂得动词变形和同根词,能清楚地书写。

第九年级:该校人数最多的班级,它包括已在家中学习了上述课程,7—8 岁入学的儿童。

课本:法语和拉丁语的读本与写作,以便促使学生能流利并迅速地读与写;拉丁语语法中的名词与动词词尾变化部分;加图(Cato)写的《道德格言(两行一意诗)》及其法语译文;柯代尔(Cordier)的《语法规则范本》,它是一本小型的文法手册。

第八年级:8—9 岁。

课本:西塞罗文选;泰伦斯(Terence)剧作选段;可第尔的《会话》。

第七年级:9—10 岁。

课本:西塞罗文选;德斯潘登涅(Despantene)用拉丁语六韵步诗写成的拉丁语法;学习重点是文体或作文。

第六年级:10—11 岁。

课本:西塞罗《书信集》的标准散文原本,着重于文体的熟记和句法结构的解释。

第五年级:11—12 岁。

继续学习西塞罗《书信集》的标准散文本,重点同上;泰伦斯(Terence)的剧本和奥维德(Ovid)的一本书信体诗文(Epistolae)。开始学习诗韵规则。

---

① [美]E.P.克伯雷选编,华中师范大学、西南师范大学教育系等译:《外国教育史料》,华中师范大学出版社 1991 年版,第 227—229 页。

第四年级：12—13 岁。

开始学习西塞罗的一篇讲演,同时学习一本雄辩术手册,如伊拉斯谟的《关于语言的丰富》(De Copia);奥维德的《哀歌集》;文法;作文(经常练习);简单的拉丁诗文的听写;开始学习希腊语和文法。

第三年级：13—14 岁。

西塞罗的《家书集》(Epistolae Familiares)或《致雅典人书》(Ad Atticum)和奥维德的《变形记》(Metamor Phose)。学习重点是雄辩术句法和诗的写作;拉丁文诗和散文的写作;继续学习希腊语、狄奥多·盖萨(Theodore Gasa)的文法。

第二年级：14—15 岁。

西塞罗演说词或选自维吉尔、奥维德或路坎(Lucan)的读物;开始学习罗马史、拉丁语、雄辩术和艺术;继续学习希腊语、文法和阅读;写散文体和韵文体的作文;加强修辞练习。

第一或最高年级：15—16 岁。

学习西塞罗或昆体良的雄辩术;解说西塞罗的《演说词》;学习李维(Liry)、辛尼加(Seneca)、茹斯丁(Jusin)、欧布罗皮尤斯(Eubropius)和波·米拉(P. Mela)的历史学,以及维吉尔等人的诗;散文、诗和演说词的写作;继续学习希腊文;阅读狄摩西尼斯(Demos thenes)与荷马的读物;算术学习简单比例、平方根和立方根;以培养艺术能力为主的文学院课程。

一年级：16—17 岁。

从拉丁文译出亚里士多德的《逻辑学》;学习波尔菲利(Porphyry)的《绪言》;继续学习希腊文、塞勒斯(Psellus)的《数学简编》,有关算术、音乐、几何学和天文学的纲要。

二年级：17—18 岁。

亚里士多德的《物理学》《力学》以及其他被要求阅读的自然科学著作,自然哲学的研究;但是要以古代学说为基础,不应有观察或独立思考;继续学习上述希腊语和数学,增加普罗克洛斯(Proclus)的《球面积》。

对上述课程的教学方法说明如下：

我们对于在这所学校中实行的班级授课制的通用方式感兴趣,在一个适当的年级,在年级教师掌握下,通用中世纪所保存下来的辩论方法,就可以防止由教师在课堂上讲授或口述的那种通常的错误。伊拉斯谟经常讽刺那种方法是无能的教师或书呆子炫耀自己博学的方法。讲解通常持续一小时,随后便开始辩论,学生相互提出问题,提出疑点,讨论教材和教师的解释。这种练习进行半小时,每逢星期六,用班与班之间的竞赛性辩论代替规定的课程。①

从圭阳学院这份《课程和教法》的大纲中,我们不仅看到它按学生的年龄划分了年级,而且按学科内容的逻辑规定了各个年级的课程,进而提出了教学进度和对教学方法的要求。该课程大纲可以与同时代的斯图谟学校计划、梅兰希顿学校计划或伊顿的学校计划相媲美。由此可见,尽管它是一所学校管理范围内的事情,但一个近代教育制度的雏形已清晰地跃然纸上。

第四节　荷兰古典教育的复兴

在整个 15 世纪,北欧的学子们络绎不绝地南下意大利,在博洛尼亚或帕多瓦等意大利大学求学;同时,一些意大利作家或艺术家也偶尔或短期到阿尔卑斯山以北地区旅行。这些交流无疑促进了人文主义思想的传播。

北欧的文艺复兴大约发生在 1430 年至 1600 年,它是意大利文艺复兴的一个分支,却与意大利完全不同。北欧的文艺复兴普遍不像意大利那样如此具有世俗特征,其主要原因在于意大利与北欧承袭的中世纪社会、文化传统不同。"在北欧,没有使意大利城市成为孕育天才之地的那种狂热、幸福的生活;没有造就诸如米歇尔、安吉洛和达·芬奇那种对人和自然具有广泛兴趣的人物,而且,至少在宗教改革之前,也没有表现个性的强烈主张,而这些正是十四五世纪意大利各方面生活的特征。"②总之,北欧的文艺复兴是把意大利文艺复兴的某些成果,嫁接到北欧原有传统之上的产物。

北欧文艺复兴和意大利文艺复兴的起因大致相似,但其表现和结果则不尽相同。意大

① ［美］E. P. 克伯雷选编:《外国教育史料》,第 229—230 页。
② ［英］博伊德、金合著:《西方教育史》,第 168 页。

利的文艺复兴主要是从文学和艺术开始,但它并不仅限于恢复,而是有了更大的发展和提高。在这方面,最为突出的是达·芬奇(Leonardo da Vinci, 1452—1519)和米开朗基罗(Michelangelo Buonarroti, 1475—1564)的绘画艺术超过了历史上任何时代。在教育方面,维多里诺的宫廷学校不仅全面恢复了古代教育的传统,在其他方面特别是学校管理方面也表现出创新性。北欧的文艺复兴则突出地表现在宗教方面。"这并不是因为北方人是更好的基督教徒。这种差别某种程度上是北方文艺复兴不同的制度基础的结果(北方文艺复兴与大学甚至修道院的联系较意大利更加密切),某种程度上是时间选择的结果,它(在马丁·路德改革的前后)恰好使这场运动与教会的改革相吻合。"[1]在教育方面,北欧除了着力恢复古典教育之外,在学校教育管理方面也大大地前进了一步,它把古希腊罗马的成就远远地抛在身后,为近代教育制度的萌芽奠定了坚实基础。在这方面,表现杰出的首推荷兰学者伊拉斯谟。

一、新教育的孕育者伊拉斯谟

1. 伊拉斯谟的生平及著作

"在芸芸欧洲北部的人文主义者中,有一位昂然伫立其中,对日耳曼与瑞士的宗教改革运动产生了无可估计的影响,他就是鹿特丹的伊拉斯谟。"[2]伊拉斯谟在当时被人们誉为"基督教人文主义者的宗师"及"北方人文主义者的领袖人物"。同时,他也是新教育理论和新教育制度的倡导者。

伊拉斯谟出生于荷兰的鹿特丹(Rotterdam),是教士格尔特(Geert)与一个医生的女儿的私生子。伊拉斯谟9岁时被强行送进一座隐修院学习拉丁语,但在那里他并未受到多少宗教或正规教育,却有很大的自由阅读感兴趣的书籍。他几乎阅读了所能找到的任何古典作品,以及基督教早期创始人的许多著作。1492年,27岁的伊拉斯谟担任了教士职务,同时还是坎布雷(Cambray)主教的秘书。在这位主教的资助下,大约30岁时伊拉斯谟获准前往巴黎大学研究神学,并获得神学博士学位。

1499年是伊拉斯谟一生的转折点,他应友人蒙乔伊勋爵(Lord Mountjoy)之邀赴英访

---

① [英]彼得·伯克著,梁赤民译:《文艺复兴》,北京大学出版社2013年版,第82页。
② [英]阿利斯特·麦格拉斯著:《宗教改革运动思潮》,第49页。

问,并在剑桥大学讲授希腊语和神学。在那里,他结识了许多学术界名流,如约翰·科利特(Johnn Colet,1465—1519)、托马斯·莫尔(Thomas More,1478—1535)都是他的好友。伊拉斯谟在伦敦期间曾帮助科利特改组圣保罗学校,使之成为英国人文主义教育的重镇。1500 年伊氏又回到巴黎,并先后出版了《格言集》《寓言集》和《同类语汇编》等,这些著作的出版使古典文化得到了广泛传播。1516 年伊拉斯谟出版的希腊文《圣经(新约)》为人文主义和宗教改革提供了一个有机的联系。"这是文艺复兴时期最优秀的著作之一。它是以当时所能有的资料为依据的最好的版本。它改正了存在于拉丁文《圣经》中的很多错误,它是向北方文艺复兴的学者们提供最优秀的希腊文典范。"[1]

伊拉斯谟是第一位以写作谋生的人文主义者。[2] "伊拉斯谟可能是西塞罗时期以来无人可与之匹敌的具有独特风格的拉丁散文作家。"[3]他的成果极其丰富,而且题材广泛。他以"独立思想家"的姿态去观察和批判社会,特别是僧院制度和经院哲学。他认为当时的哲学与神学代表着教义的僵化和形式,主张重新回到《圣经》的原文(尤其是希腊文)去诠释和净化教义。伊拉斯谟的作品以讽刺教会和权贵为主,但其才华又受到当时教皇利奥十世的赏识,整个西方知识界和权贵都喜欢他的讽刺作品。他学识超凡,才思敏捷,善于根据不同的主题使用不同的谈话方式。"有研究者认为,伊拉斯谟对人文主义和文艺复兴的贡献可能超过了 15 世纪和 16 世纪之交的其他人贡献的总和。"[4]

在当时,"宗教界的教皇、红衣主教、大主教和主教与世俗方面的君主、诸侯,无不以得到伊拉斯谟的赠书为无上荣光。……有的人甚至声称非伊拉斯谟的书不读,非伊拉斯谟的书不教。德国、意大利、荷兰、法国等国的出版商为争夺出版伊拉斯谟的著作而展开了剧烈的竞争,他的一些书被刊行了几十版次……"[5]伊拉斯谟在教育方面的名篇有:《拉丁会话教科书——会话集》《格言汇编》《儿童启蒙之完全教育》《正学篇》《儿童礼仪》《愚人颂》《论少年早期的自由教育》《论基督君主的教育》《论正确的教育方法》等。此外,还有作为拉丁文基础的短语教科书、拉丁句法教科书等。"他在全欧发表文章、作品、论文、评论。他是文

① [美]S. E. 佛罗斯特著:《西方教育的历史和哲学基础》,第 208 页。
② [美]雅克·巴尔赞著:《从黎明到衰落:西方文化生活五百年,1500 年至今》(上),第 13 页。
③ [美]菲利普·李·拉尔夫、罗伯特·E. 勒纳等著:《世界文明史》(上卷),第 845 页。
④ 鲁成文著:《荷兰文化》,上海社会科学院出版社 2013 年版,第 191 页。
⑤ 鲁成文著:《荷兰文化》,第 191—192 页。

艺复兴的'巨擘',到处被接待,到处受欢迎。想跻身上流社会的市民必须熟悉他的思想。"①

2. 新教育制度的孕育者

伊拉斯谟的教育思想极其全面,认识颇为深刻,对许多问题的见解都有入木三分之感,而且许多论断至今仍能给人以启迪。从这里我们还可以清晰地看到一个新的教育制度正孕育其中。因此,伊拉斯谟真不愧为西方伟大的教育家、思想家。他十分重视知识教育,认为古典文学的学习是使儿童获得文雅修养的重要手段,"一个无学问的人根本不能算是一个人"。但伊氏绝不是要人们为学术而学术,他认为正是在这些经典文学作品中有着非常丰富的养料,它能教人怎样正确对待生活,怎样正确做人。这是因为外国的古典文学犹如中国的古代文献一样,它体现或贯彻了"文以载道"精神。具体而言,伊氏的教育思想包括如下几方面:

(1) 提出了明确的教育目标

伊拉斯谟在《儿童礼仪》一书中提出了明确的教育目标。他指出,我们开宗明义第一重要的事情,就是要使青年人的心里吸收那忠孝的种子;其次,要使他们爱好各种自由学科;其三,为生活的义务做好准备;其四,自童年开始就使他们习惯于各种礼仪和善行。在伊氏的培养目标中,道德修养位居首位,而且他最看重的是"智慧、宽仁、节制和正直"四种品质。伊拉斯谟在《论基督君主的教育》一书中指出:"君主的声望,他的伟大,他的帝王尊严,决非经由特权地位之炫示,而必然来自智慧、正直与良行。"②此外,伊拉斯谟认为能力也是必需的,只有具备了将来独自谋生的能力,道德修养和掌握的知识才能用到实处。对于君主而言,必须学习如何治理国家。"必须想尽办法,通过陪坐国事咨议,参加法庭审判,出席授官典礼,听取国王颁旨,让他从孩提开始就慢慢熟悉治国之道。"③

(2) 主张实行普及教育

伊拉斯谟特别强调教育的作用,认为一个国家的主要希望在于它对青年的适当教育。"柔顺的青年服从任何一种训练的制度,所以,应该对公、私立学校和女子教育予以最大的注意,使儿童可以受到最优秀、最可靠的教师的指导,从中学习耶稣的教导以及有利于国家的优秀的文献。若有了这样的制度,就不需要很多法律或惩罚,因为人民将自愿地遵循正

① [法]皮埃尔·米盖尔著:《法国史》,第153页。
② [荷]伊拉斯谟著,李康译:《论基督君主的教育》,上海人民出版社2003年版,第19页。
③ [荷]伊拉斯谟著:《论基督君主的教育》,第57页。

义的道路。"①伊拉斯谟明确提出实行"普及教育"（universal education），并主张这种教育应不分男女与贫富，而教育的结果与种类则要根据个人的才性，不以贫富门第及男女之别限其资格。可见，伊氏所主张的教育平等是真正的平等，而不是徒具形式的表面上平等，因为这种平等建立在个人才智的基础之上。应该说这样的平等教育仍是人们今天所追求的理想。一位五百年前的学者能提出如此深刻精辟的见解，是非常难能可贵的。

（3）教育事业必须始于童年

"教育事业必须始于童年"及"母亲是第一个教师"的思想，是伊拉斯谟的又一重要主张。伊氏在《儿童启蒙之完全教育》一书中明确提出，母亲应关心儿童的健康习惯，直至六七岁为止。在此期间，母亲还应将读、写、画及关于日常事物和各种动物粗浅的知识告诉儿童，这种教育要通过讲故事、画图画、做游戏的方式进行，它远胜于记忆法；在教学中还应注意儿童的兴趣。可见，伟大的母亲在儿童成长中的重要地位。伊氏主张远离体罚，少用批评责备的辞令。更为重要的是，他对于儿童教育和成长的环境提出了忠告。伊拉斯谟在《论基督君主的教育》中提出："生而得享王位的孩子，即使在考虑保姆人选时，也不能随意交托给任何您喜欢的人，而得交托给品性无可指责、接受过这项任务的准备与教导的妇女。"②在王子应如何交朋友方面，伊氏提出："与这个孩子交游的友伴，也不应当不经挑选，而应当是品性良善、值得尊重、受过体面正派之教养训练的男孩。寻常可见的那些人群，那些寻欢作乐的轻狂少年、酒鬼、谈吐粗鄙的民众，特别是那些谄媚之徒，您都必须让他们远离王储的视听，只要他的道德发育尚未牢固确立。"③

伊氏强调儿童的教育必须从襁褓时期开始，在儿童的心智仍然保持开放、尚未发育之时就灌输健康的思想。"从那时开始，就必须在他那尚为婴儿的灵魂的处子地里播撒上道德的种子，以期随着年事渐长，阅历日丰，这些种子会逐渐地发芽、成熟，一经播下，便可以深植于君主内心，伴其终生。这是因为，再没有什么能够像最初数年留下的印象那样，刻下如此根深蒂固、难以磨灭的印记。"④

（4）教学应注意儿童的天性

对于不同年龄学生的教育应采用不同的方法，这是教育理论的重要原则，也是教师工

① 华东师范大学、浙江大学教育系选编：《西方古代教育论著选》，人民教育出版社 2001 年版，第 224 页。
② ［荷］伊拉斯谟著：《论基督君主的教育》，第 12 页。
③ ［荷］伊拉斯谟著：《论基督君主的教育》，第 12 页。
④ ［荷］伊拉斯谟著：《论基督君主的教育》，第 9 页。

作的主要内容,对此伊拉斯谟的认识极其深刻。在《论基督君主的教育》中,伊氏明确提出:"国家把它的王子交给教师管教,教师应该仔细思索,发现王子的性情。有时,在这样小的年龄,就能从某些迹象发现王子比较倾向于急躁还是傲慢、倾向于希望成名还是渴求名声,倾向于放荡还是赌博、贪婪,倾向于抵抗还是战争,倾向于鲁莽还是残暴。当他已经发现王子的弱点时,他应该用优良的理论和适当的教导教化他,设法把一个易于接受引导的人引向更好的道路。另一方面,如果发现王子的天性倾向于生活中的好事,或者无论如何只倾向于那些容易转变为美德的坏事,例如功名心和挥霍浪费,教师则应该更加努力,帮助王子天性的长处得以发扬。"①

伊拉斯谟反对对性格倔强、不易驾驭的学生进行压服,而主张耐心说服。他说:"如果导师不幸遇到一个倔强、不易驾驭的性格,他也没有权利逃避或缩减责任。"②他坚信"没有一只野兽那么狂暴、那么可怕,以至训练者的技能和忍耐不能训练它。为什么导师要断定一个人要那么粗暴、那么无望,以至他不能用不辞劳苦的教育加以改正呢?"③另一方面,如果教师遇到一个性格比较好的学生,也没有理由阻止他的努力。"如果农夫不注意,则土壤的质地愈好,就愈会被荒芜,长满无用的野草和灌木。一个人的性格也是这样:它愈丰富、愈高贵、愈正直,若不用优良的教学加以改善,则它愈会被可耻的坏习惯所袭击。"④

伊氏坚持对不同年龄的儿童采用不同的教法。他说:"教师的任务总是相同的,但是他必须在一种情况下采用一个方法,在另一种情况下采用另一个方法。当他的学生还是一个小孩时,他可以通过有趣的故事、令人愉快的寓言和巧妙的比喻引进他的教导。当他年龄稍长时,他可以直接地教他相同的东西。"⑤

(5)学校应开设广泛的学科

伊拉斯谟主张儿童成长至7岁时,应由父亲承担教育责任,并认为此时的学习应是有序的,学科范围也应相当广泛。他主张儿童应学习《圣经》及教父的著述,这在当时人文主义者看来是属于德育的范畴。他说:"必须最深入、最紧要地灌输到君主的心智之中的,就是尽可能好地理解基督。他必须始终全神贯注于基督的教诲,这些东西以某种便利的形式

---

① 任钟印主编:《世界教育名著通览》,第131页。
② 华东师范大学、浙江大学教育系选编:《西方古代教育论著选》,第208页。
③ 华东师范大学、浙江大学教育系选编:《西方古代教育论著选》,第208页。
④ 华东师范大学、浙江大学教育系选编:《西方古代教育论著选》,第208页。
⑤ 华东师范大学、浙江大学教育系选编:《西方古代教育论著选》,第209页。

从原始素材本身提取出来并汇聚在一起,而这种提取使得教诲的吸收不仅更纯粹,而且更有效。要让他深信,基督的教诲最适用于君主。"①此外,伊氏还提出要让儿童学习希腊语、拉丁语。他提出的另一类学科包括神话、地理、农学、建筑学、军事学、博物学、天文、历史、音乐等。根据伊氏的见解,后一类学科既能丰富人的智慧,又有利于提高人的能力。这类学科的提出反映了伊氏不同于其他人文主义者,说明他不是为学问而学问,他所看重的是学校培养的人要有真才实学,这样才能符合社会要求。同时,也反映了伊氏提出的对人的培养要根据"才性"这一主张。

伊拉斯谟的教育思想十分丰富和深刻,这一点仅从上述分析中就已清晰可见。"伊拉斯谟的巨大影响力有力地支持了这样的观点,即所有人都应该是有文化、受过教育的并会拉丁文和希腊文。最重要的是,这是文艺复兴留给现代社会的教育遗产。"②同时,从他的教育思想中还可看到一个新的教育制度已基本形成。试想,如果在教育实践中按照儿童年龄、学科体系和顺序进行教育,就势必要按年龄划分年级和规定学科,保证学生按知识的内在体系进行学习。这不正是一个新的教育制度所蕴含的主要内容吗?

二、荷兰学校古典教育的复兴

荷兰学校古典教育的复兴或者说它的人文主义教育最早起源于"共同生活兄弟会"(Brother of the Common Life),这是一个由神职人员和世俗人员共同组成的协会,由格鲁特(Gerhart Groot,1340—1384)于1376年创立。兄弟会接纳各阶层和各种职业的人,其成员不必宣誓和受教规管理,每个人自谋生路而鄙视乞讨行为。兄弟会开办自己的学校,强调用本国语教学,并用本国语向穷人布道。它致力于恢复基督教徒那种简朴、虔诚和献身的生活。兄弟会不仅流传于荷兰,而且跨越国界,在德国、法国等地都有它的组织和信徒及创办的学校。兄弟会成员大多是有知识、有文化的人,他们从事实业或学术研究,或以抄写古籍珍本为生,或是初等或中等学校的教员。"慢慢地,他们开始为当地的城市学校授课,并且在德文特、布鲁塞尔、安特卫普等城市建立了自己的学校。"③

---

① [荷]伊拉斯谟著:《论基督君主的教育》,第18页。
② [美]R·弗里曼·伯茨著:《西方教育文化史》,第197页。
③ [美]R·弗里曼·伯茨著:《西方教育文化史》,第199页。

当时许多人文主义学者都是兄弟会的成员或其学校的学生,如人文主义者威塞尔(Johann Wessel,1420—1489)原是兄弟会在德文特(Deventer)所办的芝华尔学校的教师,后来他到巴黎、佛罗伦萨、罗马等地执教和学习希伯来文。他在芝华尔的学生阿格里科拉(Rudolphus Agricola,1443—1485)和好友罗伊希林(Johann Reuchlin,1455—1522)都曾留学于意大利,在那里接受人文主义的熏陶,后又回国或到其他地方宣传人文主义。这些学者在宣传和推广人文主义教育方面,对荷兰、德国、英国、法国都产生了深远的影响。因此,这里尽管是介绍荷兰的学校教育,实际上也说明了当时德国兄弟会学校的人文主义教育状况。因为这些学校同属一个组织的领导,而且各校之间又互有联系。

共同生活兄弟会在北欧文艺复兴运动萌芽以前就已在荷兰、德国及法国的许多地方开办了数十所学校,尽管这些学校地址分散,分布于不同国家,但它们之间却互有联系。在兄弟会所办的学校中,德文特和芝华尔最为出色,它们是兄弟会学校人文主义教育的中心。其他如列日(Liege)、鲁汶(Louvain)、坎布雷(Cambray)等也颇负盛名,而该会所创建的蒙太古高等学校(College of Montaigu)规模相当大。著名的德文特学校师生就有二千余人,其他规模较小者也不下数百人,由此可见其影响之大。

在文艺复兴运动前,兄弟会学校本是分散于各地的市民学校,这些学校开办时所教授的是圣经、国语,并教学生用拉丁语读、写、唱歌和谈话。但当意大利文艺复兴的浪潮波及荷兰、德国和法国时,这种新思潮就以势不可挡之势进入这些学校。因为这些学校的教师经常往来于意大利,而且它们的教员也常常更换,知识交流无意之中引起人们观念的变化,于是人文主义思想开始在这里生根发芽。如上所述,第一个向兄弟会学校传播人文主义思想的是威塞尔。他特别喜欢教育事业,并立志"以宣扬古代遗产及新文明,让他笨拙的同胞新生为终生职责"。威塞尔认为他的同乡是野蛮人,不及意大利人文雅。在他的教导下,培养了众多的人文主义学者。阿格里科拉就是其中最杰出的代表,阿氏在芝华尔毕业后赴意大利留学,后来在海德堡讲授古代经典,晚年著《为学之方》(On the Regulation of Study),对宣传人文主义产生了广泛的影响。伊拉斯谟则赞誉阿格里科拉是"入乎希腊之希腊,入乎拉丁之拉丁"。罗伊希林在巴黎跟随威塞尔学习人文主义后,长期在海德堡、斯图加特及图宾根等地从事拉丁文、希腊文及希伯来文的教学。由此可见,兄弟会对荷兰、德国及法国人文主义影响之深。

正是由于共同生活兄弟会所领导的学校数量多、规模大,又具跨国、跨地区的性质,而且它们都具有复兴古典教育的特点,课程开设近似甚或相同,因此它们在无形中形成了统一的管理制度,即一个类似近代教育的管理制度。那么,怎样看待兄弟会学校在历史上的贡献呢？英国教育史学家博伊德指出:"几乎每一个在北欧卓有成就的学者或教育家,都曾经先后在'兄弟会'所办的学校里学习过。但是他们对于教育工作的贡献,不能简单地用他们培养出来的杰出人物的数目来衡量。他们在教育史上之有权利享有光荣地位,相当程度上是由于在他们的主持之下,通过在课程中引进人文学科并创立一套新型的学校机构,而给学校带来的各种变化。"①兄弟会学校在管理方面的突出表现,概括起来有以下两点:(1)学校继承人能自由地接受新思想,允许教师讲授在意大利学校受到称赞的学科;(2)建立一种学校制度,通过井然有序的章程赋予所有学校某种相同的精神和方法。②

在学校管理方面,首先应归功于德文特学校校长亚历山大·赫吉亚斯(Alexander Hegius)。赫氏在 1465—1498 年担任德文特学校校长期间,建立了一套学校管理制度,这是他所做的最有价值的工作。他将在校的近两千名学生分为八个班级,其教育组织工作虽然没有直接记载,但据说兄弟会于 1496 年在列日(Liege,比利时东部的一个城市)所建立的那套学校组织,就是仿效赫吉亚斯在德文特学校所采用的方法。列日学校也有八个年级,每个年级都制定了详细的教学计划:

> 一年级学语法入门;
>
> 二年级学简明文选;
>
> 三年级学散文作家的简明作品和拉丁散文;
>
> 四年级学历史学家的著作和初级希腊文;
>
> 五年级学高级希腊文、逻辑学、修辞学以及散文原著;
>
> 六年级学希腊文学、作文和较高级的逻辑学和修辞学;
>
> 七年级学欧几里德、亚里士多德和柏拉图的著作;
>
> 八年级学神学和辩论。③

该计划还规定校长亲自管理学校,给几个年级分配作业,并注重学生道德和智力的发

---

① [英]博伊德、金合著:《西方教育史》,第 170 页。

② [英]博伊德、金合著:《西方教育史》,第 170 页。

③ [英]博伊德、金合著:《西方教育史》,第 172 页。

展。在校长之下,配有各年级的教职员。班级太大时,就把学生分成十人一组(队),每组
(队)由一个年龄较大的学生负责照管。这就是最早的北欧学校的一般组织特征。

第五节　德国古典教育的复兴

在欧洲各国中,德国是受人文主义运动影响较晚的国家。当巴黎大学已经是欧洲人文
主义新学的中心时,那些属于古典学派的教授们才开始涉足于德国各大学,给他们送去早
已流行于意大利和法国的社会新思潮。由此可见,人文主义教育在德国的开展时间较晚,
同时它又是从高等学校开始,而不像荷兰是从中等学校展开,这是当时德国新教育运动的
特点。

一、高等学校古典教育的复兴

公元 1494 年,埃尔福特大学开始设立诗学和雄辩术讲座,不久该校已完全成为一所以
人文主义为基础的新学校。公元 1519 年莱比锡大学在大公爵的领导下,废除了在经院学
派中流传已久的亚里士多德译本,采用更加新颖的译本和西塞罗、昆体良、维吉尔及其他希
腊作家的演说。与此同时,维也纳、海德堡(Heidelberg,建于 1385 年)、图宾根(Tubingen,
建于 1477 年)等大学也相继卷入复兴古典教育的浪潮,并且最终成为推动古典学科前进的
重要阵地。

在这种思潮的推动下,16 世纪初即 1502 年又成立了维滕堡大学(Wittenberg)。至 16
世纪中叶,恢复古典学科运动的声势进一步扩大,又相继设立了马尔堡(Marburg,建于
1527 年)、哥尼斯堡(Konigsberg,建于 1544 年)、耶拿(Jena,建于 1558 年)等几所大学。这
样在宣传恢复古典教育的运动中又增加了一支新的力量。至 16 世纪 20 年代,以恢复古希
腊罗马教育为中心的人文主义思想,实际上已风靡于德国各大学,其中包括早已成立的受
经院哲学影响很深的几所大学,如埃尔福特(Erfurt,建于 1393 年)、科隆(Cologne,建于
1388 年)等校,它们都开设了人文主义学科,有的甚至成为古典学科研究的中心。"这些高
等学校由邦君建立,以人文主义精神扶植修辞学、诗学、历史和语文学,通过鼓吹教义巩固
邦国宗教信仰,以讲授罗马法巩固统治当局的专制制度。在法律和正统信仰的事情上它们

都被看作为权威。"①

这里应当看到的是,风行于德国诸邦的人文主义运动,并非流行于意大利人文主义运动的翻版,二者之间显著不同。就意大利而言,由于民族的特点,比较偏重于宗教的笃信虔诚,更加注重群体的社会道德。德国以及荷兰人文主义运动的首要目的,在于从道德和宗教方面去改良社会。德国人文主义学者所走的道路是直接从希伯来文、希腊文开始研究《新约》原本,回归到基督教的本质。德国地区最先精通希伯来文的学者罗伊希林认为,对希伯来文的研究有助于了解旧约圣经,这是人文主义学者的最终目的。由此可见,德国人文主义运动最重要的特色就是对圣经的研究。我们知道马丁·路德就是埃尔福特大学的毕业生,这正是导致宗教改革运动首先发轫于德国的思想根源。

二、中等学校古典教育的复兴

在中等教育方面,接受人文主义思想和实施古典教育的学校可分为五类,即共盟兄弟会学校、市民学校、文法学校、亲王学校和武士学校。

1. 共盟兄弟会学校

在德国境内的这类学校,与荷兰境内的"共同生活兄弟会"学校同宗,它们由同一组织——共盟兄弟会所领导。这类学校对德国人文主义教育的发展起了模范作用,是德国学校中的一支主力军,其具体情况在介绍荷兰教育时已作了说明,此处不再赘述。

2. 市民学校

市民学校由市政机构创办,招生对象均为市民子弟,它们大多建于商业及手工业发达的城市,并由中古末年的市民学校改革而成。市民学校的学生大多为商人子弟,他们志在经商,出于实用目的,都重视本国语学习,即培养读写算的能力。另外,宗教学科在其课程表中仍然占有重要地位,但此时的宗教教育,其出发点皆为提高个人道德修养,而不是为了培养虔诚的教徒。因此,这类学校对于拉丁文、诗词等学科兴趣不大,所开展的古典教育成功者甚少。这种状况直至约翰·斯图谟(Johann Sturm,1507—1589)于 1536 年在斯特拉斯堡市担任拉丁文法学校(Gymnasium)校长之后,才开始发生真正的变化。

---

① [德]马克斯·布劳巴赫等著,陆世澄、王昭仁译:《德意志史》(第 2 卷),商务印书馆 1998 年版,第 278 页。

3. 文法学校

德国文法学校是由中世纪的古文学校(Gymnasium)演变而来。1536 年斯图谟继任斯特拉斯堡拉丁文法学校校长之职,且长达四十六年之久(1536—1582)。斯图谟在任期间,按照人文主义教育要求对该校进行改革,使古典教育得到真正的实施。与此同时,斯图谟还从教育管理方面做了重大改进。其具体措施是实行学级制,并根据该校的实际情况,制定了一个比较科学的教学计划。后来,整个德国以致欧洲许多国家的学校都依此模式进行管理,斯图谟也成为文艺复兴时期享誉欧洲的教育家。斯图谟的名望并不仅限于把人文主义教育应用于新教的目标,他还注重学生的道德教育,并采取了某种特殊的教派形式。斯特拉斯堡学校并不满足于培养好人,其目标是培养好的新教徒,因此各门古典课程中都剔除了那些属于异教的内容。斯图谟的改革使得文法学校成为完全适合当时宗教斗争需要的教育机构。

4. 亲王学校

亲王学校又名为寺院学校。这是因为在宗教改革之后,德国各邦的亲王学校的经费大多由寺院捐助,故又名寺院学校。但它与宗教改革前的寺院学校有所不同,旧的寺院学校是专门为培养未来的僧侣而建立,新的寺院学校则已完全摆脱了中世纪的经院主义。最早的亲王学校是由萨克森莫里茨公爵(Duke Moritz of Saxony)创办。公元 1543 年莫里茨公爵在其所辖之市创办了一所公立寄宿学校,招收市民中的杰出子弟,优秀者可享受公费上大学,其目的是为教会培养领袖人才。继莫里茨的创举之后,德国其他邦国也都纷纷仿而效之,一时间在德国许多城市都涌现出亲王学校。这类学校的管理和课程设置,最初阶段大多仿效兄弟会学校模式,在斯图谟学校的经验公诸于世后,都倾向于斯图谟文法学校的模式。所有这些都说明,不仅古典教育在德国已得到复兴,而且在学校管理方面也形成了统一制度。

5. 武士学校

在 16 世纪末,尤其是 17 世纪《威斯特伐利亚和约》①签订以后,在德国出现了一种以训练贵族青年担任宫廷文武官职为任务的特权学校——武士学校。这种学校带有明显的阶

---

① 1648 年 10 月 24 日签订,它标志着三十年战争结束,也是欧洲政治、宗教和社会历史的转折点。该和约承认了神圣罗马帝国统治下的许多邦国是独立的主权国家,确立了国家主权、国家领土与国家独立等原则。

级性,它们创办于图宾根(1589)、卡塞尔(1599)、哈勒(1680)、埃尔朗根(1699)、勃兰登堡(1704)、柏林(1706)等地。课程大体上由以下科目构成:神学、伦理学、民法、国法、世界史及地理、年代学、系谱学、修辞学、数学、语言学(德语、拉丁语、意大利语、法语)、武士训练(骑马、角力、舞蹈、射箭等)。选修课程有形而上学、物理学、天文学等。①

第六节　英国古典教育的复兴

英国文艺复兴不是本土出现的运动,实质上是舶来品,它可以溯源至 15 世纪的意大利。意大利人文主义向英国的传播,最初是通过在教廷任职的人文主义者实现的。人文主义者入职教廷,不仅改变了教廷的精神风貌,也让他们有机会作为教廷官员出使欧洲各国,将意大利的新文化向欧洲传播。15 世纪 30 年代,一批意大利学者访问英国,他们作为罗马教廷的秘书、收税官或特使旅居英国;他们在履行圣职的同时,也向英国传播了人文主义新文化。此外,还有一些意大利人文主义者出任英国王室和贵族的秘书、家庭教师或宫廷诗人等职务,积极推动人文主义在英国的传播。"在整个 15 世纪,英国人文主义主要是一场模仿当时盛行于意大利的西塞罗拉丁语的学术运动。在这一方面,外界对于它的接受程度十分有限。因此,这种新的拉丁文风格逐渐成为一种外交语言,那些能写会读的人希望能在外交领域任职。那些对意大利人生活至关重要的人文主义精神内核如伦理、教育和政治价值观,英国人只有一种模糊的认识。"②

在意大利人文主义者的宣传下,为了更直接、更全面地感受人文主义新文化,一批英国学者前往意大利留学。在意大利期间,他们往往遍访名师,或者加入人文主义学术圈,或者通过各种方式收集人文主义书籍。这种人员往来对英国的影响极为深刻,英国有一批受意大利新学影响的人文主义学者,他们以托马斯·莫尔为领袖在伦敦推行人文主义教育活动。当时英国的王室和重臣也积极鼓励并支持这种活动,他们通过对意大利人文主义学者的保护和赞助,充当了意大利与英国人文主义运动的桥梁。例如,汉弗莱公爵(Duke of

---

① [苏联]米定斯基著,叶文雄译:《世界教育史》,生活·读书·新知三联书店 1950 年版,第 197 页。
② Fritz Caspari, *Humanism and the Social Order in Tudor England*, Teachers College Press, Columbia University, New York, 1968, P. 1.

Humphrey，1391—1447)曾利用自己的政治与社会地位,极力赞助和保护人文主义新文化,被认为是英国"人文主义之父"和阿尔卑斯山以北最著名的文化庇护人。① 他不仅对人文主义感兴趣,而且还慷慨资助意大利人文主义者。汉弗莱公爵建造了一个颇有价值的人文主义图书馆,现在牛津大学图书馆的一部分就是建立在其基础之上。他的图书馆除了一般的中世纪藏书外,还专门收藏了大量的希腊文和拉丁文著作,甚至包括一些意大利学者的作品,毫无疑问这对当时的大学师生们具有极大的吸引力。"大学师生对新建图书馆的趋之如鹜,是堪称如火如荼的意大利文艺复兴运动初次闯入牛津大门的结果。"②汉弗莱公爵的做法为其他英国贵族所仿效,他们搜集人文主义的书籍,并将学识渊博的人文主义者吸引到自己周围。

在 15 世纪后期,人文主义热情和伦理、教育与政治价值观开始影响英国。正如有的学者指出:"人文主义在英国文化生活中没有发挥决定性的作用,直到 15 世纪末这些价值观开始被吸收,并且在 16 世纪作为一种明确的学术体系而牢固扎根。正是此时,人们开始认识到古希腊罗马的思想准则与英国社会的需要密切相关。"③英国人文主义作家托马斯·埃利奥特(Thomas Elyot,1490—1546)的《行政官之书》(*The Governour*)是为绅士子弟设计的抚养和教育计划,其中提出了适合政治家教育的课程模式,即希腊文、拉丁文、修辞学、逻辑学、几何学、天文学、音乐、历史、地理、绘画、雕塑和体育。他把柏拉图和西塞罗的作品当作学习的主要内容,并把普鲁塔克和伊索克拉底的作品翻译成英语。罗格·阿卡姆(Roger Ascham,1515—1568)是伊丽莎白女王的老师和拉丁文秘书,他撰写了大量关于体育锻炼和户外活动的文章,认为这些活动对于贵族和有闲阶层而言十分重要。

人文主义新学首先是在英国的大学占领阵地,到 16 世纪中叶大部分中学也已经按照人文主义精神进行了教育改革。

一、高等学校古典教育的复兴

从 16 世纪初起,人文主义开始进入牛津和剑桥两所姊妹学校。当然在这场文化革新

① 刘贵华著:《人文主义与近代早期英国大学教育》,中国社会科学出版社 2016 年版,第 33 页。
② [英]海斯汀·拉斯达尔著,邓磊译:《中世纪的欧洲大学——博雅教育的兴起》,重庆大学出版社 2011 年版,第 105 页。
③ Fritz Caspari, *Humanism and the Social Order in Tudor England*, Teachers College Press, Columbia University, New York, 1968, PP. 1—2.

运动中领军人物仍然是牛津大学,它在汲取新文化方面是走在时代的前列的。"15世纪前半叶,英国人的思想,尚墨守经院哲学,不敢稍有逾越,迨后与意大利交通频繁,好学的富豪贵族,往往购读意大利古书,或派遣其子弟,求学于意大利的高等学校,于是国内对于人文学的倾向日益浓厚,而文艺复兴运动,遂从此兴起。"①早在15世纪中叶,牛津的许多学生就到意大利的佛罗伦萨等新文化中心学习人文主义思想。此后,牛津的西方古典名著译本日益增多。在教育方面,对牛津大学影响最早、最大的是威廉·格罗辛(William Grocyn,1442—1519)、托马斯·林纳克(Thomas Linacer,1460—1524)及威廉·拉提谟(William Latimer,1460—1545)。这三位学者不仅为牛津带来了希腊文及多方面的科学知识,而且还介绍了希腊的教育。

格罗辛1488年去意大利留学之前,似乎就在牛津大学学习了希腊语。在意大利期间,格罗辛的希腊语知识有了长足的进步;1491年他回到牛津后即成为该校的第一个希腊语教师。有人认为,"他似乎是第一个在英国大学教授希腊语的学者"②。格罗辛还在威弗利公爵的帮助之下,在牛津建立了一座富丽堂皇的图书馆,极大地扩大了人文主义的影响。林纳克在意大利留学时,致力于研究亚里士多德的思想,并参与过亚里士多德著作的修订。1496年林纳克在帕多瓦大学获得医学学位,他回到英国后成为了年轻的亚瑟王子的导师和宫廷医生。林纳克还通晓古希腊罗马的经典、修辞学和辩证法,并把亚里士多德的著作和盖伦的医学著作译成拉丁文。林纳克回到牛津之后,既讲授医学,又教授希腊语和拉丁语。同时,他还与英国各地的人文主义者通信,讨论人文主义的问题。"林纳克是第一批掌握希腊语的英国人之一,而且用心地利用了这种知识。他学识渊博和兴趣广泛,足以和意大利人文主义者媲美;他精通文学、哲学和自然科学。"③因此,他的影响之广泛早已越出牛津大学的范围。"新学问从牛津大学传播到剑桥大学,一个多世纪以后又传播到美国的哈佛大学。"④拉提谟既是希腊文研究的饱学之士,也是当时著名的人文主义学者。他在意大利的留学时间与林纳克基本相近,回到剑桥之后就与格罗辛、林纳克一起宣传人文主义。1513

① 蒋径三编:《西洋教育思想史》(上册),福建教育出版社2011年版,第63页。

② Fritz Caspari, *Humanism and the Social Order in Tudor England*, Teachers College Press, Columbia University, New York, 1968, P. 35.

③ Fritz Caspari, *Humanism and the Social Order in Tudor England*, Teachers College Press, Columbia University, New York, 1968, P. 35.

④ Ellwood P. Cubberley, *The History of Education*, Houghton Mifflin Company, Boston, 1920, P. 254.

年拉提谟成为了剑桥大学玛格达伦学院(Magdalene College)的希腊文教师。

正是在这些人文主义学者的努力下,人文主义在英国社会获得了广泛传播。但应当指出的是,人文主义在英国之所以能得到较顺利的发展,还与该时期英国的政治形势有很大关系。当时正值英国都铎王朝(1485—1603),整个社会处于"国泰民安"的时代。这一时期英国资本主义经济发展较快,资本主义生产方式在工农业中占据主导地位。手工工场的规模和水平稳步上升,毛纺织业成为获利丰厚的民族工业。16 世纪末,英国的煤产量超过欧洲各国产量之和。造船业逐渐居于欧洲前列。建筑业经过长期停滞后,出现了修建教堂的热潮,贵族和乡绅也竞相修建府邸和别墅。商业发展空前迅速,个别富商的资产达 10 万英镑。与以往的君主相比,都铎王朝的君主能主动维护英国资产阶级的利益。可见,一种新的学术思想或社会思潮能否进入一个国家,并在那里生存下去,与当时的社会环境、政治气氛有极大的关系。

剑桥大学人文主义的发展始于 16 世纪初,第一位倡导者是该校监督费希尔主教(John Fisher),当时费希尔极力鼓动和支持亨利七世的母亲里士满(Richmond)伯爵夫人为剑桥大学设立了三所人文主义学院。1510 年至 1520 年,剑桥大学吸引了来自附近各郡的大批学生,包括诺福克(Norfolk)和萨福克(Suffolk)的僧侣以及商人、自耕农和绅士的子弟。这个时候也正是伊拉斯谟在剑桥大学担任神学和希腊文教授的时期(1510—1513)。伯爵夫人的这一举动不仅给英国人文主义教育以巨大的推动作用,而且开创了由皇家办学的新历史。这是英国文艺复兴时期教育制度上的第一次突破。在这种情况下,牛津、剑桥的培养目标也发生了很大变化,它们不再以专门训练中古时代的那种神职人员为宗旨,而是以为国家和教会培养人才为己任。

在牛津、剑桥影响下,至 1540 年英国人文主义教育思想发生了巨大变化,它开始大踏步地走进皇家宫廷之中。这一年在宫廷设立了"皇家"希腊文讲座,担任这一讲座的首任教授是杰出人文主义者约翰·契克爵士(Sir John Cheke)。不久,契克又被英王聘为爱德华王子(Prince Edward)的拉丁文教授。契克的学生罗格·阿卡姆被聘为伊丽莎白公主(Princess Elizabeth)的希腊语和拉丁语教师。契克爵士在教学中要求他的学生阅读希腊名家的著作,他还用希腊文注释新约,并将马太福音译成希腊文本。由此可见,人文主义在英国的发展首先是从两所古老的大学开始,然后为王室所接受,并在王室的支持下得到发展。

当然英国人文主义教育的发展并非一帆风顺。正如任何新生事物的成长总是不可避免地要遇到阻力一样,作为新生事物的人文主义教育在发展过程中,也曾遭遇到中世纪教会和经院派学者千方百计的阻挠、排斥、扼杀、打击甚至摧残。就剑桥大学而言,正当人文主义教育方兴未艾之际,1519 年一位经院主义学者沃尔西(Wolsey)就站出来公开反对复古,严禁希腊文的研究,自此希腊语在剑桥中断了十四年之久。直至 1533 年,才由托马斯·史密斯爵士(Sir Thomas Smith)恢复这一课程。

二、中等学校古典教育的复兴

在牛津、剑桥及王室的推动下,人文主义教育的新风终于吹进了英国中等学校,其中最早接受人文主义思想并将它引入中等学校的是圣保罗学校(St. Paul's School)校长约翰·科利特。科利特是圣保罗教堂主教亨利·科利特之子,牛津大学人文主义学者格罗辛、林纳克的学生,也是伊拉斯谟的好友。1493 年至 1496 年他在意大利佛罗伦萨留学期间,就沉迷于"新柏拉图主义"和圣经研究。1496 年科利特回到英国之后,在牛津大学讲授保罗书信和神学。1505 年他在担任伦敦圣保罗教堂主教时致力于宗教改革,在讲演中坚持用比较纯洁的圣经阐述新义,以代替教会宗派的传说,为此有人把科利特称为"真正的基督教人文主义者和宗教改革的先行者"①。

圣保罗学校始建于 1512 年,圣保罗教堂内能容纳 153 名学生,所有学生的学习一律免费。1519 年科利特接任校长后进行了重大改革,把圣保罗教堂的教会学校转变成人文主义文法学校。"虽然这不是第一所人文主义学校,但是,科利特的名望和影响力却帮助把经典人文主义思想传播到了当时很多其他的文法学校中。"②圣保罗学校的改革具体表现在 1510 年和 1518 年制定的两个章程里,其中心要点可概括如下:

(1)重视宗教教育,强调学校要创造合适的宗教气氛。章程规定,学校要有一位神父和一个小教堂,神父的任务是每日在学校的小教堂为弥撒奏乐。为了上帝和耶稣基督的荣耀,儿童要严于律己,并勤奋学习。神父由十分诚实和德性纯正的人担任。可见圣保罗学校是以宗教信仰和道德培养为首要任务。

(2)实行严格的纪律和考核制。入学的儿童必须熟练地读、写拉丁文和英文,如果经过

---

① Fritz Caspari, *Humanism and the Social Order in Tudor England*, Teachers College Press, Columbia University, New York, 1968, P. 39.

② [美]R. 弗里曼·伯茨著:《西方教育文化史》,第 199—200 页。

一个适当的时期以后,证明该生学习困难且不能继续学习,他就要离开学校,而不让他徒劳无益地在学校占一个位置。如果旷课六天,又提不出正当理由(因病除外),就要将他除名,不再允许入学,并要交付四便士的罚金。

(3)明确规定拉丁文和希腊文为主要课程。章程规定,在圣保罗学校,学生要自始至终学习拉丁文和希腊文的优秀作品,学习那些把罗马人的雄辩才能和智慧结合起来的优秀作品,特别是那些用高雅简洁的拉丁散文或诗歌写下了名言和教训的基督徒作家的作品。因为学校的意图是使孩子们的知识增加,增进他们对上帝、耶稣和优秀的基督徒生活和礼仪的崇敬。为了达到这一目的,儿童首先要学习英文版《教义问答》、科利特或其他人所写的《词尾的变化》,然后学习伊拉斯谟的《基督教原理》,再学习基督教徒作家如拉克坦修(Lactantius)、普鲁登修(Prudentius)等人的作品。其目的是为了学到真正的拉丁语——西塞罗时代古老的拉丁语,以取代那些无知之人带来的粗俗、谬误和掺假的拉丁语。章程制定者明确提出:"我坚决地把它们摈除和排斥在学校之外,我责令教师们要用各种方法去教授最好的拉丁文,同时还要把希腊文教给学生,使他们学得包涵智慧和纯洁高雅的作品。"①

除了重视宗教教育和古典文学教育之外,圣保罗学校与中世纪教育的另一不同之处,是重视学生的健康教育。圣保罗学校把体育课列为重要课程。在科利特看来,儿童已不再是赎罪的羔羊,而是一个可以教育好的儿童。"科利特建立的学校既不关心如何改进神职人员的教育,也不关心为绅士子弟提供专业教育和满足商人的实际需要,而是致力于儿童的启蒙教育。"②他的主要目标是增长知识、崇拜上帝和基督耶稣,让孩子们懂得良好的基督教生活和礼仪。因此,科利特把学习看作为生活服务,以及为个人生活幸福和社会作贡献的手段。

除了能从上述资料看到圣保罗学校恢复古典教育的决心之外,我们还可从科利特的好友伊拉斯谟对这所学校的评价看到其新颖之处。伊拉斯谟写道:"这所学校不是托付给神职人员、主教、宗教团体以及任何朝廷大臣,而是托付给已婚的平信徒、布商公会以及正直和有声望的人。"③这样做的原因是,科利特发现在这个群体中的腐败比其他任何地方少。

---

① [美]E. P. 克伯雷选编:《外国教育史料》,第237页。

② Joan Simon, *Education and society in Tudor England*, Cambridge University Press, London, 1967, P. 73.

③ Joan Simon, *Education and society in Tudor England*, Cambridge University Press, London, 1967, P. 73.

科利特为教师提供宿舍,并给予他们丰厚的报酬,使他们可以自由地或带有慈善性质去教育一般儿童。科利特把圣保罗学校分为四院:第一院住新入教的儿童,授以宗教原理,不能读写的儿童不许入内;第二院住低年级的儿童,由第二等教员或助教教他们;第三院住高年级的儿童,服从高级教员的管理;第四院,是替上帝服务的小礼拜堂。不能随便允许所有儿童入内,一定要按他们的天赋和才能进行挑选。在这位聪明睿智的教育家看来,最大的希望和幸福在于教育儿童至高无上的学问和真正的宗教知识。①

圣保罗学校的管理与以前的英国传统学校相比,其创新性很明显。圣保罗学校初步奠定了近代学制的基础,实行按受教育者的程度或知识基础分院教学的制度。这种分院制与分班制有所不同,它既含有分班教学的意思,又比分班教学更多一层含义,即同一级的学生不仅一起学习,而且也在同一个院内生活。这是圣保罗学校的特点,也是后来英国"公学"的特点。不仅如此,我们从科利特对教员选择的标准方面,还可看到圣保罗学校锐意改革和坚持走人文主义道路的决心。科利特规定应聘圣保罗学校的教员"其人必勤于身体方面之事,而又秉性忠厚,德望斐然,精于拉丁希腊文学"②。在这一标准之下,科氏的好友威廉·李利(William Lily,1468—1522)被聘为首任拉丁语教师。李利是留学于意大利的学者,热心于古典学科的研究。他在任期间编写了一本《李氏拉丁文法》(*Lily's Latin Grammar*),这是英语世界中流传最广、使用最久的拉丁文法教材。该书一直使用到19世纪,刊行过100版。

在牛津、剑桥和圣保罗学校影响之下,人文主义教育在英国得到了长足的发展。后来成立的温彻斯特(Winchester,1387)、伊顿(Eton,1440)公学也仿效圣保罗学校,提倡古典文学研究,重视语法教学,以培养高贵优雅的绅士为目标;甚至在学风方面都一脉相承,坚持严谨的治学之风。16世纪中叶以后建立的几所公学,如什鲁兹伯里(Shrewsbury,1552)、威斯敏斯特(Westminster,1560)、泰勒(Merchant Taylors,1561)、拉格比(Rugby,1567)、哈罗(Harrow,1571)等都以圣保罗学校为榜样,将古典语言、语法的学习置于首位。"可以肯定的是,在宗教改革的前夜,圣保罗学校成为了其他学校效仿的榜样。"③

由上可知,从文艺复兴运动开始,西方教育就处于逐渐向近代演变的过程之中。这种

---

① [美]格莱夫斯著:《中世教育史》,第181—182页。
② [美]格莱夫斯著:《中世教育史》,第182页。
③ Joan Simon, *Education and society in Tudor England*, Cambridge University Press, London, 1967,P.63.

变化始于南欧的意大利,然后又紧随人文主义向西欧国家进发。它以一种复古的形式,向经历了漫长时代的封建教会教育发起冲击。这种演变的发生是源于当时社会政治、经济及教会内部思想发生了动摇的结果。"复古"从其字面而言,总是与反复、倒退相联系。但在西方,特别是就文艺复兴运动这一特定的历史阶段而言,它却具有更加丰富的内涵。在这里,"复古"意味着古代文明的恢复和封建落后文化的衰亡,以及宗教哲学的削弱。同时它还与进步、创新相联系。这是因为在西方社会发展历程中,曾经历了一个非同寻常的时期,其古老的奴隶制社会——从雅典、斯巴达时期以至于古罗马时代,在政治、文化和艺术方面,曾经创造了一个极其辉煌的文明民主的时代;而取代这个文明社会的封建制度,使这一切伟大的成就几乎被摧毁,整个西方从此进入了暗无天日的时代,君主专制、封建迷信、神权充斥于整个社会。在上帝和皇帝面前,人们永远是会说话的奴隶,来世生活成为生命的唯一理想。沉重的生活使人们失去了理智,看不到前进的方向和目标。

在这种情况下,长期为贫困和愚昧所困扰的人们急切思变,希望能找到一种新的自由生活,以谋求自己的发展。"文艺复兴运动的主要动力源泉,是人们热烈地向往个人的绝对独立;要求个人独立乃是现代人的特性。这种向往之情最突出地表现在积极摆脱传统的桎梏和外在权威的压制。"①由罗马教廷发起的"十字军"东征则导致了东西方社会的大动荡,同时也为西方社会的变革和个人解放带来了希望。在此历史背景下,东方携学西逃的学者为人们送来了中断已久的西方古代文化。在罗马一些古老寺院中被尘封多年的典籍及地下文物的出土,让人们在惊奇之余也从中获得了新的启示,为寻找新思想、新政治、新文化找到了效仿的样板。那些急切思变的学者则一马当先,为复古运动摇旗呐喊,充当了这场运动的旗手。

在这场史无前例的运动中,教育振兴是一个重要方面,它是文艺复兴运动的产物。可以说,没有前者就不可能有古典教育的复兴,但它又反过来成为推动这一运动前进的不可或缺的力量。这个时期的教育并非古希腊罗马时代教育的简单复活,而是进一步发展壮大。这时的教育不仅规模扩大,学科也更加丰富,并且早已超出了"七艺"范围。就某一学科而言,其内容更为丰富,其性质和目的也发生了质的变化,希腊语、拉丁语已成为最重要的课程。数学、自然科学及体育重新受到重视,它们已不再是神学的婢女和教会的奴仆。

文艺复兴时期,在人文主义影响下,不仅学校数量增加了,而且办学形式、学校规模也

---

① [德]弗·鲍尔生著,滕大春、滕大生译:《德国教育史》,人民教育出版社1985年版,第25页。

有了很大的变化,那些规模庞大的学校有时甚至达到数千人。面对如此复杂的现象,如何管理这类学校成为迫切需要解决的问题。一些先知先觉的教师,如斯图谟鉴于实际的管理需要创造了一套新的管理方法,于是一种新的教育管理体制应运而生。由此可以认为,新教育制度的诞生(尽管其诞生之初尚不尽完善合理)是由一些先进的、智慧聪颖的教育实践家在实际工作中创造的结果,是从实践经验中总结出来的,随后又随着不断地实践而丰富,以至于达到完美。

第二章

国 民 教 育
的 起 源

国民教育作为一种制度，有一个相当长的孕育期。在 16 世纪，宗教改革运动的兴起将西欧教育发展推向了一个全新的阶段，教育革新成为西欧国家的普遍特征，人们也开始勾勒国民教育制度的蓝图。早期的一些专制君主如普鲁士的腓特烈·威廉一世（Frederick William I，1688—1740，1713—1740 年在位）等，为公立小学提供国家资助，并且颁布法令实行强制义务教育，这些都预示了国民教育的未来发展。

作为欧洲北部文艺复兴的结果，宗教改革运动将新教的教育理想迅速地推向全欧洲乃至北美洲新大陆。这种新的教育理想由以路德教派和加尔文教派为代表的新教最先倡导，是一种着眼于普通民众的教育，它在德国北部以及北美殖民地得到了较为成功的实践。作为新教徒的一个创造，具有鲜明民族特色的国民初等学校开始被纳入新教国家的学校体制。我国教育史学家蒋径三先生写道："路德率先非难当时的僧院学校及教会学校的中世纪的教育，主张施行应与社会发生关系的宗教教育；又力说一般人民的教育，成为后日国民教育的起源。"①曹孚先生则指出："宗教改革把中世纪的国家从属于教会的情况颠倒了过来，使教会从属于国家。它反映着资产阶级服务的现代民族国家的成长与独立。与此相顺应，教育的领导权开始由教会转入国家手中。近代欧洲的'国家教育制度'是在宗教改革期间奠定始基的。"②与此同时，为了反击自己的宗教敌人，天主教会对创办初等学校也开始表现出一定的兴趣。

"学校的体制引领了一个很重要的过程，这个过程历经了 16 世纪到 18 世纪，逐步地把所有的男人和许多妇女都收纳进去。学校成为一个很重要的社会化的机构，把一个几乎还都不识字的、只有少量知识分子精英的社会转变为一个有文字文化的社会。在这个社会里，每个人只能享有最初的学校的教育，这是持续不断扩大学校体制的产物，它覆盖了所有的市场和城市，而且也覆盖了村庄和农村的教区。"③但由宗教改革所引起的连年战火，在欧洲几乎燃烧了两个世纪，大多数国家的精力都集中在应付宗教、政治与军事冲突，以至于没有更多的精力和财力关心教育，尤其是民众教育的发展。除了宗教因素外，导致初等学校出现的另一个原因是，民族国家的逐渐形成和世俗政府权力的加强。"从欧洲各国国民教

---

① 蒋径三编：《西洋教育思想史》（上册），第 71—72 页。
② 瞿葆奎、马骥雄等编：《曹孚教育论稿》，华东师范大学出版社 1989 年版，第 593 页。
③ ［德］里夏德·范迪尔门著，王亚平译：《欧洲近代生活：宗教、巫术、启蒙运动》，东方出版社 2005 年版，第 187—188 页。

育发展的进程来说,这是更重要、更本质,也是更持久的动力。"①

在近代早期,由于初等学校的兴起和各教派的共同努力,国民教育制度开始萌芽。"学校由国家经办;初等学校不但出现于城市,而且出现于乡村;不但兴办男童学校,也创办了女童学校。这一切是十七、十八世纪国民教育方面的最主要的新现象。另一个新现象,是学校法令要求学龄儿童强制入学。"②尼德兰是最早实施国民教育的国家,1612 年的法令规定由市政当局负责向学校拨款,并负责教师选拔、课程设置及日常管理。到 17 世纪中叶,尼德兰已初步建立了由世俗政府管理的国民学校制度。德国也是初等国民教育萌芽较早的国家,中古末期诸侯割据、邦国混战、宗教冲突等是其国民教育产生的复杂背景。早在 17 世纪初,魏玛公国就颁布了学校章程,规定所有年满 6 至 12 岁的男女儿童必须上学,对拒绝送子女入学的家长要进行劝告,必要时由地方政府勒令家长履行。这种带有强制性的学校章程后来为其他公国所效仿。这些章程使人们意识到教育是国家所关心的问题,政府有责任对国民教育问题采取必要措施。

但根据历史学家的结论,在近代早期的欧洲,事实上能够阅读的普通民众数量很少。在通常情况下,工匠的识字率高于农民,男人高于女人,新教徒高于天主教徒,西欧高于东欧。就识字率的结构而言,根据在 16 世纪末法国南部一个市镇纳博讷(Narbonne)及其附近农村的发现,有 65% 的工匠能识字,而相比之下只有 20% 的农民能识字。③ 识字率随着时间的推移而发生变化,从 1500 至 1650 年识字率有了显著的提高。根据抽样统计,在 1450 年前后的威尼斯已有 61% 的法庭证人能够签名,这一比例到 1650 年高达 98%。在 1570 年前后达勒姆出席宗教法庭的世俗证人只有 20% 能识字,但这一比例到 1630 年左右提高到了 47%。④ 识字率的提高无疑是大力推行初等教育的结果。"……识字率的提高大部分归功于有宗教思想的改革者不断坚持教穷人读书写字,作为鼓励他们顺从神意和世俗权力的一种手段。"⑤此外,在初等学校用国语授课也是学校生活的新现象。国语教育始于

---

① 陈孝彬主编:《外国教育管理史》,人民教育出版社 2002 年版,第 77 页。

② [苏联]米定斯基著:《世界教育史》,第 189 页。

③ [英]彼得·伯克著,杨豫、王海良等译:《欧洲近代早期的大众文化》,上海人民出版社 2005 年版,第 304 页。

④ [英]彼得·伯克著:《欧洲近代早期的大众文化》,第 305 页。

⑤ [美]罗伯特·E. 勒纳等著,王觉非等译:《西方文明史》(Ⅱ),中国青年出版社 2006 年版,第 566 页。

16 世纪,但那时仅在少数学校实施。到了 17 世纪国语教育成了学校生活的普遍现象。

第一节　西欧城市学校的发展

"在任何一种文明中,城市生活的发展都必须依靠工商业。"①商业的扩张和城市发展是协调一致的,商业愈发展,城市愈增多。自 11 世纪起,伴随着社会分工的扩大和商业贸易的推进,城市作为地方贸易和行政中心开始在西欧大量涌现。许多城市逐渐摆脱了封建领主的统治而获得一定的自治权利,城市里的政治、经济和文化生活呈现出一派繁荣景象。城市的兴起使西欧社会的阶级结构发生了新的变化,在反对封建领主与城市贵族的斗争中市民阶级逐渐形成。"城市的诞生标志着西部欧洲内部历史的一个新时期的开始。在此以前,社会只有两个积极的等级:教士和贵族。市民阶级在他们旁边取得了自己的位置,从而使社会得以补全,或者更确切地说,使之臻于完善。"②新生的市民阶级充满活力,他们发展经济和关心政治,成为一支富有朝气的社会力量。

像教士和贵族一样,市民阶级本身也是一个特权等级,他们迫切希望自己的子弟能够获得接受更多世俗教育的机会,以便应对新的政治经济生活。但传统的培养神职人员的教会学校和借助宗教仪式进行的文化知识教育,根本无法适应这种新的政治和经济需要。在此情况下,一种由城市当局设立和管理、学习世俗知识的城市学校开始在欧洲出现。"从 12 世纪中叶起,市政会关心为市民阶级的儿童建立学校,这是古典时代结束以来的第一批世俗学校。由于有了这些学校,教育不再为修道院的初学修士和将来的堂区神甫所独享。"③

一、城市学校的兴起

城市和工商业的发展带来了全新的文化和教育事业。城市工商业作为世俗职业活动,既需要各种实用的社会知识及地理知识,掌握读写算的基本能力,从事行业技能训练,还需

---

① [比利时]亨利·皮雷纳著,陈国樑译:《中世纪的城市》,商务印书馆 2006 年版,第 84 页。
② [比利时]亨利·皮雷纳著:《中世纪的城市》,第 134 页。
③ [比利时]亨利·皮雷纳著:《中世纪的城市》,第 145 页。

要大量为工商业服务的管理者、律师、医生、教师等专业人员。因此,随着城市的兴起,以城市学校为中心的世俗教育也发展起来。进入城市学校学习的人,有的是为了谋求文秘之类的职业,有的是为了掌握经营所需的计算能力,也有贵族子弟把知识作为身份与地位的象征。城市学校产生于10—11世纪,到15世纪时已遍及西欧国家的各大城市。

最初出现的城市学校主要是行会学校或基尔特学校。"由于新的社会阶级的形成,教育的扩张是通过行会进行的。……这些由市民组成的商人行会日渐富裕和占有重要的社会地位;他们获得了国王的特许,并取得了类似于现代公司的贸易特权;他们想方设法参与国家事务,并在很大程度上接管了市政府;他们为自己争取教育权,并且为创建独立的市民学校与教会当局作斗争。"①在14世纪和15世纪的欧洲,哪里有工商业,行会制度就在哪里发展。"由于工商业的复苏,手工业行会遍及整个西欧。……它们是中世纪欧洲的工人联谊会或工会。每一个商业或手工业形成一个城市行会,由'雇主''带薪工人'和'学徒'组成。"②

随着行会数量的成倍增加及其财富的增长,有些手工业行会或商业基尔特以提供资金的方式,借助教会开办的拉丁文法学校对子女进行初等文化知识教育;有些手工业行会或商业基尔特则自行筹款,聘用教师,建立自己的职业学校或艺徒学校,开展专门的职业技术培训。例如,英国的出版业行会和绸缎商基尔特都开办了自己的职业学校;德国慕尼黑的工匠联合会开办了不少技术学校,柏林的商人联合会开办了一些商业补习学校;12世纪时意大利的一些行会兴办了学习簿记业务的行会学校。这些行会学校或基尔特学校一般以本行会会员或基尔特成员的子弟为教育对象,以基本的读写算能力及从业技能为教学内容,这实际上是一种初等职业技术教育。"对世俗教育和世俗学校的这种要求,具有实用的目的。商人们愈来愈需要有读写的能力,而且需要能写会念的书记员,不过不是使用拉丁语,而是使用本国语;不是去钻研神学,而是去记账,而且要能够处理商务文件。"③

随着城市自治权力逐渐巩固和财政资源的不断扩大,为满足新兴市民阶级的文化需求,不少城市的市政当局和其他机构逐渐从教会手里争得一部分教育权力。"对新学校控

---

① Ellwood P. Cubberley, *The History of Education*, Houghton Mifflin Company, Boston, 1920, PP. 208 - 209.

② Ellwood P. Cubberley, *The History of Education*, Houghton Mifflin Company, Boston, 1920, P. 209.

③ [美]詹姆斯·W.汤普逊著:《中世纪晚期欧洲经济社会史》,第687页。

制的冲击在教会官员和其他机构之间出现。教会官员认为教育的控制权理所当然是他们的,而其他机构也开始要求有权设立并管理学校。这样的机构包括城市政府、世俗统治者、私人教师以及由愿意资助学校的个人组成的志愿联盟。"①例如,有的市政当局通过为学校筹建校舍,或为教师捐赠薪资,从而取得城市学校的监管权;有的市政当局则同教会妥协,或由市政当局给教会人员经济补贴,或同意城市学校除本族语由世俗人士任教外,其他教师均由神职人员担任;也有的城市学校由教会和市政当局共同管理。最初双方的斗争仅仅涉及本地区的教育领导权和经济利益,没有从根本上触及教会和教义,所以市政当局的斗争在一定程度上能够得到教会高级领导人的支持,从而使城市学校获得了生存和发展的机会。在整个中世纪,意大利的城市一直拥有自己的学校体系,其中有些城市学校在某种程度上无疑传承了罗马帝国时代的教育传统。在德国,关于城市是否有权在辖区设立学校的问题,教会和市政当局之间展开了激烈的斗争。后来,由于城市和教会之间达成关于共同管理学校的协议,德国的公共——教区教育体系才得以建立。

二、城市学校的发展

从 11 世纪到 14 世纪,欧洲城市学校在缓慢的发展过程中出现过不同的类型和模式。最为常见的城市学校是拉丁文法学校,这是一种专门为提高人们的拉丁文水平而设立的学校。拉丁文法学校一般由教会举办,以中世纪通用的学术语言——拉丁语为教学语言。在中世纪西欧,拉丁文既是宗教、外交、文教、商业以及科学上的通用文字,也是当时唯一通用的国际语言,当时不懂拉丁文的人被称为"文盲"。因此,掌握拉丁文不仅是学习各种知识的需要,也是日常工作和生活的需要。拉丁文法学校不仅向学生传授拉丁文法,而且传授关于商务和城市管理方面的知识,这些知识正是新兴市民阶级所需要的。这种学校为人们进入上层社会提供了基本的阶梯,因而在当时有较大的影响,新兴的上层市民阶级对之垂涎三尺,许多市政当局也纷纷创办或参与监管这类学校。于是不少城市就出现了两种拉丁文法学校并存的局面:一种由教会办理,另一种由市政管理,但这两种学校在课程、教学、教师等诸方面并没有实质性的差别。

还有一种城市学校是本族语学校(vernacular school)。"本族语学校的出现标志着近代

---

① [美]R. 弗里曼·伯茨著:《西方教育文化史》,第 182 页。

西方初等教育机构的产生。这种本族语学校的产生与市民阶层的形成、本族语文化的发展以及宗教改革运动等密切相关。"①这类学校是为了适应当时下层市民阶级对读写知识和能力的需求而开设。有些是教师私人临时开办的简陋的本族语教学班;有些是附设在拉丁语学校的本族语学习班;有些则是由市政当局专门设立的本族语初等学校。这些本族语学校招收下层市民阶级的子弟,运用本族语教读、写、算的知识和实用学科,以满足学生未来职业生活的需要。虽然宗教课是必不可少的主要科目,但其影响比在教会学校小得多。本族语学校在极富民主色彩的北欧城市发展较早和较快。据历史资料考证,尼德兰的根特、瑞士的布鲁格等城市就曾经出现过本族语教学的读写学校。② 到中世纪末期,这些本族语学校已普遍存在于德意志地区的各大市镇,有的市镇开办德语学校的数量还相当多。本族语学校的开设使得中世纪教育逐渐呈现出民族特色。本族语学校适合于商人、工匠、战士、劳动者和雇员;那些想成为学者、政治家、外交官、教师、教士或加入宗教兄弟会的人,则需要学习拉丁语。

14 世纪中期以后,西欧城市的本族语学校迅速增加,到 15 世纪已十分普遍。与人文主义学校相比,本族语学校经历了很多艰辛。由于这些学校往往没有得到市镇当局的许可,教师也没有得到教会的任命,因而它们被称为"冒险的、隐蔽的"学校。"事实上,这时期仍视德语学校为农村或市镇的临时性学校;凡是有正规学校——文法学校——的地方,德语学校就被看作是附设的学校或分校。"③直到 17 世纪,德语学校才被地方当局承认是"专门的、重要的"地方教育机构。但这些本族语学校坚持满足民众的需要,并在宗教改革时期取得了重大进展。在随后的几个世纪,这些学校被认可为国家教育体系的一部分。"由于出现了为普通人提供的本族语或'初等'教育和为上层阶级提供的古典或'中等'教育之分,因此,现代学校组织的基本轮廓开始显露。这种区别虽然在文艺复兴时期未能得到稳固,但是,在很多其他领域的努力中,这种区别在文艺复兴生活的土壤中生根,并为以后几个世纪的发展做好了准备。"④

14 世纪中期以后,新兴的城市学校得以缓慢地发展。1320 年,布鲁塞尔市政当局为儿童开办低级学校,并专设招收男孩的高级学校,由此形成了城市最初的初等教育机构。

---

① 单中惠主编:《西方教育问题史》,人民教育出版社 2011 年版,第 71 页。
② 马骥雄著:《外国教育史略》,人民教育出版社 1991 年版,第 123 页。
③ [德]弗·鲍尔生著:《德国教育史》,第 52 页。
④ [美]R. 弗里曼·伯茨著:《西方教育文化史》,第 181—182 页。

1461 年,荷兰的哈伦(Harlem)城就已经存在城市学校了。15 世纪英国开始出现具有慈善性质的免费初等学校——歌祷堂学校(Chantry School)。一些富人往往将自己的遗产捐赠给教会设立歌祷堂,由教士负责招收贫困儿童为自己死后的灵魂颂唱祷文,这些儿童同时可以接受基本的读写训练。在德国和苏格兰,15 世纪还出现了由地方政府维持和任命教师的自治市学校(Burgh Schools)。1464 年,皮布尔斯(Peebles)市政官员任命威廉·布莱洛克(Sir William Blaklok)爵士担任一所自治市学校的校长,据说这是苏格兰完全由市政府任命校长的最早记载。① 到 15 世纪,欧洲城市学校已经表现出脱离教会控制的迹象。当然这种脱离还不明显,即使有些学校可以向基尔特学校那样不受教会的控制,但其教师仍然是教会的职员。这种脱离也不是大规模的,我们能够发现的城市学校毕竟还是少数,但正是这些特例预示了教育由教会转向世俗当局的可能性。

在城市发展过程中,随着基尔特行会组织与市民组织的日趋融合,上述行会学校和城市学校逐渐合并成了新的城市学校。但需要指出的是,以培养学生适应现世生活为宗旨的城市学校,在整个中世纪无论是数量还是质量都极其微弱。这些新兴的城市学校虽然迎合了市民阶级的教育诉求,却有悖于主流的教会办学的宗旨与实践,因此遭到了教会组织的仇视和阻挠,教士们常常组织起来袭击这些学校,殴打教师和捣毁学校。② 当然,这样的方法无法阻碍城市学校的发展。在整个西方教育发展进程中,具有世俗性的城市学校的兴起是一件具有深远意义的事件,它们是未来教育世俗化的第一缕晨曦。尤其是城市本族语学校的出现,为将来欧洲建立世俗的、免费的、公办的国民学校埋下了最初的伏笔。

三、城市学校的动因

1. 民族国家的形成

大约从 14 世纪前后开始,普通西欧民众在漫长的中世纪所形成的那种只知有宗教、不知有国家的生活状态发生了改变。新兴的资产阶级从城市的市民阶级中分化出来,他们逐渐与欧洲各国的君主们结成了一种非正式的联盟。新兴的资产阶级向君主们提供财政援

---

① [英]博伊德、金合著:《西方教育史》,第 156 页。
② [苏联]康斯坦丁诺夫主编,邵鹤亭、叶文雄等译:《世界教育史纲》(第一册),人民教育出版社 1954 年版,第 35 页。

助和管理人才,帮助君主们发展强大的中央政府,并逐渐从整个天主教世界的最高统治者——罗马教皇那里夺回其行使已久的各项政治权力。君主们则为新兴的市民提供政治上的保护和经济上的优惠,以反对封建领主和地方主教的频繁战争与苛捐杂税。到 15 世纪,专制主义的民族国家开始出现,基本上形成了今天的英国、法国、葡萄牙以及西班牙的政治版图。[①] 这些新的政治统一体的出现,极大地鼓舞了西欧民众的民族主义热忱,由此导致的必然结果就是对于民族之间、国家之间差异性的强调,以及本民族优越感和爱国主义思想的形成。学校在培养民族主义情感中的独特作用越来越受到关注,借助于学校教育培养效忠国家的情操,实际上成为新兴民族国家的一项重要工作。

2. 本族语教学

在文艺复兴运动的鼓舞下,西欧各民族的本族语言取得了长足发展。各民族伟大的民族史诗,如西班牙的英雄诗《熙德之歌》(*El Cantar de Mio Cid*)、英国的神话《亚瑟王的传说》、法兰西的英雄诗《香颂》(*Chanson*)以及日耳曼的英雄诗《尼伯龙根》(*Nibelungenlied*)等,都用本族语言记录整理。不少广为流传的传奇性故事也用本族语言记录下来。意大利诗人但丁(Dante Alighieri, 1265—1321)专门用意大利土语而不是他所擅长的拉丁语书写了著名的长诗《神曲》。随着造纸技术从东方的传入,用本族语言编写的书籍大为增加,于是英语、法语、西班牙语、意大利语及德语迅速发展起来。[②] 据统计,在博洛尼亚最早印刷的 500 册书籍中,至少有 104 册是用意大利语编写的;在伦敦卡克斯顿出版公司印刷的 90 册书籍中有 74 册是用英语写成。[③] 民族语言是民族的骄傲和民族精神的象征,本族语的发展增进了民族之间的交流和认同。学校在传播和推广本族语中占有得天独厚的优势,并且借助于本族语言的教学,学校成为培养民族意识的工场。因此,本族语教学成为推动城市学校发展的一种重要动因。

3. 印刷术传入

与城市学校发展紧密联系的另一重要事件是造纸术和印刷术的发明。正如有的学者指出:"这个时代最伟大的文化使者就是印刷业。15 世纪时它还处于未成熟期,但在 16 世

---

① [美]斯塔夫里阿诺斯著,吴象婴、梁赤民译:《全球通史:1500 年以前的世界》,上海社会科学出版社 1999 年版,第 467 页。

② [美]克伯莱著,杨亮功译:《西洋教育史》(上册),台北协志工业丛书出版股份有限公司 1955 年版,第 248 页。

③ [比利时]希尔德·德·里德-西蒙斯主编:《欧洲大学史》(第二卷),第 479 页。

纪就已经为欧洲文明作出了巨大的贡献。印刷业加速了思想的流通。此外,它自身也代表了一种观念的转变:它改变了学者们思考和表达的方式,使读者的数量倍增,并且重新把阅读的过程变成一种宁静的个人追求。"①中国人发明的造纸术很早就由阿拉伯人传入了西方。从 13 世纪中后期起,这项技术得以在欧洲推广,意大利的不少城市已开办造纸厂。到 15 世纪中后期,纸的使用十分普遍。正是从这一时期开始,同样是由中国人发明的印刷术在欧洲各地缓慢地流行。1463 年在斯特拉斯堡、科隆、巴塞尔、奥格斯堡、纽伦堡及乌尔姆等地都出现了印刷厂。不久,日耳曼人又在罗马(1464)、威尼斯(1469)、巴黎(1470)建立印刷厂。随后,印刷术又传到了荷兰(1471)、瑞士(1472)、匈牙利(1473)、西班牙(1474)、英国(1476)、丹麦(1482)、瑞典(1483)。②"实际上到了 16 世纪初,欧洲每一个国家都有了自己的印刷所和本地的印刷商。……法国开展印刷业的地方总共有 45 个,德国有 64 个,意大利近 80 个。"③这两项关键技术的引进和运用,改变了欧洲人过去抄书的传统,极大地推动了书籍出版事业的繁荣,从而加快了知识流通与普及速度。

在 16 世纪早期,印刷最多的是宗教书籍尤其是《圣经》,其次才是用于学习的文法、哲学、医学、神学和法律方面的教科书,还有许多为学龄儿童编写的语法、算术入门读物。尤其是关于礼拜仪式方面的书籍最为畅销,如《弥撒书》出版了 1 200 次,《每日的祈祷书》出版了 400 次,拉丁语《圣经》出版了大约 100 次,还有用方言写成的 30 个《圣经》版本。④ 据估计,到 1500 年各种著作已经出版了 40 000 多个版本,100 多家印刷厂共印出 900 多万册书籍。⑤ 成批量的图书印刷大大提高了图书出版的质量,并降低了图书出版的成本。"正是这种廉价书,使得普遍运用教科书进行教学的方法成为可能,并且为学校数量的扩张和学习范围的扩大奠定了基础。从此以后,印刷术成为小讲坛和布道会强有力的竞争对手,以及人类进步和个人自由最好的工具之一。从这时起,教育的进步要比过去快得多。从教育的角度来看,印刷术的发明几乎可以看做是中世纪的结束和近代的开始。"⑥

---

① [美]玛格丽特·L.金著,李平译:《欧洲文艺复兴》,上海人民出版社 2015 年版,第 297 页。

② [美]威尔·杜兰著,台北幼狮文化公司译:《马丁·路德时代》,东方出版社 2007 年版,第 59 页。

③ [英]G. R. 埃尔顿,中国社会科学院世界历史研究所组译:《新编剑桥世界近代史》(第 2 卷),中国社会科学出版社 2003 年版,第 473 页。

④ [比利时]希尔德·德·里德-西蒙斯主编:《欧洲大学史》(第二卷),第 478 页。

⑤ [美]雅克·巴尔赞著:《从黎明到衰落:西方文化生活五百年,1500 年至今》(上),第 5 页。

⑥ Ellwood P. Cubberley, The History of Education, Houghton Mifflin Company, Boston, 1920, P. 257.

第二节　马丁·路德与夸美纽斯论国民教育

　　16、17 世纪，欧洲宗教改革在摧毁旧的教权势力的同时，也造成了整个基督教教育制度的混乱，众多教会学校和城市学校在宗教战争中遭到了致命的打击。当时欧洲社会急需的不仅是适用于培养市民、政治首脑及牧师的教育，而且急需一种适用于普通民众的教育。为了满足日常生活的需要，以及对新的宗教思想与教义问答的了解，一种新的学校教育秩序必须建立起来。这种新的教育便是由国家推进的全民普及教育。许多站在时代潮流浪尖的思想家对此做出了具体的阐述，16 世纪的马丁·路德和 17 世纪的夸美纽斯（Johann Amos Comenius，1592—1670）便是其中最为优秀的代表。

一、马丁·路德论国民教育

　　马丁·路德是 16 世纪德国宗教改革的领袖，基督教新教路德教派的创始人。1483 年他出生于埃斯勒本（Eisleben）一个祖辈是农民的矿工家庭。早年曾受过正规的学校教育，先后在马德堡（Magdeburg）和艾森纳赫（Eisenach）等地求学。1501 年进入埃尔福特大学攻读法律，期间受到人文主义教育思想的影响。1505 年路德获得文科硕士学位后，进入埃尔福特的圣奥古斯丁修道院（Augustinian Order）成为一名修道士，从此与宗教结下不解之缘。路德于 1507 年升为神父，翌年转入维滕堡大学学习，1512 年获得神学博士学位。1515 年他应聘维滕堡大学神学教授，开设神学讲座。一般认为，路德在维滕堡大学的讲学奠定了他以后神学思想的基础。在此期间，他彻底改变了自己的神学观点。通过一系列的神学论辩，路德声名大噪。"从这个小小的地方，路德发出的是巨大的思想武器，其速度超过对手，迅速传到基督教世界的各个角落，引起了下至村夫上到帝王的注意。人们聆听他的教导，接受了道的感染。在 1520 年至 1560 年间有 16 000 名学生在维滕贝格（即维滕堡）听课，他们代表了传道的感化力，这种感化力有助于说明路德在德国进行的改革为何根基深厚，经久不衰，为何传播到了北欧和新世界。"①

────────────

① ［英］G. R. 埃尔顿编：《新编剑桥世界近代史》（第 2 卷），第 88 页。

1516 年,路德阅读了中世纪基督教神秘主义的著作《日耳曼神学》之后,自称从该书中受到启示。他认为主教的唯一职责是教给人们对于基督的信仰和爱,教会销售赎罪券(indulgences)是不符合神学原理的,宣扬虔诚与爱的书永远要比赎罪券好。"教皇更需要信徒的忠诚,而不是从分发赎罪券中获得的金钱。"①路德要求基督教徒"根本不要相信教皇的赎罪券,因为赎罪券对信徒很有害。"②1517 年 10 月 31 日,路德在致美因茨大主教阿尔伯特(Albrecht)的信中写道:"基督并未要求倡导赎罪券,但他却确实要求过信仰。这是多么可怕的事情啊!对信仰未提只字片语,却公然允许在他的民众中以高过宣扬信仰的声音到处叫卖赎罪券,这将把主教您陷进多大的危险之中啊!"③路德的观点遭到广泛的攻击,很多人认为他身上铭刻着异教徒的标志。1518 年 5 月,他写信给教皇利奥十世为自己的观点进行辩解,并期盼得到教皇的支持。他说:"神圣的父啊,糟糕之极的报告正包围着我。我知道,甚至某些我的朋友也严重诽谤了我的声誉,将我、您以及您身边的人同置于恶劣的名声中。我被描绘成一个妄图暗中破坏要人们和大主教权威的人,而后,我就被加上了异端、叛变者、异教徒以及其他六百个不光彩的称号。我为我所听到、所看到的感到惊惧。尽管如此,我为自己保持着一颗清白、平和的良心这一事实而毫不动摇。"④

作为欧洲宗教改革运动的伟大先驱,马丁·路德致力于追寻早期基督教会的生活和教义,并以此反对自中世纪起所形成的且日益僵化的宗教制度。在传统的基督教教义中,蕴含着一种宗教平等的理念,即上帝面前人人平等,每个人的灵魂都需要拯救,接受上帝教诲是灵魂获救的唯一途径。路德认为基督教徒是完全自由的主人,他不从属于任何人。路德希望每个人都能接触到《圣经》,进而接触上帝,而不需要牧师作为中介。基于对这种宗教平等理念的反思,路德将保罗在《罗马书》中所说的"因信称义"(Justification by Faith)进行了阐释。他指出,每个人的信仰来自于他对圣经的独立理解,信仰完全是个人的主观体验和内心活动,在灵魂拯救中个人的责任与判断决定一切。因此,实现个人信仰独立的一个基本前提是人人读书识字、人人阅读圣经。换言之,人人必须受教育。在《九十五条论纲》中,

① Matthieu Arnold, *Martin Luther and Education*,Lutheran Quarterly,Vol. 33,No. 3,2019,P. 288.

② Matthieu Arnold, *Martin Luther and Education*,Lutheran Quarterly,Vol. 33,No. 3,2019,P. 288.

③ 李瑜译:《文艺复兴书信集》,第 151 页。

④ 李瑜译:《文艺复兴书信集》,第 153 页。

路德反复声明"基督教徒必须受到教育"。例如,第 43 条:"要教育基督教徒,施舍穷人或借给穷人生活必需品比购买赎罪券更好";第 45 条:"要教育基督教徒,当遇到一个穷人时应给与施舍,购买教皇的赎罪券反而会惹怒上帝";第 47 条:"要教育基督教徒,购买赎罪券是自愿选择而不是命令"。① 有学者认为,"路德的计划既包含伦理问题——如何慷慨地对待身边的人,也包含教条问题——如何理解赎罪券的控制力和拯救的保证"②。

　　在宗教平等的理念下,路德用宗教的语言论述了普及义务教育的思想。当然,这种思想并不是路德本人的首创。早在 12 世纪,作为教会基本职责之一的普及教育思想就已经在教会法中得到了确认。1179 年在罗马召开的第三次拉特兰宗教会议(The Third Lateran Council)规定,上帝的教会应当像慈母一样,不但要为教会的职员,而且要为贫穷的学生实施免费教育。③ 教会的这项规定是基于宗教慈善理念做出的,但路德的眼光似乎比过去的教会更具有功利性色彩。路德提出了不少关于教育和教学的思想,实际上他的思想已经超出了教会有关基督教徒的教导。他最为关心的是以教育促进宗教信仰的传播,为此十分强调教育的重要性。在路德看来,牧师要想提高传教的效率,就必须有知识且受过专门的培训;人们要想理解新教的教义就必须识字。更具战略意义的是,路德并没有将普及教育的思想仅仅局限于宗教层面,他的贡献在于关注教育所涉及的更为广泛的政治层面。

　　在马丁·路德之前,《圣经》已有 18 种翻译本,但都是以哲罗姆(Jerome,约 340—420)的拉丁语《圣经》为依据,错误百出。1521 年,当标志着德国教会同罗马教会最后决裂的沃尔姆斯会议(Diet of Worms)召开之后,路德就着手将圣经译成德文,作为新教信仰的基础。1522 年路德出版了他的《圣经新约》德译本,1534 年又出版了德文版的《圣经全书》。④ 在此之前,德国各地语言迥异,彼此之间难以交流,但随着路德所译《圣经》的流行,德语不久便成为整个德意志民族的标准语言。

---

① Matthieu Arnold, *Martin Luther and Education*, Lutheran Quarterly, Vol. 33, No. 3, 2019, PP. 287 - 288.

② Matthieu Arnold, *Martin Luther and Education*, Lutheran Quarterly, Vol. 33, No. 3, 2019, P. 289.

③ [英]博伊德、金合著:《西方教育史》,第 154 页。

④ 在路德的影响下,其他新教地区也纷纷效仿。1535 年英国宗教改革家威廉·廷代尔出版了英译本的《圣经新约》,劳伦修斯·佩特利 1541 年出版了瑞典语的《圣经》。其他如法文《圣经》出版于 1540 年,捷克语《圣经》(共六卷)从 1579 年至 1593 年先后出版,匈牙利语《圣经》出版于 1590 年,英国的钦定版《圣经》出版于 1611 年。以上本族语《圣经》的出版是重大的文化事件,对相关国家的语言和文学产生了重要影响。

　　1524 年路德在《为基督教学校致德国市长和市政官员书》信中,强烈呼吁德国各邦和城市统治者关心教育,兴办学校,担负起教育组织者的职责。他说:"如果我们有其他一切美德和善行,成了圣人,却忽略了人生的主要目的,不好好照顾我们的子女,那又有什么用处呢? 依我看,在上帝眼中,使人世承受沉重负担和应受严厉惩罚的公开罪行,没有过于忽视子女的教育了。"①在这封公开信中,路德对德国学校日趋衰微的可悲深感痛心。因此,他恳求市政当局不要轻视教育问题,因为正确地教育青年是基督教和全世界都关心的事情。他指出,各市镇既然曾将大量的金钱耗费在修桥铺路,以及公共防御等事务,为什么不能将其中一部分用于学校教育? 教育事业不仅是为了教会的利益,也是为了国家的利益。即使没有灵魂及天国,也没有地狱,但为了世俗生活,仍有学校之必要;为了维持现世的财富,为了治理国家和统治人民,为了养育子女和照料家人,世界上亦须有受过教育的男女。② 路德坚信:"一个城市最好和最大的幸福、安全和力量,在于它拥有许多能干、博学、智慧、高尚和受过良好教育的公民。他们可以很容易地获得、保存和正确地使用财富和各种财产。"③"国家的安宁有赖于公民之智慧与美德,因此,创办基督教学校乃是各城市市长与镇长的职责。"④

　　1530 年,路德在德国新教教堂发表了长篇布道词《论送子女入学的责任》,进一步阐述了国家建立学校并在必要时强制入学的责任。路德极力主张强迫教育,认为这不仅是上帝所欣慰的事,也是父母对国家和社会的义务。他指出,世俗政权是根据上帝的旨意建立,它应对臣民的精神事务负责。对于统治当局而言,要求臣民送他们的孩子上学是义不容辞的。"世俗当局有责任督促人们送子女上学,尤其是那些有前途的孩子。毫无疑问,我们的统治者们始终致力于维护教会以及世俗的各种机构和职业,正因如此,社会就永远需要讲道者、法学家、牧师、文书、医生、教师以及其他诸如此类的人,这些人是不可缺少的。"⑤统治当局必须拥有数量充足、素质较高的公民,才能确保整个国家机器的顺利运转。正如国家有权号召民众保卫祖国一样,国家也有理由强迫人民送他们的孩子上学,这是城市和国家

---

① 任钟印主编:《世界教育名著通览》,第 150 页。
② Matthieu Arnold,*Martin Luther and Education*,Lutheran Quarterly,Vol. 33,No. 3,2019,P. 295.
③ Matthieu Arnold,*Martin Luther and Education*,Lutheran Quarterly,Vol. 33,No. 3,2019,P. 294.
④ [美]克伯莱著:《西洋教育史》(上册),第 327 页。
⑤ 任钟印主编:《世界教育名著通览》,第 162 页。

生存与发展的必然要求。"假如政府能强迫那些适合军事工作,去拿矛和来复枪骑马防卫城堡的公民,以及在战时履行其他军事职责的人去作战,为什么不能强迫人们送子女入学呢?"①

对于家长而言,国家强迫孩子们入学,"并非要从他父母身边带走一个孩子,仅仅是为了孩子自身的好处和公众的福利,他应该受到某种职业的教育,而这些职业的教育将因为他的勤奋结出丰硕的果实"②。1519年路德在《关于婚姻财产的布道》(*A Sermon on the Estate of Marriage*)词中,要求父母教育小孩去侍奉、赞美和尊崇上帝。"如果你真想为你所有的罪恶而赎罪,如果你想让他们在人间和天堂获得最大的解脱,……就要好好抚养你的小孩……"③他指出:"假如你善于使用你的钱财,送你的儿子去上学吧,并引导他去为国家服务,像一个帝国的使者、皇帝的传道士、世俗和平的基石,那么他将成为一个有用的人。这对你讲,不是一件很光荣和愉快的事吗?"④路德认为,假如人们不教育其子女,那么国家法令就无法维护,因为公民比教士更需要智慧和聪明的儿童。从根本上说,上帝要求父母教导和教育他们的孩子。"如果我们想要为国家和精神王国培养有能力和合格的公民,我们就必须不遗余力地教导和教育孩子去侍奉上帝和这个世界。"⑤事实上,我们老年人存在的目的,无非是照料、指导和抚养年轻人。⑥

那么,这种由国家负责的教育应当如何实施呢?路德强调,首先国家或市政当局必须建立公共的学校教育体系,以吸纳自己臣民的子弟入学。虽然路德并不贬抑家庭教育在教养儿童方面所起的作用,而且他在《教义问答大全》的前言中,也确实嘱咐父亲们每周至少对孩子和仆人进行一次宗教训导,但他认为家庭教育太狭隘。他指出,由国家组织的公共学校的优点是使儿童能够学习语言、艺术和历史,从而"能在其中集开天辟地以来人类的一切经验以丰富自己"⑦。其次,这种公共的学校教育应由国家政权和教会通力合作推进。国

---

① 吴元训选编:《中世纪教育文选》,人民教育出版社2005年版,第642页。

② [美]E. P. 克伯雷选编:《外国教育史料》,第271页。

③ Matthieu Arnold, *Martin Luther and Education*, Lutheran Quarterly, Vol. 33, No. 3,2019, P. 290.

④ 吴元训选编:《中世纪教育文选》,第634页。

⑤ Matthieu Arnold, *Martin Luther and Education*, Lutheran Quarterly, Vol. 33, No. 3,2019, P. 296.

⑥ Matthieu Arnold, *Martin Luther and Education*, Lutheran Quarterly, Vol. 33, No. 3,2019, P. 293.

⑦ [英]博伊德、金合著:《西方教育史》,第188页。

家或市政当局应为公共学校提供财政保障,并在必要时运用它们的权力保证儿童上学。所有儿童,无论贫富贵贱,一律享有平等和免费入学的机会。路德强调所有的教育应包括男孩和女孩,以便他们能直接阅读《圣经》。"让所有能上学的孩子都上学,无论在哪里,政府只要发现一个有希望的儿童,就应让他上学。假如他的父亲很贫穷,那么可以由教会给予帮助,有钱人应当对这样的事情慷慨解囊,有人已经这么做了,他们设立了奖学金,以这种方式把钱捐给教会再合适不过了。"①这种公共的教育制度如同路德所宣扬的福音一样,不存在性别或社会阶级的差别。"愿上帝保佑每个城镇都有一所女子学校,每天用德语或拉丁语教女孩们一个小时的福音书。"②当然,路德并没有忽视这种全民教育所存在的现实困难。他知道许多父母非常贫穷,而且子女受教育需要时间。因此,他建议所有的孩子不需要学习同样的内容,但应使男女儿童每日入学就读一二小时,其余时间则在家中劳作,或学习一种将来需要的技能。"那些有望成为熟练的教师、牧师或其他教会职位的人,允许在学校学习更长的时间,甚至可以终生学习。"③最后,这种公共的学校教育是宗教教育和世俗教育的结合,因此培养虔诚的信徒与培养合格的公民同样重要。

路德主张每个市镇都应当设立一所国民学校,也就是本国语初等学校(Vernacular Primary School),为当地的男女儿童开展初等教育。他希望一般儿童都能懂得圣经和教义问答,并且身心都能得到顺乎上帝旨意的发展。因此,他主张在初等学校开设阅读、书写、体格训练、唱歌及宗教等科目,并授以职业或家政教育。除了宗教的目的,这些必修科目都与儿童们未来的社会生活息息相关。与那些为可能担任公职、圣职的人设立拉丁语、希腊语、希伯来语的学校不同,在这种为贫民孩子所设立的初等学校,本国语是规定的教学语言。路德希望人们能阅读用德语写成的圣经,所以他把这种在家里、市场以及教堂最为常用的语言规定为教学语言也就不足为怪。路德写了两本著名的宣传新教理论的教义问答,即《教义问答大全》和《教义问答手册》,它们后来成为初等学校开展本国语和宗教教育的模范读本。

此外,路德建议市政当局应不遗余力地提供好的图书馆和书库。图书馆应该有拉丁语、希腊语、希伯来语和德语版本的《圣经》,著名注释家的书籍,希腊语、拉丁语诗人与演说家的作品,不管他们是异教徒还是基督教徒;还有关于七艺、自然科学、法律、医学和历史方

---

① 任钟印主编:《世界教育名著通览》,第 162 页。
② Matthieu Arnold, *Martin Luther and Education*, Lutheran Quarterly, Vol. 33, No. 3, 2019, P. 290.
③ Matthieu Arnold, *Martin Luther and Education*, Lutheran Quarterly, Vol. 33, No. 3, 2019, P. 295.

面的著作。实际上,当一个人离开学校后,他的教育并没有停止。在路德看来,学习不仅可以让上帝愉悦,而且对人类也有好处。因为正如历史一样,《圣经》反映了造物主在世界上的所作所为。

马丁·路德并不是西方教育史上第一个提出由国家管理文化教育事业,并实施强迫义务教育的思想家,①他的普及义务教育思想在很大程度上也超出了当时教育发展的实际。但在宗教改革的推动下,路德的教育主张受到了欧洲不少君主、国王以及接受新教信仰的学者的热烈欢迎。由于行政当局、宗教界及知识界的合作,教育重建工作也得到一定程度的发展。路德阐明的公共教育制度及普及义务教育思想,在近代早期由许多城市和国家进行了初步的实施。有的学者指出:"路德关于教育的论述,离我们并不遥远。"②从历史的观点看,马丁·路德教育思想的积极影响和深刻意义,并不在于它的直接结果,而在于它的持续作用,以及它所包含的思想原则体现了近代教育发展的基本精神的萌芽。③

二、夸美纽斯论国民教育

随着宗教改革运动的发展,由路德所倡导的普及义务教育思想,经过新教徒艰苦卓绝的斗争和筚路蓝缕的践行,逐渐在整个欧洲大陆传播开来。进入 17 世纪,"人人都应当接受教育"已经成为众所共知的常识。但如何有效地促使这一常识从理想变成现实,就实践方面而言仍有许多问题亟待解决。毫无疑问,以夸美纽斯为代表的整个 17 世纪的教育家们,如果不能在这些问题上做出令人满意的回答,那么他们在世界教育发展史上就会黯然失色。值得庆幸的是,他们并没有辜负时代的重托,其中夸美纽斯的成就最为引人注目。作为一名教育家,夸美纽斯"是站在马丁·路德继承者的行列里的"④,他的智慧使得路德的教育理想在一定程度上具有可操作性。

1592 年夸美纽斯出生在摩拉维亚(Moravia)的尼夫尼茨(Nivnitz)一个捷克(波希米亚)兄弟会会员的家庭。12 岁就失去双亲的他,曾于 1604—1608 年在兄弟会开办的乡村学校

---

① 1516 年,托马斯·莫尔的《乌托邦》中就已经提出创建公共普及教育的设想。
② Matthieu Arnold, *Martin Luther and Education*, Lutheran Quarterly, Vol. 33, No. 3, 2019, P. 298.
③ 赵祥麟主编:《外国教育家评传》(1),上海教育出版社 2003 年版,第 319 页。
④ [英]博伊德、金合著:《西方教育史》,第 243—244 页。

中学习,受到初步的语言训练和兄弟会宗教思想的熏陶。之后,在兄弟会的资助下,夸美纽斯进入普列罗夫(Prerau)文法学校学习拉丁语。18 岁时,进入赫尔朋(Herborn)大学学习神学,并希望成为一名摩拉维亚兄弟会的牧师。其间,德国教育家拉特克(Wolfgang Ratke,1571—1635)在 1612 年向德国议会呈交的《改革学校和社会的建议书》,给他留下了深刻的印象。"拉特克……在语言教学和理论传播方面进行了有益的探索,并且在后来改革者的领导下取得了丰硕的成果。"①

1614 年夸美纽斯进入海德堡大学学习,一年后因病辍学返乡。回乡后,夸氏从事的第一份工作便是在普列罗夫一所兄弟会学校任教,并依照拉特克的方法编写了一本小型语言教科书《简易语法规律》。1616 年夸氏被推选为兄弟会牧师,并于 1618 年担任富尔内克(Fulnek)兄弟会学校校长。随后爆发的欧洲三十年战争完全毁掉了夸美纽斯在摩拉维亚的教育事业。1628 年之后,作为兄弟会会员的夸美纽斯开始踏上了颠沛流离、漂泊他乡的人生征途。1628 年至 1641 年,夸美纽斯在波兰度过,并在黎撒(Lissa)的一所中学继续从事教育事业。在此期间,他先后完成了《母育学校》《语言学入门》《大教学论》等著述的写作。1641 年至 1648 年夸氏曾赴英国和瑞典从事教育活动。1648 年至 1650 年他重返波兰的黎撒工作。1650 年至 1654 年他赴匈牙利的萨洛斯-帕特克(Saros-Patak)工作,并在此写作了闻名于世的语文教科书《世界图解》。1654 年至 1656 年再返波兰的黎撒工作。1656 年后到荷兰工作,直至去世。

在追求普及义务教育的理想上,夸美纽斯与马丁·路德并无二致,但在对于普及义务教育的认识方面,二者却各有千秋。作为生活在上层社会的大学神学教授,马丁·路德所看重的首先是教育在获得灵魂拯救中的作用,并由此推导出义务教育在培养虔诚的信徒与忠实的国民方面所发挥的功能;而作为长期奔波在社会最底层的中学教员,夸美纽斯关于普及义务教育的看法更具有宗教民主主义色彩。从宗教民主主义的立场出发,夸美纽斯指出,上帝对人毫无偏袒,社会上各个阶层的人都有权享受教育。因为一切生而为人的人,生来都有一个相同的目的,那就是要成为理性的动物,成为万物的主宰和造物主的形象。"如果我们允许一部分人的智性受到培植,而去排斥另外的一部分人,我们就不仅伤害了那些与我们自己具有同一天性的人,而且也伤害了上帝本身。"②在他看来,"有些人虽则看去天

① Levi Seeley, *History of Education*, Complete Unabridged, New York, 2009, P. 117.
② [捷]夸美纽斯著,傅任敢译:《大教学论》,人民教育出版社 1985 年版,第 52 页。

性鲁钝笨拙,这也毫不碍事,因为这使普遍培植这类智能一事更加急不容缓。任何人的心性愈是迟钝孱弱,他便愈加需要帮助,使他能尽量摆脱粗犷和愚蠢。世上找不出一个人的智性孱弱到了不能用教化去改进的地步"①。因此,"不仅有钱有势的人的子女应该进学校,而且一切城镇乡村的男女儿童,不分富贵贫贱,同样都应该进学校"②。

夸美纽斯尤其重视对劳动人民施以普遍的教育。他说:"假如有人问:'如果工匠、乡里人、脚夫,甚至妇人都有了学问,结果会是什么呢?'我的答复是,假如这种青年普及教育能以合适的方法实现,他们便谁也不会缺乏思考、选择、遵行和做出好事的材料了。"③对于当时社会上大多数人被拒之学校门外的现象,他深感惋惜。"在那些被排斥的人中,也许就有极优秀的才智之士,他们这样被糟蹋,被扼杀,真是教会与国家的大损失。"④

夸美纽斯认为,普及义务教育不仅是必要的而且是可行的,因为人人皆可受教育。他承认人们在性情方面存在着天然的差异,有的人聪明伶俐,有的人迟钝孱弱;有的人桀骜不驯,有的人温柔顺从;有的人长于思索求知,有的人善于动手操作。但这些并不是把人排斥在教育之外的因素,每一种性情的人都有接受知识教育的可能性。只不过有的人接受得快些,有的人接受得慢些;有的人保持的时间长些,有的人保持的时间短些。而且人的性情是有发展变化的,"智性也是一样,有些人发展得早,但是不久就凋枯了,变鲁钝了,有些人原来很迟钝,可是以后变得敏锐、聪明"⑤。教育就是要适应人们不同的性情,扬长避短、长善救恶,使每个人都能得到和谐、美满的成长。

如何实施这种普及的义务教育呢? 夸美纽斯在《大教学论》中提出了一整套学校改革的规划。他首先强调学校是普及教育的场所。"青年人应该受到共同的教育,所以学校是必需的。"在他看来,人们为做工而有工场,为宗教活动而有教堂,为官司诉讼而有法庭,因此为教育青年就应当开办学校。"工场既然供给成品,教堂既然供给虔信,法庭既然供给公道,为什么学校不该产生、淳化,并且增加智慧的光辉,把它分布到全体人类社会呢?"⑥所以,"在每一个秩序良好的居民区(不管它是一个城市,一个乡镇,或是一个村落),都应该设

---

① [捷]夸美纽斯著:《大教学论》,第52页。
② [捷]夸美纽斯著:《大教学论》,第52页。
③ [捷]夸美纽斯著:《大教学论》,第54页。
④ [捷]夸美纽斯著:《大教学论》,第61页。
⑤ [捷]夸美纽斯著:《大教学论》,第53页。
⑥ [捷]夸美纽斯著:《大教学论》,第51页。

立一所学校,或者一个教育青年的地点"①。

　　夸美纽斯希望建立的学校是"培养人的工场"。按照人成长发育的自然顺序,他设想了依次相连的四级学校:每个家庭一所母育学校,每个村落一所国语学校,每个城市一所拉丁语学校,每个王国或省一所大学。其中,母育学校和国语学校是普及教育的机构,任何男女儿童都应当在此受教。为了实现"把一切知识教给一切人"的教育理想,夸美纽斯认为,母育学校除了给予婴儿感官训练外,更重要的是"必须把一个人在人生的旅途中所当具备的全部知识的种子播种到他身上"②。作为这一基础性教育的开端,夸氏推荐了两本书,以使感官成为教育的最初媒介:一本是指导母亲如何教子的,类似他自己编写的《母育学校》;另一本是让儿童自己阅读的,类似他编写的《世界图解》。在国语学校,夸美纽斯主张"应当把对青年人终身有用的事物教给一切六岁到十二岁的青年"③。主要科目是阅读(用学生的本族语)、书写、算术、测量、唱歌、历史、地理、机械制作原理以及道德和宗教。当时一般把本族语教育限制在穷人的孩子,而把富有阶级的子弟送到拉丁语学校受启蒙教育。夸氏的做法恰好相反,他主张所有的儿童必须通过本族语受到一次彻底的训练。这既可以防止过早地把不同阶级分别置于不同学校受教的弊病,还能使学生在知识掌握上有一个良好的开端(如果学生必须先学习拉丁文,就不可能做到),同时为他们以后学习外国语做好准备。夸美纽斯总结了当时最为先进的课程分段教学的原则,他将国语学校的学生安排在六个依次递进的年级接受教育,并为每个年级的学习都指定了一种适当的教科书。

　　从夸美纽斯的设想里,我们看到了路德教育理想的实施模式,在普及义务教育的具体规划上,夸美纽斯比他的前辈走得更远。但在这一规划的落实方面,夸美纽斯与他的前辈一样,都寄希望于政府和民众的支持。夸美纽斯尤其希望国王和官吏能为人民兴办学校。他引用路德的话说:"我们在建造城市、炮垒、纪念馆与兵工厂上用一个杜克(Ducat),我们就应当在正确地教育青年上用一百个,因为青年长大以后,他就可以引导他的伙伴做出有用的工作。因为一个善良聪明的人是国家的一件至宝,较之宫殿、金银、铜门与铁闩还要贵重得多。"④夸氏号召广大群众与他一起劝说当权者推行普及义务教育。他呼吁道:"最亲爱的儿童的父母们,上帝把按照他的形象造成的至宝托付了你们,你们应不断恳求上帝,让这

────────────

① ［捷］夸美纽斯著:《大教学论》,第 49 页。
② ［捷］夸美纽斯著:《大教学论》,第 224 页。
③ ［捷］夸美纽斯著:《大教学论》,第 231 页。
④ ［捷］夸美纽斯著:《大教学论》,第 259 页。

种努力得到一个成功的结局,你们要借你们的祈祷与恳求,去激励那些有权力、有学问的人们的心灵。同时,你们要存畏惧上帝之心,虔诚地教养你们的儿女,这样去为我们所说的更普遍的教育铺好道路。"①

夸美纽斯鼓励广大教育工作者献身普及教育事业。他说,"你们应使你们神圣的职业和以儿女托付你们的父母的信任心变成你们身内的一团火焰,使你们和受到你们的影响的人都不止息,直到你们的祖国全被这个热情的火炬所照亮"②。夸氏还敦促神学家们参与普及教育事业,并告诫说:"一个人如果宁愿他的听众没有学问,他就是泄露了自己的无知!"③而且他会成为基督教的罪恶的敌人。总之,夸美纽斯所倡导的义务教育是一项全民的事业,只有万众一心、众志成城,方能使理想成为现实。

遗憾的是,夸美纽斯的教育理想和教育规划在当时并没有产生太大的影响,其主要原因"可能是由于他的事业正是在教会奄奄一息的动荡不定岁月里进行的,因此,他绝不可能创立任何永久性的教育机构,把他的原则和方法传给后世"④。唯一例外的是,他编写的《世界图解》和《语言学入门》两本教科书,在当时及其后很长时间被初等学校所采用。历史的洪流终究无法吞没他在普及义务教育方面所作出的贡献。作为世界教育史上一位里程碑式的人物,夸美纽斯标志着一个新的教育时代诞生了。"因此,夸美纽斯在教育史上居于首屈一指的地位。他在初等和中等领域中引来和支配着整个现代运动。他与我们现在的教学的关系,类似于哥白尼、牛顿与现代科学的关系以及培根、笛卡儿与现代哲学的关系。"⑤

第三节　欧洲各教派推广初等教育的活动

从 16 世纪中叶起,西方基督教在革新过程中开始分裂,或分离成许多在礼拜仪式和教义各不相同的教会团体(教派)。这种信仰分裂带来的直接后果便是连绵不断的宗教战争。

---

① ［捷］夸美纽斯著:《大教学论》,第 256 页。
② ［捷］夸美纽斯著:《大教学论》,第 256 页。
③ ［捷］夸美纽斯著:《大教学论》,第 258 页。
④ ［英］博伊德、金合著:《西方教育史》,第 250 页。
⑤ ［美］E. P. 克伯雷选编,任钟印译:《西方教育经典文献》(下卷),人民教育出版社 2016 年版,第
　　429 页。

各种教派在其创立初期，都是为了试图改革教会以谋求在宗教改革中的地位而建立。当它们逐渐壮大或者致力于夺回失去的利益时，彼此之间必然会发生斗争。持续一个多世纪的宗教战争，打破了罗马教廷一统欧洲宗教和政治事务的局面，基督教分裂成直接对立的两大阵营，即主张宗教改革的新教派和反对宗教改革的天主教。

在整个欧洲，由宗教改革所带来的一个重要成就是教育的伟大变革。"新教的革命大大增加了人们对神学的讨论和争议的兴趣。争议的双方都诉诸文学典籍，每一方都不得不训练人才，培养他们研究和解释他们所依靠的档案资料的能力。要求训练人们，使他们能保卫所选择的信仰，反对对方，能进行宣传和防御对方的侵犯。当时这种需要非常殷切。"①这场变革最先是从新教倡导的教育体制创新开始，然后引起了天主教派以相似方式进行的激烈对抗。以路德、加尔文教派为代表的新教和天主教都深信自己的信仰就是权威，力图按照他们的意愿为自己的教会团体赢得整个基督教世界，并为此展开了旷日持久的夺取国土和居民的斗争。16世纪下半叶，法国的"胡格诺派"新教徒与天主教派进行了长达三十多年的"宗教战争"(1562—1594)。这场战争打破了法国天主教会在信仰和思想上的垄断局面，并使天主教会在政治、经济和思想意识上都大伤元气，最后被迫承认新教的独立地位。

新教和旧教各派都充分认识到教育对于捍卫自身利益、获得斗争胜利的重要意义。它们都把教育领域作为重要的阵地，争夺教育权，开办学校，改善教育环境，重视教育的作用，以利于宣传本教派的教义；同时争取更多的信徒，扩大自身的影响，巩固势力范围。这场由改革和反改革交织的宗教运动，在广度和深度上对欧洲教育都产生了巨大的影响。早期的新教徒急于普及圣经知识，这样大众扫盲的重要性就凸显了。到17世纪初，在欧洲新教的势力范围内，文盲率为55%—65%，而同期欧洲天主教地区的文盲率高达70%—80%。② 宗教尤其是像新教这样的教派，很显然是促进学校教育最初发展的基本因素。"不过，宗教显然不能作为国民教育体系兴起的原因。事实是，国民教育体系不是由各种早期学校相连接而构成的网络，二者存在质的差别。国民教育体系的特点是'普及性'，而且是以世俗国家和市民社会的需要为其宗旨的。……虽然宗教在早期学校的发展中起到了重

---

① ［美］约翰·杜威著，王承绪译：《民主主义与教育》，人民教育出版社2001年版，第300页。

② ［英］安迪·格林著，王春华等译：《教育与国家形成——英、法、美教育体系起源之比较》，教育科学出版社2004年版，第38页。

要作用,但很难说它是促进国民教育体系建立的主要原因。因为教育体系和学校之间存在质的差别。大多数国家要想建立公共教育体系,就必须与教会统治学校的传统决裂。"①

新教徒打响了欧洲教育革新的第一枪,他们的努力最先造成了一种局势,即要求建立一种面向全民的初等学校。"因此,在欧洲或大不列颠,凡是有一个不信国教的教派——法国胡格诺教派、路德派、长老会、清教教派、分离派、浸礼派或贵格会——兴起的地方,不久就出现了由会众捐款或由父母支付学费而得以维持的、专门向青少年传授基础知识的小学校。作为一种补充措施,传教会也热情地插足初等教育的园地,设立了慈善学校以教育那些容易受邪恶之徒的诱骗而陷入歧途的贫民。"②

新教徒以个人得救的理论代替了集体得救的理论,这必然包含着教育全体民众以使其获得基督教信仰与教义的理想。虽然这里阐释的个人得救与以往宗教中的追求并无区别,但个人得救的途径则已经有了改变,教会已不再是个人获得知识、信仰及得救的媒介。为了灵魂得救,每个人都必须知道上帝的福音,而这必然要凭借教育才能实现。因此,为了达到这个目的,从理论上说必须设立学校以教育青年,使其能够成为真正的新的基督教信徒。基于这样的宗教理念,路德教派和加尔文教派提出了由政府负责民众教育的见解,并努力将这种见解付诸于教育改革实践。

在宗教改革的烽火点燃后不久,新教徒就开始致力于实现他们所提出的教育理想。通常做法是在改造旧的教会的同时改造旧的教育制度,不少新教领袖为此提出了普及教育的设想,并拟定教育计划付诸实践。由于新教的教育革命是宗教改革的衍生物,因此宗教改革获得成功的地方,往往也是新教教育革命获益的地方。这些地方主要是路德教派活动的德国北部及北欧诸国,加尔文教派活动的日内瓦、荷兰、法国以及由清教徒所建立的北美殖民地等。

新教徒的教育革命创造了一种新的教育机构。它与以往的城市学校不同,这种教育机构是教会为了宗教目的而创设,并由教会或国家共同管理;它与以往的教会学校不同,这种教育机构同时兼顾宗教和世俗教育的需求;它与当时盛行的拉丁语学校不同,这种教育机构的设置不是为了培养政治、宗教或学术领袖,而是为了向普通的劳苦大众子弟普及一般

---

① [英]安迪·格林著:《教育与国家形成——英、法、美教育体系起源之比较》,第39页。
② [美]查尔斯·A. 比尔德、玛丽·R. 比尔德著:《美国文明的兴起》(上卷),第200页。

知识。"在欧洲,德国的路德派和瑞士的新教派是大众教育的重要引路先锋。"①

一、路德派

路德教派是大力倡导并推进初等教育改革的急先锋。在宗教改革运动中,路德曾经帮助维滕堡(Wittenberg,1523)、莱比锡(Leipzig,1523)及马德堡(Magdeburg,1524)各地开展教会改革,并曾在这些地方创办路德式学校(Lutheran-type school)。可以说,路德对各个层次的教育都产生了影响,包括大学的学术讲座、村舍的阅读练习和唱赞美诗等。但路德本人并不是一位优秀的教育实践者,对于创立新的教育制度贡献突出的当属路德在维滕堡大学的两位同事:一位是梅兰希顿(Philip Melanchton,1497—1560),他主要在德国中部和南部进行拉丁语中等学校的改革;另一位是约翰·布肯哈根(Johannes Bugenhagen,1485—1558),他致力于在德国北部各邦以及北欧诸国进行新教教育模式的推广。"与其他任何德国人相比,在把罗马天主教转变为德国路德教方面,他们两人都倾向于对宗教和教育进行重组。"②也就是说,按照路德派教会重组教会,按照路德派学校重建学校。梅兰希顿的主要兴趣是在拉丁中学方面(后文再详细介绍);而在初等教育方面布肯哈根的成就最为突出。

德国宗教改革兴起之后,布肯哈根奉命改组德国北部的教会。在此过程中,他坚决贯彻路德的教育主张,在北方各地组织开展学校改革运动。他的任务主要是将旧的天主教学校改组为路德教学校,其中主教堂及大教堂学校一律改为拉丁文中等学校;而唱诗、歌祷及其他各类教区学校,则改为路德教本族语学校。在布伦瑞克(Brunswick,1528)、汉堡(Hamburg,1529)、卢比克(Lübeck,1530)及其故乡波美拉尼亚(Pomerania,1534)、施莱斯维格-荷尔斯坦(Schleswig-Holstein,1537)及德国北部其他各地,布肯哈根均拟定了改革教会与学校的计划书,以推动德国北部新教教育的改革。③ 他所倡导的由教区学校改组的路德派本族语学校,成为德国最早的民众学校,其目的是为男女儿童提供宗教教育和用德语

① [英]安迪·格林著:《教育与国家形成——英、法、美教育体系起源之比较》,第38页。

② Ellwood P. Cubberley, *The History of Education*, Houghton Mifflin Company, Boston, 1920, P. 314.

③ Ellwood P. Cubberley, *The History of Education*, Houghton Mifflin Company, Boston, 1920, P. 315.

教授读写。1559 年后这种学校在德国各地普遍得到承认。借助于这些简陋的初等学校,布肯哈根还组织了广泛的民众识字运动,对于德语和德国初等教育的普及作出了重要贡献,因此他被誉为"德国国民学校之父"。

受布肯哈根教育活动的影响,北欧的斯堪的纳维亚半岛诸国也致力于创办新教学校。一批曾在维滕堡和其他德国大学学习的年轻人,回国后对教会及其教育进行了改革,最显著的成果是读写能力在北欧国家的普遍提高。1537 年,丹麦国王聘请布肯哈根到斯堪的纳维亚地区主持教育改革,按照路德教的宗旨改组哥本哈根大学和丹麦的教会与学校。在布肯哈根的领导下,丹麦设立了男女儿童写作学校(writing-schools),由教堂的低级职员每星期召集儿童听一次教义问答。1686 年以前,瑞典几乎没有采取什么行动,查理十一世(Charles XI,1660—1697)规定,瑞典各教区教会的圣器监守人应教导儿童阅读,并由牧师以布道及教义问答等方法讲授宗教科目,而且每年举行一次公开考试。教会成员必须能够阅读及通晓教义问答。[①] "在瑞典,由教会教授读写能力的传统,使得民众普通学校提早了几个世纪出现。"[②]同一时期,瑞典法令还规定由政府资助各教区设立儿童学校,虽然这项法令在一个世纪之后才得以实现,却有效地推进了包括芬兰在内的北欧诸国的扫盲教育。

总之,在国民教育体系建立之前,路德派就已提供一种真正的"民众教育",这不仅使特权阶级而且使整个社会都受益匪浅。

二、加尔文派

发源于瑞士的加尔文教派,是宗教改革时期推动初等教育改革的另一支重要力量。加尔文派不同于路德派,它在不同的国家以不同的形态出现,它是一种国际性的运动。"路德派是社会保守主义,恭从既定的政治权威,提倡一种个人的、近乎于清静无为的虔诚,加尔文派则是一种积极的、激进的力量。它的纲领不仅是要净化个人,而且要让宗教的影响渗透到生活的各个方面,私人生活和公共生活各个方面,达到重建教会和国家、更新社会的目的。"[③]大

---

① Ellwood P. Cubberley, *The History of Education*, Houghton Mifflin Company, Boston, 1920, P. 315.

② [瑞典]T. 胡森等主编,张斌贤等译:《教育大百科全书》(第 2 卷),西南师范大学出版社 2006 年版,第 650 页。

③ [英]R. H. 托尼著,赵月瑟、夏镇平译:《宗教与资本主义的兴起》,上海译文出版社 2006 年版,第 61 页。

约在路德向天主教会发难的同时,1518 年瑞士的茨温利(Huldrych Zwingli,1484—1531)在苏黎世(Zürich)也领导了一场反对罗马教廷的独立运动。茨温利既是教士,也是满腹经纶的人文主义者。他曾在维也纳和巴塞尔大学学习,并于 1502 年获得巴塞尔大学的硕士学位。茨温利崇拜柏拉图(Plato,公元前 427—公元前 347)和伊拉斯谟,其理论特点是自由解释圣经和否定教会权威。在这场运动中,茨温利将教育改革视为宗教改革的一部分。1523 年,茨温利发表了题为《简论青年的基督教教育》的论文,这是用新教观点写成的第一本教育著作。他在书中提倡学习拉丁语、希腊语和希伯来语,系统地学习以《圣经》为核心的宗教课程。此外,他还主张学习自然科学、算术、音乐,以及跑、跳、投掷等希腊式的竞技课程(Palaestral Course)。然而,由于茨温利过早地在由宗教改革所引起的战争中牺牲,其改革教育的努力也夭折了。

几年之后,流亡瑞士的法国新教徒约翰·加尔文(Jean Calvin,1509—1564)在日内瓦领导了一场更为壮观的教育改革运动。这场运动首先在瑞士,稍后又在法国、荷兰、英格兰、苏格兰和美国取得重大进展。加尔文是早期人文主义者比代的学生,1509 年出生于法国北部的皮卡迪,其父亲是一位出身寒微但受人尊敬的基督教会律师。加尔文 14 岁赴巴黎索邦学院学习经院哲学和神学,受马瑟林·科迪埃和其他教师的指导,在人文主义研究方面取得了显著进步,不仅文笔出色而且善于逻辑分析。加尔文的父亲希望他成为一名律师,因而加尔文还在奥尔良和布尔日大学研读过法律,但很快又回到人文学科,并于 1528 年获得文学硕士学位。

加尔文青年时代就深受人文主义和路德新教思想的影响,后因宣扬伊拉斯谟和路德的观点被教会斥为异端,被迫流亡瑞士,长期生活在被称为"新教的罗马"的日内瓦,并在那里创立了加尔文教。与路德教相比,加尔文教更为激进,更为果敢,更具逻辑性与神秘性。1536 年加尔文出版了《基督教原理》一书,并以此为基础建构了一个全新的基督教。这本书是欧洲第一部关于新教信仰的学术著作。"这本书是宗教改革时代出版的最清晰、最有逻辑性、最具可读性的一本阐述新教教义的著作,它也使这位年轻的作者一夜之间闻名于整个欧洲。"①1541 年加尔文又发表了《基督教教规》一文,他明确指出:"大学为教会和社会之共同福利而不可缺少,在大学里孩子们可以学习'语言和世俗科学',为担任牧师和公职做准备。居大学之首位的应是一位'具有学问和经验的人',其下有教授高级课程的'讲师'和

---

① [美]布鲁斯·雪莱著:《基督教会史》,第 290 页。

教授年幼学生的'学士'。教师应列为教会的官员，应和牧师一样受基督教教规的约束。"①

不久，加尔文投身于日内瓦的宗教改革运动，他把日内瓦变成了第二个维滕堡。日内瓦不仅是一种系统的新教神学的发源地，而且是一种教会组织结构和教规的发源地。在相当程度上，日内瓦是国际化的城市，它吸引了从欧洲各地到此避难的新教徒以及越来越多的求学者，他们在这里学习最纯洁的福音真理。"那儿到处是不同年龄，来自不同地方的外国人。它是热情洋溢的人们的麦加，难民的庇护所。"②加尔文的成就是把路德关于基督徒自由的两大声明结合起来：一是通过信仰得到个人的拯救；二是为抵制无政府主义而服从社会。加尔文在新教处于低潮的时候拯救了它，他为培养牧师所创建的日内瓦学院，使日内瓦成为了欧洲的知识中心。新皈依的信徒都去那儿听课，离开的时候往往成为了传教士。加尔文教会是按照民主原则管理，牧师由信徒推选，废除等级制。教会与国家保持十分密切的关系，它们都是上帝的助理，传达上帝的旨意。

在加尔文看来，《圣经》是一部"伟大的著作"，在这部著作中上帝向人类展示了自己。他认为，真正的加尔文教派信徒应该是有知识的人，而文盲和贫穷必然是懒惰、无知和罪恶的，他们无法成为财富的创造者和守护者。因此，教育具有决定性的作用。教育既是学习正统宗教教义的途径，也是生活的方式和谋生手段。加尔文主张国家要依照基督教的原则进行治理，而教会作为一个自治团体要控制一切宗教和道德事务。加尔文的后半生实际上就是在为这一理想而奋斗，在此过程中教育作为推进宗教的工具有着深远的社会意义。

1537年，加尔文向日内瓦市政当局提出改革教会的方案。在这一方案中他多次提到对儿童进行宗教训练，要求儿童学习唱圣歌，以便能够在公共礼拜时领唱；他亲自为儿童编写《教义问答》，作为宗教教育的必读材料，并由牧师考核儿童学习教义的成绩。每逢礼拜日，教堂要召集儿童实施宗教教育，若有儿童不按时参加，则要处罚其父母。

在加尔文的教会改革方案中，尽管宗教教育占据突出的地位，但他仍然重视世俗教育的开展。1538年，加尔文邀请自己从前的法国教师马瑟林·科迪埃到日内瓦一起参与教育改革工作，并共同编写了《日内瓦初等学校计划书》。该计划书明确指出："虽然我们把圣经置于首位，但我们并不排斥良好的训练。圣经确实是一切学识的基础，但是人文科学有助

① ［英］博伊德、金合著：《西方教育史》，第197页。
② ［美］雅克·巴尔赞著：《从黎明到衰落：西方文化生活五百年，1500年至今》（上），第38页。

于充分理解圣经,不可忽视。"①教育是全体国民为确保良好的政治制度,维持教会的安全,以及保持人性所必需的。因此,该计划书建议对儿童实施普及的义务初等教育,即儿童不论贫富贵贱,均享有平等的受教育机会。在该计划书中,加尔文特别重视初等学校本国语和实用算术的学习,并强调语法的基础训练。

加尔文没有等到自己拟定的初等学校计划付诸实施就被逐出了日内瓦。1538 年至 1541 年加尔文在德国的斯特拉斯堡开展新教宣传活动,并在斯图谟的学校为高年级学生讲授神学。这段教育经历使得加尔文更加熟悉了学校的组织工作,并对儿童的学习能力有了直接的了解。1541 年,当加尔文再次回到日内瓦并担任教会的大牧师之后,他为日内瓦的新教徒撰写了《基督教教规》。这份教规要求所有日内瓦共和国的公民或信徒,都要尊重与服从依据圣经而制定的法律。所有儿童都必须在学识、教义、礼仪、优良品德与生活常识方面受到严格的训练。同年,加尔文根据在斯特拉斯堡取得的教育经验,重新修订了 1537 年写成的《教义问答》。虽然对于未成年人来说,这本《教义问答》仍旧显得冗长晦涩,但与第一版相比则更接近儿童们的接受能力。1556 年,加尔文再次访问了斯图谟的学校,并带着他自己的学校计划重返日内瓦。这一计划在其 1559 起草的《日内瓦法律学校》条例中得到了明确的体现。该条例规定:按照学生的能力组成循序渐进的班级,班上每十人为一组,合格的学生每年升入高一级的班级。在日内瓦,古典文科中学十年制的课程被改为七年制,其中在最低的四个年级,学生不仅学习拉丁文,还要学习现代语法。这使得加尔文的学校计划比斯特拉斯堡的规定多了一些贴近生活的气息。

在加尔文的推动下,日内瓦城于 1559 年在圣安东尼山上创建了日内瓦学院(今日内瓦大学的前身),首任校长是加尔文的弟子、神学家贝扎(Theodore Beza)。1559 年 6 月 5 日,贝扎在圣彼得大教堂举行的盛大仪式上正式就职。日内瓦学院最初约有 162 名学生,其中四分之三来自法国,只有 4 个日内瓦本地人,其余来自西欧别的国家。到 1564 年,日内瓦学院共有 1 200 名学生和 300 名高等生。② 当时学院分为两部分:一部分适合初学者,称为学院或私立学校;另一部分是面向高年级学生,称为学院本部或公立学校。在学院七个年级(七年级是最低年级)中,不同的班级依次讲授经典著作,学生可以从学院提供的一系列课程中选择感兴趣的讲座,这些课程分为人文主义和宗教两大类,包括神学、希伯来文、希腊

① [英]博伊德、金合著:《西方教育史》,第 197 页。
② [英]R. B. 沃纳姆编:《新编剑桥世界近代史》(第 3 卷),第 118 页。

的诗人和伦理学家、辩证法、修辞学、物理和数学等。日内瓦学院高年级的学习科目如下:三年级要系统学习希腊语法,并比较希腊语与拉丁语的异同;学习西塞罗的《书信集》,并将它们译成希腊文;阅读《伊尼德》《凯撒》及《伊索克拉底》。二年级要重点阅读李维、色诺芬、波利比乌斯、希罗多德和荷马的作品;开始学习逻辑学,即从西塞罗的讲演集中选取例句学习命题、三段论法;每周一次用希腊语叙述福音中的内容。一年级要从公认的著作(如梅兰希顿的著作)中学习基本知识和朗诵;以西塞罗的演说词和狄摩西尼斯《痛斥奥林提亚和菲力蒲》的演说为范本,教授雄辩术的全部原理;为了掌握雄辩术,还要分析荷马和维吉尔的作品;每月举行两次自拟演说词的演讲会;每周一次阅读希腊文的圣保罗或其他使徒的《使徒书》。①

　　在日内瓦学院,知识的灌输与虔敬的训练同时进行,大学的根本目标是培养一批受过训练的牧师。后来日内瓦学院又增设了医学和法律两个专业。在加尔文派的控制和管理下,日内瓦学院获得了极大成功,成为后世许多大学效仿的榜样,荷兰的莱顿大学、英格兰的爱丁堡大学,甚至美国的哈佛大学等都被看成是"加尔文学校的复制品"。同时,由日内瓦学院培养的加尔文主义精英分子,也源源不断地输送到法国和欧洲其他地区,从而对这些地区的高等教育产生了深刻影响。法国的胡格诺派、荷兰的改革宗、英格兰的清教徒、苏格兰的长老会教派,都曾以不同方式仿效瑞士的大学制度,并取得了不同程度的成功。特别是在胡格诺派领导下的法国,不仅涌现了许多初级学校,而且建立了 32 所学院和 8 所大学,这 8 所大学曾一度在欧洲大学中名列前茅。

　　严格的宗教纪律和坚定的宗教信仰,保证了加尔文所倡导的教育理念在日内瓦以及拥护加尔文教的地区得到实施。因此加尔文教派在这些国家和地区的宗教与教育方面都产生了巨大的影响。加尔文新教的传入,鼓舞了荷兰人民反对西班牙统治的民主革命,这场革命的结果就是荷兰共和国的建立。在这个新生的共和国,教会与国家密切合作,并采取一系列教育措施,用新教精神对原有的学校进行改革。1586 年海牙(Hague)宗教会议发布了每个城市普遍设立学校的教令;1618 年多特(Dort)宗教会议又一次颁布法令规定:能真正教导青年们虔敬上帝与基督教原理的学校,不仅要设立于各大城市,也应设立于各市镇及乡村。信奉基督教的官员应给予教员薪俸,并聘用优秀的教员,使其能终身献身于教职;

---

① 〔美〕E. P. 克伯雷选编:《外国教育史料》,第 303—304 页。

特别是要让贫穷家庭的儿童免费受教,并能享受学校的各项权利。① 法令还规定由牧师担任学校的督导,负责视察、调查、奖励、提供意见及咨询报告。小学一律采用本族语教学,内容以宗教和读写算为主。为了适应工商业发展的需要,小学中的算术备受重视,并且还增添了簿记。

在推广初等教育方面,荷兰各省都做出了积极的努力。有的省份为督促儿童入学,派遣教师担任入学调查官员,检查儿童入学情况。1590 年至 1612 年,乌得勒支省(Utrecht)曾免费为当地儿童提供初等教育。1603 年德伦特省(Drenthe)颁布的法令规定,父母必须为 7 岁以上的儿童缴纳教育税,而不管其是否入学。1666 年奥维塞尔省(Overyssel)规定为 8 至 12 岁儿童征收教育税。格罗宁根省(Groningen)曾指定牧师为督察,以督促儿童入学。阿姆斯特丹及荷兰其他许多城市则要求教师须先经考试,然后方可执教。在 16、17 世纪,荷兰建立了当时欧洲最好的小学教育制度。

在苏格兰,加尔文教得到广泛传播,并逐渐取得优势。苏格兰宗教改革领导人约翰·诺克斯(John Knox,1505—1572)曾在日内瓦同加尔文相处,深受加尔文的影响。他把日内瓦描绘成"使徒时代以后人间最完美的基督的学校"②。1560 年,苏格兰议会通过与罗马教廷决裂的法案。随后,诺克斯便与其他牧师一起撰写《教规第一卷》(*First Book of Dicipline*)作为国家的教会制度方案,旨在通过教会的控制为社会所有阶层建立一整套教育制度。这是一个典型的加尔文教派教育方案:教会对学校直接负责;所有儿童不分性别或社会地位,受到一视同仁的对待;教育要通过为教会和国家培养人才达到社会的目的。

诺克斯的教育方案明确规定,在教会的监控下实行普及教育,不分贫富,违者要受到教会处罚。马丁·路德倡导君主应对臣民实行义务教育,诺克斯则主张运用教会的权威推行义务教育,国家、城市与教会要培养能够讲授语法和拉丁语的教师。在高山地区,要任命讲经师或牧师,管理本教区的儿童和青年,并讲授教义常识。为此,诺克斯将加尔文的《教义问答》翻译成苏格兰的本族语言。在较大的城市,诺克斯主张建立高等学校,聘用称职的教师讲授语言和文学。为了国家和教会的利益,富人和穷人子女应一视同仁,他们都享有受教育的权利。不论其社会地位和经济状况如何,任何人都不能随心所欲地处置

---

① [美]克伯莱著:《西洋教育史》(上册),第 351 页。
② [英]R. B. 沃纳姆编:《新编剑桥世界近代史》(第 3 卷),第 117 页。

子女,特别是年幼的子女,必须强迫所有人用学识和道德教养孩子。富人要缴纳必要的税赋,遣送自己的子弟入学,并承担相应的费用;贫苦人家的儿童则由教会资助,使之完成学业。

在这个教育方案里,诺克斯还设计了统一的全国学校体系,明确划分了各个年级。边远乡村的学生用两年时间学习阅读、教义问答和语法基础,再进入城镇的拉丁语学校,学习三至四年的拉丁语和语法;然后,再进入大城市的高级学校或学院,学习四年逻辑学、修辞学和古典语言(包括希腊语);最后进入大学,以三年为期限学习哲学(包括辩证法、数学和自然哲学),接着学习法律、医学或神学。

诺克斯的建议得到了苏格兰长老会(The General Assembly)的支持,他将其呈送给苏格兰议会。1592 年长老会成为国教之后,苏格兰议会分别在 1616 年、1633 年和 1646 年颁布法律,规定在每一教区设置学校。① 尽管诺克斯设想的庞大教育体系在苏格兰并没有全部被教会和议会所采纳,而且已被采纳的部分也未能完全付诸实施,但诺克斯的教育构想对于苏格兰教育的发展仍然产生了深刻影响。同欧洲一些地区相比,苏格兰的教育仍属先进之列。“以本国语言为基础的初等教育在苏格兰组织得最好,在那里,诺克斯的卓越的规划,尽管由于缺乏资助而打了折扣,但在教区学校中仍留下了值得纪念的教学成果,这些成果为学生进入文法学校打下了良好的基础。”②

在法国,胡格诺教徒忠实地践行了加尔文教派的教育理想。胡格诺教徒用法语传教,他们十分重视教育。按照胡格诺派的惯例,每建立一座教堂就要兴办一所初级学校。从 16世纪末到 17 世纪中叶,胡格诺派在法国许多地区开办了自己的初级学校。在胡格诺派控制的地区,初等教育是一种强迫教育,对不送子女入学的父母要罚款。如果学生人数很少,男女儿童可以同校。孩子们在学校背诵本教派的教义,学习读写算的初步知识和唱歌,教学语言是法语。亨利四世以后的法国君主大多执行迫害新教徒的宗教政策,使得胡格诺派的学校逐渐减少。特别是 1661 年路易十四(Louis XIV,1638—1715,1661—1715 年在位)亲政后,连续颁布一些敕令对胡格诺派的教育活动作出种种限制,使这一教派的初等教育活动遭到严重破坏。

---

① [美]R. Freeman Butts 著,徐宗林译:《西洋教育史》(上、下册),台北黎明文化事业股份有限公司,1982 年版,第 421 页。

② [英]R. B. 沃纳姆编:《新编剑桥世界近代史》(第 3 卷),第 595 页。

三、国教派

16 世纪发生在英国的宗教改革，与欧洲大陆国家的宗教改革迥然不同。这场由英王亨利八世（Henry Ⅷ，1491—1547，1509—1547 年在位）出于政治动机自上而下发动的宗教改革，表现出更为浓重的保守色彩。就亨利八世而言，他并非路德与加尔文等宗教改革家所指的新教徒，对于路德所倡导的新教教义，他一直持反对的态度。就英国民众而言，他们对于罗马教皇的无理要求与罗马教廷神职人员生活糜烂的反对程度，不像德国各公国民众那般强烈，他们对欧洲大陆新教徒所宣扬的教义也未产生兴趣。因此，当 1534 年《至尊法案》（The Act of Supremacy）宣布改宗"英格兰国家教会"（the Church of England，简称国教会或圣公会）之后，英国国内的宗教并没有发生实质性变革。除了宣布不承认罗马教廷的最高权力，并将天主教会职权全部转移至英国国教会之外，天主教的主要教义、教规和宗教仪式都得到了原封不动的保留。"为教会服务的语言从拉丁语改为英语也许是最重要的变化。因此，在本质上和服务方面，英国教会和其他新教派的罗马天主教堂保持着最大的相似性。"①

在统治者看来，对于教义的强调可能会引起新建立的国教会内部的分歧，他们不愿意看到英格兰被教义的分歧所撕裂。因为"一个分裂的英格兰教会，就意味着一个分裂的英格兰；而一个分裂的英格兰就是一个软弱和易受攻击的英格兰"②。尽管如此，1530 年代和 1540 年代发生的宗教改革对英国产生了深远的影响。"从那以后，它一直困扰着英国教会和国教会的分支机构，并且成为英国后期宗教改革的一个基本问题：天主教制度的两大支柱并没有同时倒塌。教皇的霸主地位被断然否认，但旧的虔诚世界却以一种更加模糊的方式对待。这在很大程度上要归功于亨利八世的宗教观。"③

直到 16 世纪后期，受加尔文教派的影响，英国国教会内部才开始出现一些不同的宗教改革呼声。在不反对国教会的前提下，有的人主张废除大主教和主教教阶制，清除天主教

---

① Ellwood P. Cubberley, *The History of Education*, Houghton Mifflin Company, Boston, 1920, P. 320.

② ［英］阿利斯特·麦格拉斯著：《宗教改革运动思潮》，第 22 页。

③ Diarmaid MacCulloch, *The Later Reformation in England 1547‐1603*, Palgrave Macmillan, New York, 1990, P. 6.

的影响,净化宗教,这些人被称为"净化者"或"清教徒"(Puritans)。① 其中有些人是玛丽一世(Mary Ⅰ,1516—1558,1553—1558 年在位)统治时期流亡海外的难民,他们曾经访问过加尔文教派的重镇日内瓦,并且阅读了加尔文教徒翻译或注释的《圣经》;有些人鉴于国教会的弊端,主张脱离国教会,使学校政教分离。他们主张教会组织采用公理制,认为信徒有权决定本教堂的教义及宗教仪式,民主选举牧师,这些人被称为"分离派"(Separatists)或"独立派""公理会";17 世纪中叶后,英国境内又出现了主张人人可以从上帝处得到"内心之光",无需教会的引导和以圣经为依据,就可以得到直接启示的教派,这些人被称为"辉格派"(Quakerism)或"教友派"(The Society of Friends)。这三种教派各自代表不同的利益群体,而且对宗教、政治、教育等问题的看法彼此不同。其中,清教并不局限于某一教派,它不仅体现在英国国教会,而且体现在从国教会分化出来的其他教会。它不仅决定了关于神学和教会治理的观念,而且规定了政治思想、商业关系、家庭生活和个人行为的细节。"清教,而不是都铎王室与罗马教廷的决裂,才是真正的英国宗教改革。正是通过清教同旧秩序的斗争,才出现了真正现代意义的英格兰。"②清教徒和国教派之间的宗教与政治斗争一直持续不断,彼此各有消长,并且都对英国教育产生过一定的影响。

由于英国的宗教改革运动不同于欧洲大陆新教国家,因而在教育改革上同样产生了不同于欧洲大陆新教国家的结果。就民众教育的发展而言,在英国宗教改革中具有重大意义的举措,莫过于宗教仪式所用的语言由拉丁语改为英语,以及英文版《圣经》的日益普及。1536 年,亨利八世下令将英译本《圣经》分发给各地的教会,并要求教会布道、祈祷、唱赞美歌都要使用英语。1538 年,亨利八世又下令每个教堂必须放置一部英文版《圣经》,供民众自由阅读,并要求用英语向民众讲授使徒信条、主祷文以及十诫。1549 年,英文版祈祷书、诗篇和教义问答已正式启用。"把英语作为一种服务教会的语言,也许是英国宗教改革带给人们的最大教育收益。"③尽管后来亨利本人的态度渐趋冷淡,而且在 1543 年颁布法令限制民众阅读和使用圣经的权利,但民众与教士一样接触圣经的趋势却无法遏止。1559 年,

① 在 16 世纪 70 年代,"清教"一词首次出现在英国历史上。清教徒是极端的新教徒,他们对宗教改革后的英国国教不满,渴望清除国教中的"天主教"色彩。他们主张简单、实在、上帝面前人人平等的信徒生活,认为每一个体都可以直接与上帝交流,而反对国教会的专横、腐败和繁文缛节。

② 〔英〕R. H. 托尼著:《宗教与资本主义的兴起》,第 118 页。

③ Ellwood P. Cubberley, *The History of Education*, Houghton Mifflin Company, Boston, 1920, P. 321.

伊丽莎白一世(Elizabeth Ⅰ,1533—1603,1558—1603年在位)女王再次发布与亨利八世相似的皇家敕令,要求每个教区都应增加额外的布道活动,用英文定期宣读权威的主祷文、使徒信条和十诫;每个教堂都应有英文的圣经和伊拉斯谟的英文版释义;而且每个教区牧师和助理牧师在每个圣日,每年第二个礼拜日,至少在晚祷之前,用半小时教导教区内所有少年朗读十诫、使徒信条和主祷文;同时细心地考察他们,并教给他们公众祷告书中的教义问答。①

这些法令颁布的初衷无疑是基于宗教目的,但却表现出明显的教育倾向,那就是建立一个由国教会所控制的全英宗教教育体系。国教会成员在国王的监控下担任民众宗教教育的执行者,经政府授权的圣经和祈祷书成为合法的宗教教育内容。尽管这一体系遭到了罗马天主教会和清教徒激进派的一致反对,但它在推动民众识字和阅读方面发挥了一定的积极作用,尤其是在伊丽莎白及詹姆士一世(James Ⅰ,1566—1625,1603—1625年在位)统治期间。17世纪中期(1640—1660),这个体系曾经被短暂地废止过,但此后又基本得到恢复。"到伊丽莎白时代,英国人已坚信提供教育是教会的事情,它与国家无关。这种态度一直持续到19世纪。"②

英国政府与国教会想借助于宗教控制实现社会的稳定和长治久安,而不是真正关心学校教育的办理。长期以来形成的依靠民间或宗教慈善力量办理学校的做法,在英国宗教改革中得到了进一步强化。英国实行宗教改革以后,天主教的寺院学校都被停办,全部初等教育事业都集中于英国教会和宗教团体。亨利八世与爱德华六世(Edward Ⅵ,1537—1553,1547—1553年在位)均颁布命令,要求遣散天主教修道院以及附设在各个教堂的读经班或唱诗班,同时还鼓励民间慈善力量积极参与学校的创建。这样英国初等教育在遭遇短暂的停滞之后,逐渐由过去的天主教会控制转向由各宗教团体和慈善基金会经营,从而形成了公共和私人共同资助的学校运作模式。"英国教会只是在教育方面接管了罗马教会,它可以颁发教师许可证,要求他们宣誓效忠,监督祷告和教导,严格遵从新的信仰;在学校方面,除了私人教学和捐赠学校外,仍然是以宗教、慈善基金和学费维持为主。"③

① [美]劳伦斯 A. 克雷明著,周玉军、范龙、陈少英译:《美国教育史·殖民地时期的历程1607—1783》(第1卷),北京师范大学出版社2003年版,第105—106页。

② Ellwood P. Cubberley, *The History of Education*, Houghton Mifflin Company, Boston, 1920, P. 320.

③ Ellwood P. Cubberley, *The History of Education*, Houghton Mifflin Company, Boston, 1920, P. 320.

在教育方面,成就最为突出的是招收穷人子弟入学的教区学校纷纷创立,尤其是在伊丽莎白时代最为盛行。教区学校也称为堂区学校,它是宗教改革后一种正规的初等教育机构,广泛散布在英格兰各个城市、郡县以及乡村。凡是有教堂的地方几乎都有这种堂区学校。这些学校一般由乡村自由民、士绅以及城市中产阶级捐款予以资助,其创设目的并不是为了普及义务教育,而是为了使乡村和市镇的儿童获得免费的宗教教育。学校招收年满 4 至 8 岁的儿童,不分性别,提供二三年的英文基础教学,这实际上是最普通的本族语学校。这类学校开设阅读、拼字、英文字母书写以及简单的句子训练。教学所用的教材是角贴书,包括字母、音节、祈祷文、教义问答、祷告文书以及《圣经》的节录。教师来源于当地的牧师,薪资极低,甚至由家庭主妇担任。教区学校的创办,使得普通的英格兰人接受教育比以往更方便,受教育的人也较以往更多。据说,到 1640 年在英格兰较大的城市及市镇,约有一半的男性成年人具有应用文字的能力,这一比例在农村也达到了约三分之一。①

17 世纪中期(1640—1660),英国清教徒的政治力量曾获得短暂的稳步增长,不少清教徒对于慈善教育事业表现出极大的热情。清教主义和教育之间有着明显的联系,所有清教徒应该学会阅读和接受更广泛的教育,阅读圣经是任何清教徒的一项重要活动。清教徒坚信"贫穷滋生了无知和愚昧",因此他们慷慨捐资兴办学校。在英格兰,伦敦商人独自捐赠的学校多达 109 所。② 在伦敦,1512 年梅瑟斯公司(the Mercers' Company)为圣保罗学校提供了丰厚的捐助,并且为其他人员所效仿。随后建立的 14 所学校提供了"当时西方世界可能是最好的教育"③。这 14 所学校为伦敦大都市 5%—7% 的男孩提供了教育。在其影响下,位于伦敦西北的米德尔塞克斯郡(Middlesex)也创办了 15 所文法学校。④

在英国其他地方如兰开夏郡(Lancashire)、柴郡(Cheshire)、施罗普郡(Shropshire)、斯塔福德郡(Staffordshire)、赫里福德郡(Herefordshire),清教徒商人建立了 44 所类似的文法学校。在 1480 年至 1660 年期间,另有 72 所文法学校(其中威尔士 4 所、苏格兰 2 所、法国

---

① [美]R. Freeman Butts 著:《西洋教育史》(上、下册),第 435—436 页。
② W. H. G. Armytage, *Four Hundred Years of English Education*, Cambridge University Press, London, 1964, P. 5.
③ W. H. G. Armytage, *Four Hundred Years of English Education*, Cambridge University Press, London, 1964, P. 5.
④ W. H. G. Armytage, *Four Hundred Years of English Education*, Cambridge University Press, London, 1964, P. 6.

加来1所)得以建立。① 一位美国历史学家评论说:"这些有见识和担当的伦敦商人为新教赢得西方世界而负责,并为该地区提供现代生活所需的社会和文化机构而负责。"②另外,在布里斯托尔、白金汉郡(Buckinghamshire)、汉普郡(Hampshire)、肯特、兰开夏郡、伦敦、诺福克(Norfolk)、萨默塞特(Somerset)、伍斯特郡(Worcestershire)、约克郡(Yorkshire),清教徒捐赠建立的学校达542所。实际上,在这十个地方每6000人中就有一所捐赠文法学校,每个男孩都可以接受免费教育,他们居住的地方离文法学校不超过12英里。③

塞缪尔·哈特利布(Samuel Hartlib,约1600—1662)是一位波兰商人的儿子,1628年他从德国来到英国。哈特利布渴望把新教与促进教育改革联系起来,他对于弗朗西斯·培根(Francis Bacon,1561—1626)以及夸美纽斯所倡导的知识自由的必要性与所有人都具有同等的潜在智力深信不疑,并以毕生的精力和财产致力于推进以教育为主的慈善事业。"他希望像培根一样融合宗教和科学的目的,在农牧业和制造业中探索最佳的实验场地,以造福于这个国家。"④1637年和1639年哈特利布发表了《夸美纽斯文集导论》和《论夸美纽斯的"泛智思想"》。他赞同夸美纽斯在《学校改革》(1642)一书中的观点,认为教育应该面向所有人,教育的目的是认识自然。1641年,哈特利布曾邀请夸美纽斯从波兰来到伦敦进行教育推广活动。有的学者指出:"1641年夸美纽斯的到来,是英国培根主义和清教主义相结合的闪光点。"⑤哈特利布的教育改革计划体现在1647年出版的《论英国教会和国家改革后的可喜成就》(*Considerations Tending to the Happy Accomplishment of England's Reformation in Church ans State*)一书中,他倡议在每个地区建立由当地政府支持和管理的学校。

1650年,哈特利布向议会提交了《扩大伦敦慈善事业》(*London's Charity Enlarged*)的

---

① W. H. G. Armytage, *Four Hundred Years of English Education*, Cambridge University Press, London, 1964, P. 6.

② W. H. G. Armytage, *Four Hundred Years of English Education*, Cambridge University Press, London, 1964, P. 6.

③ W. H. G. Armytage, *Four Hundred Years of English Education*, Cambridge University Press, London, 1964, P. 6.

④ W. H. G. Armytage, *Four Hundred Years of English Education*, Cambridge University Press, London, 1964, P. 20.

⑤ W. H. G. Armytage, *Four Hundred Years of English Education*, Cambridge University Press, London, 1964, PP. 20—21.

方案,要求准许贫苦儿童受教育,并坚持国家有权利把教育作为改良社会的手段。他建议为伦敦贫苦儿童开设"扫盲工场"(Literacy Workhouse),并设想在工场里"每天教儿童读、写二小时;早上一小时,下午一小时,因而,在十二岁、十四岁或十六岁时,儿童就能够读与写;并且男孩能充任学徒,如果心智敏慧的,甚至可以成为学生,或会计人员。读、写以外的时间,儿童则在纺织,编制及缝纫,并练习自己做衣服。担任这些科目的女性教师,则从儿童所赚的每一先令中,抽出一便士;其余的则归儿童所有"①。哈特利布认为,英国可以通过增加其资源,如学校、大学、国家卫生服务、公路和桥梁系统、训练有素的神职人员,达到建设玛卡利亚王国(the Kingdom of Macaria)的目标,而这些全部依靠财产税维持。②

约翰·杜里(John Dury, 1596—1680)是苏格兰哲学家和教育改革家,他在 1650 年写成《改革后的学校》(*The Reformed School*)一书。杜里把性格训练放在智力发展之前。他说:"在人的各种学识中,良好的举止最为重要;因为,如果没有道德的诚实,再完美的学识也不过是助长和加深人类不幸的邪恶工具。"③杜里强调因材施教,鉴别儿童的天性,教给儿童的知识要与其能力相称。"这样,观察儿童在各种各样活动中的行为举止,以发现他们的真正爱好,这便是教育艺术的伟大杰作。"④他还倡议建立一种普及的学校体制,使八九岁到十三四岁的儿童都能进入学校,让他们观察"世界上一切自然的和人工创造的东西,从而他们的想象力就会按一定的方法,对那些事物做出适当的反应,并了解它们的性质和用途,然后通过商业和制造业了解人们的相互关系"⑤。随后几年直到十八九岁,再学习所有适合于为教会和国家服务的有用的科学与艺术。杜里特别强调要唤起儿童的求知欲,让他们明确学习目的后再去学习,掌握人生最必要、最有用、最精华和最完美的知识。他认为选择学校环境十分重要,学校应设立在离城市不远的乡村。校园要宽敞,有大的花园,离村庄和牧场不远。乡村可以向学生展示他们所学的自然界的一切,城市可以向学生提供一切需要熟悉的人和事物。杜里要求学校提供各种各样的教具。"在大的共同教室中,应该有各种数学、自然、哲学、历史、医学、文字和其他学科的图片、地图、地球仪、工具、模型、引擎以及与艺术

① [美]R. Freeman Butts 著:《西洋教育史》(上、下册),第 346 页。

② W. H. G. Armytage, *Four Hundred Years of English Education*, Cambridge University Press, London, 1964, P. 21.

③ [英]伊丽莎白·劳伦斯著,纪晓林译:《现代教育的起源和发展》,北京语言学院出版社 1992 年版,第 81 页。

④ [英]伊丽莎白·劳伦斯:《现代教育的起源和发展》,第 82 页。

⑤ [英]博伊德、金合著:《西方教育史》,第 268 页。

和科学有关的感性实物。"①

以哈特利布为代表的清教徒教育主张,对于英国初等教育产生了积极的影响。"从1640年起,文艺复兴的教育理想被哈特利布、夸美纽斯、杜里和其他人的现实主义理想所取代,他们把教育视为宏伟的社会工程体系的一部分。"②但随着1660年王政复辟,清教徒的教育事业在英国逐渐衰落。然而,英国的慈善教育并没有因为清教徒衰落而有所停滞。到17世纪晚期,英国又出现了一种新的初等教育机构,即宗教性的慈善学校(charity school)。这种独特的英国学校最早在1680年创设于伦敦的怀特查培尔区(Whitechapel),后由国教会的两个宗教团体即"基督教知识促进会"(The Society for Promoting Christian Knowledge,1698)和"海外福音宣传会"(The Society for the Propagation of the Gospel in Foreign Parts,1701)负责资助办学。"在英国本土,绝大多数'慈善学校'是由基督教知识促进会创办。"③

1698年,托马斯·布雷(Thomas Bray,1656—1730)和其他四位牧师与慈善家创建了"基督教知识促进会",其主要目的是"为教育贫困儿童而建立教义问答学校"。1699年"基督教知识促进会"第一次会议决定,在伦敦及附近每个教区都创办一所教义问答学校(catechetical school)。这种学校是慈善学校的初等教育形式,因其重视问答法教学而得名。一般说来,这些慈善学校是由当地的人们建立、资助和管理,但当地方资金出现紧缺时,"基督教知识促进会"将从自己的财政中提供保障和赞助。"基督教知识促进会还视察学校,鼓励当地管理者并提出一些建议,而且以尽可能便宜的价格提供圣经、祈祷书和教义问答手册。"④"基督教知识促进会"制定了严格的教师资格条例,要求每位教师不仅接受宗教、道德和教育效率方面的常规检查,而且还必须是英国国教会的成员;每位教师必须每周两次给儿童讲授教义问答,并且要特别注意贫困儿童的行为举止,避免他们撒谎、咒骂、安息日捣乱和养成其他恶习。如果孩子被学校开除,其父母也要受到惩罚。除了患病外,父母要监督孩子不能缺课,而且上学时穿着要干净整洁。慈善学校还为学生提供衣物、膳食和住宿。

---

① [英]伊丽莎白·劳伦斯著:《现代教育的起源和发展》,第83页。

② Denis Lawton and Peter Gordon, *A History of Western Educational Ideas*, Woburn Press, London,2002,P. 78.

③ Frank Pierrepont Graves, *History of Education in Modern Times*, Akashdeep Publishing House, New Delhi,1990,P. 38.

④ Frank Pierrepont Graves, *History of Education in Modern Times*, Akashdeep Publishing House, New Delhi,1990,P. 39.

"在基督教知识促进会的努力下,伦敦和整个英格兰、威尔士的慈善学校得到了突飞猛进的发展。"①在"基督教知识促进会"成立后的前三年,伦敦至少创办了12所慈善学校;在第一个十年,伦敦方圆十英里内创建了88所慈善学校,共有2181名男孩和1221名女孩入学,捐赠资金将近4200英镑。②

教义问答学校后来被主日学校和导生制学校所取代。慈善学校的设立旨在减少由于不懂基督教而做出亵渎神灵或放荡悖德的行为,它们秉承英国教会的教导,对那些贫苦儿童授以基督教的基本知识。慈善学校大多数位于城镇,招收7岁以上的男女儿童。他们在这里学习阅读、缀字、算术以及教义问答,并接受一些基本的劳动技能训练。例如,女孩子要学习编织、绣花、缝纫、裁制与修补衣服的技能。"慈善学校是当时最先大规模为男女儿童提供教育的机构。"③学生的学习材料如圣经、祈祷书、教义问答等通常由学校免费供给,有些日校还提供午餐。男女学生都穿着学校统一制作的服装。这类学校不久便成为英国正式的初等教育机构。④

当时,除了国教会创办学校外,还有一些是由非国教徒和罗马天主教所建立的慈善学校,但它们缺乏像"基督教知识促进会"这样的协调机构。创办此类学校的动机,不单纯是为了慈善目的,也有宗教及政治因素。有的创办者声称,每一所慈善学校都是对抗天主教制度的前沿阵地。总之,慈善学校提供了一种基督徒的、有用的教育,并且培养了一种虔诚、善良、服从的秉性,这可能是英国教育史上最重大的发展。⑤

四、天主教会

虽然遭到了宗教改革运动的打击,天主教在欧洲依然是最强有力的教会,意大利、西班牙、葡萄牙、法国的大部分以及比利时南部,基本上都在天主教会的掌控之下。在这些效忠于罗马教皇的国家和地区,自中世纪以来形成的教育制度安然无恙,天主教会仍然是控制教育

① Frank Pierrepont Graves, *History of Education in Modern Times*, Akashdeep Publishing House, New Delhi, 1990, P. 39.
② Frank Pierrepont Graves, *History of Education in Modern Times*, Akashdeep Publishing House, New Delhi, 1990, P. 40.
③ 周愚文著:《英国教育史:近代篇(1780—1944)》,学富文化事业有限公司2008年版,第58页。
④ [美]克伯莱著:《西洋教育史》(上册),第472—473页。
⑤ [英]奥尔德里奇著,诸惠芳等译:《简明英国教育史》,人民教育出版社1987年版,第72页。

活动的主导力量,人们也并没有像路德教徒或加尔文教徒那样迫切地要求接受教育。唯一的变化是,新教徒在教育方面所取得的成就,使得天主教会对于教育有了一种新的理解。

自中世纪以来,天主教会就认为教会办教育并不是因为教育本身是好的,而是发现如果不给信徒特别是教士以学习《圣经》和履行其宗教职责所要求的文化,教会就无法做好自己高贵的工作。因此,教育的主要目的不是教会信徒读书识字,而是提高人们的宗教水平和思想。在宗教改革中,新教教义所唤起的全民教育,使天主教会进一步看清了教育在社会控制中所发挥的作用。虽然天主教会早已建立宗教裁判所等思想钳制的工具,但他们也认识到由此带给天主教会的声名狼藉的后果,以及越来越多的异教徒的反抗。相比于逐出教会、迫害、监禁、火刑等手段,教育无疑是更为高明和有效的工具,而且不至于引起强烈的反对。基于这种理解,天主教会开始更加重视教育的作用。

16世纪,当天主教会和胡格诺派进行残酷斗争时,双方都开办了许多学校,并把它们作为斗争的工具之一。1598年4月30日,法国国王亨利四世签署了南特敕令以后,信仰自由得到了法令的保障,许多教派开始创办自己的学校。在法国,天主教和胡格诺派争取学校的斗争不仅没有停止,反而更加激烈,因为教育成了扩大宗教影响的主要工具。"事实上,到16世纪末,法国仍然保持着天主教信仰。……新教在法国即使是在其最辉煌和最具有反抗能力的时候也只是少数人的信仰。"[1]天主教会和胡格诺派都投入了大量的精力,用于从事国民学校的教育工作。在巴黎,教会建立了正规的初等学校体系,由巴黎圣母院院长颁发教师许可证并进行常规管理,其教育面向工匠和劳动阶级的子女,教授阅读、写作、计算、拉丁文法的基本知识、教义问答和唱歌。到1675年,这些位于巴黎的"小学校"(Little Schools)拥有5000多名学生,男女教师大约有330人。[2]但无论是天主教小学或胡格诺派小学,它们注重的不是普通知识,而是宗教教育。1685年10月18日,南特敕令废除之后,天主教会更是强迫所有父母信奉新教的儿童入天主教学校,因此宗教斗争是17世纪天主教小学数量激增的主要原因。"所有这些学校当然是在教会的直接控制之下,天主教国家的现代教育制度直到19世纪后期才建立。"[3]

---

① [英]G. R. 埃尔顿编:《新编剑桥世界近代史》(第2卷),第270页。

② Ellwood P. Cubberley, *The History of Education*, Houghton Mifflin Company, Boston, 1920, P. 345.

③ Ellwood P. Cubberley, *The History of Education*, Houghton Mifflin Company, Boston, 1920, P. 345.

　　为了继续巩固自己在效忠罗马教皇方面的地位,并争夺在宗教改革中丧失的势力范围,天主教徒展开了所谓的"反宗教改革运动"。这场运动既是罗马天主教会内部的复兴,也是对新教徒发起宗教改革运动的回应。一般史学家都把1545年至1563年召开的特兰托宗教会议(Church Council Trent)①,视为天主教回应改革派的挑战而发动的大规模内部治理的序幕。这是天主教会中历时最长、颁布文件最多的会议,前后十八年,历经五任教皇。特兰托会议解决了以前悬而未决的有争议的问题,并且提出了许多改革条例,如神职人员的操守、教会纪律、礼仪风俗及外界生活等。它所颁布的法规并不限于教义问题,还包括消除陋习、加强教会纪律的条款。"天主教自身改革是全面性的,非单是教义和教规的改革,还有宗教文化的更新。改革双管齐下:重科学(强调哲学、实验),也重神修(强调默想、内省)。"②例如,主教和教士只能担任一个圣职,任何人不得因为身兼多个圣职而发财。为了消除教士愚昧无知的罪恶,特兰托宗教会议规定每个教区必须建立一所神学院,教士应在主教管辖的神学院接受关于神学、灵性和生活法规方面的训练。"虽然这项原则的全面贯彻费了很长时间,但是它对特兰托宗教会议以后的天主教产生了很大的影响。中世纪的教士训练工作杂乱无章,事实上这可能是发生教士丑闻以及教区管理水平和工作效率低下的主要原因。"③

　　总之,在整个会议的漫长过程中,每制定一个关于教义的法令,都要同时制定关于实际改革的法令,教义和改革一并进行讨论。这次会议的结果是天主教与改革派划清界限,并展开各自的改革。"天主教宗教改革运动的结果之一,是许多原本引发改革要求的弊端都得以除掉,不论这改革要求是来自人文主义者,抑或是新教徒。"④

　　天主教徒对于兴办教育事业投入了极大的精力与热情。1592年,法国的凯撒·布神父(Father César de Bus)在南部亚维农(Avignon)的卡瓦翁(Cavaillon)创建了基督教公理会

---

① 1545年在查理五世(Charles V,1500—1558,1520—1556年在位)的请求下,教皇保罗三世(Paul Ⅲ,1468—1549,1534—1549年在位)在意大利的特兰托召开了第十九届主教会议。会议历时十八年之久,时断时续。目的是反对宗教改革运动,维护天主教的地位。会议通过的主要决议有:重申天主教会的垄断地位,宣布所有新教徒为异端;天主教会的教条和仪式不可更改,必须严格遵守;教皇是教会的最高权威,位于所有宗教会议之上;初次开列"禁书目录",禁止教徒阅读;创办神学院,加强对神职人员的严格培训等。

② [加拿大]梁鹤年著:《西方文明的文化基因》,生活·读书·新知三联书店2014年版,第143页。

③ [英]R.B.沃纳姆编:《新编剑桥世界近代史》(第3卷),第64页。

④ [英]阿利斯特·麦格拉斯著:《宗教改革运动思潮》,第10页。

(The Congregation of Christian Doctrine)。这是一个较早从事贫民初等教育的宗教团体，主要向青少年讲授教义问答。公理会创办的学校在大革命爆发前的法国南部一直颇有影响。庞亚教团(Patres Piarum Scholarum-Piarists)是一个在意大利、西班牙以及众多偏远天主教国家影响较广的贫民初等教育宗教团体。它由一位曾就读于莱里达(Lerida)、瓦伦西亚(Valencia)与阿尔卡拉(Alcala)的西班牙神父创立。早在 1597 年，这位神父因深感穷人缺少教育的机会，就在罗马开办了一所免费学校，以收容穷人子弟入学。这是该教团创办的第一所初等学校。到 1606 年，该校已有学生 900 人，1613 年增至 1 200 人。① 教皇格里高利十五世(Pope Gregory ⅩⅤ，1554—1623,1621—1623 年在位)对其工作给予认可，并正式指定它为办理初等学校的教育团体。这位神父 1631 年在摩拉维亚(Moravia),1640 年在波希米亚(Bohemia),1642 年在波兰,1648 年以后则在奥地利及匈牙利从事教育工作。在类似的宗教团体中，最为著名的当属德国虔敬派(Pietismus)、法国的詹森派(Jansenists,1637)及基督教学校兄弟会(Institute of the Brothers of the Christian Schools，1684)。

五、虔敬派

虔敬派(Pietismus,也称为虔信派)是 17 世纪起源于德国的新教派，是一股最为强劲的改革力量，它既要改造人，也要改造世界。"虔敬派是指发生在德国的一场旨在复兴路德教会精神生活的运动的名称。在路德派教会,宗教已成为一种纯粹的理性活动而不是心灵活动。冷冰冰的礼节和对教条的坚守取代了精神生活，并且占据了新教教会的主导地位。……德国的虔敬主义者致力于振兴宗教生活,引导人们远离代理机构颁布的宗教信条,而去追求纯洁的上帝话语。虔敬主义者与正统的路德教徒的区别不在于教义,也不只是对正规教义的遵守,而是坚信改变心灵和虔敬生活的必要性。"②虔敬派主张宗教改革应注重个人信仰,同时关注社会和教育问题。

在 17 世纪和 18 世纪初期,虔敬派在德国初等学校和国民教育的发展中发挥了重要作用。虔敬派认为,宗教生活的重心不在教义,而在于虔敬和对同胞的爱。"虔信派的根源是

① Ellwood P. Cubberley, *The History of Education*, Houghton Mifflin Company, Boston, 1920, P. 347.

② Levi Seeley, *History of Education*, Complete Unabridged, New York, 2009, P. 119.

正统改革派的虔信运动,唯灵派激进的反正统的神秘主义,以及三十年战争的经历和这次战争对国家和社会世俗化产生的影响。"①虔敬派是一个脱离正统的新教而成立的教派,它希望吸收一批民众,因此做了许多慈善事业,也为贫苦民众创办了很多学校。

从 17 世纪后半期起,在德国内部出现了倡导虔敬主义的宗教运动,其目的是在三十年战争的浩劫之后,复兴一度被忽视的宗教改革的精神价值观。这场运动最早由德国神学家菲利普·斯宾纳(Philipp Jakob Spener,1635—1705)发起。斯宾纳是一个有着非凡热情和过着虔诚生活的人,他曾在斯特拉斯堡大学研究神学,并致力于宗教修炼,毕业后担任牧师。他认为路德教派过于注重理性与形式,新教的改革本意在于破除旧教的形式化和他律化,追求一种主观的、良心本位的宗教。但是新教将主观、良心归结为理性就堕落为主智主义,即一味追求理性而忘却信仰的核心——虔敬心。因此,斯宾纳主张每个信徒都应通过自我反省获得信仰,注重忏悔与救济,并践行虔敬博爱的生活。1699 年,斯宾纳在家里召集虔敬的信徒聚会,与会者自称虔敬主义者。斯宾纳认为教师的示范对于儿童教育极为重要,而当时的教师并不具备基督教信仰的资格,不能尽其职责,为此他十分愤慨。同样,斯宾纳批评家庭不以虔敬作为动机,而凭借名誉心刺激儿童的不当行为,这种教育只会助其妄自尊大,使其轻视他人和好与人斗。斯宾纳的追随者大多依据他的思想决定教育目的与方法,强调宗教信仰中的心灵净化和自我反省,并引导人们重新关注教育对个性塑造的作用。他们强调阅读圣经的重要性,极大地促进了民众扫盲教育事业,使扫盲人数达到一个史无前例的规模。

虔敬派强调教育的普及性和义务性,使教育成为复兴社会权威的一个有力工具。这正是三十年战争之后急于恢复和巩固政府权威的德国当局所十分看重的。选帝侯腓特烈·威廉一世认为,发动一场信仰与神学的运动对于制衡当时以路德教徒为主的国民是有好处的,而且虔敬派的学校注重培养学生的自觉服从和自律精神,这对于统治当局所希望培养的臣民而言意义深远。于是,虔敬派的诸多教育政策得到了当局统治者的支持。

出生于德国卢比克(Lubeck)的赫尔曼·弗兰克(Hermann Francke,1663—1727),是最为杰出的虔敬派改革者,也是继斯宾纳之后德国北部虔敬派的领导人。由于熟悉斯宾纳及其教义,弗兰克很快成为了一名虔诚的教徒。"他不仅是著名的神学家,也是一位慈善家

---

① [德]里夏德·范迪尔门著:《欧洲近代生活:宗教、巫术、启蒙运动》,第 141 页。

和教师。"①1676 年,弗兰克进入哥达(Gotha)文科中学(Gymnasium)学习,并在此阅读了安德里亚斯·雷赫(Andreas Reyher)所著的《学校规程》,深受德国近代教育学先驱拉特克和捷克教育家夸美纽斯的影响。此后,他先后就读于埃尔福特(Erfurt)大学、基尔(Kiel)大学、汉堡(Hamburg)大学、莱比锡(Leipzig)大学,学习神学、哲学、语言学和历史学等课程。弗兰克在语言学方面很有天赋,先后学习了希伯来语、希腊语、法语、英语、意大利语和荷兰语。1685 年他获得莱比锡大学硕士学位,并且受聘为该校讲师。弗兰克富有成效的教学和对宗教工作的热情吸引了一大批学生,但也引起了这所大学一些老教授们的嫉妒。1687 年弗兰克因受正统派教授的压迫而离职。1690 年弗兰克担任埃尔福特的牧师,他布道时的虔诚和雄辩吸引了很多听众。但不久他又遭到了迫害,并被驱逐出埃尔福特。从 1692 年起,弗兰克开始担任哈勒大学希腊语和东方语言学教授,后来担任神学教授,任职达三十六年,直到去世为止。

弗兰克以虔敬主义为宗旨从事教育活动,并致力于宗教慈善活动,他深信只有教育才能培养穷人的道德。他在担任哈勒大学教授的同时,又兼任附近村庄格鲁克(Glaucha)的牧师,经常与该地的贫民接触,深感他们的贫穷,并常常给予物质上的援助和宗教上的慰藉。当时有一位妇人捐赠了若干马克,弗兰克用来购买了 27 本儿童教科书以教授贫民子弟,此举被视为贫民学校之滥觞。②

1695 年耶稣复活节时,弗兰克利用教会募捐所得资金以及自己手中的 1500 马克,在哈勒城郊设立了一所贫儿学校。该校后来逐渐扩展为一个包含孤儿院、慈善学校、贫民学校、市民学校、拉丁语学校、师资养成所(Seminarium Proeceptorium)、教育所(Pedagogiuma)等机构在内的大型教育场所。"这是免费学校和市民学校以及慈善机构的基础。"③同时,弗兰克"又设书局以出版通俗文学书籍及各种教科书,设药局以经营卖药事业,均规模宏大,获利丰厚,其所得赢利概充作学校经费,毕竟造成了一宏大的学院"。④ 其中,贫民学校是教育贫民子弟的机构;市民学校最初是为贫民学校中成绩优良的学生开办,后来成为一般的市民学校;拉丁语学校为文科中学,招收中产阶级子弟;师资养成所创办于 1697 年,那些愿意做教师的学生,可以在此接受两年免费教育,并在毕业后为学校服务三年;教育所主要招收

① Levi Seeley, *History of Education*, Complete Unabridged, New York, 2009, P. 119.
② 蒋径三编:《西洋教育思想史》(上册),第 200 页。
③ Levi Seeley, *History of Education*, Complete Unabridged, New York, 2009, P. 120.
④ 蒋径三编:《西洋教育思想史》(上册),第 200 页。

上层阶级子弟,为自己学校和其他学校培养师资。到 1727 年弗兰克去世时,他所创办和领导的教育机构已经发展为一个完整的体系,共有教育学院 1 所、拉丁语学校 1 所、城市德文学校多所、孤儿院 1 所。这些教育机构的学生总数达 2 400 人、教员 218 人。① 其中,初等学校有男女学生 1 725 人,孤儿院有男生 100 人、女生 34 人,中学有学生 82 人,拉丁语学校有男生 400 人,师资养成所有 250 人。②

弗兰克学校体现了一个鲜明的特色,就是宗教教育和实科教育并重,主张把儿童培养成具有"虔敬心情和实际生活所必需的智能"的基督教徒。在弗兰克为贫民学校所设置的科目中,除了一般德国初等学校所开设的读、写、算、唱歌以及宗教之外,还增加了历史、地理、动物、手工等科目。尤其是中学部更体现了弗兰克的课程思想,其开设的科目包括基督教原理、拉丁语、修辞学、希腊语、犹太语、辩论术、美术、地理、历史、算术、几何、神学、天文、植物、解剖学、音乐、法语、乐器、图画、博物、经济学、医学、土木、木工、金工等。由此可见,弗兰克既注重虔敬信仰,又不忽视实科知识。哈勒成了德国实科教育的发祥地和中心之一。弗兰克的学生约翰·赫克(John Hecker,1707—1768),作为 18 世纪虔敬派的主要倡导者,1747 年在柏林创办了德国第一所实科学校,该校后来又发展成为柏林皇家实科学校。

在教学方法上,弗兰克强调拉丁语和国语并重;教授博物时则率领全体学生去郊外讲解自然现象,这些方法与现代教育相吻合。弗兰克学校强调纪律性和工作伦理,赞同社会等级,相信课堂权威。它既激发学生主动,又鼓励他们被动;既要求他们有进取心,又要求他们接受现存的社会和政治结构。学校特别注重学生日常行为的规范,如事亲和交友,宗教问答,读圣经,朝夕训话,道德与罪恶事例分析,命令与告诫,私心邪念的预防,祈祷,良友的交往,互助友爱,奖惩,并以爱真理、顺从、勤勉三者培养虔敬上帝的行为。"这种教育的最良方法,莫过于祈祷与读圣经。儿童读圣经愈早愈好。祈祷与读圣经的主要目的在心情的陶冶;而心情的陶冶则又足以影响于意志及悟性。"③

弗兰克领导的虔敬派教育活动,在 17 世纪末乃至整个 18 世纪的德国产生了重大影响。1727 年当弗兰克去世时,腓特烈·威廉一世国王收到了一份关于其教育机构的报告。具体内容如下:(1)教育所共有 82 名学者、70 名教师和其他人员;(2)拉丁语学校有 3 名督导、32

---

① ［苏联］米定斯基著:《世界教育史》,第 194 页。
② 蒋径三编:《西洋教育思想史》(上册),第 200 页。
③ 蒋径三编:《西洋教育思想史》(上册),第 201 页。

名教师、400 名学生和 10 名雇员;(3)普通学校有 4 名督导、98 名男教师、8 名女教师、1 725 名男生和女生;(4)孤儿院有 100 名男孩、34 名女孩和 10 名监管人;(5)慈善学校有 225 名学生、360 名贫苦儿童;(6)药房和书店等其他机构雇佣了 82 人。在以上机构接受教育、受到庇护和雇佣的人员超过了 3 200 人。①

弗兰克学校已开始在教学中采用当时十分先进的班级教学法,对学生进行集体授课,上课时要求学生举手和点名。这种有条不紊的教学组织形式,其效率大大高于当时普遍流行的个别教学法。弗兰克组织的教师培训系统,在当时的德国乃至欧洲都是最为先进和严格的。弗兰克开设了一个专门的教育学班级,在学校督导的领导下,这个班级每周开会进行批评和讨论;同时,督导们每天晚上要向弗兰克汇报,并接受进一步的指导。"虽然这种教育学训练十分简单,但它被认为是师范学校的开端,现在它已成为每个国家教育体系的重要组成部分。"②弗兰克的做法引起了广泛关注,对其培养的教师需求量也越来越大。此外,弗兰克创办的孤儿院也是德国孤儿院的楷模。

"尽管虔敬派遭到了正统的路德教派的强烈反对,但它通过唤醒更深层的精神生活,对于教徒和整个教会都带来了极大的好处。它对于复兴德国圣经研究、提高教师素质、为学校教育提供精神指导方面产生了巨大影响。"③有的学者指出:"虔信派对德国精神生活的影响也持续很久,虽然由于启蒙运动的发生出现了排斥它的反对势力,但在这两个运动之间一直存在着千丝万缕的联系。尤其值得注意的是,有相当一部分来自虔信派学校的德国知识分子,正是在他们大力的推动下,德国走上了独立的道路。"④

六、詹森派

詹森派(Jansenism,又译冉森派)是天主教的"变种",它既没有决心和天主教会完全决裂,也不愿意和封建的天主教会调和。詹森派的基本理论是确信人类天性的罪恶和堕落,儿童的理性已被罪恶所玷污。詹森派也是天主教会中较早致力于发展初等教育的一个团体。詹森派的教义最初是由荷兰天主教反正统派神学家詹森(Corne Lius Otto Jansen,

① Levi Seeley, *History of Education*, Complete Unabridged, New York, 2009, P. 120.
② Levi Seeley, *History of Education*, Complete Unabridged, New York, 2009, P. 120.
③ Levi Seeley, *History of Education*, Complete Unabridged, New York, 2009, P. 119.
④ [德]里夏德·范迪尔门著:《欧洲近代生活:宗教、巫术、启蒙运动》,第 147 页。

1585—1638)提出,后来由法国波特·诺亚尔(Ecole de Port Royal)修道院院长圣·西兰(St. Cyran, 1581—1643)以及安东尼·阿诺尔德(Antoine Arnauld, 1612—1694)等人加以传播和推广。詹森派的宗旨在于改革基督教,主张真实的信仰不是表现在行为和仪式上,而是在于内心的纯洁与虔诚,反对当时盛行的忏悔、赎罪的教义,并否认教皇拥有最高权力。这些理念同当时的新教精神(尤其是加尔文教)有颇多吻合之处,并且在一定程度上受到笛卡儿(Rene Descartes, 1596—1650)理性主义的影响。因此遭到了教皇的谴责和天主教耶稣会的强烈反对,它被斥为异端并在 1661 年被禁止。"冉森主义者认为教育上最主要的工作,是发展判断,发展理性。在这方面,受了笛卡儿很强烈的影响——冉森主义者便承认自己是笛卡儿的学生。发展理性——据他们说,是使人变成有道德的最好的工具。"①

詹森派致力于发展初等教育事业,并不像新教徒所主张的那样是为了阅读圣经,从而获得直接与上帝对话的可能,而只是为了防止儿童的堕落。在他们看来,人类本性永久地趋向于恶,恶魔在孩子未出生以前就占据了他的心灵,因此孩子出生以后就被先天的罪恶不知不觉地玷污了。出生后的浸礼只能暂时恢复亚当堕落之前属于人类原有的美德,但并不能使人趋于完善。唯一能够防止这种堕落的办法,就是将儿童置于学校之中严加监督和管理。② 教育的主要目标是拯救儿童的灵魂,然后要使有才干的儿童成为宗教领袖。有鉴于此,1643 年詹森派在巴黎附近一个废弃的修道院波特·诺亚尔创办了一所学校,后来在巴黎又陆续创办了几所同样的学校。

詹森派创办的学校规模很小,主要招收 9 至 10 岁的儿童,每所学校最高限额为 20 至25 人。即使在学校发展鼎盛时期,学生的数量也不超过 50 人。他们认为,此时儿童尚未沾染外界的恶习,所以要及时受教,使之禁于未发之时,直到度过了青年期。詹森派学校十分重视学生的情感陶冶和道德培养。正如圣·西兰所说:"对于那些托付给我们负责教育的孩子,我们不仅应该是他们的护卫天使,而且从某种意义来说,是他们的上帝。因为我们的主要关注是要用温柔和爱护来培养他们的美德。"③学校要求儿童完全脱离父母,并不允许他们与外部世界接触。教师和儿童共同生活,形影相伴。纪律是严格而温和的。教师以说服的方法教育学生,以关心和理解的态度对待学生。在教师的时刻监督和影响下,学生的

---

① ［苏联］米定斯基著:《世界教育史》,第 210 页。
② ［英］博伊德、金合著:《西方教育史》,第 255 页。
③ ［英］伊丽莎白·劳伦斯著:《现代教育的起源和发展》,第 107 页。

心灵才会变得纯净，以免受到外界的侵蚀。

詹森派学校强调宗教教育，以培养心灵纯洁且富于虔敬心的忠实信徒，认为学生的品德比知识传授更重要。学校通常开设科学、数学、文学、拉丁语、法语等科目，但这些科目不是为了博学。而是为了精神陶冶。考虑到道德和宗教的影响，文学是经过精心选择的，并删去了其中一些被认为是有问题的章节。詹森派学校尤其重视语言学习，并在这方面形成了自己的独特风格。语言教学完全采用法语进行，以适合儿童的接受能力。"法语首次在法国成为备受重视的学科。"①即使在学习古典作品时，也常常将拉丁语或希腊语翻译成纯正的法语后才让孩子们阅读。该教派成员库斯特尔（Coustel）指出："考虑到我们法语所达到的完美程度，我们认真地研读一下，确实是值得的。事实上，它从来没有像现在这样富于表现力，词藻这样高雅，形容这样精确含蓄，语气这样曲折委婉，态势这样雄伟庄重，比喻这样自然恰切，它是这样完美高尚而富有诗意。所有的其他民族都在争先恐后地学习这种语言的一切优美的东西来完善自己，如果自己国家的孩子对它一无所知，这将是一种羞辱。"②

在法语学习中，教师将重点放在语言表达而不是知识掌握。其首要目标是让儿童能够用纯正的法语写作，然后把它作为拉丁语写作的基础。因此教师有时把儿童的注意力引向具体事物，让他们写出自己的经历或已读过的课本。等到他们的法语学习有了进步，才过渡到拉丁语的学习。在拉丁语学习中，教师的做法同样是从儿童熟悉的事物开始。当然，教师也要求他们学习语法规则，但不像一般拉丁语学校那样用拉丁语学习语法，而是使用该教派成员兰斯洛特（Claude Lancelot，1615—1695）用法语写成的语法要略。与别的拉丁语学校不同，儿童在掌握基本的语法常识后，并不直接进入写作的学习，而是着手阅读和翻译拉丁作家的作品。翻译的基本要求是：(1)尽可能保持原作的精神和风格；(2)翻译必须再现散文美和诗歌美之间的区别；(3)不能逐字套译，译文应当优美，读起来像法国作家的作品；(4)译文清楚，必要时短句可以处理成长句，长句也可以适当地分成若干短句；(5)译文中不应有套话；(6)避免不合适的文句。③ 当儿童在翻译拉丁语作品方面有了坚实的基础之后，他们便开始用拉丁语复述已阅读过的材料，以此学习拉丁语的写作。

詹森派学校重视发展儿童的理解力而不只是训练其记忆力。一方面反对死记硬背的

---

① ［法］加布里埃尔·孔佩雷著，张瑜、王强译：《教育学史》，山东教育出版社2013年版，第118页。
② ［英］博伊德、金合著：《西方教育史》，第256—257页。
③ ［英］博伊德、金合著：《西方教育史》，第258页。

教学方法,注重推理与理解,提倡怀疑和想象。另一方面反对学生之间的相互竞争,认为这种做法引起的学习兴趣是虚浮和表面的,而且容易养成学生骄傲、虚荣的心理,因而提倡创造一种自由与宽容的教育氛围以陶冶学生的性情。教学工作的一项基本原则是从学习熟悉的东西开始。例如,教师首先用本族语为学生授课,然后逐渐过渡到使用拉丁语。他们还将实物演示引入自己的课堂教学,以此发展学生的感官,提高教学的实际效率。他们所设计的简易教学法普遍受到重视,如该校女教员帕斯卡(Jacqueline Pascal,1625—1661)利用字音和字义设计了一套通过语言教授阅读的方法。不少教师还注重依据学生的身心特点因材施教。库斯特尔指出:“要是一个医生不了解病人身体的情况,他就不能开出适当的处方;要是一个农民不知道土壤的性质,他就不应该播种。那么,毫无疑问,教师也必须了解他所要发展的不同智力的类型。”①在他看来,教师的内心必须充满父母的温柔和爱意,教师要努力使学习成为一种消遣或游戏,而不是使它成为一件令人厌倦的事情。这就是把学校称为“游戏场所”,把教师称为“游戏教师”的原因。教师不能在孩子还小的时候,便要求他们与思想完全成熟的成人一样专心致志地学习,这可能使他们厌恶学习,从而产生不良的后果。

在教育方法上,詹森派和耶稣会最大的不同之处是:前者致力于培养健全的心智而不是优秀的拉丁语言学家,其教育目的是让学生进行自我判断和自我反思。“教育的目的是带领智慧攀越它所能攀越的最高峰。”②也就是说,每一个儿童不管其出身贵族还是平民,都可以凭借自己的能力和资质享有受教育权。逻辑学家尼克尔(Nicole)曾在1642年进入诺亚尔学校任教,他著有《伦理学》《道德论》及拉丁文教科书,并对各学科的教授提出了自己的创见。他指出:“最伟大的思想家拥有的智慧也是有局限的,他们的心智中也有黄昏和阴影的区域。而儿童的心智则完全被阴影所占领,他仅仅能看到几道智慧的光芒。因此,一切都取决于我们如何利用这些智慧的光芒,如何把光线变得越来越多,如何让孩子理解得越来越多。”③尼克尔主张鼓励儿童的好奇心,并且训练他们的思考能力。他说:“应该努力引导儿童的思想对所见的奇怪和好奇的事物有一种值得赞许的好奇心。要鼓励他们对一切事物都喜欢刨根问底。这种好奇心开阔并扩大了他们的思想。”④詹森派强调运用图画、

① [英]博伊德、金合著:《西方教育史》,第257页。
② [法]加布里埃尔·孔佩雷著:《教育学史》,第120页。
③ [法]加布里埃尔·孔佩雷著:《教育学史》,第120—121页。
④ [英]伊丽莎白·劳伦斯著:《现代教育的起源和发展》,第111页。

地图和实物进行直观教学。尼克尔指出:"可以这样说,儿童的知识火花非常有赖于感性,所以在教学中要尽量地给他们可感觉到的事物,不仅通过耳朵,也要通过眼睛。感性在心灵上的印象更为生动,所形成的思想也更为直接和清楚。"[1]詹森派还重视自由选择的价值。库斯特尔说:"违心或受某种约束去做一件事情,那不仅不值得赞同,而且不可能长久。因为强迫做出来的事情很快会回到原来的情况,这正如一棵树,在被拉弯之后,又会回到原来的位置一样。而根据自己志愿所做的事情一般都是稳定和长久的。"[2]

詹森派的道德观带有悲观主义色彩,认为人性本恶、人性腐败。"恶魔已经掌控每一个尚未出生的孩子的灵魂。我们必须为灵魂祈祷,像守护受外敌威胁的城邦一样时刻守护灵魂。恶魔在灵魂之城的外面四处游荡。"[3]但詹森派既相信人性本恶的宗教信条,也坚定不移地关爱和呵护儿童,他们对儿童充满关爱之情,并愿意付出任何代价拯救孩子们的灵魂,使之弃恶从善。在詹森派看来,如果我们对人性怀有疑虑,即使这种疑虑是错误的,也会产生较好的效果。因为只有认识到孩子们可能遭遇的危险,我们才能给予他们更多的关注和教诲,警告他们远离邪恶。波特·诺亚尔学校没有任何惩罚措施,它维持纪律的三大法宝是:警觉、耐心和友善。"少点责备,多点宽容,多点祈祷"是波特·诺亚尔学校提出的三点要求。

由于詹森派的宗教理想和教育观念与耶稣会不同,因而遭到了耶稣会的迫害与摧残。路易十四统治期间,法国尊崇耶稣会,排斥詹森派,致使耶稣会垄断了法国教育。詹森派创办的学校大部分于1656年关闭,剩余的学校在1661年被禁止。波特·诺亚尔学校存在时间极短,最兴盛时也不过几十人。"冉森主义者的学校没有获得量的发展,但从初等学校教学方法的质的推进上来说,冉森主义者在教育史上留下了很显著的痕迹。"[4]

总之,詹森派对教育事业表现出强烈的情感和无私的奉献精神。詹森派学校被解散后,其教育活动并未终止,不少教师还继续著书立说,以传播詹森派的教育思想和经验。例如,文法学家兰斯洛特撰写了论述学习拉丁文、希腊文、意大利文和西班牙文的简易速成《新方法》丛书;阿诺尔德编撰了《波特·诺亚尔逻辑》和《人文学科规则》;尼克尔与阿诺尔德合编了《逻辑》,并且发表了题为《一个王子的教育》的论文。此外,还有瓦雷特(Varet)的

---

[1] [英]伊丽莎白·劳伦斯著:《现代教育的起源和发展》,第111页。
[2] [英]伊丽莎白·劳伦斯著:《现代教育的起源和发展》,第110页。
[3] [法]加布里埃尔·孔佩雷著:《教育学史》,第121页。
[4] [苏联]米定斯基著:《世界教育史》,第211页。

《基督教教育》和帕斯卡的《儿童生活规则》;以及库斯特尔所著的《儿童教育原则》。这一系列有价值的教育成果,进一步发展了詹森派曾经为波特·诺亚尔学校制定的教育原则,并使波特·诺亚尔的思想成为法国教育事业中一股持久的力量。波特·诺亚尔学校及其所代表的生活观,使法国教育体现了一种新的精神。法语和文学得到了人们的认可,教学方法开始取代中世纪的规范练习。波特·诺亚尔学校虽然开办不到三十年,并被当做异教的中心而被取缔,但它们是"法国进步教育的主流,以致在它们关闭后的半个世纪内,它们所拥护的改革仍然是法国教育的一部分"①。

七、基督教学校兄弟会

16 世纪以前,天主教会垄断着法国的教育事业,由于它长期忽视广大民众的初等教育,因而法国初等教育一直处于分散和落后状态。到 16 世纪末,法国以实施初等教育为宗旨的教会团体纷纷涌现。在所有致力于初等教育的天主教团体中,规模最为庞大且最具影响力的是由拉萨尔神父(Jean Batiste La Salle,1651—1719)1681 年创设的"基督教学校兄弟会"(Institute of the Brothers of the Christian Schools)。该会的宗旨是为儿童提供基督教教育。"本此目的,凡是从早到晚,儿童都在教师管理之下,以便教师能依据我们神圣的宗教原理指导他们,教给他们基督教的概念,给予他们适宜、充分的指导,从而教会他们诚实、正直地生活的学校,本会会友都予以指导。"②"基督教学校兄弟会"鼓励其成员将一切奉献于上帝,永远按照上帝的命令和意志行动;兄弟会成员应充满高昂的热情去教授儿童,使他们保持纯真及对上帝的敬畏,与罪恶完全绝缘。"基督教学校兄弟会"像耶稣会一样开展了很多活动,创办了大量的初等学校。至法国大革命前夕,它已拥有 116 个组织、920 名教师、550 个班级、3.6 万名学生。③

拉萨尔出身于法国贵族之家,从小就对宗教生活产生了浓厚的兴趣,尤其喜欢听成人讲述圣者修行的故事,并常常为之入迷。幼年时就立志将来做主教,甚至期望成为教皇。为实现这一愿望,拉萨尔励志图强,发奋努力,潜心阅读宗教经典著作,对自己要求极为苛

---

① 〔美〕S. E. 佛罗斯特著:《西方教育的历史和哲学基础》,第 278 页。
② 〔美〕E. P. 克伯雷选编:《西方教育经典文献》(上卷),第 339 页。
③ 吴式颖、诸宏启主编:《外国教育现代化进程研究》,第 164 页。

刻。为防止读书时困倦，他常常跪在尖石上阅读，或在面前放置铁钉板，打盹前倾时铁钉碰到前额，以此振作精神而继续研读。拉萨尔热爱教师职业，喜欢与教士交往，对当时教师地位低下、待遇菲薄的凄惨境况非常同情，并慷慨解囊相助。早在 1679 年，拉萨尔就在兰斯（Rheims）开办了一所学校，招收贫儿入学。1683 年，他放弃所有财产，移居贫民生活区，与穷人为伍，献身贫民宗教和慈善事业。1684 年，拉萨尔及其追随者在法国鲁昂（Rouen）成立"基督教学校兄弟会"，立下"坚定信仰""服从命令"的誓言，为贫民劳工子弟创办学校，提供免费的本国语的初等教育及宗教教育，以养成其虔敬的宗教热诚。拉萨尔要求所有会员都能成为教师，并用地方方言传播教义。"基督教学校兄弟会"成员谦和的教学风格和他们的黑色外套很快就为民众所熟悉。1724 年，"基督教学校兄弟会"得到法国国王和罗马教皇的核准，路易十四曾要求该教团教育所有儿童，同时对需要读写的人也进行教育，它们的工作成为法国免费初等教育的真正发端。

"基督教学校兄弟会"实行免费教育，主要对象是劳动阶级的子弟，尤其关注穷困潦倒且目不识丁的下层阶级子弟的教育。由于这些劳工子弟往往在 9 岁或 10 岁以后必须工作、养家糊口，他们受教育的实际时间十分短暂。因此，"基督教学校兄弟会"开设的学校一般采用分组教学，以取代当时盛行的个别教学。拉萨尔提出了一个设想，把学业成绩相同的学生分在一起，同时对他们进行教学。这种做法今天在世界各地的小学中仍然在使用。拉萨尔通常把学生按能力分成三组，即差生（The Weakest）、中等生（The Mediocres）和优等生（The More Intelligent），因材施教，使能力相当的学生能够接受同样的教育，从而大大提高了教学效果。兄弟会学校的课程通常很繁重。儿童最初学习法语的读写及拼音，并用法语学习简单的作文。凡能精通此门课程者，另外授以拉丁文诗篇。为了帮助学生适应未来的工作，兄弟会学校注重学生的写作练习，使他们能够准确地誊写账单、便条、收据以及类似的票据。对于算术与教义问答两门课程，则允许学生自由发问，这样便于他们有效地掌握所学内容。至于宗教训练，乃是所有教会学校最显著的特征。学生每天都要参加宗教仪式，除半小时的教义问答外，还要做一次弥撒，每小时都要唱圣歌，反复祈祷与忏悔。基督耶稣的受难图常年挂在墙壁上，随时可以看见有二三名学生跪地祷告。在兄弟会学校，一般每天用于宗教训练的时间约 4 小时，礼拜日长达 6 小时。

为指导"基督教学校兄弟会"办学，拉萨尔依照耶稣会学院章程的方式撰写了一份《学校指南》（Conduct of the School）。该指南写于 1695 年，后经反复修改，于 1720 年即拉萨尔去世后一年正式出版。《学校指南》实际上是"基督教学校兄弟会"的"教学手册"，它对学校的课程、教学及纪律等都作出了详尽的规定。例如,会员们将依据《学校指南》的原则教授学生,他们无论何时都不得接受学生或家长的钱财或其他馈赠;他们要通过自己的行为举止,身体力行地成为学生的榜样;他们将教会学生用法文、拉丁文阅读和写作;他们也要教学生正字法、算术、祷告、十诫、祈祷文、基督徒的义务及《圣经》中的箴言;他们每天要用半小时教授教义问答;他们应对所有贫困学生表现出同样的爱,因为兄弟会的宗旨是对穷人施教;他们要通过自己的行为举止,在谦逊和美德上成为学生的榜样;他们要尽量避免惩罚儿童,这样就可以正确地领导一所学校;无论何时他们都不要给学生任何侮辱人格的绰号;当惩罚变得绝对必要时,他们要极为谨慎地以温和适度、沉着镇静的态度去惩罚,绝不在急躁、愤怒的情绪影响下去干此事;他们要极其谨慎地不用手、脚、棍棒殴打学生,也不能粗野地推撞学生;他们不能揪学生的耳朵,不扯学生的头发,不拧学生的鼻子,不向学生投掷任何物品,诸如此类的行为极不得体,违背了博爱和基督教的仁慈;他们不能在祈祷或教义问答时惩罚学生,除非学生不听劝阻;对于那些虔诚、成绩优异或学习勤勉的学生要给予奖励,奖品有书、画、十字架等物品,教师要经常使用这一手段鼓励学生学习。会员中的长老是所在市镇所有学校的督学。①

　　拉萨尔提出了一套体罚规则,限定鞭打的地方及范围等。学校可以对如下学生进行惩罚:(1)拒绝服从者;(2)听课走神,形成习惯者;(3)弄脏书本和不交作业者;(4)惹事生非,打架斗殴者;(5)在教堂中不专心祈祷者;(6)在做弥撒和学习教义问答时,态度不谦恭者;(7)犯有重大过失者;(8)旷课,不参加弥撒及教义问答者。体罚学生的方式有:(1)申斥。有时对犯有过失的学生进行呵斥和训诫,但此种方法极少采用。(2)苦行。如下跪或要求学生额外记忆教义问答的内容。(3)使用圈套,用一种特制的带金属箍的圈套,将不上学、嬉戏、迟到或不遵守课堂纪律的学生套住,限制其身体活动,只留出右手,使其能够握笔写字。(4)鞭笞,使用教鞭或戒尺进行体罚。被打的学生不得放声大哭,不能用手抚摸鞭笞部位。体罚后,学生要立下誓言,不再犯同样过错。(5)退学。对体罚后仍不悔改者,勒令退学。尽管以上许多规则遭到当今评论家的谴责,但正如孔佩雷所言:"就像我们今天设想的那样,不管这些悲观的学校,与我们现代理想中的愉快、活跃和充满活力的学校相比有多大差距,我们仍有责任为拉萨尔伸张正义,既谅解他当时的实践,也钦佩他特有的优良品

① [美]E.P.克伯雷选编:《西方教育经典文献》(上卷),第339—341页。

质。"①实际上，这些体罚规则在兄弟会学校极少使用。即使偶尔使用，也禁止称呼学生为猪、驴、呆鹅、蠢牛之侮辱性的绰号。1811 年和 1870 年，《学校指南》修订时，曾将鞭笞部分几乎全部删去，用剥夺权利或体力劳动等惩罚手段取而代之。②

为了使学生养成遵守纪律和集中注意力的习惯，"基督教学校兄弟会"以"沉默是金"为信条，要求校园内绝对肃静，严禁喧哗。学生行走时不能听到脚步声，游戏、玩耍和娱乐更在禁止之列。即使睡觉时都要努力做到不出声、不打鼾。教师在教学时尽可能以手势代替说话，如教师手抱臂膀，就是要学生重复祈祷；教师画十字架，就是让学生低吟教义问答。这样的手势不少于百种。即使教师必须说话，声音也要尽量放低。

由于担任天主教学校教师的往往是一些没有受过教育的人，如僧侣、手工业者、旅馆主人等，"基督教学校兄弟会"提出了小学师资训练的思想。在拉萨尔看来，对于儿童而言，受过良好训练的教师较之于有高深学问的教师更为重要。仿照耶稣会训练中学师资的方式，1684 年拉萨尔在兰斯创办了教师训练所，这可能是世界上第二所培训教师的师范学校。③ 它比弗兰克（Hermann Francke）在哈勒（Halle）成立的教师培训班（即师资养成所）早13 年，比赫克（Hecker）在斯坦丁（Stettin）建立的第一所普鲁士师范学校早 50 年。④ 后来，拉萨尔在巴黎创办了另一所师范学校，这两所师范学校都附设了一所实习学校。师范生除了接受良好的文化教育与宗教教育之外，还要在有经验的教员指导下，在各实习学校学习如何教学。蒋径三先生指出："当时的学校虽不过一时为养成初等教员而设，然今日的师范教育实起源于此，这是教育史上一件巨大的事迹，与那徒以教育为传教的工具者大为不同。"⑤

"基督教学校兄弟会"还专门为将来从事工商业的儿童开办补习学校。尽管其办学目的是扩大天主教会在广大民众中的影响，但它也表现出一些积极的特点，如采用国语授课和班级教学制，实行免费教育等，这些都是法国初等学校的新现象。有人把拉萨尔的教育贡献归结为三点：一是提出了同步教学法，即许多能力相同的孩子一起受教；二是 1684 年

---

① Levi Seeley, *History of Education*, Complete Unabridged, New York, 2009, P. 116.

② 滕大春主编：《外国教育通史》（第 2 卷），山东教育出版社 1995 年版，第 286 页。

③ Ellwood P. Cubberley, *The History of Education*, Houghton Mifflin Company, Boston, 1920, P. 348.

④ Levi Seeley, *History of Education*, Complete Unabridged, New York, 2009, P. 116.

⑤ 蒋径三编：《西洋教育思想史》（上册），第 192 页。

他在法国的兰斯建立了第一所师范学校;三是主张受过训练的人应把所有时间投入教学工作,以此提高教师职业的尊严。① 阿扎里亚斯兄弟(Brother Azarias)对拉萨尔的伟大工作进行了如下总结:"他是现代教师的奠基人,他把小学教学从没完没了的陈规中解放出来,他在长期存在的课堂吵闹和混乱中勇于创新,他为教学制定一些原则和方法,并使之成为一门科学。他确立了教师的尊严,他是第一个主张校长有权把全部时间投入到学校工作的人。"②

在办学过程中,"基督教学校兄弟会"曾受到教会与市政当局的反对,但它的教育事业仍有缓慢而稳定的进展。1719 年,当"基督教学校兄弟会"成立 35 年之后,也就是拉萨尔去世时,该教团已拥有普通师范学校 1 所,训练教员的普通师范学校 4 所,实习学校 3 所、小学 33 所、补习学校 1 所。③ 1792 年,当"基督教学校兄弟会"受到镇压时,其成员约 1 000 人,在读儿童约 30 000 人。以当时法国人口为例,在学龄儿童中每 175 人就有 1 人在该教团所办的学校学习。在数量上虽不算多,但"基督教学校兄弟会"却代表了 19 世纪以前天主教国家办理初等教育的最佳尝试。④

第四节　女子教育的倡导及女子学校

女子教育是否必要? 这个问题在很长一段时期都没有明确的答案,在古代社会尤其如此。"总体而言,女人们缺乏那种向男人开放的教育机会,她们未被当成精神上的平等对象来对待。"⑤即使在社会精英阶层,也没有统一的看法。柏拉图在《理想国》中勾勒了精英社会的性别平等图像,尽管还比较模糊,却赋予了男人和女人相同的教育及社会责任。柏拉图的母亲曾经也是毕达哥拉斯学派的成员。他说:"女子和男子有共同的教育、有共同的子女

① Levi Seeley, *History of Education*, Complete Unabridged, New York, 2009, P. 116.

② Levi Seeley, *History of Education*, Complete Unabridged, New York, 2009, P. 116.

③ Ellwood P. Cubberley, *The History of Education*, Houghton Mifflin Company, Boston, 1920, P. 349.

④ Ellwood P. Cubberley, *The History of Education*, Houghton Mifflin Company, Boston, 1920, P. 350.

⑤ [美]科林·布朗著,查常平译:《基督教与西方思想》(卷一),北京大学出版社 2005 年版,第 444 页。

和共同保护其他公民;无论是在国内还是外出打仗,女子与男子都应当像猎犬似的,一起守卫一起追逐;并且,尽可能以一切方式共有一切事物。……只有这样做他们才能把事情做得最好,既不违反女子与男子不同的自然特性,也不违反女子与男子之间天然的伙伴关系。"①色诺芬(Xenophon,公元前 440—公元前 355)在其著作《经济论》中对劳动的性别分工做了清晰的说明,即妇女限于家庭内部的管理,男子则从事公众活动。尽管亚里士多德(Aristotle,公元前 384—公元前 322)也赞同男性优于女性的观点,并把女性看成是一种残缺的男性,但他仍然提倡女子教育,认为女子需要接受某种教育,以便她们管理家务和培养后代。

古罗马时期,至少在精英阶层男女两性都可以接受教育,在从共和国到罗马帝国晚期的贵族阶层中,曾经涌现出了众多具有高度文化修养的妇女乃至女学者。② 在天主教国家,一种普遍的看法是,女子教育是有效控制男子和儿童行为的手段。一个虔诚的基督徒妻子和母亲可以影响和改造家庭,以至于达到改造社会的目的。于是,妇女只能操持家务的传统观念开始受到挑战。女子教育的基本目标:一是性格养成以确保德行;二是家政训练以期相夫教子。可见,这是一种宗教教育和家政教育的结合。"教会早期几个世纪里,有许多出色的女性。不过,教会教父们并不赞成女人担任主教或女人成为神学家。"③

一般而言,中世纪欧洲的女子教育不外乎家庭教育和女子修道院教育两种形式。"在中世纪,女人们发现她们自己在教会与社会事务中处于边缘化的位置。向她们开放的选择非常有限。特别是在中世纪的早期和中期,她们对学问领域的熟悉来自于修道院的宗教生活。"④家庭教育大多由母亲或粗通文墨的女仆引导,从小耳濡目染学习一些基督教的教义,长大后则训练女红。如果要读书识字,就聘请专门的家庭教师任教,而这实际上是一些王公贵族及上流社会人士的女孩才能享受的教育,目的是希望其成年后能够出入于宫廷。女子修道院招收五六岁的女孩子,其中有不少是下层阶级的女孩为双亲修功德、祈福祉而献身于修道院。这些女孩如果想成为修女,则待在"内"修道院;如果想在 14 岁时回家与父母团聚,则待在"外"修道院。修道院为这些女孩讲授基本的读写知识,并以祈祷和背诵教义为主,目的是培养纯洁而虔诚的女信徒。"很多因虔信而闻名的家庭,其核心定是一位年轻时曾在修道院接受过严格教育的女士。教会赋予她们的特殊义务首先是监督和坚定其丈

---

① [古希腊]柏拉图著,郭斌和、张竹明译:《理想国》,商务印书馆 1997 年版,第 203—204 页。
② [法]亨利-伊雷内·马鲁著:《古典教育史》(罗马卷),第 101 页。
③ [美]科林·布朗著:《基督教与西方思想》(卷一),第 446 页。
④ [美]科林·布朗著:《基督教与西方思想》(卷一),第 448 页。

夫和子女的信仰。她们接受的教育,她们的文化修养,包括她们在修道院学会的家务活计和手艺等,这些都与其掌管家政、护卫家人宗教信仰的贤妻良母形象相适应。"①

有些修道院还教授各种艺术与文学课程,因此修女享有与修士同等水平的教育。这意味着女性可以学习非基督教的罗马和希腊文学,同时她们也能获得天文学、自然科学和地理学方面的知识。例如,利奥芭(Lioba)是德语区第一位女教师,为了把德国人教化成基督徒,公元8世纪她从英格兰来到德语区,不仅建立了修道院,而且教授女孩子和青年妇女们知识。同样,被称为哲学家的赫尔德加特(Hildegard,1098—1179)也建立了修道院,并撰写了神学、科学和医学方面的著作;她还写过歌曲,编过歌剧,与罗马教皇和国王通过信,并参与政治讨论。另外,赫拉德(Herad,1140—1167)用拉丁文写作的《欢乐园》内容丰富,涵盖世界历史、植物、医学和手工等方面的知识,后来这部百科全书被修道院用作课本。

中世纪鼎盛时期,贵族家庭的女子在修道院接受教育不再可行,因为这种教育的宗教色彩太浓,于是一些贵族家庭开始聘请家庭女教师。由于女教师基本上是来自法国,因而法语成为欧洲一种新的通用语言。贵族女子要接受宫廷礼仪如跳舞、音乐和刺绣等教育,同时她们也要掌握阅读、诗文、纺织技艺等。"私人家庭雇用非教会的女教师开启了一个新的篇章,后来成为一个一直沿袭到20世纪的悠久传统。在19世纪,许多受过培训的女教师就是从在庄园大宅第里做家庭教师而开始她们的事业的。"②

然而,从总体上看,中世纪时无论家庭教育还是女子修道院教育,都没有对女子的知识学习予以足够的重视,大部分欧洲妇女实际上是在目不识丁的状态中度过一生。直到文艺复兴时代,关于女性角色的各种传统观念虽然继续存在,但她们的地位和命运却开始慢慢改变。在意大利,贵族和上层阶级鼓励女子追求学问,使女子获得了与男子同样的教育。"文艺复兴的各种理想和特权,使有贵族头衔和富足的女人与她们的兄弟一起接受家庭教师的教育。"③在极少数情况下,贵族女子还可以获得博士学位并准许在大学任教。

一、女子教育的倡导者

随着社会的变革与进步,妇女们需要承担更多的社会责任,掌握知识对于女子而言日

---

① [法]阿兰·克鲁瓦、让·凯尼亚著:《法国文化史(卷二):从文艺复兴到启蒙前夜》,第184页。
② [瑞典]T.胡森等主编:《教育大百科全书》(第2卷),第481页。
③ [美]科林·布朗著:《基督教与西方思想》(卷一),第449—450页。

益重要,许多有识之士呼吁给予女子以文化知识的教育。意大利人文主义教育家卡斯底格朗(Baldassare Castiglione,1478—1529)在《宫廷人物》中提出,女性廷臣应当出身高贵,外表迷人,具有轻松优雅的姿态,这些是真正的基本素质。"完全意义上的慎重和明智,性情中的真善和'正直',这是一个完美的宫廷妇人的所有标志。"①宫廷妇女的天赋表现为操持家务的实际能力,并以自己的机敏和聪慧参与活动,因此她应学会骑术、跳舞、唱歌和掌握一些乐器演奏技能。在学问方面,宫廷妇女应精通文学,包括古典语言和意大利文学。此外,她还要学习油画。卡斯底格朗认为女性的思想更准确,相比男性而言更适合于缜密的思考。后来,德国人文主义学者阿格里帕(Henricus Cornelius Agrippa)1529 年撰写了《论女性的高贵和优秀》一书,极力主张女性和男性的平等以及讴歌女性的优越之处。该著作又被其他教育家大量引用,在其影响下多米尼奇(L. Domenichi)1544 年出版了《杰出的女性》、1552 年比彻(Becher)出版了《女性的高贵》。探讨女性世界和男性世界相同的学问、相同的刚毅和宽宏大量,是上述著作的写作目的。

维夫斯(Lewis Vives,1492—1540)是西班牙人文主义者,他的大部分时间是在欧洲度过。维夫斯受伊拉斯谟的影响极大,主张教学方法应该和儿童心理相联系。1523 年维夫斯应邀担任亨利八世女儿玛丽公主的家庭教师,同年他写了一本论女性教育的书,题名为《论基督教妇女的教育》。维夫斯把它献给亨利八世的妻子凯瑟琳(Catherine,1485—1536)王后,并自称受到这位王后的影响。维夫斯指出,未曾接触过知识与学问的妇女,普天之下比比皆是,这实在是一件最为可怜的事情! 日月无偏照,雨露无私泽,而为什么智慧之光不能够照亮天下的女子呢? 女子教育在于一种道德教化,而要想达到这一目的,除了教育外别无他途。尽管在系统的科学知识方面,女子可以稍逊于男子,但古典文科知识的教育是道德进步的阶梯,女子在这方面的学习不应该和男子有什么差别。

维夫斯声称,道德尊严是妇女的荣耀。没有看见哪个受过良好教育的妇女不被人尊重,恶劣的性情是与无知紧密相连的。因此,从妇女自身和团体的利益来看,他们应该享有和男子同样的教育机会,这才是公平合理的。女孩的教育必须从出生时开始,在童年早期游戏是必要的,但玩具应该为她们今后的家务活动做好准备。女孩 7 岁时应学习读写,并承担一定的体力劳动,绝不能懒惰。在女子教育中,首先应教授本国语,然后才是拉丁语。维夫斯允许把严格审查过的诗歌作为初学者的一般读物,他发现《圣经》和十五六世纪的基

---

① [英]威廉·哈里森·伍德沃德著:《文艺复兴时期教育研究》,第 276 页。

督教诗歌是最有益的读物。同时,柏拉图、西塞罗、塞涅卡(Lucius Annaeus Seneca,约公元前4—65)、普鲁塔克(Plutarch,约公元46—120)的作品也要学习,因为女子特别需要这些关于自制力的知识。其次是关于儿童抚养、家庭管理之类的书籍(如百科全书)。维夫斯认为家庭的职责必须优先于学问的获得,厨艺是一种与女子完美道德分不开的技能。在近代,为什么男子会对家庭如此漠不关心?他认为真正的原因在于妻子和母亲在厨艺方面的懒惰与粗心,导致丈夫和儿子极其厌恶家里的饮食,而到其他地方寻找更有吸引力的食物。"因此,女孩教育的一般目的就是培养热心的和节操高尚的女士、慈爱的妻子和母亲、平等的和有智慧的同伴,最重要的是家庭能干的女主人。"①

伊拉斯谟也积极倡导女性接受古典文学教育,女子教育是他晚年所探究的一个主要课题。他熟知意大利人关于女子教育和女性地位的观念,要求建立一种新的标准,以训练女孩今后怎样做好一名母亲。伊拉斯谟认为,那些未受过教育的和轻浮的母亲会对儿童思想品格产生不良影响。他充分认识到母亲的良好影响会意味着什么,因此极力倡导女子教育与男子教育同等重要。伊拉斯谟希望看到愉悦的家庭环境,看到母亲明智的处事方式,并以此指导而不是压制子女。他反对当时德国社会中女子教育的方法,认为这种方法养成了女性最坏的毛病,如任性、虚荣心、浅薄和私通。伊拉斯谟在《论基督教婚礼》一书中希望女子都是基督教的妇女,成为未来忠实而勤劳的妻子和母亲。他很钦佩那些受过教育的女性,并经常歌颂一些文化修养高的"女中豪杰",如威尼斯人卡桑德拉·菲代利和托马斯·莫尔的长女玛格丽特。同样,托马斯·莫尔也十分重视女子教育,他认为男女在性别上虽有差异,但这与学问没有什么关系。"我看不出男女两性……为何不能有受教育的同等机会。"②男女两性都具有理性,能从事学习和研究工作,并促进理性的日益完善和发展。1559年英国作家托马斯·培根(Thomas Bacon)提倡为女子设立正规学校,他认为女子教育的基本目的是为了减少懒惰、不诚实和淫荡的女人,并主张用教义和上帝的营养物培育未婚少女和年轻妇女。③

理查德·马尔卡斯特(Richard Mulcaster,1530—1611)是伦敦一所商业学校的教师,他在1581年撰写的英文版《意见书》中,考察了儿童教育的基本要素。他认为教育应该是

---

① 〔英〕威廉·哈里森·伍德沃德著:《文艺复兴时期教育研究》,第224—225页。
② 〔英〕劳伦斯·斯通著,刁筱华译:《英国的家庭、性与婚姻1500—1800》,商务印书馆2011年版,第139页。
③ 〔英〕奥尔德里奇著:《简明英国教育史》,第104页。

公共的和普通的,年幼的男女儿童都应该学习。他说:"送女孩上学,是由于我们国家的风尚,她们的职责,她们的天赋能力,以及良好教育所取得的有价值的效果所证明了的。她们受教育的目的,就是她们为什么学习和学习多少的根据。哪些女孩子应当学习,当她们开始学习时,她们可以学习什么,学习多少。她们应该在哪里受教育,由谁来教育。"①17世纪末,洛克(John Locke,1632—1704)也呼吁为女性提供受教育权,其目的不是为了促进友爱和完美的婚姻,而是提高妇女教育子女的能力。他希望女性能流利地说英语,了解拉丁文、数学、年代学和历史学的一般常识。英国作家丹尼尔·笛福(Daniel Defoe,1660—1731)希望男性接纳女性为伴侣,并教育她们成为男性合适的伴侣。他从女性受教育中看到了家庭幸福的美景:"一位好教养的女性,有知识、人品的女性,是无与伦比的人……她是那样温柔、甜美、温和、机智、喜悦而充满爱心。她在每一方面都能符合最高期望,有这样的女性为伴的男人真是幸福无边。"②

在以上人文主义教育家的倡导下,16世纪时英国出现了几位在古典文学和语言方面与男子同样精湛的贵族女性。例如,托马斯·莫尔的大女儿玛格丽特·罗柏(Margaret Roper,1505—1544)是英国第一位有学问的女子;亨利八世的两位妻子阿拉贡的凯瑟琳(Catherine of Aragon)和凯瑟琳·帕尔(Catherine Parr,1512—1548)都以学问著称,他的女儿伊丽莎白一世是英国女王中最有学问的人,她能十分娴熟地运用拉丁文、希腊文、法文和意大利文翻译著作。也许是受到凯瑟琳王后的鼓励,1523年至1538年间英国至少有7篇关于女性教育的论文。托马斯·莫尔写道:"如果女士生来顽固,较易生杂草而不易生果实,我认为它应勤被耕耘。"③1580年马尔卡斯特夸耀说:"君未见在我们国家有些女性在语言和文法上表现那样优异、杰出,她们能与希腊或罗马最受崇敬的典范相匹配甚或有过之?"④

宗教改革时代,女性在新教和天主教双方都扮演了非凡的角色。有鉴于此,宗教改革的发起者马丁·路德指出,为了维护社会的正常秩序和使家庭事务得到适当管理,应在各地为男女儿童提供最好的学校。他认为,男子拥有支配土地与人民的能力,而女子则擅长于家政,哺育子女,役使奴婢,所以女子学校也不应当缺少。路德希望每个城镇都创办女子

---

① [美]E.P.克伯雷选编:《外国教育史料》,第403—404页。
② [英]劳伦斯·斯通著:《英国的家庭、性与婚姻1500—1800》,第235—236页。
③ [英]劳伦斯·斯通著:《英国的家庭、性与婚姻1500—1800》,第139页。
④ [英]劳伦斯·斯通著:《英国的家庭、性与婚姻1500—1800》,第140页。

学校,每天给女孩讲授一小时的福音,但只有少数城镇通过财政手段实现了这一目标。在路德看来,为男女儿童提供适当的教育,是市政官员义不容辞的责任,他们比君主和勋爵有更多的时间把它做好。夸美纽斯则从宗教民主主义的立场出发,认为男女都是造物主的恩赐,同享上帝的惠泽,同受天国的福祉,女子在精神与智力方面并不逊色于男子,她们同样可以从事政治、医学及其他事业,谋求全人类的幸福。"她们也是按照上帝的形象造成的,在上帝的仁慈与未来的世界里面,她们也是有份的。她们具有同等敏锐的悟性和求知的能力(常常比男性还要强)……"①

正是在以上教育家的大力倡导下,女子教育开始引起人们的关注,但女子教育问题仍然被当时社会有关女性地位的观念所左右。在 15 世纪和 16 世纪,教师仅把社会观念所准许的教育提供给女子。到了 17 世纪,原先贵族女性所受的古典文学教育,被传统的技艺如音乐、唱歌、跳舞、裁缝及刺绣等所取代;自耕农的女儿所受的教育仅局限于非常少的读写、缝纫和家政。"但是,不管真正的人文主义精神渗透到哪里,总会有一股力量为扩大女性的权益而生成,无论它是潜藏的还是积极的。根据相称的原则,当社会的一个或另一个阶层接受了这种精神,女性争取机会的权利也会得到认可。"②

二、芬乃龙女子教育观

在法国,随着社会的进步,妇女承担了更广泛的职责,一些热心人士开始关注女子教育问题。芬乃龙(Francois Fenelon,1651—1715)的女子教育观在当时是一个很大的进步,在法国贵族阶级中开启了女子教育的先河。"他首次在教育学中给予女子教育以地位。"③

芬乃龙是法国贵族子弟,1651 年出生在法国费奈隆(Fenelon)城,故以城命名。芬乃龙幼时身体孱弱,但才干超群。12 岁时进入卡奥尔学院(college of Cahors)学习古典著作,后经叔父劝告转入巴黎的圣舍佩斯(Saint Sulpice)宗教学校学习。24 岁成为传教士。芬乃龙曾打算前往加拿大和希腊等地传教,但由于身体欠佳而放弃。1678 年他当选为巴黎一所新天主教女子学校的校长,这所学校是为了争取法国胡格诺派的女子皈依天主教而设立。

---

① [捷]夸美纽斯著:《大教学论》,第 53 页。
② [英]威廉·哈里森·伍德沃德著:《文艺复兴时期教育研究》,第 280 页。
③ Levi Seeley, *History of Education*, Complete Unabridged, New York, 2009, P. 117.

1687 年芬乃龙应朋友波维尔公爵夫妇(the Duke and Duchess of Beauvilliers)的请求,写了一部重要的教育著作,即《论女孩的教育》(*The Education of Girls*),以帮助公爵夫妇(他们有 8 个女儿和 7 个儿子)开展女子教育。1689 年这部著作公开出版。法国教育史学家孔佩雷(Compayre)称其为"法国教育学的第一部经典著作"①。我国教育史家蒋径三先生指出:"此书虽是一部小册子,叙述又无甚系统;然所论多关于提倡女子教育,力诋当时蔑视女子教育之非,促起一般教育家对于女子教育的注意。"②

当时法国社会只重视男子教育,而不要求女子学习,认为女子能无条件地服从丈夫和懂得操持家务就够了,过多的好奇心对她们没有任何用处。芬乃龙对女子教育固有的偏见进行了反驳,他认为女子固然不像男子一样有学习政治、法律、哲学、神学的必要,但女子所具有的天性如勤勉、优美和精细则为先天所赋予,绝不亚于男子。他指出:"世上的男子往往公然主张女子无教育的必要,殊不知教育若不先从女子着手,断不能发生效果,历史告诉我们,法律、风俗、宗教的颓废多由于女子的不贤而起,所以女子尤须有教育的必要。"③

在芬乃龙看来,一个无知的女孩无法使自己贞洁,而且会精神懈怠和伤害身心。女孩的无知导致她们无所事事,当她们年龄渐长而没有学到相应的东西时,她们将既没有品位又不懂得欣赏,所有重要的东西在她们看来都是无趣的,所有需要专注的东西都只会让她们觉得困乏。于是,空虚让她们无所事事,她们日复一日地花长时间睡眠以保证身体健康。然而,适当的睡眠与运动才能让一个人快乐和健康,精神的空虚和无知让她们对一切充满好奇;受过教育的人对很多东西有良好的判断,而未受过教育的女孩则充满想象力,但都是错误的想象。有的学者指出:"没有人比芬乃龙更了解女子无知愚昧会导致的结果——大量的空闲时间让女子烦躁不安,她们没有能力担负起正式和正当的职责,于是轻浮懒惰、沉迷空想、喋喋不休、多愁善感、对琐碎的小事过分好奇、对宗教理论过于狂热……"④

芬乃龙十分强调女子教育的重要性与可能性。他认为女人生来细心、细致、灵巧,而社会无非是由很多小家庭组成,男人希望在家庭中得到温情,女人则需要在家庭中扮演好自己的角色,使男人幸福,为她们的孩子,也就是未来的社会成员提供好的教育。如果女人缺乏教养,将比男人缺乏教养更可怕,因为男人缺乏教养往往源于母亲没有教育好他们,或是

① Levi Seeley, *History of Education*, Complete Unabridged, New York, 2009, P. 115.
② 蒋径三编:《西洋教育思想史》(上册),第 195 页。
③ 蒋径三编:《西洋教育思想史》(上册),第 195 页。
④ [法]加布里埃尔·孔佩雷著:《教育学史》,第 132 页。

由于他们长大后受到了坏女人的影响。如果女人缺乏教育,对社会来说是多么可怕,可见女孩的教育多么重要。

芬乃龙指出,女子占一个社会人口的半数,其教育的好坏事关社会盛衰,绝不能等闲视之。由于女子身体柔弱,志向飘摇不定,常常繁思妄想,动辄为好奇心所驱使,好作奇谈怪论,或骄奢放纵。如果忽视了女子教育,其结果就是将种种恶的品行转移到儿童身上,贻害家庭乃至整个社会。女子的道德水准直接关系到整个社会的道德水平,所以女子教育容不得半点马虎。虽然女子在身体和心智方面较男子稍弱一些,但是上帝并不偏心,并赋予她们勤勉和优良的品德,女子同样可以培养出真正虔敬之心。正因为女子身心柔弱,所以她们对于教育的需求更为迫切。当今社会对男子教育给予了应有的关注,但女子教育被视为无足轻重,实在是一件可悲可叹之事!

那么,女子应当接受怎样的教育呢?芬乃龙反对中世纪女子修道院对女孩所施行的严酷而狭隘的宗教教育,并指出女子教育应当与她们所担负的社会角色相匹配。他认为,对于女子而言,她们不能治理国家,不能从事战争或宗教活动,因而没有必要具备与男子同样多的知识,即使她们不学习政治、法律、哲学和神学,仍然能够惬意地生活。但女子也不应该全然无知,女子的知识应当与她们的义务直接有关。"女子最大任务,在为贤母良妻,举凡整理家政、教育子女、使令仆役,不可不有熟练之技能与丰富之知识……"①有鉴于此,芬乃龙认为女子教育应包括两个方面,即宗教虔诚的培养与相夫教子的训练,至于启迪智慧、增长才干的教育,对于女子而言是多余的。可见,芬乃龙对于女子教育其实并没有太大的理想,他希望将女子智力保持在一定的限度内,因为在他看来贪图学问的女子是可笑的。

如何对女子进行教育呢?芬乃龙首先强调早期教育的重要性。他认为,女子教育最好从幼儿时期开始,小时候的感受和印象最深刻,因此也最重要。在孩子还没有学会说话之前,就可以对她进行教育了。试想,孩子在不会说话的时候,就懂得寻找她所喜欢的、躲避她所害怕的事物,已经懂得说谎和嫉妒。她们不会说话,却可以用愤怒的眼神和生气的表情以示嫉妒,所以孩子远比我们想象中懂事早。我们可以用不同的表情和音调告诉她什么有危险、什么不应该做,而用温和平静的声音鼓励她们。芬乃龙指出,大凡幼小时候所形成的观念,往往会影响一个人毕生的生活,所以幼儿期是教育的最佳时机,尤其是在其尚未入学之前,更应当特别注意。"女子的虚荣和轻薄须在幼时加以矫正,故女子教育亦须在幼时

① 欧阳祖经编:《欧美女子教育史》,上海商务印书馆1926年版,第26页。

着手,若把这一个精神柔软的后代交给一般无知无识的仆婢来教养,那就糟了。"①这个时候孩子们的智力较弱,很容易接受外部印象,故千万不能在此时让邪恶的性情占据她们的头脑,从而导致终生不可根除的坏习惯。孩提时代的教育关键在于排除恶劣的影响。至于女子的天性,在芬乃龙看来,就是流于虚饰、动于感情、偏于言辞、限于猜忌,所以教育者应当注意矫正这些缺点,并设法发挥她们的特长。

芬乃龙主张依据儿童自然发育的顺序开展教育。在女孩幼小之时,让她从游戏中愉快地学习,以养成其健康及天真烂漫的天性为主;等到年长,就教授阅读、习字、文法、算术、拉丁语、图画、历史、宗教等科目,并让她们实地学习关于保育和家政的知识与技能,这是培养贤妻良母所必需的。芬乃龙强调正确读写的重要性,认为一个出身良好的女孩不懂得读写是羞耻的。在语言方面,他主张先学习母语,再学习现代语,然后学习古典语。女孩还应该懂得自己所用语言的语法,恰当的时态和措辞能帮助她们更准确地表达自己的思想。要让女孩研读古希腊罗马的历史书,从中她们会看到勇气和公正所带来的奇迹。

此外,要让女孩首先学习本国的地理和历史,然后学习外国的地理和历史,因为其中包含了许多优秀的历史人物和事迹。他说:"务必让她们学习古希腊和古罗马历史,她们会从中学习到勇敢和无私的品质。不要让她们忽视法国历史,法国历史也自有其美妙之处。……所有这些都是为了让她们的精神变得高尚,心灵变得善良。"②所有这些知识会扩大女孩的眼界和理解力,让她们心中充满高尚的情操,以免变得华而不实和多愁善变。"尽管芬乃龙是一个虔诚的天主教徒,但他开设的课程是如此适宜和合理,以至于他赢得了广泛的赞誉,甚至包括不接受其信仰的新教徒。"③

芬乃龙建议尽早培养孩子的宗教和道德意识,认为小时候可以把上帝描绘得可爱一些,因为孩童时想象的人物在长大后会有所调整。他说:"道德教育应该尽早,可以通过寓言、故事和具体实例进行。"④但他反对过分夸张的宗教信仰和过度的虔诚,主张要做一个有理性的基督教徒。要让女孩认同一些宗教故事,但不要听信一些不严谨的信仰,以及谣传的宗教信条。要给她们讲述圣经中的故事,而禁止她们听异教徒的故事,让她们从小就认识到关于生死与万物起源问题都是上帝的恩赐。在对她们进行宗教教育时,应采用举例

---

① 蒋径三编:《西洋教育思想史》(上册),第196页。
② [法]加布里埃尔·孔佩雷著:《教育学史》,第173页。
③ Levi Seeley, *History of Education*, Complete Unabridged, New York, 2009, P. 114.
④ Levi Seeley, *History of Education*, Complete Unabridged, New York, 2009, P. 115.

子、类比、讲故事、问答等方式,巧妙生动、活泼有趣地让孩子明晰基本的宗教教条,而不是像学习枯燥的教义问答那样,强行让孩子死记硬背宗教原理。

芬乃龙认为音乐有碍于宗教,因而拒绝设置音乐课程。至于诗歌、演说等科目,也要限定在有利于女子品德的范围之内。芬乃龙主张教育要有组织。例如,饮食要有规则,睡眠与运动要充足;教学讲究愉快而有趣味,并利用游戏进行教育。一切教学必须由近及远,如历史和地理等,要从儿童周围的生活环境开始,然后再到国家与世界。在教学中注重理解,而不仅仅突出记忆。芬乃龙是培根和夸美纽斯的信徒、裴斯泰洛齐(Johan Heinrich Pestalozzi,1746—1827)的先知,他主张要把事物呈现在名字前面,通过观察学习事物。① 他强调在训导中应发挥榜样的力量,并以童话故事、事例等为教材指导学生,务必要减轻惩罚,使儿童胸襟宽广,言语诚实,不致文过饰非。② 孩子是无知的,在她们还没有印记上任何东西的头脑里,以及还没有养成任何习惯的前提下,她们喜欢去模仿自己所看到的事物。这也是为何要为她们树立好榜样的原因。"榜样对于人生的各个时期都很重要,尤其是童年时期。"③

芬乃龙对于体育的意见首推睡眠。他认为睡眠过度会导致身体柔弱,因此睡眠应当有所节制,最多不超过三分之一的时间;睡眠的适度与合理的工作,是促使人类快乐和强壮的最佳方式,这不仅可以谋求身体的健康,而且对于精神也有很大影响。尤其是在幼儿时期,必须注意健康和选择食物,养成一种单纯而有规律的生活,使其永久地保持纯洁性。饮食时间须有规律,如果听任儿童的要求给予食物,甚至漫无规则,是不可取的。总之,"必须对身体进行系统的护理,因此正餐和便餐、充足的睡眠、运动等,都是必不可少的"④。

芬乃龙主张利用儿童的好奇心教育她们。他说:"儿童的好奇心、求知心是自然的倾向,是教授的导线,教师应善为利用它。……儿童自幼好奇心已甚发达,所以一见新奇事物即欲知其究竟,等到好奇心满足之后,则对于感觉的对象渐生兴趣,此时已到了理性时期,推理的机能从此开始。"⑤他建议尽可能避免用迂腐的方式教育孩子,不要让孩子超负荷记忆一些无法消化的内容,而是巧妙地把要学习的东西浸入到孩子的脑海。芬乃龙主张运用

① Levi Seeley, *History of Education*, Complete Unabridged, New York, 2009, P. 115.
② 雷通群著:《西洋教育通史》,北京商务印书馆1934年版,第213页。
③ Levi Seeley, *History of Education*, Complete Unabridged, New York, 2009, P. 116.
④ Levi Seeley, *History of Education*, Complete Unabridged, New York, 2009, P. 115.
⑤ 蒋径三编:《西洋教育思想史》(上册),第196—197页。

间接指导的方式,把教育与娱乐相结合,让孩子自得其乐;采用提问类比的方式引导孩子主动思考,不要强迫她们学习,过分强调准确性会让她们感到不安和疲乏;不经过理解的任何事物,不允许进入记忆。他要求"所有的教学必须令人愉快和有趣,在教学中必须运用游戏"①。同时,尽量少用"生硬且专横的命令口吻"教育孩子,要告诉孩子们学习的用处,并让她们尽可能舒适地接受教育。他说:"惩罚越轻越好。鼓励孩子们敞开心扉讲真话,不要通过频繁或严厉的惩罚让孩子们认错。通常惩罚是私下进行,只有当其他所有手段都无效时才公开。"②

总之,芬乃龙是法国历史上正式提出女子教育这一长期被忽视的问题,并且从理论上加以系统探讨和论证的教育家,这本身就是一个巨大的历史进步。作为一名天才的教育实践家,芬乃龙总结了他的教育经验,用新的方式提出了许多教育问题,如幼年期应注重体育和锻炼,避免一切刺激情欲的事物;智育应建立在儿童的好奇心之上,使游戏和学习相结合;德育应建立在良好的实例之上。芬乃龙提出了一个著名的论断,即为了更好地抚养子女,女子应该接受教育,掌握必要的实用知识。"女子也应从教育中受益。应该特别注意教她们谦虚、温柔、虔诚、如何经营家庭,以及在生活中的地位和作为母亲的责任。"③芬乃龙以适应自然、避免强迫、把满足转换为兴奋剂三条原则作为建立女子教育体系的基础。

芬乃龙的女子教育观对当时及法国以后的女子教育产生了重要影响。"芬乃龙创作了法国教育的首部经典之作,许多作者都从他的书中汲取灵感,受到他的教育思想的启发,因此,可以说芬乃龙是新的教育流派之先锋人物。"④在其影响之下,1686 年曼特农夫人(Madame de Maintenon, 1635—1719)在圣西尔创办了女子修道院,这无疑是一个重大的创举。兰伯特夫人(Madame de Lambert, 1647—1733)则著有《母亲对于男子的教育》(1701)、《母亲对于女子的教育》(1728)等,她们继承并发扬了芬乃龙的思想传统,对于女子教育作出了重要贡献。芬乃龙在探讨教育方法上的许多见解,如关于早期教育、营造良好的教育环境、利用儿童的自然倾向(如好奇心)、运用讲故事进行教育等,对法国教育也有积极影响。芬乃龙的《论女孩的教育》是智慧和文化的结晶,尽管有不足之处,但瑕不掩瑜。它是法国女子教育史上第一部经典作品,它被译成欧洲多种文字,在教育思想及实践中产

---

① Levi Seeley, *History of Education*, Complete Unabridged, New York, 2009, P. 115.
② Levi Seeley, *History of Education*, Complete Unabridged, New York, 2009, P. 115.
③ Levi Seeley, *History of Education*, Complete Unabridged, New York, 2009, P. 115.
④ [法]加布里埃尔·孔佩雷著:《教育学史》,第125页。

生了极大的影响。"《论女孩的教育》无论对于女子教育和一般教育方面,都标志着教育思想的新开端。"①

三、女子学校的创办

在 15 世纪,法国已有相当数量的女子学校,女孩能接受阅读、写作、算术和宗教方面的教育。这些学校一部分由教会创办,另一部分由所在城市或法人团体设立。在 16、17 世纪,法国女子教育的发展比其他国家更为突出。"1562 年之后,法国改革派教会开始按其新的组织架构稳定下来,而新教对城市妇女们的承诺也开始兑现。为女性设立的教义问答班开始出现。在胡格诺信徒控制的城镇,鼓励识字的对象不只有少数有天分的女孩,甚至孤儿院中的穷女孩也包括在内。在某些改革派家庭里,识字的丈夫们终于开始教妻子识字了。"②

创建于 1537 年的乌尔苏拉会(The Order of Ursulines)是法国从事女子教育最大的一个宗教团体,它在意大利也颇负盛名。乌尔苏拉会的成员大多数来自资产阶级化的贵族家庭。该教团致力于发展女子教育,培养虔诚的女天主教徒。1615 年罗马教皇在一份公文中曾经赞扬它是反对异教的堡垒,并确定其职责是提供免费的女子教育,以激发宗教热情为主要目标,教授读写和针线活。该教团创办的女子学校面向社会各个阶层,既有专门为富裕阶层开办的寄宿制女校,也有为穷人阶级提供免费教育的女校。它依靠寄宿制女校的学费收入维持免费教育的支出。因此,该教团在法国有很高的社会声望和广泛的社会基础,成为法国当时发展最快、规模最大的教育女修会。

在乌尔苏拉会的寄宿制女校,学生每天的生活被安排得满满的,她们在家庭的练习时间减少到最低限度。在 1651—1705 年乌尔苏拉会的学校章程里,学校一年到头没有一天假日,在第戎的学校每年也只有一个月假期。为了激发学生的宗教热情,学校安排了大量的宗教活动和学习。从下面对 17 世纪法国女子教育的描述中,可以窥见当时女子学校中强烈的宗教气氛。"孩子们从早到晚都默默不语或低声说话。走路时,总是两个修女走在

---

① [英]博伊德、金合著:《西方教育史》,第 262 页。
② [美]娜塔莉·泽蒙·戴维斯著,钟孜译:《法国近代早期的社会与文化》,中国人民大学出版社 2011 年版,第 105 页。

一起,一前一后;借口身体有点不舒服而步履缓慢,以至于使她们不能与任何人交谈;绝不和两三个同伴在一起做事;从沉思到祷告,又从祷告到受教育;除教义问答以外,仅仅只学读书、写字;星期天'学一点算术,年龄大一点的从一点学到两点,年龄较小的从两点学到两点半';她们的手脚忙个不停,以防止她们胡思乱想……。总之一句话,除了禁欲精神外,什么也不要干。"①这些女孩子一天要熬过 14 至 16 小时,日复一日地度日如年,除了通知更换课业和苦行的钟声外,她们要在阴郁和孤独中度过 6 至 8 年,没有任何东西在生活中激起一丝微波。难怪芬乃龙感叹说:"在幽深岩洞的阴影中,囚禁着,可以说埋葬着这些女孩的青春。"②

1598 年彼得·傅立叶(Peter Fourier)创立圣母修女会(The Sisters of Notre Dame),专门对女孩子施以一般的教育。该教团免费教育工人及商人的女儿,不仅给予宗教教育,而且还教授与现实生活有关的知识,特别是与女孩身份相符的读写、算术、缝纫以及各种手工艺等。1640 年傅立叶还拟订了学校组织及管理章程、各科教学法,并提出了学校编制的初步想法。他指出:"女视学员,即学校的女教员,应尽事实之可能,努力使同一女教员所教的全体学生,有同一的课本,以期其能研读同一的功课;因此,当一女生在女教师面前高声朗读其课本时,其他全体同学,即可同时眼看其自己的课本,循声朗读,而能学得更快、更容易、更为完备。"③圣母修女会对于法国,尤其是对于加尔文教甚为发达的洛林(Lorraine)地区的女子教育贡献巨大。

1680 年罗马教皇颁布教令,禁止男女合校教育,禁止男教师担任女学生的教学工作。这一禁令的直接结果是,在天主教国家形成了一种有别于新教国家男女合校教育的组织形式,即男女分校教育。在具备条件的社区和城镇,独立的女子学校开始发展起来。在世俗女教师严重缺乏的情况下,那些有组织且具备一定经济基础和文化素质的女修会,成为天主教国家女子教育的主办者和师资来源。

曼特农夫人是芬乃龙女子教育思想的赞同者和实践者。她毕生从事女子教育,年轻时就在法国雷尔(Ruil)为穷人的女孩子开办过一所学校。1686 年,该校迁往凡尔赛西部的诺瓦西,更名为圣西尔(Saint Cyr)修道院,它实际上是一所女子学校。有人评论说:"圣西尔

① [美]E. P. 克伯雷选编:《西方教育经典文献》(上卷),第 338 页。
② [美]E. P. 克伯雷选编:《西方教育经典文献》(上卷),第 338 页。
③ [美]克伯莱著:《西洋教育史》(上册),第 362—363 页。

不是一个修道院，它是致力于贵族年轻女子教育的非凡机构，它以一种胆识和智慧开启世俗的女子教育。"①圣西尔学校得到了国王的资助，并成为17、18世纪法国一所著名的寄宿制女子学校。它经历了两个发展阶段：一是从1686年到1692年，教育精神宽容自由，教育成就突出，人文学科和戏剧表演占据主导地位；二是从1692年起，曼特农夫人开始修正最初的原则，对人文学科产生不信任态度，并把文学从教育体系中删除，以便把全部精力放在培养学生的道德品质和务实精神。

曼特农夫人对于女子教育十分重视。她指出，拯救少女的心灵，为她们的健康着想，帮助她们发育成长，虽然是极其微小的事情，但是同样不能忽略。从1686年到1717年的三十一年间，曼特农夫人每天都去圣西尔学校指导教学，从未间断过；有时候甚至早晨6点钟就去学校。她为教师和学生所写的建议和条例有好几卷。她关心孩子们的用餐、睡眠、卫生及性格培养，认为任何与孩子有关的事都是大事。她"希望圣西尔修道院与法国共存，法国与世界共存。没有什么比圣西尔修道院中的孩子们更宝贵的了"②。

曼特农夫人所倡导的女子教育同样是一种贤妻良母的教育。她希望培养对家庭生活有用的女子。她反对女子参与当时流行的"沙龙"聚会，认为这样的活动使妇人们奔走于社交场合，空谈政治与文学，而忘却了家庭之根本。曼特农夫人信奉适当的基督教情怀，坚持宗教从简而行。她所推崇的虔诚是"坚定踏实、公正贤明、简约明了"，即不需要任何的矫饰和精致。对于当时修道院所看重的女子宗教教育，曼特农夫人并不以为然。她认为，女子与其在修道院浪费一生的光阴，还不如教育自己的子女和指导家里的仆人，这也许更具有实际意义。她说："……一个女人应该把时间花费在相夫教子、教育仆人上，而不是在教堂里祈祷，只有这样的宗教才值得称赞、尊重和热爱。"③一个女子如果因为侍奉自己生病的丈夫而忘记了对上帝的祈祷，人们应当原谅她并且称赞她。当然，对于女子教育的见解，曼特农夫人并不比芬乃龙高明。虽然她觉得女子与男子有同样的判断力，但她认为女子存在诸多不如男子的地方，如记忆力较男人差，而且女子更容易迷恋和轻浮，对固定的东西不易理解等。

曼特农夫人创办的圣西尔女子学校，是其女子教育思想的一次伟大实践。女孩们从6、

① ［法］加布里埃尔·孔佩雷著：《教育学史》，第164页。
② ［法］加布里埃尔·孔佩雷著：《教育学史》，第167页。
③ ［法］加布里埃尔·孔佩雷著：《教育学史》，第172页。

7 岁开始进入圣西尔学校,一直到 18 岁或 20 岁才结束教育。最多时在校学生数达到 250 人,教师达 40 人。全体学生身穿贵族服饰,并按照年龄分成红、绿、黄、蓝四个班级,并以不同的着装颜色予以区分,其中红色代表年龄最小的学生,蓝色代表年龄最长的学生。每个班级又划分成 8 至 10 人的小组,每组选择年龄稍大的学生担任组长和副组长。这种按照年龄分组的学生管理办法借鉴了耶稣会学院的经验,在当时是一种比较先进和有效的教学组织形式。

圣西尔女子学校办学初期尤其重视世俗教育。按照曼特农夫人的看法,圣西尔学校的开办并不是为了祈祷,而是为了实践。因此,学校开设了大量的手工、缝纫、刺绣等女红科目,学生大部分时间是在做针线活。她们可以制作家庭、医院和教堂中的所有纺织物,还可以缝制各种服装。圣西尔学校特别注重养成女生勤劳的习惯。为了使女生变得健壮和聪慧,要求她们完成各种劳动,如清扫宿舍、整理餐厅和清洁教室。曼特农夫人是手工劳动的模范,她认为劳动可以调和感情,能够使人精神饱满,并且不至于胡思乱想。她用优美的语言赞美手工劳动。“手工劳动是道德的保镖,能够保护女孩们远离罪恶。”[1]虽然圣西尔学校也开设读、写、算等科目,但并不给予太多的重视。例如,对于历史课,曼特农夫人觉得女子学习历史,只要知道法兰西国王的名号,不至于同别国的国王名号混淆就行了。

曼特农夫人对自己的学生呵护备至。她曾直言不讳地说过,“对我来说,圣西尔的儿童是最宝贵的”[2]。据说,一次她在校园内同教师谈话的时候,有一群女生从旁边跑过,并带起了一阵尘土,于是就有教师呵斥学生,曼特农夫人却急忙制止说:“我爱惜自己的学生,所以也就爱惜她们扬起的尘土,千万不可予以禁斥。”[3]她每天都花费很多时间思考女生的教育问题。女生们也没有辜负她的期望,她们曾为国王和宫廷演出了一些戏剧,并获得极大成功,得到了国王的赞许和鼓励。可惜这种成功和进步并没有持续多久,女生们开始变得消极散漫,不愿意在教堂唱赞美歌,担心会伤害自己的嗓子。不少女生洋洋自得甚至放荡的行为表现,令晚年的曼特农夫人十分惋惜。她说:“我为圣西尔修道院的女孩感到悲哀,这是时间不能治愈的,我们现在进行彻底的教育改革也无济于事。……上帝一定知道,我希望在圣西尔修道院之中培养美德,但是,我却把根基打在流沙之上,没有坚固的根基。我

---

① [法]加布里埃尔·孔佩雷著:《教育学史》,第 171 页。
② [美]S. E. 佛罗斯特著:《西方教育的历史和哲学基础》,第 281 页。
③ 欧阳祖经编:《欧美女子教育史》,第 79 页。

希望培养聪明、高尚、有思想的女子,在这一点上我成功了。她们有智慧,却反过来用智慧
与我们作战。她们心高气傲,比真正的贵族公主都盛气凌人。……我们绝对不能气馁,必
须寻找一种解决办法。"①很显然,圣西尔学校正在走向一条非常危险的下坡路。

　　1692年,曼特农夫人将这所"自由、进步的学校"改造为一座正统的女子修道院。"作为
一个耶稣会学院,它实行绝对严格的寄宿制。"②新的学校完全与世隔绝,女孩们从6岁到
20岁完全归属于圣西尔学校,以至于完全不了解自己的父母;即使是与父母的会面,一年也
不过四次,每次不过三十分钟,并且有教师在一旁陪同。1692年改革之后,教育在圣西尔学
校开始处于次要地位。阅读、写作、计算的教授更少了,一些为家务做准备的科目,如缝纫、
绣花、编织等却得到加强。阅读受到广泛的质疑,世俗书籍被完全禁止。为学生提供的阅
读书目只是一些虔敬之书,如圣弗朗西斯·德萨尔(Saint Francois De Salles)的《虔诚人生
指南》、圣奥古斯丁(Saint Augustine,354—430)的《忏悔录》等。她说:"我们的教育目标必
须是培养公民意识,而不是教育公民,也不是培育公民的智力文化。我们必须让她们学会
承担家庭的责任,让她们遵从丈夫、照顾孩子。对女孩来说,阅读弊大于利。书籍让她们变
得更加聪明,但却引发不适当的好奇心。"③"放弃智育"是曼特农夫人制定的一项长期禁
令。④ 到拿破仑时代,圣西尔学校被征用为一家陆军医院,后来又被改建为一所军校。

　　在英国,"男权至上"的观念严重制约了女性的发展。中世纪以前,英国女性是没有受
教育权的。随着慈善学校的增加,虽然人们的受教育意识有所提高,但女性仍然无法进入
文法学校。直到17世纪后期,英国才出现专门为女孩设立的私立寄宿学校。但这种教育
仍然是慈善性质的,教师大多由教堂人员、伤残军人、老年人充任,社会地位低下。这类初
等学校擅长于训练女子的社交礼仪,认为它能使女性吸引丈夫,婚后懂得怎样消磨时光。
在伦敦伊斯灵顿(Islington)一所女子学校,年轻淑女既被教以各种技艺,也被教以读写、音
乐、舞蹈及法语。在17世纪末女子学校的课程表中,占据主导地位的技艺包括刺绣、缝纫、
剪纸、蜡染、涂漆、玻璃彩绘、缝缀布片、贝壳工艺、羽毛工艺等。这些技艺教育关注所有优
雅和时髦的事情,目的是让没事干的女子消磨时光。至于中等教育及高等教育,则是富家
子弟的专利,与女孩无缘。

---

① ［法］加布里埃尔·孔佩雷著:《教育学史》,第166页。
② ［法］加布里埃尔·孔佩雷著:《教育学史》,第169页。
③ ［法］加布里埃尔·孔佩雷著:《教育学史》,第170页。
④ ［法］加布里埃尔·孔佩雷著:《教育学史》,第170页。

第五节　西欧最早的初等义务教育法

欧洲大陆的正规学校,起源于教会和宗教团体所倡导的宗教教育。它们在早期教育规模扩展和教育形式创新中扮演了重要角色。然而,使宗教教育转变为正式学校教育以满足社会的需求,却是国家的功劳。16 世纪以来,作为宗教信仰的传播工具,教育首先被推上了政治舞台。随着君主政体的加强,国王和诸侯逐渐认识到在宗教信仰分裂的背景下,学校教育在政治斗争中所发挥的作用不可替代,因而新兴的民族国家在教会配合下开始对学校教育进行广泛的干预,使得该时期西欧一些国家如德国、法国、英国等出现了最早的初等教育法令。

一、德国

德国是成功地实现国家控制和干预学校教育的典范。在宗教改革运动中,德国各公国的世俗政权与教会结合的传统得到进一步巩固:世俗政权通常谋求某一教派的支持,以应付国内外种种势力的反对,从而维护自己的统治以及履行对臣民的职责;教会则希望借助于国家力量实现宗教复兴的目的。在对待教育事业的发展上,二者有着相同的利益追求:国家期望借助教育建设一个安全且有凝聚力的民族国家;教会则期望借助教育获得忠实而虔诚的信徒。正如 16 世纪末一位公爵指出:"为了维持宗教及良好的社会秩序,亟需要把青年送到学校里去。"①宗教和政治的动因促成了国家和教会在教育事业上的合作,宗教改革中各新教派提出的教育主张得到了世俗政权的大力支持。

早在 1528 年,路德派教育活动家梅兰希顿在《惩罚条例》(*Articles of Visitation*)中提出的教育计划,就被萨克森等地的统治当局采纳。之后,黑森(Hesse,1526)、波美拉尼亚(Pomerania,1535)、布伦瑞克(Braunschweig,1543)和勃兰登堡(Brandenburg,1573)等公国都采纳了新的学校规程。整个 16 世纪,这样的法令总共采纳了 100 多个。② 德国诸公国

---

① ［苏联］哥兰塔、加业林著,柏嘉译:《世界教育学史》,上海作家书屋发行 1953 年版,第 91 页。
② ［英］安迪·格林著:《教育与国家形成——英、法、美教育体系起源之比较》,第 123 页。

因此成为新教教育改革最为成功的地方。

在德国诸公国中,位于西南部的维滕堡公国第一个建立了完整的学校制度。1559 年,维滕堡公国的侯爵克里斯托弗(Christopher)首次发布在全国建立学校制度的章程,1565 年这一章程被国会认可。该章程提出了一个旨在通过相互衔接的各级教育,把青年培养成符合教会和政府要求的国立学校制度。维滕堡的学制规定,凡是由教会看守着的村庄必须建立德语学校,为适龄儿童提供免费的初等教育。这些德语学校均由教会当局办理,并由国家负责监督。学校实行男女分校,开设阅读、写作、宗教和音乐等课程,全部用德语教学。德语学校的校长由教区选民选举产生,但他必须通过教会总监的考试,以便确定其在宗教信仰和业务能力方面是否胜任这个职务。学校的监督管理人员是教会的牧师。教学工作由教会或教区的执事人员担任,并明文规定他们不能同时兼任公务员或警察等职,但他们可以免除杂役和教堂的群众性服役。

当然,维滕堡学制的重点在于对拉丁文法学校的规范,至于实施初等教育的德语学校或国语学校,只是被看作一种不同于拉丁文法学校的临时性和附设的学校。大约在这个学制颁布五十多年之后,德语学校才被政府正式认定为专门的、重要的地方教育机构。无论如何,学制的颁布大大推动了维滕堡教育事业的进步,学校和学生的数量每隔十年都有迅速增加。到 16 世纪后半期,该地区已有德语学校 156 所,其中许多设在乡村。[1] "到 17 世纪初,几乎每一个村庄都有一所德语学校。"[2]

维滕堡颁布的公立学制标志着德国学校制度的真正开端。早在 1528 年,布伦瑞克就设立了本族语学校,并颁布过类似的学校教育法令;1580 年萨克森(Saxen)公国参照这一范例完善了本国的学校组织,而且颁布了初等学校令。到了 17 世纪初,魏玛(Wiemar)、埃尔福特及其他各邦都纷纷效仿。"到 17 世纪中期,德国的大部分公国都采纳了维滕堡的改组计划。"[3]在德国诸邦中,16 世纪的初等学校基本上是作为教会的附属机构而存在,儿童入学被看作是对教会尽义务。到 17 世纪以后,这种情况发生了极大的改观,初等学校的管理权逐步由教会收归政府,强迫儿童入学成为人所共知和必须强制执行的公民义务。

---

① [苏联]麦丁斯基著,叶文雄译:《世界教育史》,五十年代出版社 1949 年版,第 82 页。

② [德]马克斯·布劳巴赫等著:《德意志史》(第 2 卷),第 277 页。

③ Ellwood P. Cubberley, *The History of Education*, Houghton Mifflin Company, Boston, 1920, P. 318.

1619 年,魏玛公国颁布了学校章程,要求境内的教士和校长列出 6 至 12 岁所有男女儿童的名单,以便劝告家长履行其送子女入学的职责,必要时甚至可以由地方政府勒令家长履行。章程规定适龄儿童必须全年上学,除了农业收获季节放假四周,以及教区节日与教会节日放假数天外,不得缺席一天,甚至不得缺席 1 小时。学校每日上课 4 小时,各节课之间有休息时间。每个学童都有教科书,每个教师都有自己的教室。在教授拉丁语之前,学生先要学习德语。章程还规定禁止体罚学生。1642 年埃尔福特学校章程规定:男女儿童 5 岁入学,每年读书 10 个月,每日上午 9:00—12:00、下午 13:00—16:00 为上课时间,但星期三、星期六下午不上课;父母如果不送子女入学则要受到惩罚,这无疑开启了强迫教育的先河。

1642 年,萨克森—哥达(Saxe-Gotha)公国的欧内斯特公爵(Ernest,1601—1675)为了挽回三十年战争对教育的损失,发起了一场普及教育改革运动。这场改革的主要成就是颁布了著名的《学校规程》。这一规程是由赞成夸美纽斯教育理论的一位中学校长安德烈亚斯·雷赫起草,他把儿童初等教育的入学年龄提早到 5 岁。虽然规程没有硬性规定强迫教育的年限,但却强调学生必须完成全部知识的学习,并经统治当局审查合格才可离校。初等学校分年级传授知识:一年级讲授教义问答、圣歌、祈祷、字母、音节、读法;二年级学习教义问答、祈祷、读法、书法、加法、减法、乘法;三年级开设教义问答、祈祷、读法、书法、算术(四则和比例)。学生每年都要参加考试以确定升级。规程还明确规定了儿童缺课时对其家长的处罚办法。例如,儿童第一次缺课时,每缺一节课罚家长一便士。以后依次递增,直至每节课罚金六便士。规程对于提高教师薪俸、免费供应教科书、教学视导以及班级制教学等都做出了具体规定。这个规程被认为是第一份不折不扣地得到落实的规程,萨克森—哥达公国整个社会的教育水平也因此得以提高。

此外,布伦瑞克(Brunswick)、纽伦堡(Nuremberg)、汉堡(Hamburg)、斯特拉斯堡(Strasbourg)等地也采用类似举措改组境内的学校。强迫教育法令的颁布体现了统治当局对于发展教育事业、振兴民族国家的迫切愿望,在客观上为德国境内诸公国的教育发展创造了有利条件。但连年的宗教战争使得整个德国境内经济萧条、民不聊生,教育的发展更是步履维艰。中世纪时有多少堂区就有多少学校,而 16、17 世纪绵延不绝的战争将这些存在于两个世纪之前的基础教育几乎毁灭。例如,斯特拉斯堡中世纪时就有 5 所学校,但 16 世纪时仅存 1 所。1576 年,埃夫勒(Evreux)的主教写道:"过去,在一个人口比较稠密的堂区找不到学校的事是很少见的,而如今……,想要找到一所学校和一位教师却不那么容易了。我们不光指农村而言,即使在城市,甚至在那些最大的城市也是如此。"①

强迫教育的规定虽已颁布,但实际上也是纸上谈兵。由于家庭经济困难和家长态度不积极,或者学校条件简陋、校舍拥挤不堪,儿童被"豁免"入学的情况到处可见;由于校长和教师自以为是,关于上课时间的规定也没有认真执行,征收缺课罚金时困难更大。大部分城市儿童只是在冬天上学或根本不上学。乡村教师多由教士和手工业者担任,其中大部分是裁缝和鞋匠。对于这些人而言,教育儿童只是增加收入的手段而已。他们普遍没有接受过师资训练,所掌握的知识也极其有限,只能教授简单的读写和算术。学校的教义问答如同读写算一样,主要是依靠棍棒强行灌输。在背诵路德教教义问答时,教师叫出一对学生,让一名学生背诵教义问答中的提问,另一名学生则逐一给予回答,然后这两名学生交换角色继续背诵。体罚学生更是教师们的家常便饭。虽然官方三令五申禁止体罚,如 1593 年萨尔茨堡学校制度要求避免"不常用的斥责或诅咒","也不要伤害头部和其他肢体,俾使这种体罚可以被称作是惩罚而不是一种暴虐的……淫威,并使可爱的年轻人没有理由再辱骂他们的师长……而是热爱他们的师长"。② 但从这些法律条文的反面,我们看到的却是体罚学生的实际图景。

二、法国

从当时的国情看,法国人文主义者更容易倾向于宗教改革。究其原因,一是法国人文主义者受到王权的保护和支持;二是法国王权已先于西欧各国取得了对本国教会的控制。"实际上,在 16 世纪初的法国,许多开明人士都承认宗教改革的必要性。当然,这种改革主要是从人文主义的角度出发,其活动形式也是'理性的'、温和的。他们的改革目标有两个:清除教会弊病,怀疑教皇的权威。"③自 16 世纪 30 年代起,宗教改革在法国也掀起过波澜,路德教传入法国后,加尔文教接踵而至,而且流传更广。1539 年弗兰西斯一世明确规定法语是唯一的官方语言,这标志着法国民族的相对统一。"法国是欧洲率先形成一个民族的

---

① [法]雷吉娜·佩尔努著,康新文等译:《法国资产阶级史》(上册),上海译文出版社 1993 年版,第 28 页。
② [德]马克斯·布劳巴赫等著:《德意志史》(第 2 卷),第 276 页。
③ 王加丰著:《西欧 16—17 世纪的宗教与政治》,安徽大学出版社 2010 年版,第 122 页。

国家,法国政府是欧洲形成中央集权制和统一民族文化的开拓者。"①

　　1553 年,日内瓦的新教牧师开始进入法国,于是法国出现了第一批加尔文宗的教会团体。改奉加尔文教的新教徒在法国称为"胡格诺派"②。当时法国有 2 000 多个新教团体,1559 年新教徒在巴黎召开了第一次全国新教牧师会议,按照加尔文学说和日内瓦模式发表了"信仰声明",并建立了一个与天主教平行的法国改革派教会,有自己的骨干、教义、机构和章程。此后,新教在法国一些城市占据优势。"16 世纪的法国城市,从一些只有 1 万居民的小地方到有 6 万人口的里昂和 10 万人口的巴黎,都是新教组织和传播的中心。"③到战争爆发前夕的 1562 年,有人估计新教徒已占全国人口的四分之一。④ 随着新教的不断传播,天主教与新教之间发生了武装冲突,继而引发了长达三十多年的宗教战争(1562—1598),即胡格诺战争。1598 年 4 月 13 日,法王亨利四世颁布《南特敕令》,结束了这场战争,避免了国家分裂和宗教冲突。

　　《南特敕令》承认新教的信仰自由,成为西欧第一个采取宗教宽容政策的范例。正如有的学者指出,宗教宽容是一个极其漫长和艰难的过程。"西欧近代早期的宗教论战、宗教宽容的过程,不纯粹是一个宗教或思想认识的过程,而是与政治斗争密不可分的。它的每一点进展,均与当时欧洲的重要政治斗争有关。"⑤根据《南特敕令》,胡格诺派教徒获得了一项政治自由,即在他们的自由城市及市镇有权按照加尔文教派的教育理念创办学校。依照惯例,胡格诺派每建立一座教堂,便创办一所初等学校;而且在胡格诺派控制的地区,初等教育为强迫教育。1560 年,参加奥尔良议会的新贵族向国王呈交第一份请愿书,要求建立小学教育制度,强迫所有儿童入学,用本国语进行宗教教育。但随着新教的衰落,这个实施普及教育的愿望几乎全部落空。1583 年,法国西南地区的主教在波尔多集会,要求在每个教

---

① Andy Green, *Education and State Formation*: *The Rise of Education System in England*, *France and the USA*, The Macmillan Press Ltd, London, 1992, P. 133.

② 法文为 Huguenots,意为联盟者。广义地说,胡格诺派是指法国 16—18 世纪加尔文教的拥护者;狭义地说,是指 16 世纪 60 年代至 17 世纪 20 年代法国加尔文教派中的一个宗教政治集团。胡格诺派的社会成分颇为复杂,既有资产阶级和平民,也有部分封建贵族。资产阶级和平民把加尔文主义看成是反封建剥削的斗争旗帜,而封建贵族则利用它来反对日益巩固的专制王权。

③ [美]娜塔莉·泽蒙·戴维斯著:《法国近代早期的社会与文化》,第 94 页。

④ [美]威尔·杜兰著,台北幼狮文化公司译:《世界文明史:宗教改革》,东方出版社 1998 年版,第652 页。

⑤ 王加丰著:《西欧 16—17 世纪的宗教与政治》,第 366 页。

区,至少在那些最著名、人口最多的市镇配备小学教员。此前的特兰托会议也重申了这一规定。

正如普鲁士和奥地利一样,法国政府重视对教育的干预,以推动其政策的实施。从 16 世纪下半叶起,法国政府先后颁布了三个关于国民学校强制义务教育的法令(1566 年、1567 年、1598 年)。"法国专制政府经常通过提供赞助和颁布法令,或者偶尔通过创办自己的机构等方式干预教育,这种努力同样是受到军事和重商主义目标的影响。"①17 世纪时法国政府又颁布了八个关于强制义务教育以及在每个教区设立一所初等学校的敕令。第一个敕令是 1606 年颁布的,1626 年路易十三(Louis ⅩⅢ,1601—1643,1610—1643 年在位)又颁布了一个关于所有学校服从天主教区牧师管辖的法令。法国议会呼吁教会在各乡村设立学校,实施强迫教育。耶稣会创建的克莱蒙学校在 17 世纪享有盛誉,该校 1651 年时已拥有学生 2 000 人,至 1675 年时增至 3 000 人。② 由修道院创办的"小型学校"在巴黎及其附近地区颇有影响,这些学校重视教学内容的现代化,开设了法语、科学、哲学、历史、地理、诗歌、戏剧、外语等课程。至 1675 年,巴黎"小型学校"的学生多达 5 000 人,男女教员约 330 人。这类学校自然是在教会的直接管理之下,天主教国家的现代教育制度乃是 19 世纪后期的产物。

1685 年 10 月 18 日,法王路易十四宣布取消《南特敕令》,胡格诺派会堂被拆毁,大批新教徒被放逐,礼拜仪式被禁止,新教徒的子女必须受天主教洗礼。胡格诺派教徒在法国苦心经营的教育事业从此戛然而止。与此同时,路易十四下令所有 14 岁以下儿童,尤其是父母曾改宗新教的子弟,一律强制进入天主教的初等学校。随后开始的就是天主教会的自清运动,其间法国出现了众多致力于初等教育的宗教团体。此后旧教对新教的迫害更加残酷。法国居民只有 10%改宗新教胡格诺派,90%的居民仍然忠于天主教。长期掌握教育特权的天主教会一贯歧视和敌视新教教育。18 世纪法国又颁布了几个关于强制义务教育的法令(1704 年、1724 年等),并命令检察官调查未入学儿童的姓名。以上法令的颁布体现了国家在初等教育事业上所发挥的作用。实际上,在 17、18 世纪法国初等学校是由天主教会和各种教派所控制。

---

① Andy Green, *Education and State Formation*: *The Rise of Education System in England*, *France and the USA*, The Macmillan Press Ltd, London, 1992, P. 132.

② 张泽乾著:《法国文明史》,武汉大学出版社 1997 年版,第 313 页。

三、英国

12世纪随着佛兰德、佛罗伦萨等地毛织品加工业的繁荣,英国的羊毛产量迅速增加,它也逐渐由农耕国家转变为畜牧国家。随着农业重要性的衰落,各城市的贸易及制造业却慢慢地发达起来,乡村多余的农产品开始流入城市。自15世纪以后,生活费用逐渐提高,其结果是引起职业的显著变动,英国的失业者越来越多,需要救济的人口不断增长。"在伊丽莎白时期(1558—1603),估计有一半的英国人口没有足够的收入维持生活,很多儿童到处流浪,没有适当的食物与照料,他们在懒惰和邪恶中成长。"[1]

这种情形持续了大约两个世纪之久,尤其是在宗教改革期间,原先办理赈济的修道院,因宗教改革活动而遭没收。旧教会救济制度的基础已被铲去,以往那种祈祷、忏悔、救济之间最常见的关系已经改变。因此,为了避免由于农业人口大量失业所带来的社会动荡不安,国家被迫对于救济贫困人口以及如何照料贫穷儿童的问题予以关注。17世纪20年代、40年代初以及1659年前后,英国贫困人口比例约占全国总人口的20%,约有100万人需要通过领取各种救济以维持生活。[2] 有的学者指出:"在16世纪和17世纪早期,这种严重的贫困问题其部分原因在于食品价格上涨和实际工资下降。农业无法满足快速增长的人口对食物的需求,尤其是越来越多的城镇人口不能依靠自己的产品生存。这一时期的主要特点是出现了反复的商业萧条,尤其是许多英国城镇的布匹贸易。实际上,在1620年代贫困问题最为严重,尤其是那些布匹生产中心在经济衰退时遭受了重创。"[3]在这种情况下,人们逐渐形成了一种新的国家观,认为国家是由公共利益、友好、慈善与服务结合在一起的人民团体。贫穷不仅仅是一个人问题,更是一种社会现象,政府应该采取有效措施,帮助那些难以维持生计的人。

伴随上述观念的形成,英国纷纷出台了一系列相应的法律制度,以应对当时的实际问题。这些法令在性质上颇为进步,在16世纪大部分时间一直沿用。首先是禁止穷人在某

---

[1] Ellwood P. Cubberley, *The History of Education*, Houghton Mifflin Company, Boston, 1920, P. 325.

[2] 丁建定著:《英国济贫法制度史》,人民出版社2014年版,第49页。

[3] Rosemary O'Day, *Education and Society 1500 -1800*: *The social foundations of education in early modern Britain*, Longman Group Limited, London and New York, 1982, P. 239.

些特定的范围之外行乞;其次是命令教会收容穷人,由教区予以援助(1553),并劝告人们乐行捐助;然后下令遍设收容穷人及其子弟的贫民习艺所(workhouse for the poor),并向习艺所提供必要的物资。1572年,英国政府还允许地方当局通过地方税收筹集资金。在16世纪早期,许多有识之士认为贫穷是自身造成的,也许穷人的懒惰只能通过教育得到解决。1526年,应邀担任牛津大学希腊文和拉丁文教授的西班牙人文主义者维夫斯写了一篇《救济贫困》,该文对于贫困问题的救济产生了巨大影响。他坚信,通过对孩子们的精心教育可以解决贫困问题。① 他说:"建立一所医院养育被遗弃的孩子,指定一些妇女作为他们的母亲,并把他们养育到6岁为止;然后让他们进入公立学校,在那里他们将受到教育、训练和抚育……"②

为了控制儿童的成长就必须实行谨慎的政策,由于他们会不可避免地受到环境和自身经历的影响,因此任何教育都是有益于儿童发展的。"家庭之外的教育被认为是一种塑造美德的强大力量,它可以抵制贫困家庭的不良影响,它按照基督教的准则塑造孩子的性格。正如我们早期所观察到的,学校被视为所有社会阶层的社会化机构。"③1547年法令规定,5至14岁的儿童交给教区照管,女孩直到20岁,男孩直到24岁。在这一规定期限内,任何离家出走的流浪儿童可能会受到约束和控制。在1549年修正法案中,尽管这项立法的严厉措施被删除,但国家仍保留了父母对乞丐儿童的监管权。1552年伦敦市接管了四所旧的修道院医院,其中圣巴特勒缪(St Bartholemew)和圣托马斯(St Thomas)医院收容年老体弱的穷人,基督医院(Christ's Hospital)照看贫穷儿童,布莱德维尔(Bridewell)医院旨在让那些流浪和贪婪的穷人恢复正常生活。1552年伦敦市民在提交枢密院的声明中说:"首先,我们必须考虑贫穷儿童的居住、衣着、食物、教育和训练有素,以便年幼的儿童受到良好的教育和抚养,当他们长大后也可以从事有益于社会的职业和科学。"④

1552年秋,基督医院正式开学。它为380名儿童提供了慷慨的捐助,它对待贫穷孤儿

---

① Rosemary O'Day, *Education and Society 1500－1800*：*The social foundations of education in early modern Britain*，Longman Group Limited，London and New York，1982，P. 242.

② Rosemary O'Day, *Education and Society 1500－1800*：*The social foundations of education in early modern Britain*，Longman Group Limited，London and New York，1982，P. 242.

③ Rosemary O'Day, *Education and Society 1500－1800*：*The social foundations of education in early modern Britain*，Longman Group Limited，London and New York，1982，P. 243.

④ Rosemary O'Day, *Education and Society 1500－1800*：*The social foundations of education in early modern Britain*，Longman Group Limited，London and New York，1982，P. 245.

的教育态度似乎受到维夫斯观点的影响,这里的所有儿童都接受了读写算方面的基础教育。另外,基督医院还为那些注定要当学徒的人提供工艺教育。同样,布莱德维尔也成为了年轻人的培训机构,它的目标是"用良好的德行训练乞丐儿童,使他们长大后不再成为乞丐"①。伦敦的早期试验十分重要,英国的其他城镇纷纷效仿。布里斯托尔、埃克塞特、普利茅斯、诺维奇建立了小型的孤儿院,布莱德维尔也成为了基督医院、伊普斯维奇(1569)、雷丁医院(1578)、圣约翰医院、诺丁汉、圣托马斯医院和约克的附属培训机构。"我们注意到,在 17 世纪后期和 18 世纪的苏格兰,医院仍然是保护贫穷孤儿使其免于邪恶环境影响的重要途径。"②

设立贫民习艺所是解决贫困问题的方式之一,国教会牧师和城镇都有建立贫民习艺所的权力和职责。贫民习艺所主要针对贫困儿童进行宗教训练和初步的职业训练,以免他们将来沦为乞丐、小偷或游手好闲之辈。1563 年法令规定,对于那些不愿捐助的富人应由教会监督和劝导,再不听从捐助者则须受法官传讯,如有必要则强迫派捐。1570 年诺维奇市组织了一次穷人的人口普查,从而导致了 1572 年一项重要法令的诞生,它规定建立面向穷人的户外救济和教育的组织机构。另外,它准许地方当局通过征税筹措必要的经费。1572 年英国政府要求对所有城市的穷人进行类似的人口普查,后来都铎时期的贫困救济法就是建立在这一普查基础之上的。③ 到 16 世纪末,英国制定并实施了一系列社会立法,对贫民提供不同方式的救济。

1601 年,英国颁布了历史上著名的《伊丽莎白济贫法》(the Elizabethan Poor Law)。法令规定建立一个贫民监督理事会,授予它强行征税的权力,并对济贫监督员的产生、职责、退职审查等作出明确规定。《济贫法》规定对所有的资本家强迫征税,以供救济所用。凡是某一教区负担过重,则由相邻的教区分担。每个教区设立一名济贫监督员,他在治安法官的认可下执行命令,并对所有父母无力照看或抚养的孩子提供帮助。法令要求为贫困的儿童提供学徒机会,并且为贫民提供住所。如果条件允许,可以要求任何孩子当学徒,男

---

① Rosemary O'Day, *Education and Society 1500 –1800*: *The social foundations of education in early modern Britain*, Longman Group Limited, London and New York, 1982, P. 246.

② Rosemary O'Day, *Education and Society 1500 –1800*, *The social foundations of education in early modern Britain*, Longman Group Limited, London and New York, 1982, P. 247.

③ Rosemary O'Day, *Education and Society 1500 –1800*: *The social foundations of education in early modern Britain*, Longman Group Limited, London and New York, 1982, P. 248.

孩直到 24 岁、女孩直到 21 岁或达到结婚年龄为止。上述年限适用于大多数学徒,如果这些孩子的年龄已满,则以定期契约学徒的形式约束他们。为了给贫民提供必要的住所,经庄园主同意在其教区内划出一块空地或公共地段建立住宅,其全部费用由教区从征税中筹集。法令还对济贫基金的征收、管理、使用、渎职以及逃税等方面有明确的规定。"这个法令是英国济贫立法的伟大转折点,而且仍然是英国济贫法的根据。它也含有后来为学校征税所体现的本质特点。"①这一法案作为向穷人提供公共服务的准则保留了 233 年,直到 1834 年英国议会通过《济贫法(修正案)》(史称《新济贫法》)才废止。

1601 年颁布的《伊丽莎白济贫法》体现了以下原则:(1)把强制照顾贫困家庭视为国家的一种义务;(2)贫困儿童,不分男女均须为学徒,以学习一种有用的手艺;(3)师傅有义务去训练学徒的谋生技能;(4)管理贫困家庭的官员,有义务在必要时为贫困儿童提供训练的机会和材料;(5)对所有人的财产强制征税,以筹措此项用途的经费,并与该项税款所得的任何利益无关;(6)任何一个教区的过重负担应由全国各郡分摊。② 在这些规定中,孕育了英语国家对全体居民征税,并为全国儿童普设学校的理想;同时把训练贫穷儿童学艺谋生,并教导其初步的宗教知识视为惯例。17 世纪《伊丽莎白济贫法》的精神在北美殖民地产生了广泛的影响,并成为许多类似教育法规的来源。"正是在 1601 年英国《济贫法》的基础上,1642 年制定了第一部关于所有儿童教育问题的马萨诸塞法令。"③

17 世纪上半期,英国初等学校的发展速度极为缓慢,远远落后于德国。当时存在的学校数量有限且教育内容贫乏,无法满足各阶层人们的需要。1699 年英国资产阶级创立了第一个"基督教知识促进会",后来 1750 年又成立了"贫民宗教知识普及协会"。为了阅读圣经的需要,"基督教知识促进会"不得不在民间普及初等的识字教育,同时日益发达的工商业也需要训练一批识字工人和低级职员。"在宗教改革之后,各种教育机构纷纷涌现,从由往往只有校长一个人任教的小型私立学校,一直到资金充足的文法学校——在 1500 年到 1600 年期间建立的这种新型学校达 300 所以上——这种情况总的来看是扩大而非减少了

---

① [美]E. P. 克伯雷选编:《西方教育经典文献》(上卷),第 323 页。

② Ellwood P. Cubberley, *The History of Education*, Houghton Mifflin Company, Boston, 1920, P. 326.

③ Ellwood P. Cubberley, *The History of Education*, Houghton Mifflin Company, Boston, 1920, P. 326.

不平等。"①随着一批慈善学校的建立,贫穷儿童不仅受到了教育,而且可以寄宿甚至领取衣物;在这里,男孩为当学徒做准备,女孩为做家政而准备。"在一个相对和平与宽容的时代,通过捐赠为下层阶级建立学校的运动在 1688 年'光荣革命'前达到了高峰。在这次政变前,最初的几笔捐赠甚至造就了一代人,并且持续了大约 60 年。"②这种捐赠极大地促进了英国初等教育的发展。据估计,到 19 世纪中叶,当时有三分之一到一半的学校是这一时期捐赠的产物。根据当时的慈善委员会调查,约有八九百所初等学校是源自这一时期。③ 因此,在英国历史上,无论是教育设施的发展,还是社会各阶层对教育的需求,16 世纪至 17 世纪(1560—1640 年)都是一个大发展的时期。英国学者劳伦斯·斯通称之为"教育革命"。④

第六节　16—17 世纪西欧的初等学校

德国教育史家鲍尔生(Friedrich Paulsen)认为,初等学校的诞生应该归功于,至少是间接地归功于宗教改革运动。⑤ 宗教改革以及由此引发的无休止的宗教战争,对于欧洲原有的社会制度造成了大规模的破坏,修道院、教会、学校等机构更是难逃损毁的厄运。在发生新教革命的地方或是新旧教冲突的地方,这些基本的社会制度都受到了严重影响,尤其是在英国更为突出。有不少旧的学校被改造成新教派用以训练信徒的学校;教区学校则被改为新教派的初等学校,以讲授读写知识与教义问答。但新教各地初等学校的数量十分有限,很难真正实现新教徒所向往的教育理想。

一、教育目的

自中世纪以来,欧洲社会形成了一个基本原则,即教育是教会的重要职责,并且教育在

---

① ［英］阿萨·布里格斯著,陈叔平、陈小惠等译:《英国社会史》,商务印书馆 2015 年版,第 141 页。

② Frank Pierrepont Graves, *History of Education in Modern Times*, Akashdeep Publishing House, New Delhi, 1990, P. 37.

③ Frank Pierrepont Graves, *History of Education in Modern Times*, Akashdeep Publishing House, New Delhi, 1990, P. 37.

④ 许洁明著:《十七世纪的英国社会》,中国社会科学出版社 2004 年版,第 166 页。

⑤ ［德］弗·鲍尔生著:《德国教育史》,第 50 页。

本质上是基督教的教育。这一原则经过宗教改革及反宗教改革运动的洗礼之后,不仅没有发生根本上的动摇,反而深深地扎根在欧洲教育的实践之中。在整个 16 世纪与 17 世纪,大部分基督徒都同意教育应该具有宗教性,所不同的只是应教授哪种特殊的宗教理论。

天主教继续坚持延续一千年之久的信念,即教会开办学校并不是因为学校本身是好的,而是发现如果不给信徒特别是教士以学习圣经和履行其宗教职责所要求的文化,教会就无法做好自己高贵的工作。同样,对于在宗教改革中诞生的新教,尤其是路德教派和加尔文教派而言,学校是个人学习真正的宗教教义的一个起点,读书识字为个人阅读圣经和获得灵魂拯救提供了必要的条件。不仅如此,学校还是培养知书达理、遵纪守法的社会成员的地方,开办学校的目的就是要让所有的信徒和民众都受教育。然而,对于另一种新教力量——英国国教而言,学校不是培养信徒的理想场所,因为这是教堂的职责所在;学校也不是普及读书识字的地方,因为似乎不存在这样的必要;学校的开办只是一种权宜之计,为了避免社会的动荡,有必要将那些流浪的儿童圈禁在学校里。

总的看来,灌输各自教派所主张的宗教信仰,以维护自身在整个基督教世界的正统地位,是开办本国语初等学校的基本目的。无论是对于新教教会,还是天主教会而言,这一点都是确信无疑的,尽管它们各自在宗教理念的表述上存在诸多差异。

在初等学校,儿童主要学习若干正统的教义问答,流利地阅读圣经与知悉上帝的旨意。例如,拉萨尔组织的学校乃是法国天主教最为杰出的代表,但其目的仍旧在于"授以我们神圣宗教的原理,即教师以基督教的教训,以教导其能经营良善而正直的生活"。学校教员都要"以问答法教授其学生基督教的教义",监督学生虔诚地参加祈祷,是教师的宗教职责。

二、学制

在教育方面,宗教改革产生的最大结果,就是欧洲各国,尤其是西欧各国,逐步建立了一个服务于社会各阶层的学校教育体系,同时教育的权力开始由教会向国家转移。欧洲大陆的正规学校教育起源于教会和宗教团体,它们是早期教育得以扩展的工具,也是系统教学形式的首创者。然而,使宗教教育转变为正规的学校教育,以满足世俗社会和民族的需要,却是国家的功劳。宗教改革时期是近代欧洲教育出现的第一次大发展,反映了教会和国家合作的成效。

从宗教改革开始,教会在一切教育中曾经拥有的绝对权力受到了挑战。根据 1555 年签署的《奥格斯堡和约》(*Peace of Augsburg*),德国各公爵及爵士均已获准在信奉天主教和路德新教之中任择其一,而全体居民须以其统治者之信仰为信仰,不然就迁移出境。由于和约确定了地方当局选择宗教的自由,而普通民众的信仰自由并没有得到认可,这样地方当局便兼有管理宗教和世俗事务的双重使命,集教权与政权于一身。此后,地方当局在教育控制方面享有了更大的权力,教育也开始进入教会和国家共治的时代。在天主教国家,法国教会牢牢地控制着学校教育;在新教国家,德国开始颁布一系列法规介入教育。为了培养虔敬的基督教信徒,学校教育是教会义不容辞的职责。在英国,教会一直从宗教慈善事业的立场出发办理教育,而国家则置身于办理教育之外。

基督教的宗派和社会阶级划分是决定学校性质的两个主要因素,学校是保持宗教信仰和维护现存经济社会的工具。初等教育的基本内容包括本族语阅读和书写、算术、宗教、礼仪和道德。受教育时间可从几个星期到一年或二三年。儿童可跟从家长学习,学徒可跟从师傅学习。贫穷儿童可上市镇学校或教会学校,有钱的儿童可上私立学校。17 世纪时英格兰仍然实行欧洲惯例,将阅读与书写学校分开。前者程度更低,只学习字母、音节和宗教;后者程度更高,除阅读外,还学习书写和算术。

这一时期双轨制已经萌芽。当时社会的普遍看法是,本地语言是学术价值较低的语言,为普通百姓在日常生活中所用;拉丁语则是牧师、律师、学者等群体所必须掌握的语言,为中上阶层人士所用。贫民子弟进入本族语学校,学习基本的读写算常识,而中上阶层子弟进入拉丁语学校接受启蒙教育。两种学校并行不悖,本族语学校毕业的学生无法升入拉丁语中学,贵族子弟也不愿意到本族语学校学习。

到 17 世纪前后,英国还出现了一些私人经营的、私塾性质的初等学校。儿童可以进入妇媪学校(Dame school)、小学校(Petty school)和 ABC 学校(ABC school)学习。"当然,妇媪学校和 ABC 学校经常是短暂性的并且要收费,因此一个孩子的学校经历可能是短期和不规律的。经过这样的教育后,他(她)也许学会了阅读或者只会背诵字母表,这完全取决于孩子的态度。"①妇媪学校也称主妇学校,它是一种由年轻或老年妇女在自己家里开办的学校,收取一定的学费,教学内容极为简单,教学质量低下。这种学校早在 16 世纪莎士比亚(William Shakespeare, 1564—1616)时代就已存在,是教育贫民子弟的独特方式,在所招

---

① Rosemary O'Day, *Education and Society 1500‑1800*: *The social foundations of education in early modern Britain*, Longman Group Limited, London and New York, 1982, P. 46.

收的学生中女生比例较大。它除了教授初级的读写知识以外,也教授算术、祈祷、缝纫和教义问答,有时阅读《圣经》的一些句子。它所使用的教材称为"角书",就是在一张纸或羊皮上写下字母、简单音节、祝福词、主祷文;为了耐用,将纸贴在一块木板上,表面覆盖一层透明的胶膜。还有其他一些启蒙读本,如《新英格兰童蒙读本》等。有的妇媪学校兼有托儿所的职能,招收 5 岁以下的幼儿。另有一种普通私立学校(Common Private School)男生比例较大,教授读写算、文法等,也教女孩缝纫;有的还教历史、地理等。在爱尔兰还兴起了围篱学校,即在公路或山脚,在断垣残壁的古修道院或农舍旁,用竹子或草围成篱笆,由教士教导贫民子弟。这种形式的学校没有固定的上课时间,时存时灭,并且因为爱尔兰禁止天主教教义的传播,因此教学采用秘密形式,故又称"隐蔽学校"。

市镇学校是北美殖民地新英格兰的初等学校。马萨诸塞市镇学校是由地方当局设立,它的课程完全是宗教性的。市镇学校广泛使用的教科书有《圣经》《新英格兰童蒙读本》《教义问答》。这些课本的设计讲究图文并茂,右边是简单的图画,左边是简要的文字解释,内容全部是宗教和道德的训斥与教诲。例如,课本右边画着一个人摘树上果子的图画,左边的文字注明:"由于亚当的堕落,我们都有罪了。"教育宗旨是为了得救,为了过日子,此外别无目的。[1]

三、教科书

本国语初等学校的基本课程是阅读、少量的习字与计算、若干的拼缀、宗教等。在德国及北欧各国还有音乐课程,而《宗教入门》与《圣经》则是最主要的学校教科书。

学生首先要学习阅读,其次是吟唱,再次是熟记《圣经》的经文、诗歌和教义问答。一般说来,先由牧师施教,然后将全部责任转交下级的教会人员,如教堂的唱诗班歌手和祭司。他们的主要职责是领唱和管理教堂敲钟等事务,教学工作只是兼任而已,既没有人懂得教育技巧,也没有人知道如何教学。如果学生能遵守秩序,教师就心满意足了。每个儿童自己阅读,集体教学是后来才出现的,儿童逐一走到教师的桌子旁边受教。教师每次写出一个字,并说出其名称,儿童则跟着教师念。教师逐个训练学生对字的辨认和记忆,然后让儿童用字组词,并通过这种方式了解词的含义,再逐渐地阅读课本。被动和机械学习是儿童

---

[1] 滕大春主编:《外国近代教育史》,人民教育出版社 1989 年版,第 29 页。

的主要任务,简单的问题和冗长的回答是教学中千篇一律的格式。教学的双方完全是一种机械的劳动,学生对于阅读的东西很少思考。他们对各个音节用同样的力量发音,因而读起来或者没有声调,或者很不优美。

所有本族语学校的主要目的是传授宗教知识,小学普通学科的教学用书几乎全是宗教。例如,1534 年英国学者约翰·比德尔(John Byddell)编写了第一本完全用本族语写成的《初级读物》(The Primer),它包含英语祈祷文,但没有首字母表。它不仅是为了方便儿童使用,也是所有基督徒的宗教读本。① 1536 年的法令要求神职人员应该教导本教区青年主祷文、使徒信条和十诫。1538 年的法令明确规定,在儿童被允许参加圣餐前必须背诵《初级读物》,教师应该确保所有儿童知道使徒信条、主祷文、十诫和英国的《圣母颂》。为了控制《初级读物》和《教义问答》的内容,1545 年的《亨利国王的读物》(King Henry's Primer)引入了一种固定的形式,即《初级读物》应包含字母表和音节表。1547 年英国公布了一种官方的《ABC》,用于提供简单的拼写练习。1650 年荷兰的乌特列支(Utrecht,也译为乌特里希)省规定,小学教科书包括八种:《大小入门书》《海德堡教义问答》《福音书和使徒书》《青年之阶》《大卫史》《所罗门箴言》《青年之镜》《新版使徒书》。

角贴书(The Horn Book)是最简易的初等学校教科书。它是将手写或印刷的字母表或教义问答等粘贴在用橡木制作的薄板上,并用半透明的胶状物覆盖,用于教儿童学习字母和初步的阅读。有的橡木薄板还带有木柄,便于教师的教学。角贴书最早出现在 15 世纪末叶,到 16、17 世纪,荷兰、法国、德国以及英国等都已经在初等学校普遍采用这种字母板教学。例如,1641 年德国萨克森—哥达公国出版了角贴书和儿童拼音读本,1642 年出版了德语课本,这两本书免费供给儿童,人手一册。在大多数地区,角贴书是以本国语发行的,但也发行拉丁文版本,因为某些文法学校的校长坚持要对初学者教授拉丁语。值得注意的是,无论使用何种语言,角贴书的内容都是宗教性的。角贴书一直沿用至 18 世纪。

小祈祷书(The Primer)是用于教授儿童《教义问答》和《圣经》的教科书,大约在 17 世纪中叶开始被采用。最初的小祈祷书,实际上就是普通教徒祈祷时所用的读本。其内容包括使徒信条、主祷文、十诫以及少数祈祷文和赞美诗,后来又加入了《教义问答》。当初等学校采用小祈祷书作为教科书之后,又编入了一些字母或少数的拼音与字句,从而变成了儿童

---

① Rosemary O'Day, *Education and Society 1500 –1800*: *The social foundations of education in early modern Britain*, Longman Group Limited, London and New York, 1982, P. 43.

的启蒙读物。但最初的小祈祷书既没有考虑内容安排的循序渐进，也没有图文并茂的设计。1685 年第一本英文版小祈祷书《新教徒导师》(The Protestant Tutor)在伦敦问世，其后的版本包括字母、拼音、词汇、数字、《圣经》各书的一览表、主祷文、使徒信条、十诫、一首关于殉道者约翰·罗杰斯(John Rogers)的诗。1690 年该书的节略本《新英格兰童蒙读本》在波士顿出版，并成为北美殖民地路德派教徒使用的主要教科书。①

《教义问答》(Catechism)是一种以问答形式编撰的宣传本教派理论的初级读物，它既是对年轻人进行宗教教学的重要内容，也是新教学校所采用的主要宗教课本。《教义问答》主要是一种口头练习，其中记忆力发挥很大作用。它采取辩论的形式，首先提出一个问题，然后给予一个回答，学习是一种共享行为。"在中世纪和近代早期的英国，这种辩论或讨论形式是学习过程的一部分，它在各级各类学校都很普遍，如 ABC 学校、文法学校和大学。"②在16 世纪，《教义问答》十分流行，那些印刷商垄断了它的出版，并且获得了相当可观的利润。宗教改革以后，各新教派都十分注重在自己开办的初等学校传授本教派的理论。在英国，1549 年出版了第一本教义问答《共同祈祷书》(the Book of Common Prayer)；另外，尽管没有得到官方认可，16 世纪 70 年代盛行的亚历山大·诺维尔(Alexander Nowell)编写的《教义问答》却是公认的权威教材，当时的很多书店都在销售这本书。③ 例如，在 17 世纪 20 年代，考文垂的主教托马斯·莫顿(Thomas Morton)购买了大约 500 册《教义问答》，并把它们分发给主教区的教徒。1648 年，沃灵顿一名书商的库存图书超过 1200 多册，其中包括大量的初级读物、诗篇、圣经、教义问答、清教徒布道和祈祷的手册。④

在德国新教地区，以路德编著的《教义问答简编》(Shorter Catechism)或《海德堡教义问答》作为教科书；在加尔文教派地区，以加尔文的《教义问答》(Catechism of Calvin)为教科书；在英国及美洲各殖民地，则以《威斯敏斯特教义问答》为教科书。在教学中，教师照本宣科，学生死记硬背，并且还要抄书上的章句。《教义问答》往往有多种版本，如编辑于 1570 年的诺埃尔《教义问答》有 7 种不同的版本，其中拉丁文本 3 种、希腊文本 2 种、英译本 2 种。

① ［美］克伯莱著：《西洋教育史》(上册)，第 465 页。
② Rosemary O'Day, Education and Society 1500 -1800：The social foundations of education in early modern Britain，Longman Group Limited，London and New York，1982，P. 44.
③ Rosemary O'Day, Education and Society 1500 -1800：The social foundations of education in early modern Britain，Longman Group Limited，London and New York，1982，P. 45.
④ Rosemary O'Day, Education and Society 1500 -1800, the social foundations of education in early modern Britain，Longman Group Limited，London and New York，1982，P. 45.

在当时,似乎每所英国学校至少要阅读 4 种版本,有的试图读完 7 种版本。在天主教地区,除了注重宗教仪式的训练以外,同样重视《教义问答》的教学。

会话读本也是这一时期的典型教科书,其中最简单的是埃瓦尔都斯·加卢斯的《少儿对话》,这本书完全属于初级水平。该书出版后不久,就有许多地方语言的译本,其修订本一直沿用到 1660 年。但这一会话读本并非同类教材中的优秀范本,因为在词汇学习中没有为教师提供便利。在这一方面,沙德的《少儿箴言集》(1518)和伊拉斯谟的《会话》(1519—1530)都是开创性的著作。沙德注重现实内容,他的会话读本为我们展示了一幅幅德国学生生活的精彩画面;伊拉斯谟的《会话》则从意识形态方面提出了针对时弊的批判。1538 年,维夫斯根据他所了解的儿童生活经验,编写了一本适合于拉丁语初学者的对话体著作——《拉丁语练习》,提出按照难易程度分级教授拉丁语对话的原则。1543 年,有的学者把圣经故事改编为对话,从而提供了与教义问答不同的宗教读物。1564 年,一位名叫马瑟林·科迪埃的新教徒校长汇编了一部《会话》,对于以前教科书的优点兼收并蓄,是一部优美的拉丁文范本。这本《会话》的内容循序渐进,既迎合了青少年的兴趣,也富有道德教育的意义。它被译成法、德、英、荷兰等多种文字,在 16 世纪再版 20 次,17 世纪再版 64 次,完全可以称之为中世纪以后最为流行的一部教科书。[①]

在 16 世纪中期,教师指南的出版是近代早期教育发展史上的重要事件之一。最早的教师指南是约翰·哈特(John Hart)出版的《正字法》(*Orthography*,1569)和《方法》(*Method*,1570);最著名的则是阿卡姆的《学校教师》(*The Schoolmaster*),它不仅为教师所用,也为扮演教师角色的成年学生所用。《学校教师》出版于 1570 年,主要介绍了教授拉丁语和希腊语的互译法(double translation)。阿卡姆反对体罚,倡导人的全面发展,赞同人文主义的观点,即“优秀的文学作品能发挥道德影响”。缀字书(Speller)是由宗教入门读物转向非宗教读物学习中采用的教科书,主要练习字母的拼写和单词的记忆。1596 年印行的埃德蒙·库特(Edmund Coote)所著的《英语教师》(*The English School Master*)是最流行的缀字书。全书共有 79 页,其中 32 页为字母与拼音,18 页为简要的教义问答、祈祷文及赞美诗,5 页为年代纪,2 页为习字帖,2 页为算术,20 页为难字表(按照字母顺序排列,并加以说明)。从内容看,这本书实际上是教师的教科书与教学指南。[②] 在 1596 年至 1656 年间,《英

---

① ［英］R. B. 沃纳姆编:《新编剑桥世界近代史》(第 3 卷),第 575 页。
② ［美］E. P. 克伯雷选编:《外国教育史料》,第 407—408 页。

语教师》印刷了 26 版,直到 18 世纪早期仍在使用,最后一版是 1704 年。① 在 16 世纪末和 17 世纪初,《英语教师》是一本典型的阅读手册。

算术书并不多见,实际上初等学校的许多教师在算术方面不过是一知半解甚至一窍不通,这毫无疑问制约了它在 16 世纪至 17 世纪的教授和学习。1540 年至 1542 年曾经出版了第一本算术书;1677 年第一本较为通行的算术书是《科克算术》(Cocker's Arithmetic),它为普通人提供了一种简易的算术学习方法。②

语言是 16、17 世纪初等教育最主要的课程,最初的语言入门科目是拉丁文法。中世纪的拉丁文法晦涩难懂,不适合儿童的阅读和学习。1513 年英国人文主义者李利出版过一本《拉丁文法》。科利特在其导言中写道:"……所有年幼的小宝贝、年幼的孩子们,要愉快地学习这本小册子,勤奋地把它牢记在心。我相信,从这里开始,你们就会取得进步,直到掌握完美的学识,最后成为出色的教士。"③1525 年梅兰希顿编写了《儿童基础学习手册》,内容包括短句、祈祷文和赞美诗等,它们是用拉丁语和德语写的,试图通过本国语传授拉丁语的基础知识。夸美纽斯认为,古代名家巨擘的作品固然优美动人,但对于初学拉丁文的儿童来说不仅理解困难,而且其中没有包含实用科学的知识。因此,夸美纽斯着手为初学拉丁语的儿童编著各种初级拉丁文读本。其中最为著名的是《世界图解》(the World Sensible Thing Pictured),这是 1658 年他在德国纽伦堡出版的第一本插图教科书,1659 年英译本问世。在前言中,夸美纽斯指出,呈现在大家面前的这本书虽然篇幅不大,却对整个大千世界和全部语言做了简要的介绍,为各种事物配上了图画,并且给予了名称和描述。他希望这种编排能激发孩子们的兴趣,免除他们在校学习的痛苦,让他们找到其中的乐趣。"大家知道,孩子们(几乎从做婴儿起)是喜爱图画、愿意观察图画的。把那些让孩子们望而生畏的东西从智慧园地驱逐掉,是一件最有益的工作。"④在这本书里,夸美纽斯将大量的日常生活中的题材编入教材,极大地简化了拉丁语的教学,而且把整个重点从字词转移到事物,使科学知识和实用知识成了这本书的主调。《世界图解》出版后取得了巨大成功,它曾先后被译成十多种文字,作为各国的蒙童教科书使用了将近两个世纪。"这册幼儿看图识字课本之

① Rosemary O'Day, *Education and Society 1500 -1800*, *The social foundations of education in early modern Britain*, Longman Group Limited, London and New York, 1982, P. 47.
② [美]克伯莱著:《西洋教育史》(上册),第 468 页。
③ [美]E. P. 克伯雷选编:《西方教育经典文献》(上卷),第 263 页。
④ 任钟印选编:《夸美纽斯教育论著选》,人民教育出版社 2005 年版,第 88 页。

所以蜚声欧、亚、美各国,是因为它代表了一种教育的新思维、新概念,它预示了教育发展的新方向。"①

1631年,夸美纽斯还出版了一部教科书《语言入门》(*Gate of Tongues Unlocked*),这是为准备学习拉丁语的学生提供的入门书,但书中涉及的知识极为广泛,堪称一部小型的百科全书。该书在编写方法上十分新颖,完全打破了传统的拉丁文教科书模式,没有关于语法规则、动名词变格等枯燥乏味的叙述,而是尝试在1200个句子中呈现约8000个基本的拉丁词汇,均用本国语对照注释。学生通过阅读理解,可以掌握拉丁语法及词汇,并且获得广博的知识。该书出版后也很快被翻译成各国文字,17世纪中叶后几乎所有西欧国家都采用《语言入门》作为拉丁语学习课本。由于《语言入门》对于初学者而言略显艰深,两年后夸美纽斯又写作了《语言入门预备课本》,进一步精简内容并加强了直观性,以适应初学者的理解能力。1632年,夸美纽斯编写了一本介绍自然知识的教科书《物理学》,该书出版后也受到普遍欢迎,并在三十年内不断重版。

四、教师

16世纪至17世纪,初等学校的教师大多为教堂的仆役、唱诗人、教区小吏、敲钟人以及皮鞋匠、裁缝、理发师、残疾人,或者为养家糊口而兼任学校教员的老姬等。无论在农村还是城市,大致都是如此。总的看来,初等学校教师人员少、素质低,社会地位也极为低微。

1618年11月,荷兰多特宗教会议通过的《基督教教育方案》中规定,基督教的地方当局要雇用合格的人员,并能使他们献身于服务事业。为了使穷人的孩子能受到免费教育,而不至于被摒弃于学校之外,受雇担任教师职位的人只能是新教的成员,并有信仰虔诚、生活虔诚、精通教义问答的真谛的证明。他们要在一份文件上签字,宣告他们信仰《圣经》和《海德堡教义问答》,并许诺根据基督教原理对青年教授教义问答。教师要根据学生的年龄和能力施教,一星期至少两天,不仅让他们牢记有关教义问答的真理,而且要把这种知识慢慢地灌输到他们的心灵。教师不仅要求学生能熟记教义问答,而且要使他们正确地理解其中的教旨。为了达到这个目的,教师要以适合每个学生的理解力的方式,对他们进行适当的讲解,并经常提问,看他们是否理解了。教师要引导每个学生专心致志于他们的职责——

---

① 任钟印选编:《夸美纽斯教育论著选》,第7页。

倾听宣讲的圣经,特别是宣讲教义问答,同时要求学生对布道的内容予以解释。①

教会首脑的作用是会同一位长老,或者地方官员经常视察所有的公私立学校,以便激励教师们认真勤勉,鼓励他们忠于教学的职守,并向他们提出建议;同时通过友善可亲的方式向他们发问和提供示范,促使他们及早变得虔诚和勤谨。如发现任何教师有所懈怠,牧师就要诚恳地告诫他们,必要时由监督的法院告诫他们,这与他们能否继续任职有关。

在法国及德国的一些天主教区,其教区学校的教师皆由曾经接受过专门训练的宗教教育团体成员担任。1534年11月,英国教会脱离罗马教廷并根据《至尊法案》单独建立教会后,尤其是在伊丽莎白一世统治时期(1558—1603),英国国教会开始对学校教师的行为、道德和宗教学说、宗教信仰进行非常严格的监督。事先要对申请担任教师的人员进行考察,以充分证明他在生活和社交中行为良好,并且要宣誓效忠于女王陛下的最高权威。1603年英国的新法令规定,所有在王国范围内任教的教师必须获得主教的特许状,才能从事教育工作。特许状要注明教师任教的区域、课程及时间。② 凡是不尊奉国教的教师一律免职,甚至罚款以及监禁。英国法庭曾在1670年的一次诉讼中判决,凡是初等学校的教师,如果是由学校创办人或俗界赞助人委任的,则不得因其未能获得教会监督的许可而剥夺他的职位。③

在学校已被破坏,或未被破坏而教员已遭驱逐的地方,宗教改革家们致力于新的学校建设,并设法提供教员。当时很少有本国语教员,也没有专门训练此类教师的机构。教员除了宗教以外,缺乏与教育有关的理论知识。当时既没有国家层面的管理制度,又没有真正用于教育经费的税收来源,所以这种努力的效果尚需时日。在漫长的中世纪,教会始终提供免费或接近于免费的教育。这些都是基于其长年累月的捐赠与教育基金的收入,并且只能够为有限的受教育者使用。但在天主教转变为新教的国家中,尤其是旧的体制被废止之后,许多捐赠已经失去或者改作他用。不少新教改革家曾经得到统治者支持,这些统治者曾下令创建新的学校,以弥补宗教改革与战争带来的损失。然而,在农村地区,那些有钱的地主并不习惯于征税以支付佃户的子弟入学;在城市,那些有钱的商人阶层也不热心于缴税,以赞助过去完全依靠施舍或完全没有补助的学校。因此,建立数量充足的新式学校

---

① [美]E. P. 克伯雷选编:《西方教育经典文献》(上卷),第330—331页。

② [美]E. P. 克伯雷选编:《外国教育史料》,第308页。

③ [美]克伯莱著:《西洋教育史》(上册),第483页。

以应付亘古未有的普及教育,是一项需要几百年努力的事业。

总之,这一时期尽管接受教育的机会大大增加了,但在广泛的文化落后背景下,"即便是在欧洲的一些比较发达的国家里,也可能会有半数的男孩和超过半数的妇女是文盲。至于维也纳以东和波罗的海以北的地区,人们的文化水平就更落后得多"①。就新教理论而言,民众教育确实是众望所归,而且非常必要。但对于统治者而言,当时需要的并不在此,而在于由文艺复兴、民族国家兴起、宗教改革等冲击所造成的宗教与社会秩序,所需要的是拉丁式男子中等学校,而非本国语初等学校。虽然传统因素依然发挥着重要的影响力,但毕竟已经出现教育变革的征兆。国家对教育的干预和控制已经有了象征性的变化;教育的民族色彩越来越鲜明;城市开始成为教育中心;教育机会大大增加,普通民众教育受到了关注。所有这些都预示着一个即将来临的教育新时代。"总之,我们发现17世纪强调实用原则,推动了科学发展,注重身体养护,减少了古典教育的影响,扫除了迷信观念和保守主义障碍,出现了一些有史以来最伟大的教育家,为现代教育的发展奠定了基础。"②然而,直到17世纪末,这些教育改革倾向依然只是一种前兆,它们要想成为真正光耀人类的教育事业,还需要近二百年时间。

第七节　北美殖民地早期的国民教育

北美殖民地的开端归功于四个贸易公司,其中两个来自英国,另外两个分别来自荷兰和瑞典。1606年特许成立的伦敦公司,率先创建了弗吉尼亚殖民地。1621年成立的荷兰西印度公司,奠定了新荷兰殖民地的基础。1629年成立的马萨诸塞海湾公司,根据自己的方针开始建设新英格兰。这些从事商业活动的公司,是建立第一批殖民地和最初国家体制的机构。"……不管从事殖民事业的商业公司是产生于追求利润的唯一动机,还是来源于诸如经营商业和开展宗教宣传这样的一些混合诱因,它实质上是一种自治政府。……像国家一样,它有法规,即一张由君主颁发的特许状,这种凭照形成了约束选民和官员的最高法律。"③这

---

① ［英］R. B. 沃纳姆编:《新编剑桥世界近代史》(第3卷),第564页。
② Levi Seeley, *History of Education*, Complete Unabridged, New York, 2009, P. 117.
③ ［美］查尔斯·A. 比尔德、玛丽·R. 比尔德著,许亚芬译:《美国文明的兴起》(上卷),商务印书馆2017年版,第52页。

些公司本身就是小小的民主国家,因为它们的股东准许新成员享有选举权,推选他们自己的官员和制定地方法规。它们行使一个主权政府的许多职能,如确定税款、罚款和赔偿的数额,铸造钱币,管制贸易,处理公司财产,征收捐税,管理财政和提供防务等。可以说,后来美国州政府的许多重要职能,都萌芽于这些特许设立的公司。

殖民公司也负有传教义务,即向那些还在黑暗中生活并对上帝毫无所知的人传播基督教。因此,教会通常是这些公司的得力助手和重要组成部分。在弗吉尼亚殖民地,伦敦公司把国教的信条确定为殖民地必须严格遵守的规章。伦敦公司的主要目标"'既不是追求财富的欲念,甚至也不是想要增强英国势力的愿望';它所念念不忘的是上帝的荣耀,以及在沉沦于黑暗的人群中传播基督教的宗教信仰"①。在招收移民的广告中,公司官员尽力表明只欢迎有宗教信仰的移民。他们在财力允许范围内建造教堂,并且在教区募集捐款,为英国人和印第安人设立学校。

北美殖民地早期国民教育活动的开展,是伴随着欧洲新教徒的移民而成为现实。早在新教徒登陆北美大陆之前,信奉天主教的西班牙殖民者就曾经制定过针对美洲原住民的传教和教育计划,但最终几乎全部落空。"新世界的发现开辟了天主教的传教活动,忠于天主教的国家西班牙和葡萄牙是传教的先锋。在该地区,探险者和征服者最早打的旗号就是传播宗教信仰。起初,许多方面都不顺利。"②从 17 世纪开始,一批批欧洲新教徒,包括荷兰人、德国人、英国人、法国人、苏格兰人、瑞典人等,基于宗教、政治、经济甚至纯粹是追求冒险的动机,纷纷远渡重洋到美洲大陆以开辟新的自由家园,他们很快就遍布于从新英格兰到卡罗莱纳的大西洋沿岸。"这时聚集在美洲殖民地的居民大部分是背离国教的新教徒。无论在哪里,只要有清教徒、浸礼会教徒、长老会教徒、贵格会教徒或路德派形成的一个小小的社会,那里必然会在一定时间内办起某种初等学校以教育教派的儿童。"③与此同时,新教徒迅速将自己所代表或追求的欧洲政治、经济、宗教以及教育组织形式,重现在新的殖民地,从而为未来美国多元文化的发展奠定了基石。

移民们把大批的书籍带到了北美殖民地,这些书籍包括基督教经典、法律、医学、政治、测绘、农业等,还有数量不多的诗歌、戏剧、历史甚至小说,以及保证文明在新大陆延续下去

① [美]查尔斯·A.比尔德、玛丽·R.比尔德著:《美国文明的兴起》(上卷),第 62 页。
② [英]R.B.沃纳姆编:《新编剑桥世界近代史》(第 3 卷),第 71 页。
③ [美]查尔斯·A.比尔德、玛丽·R.比尔德著:《美国文明的兴起》(上卷),第 200 页。

的教科书。"有足够的证据表明殖民者广泛占有书籍,虽然主要以小型图书馆为主,但书信、日记、遗嘱以及财产清单中都有证据证明人们珍视并确实阅读了这些书籍。我们有充分的理由相信,当殖民地成为社区时,这些书籍在表达居民的共同理想时发挥了根本性的作用。它们本身是富有教育意义的,在发展制度的过程中具有深远的影响。"①

最初,北美殖民地是大英帝国扩张的前哨。尽管有一些非英语国家的移民,如德国人、荷兰人、法国人等也居住在英国殖民地,但殖民地之间的主要交际语言是英语。在 17 世纪移居北美洲的殖民者中,英国人占据着绝对的多数。正如有的学者写道:"在殖民开发的初期,前往美洲的移民流几乎纯粹是英国人——商人、自耕农、劳工、手艺工人、牛津和剑桥大学毕业的学者,以及极少数通常为了寻求实利以弥补破败的家产而前往的名门后裔。这一运动在那奠定殖民地基础的世纪里最为强烈。"②据美国人口调查局估计,1650 年美国殖民区的人口总数达到 5 万,其中约有 4.4 万是英国人。③ 人口的优势使得英国殖民者在奠定美国文化和教育的基础方面发挥着决定性作用。④ "他们有着共同的教育观——这是由文艺复兴时期的古典人文主义和宗教改革时期的宗派主义形成的。不管他们居住的地区如何,英国殖民者都强烈地受到宗教信仰的影响。尽管他们的宗教仪式各不相同,但他们都对新教有着共同的态度,从而形成了自己的生活和教育观。"⑤英国对形成美洲社会和文化的影响十分巨大,英国有关政治、经济、宗教和教育的学说被移民带到美洲大陆,成为美国发展的基础。"作为前哨,殖民地首先被看作是英国文化、政治和权力的延伸。移居殖民地的英国人带来了他们熟悉的教育思想、教育制度和教学方法。在许多方面,这些殖民地——大西洋沿岸一条狭窄的英国文化带——形成了一个发展中国家的雏形。随着时间的推移,从欧洲引进的机构被改造成了适应新大陆和新移民的机构。"⑥

17 世纪晚期,由于农业出口贸易开始增加,工商业发展也需要大量工人,导致大批欧洲

---

① [美]劳伦斯 A. 克雷明著:《美国教育史:殖民地时期的历程 1607—1783》(第 1 卷),第 5 页。

② [美]查尔斯·A. 比尔德、玛丽·R. 比尔德著:《美国文明的兴起》(上卷),第 99 页。

③ [美]R. Freeman Butts 著:《西洋教育史》(上、下册),第 452—454 页。

④ H. Warren Button, Eugene F. Provenzo, Jr., *History of Education and Culture in America*, Prentice Hall, Englewood Cliffs, New Jersey, 1989, P. 13.

⑤ Gerald L. Gutek, *Education in the United States：An Historical Perspective*, Prentice-Hall, Inc., Englewood Cliffs, New Jersey, 1986, P. 2.

⑥ Gerald L. Gutek, *Education in the United States：An Historical Perspective*, Prentice-Hall, Inc., Englewood Cliffs, New Jersey, 1986, P. 1.

移民涌入北美殖民地。到 1700 年,殖民地人口约为 25 万人左右;到 18 世纪中叶,殖民地人口翻了四倍,其后每十年以 30%—40% 的速度增长。① 美国教育史始于对新英格兰殖民地、中大西洋殖民地和南部殖民地教育发展的研究。"这三个地区表现出重要的文化相似性和多样性。尽管它们的文化和教育差异常常被夸大,但它们之间确实存在着重要的差别。"②由于北美南北各殖民地具有不同的殖民政策、风土人情和管理模式,因此各殖民地的国民教育也有很大差别。也许,最明显的区别是殖民地学校的管理和支持方式。"新英格兰殖民地简陋的教学场所逐渐地发展成为镇学这种教育体系。尽管根据法律的规定建立了这些学校,但是它们还没有能够发展成为教育制度。中部殖民地包括了各种各样的宗教和私立学校,而大多数南部殖民地则不太重视一般公民的教育。"③

一、北部殖民地

北部殖民地主要是指新英格兰殖民地。在初期到达北美殖民地的宗教移民团体中,定居在新英格兰的英国清教徒,对于未来美国教育发展的贡献最为显著。"在教育上,北美殖民地占主导地位的教育思想和教育设施,最初都源于英国,英美教育的血缘关系是清晰可见的。在整个殖民地阶段,也包括建国阶段,美国的历史、传统和发展都是英国式的。"④清教徒笃信神学,有关人类堕落、罪孽、灵魂拯救、宿命论、上帝的选民、皈依等教义是他们的精神食粮。但他们并不注重神学本身,而是奉行一种纯洁简单的正统宗教。他们更关心把神学运用于日常生活,特别是运用于社会。他们致力于划定新建村镇的边界、实施刑法,以及同印第安人的威胁作斗争。"从十七世纪的观点来看,他们对神学的兴趣是实用性的。他们不大留意如何完善对教义的阐述,而关注于使他们在美洲的社会体现他们已知的真理。清教新英格兰是应用神学的一项宏伟实验。"⑤

在伊丽莎白(1558—1603)和詹姆士一世(1603—1625)统治时期,激进的清教徒为了躲

---

① [美]亚瑟·科恩著,李子江译:《美国高等教育通史》,北京大学出版社 2010 年版,第 12 页。

② Gerald L. Gutek, *Education in the United States: An Historical Perspective*, Prentice-Hall, Inc., Englewood Cliffs, New Jersey, 1986, P. 2.

③ [美]乔尔·斯普林著:《美国学校:教育传统与变革》,第 60 页。

④ 贺国庆著:《近代欧洲对美国教育的影响》,河北大学出版社 1994 年版,第 6 页。

⑤ [美]丹尼尔·J.布尔斯廷著,时殷弘等译:《美国人:殖民地历程》,上海译文出版社 2009 年版,第 4 页。

避国内残酷的宗教迫害,满怀着赤忱的宗教热情成批地逃亡至北美洲殖民地。他们的理想就是在新大陆寻找一块净土,建立自己理想中的宗教王国。"欧洲当时面临宗教矛盾,30 年战争,克伦威尔时期的动荡,迫害,英国革命,再加上将被判刑者流放的习俗,这一切因素促使大批移民迁往北美洲,并且产生了新移民点。"①1620 年 9 月 16 日,第一批流亡者 120 人从荷兰转道北美,并在普利茅斯(Plymouth)②登陆。在这些移民中,有些人来自同一个家庭,有些人是因为宗教迫害走在一起,但大部分人是互不相识的陌生人。他们从事着各种职业,很多人是鞋匠、工匠、织工、木匠、农民和牧师。"定居在普利茅斯的大多数清教徒,是小农、劳工和手艺工人,而不是乡绅、自耕农和有钱能冒险运送佣工和奴隶的商人。"③但由于受到人力和财力的限制,普利茅斯殖民地注定不会发展成为一个像弗吉尼亚那样大的殖民地,因此根据 1691 年特许状普利茅斯被并入马萨诸塞殖民地。

其他移民很快接踵而至,并分别在马萨诸塞(Massachusetts)、康涅狄格(Connecticut)、新罕布什尔(New Hampshire)、缅因(Maine)和罗德岛(Rhode Island)等地相继建立起一种代议制政府,它糅合了加尔文理论与英国立宪规定的政治自由模式。这些殖民地政府很快就自愿结合为一个殖民地同盟,称为"新英格兰"(New England)。"在新英格兰,英语、清教徒教堂以及共同的社会、政治、经济信念,使得人们在学校应该向年轻人传授什么样的知识和价值观方面,形成了一种普遍的共识。"④

大多数移民新英格兰的英国人在国内属于中产阶级,普遍受过良好的教育。"他们不依靠伦敦投资者的恩赐资助,本身就是富户。其中少数人在英国拥有巨大的地产;有些是富商;有些出身于专门职业阶层;许多是大学毕业的著名饱学之士;多数人是最初从英国东部各郡的自耕农和佃农队伍中吸收来的。"⑤马萨诸塞殖民地的移民大多数来自英格兰,其中 60%来自英格兰东部的 9 个郡,而这 9 个郡是英格兰人口最密集、城市化水平较高的地区。1630 年至 1660 年移民新英格兰的 129 位受过大学教育的牧师和官员,约有四分之三出生于东部的 7 个郡,并在那里接受教育和工作过。另有二分之一曾经在剑桥大学的伊曼

---

① [法]德尼兹·加亚尔等著,蔡鸿滨等译:《欧洲史》,海南出版社 2000 年版,第 347—348 页。

② 美国马萨诸塞州东部港口,当年清教徒为怀念故乡普利茅斯港,把登陆的港口命名为普利茅斯。

③ [美]查尔斯·A. 比尔德、玛丽·R. 比尔德著:《美国文明的兴起》(上卷),第 63 页。

④ Gerald L. Gutek, *Education in the United States: An Historical Perspective*, Prentice-Hall, Inc., Englewood Cliffs, New Jersey, 1986, P. 11.

⑤ [美]查尔斯·A. 比尔德、玛丽·R. 比尔德著:《美国文明的兴起》(上卷),第 68 页。

纽尔、玛格达伦和三一学院学习和生活过。① 因此,有的学者指出:"在大迁徙期间来到新英格兰的定居者基本上既是一群宗教人士,也是一群较有文化的人。"②

新英格兰的领导核心都是一些受过较高层次教育的新教徒,他们在移民前就通过家庭和各种关系建立了彼此间的联系。在 1640 年以前,如果用能够签名作为衡量标准,英格兰本土只有三分之一的成年男性被认为是有知识;而在 17 世纪移居新英格兰的人口中,有二分之一到三分之二的成年人能够签名,其他人则会阅读而不能写字。受加尔文教派思想的浸润,移民们特别关心宗教和教育在自身生活中的意义,尤其坚信每个人都能够通过阅读圣经直接与上帝沟通,从而获得灵魂的拯救。这些文化和宗教因素成为新英格兰殖民地教育优于其他殖民地的缘由。

马萨诸塞的教育取决于移民们的文化,这种文化是两个主要因素的产物:一是建立马萨诸塞殖民地的英国清教徒的传统;二是旧世界的文化在新世界环境中的影响与转型。③ 移民们带来了新教重视国民教育的传统,在新殖民地定居之后,他们开始对下一代的教育表现出极大的热情。"新英格兰殖民者,尤其是马萨诸塞和康涅狄格的殖民者都是加尔文教徒,他们认为创办学校和提供支持是新世界生活中的基本要素。"④清教徒特别强调教育的主要原因是,他们认为《圣经》要求人们受到教育。这一信念是基于《圣经》的宣言:"你应该知道真相,真相会让你自由。"⑤当时《圣经》被认为是一个人拥有的最重要的书,实际上每个清教徒家庭至少拥有一本《圣经》。

1634 年至 1638 年,马萨诸塞州的法律规定,一切财产都需要纳税,用税收办理公共事业(包括教育)。有的学者认为,激发清教徒制定教育法,并促使他们对识字教育特别关注的主要力量是担忧。他们担心在这片洪荒之地欧洲的传统社会会彻底土崩瓦解,他们认为年轻一代已经偏离了自己信仰的轨道,正处于"野蛮"的边缘。在这片空旷的土地上,一

① [美]韦恩·厄本、杰宁斯·瓦格纳著,周晟、谢爱磊译:《美国教育:一部历史档案》,中国人民大学出版社 2009 年版,第 51 页。

② [美]韦恩·厄本、杰宁斯·瓦格纳:《美国教育:一部历史档案》,第 50 页。

③ Gerald L. Gutek, *Education in the United States: An Historical Perspective*, Prentice-Hall, Inc., Englewood Cliffs, New Jersey, 1986, P. 4.

④ Gerald L. Gutek, *Education in the United States: An Historical Perspective*, Prentice-Hall, Inc., Englewood Cliffs, New Jersey, 1986, P. 3.

⑤ William H. Jeynes, *American Educational History: School, Society, and the Common Good*, SAGE Publications, Thousand Oaks, 2007, P. 11.

些孩子已经滋生出一种独立的精神和宗教观点,他们对已有的信仰缺乏应有的尊敬,这些都使原本非常脆弱的家族纽带变得不堪一击。清教徒担心会毁灭他们的家庭、社区和自己的使命,因此在绝望之中他们想到了教育这一武器。"不过,他们关注的远不只是西方文明和清教联邦的存续,他们更为关注的是自己的灵魂和他们子孙灵魂的永生,他们觉得自己就如同在与黑暗的力量进行殊死搏斗。"①他们坚信自己正在创建一个模范的宗教社会,而教育被认为是维护宗教虔诚和社会稳定的工具。"新英格兰学校的目的是培养受过教育的清教徒,他们能永久保存成年人的宗教、社会、政治和经济信念。"②对于新英格兰清教徒而言,"教育的基本目的是培养受过教育的神职人员,以及有知识、敬畏上帝和有生产力的市民"③。

新英格兰殖民地最初的教育继承了英格兰的传统,强调家庭是人际关系和教育的主要机构;一些宣传小册子和布道也都教导清教徒要重视这些传统的正确性与必要性。因此,大部分清教徒在自己的家里训练子弟阅读圣经,以及训练其参加家庭礼拜和团体礼拜。在他们看来,说教、谚语、长辈的劝诫、孝顺、推理、父母的榜样甚至惩罚,都是引导儿童遵循上帝要求的手段。"对清教徒而言,明确的教育功能与教育目的发生了改变。教育的功利主义依然存在,只是换了一种由强烈的宗教信仰重塑而成的形式。人们仍然期望教育培养年轻人胜任专门的生活角色,但现在寻求神圣、追寻救赎的使命比其他一切更为重要。这是一个没有限制的职业,任何人不论先天能力和后天条件都一律被要求接受适当的培训。……每个家庭,不论财富、才能,每个城镇,不论条件、资源,都被要求提供同样限度的教育。"④

基督教传教的一个重要基础是,孩子们必须尊敬他们的父母,并且听从父母的教导。正如当时一位清教徒所言:"由于自然的天性,所有的孩子都可能表现出一定的倔强和顽固,这些都必须得到一定的矫正;所以,教育首要的任务在于教给孩子们谦虚以及顺从,这

---

① [美]韦恩·厄本、杰宁斯·瓦格纳著:《美国教育:一部历史档案》,第55页。
② Gerald L. Gutek, *Education in the United States: An Historical Perspective*, Prentice-Hall, Inc., Englewood Cliffs, New Jersey, 1986, P. 6.
③ Gerald L. Gutek, *Education in the United States: An Historical Perspective*, Prentice-Hall, Inc., Englewood Cliffs, New Jersey, 1986, P. 7.
④ [美]伯纳德·贝林著,王晨、章欢译:《教育与美国社会的形成》,安徽教育出版社2013年版,第50—51页。

样其他的美德就能够一步一步地养成了。"①但这种建立在自愿基础上的家庭教育,并不足以使清教徒宗教理论中所要求的普遍教育成为事实。

1642 年 4 月,马萨诸塞议会(the General Court of Massachusetts)率先颁布了北美殖民地第一个教育法令。"这个法令通常被称为'马萨诸塞义务教育法'"②它要求各地方的市镇委员会挑选并委派一些专门人员,授权他们随时检查家长和师傅是否能够履行自己的教育职责,儿童们是否曾经接受过有益于国家的学识、劳动及其他职业训练,是否已经接受过阅读、宗教原理以及国家法令的教育。如果家长或师傅不履行职责并且没有正当理由,将会受到罚款的惩戒,并且可以把孩子带走而交给更有能力的监护人,在他们的监护下充当学徒。"经过任何议会或地方长官的同意,他们有权将父母不能教给孩子一种职业或不能将他们抚养成人的儿童送去当学徒。……为了更好地履行托付给他们的任务,他们可以把居民点分成几个区,指定居民点的每个居民负责监督几个家庭。他们可以提供充足的材料,如在各居民点筹集的大麻纤维、亚麻纤维等以及工具、器具,用作实施上述培养学徒计划。为了帮助他们做好上述必要的、有益的工作,如果他们遇到任何靠自己的力量不能克服的困难或反对,他们可以报告地方长官,该地方长官要根据公正的原则视情况需要采取措施,对他们提供帮助和鼓励。……本法令有效期为 2 年,直到议会通过进一步的法令为止。"③这项法令强调了清教徒要提供有组织的学校的重要性,并将执行的权力赋予市镇委员会。它还规定市镇委员会如未能履行其职责,则由法院执行。

1642 年教育法实际上是一部《学徒法》,它强调知识和生产技能的价值,强调父母或师傅承担的教育职责。更为重要的是,它还强调了政府对教育的干预权。虽然父母和师傅仍然对孩子们的教育和福利负有首要责任,但政府也赋予了自己介入家庭事务的权力,尤其是当这种介入是为了整个殖民地的利益和儿童福利时。假如家庭没有能力和意愿履行其职能,政府就会随时准备取而代之。后来,康涅狄格(1650)、纽黑文(1660)、纽约(1665)、普利茅斯(1671)和宾夕法尼亚(1683)都通过了类似的立法,有的规定更加具体。"这是美洲殖民地最早的教育法令,也是英语国家最早的强迫教育法令。"④但 1642 年教育法并没有提

---

① 〔美〕韦恩·厄本、杰宁斯·瓦格纳著:《美国教育:一部历史档案》,第 57 页。

② William H. Jeynes, *American Educational History: School, Society, and the Common Good*, SAGE Publications, Thousand Oaks, 2007, P. 13.

③ 〔美〕E. P. 克伯雷选编:《西方教育经典文献》(上卷),第 358 页。

④ 吴式颖、阎国华主编:《中外教育比较史纲》(近代卷),第 839 页。

出建立学校,也没有提出强迫入学的要求,儿童教育的实施几乎没有越出家庭和作坊之门。值得注意的是,各殖民地有关法令在谈及教育的责任时,总是将师傅(或主人)和父母并提。这是由于许多儿童或孤儿在其他家庭充当学徒,他们在接受手工训练时需要掌握基本的读写能力。因此,学徒的教育问题是有关契约中最常见的条文。

事实上,1642 年教育法确立了马萨诸塞殖民地教育事务的公共性,自此政府对教育事务的介入逐步向纵深发展。1647 年 11 月,马萨诸塞议会又出台了另一项更重要的教育法令,它对殖民地后期新英格兰教育历史有着深远的影响。这份被称作《老骗子撒旦法》(Old Deluder Satan Act)的文件宣称,老骗子撒旦的企图是使信徒远离真正的圣经知识,阻止他们甚至是他们的子女的灵魂拯救,而教会和长辈的学识又不可能在未来一代存在下去,因此法令要求社区建立和支持学校。凡是满 50 户的市镇,应当立即聘用一位教授读写的教员,其工资由孩子的父母或师傅支付,或者由全体居民负担,所收取的学费不能高出别的市镇;凡是满 100 户的市镇,必须立即设立一所文法学校,对准备升入大学的青少年施以教育。"兹规定,如有任何居民点违反上述规定达一年以上,要向邻近的学校支付 5 英镑,直到他们履行上述规定。"①

这项法令弥补了 1642 年教育法的不足,进一步健全了马萨诸塞的公共教育体系。"《老骗子撒旦法》的初衷是为了更具体地推行强迫教育和重视阅读圣经。"②其进步性表现在:明确提出了建立学校及其类型的要求;明确指出提供教育是社会必须承担的一项义务;罚款不仅限于父母,如果市镇不能提供财政资助,同样要被罚款。"这是北美殖民地关于建立学校的最早法规。"③结果,在新英格兰各种各样的初级读写学校和文法学校都建立起来了。美国教育史学家斯普林指出:"从历史传统来说,马萨诸塞湾殖民地的教育政策被认为是美国公立学校教育发展的先驱,以及公立学校可以结束犯罪、减少贫困、提供机会平等、改善经济、训练工人以及创建社会和政治稳定这种信念的先驱。"④

1642 年和 1647 年的教育法令是北美殖民地时期最早而且影响较大的法律。它们不仅建立了有秩序的学校制度,即为所有城镇的儿童提供初等教育,为大城镇的青年提供中等

---

① [美]E. P. 克伯雷选编:《西方教育经典文献》(上卷),第 359 页。

② William H. Jeynes, *American Educational History: School, Society, and the Common Good*, SAGE Publications, Thousand Oaks, 2007, P. 14.

③ 吴式颖、阎国华主编:《中外教育比较史纲》(近代卷),第 839 页。

④ [美]乔尔·斯普林著:《美国学校:教育传统与变革》,第 12 页。

教育;而且首次提出政府有权要求社区建立和维持学校,如果它们拒绝必将受到惩罚。"可以肯定的是,从以后的发展来看,1642 年和 1647 年两部法令为美国公立学校制度的建立奠定了基础。"①然而,"无论在 1642 年教育法还是在 1647 年教育法中都未提及教会或牧师。而且,教育被视为人民及其所选出的官员的主要责任。这奠定了美国教育制度基础——地方负责制的第一步"②。

这两部教育法令对其他地方的教育政策产生了重要影响。继马萨诸塞教育法令颁布之后,新英格兰的其他各地也纷纷效仿。1650 年康涅狄格颁布法令,要求教育孩子和仆人阅读英文,教给他们基本法律,每周进行教义问答,并让他们学会农技或其他对自己和国家有益的技艺。"鉴于儿童的良好教育既有益于个人,也有益于社会;鉴于很多家长和师傅对此放任自流和玩忽职守,因此本次议会及其当局命令:各管辖区和居民区内各居民点的区务委员,要密切注视他们的兄弟和邻居,首先监督他们在任何家庭中都不能容忍有此种野蛮状态,即不努力自己教或让别人教孩子和学徒学习,使他们能顺利阅读英文,知道死刑法。对怠忽此项职责者的每户处以 20 先令的罚金。此外,各家的家长每周至少一次以教义问答的方式将宗教的基础知识和原理教授给他们的孩子和学徒。"③如果父母或师傅不能很好地履行职责,以致孩子或学徒粗野散漫,桀骜不顺,区务委员就将其置于新主人的管束之下,直到男孩年满 21 岁、女孩年满 18 岁。

1660 年纽黑文的法令规定,所有在司法管辖范围内的居民应让其儿子学习书写,直到他们掌握这一技能为止,否则将受到处罚。在 1692 年以前,普利茅斯殖民地没有和马萨诸塞殖民地合并,但它同样制定了关于儿童和教育的立法。例如,1658 年、1663 年普利茅斯议会建议各市镇指派或雇用一位教师以训练儿童阅读与识字;1673 年议会规定免费学校的经费是一年 33 英镑,由司库从渔业收入中支付;1674 年议会收到了各居民点代表的正式通知,继续将全部渔业收入由议会捐赠开办和维持一所学校,其目的是让足够数量的学生进入学校就读;1677 年议会规定:"本辖区内凡有居民 50 户或 50 户以上的居民点要有一位合适的人员担任文法学校教师。上述各居民点至少应提供 12 英镑,以流通货币支付。此项

① Ellwood P. Cubberley, *The History of Education*, Houghton Mifflin Company, Boston, 1920, P. 366.
② [美]L. 迪安·韦布著,陈露茜、李朝阳译:《美国教育史:一场伟大的美国实验》,安徽教育出版社 2010 年版,第 79 页。
③ [美]E. P. 克伯雷选编:《西方教育经典文献》(上卷),第 361 页。

费用由各居民点的全体居民、因有子女上学而直接受益更多的人，以及志愿为推进此项有益工作和有益于公众福利的事业的人筹措，以补足维持上述学校所需经费的余额。"①1680年新罕布什尔从马萨诸塞分离出来之后，则继续沿用马萨诸塞的教育法令。有人称道以上法令第一次用英语"从法律上有效地维护了政府要求各地区设立和维持传授普通知识的学校的权利"②。

从新英格兰殖民地所颁布的法令中可以看到，移民们最初所要建立的是一种糅合了加尔文清教信仰与英国国教传统的国民教育。一方面，教育是信徒得救的必经之路，因此法令要求所有公民必须具备基本的读写算能力；另一方面，政府要维护现存的社会各阶层的利益，免于犯罪与混乱，因而要控制贫苦儿童的学徒生活，以强制性手段推行职业教育。同样，在新英格兰殖民地教育的推广中，政府扮演着举足轻重的角色：殖民地的地方政府，可以要求家长使其子弟接受教育，或由家长教导，或由教师教导；殖民地的中央政府，可以规定各市镇聘请学校教师，或者设置学校；可以通过征税募集经费，支付教师薪金。那些领取薪金的教师，必须接受议会委托机构如市镇全民大会或者教育委员会的监督。

在强迫教育的相关法令颁布之前，新英格兰殖民地已经零星地出现了创办学校的试验。"市镇学校是新英格兰初等教育的基本单位，它负责教育市镇的小孩并由市镇委员管理。"③1635年马萨诸塞的波士顿镇全体居民达成协议，创办了波士顿拉丁语学校（The Boston Latin School），聘请一位名叫菲尔蒙·波蒙特的教师教育他们的孩子。"波士顿拉丁语学校是美国建立的第一所中等学校，它仿照欧洲拉丁语学校的模式，强调宗教、拉丁文和古典文学的学习。"④1640年罗德岛的纽波特曾聘请在马萨诸塞韦茅斯任牧师的罗伯特·兰特尔开办了一所公立学校。1642年哈特福德镇经投票决定为学校提供每年30英磅的资金。1645年马萨诸塞的罗克斯布里镇居民签订协议，为该居民点一所学校的教师每年提供20英镑薪金。1671年罗克斯布里的一位公民去世立下遗嘱，向学校管理委员会赠予200英亩土地用于办学。⑤

---

① ［美］E. P. 克伯雷选编：《西方教育经典文献》（上卷），第363页。

② ［美］查尔斯·A. 比尔德、玛丽·R. 比尔德著：《美国文明的兴起》（上卷），第202页。

③ Gerald L. Gutek, *Education in the United States：An Historical Perspective*, Prentice-Hall, Inc., Englewood Cliffs, New Jersey, 1986, P. 8.

④ William H. Jeynes, *American Educational History：School，Society，and the Common Good*, SAGE Publications, Thousand Oaks, 2007, P. 12.

⑤ ［美］E. P. 克伯雷选编：《西方教育经典文献》（上卷），第354—355页。

　　强迫教育法令的颁布,是为了进一步刺激大多数市镇采取措施以提供正规的学校教育,但强迫教育法令最初只获得有限的执行。一些市镇建立了单人制的读写学校,如 1648 年马萨诸塞的德达姆首次为建立地方学校而征收财产税,用于支付教师工资和修建学校;对于一些市镇而言,只要罚款数额不超过聘请一位教师的费用就宁愿被罚款。在 1647 年法令颁布后十年内,马萨诸塞 8 个人口达百户的镇建立了文法学校,人口达 50 户的镇则只有三分之一建立了读写学校。但此后当有新的市镇达到法定的规模时,它们往往对这两种规定都置之不理。① 1684 年,纽黑文文法学校管理章程和条例规定:"本校的建立主要是用拉丁文或其他学术语言教育可造就的年轻人,培养他们能进入学院深造或为本地区教会和居民点全体居民服务。教师的主要工作是对全体……托付给教师的勤劳、忠实可靠和刚毅的年轻人进行教育,他们只需分摊教师的薪金,其他费用免缴。"②

　　作为初等教育最基本的机构,妇媪学校最早出现在宗教改革后的英格兰,它在北美殖民地得到发展是基于以下两个目的:首先,它能帮助更多初等学校年龄段的孩子学会阅读;其次,它能让一些妇女挣点钱。"在美国,妇媪学校是初等学校的先驱。"③读写学校(Reading and Writing School)通常称为小学校,招收本地适龄儿童入学,男孩和女孩在6—7岁时上学,学习阅读、书写、计算与宗教常识,也有的学习拉丁文、希腊文,一般根据教师的水平而定。学生每天的学习时数、每年的上课日数并没有统一要求,大部分取决于教师的责任感。各种年龄的学生均有一位教师教导。专门的教室十分少见,教学场所大多是在教师家里、教会、市镇集会地或某些特别建造的房子里。教师必须获得市镇会议或者选民的认可。一般而言,教师必须具备良好的品德,不得酗酒、不可玷污上帝、不能有违法行为、不能有财务纠纷以及暴力和性方面的罪行。大部分教师由男性担任,也有的是由粗通文墨的家庭主妇担任。"用于教授读写的方法并非是教育个体为其生活提供指导的方法,而是个体学会服从宗教和政府法律的方法。它并不是要求学生分析,并就宗教课文发表自己的观点,而是要求他们作为正确的答案来接受官方的解释。"④读写学校的教学是文法学校入门

---

① [美]劳伦斯 A. 克雷明著:《美国教育史:殖民地时期的历程 1607—1783》(第 1 卷),第 138—139 页。

② [美]E. P. 克伯雷选编:《西方教育经典文献》(上卷),第 355—356 页。

③ William H. Jeynes, *American Educational History*:*School*,*Society*,*and the Common Good*,SAGE Publications, Thousand Oaks, 2007, P. 12.

④ [美]乔尔·斯普林著:《美国学校:教育传统与变革》,第 21 页。

的必备条件。学徒制是源自于中世纪的一种初等教育形式,孩子们必须跟随雇主学会一门手艺。在新英格兰,孩子们可以通过当学徒去学会航行、测量和印刷之类手艺。

正如许多新教的教育机构一样,新英格兰的市镇学校强调阅读。最初的阅读材料通常是角贴书(the hornbook),包含字母表、元音、音节、数字、主祷文和其他诗句。① 值得一提的是,1690 年新英格兰还出现了最早的、使用最广泛的《新英格兰童蒙读本》(*the New England Primer*),它在一定程度上反映了殖民地早期学校的阅读和宗教教学。与之前梅兰希顿的《新教徒童蒙读本》(1524)和夸美纽斯的《世界图解》(1654)不同,《新英格兰童蒙读本》带有浓厚的宗教色彩,其内容凸显了殖民地时期的宗教和权威。该读本包含字母表中的 24 个字母,每个字母都有一幅图画和一首诗加以说明,以便给孩子们留下深刻的印象。读本还包括对年轻人的各种教导和忠告、主祷文和十诫。读本最重要的部分是清教徒的神学大纲。② 读本的首页有一幅绘制粗糙的君主像,然后是一些革命英雄和有关孝道以及为神服务的箴言。下面的诗句说明了儿童服从权威的义务,以及必须遵守的宗教与道德格言:"我将敬畏上帝,荣耀国王;我将尊重我的父亲和母亲;我将服从我的主人;我将顺从我的长上","聪明的儿子使父亲高兴,而愚蠢的儿子则使得母亲悲伤。敬畏上帝远胜于拥有巨大的财富,以及在拥有财富时随之而来的烦恼。全身心地皈依基督,他将赐予你宁静安详"。③《新英格兰童蒙读本》是基础教育最为流行的课本,对新英格兰人的性格产生了深远影响,当时的学校和教会都在使用它。教师在学校用教义问答形式进行训练,民众在教堂年复一年地朗诵它。在长达一个半世纪中,几乎每个家庭都有这本小册子,所有的书店都有出售。在新英格兰以外,它也被广泛采用。"有人估计,它的全部销售量至少有 300 万册。直到 1806 年,它仍是波士顿妇媪学校的教科书。在农村地区使用的时间更长。"④《新英格兰童蒙读本》与我们今天的童蒙读本相比,虽然显得粗糙和内容贫乏,但也许没有任何一本现代教科书所产生的影响,能和这本殖民地早期读本在儿童和成人中产生的影响媲美。

---

① Gerald L. Gutek, *Education in the United States : An Historical Perspective*, Prentice-Hall, Inc., Englewood Cliffs, New Jersey, 1986, P. 10.

② Gerald L. Gutek, *Education in the United States : An Historical Perspective*, Prentice-Hall, Inc., Englewood Cliffs, New Jersey, 1986, P. 10.

③ [美]乔尔·斯普林著:《美国学校:教育传统与变革》,第 20 页。

④ [美]E. P. 克伯雷选编:《西方教育经典文献》(上卷),第 377 页。

二、中部殖民地

从新英格兰殖民地往南,是纽约(New York)、新泽西(New Jersey)、特拉华(Delaware)和宾夕法尼亚(Pennsylvania),统称中部大西洋殖民地(the Middle Atlantic colonies)。"中部大西洋殖民地在宗教和语言上都不一致。事实上,中部大西洋殖民地体现了种族、语言和宗教的多元化,并由此形成了缺乏同化的文化多样性。"①这里汇集了一个个自给自足的小团体——它们有着不同的宗教信仰,分属于不同的种族;它们在相对隔绝的状态下,小心翼翼地保持自己的宗教和民族传统。中部殖民地教育的风格基本上反映了这一地区的多元文化背景,每个宗教团体都试图按照自己的风格在家庭、教堂或社区教育自己的孩子。

中部殖民地汇聚了来自欧洲不同国家和教派的移民,其中有以新阿姆斯特丹(New Amsterdam)为中心的荷兰改革派信徒,以纽约和新泽西为中心的英国国教会信徒,以宾夕法尼亚为中心的英国贵格派信徒;有德国的路德派和虔敬派信徒,也有苏格兰-爱尔兰的长老派信徒、法国胡格诺教徒,爱尔兰和德国天主教徒以及犹太教徒等。"在许多方面,美国文化多元主义的起源可以追溯到中部大西洋殖民地,而不是新英格兰和南部殖民地。"②中部大西洋殖民地除了是美国文化多样性的摇篮外,也是美国教区学校和私立学校的摇篮,每一个宗教和语言团体都试图通过教育将其生活方式传递给下一代。有的学者指出:"中部殖民地初等教育的发达,可能仅次于新英格兰地区。"③

"在中部大西洋殖民地,对教育产生重要影响的因素是多元化的宗教、种族和语言。"④这种多元性的民族和文化,使得该地区不可能建立单一的公共学校制度。这里的人们试图通过教育保存各自独特的价值观和传统。"纽约的国教会、宾夕法尼亚的贵格会和边境的长老会,在神学和有关国家在教育中的作用方面观点不同。中部大西洋殖民地是最

---

① Gerald L. Gutek, *Education in the United States: An Historical Perspective*, Prentice-Hall, Inc., Englewood Cliffs, New Jersey, 1986, P. 11.

② Gerald L. Gutek, *Education in the United States: An Historical Perspective*, Prentice-Hall, Inc., Englewood Cliffs, New Jersey, 1986, P. 11.

③ William H. Jeynes, *American Educational History: School, Society, and the Common Good*, SAGE Publications, Thousand Oaks, 2007, P. 10.

④ Gerald L. Gutek, *Education in the United States: An Historical Perspective*, Prentice-Hall, Inc., Englewood Cliffs, New Jersey, 1986, P. 12.

大的非英语人口居住区。尽管周边都是英国人,但荷兰人、犹太人、德国人和瑞典人都尽力保留自己的语言和文化特性。……这里没有出现像新英格兰那样的市镇和地区学校网络。"①由于缺少足够的文化认同感,每个国家和教派的移民都建立了与自己教会相联系的学校,以保护自己的语言、宗教和文化特质,从而使得中部殖民地早期教育呈现出复杂多样的特征。在新泽西、宾夕法尼亚州,来自法国的胡格诺派、苏格兰的长老会以及德国的虔敬派成员等,在把新英格兰和中部地区变成工商业中心的同时,也把本国的初等教育和中等教育移植到殖民地,作为教育自己子弟的学校系统,从而奠定了北美殖民地普通教育的基础。

纽约殖民地最早被称为新荷兰(New Netherlands),是由荷兰西印度公司开拓的。"新荷兰是作为荷兰西印度公司的一个商业基地而建立起来的。……新荷兰由荷兰政府和荷兰西印度公司共同管理,试图在新世界建立一个高度封建主义的经济和社会秩序,这在当时的荷兰已不存在。"②1624 年,30 个荷兰家庭在曼哈顿岛登陆,他们是荷兰人在这里的先锋。"驱动荷兰人来到这里的,不是什么灵魂拯救,也不是什么帝国扩张,而是皮毛贸易的丰厚利润。"③到 1700 年,由于来自新英格兰、英国和法国移民的大量涌入,纽约的人口很快增长到了 2 万人,其中约有 44%是荷兰人的后裔。④ 这些荷兰人在新阿姆斯特丹附近,沿着哈得逊河(Hudson)开辟了 12 处村落,并在此创办了 11 所典型的荷兰式教区学校。纽约的荷兰人试图在每一处教堂创办一所学校。美国教育史学家克伯屈生动地描述了荷兰人在新阿姆斯特丹和纽约建立学校的情况。他写道:"在带往新大陆的各种制度中,像教会和学校那样,在荷兰人的生活中深深扎根的,即使有,也为数极少。忠于改良宗教原理,在很大程度上曾是他们长期地、顽强地反对西班牙人压迫的秘密。这一忠诚,也是他们在创造新的共同体时的一种最巨大的、独一无二的力量。作为一种极重要的巩固及保存改革后信仰的手段,主教学校成为新的教会机构一个不可分割的部分。在学校系统中,教师也就是教会的职员,学校课程是为学生以后在教堂供职做好自觉的准备,教会生活本身和学校制

---

① Gerald L. Gutek, *Education in the United States*:*An Historical Perspective*, Prentice-Hall, Inc., Englewood Cliffs, New Jersey, 1986, P. 3.

② Gerald L. Gutek, *Education in the United States*:*An Historical Perspective*, Prentice-Hall, Inc., Englewood Cliffs, New Jersey, 1986, P. 13.

③ [美]韦恩·厄本、杰宁斯·瓦格纳著:《美国教育:一部历史档案》,第 72 页。

④ [美]韦恩·厄本、杰宁斯·瓦格纳著:《美国教育:一部历史档案》,第 72 页。

度就是这样交织在一起的。"①

1638 年,第一所由荷兰西印度公司资助在新阿姆斯特丹建立的学校,并非出于文化上的考虑,而是为了吸引更多的定居者。此后,荷兰改革派与荷兰西印度公司共同负责各教区学校的办理,西印度公司提供财政资助,改革派实施课程管理,而教师聘用则由总督负责。教师通常由教会中的读经者与领唱者担任,他们往往还要充当教堂的低级职员(即杂役)。1652 年,一份荷兰籍教师签订的合同规定:"教师应在每周星期三和星期六教孩子们通用祷告词,教义问答中的问和答,使他们在星期日午后礼拜或星期一在会众面前进行教义问答时能更好地背诵。教师要出席所有这些场合,要求孩子们举止友善,鼓励他们大方地、清楚地回答问题。"②1661 年,新阿姆斯特丹市政当局制定了教师的管理规则,要求教师注意儿童按时上学,即上午 8 点和下午 1 点;必须在校内保持良好的纪律;教给儿童基督教的祈祷、十诫、洗礼、主日晚餐及教义问答;放学前让儿童唱圣歌和赞美诗;除了年薪外,可以向每个儿童收取学费,贫苦儿童则免收学费。③ 另外,教师还要保持教堂的清洁,在信众出席布道和教义问答前敲三次钟,然后读圣经和领唱圣歌等。在这些学校,男女生分班学习。除了初步的读写算之外,还要学习荷兰文的教义问答、少量宗教书籍以及祈祷书等。除了穷人子弟外,所有学生都要向教员交纳学费。新荷兰殖民地被英国人吞并后,许多荷兰学校得以保存,它们由荷兰改革派教会维持,其目的是为了保留荷兰的语言、习俗和宗教信仰。

1664 年,新荷兰移归英国殖民者控制,更名为纽约,由英国国王在殖民地的代表即总督管理。但它并没有形成一种代议制的政府机构,大土地所有者和商人等精英阶层在殖民地的政治和社会生活中起着重要作用。另外,虽然荷兰改革派和其他教派在纽约受到宽容,但官方宗教却是英国国教。因此,"在殖民地时代的纽约,正规教育没有得到广泛地发展。国教派把教育看作是父母和监护人处理的私事,它由家庭而不是国家负责"④。教会和国家只为贫苦儿童提供有限的教育,国教会的"海外福音宣传会"随后成为纽约初等教育的控制者,他们在总督保护下为贫苦儿童提供有限的慈善教育。这些慈善学校提供读、写、算和宗

① [美]E. P. 克伯雷选编:《西方教育经典文献》(上卷),第 332 页。

② [美]E. P. 克伯雷选编:《西方教育经典文献》(上卷),第 364 页。

③ [美]E. P. 克伯雷选编:《西方教育经典文献》(上卷),第 366 页。

④ Gerald L. Gutek, *Education in the United States : An Historical Perspective*, Prentice-Hall, Inc., Englewood Cliffs, New Jersey, 1986,P. 14.

教之类基础课程,并由"海外福音宣传会"资助、组织和视察。同时,商业和贸易的不断繁盛推动了纽约学徒制的发展。许多私人教师开办了赢利性质的学校,他们向学生收取学费,授之以各种商业贸易课程,如测量、航海、簿记、法语、西班牙语、意大利语、葡萄牙语、音乐等。其他教派如荷兰改革派、长老派、辉格派、浸礼会、犹太教和天主教等都开办了自己的学校。

宾夕法尼亚殖民地是 1681 年由总督佩恩(William Penn,1644—1718)建立,他打算将这块殖民地建成一处避难所,以供那些饱受欺压和侮辱的贵格会①教徒居住。佩恩主动招募英格兰和欧洲大陆的被压迫者到新世界定居。他在 1682 年的施政大纲中宣称,所有信仰和承认唯一全能和永恒的上帝,并真心按照诺言在文明社会和平正直地生活的人们,都享有宗教自由的权利。1681 年至 1687 年移民到宾夕法尼亚的英国贵格会教徒约有 8 000人,其中大多数人是举家迁移。贵格会的许多特征,如信奉平等、不拘礼节、宽容等,使它更适合于建设新大陆。"贵格会派教徒的一套看法同后来美国民主的标准定义是一致的。"②这里还居住着众多来自德国、瑞典、荷兰等地的新教徒。"佩恩在英国本土和大陆上所刊登的巧妙广告引来的,不是那些有资金购置田产的财主,而是商人、自耕农和小农——英国的贵格会教友、有着各种新教徒信仰的德国人、苏格兰-爱尔兰长老会教徒、威尔士浸礼会教徒以及后来去的一些源远流长信奉天主教的爱尔兰人——他们都是希望分到居住和耕种的土地的农民,而不是气派大的富有潜力的地主。"③

佩恩希望在这块新的殖民地开展与清教徒移民不同的"神圣的实验",他把乌托邦主义和秩序井然的封建社会联系在一起。"威廉·佩恩的'神圣实验'——一个以封建体制统治的乌托邦——提供了一个关于努力寻求解答的实用理想主义的完美例证。佩恩本人是信仰与世俗、理想主义和实践性的奇特混合体。"④在他的领导下,宾夕法尼亚殖民地建立了与其他殖民地不同的代议制政治体制,成立了由纳税人选举产生的两院制,实行宗教

---

① 贵格会(Quakers)又名教友派(the Society of Friends)、公谊会,创建于 1652 年的英国及其美洲殖民地,创立者为乔治·福克斯(George Fox,1624—1691)及其追随者。贵格会的特点是没有成文的信经、教义,最初也没有专职的牧师,无圣礼与节日,而是直接依靠圣灵的启示,指导信徒的宗教活动与社会生活,始终具有神秘主义色彩。

② [美]丹尼尔·J. 布尔斯廷著:《美国人:殖民地历程》,第 34 页。

③ [美]查尔斯·A. 比尔德、玛丽·R. 比尔德著:《美国文明的兴起》(上卷),第 88 页。

④ [美]迈克尔·卡门著,王晶译:《自相矛盾的民族——美国文化的起源》,江苏人民出版社 2006 年版,第 113 页。

自由。另一方面,那些表明信仰耶稣基督的土地所有人和纳税人享有选举议会议员的权利。

宾夕法尼亚政府鼓励兴办教育,是基于以下三种理念:(1)政府应该扬善抑恶;(2)一个良好的社会秩序取决于明智和勤奋的公民;(3)美德和智慧是通过教育培养的。① 1683 年,宾夕法尼亚议会通过了一项法令,要求父母和监护人应保证儿童在 12 岁之前具备阅读圣经和书写的能力。"为了使不论是穷人或富人都受到比财富更好、更值得称道的学识的教育,兹订立法规如下:本辖区和领地以内凡有孩子的人和一切孤儿的监护人、托管人,都要让他们学习读和写,使他们能读圣经,到他们 12 岁时会写。然后要教给他们有益的手工艺,使穷人能自谋生计,富人在变穷时不至于陷入每个县都要予以关怀的匮乏。"②如果发现家长、监护人或托管人在这方面失职,他们就要为每个儿童支付 5 英镑,除非这些儿童在身体和智力上不能学习。各地方法院也要对此事负责,违者课以罚金。但这项法令本身不符合英国的传统和习俗,在 1683 年呈送英国国王后未获批准。

与此同时,当地非贵格会教徒担心一旦实行强迫入学,贵格会将控制所有的学校,因而也有反对意见。面对这些反对者,宾夕法尼亚政府被迫放弃建立义务教育制度的计划,取而代之的是允许各教派建立和维持自己的学校。1683 年 10 月 26 日,宾夕法尼亚移民区议会在费城召开会议,决定开办一所学校,聘请一位教师对年轻人进行教导,学习英语阅读、写作等,住校生每人每年收取 10 英镑。③

1698 年殖民地政府授权贵格会教徒开办学校。"尤其是在宾夕法尼亚和新泽西,贵格会创办教会学校的热情十分高涨。在宾夕法尼亚,贵格会创办了 60—70 所学校;在新泽西,大约有 35 所。"④贵格会学校由其代表大会管理和给予财政资助,实行免费教育,向所有儿童开放,包括在其他殖民地被排除在外的黑人和印第安人,并实行男女合校教育。⑤ 一份早期贵格会关于学校的条例规定,应由虔敬、谨慎的人教育我们的年轻人,教给他们有益的

① Gerald L. Gutek, Education in the United States: An Historical Perspective, Prentice-Hall, Inc., Englewood Cliffs, New Jersey, 1986, P. 15.

② [美]E. P. 克伯雷选编:《西方教育经典文献》(上卷),第 367 页。

③ [美]E. P. 克伯雷选编:《西方教育经典文献》(上卷),第 368 页。

④ William H. Jeynes, American Educational History: School, Society, and the Common Good, SAGE Publications, Thousand Oaks, 2007, P. 10.

⑤ Gerald L. Gutek, Education in the United States: An Historical Perspective, Prentice-Hall, Inc., Englewood Cliffs, New Jersey, 1986, P. 16.

知识。"兹建议：(1)在各个月会和预备会议上提供一块土地,足以培植一座花园、一座果园和养牛的草地等,并在那里建筑一所房屋。(2)在各会议上建立一项由捐赠、遗赠组成的基金。基金的利息或用于资助教师的工资,或在紧张的情况下用于减轻教友们的费用。(3)在各月会和预备会议上任命一个委员会,以照管学校和维持学校基金。非经他们同意,不得雇佣任何教师。"①贵格会学校提供了一种更加实用的教育,它强调农业、动物饲养、科学和发明等知识的学习,而不是宗教教义和古典学科的死记硬背;它强调把儿童的兴趣而不是外在的纪律和体罚作为儿童学习的动力。佩恩指出："应强调学科的实用性,要让学生明白数学适用于木工、造船、测量和航行,而不是一个孤立的、抽象的概念;课程应该包括实用的和实践的科目,如农业、畜牧业、科学和发明。"②宾夕法尼亚统治者和议会还鼓励并奖励有用的科学发明,费城成为了殖民地早期一个领先的智力和科学中心。"正是在这里,美国哲学学会和美国科学院得以创建和蓬勃发展。"③

新泽西殖民地位于各殖民地的中央,原先属于纽约殖民地的一部分(1701年正式分离),其早期教育的发展实际上是各种不同影响的混合物。荷兰人自新阿姆斯特丹迁来,英国人由康涅狄格及纽约迁来,苏格兰及爱尔兰长老会教徒从其母国迁来,瑞典的路德派教徒沿德拉瓦河(Delaware River,也译特拉华河)定居,贵格会教徒及德国路德派教徒则来自宾夕法尼亚。一些宗教团体如长老会、浸礼会、天主教、荷兰改革派、犹太教及贵格会等,在社区人口到达一定的数量后都纷纷开办了自己的学校。这些纷繁复杂的宗教团体带来了各地的教育风格,从而使新泽西的教育呈现混杂多元的特色。1664年英国殖民者控制纽约之后,英国人的教育风格逐渐占据主导地位。结果新泽西的教育发展和纽约如出一辙,除少量的宗教性慈善学校外,初等教育发展相当缓慢。

1685年,托马斯·巴德(Thomas Budd)提出了创办一所兼授学术性和实用性学科的公立学校的建议,并要求宾夕法尼亚、新泽西两个殖民地的总督和议会制定一项法律,规定所有居民都必须送他们的孩子到公立学校上学,时间为7年;如果家长愿意,时间还可以更长。他认为所有城镇都要创办公立学校,教师由总督和议会选聘,教给孩子们所能理解的

---

① ［美］E. P. 克伯雷选编：《西方教育经典文献》(上卷),第368—369页。

② Gerald L. Gutek, *Education in the United States：An Historical Perspective*, Prentice-Hall, Inc., Englewood Cliffs, New Jersey, 1986, P. 16.

③ Gerald L. Gutek, *Education in the United States：An Historical Perspective*, Prentice-Hall, Inc., Englewood Cliffs, New Jersey, 1986, P. 16.

一切有用的科目,如英文、拉丁文、阅读、写作、书法、算术、簿记、制造仪器、细木工、车工、钟表、织布、制鞋、编制、缝纫等。公立学校实行教学与生产劳动相结合,每天四小时学习、四小时劳动,属于典型的半工半读制。巴德主张为穷人和印第安人的孩子提供同等的教育,允许他们免费入学,并从劳动所得中受益。巴德的建议虽然不多,但其蕴含的基本原则在后来美国教育发展中都成为了现实,如公立学校、普及教育、教育公平、半工半读等。巴德所建议设立的初等学校,与后来富兰克林所建议的中等学校计划前后辉映,都是宾夕法尼亚州教育史上的闪光点。①

总之,宾夕法尼亚和纽约的宗教学校其教育目的和新英格兰相似,都强调记忆、服从和权威,《新英格兰童蒙读本》是通用的教材。然而,与新英格兰和南部殖民地不同,中部殖民地不存在占据绝对优势的宗教团体,也没有形成统一的国民教育方针,因而并不存在单一的教育模式。正如有的学者指出:"17世纪,中部殖民地的教育属于教区,每个教会,在商业组织或殖民地通过的几条法律指导下,建立、供给、控制它自己的学校。这种体制导致了蔓延整个地区的多种多样的学校形式。"②各教派依据自己的理念教育子弟,学校则依照其移民故乡的语言,如英语、德语、摩拉维亚语等进行教学,而且与其他地区一样,学校只对那些极端贫困者的子弟免费。但在自由主义原则下,各教派团体和私人的共同努力并没有改变中部殖民地许多市镇对于初等教育事业的漠视。

三、南部殖民地

南部殖民地(包括马里兰、弗吉尼亚、卡罗来纳和佐治亚)与新英格兰和中部殖民地存在着明显的差异,这里的地理和气候条件有助于建立一个基于奴隶制的特殊的经济和社会制度。"在新英格兰,团体意识和社会价值观源于清教主义,而南部的态度和价值观(生活方式)是由白人的优越感和社会地位决定的。"③南部殖民地属于皇家殖民地,它由总督负责管理,并由总督直接对英王负责。1607年开始建立的弗吉尼亚(Virginia)殖民地是早期南部殖民地的代表,也是英国人在北美最早开拓的殖民地。"这些英国人其实并没有什么宏

---

① 杨汉麟、周采主编:《外国教育思想通史》(第五卷),北京师范大学出版社2017年版,第360页。

② [美]S. E. 佛罗斯特著:《西方教育的历史和哲学基础》,第313页。

③ Gerald L. Gutek, *Education in the United States: An Historical Perspective*, Prentice-Hall, Inc., Englewood Cliffs, New Jersey, 1986, P. 18.

伟的计划,他们来这里不是为了建立什么新的社会,也不是为了建立什么新的宗教抑或其他;他们只不过是一群不安分、渴望冒险,又想在国外寻找些生财之道的人而已。"①1606 年获得特许状的弗吉尼亚公司,关注的是建立能够获利的种植园。因此,早期的弗吉尼亚被看成是处于蛮荒之地的一个贸易哨所。17 世纪 20 年代,随着更多的殖民者来到弗吉尼亚,一个秩序井然的社区建立起来了。

"如果说新英格兰殖民者是因为逃避宗教迫害而移民,那么弗吉尼亚殖民者在很大程度上是希望改善生活和发财致富而移民。"②因此,与新英格兰殖民者不同,早期到达弗吉尼亚的殖民者可以分为两类:一类是由英国国内的地主或贵族所资助的冒险家,他们是为了寻找国内所没有的发财致富机会,并能够给予其财政资助者某些经济回报;另一类则是由这些冒险家从英格兰本土或非洲大陆强行掳来的契约奴,他们在很大程度上是被迫的。这两类殖民者社会地位的悬殊,使得弗吉尼亚殖民地从一开始就表现出鲜明的等级化色彩。同时,身为英国国教徒的殖民者,在宗教和社会生活的安排上,直到美国革命之前都力图与母国的传统保持紧密联系。"南部的殖民者(那些僻壤的居民除外)一直试着保持同英国的联系,他们感觉自身还是英国的臣民,这种情况一直延续到独立战争前夜。与英国本土的这种密切联系,在很大程度上解释了为什么这一地区在社会生活和社会结构等诸方面的发展较之英国有过之而无不及。"③尤其是 1640 年之后,许多英国名门贵族的后代、内战中的军官、牛津大学的毕业生等开始移居弗吉尼亚,这些保皇派或英国绅士逐渐控制了新殖民地的经济和政治生活。至此,弗吉尼亚等南部殖民地形成了与新英格兰殖民地截然不同的等级社会制度。

同样,殖民地早期政策的地区性差异,在弗吉尼亚和新英格兰形成了不同的教育传统。马萨诸塞殖民地的建立有其特殊的宗教目的,因此教育的重要性在于它是维持秩序井然的宗教共同体的工具;弗吉尼亚殖民地的建立则是为英国公司提供利润,因此教育的目的是维持秩序和控制印第安人。"可以认为,在殖民政策的背景下,与新英格兰殖民地相比,弗吉尼亚最好地代表了英国的教育政策。这是来自祖国更为直接控制的结果,重视殖民

---

① 〔美〕韦恩·厄本、杰宁斯·瓦格纳著:《美国教育:一部历史档案》,第 23 页。

② William H. Jeynes, *American Educational History*:*School*,*Society*,*and the Common Good*, SAGE Publications, Thousand Oaks, 2007, P. 16.

③ 〔美〕韦恩·厄本、杰宁斯·瓦格纳著:《美国教育:一部历史档案》,第 30—31 页。

利益。"①

在整个殖民时期,弗吉尼亚在教育的精神与实践上始终保持着与母国传统的相似,它在殖民地中是代表英国人对待学校态度的最好例子,这里正如母国一样"教育被认为与国家无关"。罗德岛、纽约、新泽西、特拉华和加利福尼亚都遵循英国人的原则,模仿弗吉尼亚的做法。② 1671 年,弗吉尼亚总督伯克利(Sir William Berkeley)在谈到教育时曾经说过,弗吉尼亚人应该仿照英国人的做法,每个人根据自己的能力教育其子女。这句话代表了弗吉尼亚主流的教育原则,即教育是私人的事,是家庭关注的问题;任何能够提供教导的父母应该教育其子女。同时,教会应通过教区和教区委员会成为学校最适宜的监护者;而政府所关心的应是社会底层及穷苦人家子弟的教育。

与新英格兰那些试图改革英国国教的清教徒不同,南部殖民地的移民将英国国教视为官方宗教。英国国教认为教育儿童是家长的责任,而不是政府和教会的责任。另外,南部殖民地的经济体制也是影响其教育发展的重要因素。南部殖民地的经济是建立在大种植园基础上,它主要依靠奴隶种植烟草、大米、靛蓝和棉花等,这种经济结构使得当地的教育机会是由社会等级决定。在弗吉尼亚,普遍存在的教育形式是那些家境殷实者聘请私人教师为其子女实施的家庭教育。在 17 世纪甚至 18 世纪的大部分时间,一些种植园主和富裕的商人往往按照英国的传统,聘请受过英格兰和苏格兰教育的家庭教师,为自己的子女提供古典文雅教育。这些家庭教师有的是合同雇工,有的是"半工半读"的大学生,有的是在教会中没有职位的牧师,有的是职业家庭教师。除了上层阶级所需要的礼仪和德行外,学生还要学习拉丁文、希腊文、法语和其他高深知识。在南部殖民地,还有一种普遍的做法是干脆将子女送回英国接受纯正的英格兰教育。"在弗吉尼亚,那些渡海去牛津、剑桥或就近进威廉-玛丽学院的种植园主的子弟通常在家庭教师指导下或在牧师主办的少数私立学校学习,为升学做好准备。"③中等教育结束后,他们被送到英国或欧洲大陆接受高等教育或职业教育,其中最受殖民地青年欢迎的是伦敦四个法律协会和爱丁堡大学。另外一些家境不富裕但粗通文墨的父母则自己教育子女。对于众多家庭贫困且父母又不识字的孩子而言,他们很少有机会获得最基本的知识,很多人只能在无知中度过一生。

---

① 〔美〕乔尔·斯普林著:《美国学校:教育传统与变革》,第 27 页。

② Ellwood P. Cubberley, *The History of Education*, Houghton Mifflin Company, Boston, 1920, P. 372.

③ 〔美〕查尔斯·A. 比尔德、玛丽·R. 比尔德著:《美国文明的兴起》(上卷),第 198 页。

英国国教会作为法律意义上的官方教会,在弗吉尼亚殖民地事实上始终没有成为一股强大的势力,而且国教会信守英国国内的一贯做法,并不直接开办学校。在一般情况下,当地的教士们为了增加自己的收入开办"教士学校"(Parson's School)。在这些学校,最重要的不是教学质量,而是教士能够作为教学的老师。有的教士在自己家中招收交费的学生,甚至提供住宿;有的则在教堂附近或某个建筑物旁边向学生授课;也有尚未婚配的教士会做驻家辅导教师,他们吃住在雇主家,并有微薄的工资。在当时,弗吉尼亚国教区还没有任何一项政策支持教育,它们既没有建立也没有维持任何一所学校,甚至没有为贫困家庭子女提供一点学费上的资助。"南部殖民地除了私立学校和种植园主阶层的家庭教师教育之外,对教育机构的发展兴趣不大。"①因此,除上层阶级之外,其他阶层的子弟都是由学徒制、捐赠的免费学校、教派学校、"荒野学校"(Old Field School)、私立商业学校(Private-venture School)提供初等或中等教育。例如,私立商业学校提供法语、西班牙语和葡萄牙语之类有益于商业的现代语言教学。"对公共教育的忽视,使得南部殖民地的整体教育水平低于其他殖民地,特别是新英格兰。"②

到 17 世纪后期,"海外福音宣传会"成为英国国教会在南部及中部殖民地积极办理慈善学校的主要力量。这个协会仿照英国惯例,在英国本土募集教师和购置课本的经费,在殖民地免费为孤儿和贫儿创办慈善学校,以教育这类儿童信仰基督教,安于他们的命运。"到独立战争前夕,这个社团已经建立了 170 多处传教点,这些传教点从新罕不什尔和佐治亚一直延伸至宾夕法尼亚和纽约的穷乡僻壤。在这些传教点里,有 80 多位教师,其中包括18 位教授教义问答的老师。他们常年奔波于各个慈善学校,教授国教的教义和基本的读写算。"③但由于捐赠资金的消耗、印第安人的袭击、教士数量的缺乏等原因,该协会创办的慈善学校并没有长期坚持。"海外福音宣传会"并不是唯一的传教团体,殖民地各教派都有自己的传教社团,它们各自独立地开展布道传教工作。一些异教徒社团还开设了自己的"教会学校",它们不仅教授自己教派的孩子,也教授尚未信教的儿童;既教给他们宗教教义,也传授一些书本知识。在新教派中,摩拉维亚兄弟会、贵格会和长老会教徒非常活跃,他们经常在弗吉尼亚及北卡罗来纳的山区开办学校。从 17 世纪 40 年代起,耶稣会也开始在马里

---

① [美]乔尔·斯普林著:《美国学校:教育传统与变革》,第 30 页。

② [美]L.迪安·韦布著:《美国教育史:一场伟大的美国实验》,第 98 页。

③ [美]韦恩·厄本、杰宁斯·瓦格纳著:《美国教育:一部历史档案》,第 36 页。

兰为天主教儿童建立学校,其目的既是为了在土著人和非裔美洲人中传播教义,也是为了让信徒的孩子能保存和传播各教派的传统和文化知识。

在弗吉尼亚殖民地,另一种慈善学校是由社会力量捐赠。早在1635年,弗吉尼亚种植园主西姆斯(Benjamin Syms)订立遗嘱,愿捐赠200英亩土地和8头母牛,用于建立一所免费学校,以教育和指导伊丽莎白市附近教区的儿童。1642年该学校正式获准开办。1659年,外科医生伊顿(Thomas Eaton)效仿西姆斯,立下一笔更大的遗嘱,愿捐赠500英亩土地、2名奴隶、20头猪、12头母牛、2头公牛以及各种生活用品,在伊丽莎白市建立伊顿学校。① 这两所学校的捐赠者都希望能够为临近地区的儿童提供免费教育,而不管他们是否能够支付得起上学的费用。1805年这两所学校合并为汉普顿学园(Hampton Academy)。尽管我们不能说西姆斯学校是美国教育系统中免费教育的鼻祖,但值得一提的是,西姆斯和伊顿是为数不多的将英国学校捐赠的传统带到美洲殖民地的人,他们为殖民地社区的儿童带来了受教育的机会。另外,在一些人口比较集中的地区,居民们在种植烟草后废弃的土地上建立了一种地方性学校。这类学校的学生必须支付一定的费用,通常称为"收费学校",它们后来演化成了"学区学校"。这类学校主要依靠私人捐款,烟叶税、犯罪罚款有时也用于维持这种学校。其教师大多为短期的巡回教士,通常寄宿在各类家庭,但必须回学校上课。

创办慈善学校毕竟只是极为有限的例证。在独立战争之前,南部殖民地公众普遍对办理学校没有兴趣。占据统治地位的种植园主坚决认为,每个人应该对自己孩子的教育负责,而反对为别人孩子的教育向每个人征税。因此,在弗吉尼亚等南部殖民地,大量贫民儿童接受的初等教育实际上是采用学徒制方式进行。"弗吉尼亚是南部诸殖民地中最积极发展艺徒制教育的地区之一,特别是通过艺徒制来教育孤儿。"②学徒培训在英国本土至少存在了三个世纪之久,在当时的北美洲殖民地,学徒培训也是实施教育的主要方式。例如,沿海城市的年轻人应跟随雇主学会航行、测量和其他相关知识。这种初等教育方式沿用英国1562年的《学徒制》和1662年的《济贫法》,一般由父母通过订立合同将孩子交给具有一定手工技艺的匠师,或由地方当局分配给匠师照管。师傅负责这些孩子的衣食住,以及基本的宗教、道德、读书、写字的教育,孩子们则为师傅做各种劳动和家务,没有工资,直至20岁左右。

① [美]韦恩·厄本、杰宁斯·瓦格纳著:《美国教育:一部历史档案》,第38页。
② [美]L.迪安·韦布著:《美国教育史:一场伟大的美国实验》,第97页。

1643 年弗吉尼亚议会颁布的《学徒法》规定,所有孤儿的监护人和受托人应尽最大努力用基督的精神和基础知识实施教育,以保证儿童们将来可以自己谋生。1646 年《学徒法》授权地方政府,如果有些孩子还没有遵从法律规定进入贫民习艺所,那么政府就可以将这些孩子集中送往公共的贫民习艺所做学徒。"各县的地方长官要挑选两名儿童,或男童,或女童,至少 7—8 岁,将他们送到詹姆斯镇(居民点)受雇于公办亚麻工场,在被指定的师傅或师傅们的指导下学习梳麻、纺纱、编织等。各县要为上述儿童供应六桶谷物、两床被单、一条毛毯、一条毡垫、一张床、一个木碗或碟子……"①1672 年《学徒法》规定:"各县的治安法官一定要严格执行英国关于取缔流浪汉、懒汉和放荡者的法律。兹授权各县议会将父母无力抚养的孩子送去做学徒,学习手艺,男孩至 21 岁为止,女孩从事其他职业至 18 岁为止。议会严格责成各教区的教堂执事,将各教区内所有这样的孩子的孤儿院的情况提出报告。"②随后,其他各地如北卡罗来纳分别于 1695 年、1703 年和 1716 年也制定了类似的法令。由此可见,学徒制几乎成为南部殖民地下层民众子弟唯一的初等教育形式。

四、其他形式的国民教育

需要指出的是,包括弗吉尼亚在内的整个北美殖民地,在 17 世纪开办的任何一所学校都是针对白人子弟,对于尚未从奴隶制枷锁中解放的黑人子弟或印第安原住民而言,他们大多数被排斥在学校教育之外。

1. 黑人教育

北美殖民地输入黑人奴隶始于 17 世纪初。在奴隶贸易中,那些为种植园经济提供奴隶劳动的非洲人主要是战俘和受骗者。1619 年 8 月,一艘荷兰缉私船从几内亚抵达詹姆斯敦,把 20 名黑人奴隶带到英国殖民地。之后大量非洲黑人被运入北美殖民地,尤其是急需劳动力的弗吉尼亚、南卡罗来纳和乔治亚等地。例如,在弗吉尼亚殖民地,1650 年黑人为 405 名;1660 年 950 名;1670 年 2 000 名;1680 年 3 000 名;1700 年增至 16 390 名。在与之相邻的马里兰,1642 年黑人仅有 13 名;1660 年达 758 名;1700 年增至 3 227 名。③"当所有从

① [美]E.P. 克伯雷选编:《西方教育经典文献》(上卷),第 369 页。
② [美]E.P. 克伯雷选编:《西方教育经典文献》(上卷),第 370 页。
③ 李建鸣著:《美国通史:美国的奠基时代,1585—1775》(第 1 卷),人民出版社 2001 年版,第 209—210 页。

欧洲到北美的移民经历了文化冲击时,把黑人从非洲运到北美当奴隶的经历最令人沮丧。虽然不是全部,但大多数欧洲人是自愿移民;而几乎所有的黑人都是被迫移民。"①

到 17 世纪上半叶,从南卡罗来纳到新英格兰的大西洋沿岸,已到处见到黑人的踪迹。黑人主要集中于城镇,乡村的黑人比较分散。他们除了担负农场和家务劳动外,还从事铁匠、木匠等各种手工艺。"一旦到达新世界,非洲奴隶必须学会一种新的生活和工作方式。他们被禁止学会读和写,而只能接受种植园经济所需要的职业和农业技能。"②1628 年,在康涅狄格住宅和城堡建设中已有使用黑人的事实。1656 年,弗吉尼亚法令中首次使用了"奴隶"这一概念,正式把黑人定位在"奴隶"的位置,这也是黑奴制在英属北美殖民地形成的标志。1698 年,马萨诸塞法令中首次使用了"黑人奴隶"一词。这些非洲黑人主要来自于欧洲人沿着非洲西海岸建立的贸易区,他们使用欧洲的语言,拥有西班牙和英文名字,也有人同时具有非洲和欧洲人的血统。"克里奥尔人"(Creole)一词是指具有欧洲或黑人血统的混血儿。当黑人奴隶被船运到北美殖民地后,克里奥尔人部分地同化和融入了其主人的文化,有的甚至获得了自由。

由于黑人来自非洲不同地区,文化传统多种多样,而且居住地分散和隔离,因此文化融合的进程十分缓慢。从外表看,他们是一个独特的种族和文化群体,但其内部却无统一的文化。"他们不可能与其主人沟通,因为他们不会说英语。他们通常也无法与其他奴隶交谈,因为他们并不享有共同的语言。被奴役的心理创伤和被运输到美洲,加上更名和语言隔阂,使得新被购买的奴隶与其原有的身份、村庄、部族和家庭隔离开来。"③

最初种植园主很少提供有组织的英语教学,黑人不得不创造一种沟通的语言和互动模式。"为黑人提供正规教育是明令禁止的。"④因此,大部分黑人所受的教育,不论他是自由民还是奴隶,都由传教士或慈善组织提供。最早致力于黑人教育的教派是国教会和教友会(Society of Friends)⑤。1695 年,南卡罗来纳的国教派牧师塞缪尔·托马斯(Samuel

① Gerald L. Gutek, *Education in the United States: An Historical Perspective*, Prentice-Hall, Inc., Englewood Cliffs, New Jersey, 1986, P. 20.

② Gerald L. Gutek, *Education in the United States: An Historical Perspective*, Prentice-Hall, Inc., Englewood Cliffs, New Jersey, 1986, P. 20.

③ [美]乔尔·斯普林著:《美国学校:教育传统与变革》,第 39—40 页。

④ Gerald L. Gutek, *Education in the United States: An Historical Perspective*, Prentice-Hall, Inc., Englewood Cliffs, New Jersey, 1986, P. 20.

⑤ 教友会又称公谊会或贵格会(Quakers),是基督教众多教派中的一个小教派,正式创教时间是 1652 年。

Thomas)便在自己的教区教授黑人子弟读写知识,其教区的许多黑人成为当时和当地颇有学问的人。1696 年,国教会派遣另一名牧师托马斯·布雷到马里兰,以教育当地的黑人奴隶并使其成为基督徒。1701 年成立的"海外福音宣传会",在耶稣基督的名义下把拯救黑人的灵魂作为其首要任务。国教会教育黑人的目的不是为了提高他们的文化水平,而是使其虔信上帝和安于被奴役的地位,因此黑人教育仅限于基督教知识范围。教友会既关心黑人灵魂的拯救,也关心其身体的解放。它反对等级制,认为黑人和白人都是上帝的儿女,奴隶制度是一种罪恶。1688 年 2 月,宾夕法尼亚教友会发表了反对奴隶制的决议,并致力于废除奴隶制的斗争。为此,教友会成员举行宗教集会,为黑人灌输基督教的伦理准则,并且为他们开办学校和传授文化知识,以使他们获得捍卫自身权利的意识和能力。教友会成员不仅传授给黑人子弟阅读及有用的知识,而且要用这些知识引导他们,因为平等总有一天会实现。"南北战争前,英格兰国教会和教友会无疑是黑人教育领域影响较大的两个教派,但除它们之外,清教徒、长老会、卫理公会、天主教会等都曾为黑人设立过学校,当然他们教育黑人也是出于宗教的目的。"①

2. 印第安人教育

印第安人是美洲大陆的原居民,当欧洲殖民者到达美洲时,他们还处于氏族社会,过着田园般的生活,民风古朴敦厚,并且形成了独具特色、完整自足的社会和文化系统。殖民者赋予土著印第安人的称号是"异教徒野蛮人",在美国早期文学中也把印第安人描写为"撒旦的代理人"或"高尚的野蛮人"。这种"高尚的野蛮人"形象,是白人依据基督教的某些观念对印第安人生活加以理想化而构造的。当欧洲殖民者到达北美洲后,他们明显地受到印第安人的困扰,因此白人的首要责任是教化印第安人。他们力图用教育手段向印第安人灌输自己的文化,但印第安人对于接受殖民者的教育和归化兴趣不大。"对于英国殖民者而言,土著美国人的文化抗拒是一种对基督教导的冒犯,是一种殖民扩张的障碍。受虔诚宗教信念和英国文化优越感信仰的驱动,欧洲美国人参与了教育的十字军,力图把'异教徒'和'尚未开化'的印第安人纳入新教和英国文化的模式之中。"②

大多数教育家和新教徒都认为,印第安人必须变得"文明化",并成为基督教徒。1612年,伦敦出版了一本题名《弗吉尼亚的新生活》的小册子,认为"把那些野蛮人从对魔鬼的崇

---

① 屈书杰著:《美国黑人教育发展研究》,河北大学出版社 2016 年版,第 9 页。
② [美]乔尔·斯普林著:《美国学校:教育传统与变革》,第 11 页。

拜中解救出来以信仰上帝乃是我们首要的任务"①。同样,在英国王室关于北美殖民地教育的一些敕令、批文、指示中,他们所关注的唯一问题就是在印第安人中传播基督教。他们对于在印第安人中传播真正的文化科学知识毫无兴趣,他们丝毫不关心教给印第安人的孩子识字、阅读、书写、计算及掌握科学知识,使他们真正"走进人类文明的行列"。"因此,英国王室关于北美殖民地教育的观点具有浓厚的殖民主义的色彩,教育与传教成了同义语,教育沦为征服印第安人的工具。"②

英国王室曾经鼓励殖民地的经营者借助于皈依基督教及其教育,使得印第安土著居民接受基督教的信仰,但并没有取得成功。1617 年,詹姆士一世鼓励在弗吉尼亚殖民地为印第安人设置学校,弗吉尼亚殖民当局还拟定了在亨利克(Henrico)为印第安人成立一所学院的计划,以对印第安人进行教育,使他们信奉基督教,过上文明生活和接受职业培训,由野蛮人成为进步社会的成员。但殖民者的示好未能平息其侵略带给印第安人的愤怒,1622 年印第安人袭击殖民者驻地,使得弗吉尼亚殖民当局设置印第安人学校的想法最终延后了几十年。1646 年 7 月,被称为"印第安人的使徒"的约翰·埃利奥特(John Eliot)首次向印第安人布道,但印第安人并无兴趣,这种宗教排斥性一直持续到 20 世纪。1650 年马萨诸塞州的法令规定印第安儿童与白人儿童并肩入学,同年哈佛学院规定对英国青年和印第安青年实施相同的教育。1654 年哈佛学院还准备成立印第安人学院,后因缺乏合格学生才宣告停办。正如美国史学家贝林指出:"史诗与闹剧,悲剧成分多喜剧成分少,印第安人的教育与皈依是一出令人感到无尽沮丧的戏剧。迟钝、刻板、正义的英格兰移民向野蛮困顿的思想注入了令人费解的理论、道德与知识的混合体。他们是蹩脚的人类学家,他们在印第安人皈依并引导其融入统一社会方面所做的一切努力都几乎以失败而告终。"③直到美国独立建国后,印第安人的教育才被提上议事日程。

3. 民众教育

在殖民地早期,对于普通民众教育而言,布道是一种独特的教育方式。"在拓居的头几十年里,新英格兰精神把布道当作完美的媒介,并在这方面获得了卓著的成功。"④早在中世纪时,布道就与学校和大学建立了长期而稳固的联系。布道对于教育而言十分重要,它是

① 王晨、张斌贤主编:《美国教育的传统与变革》,中国社会科学出版社 2018 年版,第 375 页。
② 杨汉麟、周采主编:《外国教育思想通史》(第五卷),第 361—362 页。
③ [美]伯纳德·贝林著:《教育与美国社会的形成》,第 22 页。
④ [美]丹尼尔·J. 布尔斯廷著:《美国人:殖民地历程》,第 9 页。

中世纪大学组织机构的重要组成部分,中世纪大学教师通常都是著名的传教士。大学的布道在形成学生的宗教观方面发挥着重要作用。布道通常是在星期日或节日进行,听众包括世俗和宗教人士及学生。"大学教师在周围的社区布道,并由此使得城镇居民和大学师生之间建立了联系。而且,讲道和学习圣经之间有着必然的联系。⋯⋯因此,布道对于中世纪大学的宗教、知识传播和机构生活至关重要。"①从最早的时候起,中世纪学校就强调布道和教学之间的密切关系。一位能言善辩、学识渊博的牧师,可以通过布道的方式建立《圣经》与听众之间的关系,并分享着一种共同的价值观念。"圣经的学习包含三个内容:阅读、辩论和布道。⋯⋯布道应该在阅读圣经和辨别可疑事物之后进行。"②布道作为一种主要的宗教仪式,在早期殖民地民众教育中同样占有重要地位。

无论是清教徒还是其他教派,17 世纪是英语布道的全盛时期。到 17 世纪中期,清教徒已形成了一种"简明"的布道风格,其特征是简单而易懂。但它注重劝导和教义的实际结果,而不是对理论本身的缜密阐述。清教徒的布道由三部分组成:"教义""道理"和"用处"。"教义"是指《圣经》经文;"道理"为"教义"提供证据;"用处"是指"教义"应用于听众的生活,即布道引申出的"训诲"。"在新英格兰,布道远不止是个文学形式。它是个制度,或许是这里清教的独特制度。通过这个宗教仪式,神学被应用于社会的缔造,应用于日常生活的种种任务和考验。⋯⋯它并非只是社会部分人的一派之辞。它实际上是整个社会的正统声明和自我评判,是一种反复重申的独立宣言,是目的宗旨的不断再发掘。"③正是这种大量的布道活动和教义问答,使移民们在这里找到了各自的皈依途径,以便更好地在荒野里建立基督教天堂。如果说聚会所是殖民地早期村镇的地理和社会中心,那么布道则是聚会所的中心活动。美国史学家布尔斯廷指出:"新英格兰的聚会所就像它所着意模仿的犹太教会堂那样,主要是个教育场所。"④

殖民地早期法律规定,所有人必须出席布道,缺席者将被处以罚金。如 1646 年的法令规定,缺席一次罚款五先令。星期日通常有两次布道仪式,星期四也有一次宣讲,法律把星

---

① Ronald B. Begley and Joseph W. Koterski, *Medieval Education*, Fordham University Press, New York, 2005, P. 83.

② Ronald B. Begley and Joseph W. Koterski, *Medieval Education*, Fordham University Press, New York, 2005, PP. 83-84.

③ [美]丹尼尔·J. 布尔斯廷著:《美国人:殖民地历程》,第11—12页。

④ [美]丹尼尔·J. 布尔斯廷著:《美国人:殖民地历程》,第12页。

期日的仪式视为"恭听《圣经》的公共典礼"。"几乎没有一样公共活动不是以布道作为最令人难忘的特色。或许最特别的是选举日的布道,牧师们以此影响政治事件的进程,而且一直到美国革命时这仍然是新英格兰的一种制度。"①另外,斋戒节和感恩节期间也以布道为中心活动,向民众说明上帝为何贬抑或褒奖他们。对于那些即将走上绞刑的死刑囚犯布道,是英国的古老惯例。但它在新英格兰却有新的含义,要求罪犯及时悔罪,恳请民众从中汲取教训。这些布道都充满感情,富有说服力。布道为移民们提供了一个交流场所,使相隔较远的街坊邻居可以会面,交换各种新闻和闲言碎语。由于没有报纸、剧院、电影、收音机、电视等,牧师的布道自然具有强烈的吸引力。由于缺少书籍,主题很重要,许多听众便带上笔记本记录。因此,布道既是早期殖民地的重要公共活动,也是当时民众教育的重要途径。

4. 女子教育

这一时期,源于欧洲的性别差异观念在北美殖民地十分盛行,妇女被认为在智力上天生低于男子,在社会生活的各个方面都依附于男子,女性没有经济地位、政治地位和宗教地位。在这种观念支配下,人们认为女性既无必要、也无能力接受更多的教育。因此,女子教育的内容仅限于针线、读写和计算等简单的技能训练,其目标是使女孩将来成为一名合格的母亲和家庭主妇。在新英格兰殖民地,大多数当地资助的初等学校只对男孩开放,有些学校只在早晨或傍晚让女孩单独学习。与之不同的是,中部殖民地的学校为女孩提供了较为平等的学习机会。欧洲的殖民者,无论是英国人、德国人、荷兰人,还是瑞士人,都为他们的子女提供相同的初等教育机会。贵格派和虔信派教徒则为女孩建立中等学校,为男孩建立高等院校。然而,在南部殖民地极少有女孩接受正式的教育,大多数女孩只能进入小学校学习。有的学者在对北美殖民地 200 多所学校的研究中发现,只有 7 所村镇学校明确接受女孩,另外有 5 所可能接受女孩。马萨诸塞的迪尔菲尔德(Deerfield)和里霍博斯(Rehoboth)就是其中两个村镇。1698 年,迪尔菲尔德明确规定女孩要进入村镇学校学习,即只要家中有 6 至 10 岁儿童——无论男孩还是女孩,都要向学校缴纳人头税。1699 年,里霍博斯村镇委员会在合同中表示"尽其最大努力教育男女两性儿童学习阅读英语、书写和记账"②。然而,在整个 17 世纪甚至 18 世纪,依然有很多北美殖民地村镇坚决反对女孩进

---

① [美]丹尼尔·J. 布尔斯廷著:《美国人:殖民地历程》,第 13 页。
② 张晓梅著:《女子学园与美国早期女性的公共参与》,人民出版社 2016 年版,第 37 页。

入男性执教的学校学习。由于没有接受过书写训练,这些女孩长大后普遍不具备签名能力。

总之,北美殖民地早期的国民教育受到这一时期殖民地文明所共有的条件限制。"像任何其他时代的文化一样,它取决于当时的经济制度、谋生的方式、各阶级的意向、财富的积累、对文艺事业赞助的发展和闲暇时间的增多、人口的集中以及各式各样的实际经历。"①作为国民教育体制最基层的初等学校,是出于宗教动机兴办的,有时也夹杂着为贫苦儿童习艺做准备的考虑。创办一些依靠税收维持、不受牧师控制、为所有阶级的儿童提供免费教育的小学这一想法,在殖民地早期并没有表现出来。殖民地早期的拉丁文法学校遵循同样的传统,它是以英国的文法学校为榜样,为便于富家子弟升入大学而设立。拉丁文法学校与贫苦子弟所受的初等教育不相关联,它是高等教育的准备阶段,强调拉丁语和希腊语的教学,目的是为社会培养领导人。早在 1647 年,马萨诸塞议会批准在各城镇设立拉丁文法学校时,明确表示办学目的在于为青年升入大学;1684 年,位于纽黑文的霍普金斯文法学校其教育目的也是为了让年轻人能进入学院深造。但在中部和南部殖民地,直到 18 世纪初才创办另一类中等学校,即文实学校。这种新型学校不是为了学生升入大学,而是为了满足工商业发展的需要。

"美国殖民地教育是人们在北美重建欧洲教育制度的艰难尝试。在重塑殖民地教育的力量中,宗教是最重要的影响因素,尤其是在新英格兰。在马萨诸塞和其他新英格兰殖民地,源于清教主义的观念决定了教育的态度和实践。中部大西洋殖民地的文化多样性助长了该地区的狭隘主义。在南部殖民地,种植园制度和奴隶制产生了不同的教育结果。尽管地区不同,北美殖民者享有许多共同的文化元素,并由此形成了某些共同的教育特征。其中最重要的特征是移植了以阶级为中心的双重学校制度。"②可以肯定的是,到了 17 世纪末,北美殖民地已经建立了最初的教育体系,鼓励儿童读书和写字,以便他们接受宗教启蒙教育,并为将来应对殖民地边疆生活的突发情况做好准备;一些人还期望培养管理殖民地政治、经济和宗教事务的必要技能。"总之,无论某种形式的平民教育是否像在马萨诸塞那样——其实还有在康涅狄格、新罕布什尔和马里兰——由法律加以规定,使知识明灯得以

---

① [美]查尔斯·A. 比尔德、玛丽·R. 比尔德著:《美国文明的兴起》(上卷),第 142 页。

② Gerald L. Gutek, *Education in the United States:An Historical Perspective*, Prentice-Hall, Inc., Englewood Cliffs, New Jersey, 1986, P. 22.

在各殖民地点燃的是各宗教教派的热情而不是政府官员的开明。任何人烟稠密的地区,任何重要的教派,至少都有自己的初等学校,它们用学费和包括英国帮助美洲传教工作的捐赠在内的捐款来供养教员。"①国民教育对北美殖民地早期社会发展产生了深刻的影响,它使欧洲文明在北美得到传承,并使殖民地的宗教和权威受到尊重;文法学校和殖民地早期学院的古典教育传统,则是为了实现固化社会地位的目的。

① [美]查尔斯·A.比尔德、玛丽·R.比尔德著:《美国文明的兴起》(上卷),第202页。

第三章

学 校 制 度
的 革 新

从文艺复兴到 17 世纪是西方历史上一段璀璨夺目的时期。在这一阶段,人文主义思想家借助古典文化的复兴再生了新的思想和文化。于是,蕴涵人文主义理念的思想狂飙突进,引发了一次针对西方社会传统文化和意识形态的猛烈冲击。学校教育作为社会生活的一个重要领域,以及传承人类文明的重要手段,也经受了人文主义的洗礼。欧洲现代教育的框架在很大程度上受益于这一时期的社会和文化。该时期学校教育最为突出的变化是,它开始摆脱封建主义和宗教神学的禁锢,日益走上世俗化的道路;学校制度也在教育系统内外的合力下开始经历一场彻底的革新,教育事业的管理权重新回归世俗政权,传统的学校类型如德国的拉丁语学校和文科中学、英国的文法学校和公学等得以革新,新型学校如学园和实科学校也逐步建立起来,耶稣会学院管理的制度化与科学化趋势日益明显。

在这一时期,学校教育所经历的局部革新,无疑是由非制度化向制度化的转变。需要强调的是,从文艺复兴到 17 世纪是西方学校教育制度变革的重要时期,因为它的内容、方式乃至性质等方面都发生了彻底的变化。其推动者既有人文主义学者,也有宗教改革者,甚至还有非宗教界人士。他们关注教育的目的与方式不同,努力的方向也各有差异,但在客观上却促进了学校教育制度的不断革新,即办学权重新回到世俗国家的手中,学校分级制度逐渐形成,古典学校尝试革新,新型学校开始建立,学校管理也从随意和零散的状态日益走向规范化和科学化。回顾文艺复兴和宗教改革这个令人心情激荡的年代,学校教育既感受到了时代的冲击,同时也以自己的方式接受和回应这些变化,其最终结果则是学校教育制度的更新。

第一节　学校办学权的演变

文艺复兴时期形成的资产阶级世界观提倡以人为中心,肯定人的价值、地位与能力。这种具有强烈反封建色彩的人文主义意识形态对教育产生了重要影响。关注人的信仰和价值观的新型教育机构开始建立,教育内容和教育方法也具有了新时代的特色。教育制度所经历的这些变化对学校教育性质有着较大的影响,而决定学校教育根本性质的则是教育管理权和控制权的归属问题。学校教育的管理权和控制权在谁手中,直接决定学校教育为谁服务的问题。一旦掌握了管理和统治学校教育的权利,也就意味着垄断了学校教育事业及其培养的人才。于是,这些人才的发展以及他们服务的对象都会与学校教育管理者的期望和目标保持一致。因而,几乎所有的统治者都以自己的方式表达了对这个问题的关注。

为了研究的方便,同时也基于近代教育事业的规模相对较小,在此将学校教育管理权和控制权的问题简化为办学权。所谓办学权是指负责和管理学校教育的权利与资格,主要包括学校的创办、类型、教育内容以及运行机制等。在西方教育史上,由于特定历史时期的社会性质、教育状况以及社会需求不同,办学权经历了几次大的转变。当然,办学权的转变并非一种孤立的变化,它的每一次转变都与学校教育的整体变革有关,同时也会引起学校教育其他方面的相应变化。从文艺复兴到 17 世纪,办学权转变的基本趋势表现为从教会办学逐渐发展到国家和私人团体办学。随着办学权的转变,西方学校教育制度的性质也逐渐从宗教性转变为世俗性。

一、学校办学权的历史溯源

1. 古希腊的办学传统

教育活动最早起源于何时,目前暂无确切的资料可考。然而,人们通常都会将研究教育的恰当起点定位于古希腊这一文明的发源地,理由是"教育受惠于希腊"[1]。古希腊不仅创造了辉煌的西方文明,而且将教育带到了一个前所未有的高度。古希腊时期学校的学习计划和教学方法基本上和现代学校相似。从那时到现在,希腊教育思想和实践对于每个欧洲国家的教育都有巨大影响。[2] 因此,当我们考察教育理论和教育实践时,总免不了要溯源到希腊。

希腊民族精神在希腊人身上得到了充分的体现,他们对于知识和文化的渴求,以及他们的胸襟和魄力总是令人难忘。特别是古希腊最富盛名的两个城邦——斯巴达和雅典,它们在人类精神文明方面的成就和贡献令人惊叹。同样,在教育方面,两个城邦也颇有建树,它们的教育体制为后世教育提供了丰富的素材。

北部多山、南部岩石环绕的地理环境造就了斯巴达人特殊的品性。他们是严肃和不善言辞的民族,言语简洁却蕴含着独特的智慧。他们是非常强硬的保守派,反对任何革新。在斯巴达,成人和儿童生活的任何细节都直接或间接地受国家管制。儿童属于国家,国家

---

① 〔英〕博伊德、金合著:《西方教育史》,第 2 页。
② 〔英〕博伊德、金合著:《西方教育史》,第 2 页。

负责为他们提供一个完整的教育系统。"斯巴达教育是完全根据国家的需要来组织的,也完全控制在国家手中。"①因此,斯巴达的教育权牢牢地掌握在城邦及其统治者手中。城邦对教育有明确规定并强制实行,所有儿童都要接受教育。7 岁之前儿童一直生活在家里;7 岁时全部男孩生活在一个大型的寄宿学校里,以清除他们在家庭生活中养成的个性化倾向及遗传性特点,从而形成一种普遍的品格,即斯巴达人品格。"斯巴达建立了古代唯一真正的寄宿学校。"②

寄宿学校在每个儿童身上留下了能够辨认的烙印,他们的行为举止和态度十分相似。斯巴达男孩的个性在寄宿学校的公共生活中被消磨得一干二净,在他们身上体现出越来越多的是种族特性。斯巴达女孩除了在家吃饭外,过的完全是户外生活。她们要像男孩一样锻炼身体以便生育健壮的婴儿,她们要去体育馆锻炼如掷铁饼、投标枪,还要接受音乐教育和参加节日游行等。"为了去除她们身上一切温柔、细腻的女性特征,她们被迫接受严酷的身体训练,在公众节日和仪式上赤身裸体地抛头露面,这样做的目的只有一个:斯巴达的女孩们必须成为身强力壮,心如铁石,不为任何柔情所累的悍妇,只有这样,她们才能适应种族繁衍昌盛的需要……"③斯巴达人将这种教育目的与国家存亡紧密相连,形成了具有浓厚军事化色彩的教育体制。"总之,斯巴达教育的目标不是培养敏锐的智力和积累丰富的知识,而是培养纪律性、顽强的毅力和必胜的战斗信念。不断地接受服从权威的教育和严厉的处罚使斯巴达人养成了纪律性。"④在这种教育体制下,斯巴达教育完全成为了造就军人和武士的工具。

雅典的情况却有所不同。该城邦位于阿提卡半岛上,有着犬牙交错的海岸线和诸多优良的港湾,这为雅典人在海外贸易中获得丰富的财富提供了先天的优越条件。雅典人的教育理念与斯巴达人完全不同,它实行的是非军事化教育。正规的教育只面向男孩,女孩几乎生活在隔离状态,过一种隐居的生活。雅典女孩是在家里学习如何成为标准的"主妇",她们精通编织、烹饪和家政等。男孩 6 岁开始上学,主要学习文法、弦琴、竞技、绘画等;6 岁前是在育儿所学习各种寓言、民歌和神话。公元前 6 世纪,雅典政治家梭伦(Solon,约公元

---

① [法]亨利-伊雷内·马鲁著,龚觅、孟玉秋译:《古典教育史》(希腊卷),华东师范大学出版社 2017 年版,第 55 页。

② [英]肯尼思·约翰·弗里曼著,朱镜人译:《希腊的学校》,山东教育出版社 2009 年版,第 24 页。

③ [法]亨利-伊雷内·马鲁著:《古典教育史》(希腊卷),第 61—62 页。

④ [英]肯尼思·约翰·弗里曼著:《希腊的学校》,第 17 页。

前 640—公元前 558)将学校教育纳入其制定的法规之中,规定了国家对于教育的某些职责。他颁布了一项法令,要求强迫进行文字教育,并对道德教育做出规定。然而,梭伦制定的"这些法律和法规都用于私立学校。国家并没有设置学校或给学校以补助"①。雅典的教育体制是其"民主的"政治体制的反映。对于雅典人而言,教育意味着品格和鉴赏力的培养,以及身体、智慧与想象力的和谐发展。"我们热爱和追寻智慧,但也防止身体懒散;我们热爱和寻觅美,但反对格调低下的爱好和奢侈。"②这是雅典政治家伯里克利(Pericles,约公元前 495—公元前 429)对雅典教育理想所作的总结。

由上可知,教育权和办学权的归属在古希腊并没有统一的做法,各个城邦会根据自己的社会和政治状况而定。像斯巴达那样实行高度中央集权的城邦,通常将教育大权牢牢控制在统治者手中,并时刻不忘通过教育来培植后继力量。而雅典这样的城邦则标榜民主,希望借助教育塑造身心和谐发展的公民。这两个城邦的做法均说明了教育权归谁所有则意味着教育首先为谁服务的事实。

2. 古罗马的办学传统

雅典文明的光辉无与伦比,使得人们低估了古罗马文明的地位。"罗马的确没有像雅典或希腊那样,使人类有了飞速的进步,但是她却用自己的创造精神丰富了希腊的宝库。世界上没有一个国家曾像罗马那样,有效地统治着广阔的区域和众多的人民,有着大规模的政治结构。同时,罗马人清晰的思想和发达的法律结构,是与罗马的基础哲学联系在一起的。只有这种哲学才可能创造出这种新型的国家。在这一方面,其他古代民族也做过努力,但成就远不如罗马人。"③罗马不仅是希腊文化的传播者,更是一种文化的创造者。在办学问题上,罗马人似乎比希腊人更有远见。

在古罗马早期,教育子女是父母的职责,但他们也尽力按照集体的要求塑造青年人的品性。在罗马社会生活中,一切都以家庭为中心,特别是围绕父亲的权力运转,这是最具罗马特色的制度。每个孩子的父亲就是他的老师,与父亲的日常交往及对其行为的模仿,几乎是每一个罗马儿童的全部教育。"在节日,罗马人的火炉是宗教仪式的中心,孩子作为父亲的助手,帮忙料理一切;又或者,孩子陪着父亲去朋友家作客,在桌旁为长辈服务,和其他

---

① ［美］S. E. 佛罗斯特著:《西方教育的历史和哲学基础》,第 54 页。
② ［英］肯尼思·约翰·弗里曼著:《希腊的学校》,第 220 页。
③ ［美］S. E. 佛罗斯特著:《西方教育的历史和哲学基础》,第 87 页。

同龄小孩一起唱颂早期罗马文学的民谣。有法庭集会的时候,儿子会去听公众辩论;并且,如果父亲是个议员,儿子就有跟随父亲前往元老院的特权,'坐在大门旁边,从所见所闻中学习'——至少,共和国早期是如此。"①根据罗马的习俗,这种严格的家长训导一直持续到十六七岁,直到孩子正式披上成年袍才告结束。

在希腊化时期,罗马快速跨越了自身的野蛮和希腊文明之间的鸿沟后,很快就融入了希腊文明的肌体。当时在希腊文明和拉丁文明之间没有出现泾渭分明、相互对峙的格局,希腊文明在尚未开化的罗马得以确立,这种变化在思想文化和教育领域最为显著。"无论怎样,意大利人很快就意识到了从进步、成熟的希腊文化中所能得到的好处,尤其是这异域的文化同他们本民族的传统形成了鲜明的对照,映照出后者的落伍和不合时宜。"②当罗马贵族为孩子们提供希腊式教育时,总会竭尽所能地延揽最好的希腊教师。有些罗马年轻人为了追求完整的希腊教育,已不满足于在罗马寻找教师,而是愿意远赴希腊接受和当地人同样的教育。"希腊对罗马教育的影响还表现在更广泛的层面,它以双重的形式呈现出来。一方面,罗马贵族以希腊方式,或者说以文明希腊人的方式教养着自己的孩子;另一方面,他们完全按照希腊学校的教育模式,平行建立了一种用拉丁语教授的学习机制。"③因此,在那些教授希腊式学科的学校之外,一批拉丁语学校诞生了,它覆盖了初等、中等和高等教育。初等学校在公元前 7—公元前 6 世纪、中等学校在公元前 3 世纪、高等学校在公元前 1 世纪先后问世。

进入帝国时期后,人们对教育的需求更为强烈。罗马在一定程度上弥补了自己的不足,并试图与希腊化地区的教育标准接轨。罗马帝国皇帝奥古斯都(Gaius Octavius Augustus,公元前 63—公元 14,公元前 27—公元 14 年在位)建立了青年学院,为城邦显贵家庭的子弟提供教育。"青年学院更像一种贵族性的、世俗的俱乐部,供含着金匙出生的年轻人熟习上流社会的交往方式和优雅运动。"④奥古斯都对教师也格外偏爱,不断提供资金修缮各种文化教育机构,并且设立了帝国庇护下的宫廷学校,以便对未来的国家统治者进行教育。公元 1 世纪,罗马皇帝维斯佩申(Titus Flavius Vespasian,9—79,69—79 年在位)拨款在指定城市向拉丁语、希腊语的修辞和文法教师发放薪水。此后,许多人纷纷仿效,对

① [英]葛怀恩著,黄汉林译:《古罗马的教育》,华夏出版社 2015 年版,第 7 页。
② [法]亨利-伊雷内·马鲁著:《古典教育史》(罗马卷),第 30 页。
③ [法]亨利-伊雷内·马鲁著:《古典教育史》(罗马卷),第 40 页。
④ [法]亨利-伊雷内·马鲁著:《古典教育史》(罗马卷),第 157 页。

教育事业给予了更多的支持,向教师支付薪水的做法也被推广到罗马各行省。公元 3 世纪中叶,广泛设立学校以及给教师支付薪水的做法蔓延到了整个帝国。当然,接受统治者发放薪水的教师也受到严格监督。罗马帝国统治者对于教师选聘、录用以及教学内容选择都拥有完全的垄断权。后来东罗马皇帝查士丁尼一世(Justinianus Ⅰ,约 482—565,527—565 年在位)关闭了所有异教徒开办的学校,使教育完全为基督教所控制,由此开启了教会控制教育的先河。

3. 教会的办学传统

教会并非一开始就十分重视教育,它们对于学术和教育的态度经历了很大的转变。早期的西方教会害怕学术,或者说并没有意识到掌握民众教育权的重要性。当时教会普遍认为知识会破坏信仰,因而它们坚持知识服从信仰、哲学服从神学的宗旨。但从 9 世纪开始,教会逐渐关心有关教育和学校的各项政策,它们害怕学问的时代已经过去。826 年,由教皇尤金二世(Pope Eugenius Ⅱ,?—827,824—827 年在位)任主席的议会,要求所有主教必须训练文科和神学教师,以满足主教管辖区工作的需要。853 年,第二次罗马议会要求主教在每个教区成立一所学校以讲授宗教基础知识,另在每个大教堂设立一所教授文科的学校。其他的教会议程也重申了这些指令,并督促和支持学校进行普通教育与牧师训练。

教会开始关心和兴办教育,并不是因为它们认识到教育本身是一件好事,而是发现如果不给信徒特别是教士以学习圣经和履行宗教职责所要求的那种文化,教会就不能做好自己"高尚"的工作。[①] 这也是为什么教会最初办教育时,并没有想到为满足青年们的生活需要而施教。但随着时间的推移,教会的工作范围与内容逐渐超出了直接为宗教服务的范围,它们开始对学术和教学起到一种保障作用。最重要的是,它们意识到必须强化基督教会在教育事业中的统治地位。基于这种目的,教会日益加强对教育的控制权,并希望通过塑造和控制青少年的灵魂,以扩大管理人们事务的权力。

自中世纪起,随着宗教向社会各个角落的渗透,教会对于教育的重视程度发展到极致,学校日益成为教会训练接班人的工场。到中世纪结束时,教会几乎控制了学校教育的各个方面,而且依据自己的需要建立了具有浓厚神学色彩的学校教育制度。教会意识到为了统治人的思想就必须掌握教育,而控制教育的关键是要掌握教师。因此,它们对那些具备教学资格和能力的世俗教师采取压制、收买等手段。它们宣布,没有教会的允许,任何人不准

---

① [英]博伊德、金合著:《西方教育史》,第 98 页。

教学,并且在批准前教会一定要对申请教学的人员进行审查,看他们是否满足教会的要求,因为教会具有教学的专利权。① 1227 年,英格兰剑桥文法学校教师任职时必须向主教宣誓。誓词如下:"你要立誓服从艾里教堂的副主教和他的官员,永不亲自或通过他人别有所图,也不能利用你的权力允许反对副主教的管辖权的企图。你还要进一步宣誓,在你的任期内要忠实地履行按照以后公认的习惯赋予剑桥文法学校的一切任务,不向上述学校的学生强索任何东西;如果你或他人以你的名义别有所图,你同意按照你所立誓言,根据事实本身剥夺对上述学校的管理权,直到你获得应为之负责的人的改正为止。你承诺忠实地遵守这一切规定。愿神帮助你。"②此外,教会还牢牢控制了为青少年提供基本知识的初等教育,为大学输送人才的中等教育,以及直接培养精英人才的大学教育。

中世纪的欧洲各国几乎都有类似的经历。在英国,基督教会是为社会各阶层办理学校的主体,其教育的主要权限掌握在教会手中。大教堂和修道院开办了各式各样的学校,因此它们有权控制教会的教学。为教堂唱诗班男孩设立的音乐学校、教授拉丁语知识的文法学校和训练教士的学校等,都是由英国教会主办。至于德国,它在中世纪的教育情况可以概括为两大特点:第一,有关社会的一般道德与文化教育(包括青年教育),无不具有宗教和教会的性质,它是由教会举办和为教会服务、不为今世而为永生的教育;第二,只有僧侣具有享受专业教育的机会,公共的道德与文化教育机构是专门为僧侣设置的。③ 因此,世俗贫民从来没有为自己特设的学校,这种学校直到中世纪后期才逐渐出现,由此也揭开了办学权由教会向世俗国家转变的序幕。

二、办学权从教会转向世俗

学校教育制度近代化的一个重要标志是教育脱离教会的统治。简言之,也就是办学权从教会到世俗力量的转变。然而,当宗教势力没有完全从政治和社会生活中退却时,有关教育权的争夺仍然是宗教势力和世俗力量在意识形态领域进行激烈斗争的反映。从这个角度来看,办学权更迭并非只是一种教育领导和管理权的自然更迭,而是一场涉及两大社

---

① ［美］S. E. 佛罗斯特著:《西方教育的历史和哲学基础》,第 161 页。

② ［美］E. P. 克伯雷选编:《西方教育经典文献》(上卷),第 154 页。

③ ［德］弗·鲍尔生著:《德国教育史》,第 2 页。

会力量的角逐与斗争。因而办学权从教会向世俗的转移,伴随教会势力在所有领域的消退才可能出现。这种转变始于中世纪后期,经过文艺复兴和宗教改革的大力推动,直到18、19世纪才得以真正实现。

1. 办学权摆脱教会控制的背景

办学权摆脱教会控制,实际上是教会与世俗政权的斗争在教育领域的表现。这场事关双方利益的斗争既是社会生产力发展的结果,也是宗教改革在教育领域引发争斗的产物。"到16世纪结束时,西欧已经出现新的政治、经济、社会和宗教势力。西方各国人民的生活再也不像原来那样了。民族势力已向教会提出了挑战,并在许多地方赢得了胜利。"①

为了对抗教会的势力,世俗君主开始向自由民提供保护,以反对封建领主和主教发起的频繁战争和苛捐杂税。为了商人的利益,他们废除了五花八门的地方自治政权。这些地方自治政权有自己的关税、法律、度量衡和货币。1302年教皇卜尼法斯八世(Boniface Ⅷ,约1235—1303,1294—1303年在位)颁布《教皇训令》,阐明了"教皇权力至上"的学说,他声称要服从罗马教皇的统治,因为这是众生得救所必需的。不过历史的玄妙也正在于此,在卜尼法斯八世手中罗马教皇的最高权力突然戏剧性地结束了。前几个世纪所能接受的东西,从这时开始不再符合人心。各国君主及其议员都把国家繁荣看得比教皇的愿望更重。卜尼法斯八世遭到法王使者的威胁和虐待,受到侮辱后不久便去世了。1305年,法国波尔多总教区的大主教当选为教皇,称为克雷芒五世(Clement Ⅴ,约1260—1314,1305—1314年在位)。他并未去罗马,而是以法国东南部的阿维尼翁(Avignon)为教皇驻地。此后70年间(1309—1377),阿维尼翁的7位教皇均受制于法王,从而失去了前辈教皇在天主教世界的统治地位。

除了社会经济变化以外,由文艺复兴所引发的个人主义和现实主义情绪不断增长。神学和基督教会对现实生活的控制,受到当时新的道德准则和社会准则的挑战,并最终为后者所取代。有关人类本身的一种新概念已逐渐形成——它体现了对人类尊严和创造力的一种新的信念。人类无须一心想着神对来世会作何判决,而只须发展自己与生俱来的潜力,尤其是思考能力。②

所有这些导致了世俗政权对教会统治的日益不满,由此两者之间展开了一场激烈的争

① [美]S. E. 佛罗斯特著:《西方教育的历史和哲学基础》,第251页。
② [美]斯塔夫里阿诺斯著:《全球通史:1500年以后的世界》,第15页。

斗。这场斗争事关欧洲君主能否从教会手中夺取新权力,它在很大程度上取决于世俗君主与商人阶层的非正式联盟。城市的自由民向君主提供财政援助和管理人才,后者成为了国王的侍从、监工、账目保管人和皇家造币厂经理等。最初,这些人组成国王的王室,主管国王私人事务。随着王室成员被派去管理整个王国,强有力的中央集权政府发展起来。"这时的西欧变得无可匹敌,它拥有向外猛冲的推动力——宗教动力、思想骚动、经济活力、技术进步和有效地动员人力物力的民族君主国。"①

2. 推动办学权向世俗力量转变的关键因素

获得办学权和开办学校离不开财富的支持,在这一方面教育也受益于宗教改革。"宗教改革使国家和城市夺得了原来属于教会的建筑物和可观的财富。按照新教领导人的意见,这些财富应提供给教育事业。"②世俗领袖开始认识到,教育是宗教改革努力完成的一切事业的基础。另外,在大部分新教已扎根的国家,人们相信市政当局控制教育是控制人心的唯一方法。城市和国家用过去罗马天主教会财产的大量收入,资助那些有潜力的孩子上学,从而使公费教育成为可能。

某些新教组织也成为了倡导新式教育的典范,这对于教育的全面革新起到了推动作用。格鲁特创办的兄弟会,被人视为宗教改革时期"最有活力,最有影响的教育力量"③。该组织为 14、15 世纪的宗教和学术生活做了大量工作。它一方面拥有许多进步民众和优秀知识分子,另一方面还印刷了大量对人们的思想和行动有影响的书籍。兄弟会有许多藏书丰富的缮写室,印刷术发展起来后被印刷机所取代。据统计,1490 年兄弟会已拥有 60 多部印刷机,源源不断地印刷原版《圣经》、宗教小册子、拉丁课本、希腊课本和本国语课本等。他们以低廉的价格销售给贫民,在德温特印刷所就发行了 450—1 500 册图书,其他城市也印刷了大量书籍。④

在不同的国家,由于宗教改革运动的特点不一,因而在办学权的转移方面,其进程和方式也有区别。以英国为例,其宗教改革是一场自上而下的国家范围内的政治改革,它对英国教育的影响非常深远。随着英国世俗政权在政治较量中占据上风,国家开始获得管理教会和学校的权力。作为胜利者的英国国王,要求所有学位申请人和教育机构的所有人员宣

① [美]斯塔夫里阿诺斯著:《全球通史:1500 年以后的世界》,第 32 页。
② [美]S. E. 佛罗斯特著:《西方教育的历史和哲学基础》,第 223 页。
③ [美]S. E. 佛罗斯特著:《西方教育的历史和哲学基础》,第 199 页。
④ [美]S. E. 佛罗斯特著:《西方教育的历史和哲学基础》,第 201 页。

誓忠于王国,并把他们置于严格的管理之下。1580 年 6 月 18 日,英国王室枢密院在给坎特伯雷大主教格陵道尔(Edmund Grindal)的信中写道:"……你要对所有管理学生的教师,或将被教区主教任命的教师在其宗教方面进行审查,如果发现他们是腐败和卑劣的,就要将其开除并且像对其他的不服从国教者一样,对他们进行控告,并且让那些道德高尚的、称职的人来代替他们。"①在英国的很多学校,本国语取代了拉丁语,学术书籍也开始出现。许多教区和教堂中的唱诗学校、寺庙学校、大寺院和主教学校都关闭了。从修道院、女修道院、圣殿和小教堂转移出来的资金,被用于支持文法学校以及牛津和剑桥大学的发展。同时,在人文主义、语法和文学的兴盛中,经院主义和雄辩术趋于消亡。② 在法国,1516 年罗马教皇和法国国王达成契约,把法国教会置于王室控制之下,这大大削弱了教士阶层的权力。此后,虽然教育权的转移又经历了一些波折,但教育的世俗化趋势却更加明显。

宗教改革者对学校教育的冲击也是推动办学权转移的重要因素。中世纪后期,随着城市化的发展,学校教育以及文化知识都有了极大的进步。西方各国都或多或少出现了一批受过学术教育的人士,其中越来越多的人开始主动探讨教育问题,对于教学方法、教学内容以及教师等问题都有了更多的思考。另外,经过文艺复兴和宗教改革的洗礼,越来越多的人自愿离开教会所办的学校,而进入人文主义者和宗教改革者所办的各类新型学校。"由于称为宗教改革的宗教革命的发生,教育进入了一个对未来世界影响重大的新阶段。其最大的结果,是在西欧相当大的区域内为社会各阶层创立了一系列的学校,实现了教育权力由教会到国家的转移。"③然而,最初所呈现的只是一种教会统治代替另一种教会统治,宗教改革者并没有意识到他们的改革运动将不可避免地引起深刻的社会变革。

宗教改革领袖马丁·路德力促建立新教学校,并大力倡导家长将子女送入学校接受教育。1530 年,路德发表了《论强迫义务教育》。路德指出,教育不仅对社会有积极作用,而且可能会使儿童有一个好前途,因此父母应该乐意为孩子接受教育进行必要的投资。为了便于普通民众接受宗教教育,他殚精竭虑地将希伯来文和希腊文《圣经》翻译成简洁易懂的德语。为了使每个德国人都有更多的学习机会,路德支持建立公共图书馆。他强调公共图书馆必须备有编年史和各类历史书,因为人们通过学习历史,可以将有史以来一切人物、生

---

① ［美］E. P. 克伯雷选编:《西方教育经典文献》(上卷),第 308 页。
② ［美］S. E. 佛罗斯特著:《西方教育的历史和哲学基础》,第 232 页。
③ ［英］博伊德、金合著:《西方教育史》,第 182 页。

活、劝告、目的和失败呈现在眼前,如同镜中一目了然。获得了这种知识以后,他们就可以形成自己的见解,怀着敬畏上帝的心去适应环境,从历史学习中了解现实的生活,知道什么是应当寻求的,什么是应当避免的,而且依据这个标准也可以帮助和指导别人。

路德的教育改革思想和主张得到了积极的响应。1525 年,路德和另一位宗教改革领袖梅兰希顿在埃斯莱本(Eisleben)创立了新教学校,这所学校成为了萨克森领地新教学校的典范。萨克森各地赞同路德"每个乡村都应有学校"的主张,纷纷建立了新教学校。德国许多地方也先后建立了各类新教学校,实行新式教育。16 世纪 30 年代,在路德的呼吁下,维滕堡甚至成立了女子学校,为女生教授阅读、写作和《圣经》等课程。

路德有关"政府应负起向全体儿童提供义务教育的责任""父母应该支持孩子接受教育""女子也应该受教育"和"全民都应该接受教育"等主张,既大大促进了德国公共教育体系和模式的产生,也蕴含了教育世俗化的深刻观念。经过路德大力倡导而建立的新教学校,宣传"因信称义"等带有资产阶级个人主义和自由主义色彩的新观念;同时,这些学校又试图开设多门学科,它们寓教于乐,反对体罚学生,并强调历史学习。这些思想和主张得以实践后,既活跃了学生的思维,又激发了其创造性,使整个民族的文化底蕴和自信心得到了增强,从而对德国历史的发展产生了积极影响。从教育世俗化角度来看,路德的主张也是推动办学权由教会向世俗力量转变的有力手段。

在文艺复兴之前的中世纪,其教育机构五花八门,类别繁多,而且没有人尝试将它们协调起来,因此我们很难说存在着某种统一的教育制度。① 经过文艺复兴和宗教改革的推动,有关学校教育重要性的认识已在绝大多数人心中扎根。普及初等教育的观念逐渐被越来越多的人所接受,而这都与办学权从教会手中向世俗力量转移有关,这种转变始于世俗力量加强对教育的关注。这个时期的教育事业逐渐由世俗权力、市镇议会或王侯所控制。从14 世纪开始,教育领域的"世俗化"趋势开始明朗,学校教育越来越成为雄心勃勃的统治者猎取的目标。② 从 15 世纪开始,英国一些学校掀起了一场不受教会控制的运动,为其后来世俗教育的发展奠定了基础。

自文艺复兴开始,再经由宗教改革的洗礼,教育的总趋势是基督教对教育的垄断权逐渐被削弱,那些依附于基督教会的教育也不断受到冲击。越来越多的人自愿离开教会所办

① ［英］R. B. 沃纳姆编:《新编剑桥世界近代史》(第 3 卷),第 567 页。
② ［英］G. R. 埃尔顿编:《新编剑桥世界近代史》(第 2 卷),第 567 页。

的学校,并且为推动社会进步而开始掌握学校办学权。"到 1550 年,欧洲已处于一场教育革命的产前阵痛之中,这场革命的酝酿阶段已经基本结束。新体制的基础已经奠定,以后的发展主要是这些现有改革的传播和扩展。"①同时,学校教育的培养目标已发生了重要变化。"优秀的人再也不是专长于繁琐的、难以琢磨的经文的教士,而是将古代传统、骑士精神和基督教精神合而为一的人。"②

办学权从教会向世俗力量的转移,既是西方教育发展到一定历史阶段的产物,也是西方教育制度近代化的一个重要标志,更是世俗力量与教会经过长期激烈的斗争最终取得的成果。当然,这场斗争的产生与文艺复兴时期社会经济发展和思想解放密切相关。没有思想领域的革新意识,实践层面的革新很容易成为无源之水。从此以后,教会对于教育的控制和干扰不再被视为自然和正常的现象。摆脱了教会约束的学校教育日益走上了一条适合自身发展的世俗化道路,同时也揭开了学校教育繁荣和发展的新篇章。

第二节 学校分级制的滥觞

如果将学校教育制度视为一个系统,那么学校分级制度就是这个系统的支架。因为发展到一定规模的学校教育如果缺乏分级制度——使学校教育条理化、规范化的制度,则难免会暴露出紊乱、繁复等状况,甚至成为一盘散沙。要解决这个问题,学校分级制度的实施是一个必然选择。从文艺复兴到 17 世纪,正是一些学者对学校分级制度大胆设想和勇敢尝试的时期。其中,既有梅兰希顿这样的宗教改革运动的勇士,也有耶稣会这样的教会组织,最为突出的则属捷克教育家夸美纽斯。如果说梅兰希顿和耶稣会的实践基本上确立了学校分级制度的雏形,那么夸美纽斯则以其卓越的教育智慧对学校分级制度进行了高度总结,从而将学校分级制度推向了更高的水平和层次。

一、学校分级制度的初始形态

学校分级制度的萌芽最早可追溯到古希腊时期。鉴于当时的教育水平,虽然还缺乏建

---

① [英]R. B. 沃纳姆编:《新编剑桥世界近代史》(第 3 卷),第 571 页。
② [美]S. E. 佛罗斯特著:《西方教育的历史和哲学基础》,第 251 页。

立完善统一的教育制度的基础,但斯巴达面向全体公民所提供的完整的教育系统,却为学校分级制度贡献了最早的智慧。一般说来,7岁前男孩要跟随父亲去俱乐部(相当于初等学校),女孩则在家里和母亲一起。7岁时男孩要被带离家庭,他们会被按照严密的组织系统编成"队"或"部",一起吃饭、住宿和玩耍;女孩同样按照编队进行组织,她们除了在家吃饭外,过的完全是户外生活。"类似英格兰公学的斯巴达男孩的'队'是城邦的缩影,每个男孩在'队'中学会了使自己个人的需要从属于公共的兴趣和荣誉。……斯巴达教育与英格兰公学有着相似性。"①然而,当时对学校教育分期的认识是建立在哲学思辨的基础上,而且没有可靠的科学依据,因此很难说当时人们所提出的受教育年龄分期是科学的,但它在一定程度上却反映了当时社会和教育的实际状况。

在古罗马时期,昆体良结合当时罗马学校的实际情况,对学校分级制度提出了较为科学的设想。昆体良认为,儿童到一定年龄就必须进公立学校就读,因为学校教育比家庭教育更完善和优越。在他看来,封闭式的、离群索居的家庭教育,不可能培养出在公共生活中施展才华的雄辩家;只有在学校的群居生活中才能了解社会,熟谙人情,养成适应公共生活的习惯。他说:"一个未来的雄辩家,一个必须生活于广大公众之中并谙习公共事务的人,应当从童年时代起就习惯于见了人不致羞涩腼腆,也不应过着颓唐孤僻犹如隐士的生活。"②学校生活能培养友谊和竞争意识。友谊的强大力量能至老不变,犹如宗教义务一样牢固。"赞许能激起竞争。他会感到,不及与自己年龄差不多的学生是可耻的,胜过比自己年长的学生是光荣的。所有这一切都能激发心智。虽然野心本身是一种邪念,然而它往往也是德行之母。"③昆体良提出培养雄辩家应经过初级学校、文法学校、修辞学校三个阶段的学校教育。另外,昆体良也是最早提出分班教学初步设想的教育家,据说他的老师就是采用这种方法进行教学。昆体良论证了分班教学的优越性。他主张把学生分成班级,教师对全班而不是个别学生进行教学。实行班级教学制度,教师不仅可以同时教许多学生以节省时间和精力,而且学生之间可以相互影响、相互模仿和竞争。此后,随着整个社会进入中世纪,教育的进步变得非常缓慢,分班教学制度也被废弃了。

到了文艺复兴和宗教改革时期,由于众多开明人士热心于教育改革,学校分级制度开

---

① [英]肯尼思·约翰·弗里曼著:《希腊的学校》,第24—25页。

② 任钟印选译:《昆体良教育论著选》,人民教育出版社2001年版,第22页。

③ 任钟印选译:《昆体良教育论著选》,第22页。

始逐步形成和日趋完善。这些人基于各种各样的原因对学校教育的分级都颇为关注。他们有的是宗教改革运动的旗手和健将,如梅兰希顿;有的是反宗教改革运动的主力——耶稣会士;还有新时代教育领域的杰出代表——夸美纽斯等。正是他们的呼吁和行动,加速了学校教育分级制度的建立,同时也在客观上为贫民子弟接受教育提供了保障。

由此可见,学校分级制度很早就已具备雏形,但直到文艺复兴和宗教改革后,有关小学、中学和大学的划分以及各阶段教育的特点才逐渐明晰,学校分级制度的滥觞因此具有新的更丰富的内涵。

二、梅兰希顿的学校分级实践

梅兰希顿是宗教改革时期德国著名的基督教新教神学家和人文主义教育家,被誉为是少数几位较深刻地理解了路德新教教育理念的进步之处的人士之一。① 他作为路德教派学校改革的天才组织者,毕生致力于建立新的学校教育体系。在这个体系中,国家政权和教会利益得以兼顾。梅兰希顿曾经在一些信奉路德新教的地区进行教育调查,并根据调查拟订了教育法令和学校改革方案。在其影响下,德国建立了新的大学和中学,也改革了一些旧的大学和中学。梅兰希顿的教育组织活动及其编写的多种教科书,对于宗教改革后德国的中、高等教育产生了深刻影响,因而被尊称为"日耳曼导师"②。同时,梅兰希顿也是最早建立德国新教育制度和作出卓越贡献的人物。他对于教育的特殊贡献在于促进了学校教学组织的系统化,为德国学校提供了一种制度保障,并且把教育理论和思想付诸实际。③

梅兰希顿出身于书香世家,从小天资聪慧,熟读希腊文、拉丁文和希伯来文版本的《圣经》,对于数学、历史、法律和医学也有较深入的研究,这为其日后的成就奠定了良好基础。梅兰希顿以惊人的毅力和不知疲倦的精神,致力于新教的教育工作,时间长达40年之久,饱尝内外交困和与险恶环境做斗争之苦。梅兰希顿在题为《论糟糕的启蒙教师》一文中勾勒了一幅学校教学的生动画面。他认为当时虽然有好的教育理念,但缺乏实施这些理念的方法和组织。进入拉丁语学校的男孩没有做好充分准备,教师抱怨说学生什么也记不住。

① 褚宏启、吴国珍主编:《外国教育思想通史》(第四卷),北京师范大学出版社2017年版,第458页。
② 褚宏启、吴国珍主编:《外国教育思想通史》(第四卷),第457页。
③ [英]威廉·哈里森·伍德沃德著:《文艺复兴时期教育研究》,第231—232页。

为了使学生听懂所教的科目,教师把嗓子喊哑了,但发现他们已昏昏入睡。时间被无休止地用于讲授基础语法知识,然后教师试图与学生进行会话练习,结果却发现他们词汇量很少。至于纠正语法错误、去除没有意义的短语、改正文体等,教师的耐心受到了严格的考验。他说:"生活中如果没有一些热情,那就将一事无成。但是,我所关心的学生对于赞扬和责备都无动于衷,他们从未表现出一点点想要胜过别人的渴望。"①这种智力特征会导致类似的道德缺陷,因此需要通过严厉批评去根除。

为了纠正上述缺点,梅兰希顿在自己的家里建立了一所"私人学校",这项实验坚持了十余年,体现了其教学思想的某些重要原则。学生人数是固定的,而且全部是寄宿生。梅兰希顿的目标是为那些将要升入中学或大学的男孩提供完整的教育,其中拉丁语基础训练是教学的主要目的。在宗教、数学或物理方面,并没有开设具体课程,主要是通过拉丁语及其作品进行学习。"私人学校"是一所典型的拉丁语学校,但它同时也教授希腊语的基础知识,以及散文和诗歌的写作。教科书由梅兰希顿自己编写,内容选自一些祈祷文和《新约全书》的摘录等。

在宗教改革期间,德国各地纷纷建立新的教育机构。1521—1526 年间,在梅兰希顿积极推动之下,马德堡、埃斯莱本和纽伦堡等地创办了新的文法学校。自 1525 年起,梅兰希顿在埃斯莱本和纽伦堡为新教的第一批高等学校起草章程和安排课程,这足以体现出他在教育方面的才华。作为一名教育者,梅兰希顿以其渊博的学识和高超的教学才能赢得了学生的爱戴。他在教育方面的贡献主要表现为:制定了新教学校的组织原则,参与了许多地方的教育改革。他或是亲自前往,或提出书面建议。梅兰希顿编写的拉丁文和希腊文的文法和修辞学,以及逻辑学、心理学、伦理学、神学等学科的优秀课本,使用达数百年之久。他的很多学生后来在德国各地成为得力的教授或教士,为推广和传播梅兰希顿的新教教育思想做了许多工作。

1527 年,萨克森的选帝侯②任命梅兰希顿为萨克森学校的视学,并要求他带领一个三人小组周游王国,以便报告国家对学校的需求情况,这或许是世界上最早的教育调查。最后出台的报告被称为"历史上第一份学校调查报告的视察书"③。1528 年,梅兰希顿撰写了

---

① [英]威廉·哈里森·伍德沃德著:《文艺复兴时期教育研究》,第 233 页。
② 选帝侯是德国历史上的一种特殊现象,用于指代那些有权选举神圣罗马帝国皇帝的诸侯。这一制度从 13 世纪中叶开始实行,一直沿用到 1806 年神圣罗马帝国灭亡为止。
③ 褚宏启、吴国珍主编:《外国教育思想通史》(第四卷),第 459 页。

著名的《萨克森学制计划》。该计划主要适用于大学预科性质的中等教育和高等教育,并成为促进文科中学发展的重要纲领。① 到 1560 年,梅兰希顿逝世时,他创立的学校体制在德国各城市已很普遍。

梅兰希顿所倡导的学校体制,包括在埃斯莱本和纽伦堡的实践以及 1528 年在萨克森的实践。在这两个阶段,梅兰希顿的思想发生了一些变化,但总体特点可以从埃斯莱本的《教学计划》窥见一斑。这个计划和他以后制定的所有计划一样有两个显著特点:所有教学工作分为三个年级或三个阶段,学生按照其对功课掌握的情况由低到高进行学习;拉丁文法和文学是主要学科。第一阶段为初学者阶段,也称为"基础班"。通过学习一本简单的课本如《通俗小册子》《儿童基础学习手册》《伊索寓言》、莫塞拉努斯(Mosellanus)《对话集》和加图(Marcus Porcius Cato)《道德诗》等,引导学生掌握拉丁语的基础知识,使他们获得足够的拉丁语词汇,并用拉丁语交流。第二阶段开始正规的语法学习。要求学生阅读泰伦斯和维吉尔(Publius Virgilius)的作品,以及浸礼会的《田园诗》,并且写出简单的记叙文、信件和短诗。只有当学生掌握了语法规则,深入理解词法、句法和作诗后,才能升入第三阶段学习逻辑学和修辞学。② 第三阶段要求学生在拉丁语会话和写信方面达到优秀的标准,因此他们要阅读历史学家的作品,以及诗人维吉尔、贺拉斯(Quintus Horatius)和奥维德(Publius Ovidius)的作品;同时还要学习西塞罗的演说和道德论文、希腊语、希伯来语、音乐等。埃斯莱本《教学计划》充分体现了梅兰希顿的基本原则及学校分级制度的初步设想,其目的是不断灌输真正的宗教和正确的知识,从而把年轻人培养成为具有福音派新教信仰的、能胜任工作的教师和有用的公民。

1524 年 10 月,梅兰希顿应邀去纽伦堡建立一所拉丁语学校。1526 年 5 月,在新的拉丁语学校开学典礼上,梅兰希顿发表了《关于开设新学校》的演说,表达了如何建立一种新教育制度的看法。他认为,儿童应被培养成有道德和笃信宗教的人,这种义务并不局限于哪一个阶层的儿童,而是涉及一个国家的全体儿童。因为我们的最终目的不只是培养个人美德,而是对公共福利的关注。除非培养心智健全的人,否则宗教的真理和道德的义务不能被正确地理解。我们即将开办的学校将提供自由的训练,而医学、法学和宗教等必须以此为基础。梅兰希顿强调拉丁语法的学习,认为只有牢固掌握了语法知识,学生才知道如何

---

① 褚宏启、吴国珍主编:《外国教育思想通史》(第四卷),第 460 页。
② [英]博伊德、金合著:《西方教育史》,第 191 页。

运用拉丁语进行会话、句法分析和写作。学生要学习那些令人称赞的作家的作品，如伊拉斯谟的《对话集》、维吉尔、泰伦斯和普劳图斯（Plautus）的作品。拉丁语学校按年级组织教学：一年级由具有"教授"头衔的修辞学和雄辩术教师掌管，教师所用的教科书包括伊拉斯谟的《论词语的丰富》、西塞罗的演说词和昆体良的部分作品。二年级由拉丁语教师掌管，教师主要关注一些诗人的作品，并教授学生如何用韵文写作。三、四年级和高级班将由希腊语教师掌管，主要学习西塞罗的《论义务》、李维（Titus Livius）和其他历史学家的作品。梅兰希顿称赞纽伦堡发展教育事业的热情，认为纽伦堡是德国所有城市中保护人文学科的模范。

1528 年，梅兰希顿发表的《萨克森学制计划》，与之前的计划相比更加周详。在这个计划中，梅兰希顿将学生分成初、中、高三级。那些学生较多和经费充裕的地方，班级数也适当增加，其中大多数是分成五个班，初级一个班，中、高级各为两个班。这个计划考虑了更多年幼儿童的需要。他强调教师只需教儿童拉丁语，不要将一大堆学习任务压在儿童身上。每个年级的儿童都有相对应的学习内容及具体方法。一年级包括那些正在学习阅读的儿童。他们首先要学习《儿童手册》，之后由教师讲解诗文，然后他们再对这些诗文进行熟练的颂读。另外，还要教儿童写字、音乐等。二年级由那些将要学习文法的儿童组成。他们必须严格遵守学校的时间规定，通过学习《伊索寓言》掌握各种字词的变化。三年级主要包括那些已经受过良好文法训练的儿童，他们要学习有关词源和句法的变化。当儿童精通文法以后，就可以学习逻辑和修辞了。①

梅兰希顿有关学校分级的计划，为不同年龄层次的儿童进行了分组，使得同一个组儿童在年龄和知识掌握程度上非常接近，有助于提高教学效率，能更有效地促进学生的发展。该计划也鲜明地体现了梅兰希顿对于拉丁文法的重视。从教学内容来看，拉丁文法教学占据绝大部分，这不能不说是一个缺陷。

稍晚于梅兰希顿的德国教育家斯图谟在斯特拉斯堡创建了古典文法学校，文法学校由此成为德国驰名的中等学校。从 16 世纪到 20 世纪，文法学校一直是德国主要中学的原型，它在其他欧洲国家也有重要影响。斯图谟的文科中学由三所拉丁文法学校合并而成，他对分级制度也进行了大胆尝试。他根据学生能力分成几个班级，采用严格的分级教学制度。最初有 9 个班级，后来增加为 10 个班级。每个班级按固定的课程和教科书进行教学，每年

---

① 夏之莲主编：《外国教育发展史料选粹》，北京师范大学出版社 1999 年版，第 177—178 页。

都有隆重的升级仪式。教学内容以古典课程为主,学龄从 6 岁到 15 岁。学生十年的时间几乎全部用于学习拉丁语和希腊语。前七年学习规范的拉丁语,达到熟练掌握和运用自如的程度;后三年学习优雅的西塞罗体拉丁语。然而,由于过分崇尚西塞罗文体,导致它陷入了严重的形式主义。

1559 年,加尔文起草了《日内瓦法律学校》条例,其中也涉及有关学校分级制度的实践。该条例规定,按学生的能力组成循序渐进的班级,班内每十人为一组,合格的学生每年升入高一级的班级。在古典文科中学,加尔文将过去的十个年级改成七个年级,学生不仅要学习拉丁语,而且学习现代法语。与斯图谟在斯特拉斯堡开办的学校相比,加尔文十分重视学校中的民主生活,并减少了西塞罗文体和修辞学的课程。

苏格兰宗教改革领导人约翰·诺克斯在日内瓦结识了加尔文,并深受加尔文教的影响。随着加尔文教在苏格兰的广泛传播并逐渐取得优势,诺克斯开始为苏格兰起草教会制度,并且制定了一个为社会各阶层服务的教育制度。诺克斯还设想建立统一的全国学校体系,并明确地划分了各个年级。边远乡村的学生首先用两年时间学习阅读、教义问答和语法基础;然后进入城镇的拉丁语学校,学习三至四年的拉丁语和语法;其后,再进入大城市的高级学校或学院,学习逻辑学、修辞学和古典语言知识,为期四年;最后进入大学学习为期三年的哲学(包括辩证法、数学和自然哲学),接着学习律法、法律或医学。整个课程修完后,学生大约 25 岁。在诺克斯的主持下,苏格兰还创办了一些免费初等学校。诺克斯设想的庞大的教育体系虽然没有全部被教会和议会采纳,已被采纳的部分也未能完全付诸实施。但他的教育理想对苏格兰教育发展仍然产生了深刻影响,与当时欧洲一些地区相比,苏格兰的教育仍属先进之列。①

三、耶稣会学校分级实践

为应对宗教改革运动如火如荼的局势,反宗教改革者也开始了积极的行动。鉴于胡格诺派和詹森派创办的学校在广大民众中的声誉日益增强,天主教会不得不成立一个专门负责初等教育事宜的宗教组织——耶稣会。"耶稣会是一种特殊意义上的教育组织。"②由于

---

① 滕大春主编:《外国教育通史》(第 2 卷),第 263—264 页。
② 任钟印主编:《世界教育名著通览》,第 165 页。

它对教皇的绝对服从,耶稣会被视为反宗教改革运动的主力军。为了实现自己的目标,耶稣会特别重视通过兴办学校教育行使自己的使命,但其重心放在中等教育和高等教育。耶稣会的教育工作不包括小学教育,这种疏漏是有意为之。他们不希望劳动人民掌握文化知识,而小学是以贫民子弟为教育对象。耶稣会章程明文规定,凡在该会从事劳役者,一律不准学习阅读与书写。

(一) 耶稣会概况及其教育观

耶稣会成立于 1534 年 4 月,1540 年 9 月获得教皇批准。它最初是致力于改良罗马教会的一个宗教团体,与当时欧洲许多宗教团体一样具有鲜明的政治色彩。1539 年,耶稣会创始人罗耀拉(Saint Ignatius Loyola,1491—1556)在交给教皇的报告中指出,建立该团体的任务是:通过讲经布道、精神训练及行善施爱,通过向儿童和没有文化的人传授基督教原理,以促进人们过上基督教生活,并使正统宗教得到普及。耶稣会兢兢业业地从事传教工作,热衷于宣传自己的宗教和教育原则,它"对当时的知识分子、社会和政治运动都产生了强有力的影响"①。

耶稣会不仅是一个隐修会,而且是由一群捍卫信仰的战士组成的团体。它按照军事纲领进行组织,其首领是一位具有绝对权威的司令。该组织中的每位成员对于领导的指示不得有任何疑问。因此,服从是团体成员必须具备的基本德行。耶稣会唯一的上级是教皇。耶稣会对于教皇的绝对忠诚,使得教皇把它视为反对新教的有力武器。耶稣会也很快投入到反对新教思想的"战斗",但他们的武器不是枪炮和长矛,而是雄辩才能、劝说和用正确的教义教导人们。在许多地区,耶稣会士成功地使统治者和臣民继续效忠天主教,他们甚至收复了一度归属新教信仰的地区。当时,耶稣会领导人清醒地认识到要与新教争夺教会就必须对自身进行改革。因而,耶稣会领袖对于教会的纯洁、献身和军事化方面提出了严格要求。自身的严格以及上层的庇护使得耶稣会的实力日益增强,并逐渐被社会所接受。

耶稣会意识到要拯救天主教会以及与新教作斗争,教育是最有力的武器。经过仔细调查,耶稣会发现大部分教会关心小学教育而且颇有成效。但在中、高等教育方面,教会的力量却十分薄弱。针对这种状况,耶稣会决定集中力量发展中等和高等教育。"在所有得以

---

① Levi Seeley, *History of Education*, Complete Unabridged, New York, 2009, P. 98.

安居下来的地方,耶稣会士都创办学校和学院,因为他们坚信强有力的天主教只能建立在人们普遍识字和受到教育基础之上。实际上,他们的学校往往办得卓有成效,以致在宗教仇恨之火开始熄灭之后,上层新教徒有时把自己的孩子送到耶稣会士办的学校接受教育。"①耶稣会学院把保守反动的旧教传统与当时出现的新的教育体制和理论结合在一起,从而形成了耶稣会独特的教育观。

耶稣会从一开始就制定了明确的教育目标和完整的教育规划,以下三个文件集中体现了该团体的教育思想:一是《精神训练》;二是《耶稣会章程》;三是《教育计划》。《精神训练》集中体现了罗耀拉的宗教思想,它是对耶稣会成员和耶稣会学院的学生进行宗教道德教育的教程;《耶稣会章程》是罗耀拉费时多年写成的耶稣会经典,它的问世使耶稣会成为中世纪历史上第一个把教育青年正式写入章程的宗教团体。② 1584 年,耶稣会第五任会长阿奎维瓦(Claudius Acquaviva, 1543—1615)召集一批来自各省的优秀教育工作者共同制定了一个文件,即《教育计划》。这份文件既体现了耶稣会的思想,也包含了近代课程方面的成果。它于 1591 年刊行,使用了 8 年之久。后来又经过反复试验、调整和修改,最后于 1599年正式发布。《教育计划》既是一本专门论述教育问题的小册子,也是该组织管理全体耶稣会学院的依据。该文件一直沿用到 1832 年,成为世界各地耶稣会学院的最高宪章。

(二) 耶稣会学院的分级实践

耶稣会声称"教育不可因贵贱贫富而异",因而标榜要实行教育平等。但他们把教育工作的主要力量放在为上层阶级服务的中等和高等教育,对小学教育却并不重视。

耶稣会把它们的学校称为学院,并将其分成初级和高级两个等级。初级学院修业六年,相当于中等教育,招收 10 岁儿童,有三个文法班、一个人文学科班和一个修辞班。③ 高级学院修业三年,相当于大学预科。从高级学院毕业后,可以进入大学学习。学生入学年龄一般在 10 至 12 岁之间,他们大多是贵族和上层社会的子弟。然而,鉴于青年人易受感化的特点,耶稣会对新教徒子弟也照收不误,希望通过教育使其放弃新教信仰,进而皈依天主教会。在课程设置方面,初级学院以拉丁语为主,学生学习拉丁语法和修辞,训练用西塞罗

---

① [美]菲利普·李·拉尔夫、罗伯特·E.勒纳等著:《世界文明史》(上卷),第 928 页。
② 赵祥麟主编:《外国教育家评传》(1),第 330—331 页。
③ [美]S.E.佛罗斯特著:《西方教育的历史和哲学基础》,第 248 页。

文体进行演说和写作,同时也兼学希腊语。学校的日常生活和学习一律使用拉丁语,禁止使用本族语和方言。耶稣会学校重视体育教学,经常以骑马、射箭、游泳等活动调节学生的身心。

高级学院开设大学文科或预科课程,以哲学为主,一般学习三年。哲学课程不仅有逻辑学、形而上学、伦理学和自然科学,也包括代数、几何、三角、解析几何、微积分和机械学等科目。经过公开考试,对所学课程都能及格者便可获得"硕士"学位。哲学课程修完后,大多数学生不再继续深造,先到初级学院任教五六年,然后可从事其他工作。少数学生可以升入神学部,接受六年神学教育。起初四年,要集中精力研究《圣经》和东方语言,还要学习教会史、教会律例等。后两年,重新复习过去所学的哲学和神学课程,再撰写一篇论文。经过考试和论文答辩,可授予"神学博士"学位。

由上可知,耶稣会学校分级实践仅涵盖中等和高等教育两个层级,这与耶稣会自身的兴趣有关,也反映了宗教改革时期初等教育不受重视的事实。

四、夸美纽斯的理论总结

学校分级制度的系统化和完善化直到19世纪后才真正实现。在文艺复兴之后的几个世纪里,由于教育发展水平的限制,有关学校分级的实践尽管有所进步,但在整体上仍然处于一种分散和零乱的状态。梅兰希顿、斯图谟、加尔文、诺克斯等教育家在学校分级制方面的贡献,都体现了一种教育民主的思想。然而,由于他们的阶级立场和世界观的差异,以及当时的教育状况所限,他们所倡导和实施的学校分级制有着天然的不足。最终,将他们的思想加以总结并提升的是17世纪捷克伟大的教育家——夸美纽斯。基于对教育的长期关注,夸美纽斯对之前有关学校分级制度的尝试进行了理论性总结和提升。夸美纽斯因其在教育上的伟大贡献而被誉为"最宽宏大量的、最有远见的、最具理解力的和在所有阐述教育问题的作者们中最注重实践的人"①。

夸美纽斯进行学校分级的尝试,与其对学校教育的制度化充满信心密切相关。他坚信建立完备和成熟的制度是学校正常运作的基石。"因为制度才是一切的灵魂。通过它,一切产生、生长和发展,并达到完善的程度。哪里制度稳定,那里便一切稳定;哪里制度动摇,

———————————

① [美]S. E. 佛罗斯特著:《西方教育的历史和哲学基础》,第254—255页。

那里便一切动摇;哪里制度松垮,那里便一切松垮和陷入混乱;而制度恢复之时,一切也就恢复。"①因此,学校里应该建立一整套对人和事、时间和地点、书和作业以及假期的制度。

正是由于夸美纽斯对教育的制度化有着强烈的兴趣,因而他力图使学校教育实践能有相应的制度可以遵循。他提出了一个互相衔接的、从儿童到成人的教育体制,由此揭开了科学的学校分级制度的序幕。夸美纽斯提出,为避免学校工作秩序混乱,应该把学校的一切工作用以下精确的制度统管起来:(1)教学内容;(2)负有教与学之使命的人员;(3)教学工具:书及其他;(4)教学地点;(5)规定上课的时间;(6)课程本身;(7)休息和假期。② 夸美纽斯认为,一所完备的学校必须在以上七个方面建立一套完整的制度。他说:"制度使学校成为智慧工厂……。我看在学校里,知识也应同样轻松、迅速、完美和准确地积累和印记在感官和头脑里。就像在印刷厂一样,一天不会印一整本书,而在每天印上一页,这样,过了相当的时间,就印出成千上万部大部头的精美的书,它们是知识的传播者。"③

在夸美纽斯看来,学习应从婴儿期开始,并一直延续到成年。"因为经验告诉我们,一个人的身体可以继续生长到二十五岁,过此以往,它便只长力量了;我们必须由此作出结论,这种缓慢的生长率乃是上帝的远见给予人类的(因为动物的较大的躯体几个月、至多几年就可以完全长成),使得他得到较多的时间,对于人生的责任有所准备。"④因此,这二十多年的光阴应当划为界限分明的几个时期,即婴儿期、儿童期、少年期和青年期。与此同时,还应该给每个时期分派六年的光阴和一种特殊的学校。0 到 6 岁为婴儿期,儿童在每个家庭设立的母育学校接受父母细腻的看护。在此期间,儿童的感官应该得到练习和教导以辨别周围的事物。6 到 12 岁为儿童期,儿童进入设立在每个村落的国语学校就读。国语学校的目标是力求把对人终生有用的事物教给一切 6 到 12 岁的儿童。这些知识内容丰富,包括国语、数学、地理、音乐、圣经、道德、经济学、政治学、历史、天文、商业和技术等。国语学校应当分成六个班,每班设有一个教室,以免妨碍其他班级。12 到 18 岁为少年期,那些有志向的少年进入拉丁语学校学习。这六年学生分属于六个不同的班级,它们的名称从低到高分别叫做文法班、自然哲学班、数学班、伦理学班、辩证术班和修辞学班。每天有四小时的课堂教学,早晨两小时用于科学和艺术;午后两小时中的第一小时用于学习历史,第二小时应

① [捷]夸美纽斯著,任钟印选编:《夸美纽斯教育论著选》,人民教育出版社 2005 年版,第 247 页。
② [捷]夸美纽斯著:《夸美纽斯教育论著选》,第 248 页。
③ [捷]夸美纽斯著:《夸美纽斯教育论著选》,第 248 页。
④ [捷]夸美纽斯著,傅任敢译:《大教学论》,教育科学出版社 1999 年版,第 203 页。

按照该班的要求练习文体与演说等。18 到 24 岁为青年期,那些优秀的青年人可以进入大学学习。大学的目的是培养未来的教师和学者,使我们的教会、学校与国家永不缺乏合格的领导者。

夸美纽斯通过把学生按年龄和成绩分成班组,在学校中建立起关于人员的分班制度,他把这样划分的班组称为"班"。"班不外是把成绩相同的学生结合为一个整体,以便更容易地带领学习内容相同、对学习同样勤勉的学生奔向同一目标。"[①]为了更好地完成教学任务,夸美纽斯提出要给每个班配备教室。"有多少年级,就有多少教学用房;否则教者和学者将不能无妨碍地做自己的事,因为那些干别的事的人的相貌和声音,将经常妨碍他们。因此,为了让所有干同样事的人充分注意地做这件事,他们应与外面的闹声隔绝:教室应该彼此分开。"[②]在教室里,教师应占据适当的地位,使他能看到所有的人,而且能被所有的人看见。讲台因此应比凳子高些,同时要对着窗户。每一个教学房间必须进一步划分,特别是当学生人数很多时,应该把他们每 10 人分成一组,给每个组规定单独的房间,并且每组派一名组长。选择年龄最大、才能出众或特别勤勉的学生担任,或由已经读过本年级,并已知道学习内容的人担任,以便能更容易地帮助班主任或教师。组长的职责是:观察全体组内成员是否按时进教室和各就各位;督促每个人学习他该学的知识;如果发现能力较差或较迟钝的同学,就应帮助他或告诉教师。总之,组长应保护这十个人,就像保护托付给他的羊群一样,并带领他们在勤勉和德行上做出榜样。如果组长没有履行自己的职责,就应解除他的组长职务。

每个年级有若干个班,学生在每个班级与他成熟程度一致的人共同学习。各年级应在同一时间开始和结束学年课程。在此时间之外,不再接受任何人进校,以确保全班同学的学习进度一致,使他们都能在年底结束相同课程的学习。男女少年每天学习不应超过六小时,而且六小时功课绝不能无间断地进行,课间应有休息时间。特别是在每节课紧张的脑力劳动后要有半小时的休息,而早饭和午饭后至少要有一小时的散步与娱乐。此外,每天学习结束以后,应有八小时的休息和睡眠,从晚上八时至早上四时是睡眠时间。每周应有两天在午饭后不排课,让学生进行个人的学习和娱乐。

有关课程的制度,夸美纽斯认为构成各年级的课程应包括三类:主要的、次要的和第三

① [捷]夸美纽斯著:《夸美纽斯教育论著选》,第 251 页。
② [捷]夸美纽斯著:《夸美纽斯教育论著选》,第 253 页。

位的。主要课程是指反映智力、口才、诚实行为和虔信之类课程,如语言、哲学和神学等;次要课程是指为了更好地掌握主要课程所必需的,如历史。"因为学习历史特别让人高兴,它激起幻想,增长学识,丰富语言,提高对事物的判断能力,对使人审慎、明理亦有潜移默化的作用。"①第三位课程是指对强身健体和焕发精神极为有益的课程,如各种娱乐、游戏等。"第三位的课程与其说是促进智力的内部锻炼,不如说是促进身体的外部运动,并通过运动,保持头脑清醒。"②有关教材的制度,夸美纽斯要求七年制学校应有七本各年级的用书,每本书都应包括全年级的课程。"所有的书都应编写得使教员和学生不致像在迷宫中徘徊,而能在书中得到快乐,就像在迷人的花园里得到的快乐一般。"③

由上可知,夸美纽斯设想了一种从儿童出生到成人的学校分级体制,这使得每个人都能找到适合自己的年级而顺利地学习。相比之前的教育家有关学校分级制度的设想,夸美纽斯将年级与班级进行划分,并对各年级和班级的教学内容、教学场地及学校作息时间等都做出了较为全面的规划。瑞士心理学家皮亚杰指出:"当教育既没有稳定的教学制度又没有一般的教学纲领的时候,夸美纽斯不仅努力建立起一个合理的行政结构,而且还试图将其发展成一个循序渐进的、首尾一贯的纲领。在所有这些精心制定的周密计划中占主导地位的是对于一致性的双重要求:在一定水平上关于课程的横的一致性和在教育等级阶段上的纵的一致性。"④可以毫不夸张地说,夸美纽斯关于学校分级的设想是 16、17 世纪有关学校分级制度最为详尽科学的阐述。"他破天荒第一次提出学前教育的重要任务在于灌输儿童有关自然界和周围生活的初步概念,在于培养初步的道德习惯。他破天荒第一次讨论男女儿童的普及初等教育,而且认为这种普及教育要在本族语学校里进行(要知道,那时到处流行的是拉丁语学校,拉丁语依然是科学上的语言)。"⑤

1559 年,德国西南部的维滕堡公国建立了第一个完整的学校制度。它首次发布了一个学校章程,并于 1565 年由国会认可。它提出建立一个旨在"通过相互衔接的各级教育把青年从获得基础知识开始一直培养到具有教会和政府的职位所要求的文化程度"的学校制

---

① [捷]夸美纽斯著:《夸美纽斯教育论著选》,第 259 页。
② [捷]夸美纽斯著:《夸美纽斯教育论著选》,第 265 页。
③ [捷]夸美纽斯著:《夸美纽斯教育论著选》,第 253 页。
④ 程方平编:《划时代的伟大教育家——夸美纽斯诞辰 400 周年纪念论集》,开明出版社 1996 年版,第 117 页。
⑤ 程方平编:《划时代的伟大教育家——夸美纽斯诞辰 400 周年纪念论集》,第 44 页。

度。① 这标志着德国学校制度的开端,随后德国各邦都模仿了维滕堡公国的做法。按照该章程,学生们被分成以下六个年级:一年级(最低年级,9 至 11 岁),主要学习拉丁语的发音和阅读,并开始积累词汇;读物是从加图的著作中选用。二年级(10 至 12 岁),继续学习加图的作品,学习词尾和动词变化、语法、词汇,并翻译拉丁文教义问答。三年级(11 至 13岁),多做短语练习,阅读寓言和对话,开始学习西塞罗的《书信集》、泰伦斯的作品选等。四年级(12 至 14 岁),学习西塞罗的《致友人书信集》《论友谊》和《论老年》,阅读泰伦斯的作品。五年级(13 至 15 岁),完成以前的所有功课,并学习西塞罗的《家信集》和《论礼仪》、奥维德的"三行诗"及希腊文和拉丁文版"福音书"。六年级(14 至 16 岁),阅读西塞罗的《演讲集》、维吉尔的《埃尼亚斯脱险记》等。这个学校章程在德国一直沿用到 19 世纪,也是后来德国学制的基础。② 上述德国有关学校分级制度的实践与夸美纽斯的理论总结相比要简单得多,这充分说明了夸美纽斯教育思想的丰富及其生命力,而且也反映了他有关学校分级的理论探讨不是空想而是对实践的良好补充。由此可见,理论和实践的相互推动才是教育制度确立的最佳途径。

学校分级制度在理论和实践方面的不断完善,充分说明了随着教育事业的日益复杂,人们对教育问题的思考也不断深入。从文艺复兴至 17 世纪,随着办学权由教会向国家和世俗组织转移,教育事业的性质和结构发生了剧烈变化,教育的近代化从此揭开了序幕。随着世俗国家对教育的掌控日益加强,学校教育的制度化趋势也更加明显。针对不同阶层、年龄和受教育程度的青少年施与相应的教育,成为学校教育管理者必须考虑的问题。学校分级制度超越宗教分歧而成为 17 世纪的普遍共识,这意味着教育内容和教育结果的变化。

然而,鉴于当时的教育水平,还不可能形成系统和完善的学校分级制度。虽然出现了针对各个年龄层次和不同家庭出身的儿童就读的学校,而且各级各类学校的教学对象、入学条件以及修业年限等逐渐有了更为明确的规定,但面向不同对象的学校之间依然缺乏流动性,教育的阶级性十分明显。各种教育机构分散和零乱的状况依然存在。随着文艺复兴和宗教改革在教育领域的日益推进,学校教育制度开始趋向于逐渐连贯和系统化,其最终结果是学校分级制度的滥觞。此后,初等学校、中等学校以及高等学校的教学对象、教学内

---

① 夏之莲主编:《外国教育发展史料选粹》(上册),第 173 页。
② 夏之莲主编:《外国教育发展史料选粹》(上册),第 175 页。

容和教学任务等日趋明晰,它们之间的衔接关系也开始建立。这种局面的出现既与教育界人士的努力有关,更与那些热心教育的人士和团体的支持密不可分。

第三节　拉丁语学校和文科中学

夸美纽斯等人为建立学校分级制度所做的努力,无疑为学校教育的正规化和系统化勾勒了一个基本轮廓。然而,学校教育的完善除了分级制度之外,还必须依赖各级各类教育的完善才能实现。就当时而言,初等教育机构设施简陋,大多由教会或社会人士赞助,而且教学内容非常粗浅。以法国为例,直到 17 世纪,"阅读、写作、道德、风俗和宗教构成了适合穷人需要的全部课程"①。教育对象依然是贫苦儿童,他们没有进入更高一级教育机构的资格。换言之,学校教育制度仍然是不连贯的,初等教育与中、高等教育分离,而且互不衔接;中、高等教育是贵族和有钱人家子弟的特权。在德国,初等学校的诞生在很大程度上归功于宗教改革运动。中学作为直接向高等学校输送人才的基地,对于高级人才和社会精英的培养具有重要意义。德国人文主义者和宗教改革家为了使拉丁语学校和文科中学适应社会的需要,采取了一系列改革措施。

学校分级制度的滥觞使得学校教育体系的连续性加强了,各阶层子弟都能受到一定水平的教育。但那些教学质量较高的教育机构仍然只有贵族子弟才能进入,如德国的拉丁语学校和文科中学、英国的公学等。这些学校都特别强调古典文科知识的学习,崇尚古希腊的文明。然而,随着时代的进步,这些学校的教育对象及教学内容的固定模式也开始逐渐被打破。为了顺应时代潮流,德国的拉丁语学校及文科中学率先开始了改革。

一、拉丁语学校

拉丁语学校的起源可以追溯到古罗马时期。古罗马共和后期,随着拉丁文学的兴起,公元前 100 年左右出现了第一所拉丁文法学校。当时的情景如下:"当走进语法教师的学校时,我们的的确确发现自己又高升了一个台阶:穿着长袍的教师郑重地指挥着他的班级,

① ［美］S. E. 佛罗斯特著:《西方教育的历史和哲学基础》,第 279 页。

教室里装饰着维吉尔、贺拉斯等伟大作家的半身像,墙上甚至还挂着地图。不过也不要把学校想得过分奢华,因为大部分教室还只是一个用帷幔围起来的店铺,教员或称课堂学监在里面充当着传达员的角色。"①在语法学的名义下,拉丁语教师主要对构成语言的诸因素如字母、音节、词汇等进行分析。拉丁语法教学不是只考察一门语言的实际用法,而是盘点出现在经典作家笔端的词语,因此语言的规范归根结底是对"权威"的参照。拉丁语学校侧重于学习维吉尔、泰伦斯、贺拉斯、西塞罗等人的著作。"尽管拉丁语法学在'方法'上取得了进步,语法学家的教学基本上还是停留在解释作家、诗人的层面上。……处于第一位的当然是维吉尔,他对于拉丁人的意义犹如荷马之于希腊人,他就是诗本身,对他的研究是整个文化的根基。"②此外,也要学习少量的地理、历史、数学和自然科学知识。教学方法侧重于讲授、听写和背诵,目的是掌握拉丁语的读、写、说能力,为儿童进入雄辩学校做准备。③ 此后,拉丁文法与罗马文学逐渐取代了希腊文法与希腊文学的地位。从公元 3 世纪起,拉丁语学校的教学逐渐趋向形式主义,教学与实际脱节,实用学科减少。学习文学纯粹为了形式和词令,而并非教学内容本身。长期以来,拉丁语学校所形成的浓厚古典气息,使得它在教学内容和方式上遭到人们的批评。因而,拉丁语学校的改革逐渐被提上日程。

　　拉丁文法学校是为贵族和市民开办的,英国人文主义作家埃利奥特认为要想成为一个真正意义上的"统治者"就必须学习拉丁语。④ 有证据表明,在文艺复兴和宗教改革时期,拉丁语学校的数量一直稳步增加。在德国,一些比较大的城市都有设备齐全的拉丁语学校,它们附属于大教堂。"正如意大利一样,德国的一些商业城市率先创办了这种新型学校。1526 年位于德国南部的商业城市纽伦堡开办了第一所新的城市人文主义中学,梅兰希顿出席并致辞。当时许多类似的学校出现在德国不同的城市,如伊尔费尔德、法兰克福、斯特拉斯堡、汉堡、不来梅、但泽。"⑤在开学典礼上,梅兰希顿明确宣布了办学方针和拉丁语学校的任务。他指出,拉丁语学校是为教授基础拉丁语而建立的,并将为预定升入高级学校的学生做好准备。在学习内容上,梅兰希顿提出,学生只有牢固掌握拉丁文法才能学会会话、分

---

① ［法］亨利-伊雷内·马鲁著:《古典教育史》(罗马卷),第 102 页。
② ［法］亨利-伊雷内·马鲁著:《古典教育史》(罗马卷),第 107—108 页。
③ 吴式颖主编:《外国教育史教程》,人民教育出版社 1999 年版,第 84 页。
④ ［英］G. R. 埃尔顿编:《新编剑桥世界近代史》(第 2 卷),第 571 页。
⑤ Ellwood P. Cubberley, *The History of Education*, Houghton Mifflin Company, Boston, 1920, P. 271.

析语句和用拉丁语写作。但这些拉丁语学校无法满足商业城市人们的基本需求,商业活动的兴起显然是以母语为基础,而不是优美的拉丁诗歌和散文。"不久,商业阶层的子弟又重新回到市立学校、初级本国语学校、书写和计算学校,学习如何经商……,而把人文主义的拉丁语学校留给那些注定要为教会、法律、教学或更高层面国家服务的人。"①

1528年梅兰希顿起草了一份《萨克森学制计划》,提出了关于萨克森公国的学校制度,尤其是拉丁文法学校体制的设想。在学制计划中,梅兰希顿将拉丁语学校分为三级,学生按其掌握知识的程度,由低级升向高级。初级阶段注重基本的拉丁语读写知识,所用教材是梅兰希顿亲自编写的拉丁文选本,主要学习字母、路德信经、圣主祈祷文等。这一阶段对学生的要求是具备拉丁语基础知识,掌握足够的拉丁语词汇,并能够用拉丁语交流。第二阶段主要学习拉丁语法规则、文字源流、章节句法、声韵学等。此外,还要学习宗教课程。当掌握了语法规则后,学生升入第三阶段,学习辩证法和修辞学基础,研究古典拉丁文著作,并在教师的指导下模仿古典文体。那些对拉丁语掌握娴熟且学有余力者,可获准学习希腊语和希伯来语,也可以学习数学和人文学科。拉丁语学校为儿童升入大学做准备,课程精简,并力求使学生学得透彻与牢固。梅兰希顿指出:"我们这一代,儿童学校有许多弊病。我们制定了这个计划,目的正是为了使这些弊病得到纠正,让年轻的一代受到良好的教育。"②

梅兰希顿在《萨克森学制计划》中所设想的拉丁语学校体制改革,直接影响了16世纪德国新教地区中等教育制度的建立,为近代早期德国中等教育的发展奠定了基础。在该计划问世后,大部分德国新教地区都先后采纳了梅兰希顿的建议,由此形成的中等学校体制一直沿用到19世纪初期。

二、文科中学

17世纪至18世纪德国中等学校的主要类型是文科中学,以城市贵族和富有的新兴资产阶级子弟为招生对象。这种类型的中学是由梅兰希顿所创办的拉丁语学校发展而成。

① Ellwood P. Cubberley, *The History of Education*, Houghton Mifflin Company, Boston, 1920, PP. 271 - 272.
② 任钟印主编:《世界教育名著通览》,第207页。

拉丁语学校原定设立三个班级，但往往扩充为五到六个班级，而在最大的城市则扩充为八到九个班级。班级扩充后，它们的名称就改为文科中学。德国文科中学的雏形虽然是由梅兰希顿在《萨克森学制计划》中初步奠定，但真正将这种类型的中等教育传播到全欧洲，并使其产生广泛影响的则是另一位人文主义者斯图谟。仿照斯图谟的文科中学，16世纪下半期德国许多城市开办了大批中学。拉丁文、希腊文和文学是这些学校的主要科目，还有算术和地理，其主要目的是为德国各公国培养官吏、法官、医生和牧师。行政管理和国家影响的加强，改变了中学教育以往只是培养牧师的目的。17世纪上半期，德国所有的大城市如柏林、法兰克福、纽伦堡等都设立了文科中学。

梅兰希顿所创办的文科中学雏形是按照大学文学院的需求，根据人文学科和基督教福音相结合的原则建立起来的，主要课程为语文和宗教教育。① 在文科中学，占据学生时间和精力最多的是拉丁文。因而，在整个学习过程中拉丁文都是主要课程。拉丁文教学通常包括三个部分：语法规律、文章模式和文体模仿。值得一提的是，拉丁文不仅是教学科目，同时也是教学用语。学生在学校禁止使用德语，如果一时疏忽还会受到惩罚。另外，希腊文的学习也是一项重要内容。最开始，希腊文仅次于拉丁文，后来则逐渐落伍了。为了研究神学，希伯来文的学习也受到重视。然而，这门学科始终是作为教学的基础科目。宗教教育是文科中学非常重要的科目。这门学科的设立始于宗教改革运动，最初是为了让学生受到正确教义的熏陶而开设。

斯图谟继承和发展了梅兰希顿有关文科中学的思想与实践，并做了许多开拓性的工作。斯图谟幼年时接受了贵族式教育，成年后在大学担任古典文和辩证法教授。1538年，斯图谟在斯特拉斯堡(Strassburg)建立了一所文科中学，分为十个班，每班设教师一人，讲授该班的全部学科。② 斯图谟担任斯特拉斯堡文科中学的校长达46年之久，并且按照列日学校(兄弟会所办的学校)的模式进行管理。他所建立的文科中学成为德国中等教育的主要机构。正是在这里，斯图谟经过四年的努力最终形成了自己关于如何办学的思想。

斯特拉斯堡原来开办了三所拉丁语学校，学生总数不到300人。它们是中世纪传统与人文主义思想融合的文法学校。斯图谟建议废掉它们，然后按照列日兄弟会学校的做法单独建立一所学校。他制定了一个十年级学校的计划上交给世俗统治者并被采纳。斯图谟

---

① ［德］弗·鲍尔生著：《德国教育史》，第46页。
② ［德］弗·鲍尔生著：《德国教育史》，第46页。

关于学校管理的思路非常清晰,并将其融入一个具体而详尽的教学和课程计划之中。斯图谟为每一个班级准备了详细的教学大纲,规定每天的教学内容和与之相应的教学方法。他从不放任自流和让教师们自己决定,而是亲自为一些班级写课本,并且和教师们以及那些来自欧洲各地对教育感兴趣的人讨论教学方法和课程问题。

文科中学共分为十个年级,每个年级都有相对应的办学目标和课程设置。为了培养雄辩能力,学生首先要用三年时间阅读西塞罗所写的各种问答和其他拉丁诗人的著作。第四年开始学习文体、文法和文学作品,并练习写作和演说的技能。学生从第五年开始学习希腊文和文法,连续学习三年,然后让学生研究德摩士纳的喜剧、荷马史诗。至第十年时,学生要学习哲学、天文学和辩证法之类的课程。至此,我们可以清晰地看到斯图谟所主持的学校在管理方面的经验,即一个相当完整的教学计划和实施该计划的课程表,这一切已经开始呈现出一个近代学制的雏形。如果说当时德国和欧洲其他一些国家都以斯图谟的文法学校为榜样,那么我们完全有理由肯定斯图谟管理学校的模式,他为此制定的计划也是近代教育制度之起源。有的学者认为,从耶稣会学院的两个基本特征(即智力训练与宗教训练相结合,使历史知识和文学知识都从属于修辞学)来看,它实际上是斯特拉斯堡学校在天主教阵营中的翻版。①

斯图谟在学校管理方面的最大特色在于:首先,提出了明确的培养目标;其次,实行学级制;最后,制定了一个合理的教学计划,规定了合理的课程体系等。所有这些都是教育史上的创举,是学校教育管理走向科学与规范化道路的重要里程碑。斯图谟规定文科学校的培养目标是忠诚(Piety)、知识(Knowledge)及雄辩才能(Eloquence)。为了实现这一目标,教学需循序渐进。因此斯图谟将学生的培养过程划分为十个年级,每一年级由一名教师负责,并且规定了每个年级应该学习的课程。在他的计划中,前七个年级学习拉丁语,后三个年级则以希腊语和语法知识为主。斯图谟还规定儿童 6 岁或 7 岁入学,17 岁毕业。为了培养"忠诚"的信念,前三年级让学生学习《教义问答》(也称《教理问答》,是一种包含宗教信条基础知识的小册子),第四五年级读主日训语(Sunday Sermons),第六年级开始读保罗书信(Epistles of Paul),直至毕业。

在斯特拉斯堡学校就读的学生最多时超过 3 000 人,其中包括贵族、伯爵、男爵和王子。

---

① [英]R. B. 沃纳姆编,中国社会科学院世界历史研究所组译:《新编剑桥世界近代史》(第 3 卷),中国社会科学出版社 1999 年版,第 570 页。

斯图谟在整个欧洲北部广为人知,当时经过斯特拉斯堡的学者和王室成员都会参观他的学校。斯图谟与许多地方的学者通信,并且是许多教科书和教育理论与实践著作的撰写者。国王和其他世俗统治者都很器重斯图谟,他的学生在整个欧洲建立预科学校,并在国家和教会中取得了显赫的地位。斯图谟的人文主义理想渗透到了新教教育,斯特拉斯堡学校条例是围绕着他的思想和方法而制定。"他把德国古典中学的类型和名称'gymnasium'都固定下来,从斯图谟赋予它的形式和特性来看,即使到今天也没有发生实质性的变化。斯图谟的工作对德国后来的许多学校产生了深远影响,也为后来耶稣会设计教育制度提供了典范。"①

斯图谟在斯特拉斯堡学校所进行的工作富有建设性。他汲取了自己在列日主办人文主义学校的经验,再现了新教育的全部特点,如使用古典拉丁语,增设希腊语,仔细地划分班级,坚持选拔贤能,并注重学生的道德培养。美国教育史家克伯雷(E. P. Cubberley)指出:"斯图谟是当时最伟大和最成功的教师,在明确的目标、周密的组织、严谨的分级、良好的教学、合理的学术方面,他的学校超越了其他所有学校。斯图谟的目标是以宗教和新学为手段,为教会和国家服务而培养虔诚的、有学问的和雄辩的人,并且在这方面他非常成功。"②1538 年斯图谟接管斯特拉斯堡学校后不久,学生人数达到 600 人;1578 年该校已拥有数千名学生,他们来自 8 个不同的国家。③

当然,斯图谟的名望并不仅仅在于把人文主义观念应用于新教的目标,他至少在两个方面确定无疑地超越了前人。斯特拉斯堡学校并不仅仅满足于培养好人,它的目标是培养好的新教徒。因而,它在各门古典课程中都剔除了那些属于异教的内容。古典课程的地位被降为仅仅教授古典语言和雄辩术。这一变革使得文法学校成为完全适合当时宗教斗争需要的教育机构,各地学校都纷纷仿效斯特拉斯堡学校的制度。有人通过考证耶稣会学校后认为,如果从新式教育的两个基本特征来看,耶稣会学院实际上是斯特拉斯堡学校在天主教阵营的翻版。这两个特征表现为:一是把智力训练与宗教训练相结合,二是使历史知

---

① Ellwood P. Cubberley, *The History of Education*, Houghton Mifflin Company, Boston, 1920, P. 274.

② Ellwood P. Cubberley, *The History of Education*, Houghton Mifflin Company, Boston, 1920, P. 273.

③ Ellwood P. Cubberley, *The History of Education*, Houghton Mifflin Company, Boston, 1920, P. 274.

识和文学知识都从属于修辞学。① 然而,从斯图谟为文法学校规定的课程表中也可以看出其不足。首先,在斯特拉斯堡学校,本族语的学习被忽视了。这一点不仅给初学儿童的学习带来困难,更不利于初等教育之普及。其次,在斯特拉斯堡学校,课程教学没有受到足够重视,由此可能给学生的学习及智力发展带来不利影响。再次,在斯特拉斯堡学校的课程表中,历史、地理及自然科学并未占到应有的地位。最后,与当时的意大利中学相比,斯特拉斯堡学校对游戏及礼仪方面的训练不够,这将对儿童的快乐成长产生不利影响,故不能称之为"快乐之家"。

三十年战争结束以后,因城市被毁而遭受破坏的文科中学逐渐恢复原状,并且创办了许多新的学校,学校教育的内容也发生了重大变化。许多教育家反对过度热衷于古典主义,要求增设国语、文法、法语等课程。法国贵族成了当时德国贵族模仿的典范,过去只允许学生在校内使用拉丁语的要求被取消。文科中学的任务是,不仅提供满足学习大学课程需要的普通教育,而且为出入上流社会的青年提供贵族教育。因此文科中学的课程增设了许多新科目,如德语、法语、英语、几何、天文、系谱学、军事学、建筑学等。到 17、18 世纪,文科中学逐渐成为德国贵族子弟的教育场所。

第四节　文法学校和公学

文艺复兴和宗教改革给文化与思想领域带来的冲击无可估量,这种思想解放又带来了整个社会生活的全面革新,教育也不例外。"如果说 13 世纪是大学的时代,那么 16 世纪可以无愧地被称为是文法学校的时代,这些学校体现了人们对教育的希望已经从灌输人文主义转向适应宗教斗争的需要。它们的目标可以用伊拉斯谟的话表述为:雄辩加虔诚。"② 作为英国久负盛名的中等教育机构——文法学校和公学,长期承担着为英国培养统治阶级接班人的任务。文法学校和公学以其教学条件优越、入学限制严格、师资水平高、教学质量好等特点,在英国享有崇高的声誉。随着资本主义的发展,进步的教育思想开始渗透到英国教育各个领域,这两种类型的学校也面临着各种挑战。在教学内容、教学科目、师生管理等

---

① ［英］R. B. 沃纳姆编:《新编剑桥世界近代史》(第 3 卷),第 570 页。
② ［英］R. B. 沃纳姆编:《新编剑桥世界近代史》(第 3 卷),第 572 页。

方面,文法学校和公学均须改革才能适应时代发展的需要。

一、文法学校

　　文法学校早在公元前 5 世纪末的雅典就已出现。当时的文法学校性质已接近中等教育,主要面向 14—18 岁的富家子弟,负责教给他们文学、数学、法律、哲学、伦理学、政治学、修辞学等知识。文法学校由智者学派建立,属于私立收费性质,曾经普及到希腊世界的每一个村落,后来逐渐集中于较大的城镇。① 公元 6 世纪末,随着基督教在英格兰的日益传播,教育成为教会必不可少的工作,英国一些大教堂和寺院纷纷建立以传授拉丁文知识为主的文法学校。"公元 597 年基督教的引入,对英国教育产生了极大的影响。修道院和尼姑庵建立后不久,就允许英国男孩和女孩为宗教生活而受到训练,其中记忆力和读写能力都很重要。……为此目的而最早建立的学校大约在 631 年的东英吉利,但真正意义上的独立学校在 12 世纪前并不多见。"②事实上,有充分的证据表明,到公元 8 世纪结束时所有大教堂都建立了歌咏学校和文法学校。当时的歌咏学校不再是培养唱诗班歌手的专业学校,而是一种初等学校;文法学校不再是为神学学习做准备,而是一种面向未来教士传授普通知识和专业知识的机构。但直到诺曼征服以后,也就是 11 世纪末和 12 世纪时,在一些特定的地方和重要的数据中,学校才被看作是独立机构。③

　　早期文法学校的主要目的是为教会培养神职人员,它们与教会的关系根深蒂固。有许多证据表明,在 1066 年至 1200 年期间,国王、主教和其他重要人物签发了特许状,同意在修道院附近建立地方学校。当时英国至少有 36 个地方拥有一所学校,在 13 世纪时至少有 70 个地方,包括伦敦(有三所公认的学校)、几乎所有的大教堂所在地、许多城镇、港口和集镇。④ 英国早期教育史家李奇在《中世纪英格兰的学校》一书中写道:"……唱歌和音乐的教学常常被轻率地说成是宗教改革以前学校中的主要功课,而教授唱歌和音乐的唱歌学校常

① [英]肯尼思·约翰·弗里曼著:《希腊的学校》,第 61 页。

② Nicholas Orme, *Education and Society in Medieval and Renaissance England*, The Hambledon Press, London, 1989, P. 2.

③ Nicholas Orme, *Education and Society in Medieval and Renaissance England*, The Hambledon Press, London, 1989, P. 3.

④ Nicholas Orme, *Education and Society in Medieval and Renaissance England*, The Hambledon Press, London, 1989, PP. 4 - 5.

常附属于、次于文法的教学和文法学校。在很大程度上,唱歌学校履行了初等学校的职能,而文法学校是中等学校。在大学出现以前,也提供大学教育或高等教育。"①在 12、13 世纪,随着牛津和剑桥大学的建立,文法学校的课程日益减少,仅限于教授文法知识,其主要职责是为了升大学做准备。

英国的慈善救济始于中世纪后期,当时就有对孤儿提供监护和救助的惯例。"通常会提供一种非常初级的学校,让儿童学习主祷文、使徒信条、向圣母致敬、赞美诗,用十字架的记号正确地签名,还有可能学习如何读和写拉丁文。……尤其是在后来的英国,有时会要求建立一所文法学校。12 世纪后这种类型的学校已十分普遍。"②英国王室也关注贫民救济,13 世纪亨利三世(Henry Ⅲ,1207—1272,1216—1272 年在位)建立了王室济贫院,由国王的施粥人员监督。当时社会各阶层大多对慈善救济活动表示支持,他们中的一些人特别是商人和贵族,往往将自己的部分财产捐献给慈善机构,或者直接建立社会慈善机构。"捐赠学校运动的起源可以追溯到 13 世纪。沃尔特·默顿(Walter Merton)是 1264 年默顿学院的创办者,他为一些男学生提供生活费,并且聘请一名文法教师教育他们。14 世纪和 15 世纪,在大学和其他地方另外一些面向世俗教士的学院也纷纷创办。"③

捐赠文法学校起源于 14 世纪,到 15 世纪时它在英国获得了较大的发展,并成为一种广泛流行的慈善教育机构。文法学校与大多数教授唱歌、阅读和书写的初等学校明显不同,它们教授拉丁语、阅读和文法。"在 15 世纪,从国王到平民的各阶层人士积极参与创建或捐赠学校,揭开了英国教育发展史的新篇章;相比以往的世纪,这种现象在 1400 年以后尤其突出。"④在 1430 年至 1450 年期间,英国至少建立了 13 所慈善捐赠学校(Charity School by Endowment),随后这种捐助热情一度减弱,也许是因为内乱使得亨利六世(Henry Ⅵ,1421—1471,1422—1461、1470—1471 年在位)统治的末期黯然失色。然而,在 15 世纪末捐助热情再度复兴。到 16 世纪 10 年代新的捐赠学校达到 12 所,16 世纪 20 年代则上升到 20 多所。⑤ "1510 年以后,这些新的学校几乎都是学习新学的文法学校,强调文法、拉丁语、希

① [美]E. P. 克伯雷选编:《西方教育经典文献》(上卷),第 125—126 页。
② Ellwood P. Cubberley, *The History of Education*, Houghton Mifflin Company, Boston, 1920, P. 152.
③ Nicholas Orme, *Education and Society in Medieval and Renaissance England*, The Hambledon Press, London, 1989, P. 13.
④ Nicholas Orme, *English Schools in the Middle Ages*, Methuen & Co Ltd, London, 1973, P. 205.
⑤ Nicholas Orme, *English Schools in the Middle Ages*, Methuen & Co Ltd, London, 1973, P. 197.

腊语、游戏、运动和宗教精神。"①可以肯定的是,到 16 世纪末每个集镇都有一所文法学校。② 这一时期文法学校的主要目标是教授拉丁文和修辞学,并激发宗教热忱。

亨利六世并非第一个关心教育的英国君主,此前爱德华二世(Edward Ⅱ,1284—1327,1307—1327 年在位)在剑桥捐建了国王学堂(King's Hall),亨利五世(Henry Ⅴ,1386—1422,1413—1422 年在位)也在牛津规划了一所学院,但前任君主们没有一位能在创办公立文法学校方面超越亨利六世。许多捐赠文法学校向贫民子弟提供免费教育,但并不提供食宿。例如,出身于利物浦的约翰·克罗斯(John Crosse)是伦敦一名教区牧师,1515 年他捐赠土地支持教会建立一所文法学校,为所有缺乏救助的孩子提供教育。在 15 世纪和 16 世纪,文法学校的创办人有国王、主教、贵族、神职人员、绅士和自由民等。"当时许多古老的学校是教会为贫穷而温顺的男孩所建立,这一传统在宗教改革后为平信徒所继承,并且在爱德华六世和伊丽莎白女王制定的法令中得以明确。"③以德文郡的布伦德尔学校为例,它是一所面向贫穷儿童的免费文法学校,它的创办为慈善捐赠学校奠定了基石。1567 年,伦敦的杂货商劳伦斯·谢里夫(Lawrence Sheriff)提供资金在其家乡拉格比建立了一所"免费文法学校"(free grammar school)。当时拉格比大约只有 100 户人家,这所学校招收本地区的男孩,并且提供免费的教育。同样,1571 年制帽匠约翰·莱昂(John Lyon)为本地男孩建立了一所免费文法学校,尽管它也接受付费的学生。

伊丽莎白统治时期(1558—1603)英国慈善事业得到迅速发展,在当时建立的 32 所文法学校中,拉格比(1567)、贝德福德(Bedford,1565)、艾尔顿赫姆(Aldenham,1599)总共获得了 32 530 英镑的捐赠。④ 这些学校招收 6 至 8 岁的儿童,直到他们 14 至 16 岁时才进入牛津和剑桥大学。到 1600 年,每一个儿童(即使是最偏远地方的儿童)都能找到一所合适的学校。⑤ "捐赠学校无疑是当时最突出、最高贵的慈善行为,然而当时也有许多其他礼物

① Ellwood P. Cubberley, *The History of Education*, Houghton Mifflin Company, Boston, 1920, P. 278.

② Joan Simon, *Education and Society in Tudor England*, Cambridge University Press, 1967, P. 4.

③ Clive Griggs, *Private Education in Britain*, The Falmer Press, London and Philadelphia, 1985, P. 7.

④ W. H. G. Armytage, *Four hundred Years of English Education*, Cambridge University Press, London, 1964, P. 6.

⑤ W. H. G. Armytage, *Four hundred Years of English Education*, Cambridge University Press, London, 1964, P. 7.

如建筑物、书籍和助学金等捐给了学校。"①此外,一些城市居民和自耕农也通过参与管理同业行会和教区礼拜堂的方式支持文法学校。这些慈善行为受到英国政府的保护,并导致了1601 年《济贫法》(the Statute of Charitable Uses)的诞生。这项法案标志着世俗慈善机构的出现。

这一时期的文法学校强调古典语言和语法,使用拉丁语教学,以满足上层社会职业如医生、法官以及一般乡绅秘书等对拉丁语和文科知识的需要。最早的英国文法学校是由教会设立,而且在文艺复兴时期仍由教会控制。"在 14 世纪,许多新的文法学校是世俗牧师学院的重要组成部分,……其目的主要是宗教虔诚而不是教育——牧师的捐赠是为了唱圣歌和主持弥撒——但它也逐渐成为教授文法知识和音乐的共同机构。"②有的学者指出:"教会之所以能控制学校,部分是因为学校的宗教教学要受教会督导,另一部分……则是因为每一所文法中学的教师要任教必须先获得主教的授证。"③文法学校的毕业生一般进入牛津、剑桥大学,或者成为官吏、医生、法官和教师等。文法学校是赋予英国中产阶级以社会地位的一个重要教育机构,它肩负着为中产阶级提供向上流动的使命。"1635 年在波士顿建立的第一所美国拉丁文法学校,深受英国文法学校传统的影响,并且是它的直系后裔。"④

在 15 世纪和 16 世纪,英国新成立或改建了大批用捐款设立的文法学校,其中很多学校做出了一些关于免费教育的规定。在 1400 年至 1530 年期间,一些较大的城镇开始有了自己的捐赠学校。例如,兰开斯特免费学校始建于 1469 年,但直到 1500 年才建成;赫尔于1479 年、伊普斯维奇(Ipswich)于 1483 年先后建立了免费学校。在 16 世纪早期,其他城市如吉尔福德(Guildford)、诺丁汉、路易斯(Lewes)和其他一些地方也出现了类似的免费学校。"但直到宗教改革时它们仍然稀少,而且一直到 16 世纪中期大多数城镇没有免费学校。"⑤这一时期创建的皇家文法学校(The Royal Grammar School)也是一种重要的教育资源,那些主教、权贵人士经常聘请教师教育其子弟,并且教导与其一起生活的监护人、职员和唱诗班成员。"王室教育至少可以追溯到 14 世纪早期,这里主要有两类受教的男孩:王

---

① Nicholas Orme, *English Schools in the Middle Ages*, Methuen & Co Ltd, London, 1973, P. 207.

② Nicholas Orme, *English Schools in the Middle Ages*, Methuen & Co Ltd, London, 1973, P. 194.

③ 周愚文著:《英国教育史:近代篇(1780—1944)》,学富文化事业有限公司 2008 年版,第 123 页。

④ Ellwood P. Cubberley, *The History of Education*, Houghton Mifflin Company, Boston, 1920, P. 278.

⑤ Nicholas Orme, *English Schools in the Middle Ages*, Methuen & Co Ltd, London, 1973, P. 215.

室教堂牧师的子弟以及那些在国王监护下即将成为'心腹'的贵族青年。"①亨利八世时代
(1509—1547),由于修道院已经解散,所以1540年法令规定重新建立修道院的大教堂学校
(the cathedral school),并对一些新的皇家文法学校的组织机构做出详细规定。随后两年又
改建了其他的皇家文法学校,并把从前的教堂学校提升到大教堂学校,如切斯特、格罗斯特
和皮特巴罗等。

　　1540年至1640年是文法学校发展的鼎盛时期,文法学校的数量大大增加。例如,在15
世纪初期,三所古老的学校如圣保罗、圣马丁和圣玛丽垄断着伦敦的教育;但在宗教改革前
后,伦敦的教育得到迅速扩张,出现了像威斯敏斯特(1540)、基督医院(Christ's Hospital,
1552)和泰勒商会(1561)等重要学校。这一时期培养的学生数量是19世纪前任何年代无
法比拟的,较大的城市文法学校招收学生达100至500人。最大的文法学校如泰勒商会学
校和什鲁兹伯里学校,学生人数更多。大多数文法学校的学生可能是中产阶级后代,如自
耕农、富有的农民、商人、发迹的贸易商和工匠、牧师、药商、文书和律师等。除了伊顿、温彻
斯特及1640年以后的威斯敏斯特外,文法学校一般并没有显著的社会等级制。那些捐赠
丰厚、大学奖学金名额较多、能够吸引高质量教师的文法学校具有明显的吸引力。

　　文法学校以拉丁文教学为己任,但它主要不是为了某一种职业做准备,而是出于古典
教育的目的。即使对于牧师而言,拉丁语也不是职业的必要条件。拉丁语成了学者有造诣
的象征和有教养的绅士的门面。由于英语的广泛运用,拉丁语的职业用途不像以往那么
大。圣礼仪式、宗教法规和新教神学都已全部使用英语。早在1438年,英国学者就编写了
一本从拉丁语到英语的词典(Latin-to-English dictionary);1440年又编写了一本从英语到
拉丁语的词典。"在文法学校,英语使用的逐渐增多对学校和英语本身都产生了影响。教
师用英语解释拉丁语法,使用英语平行词,让学生用拉丁语法的术语思考英语。教师让学
生用英语写句子,以便翻译成拉丁语,反之亦然。教师还采用英语拼写和英语文体写作的
方法。"②尽管如此,文法学校仍然致力于拉丁语、希腊语和希伯来语的教学,以进行理智教
育。"事实上,在许多捐助学校,捐赠人和现任教师都进行了文法教学的创新,但这仅限于
16世纪早期。"③所有男孩都学习同样的课程,他们不仅要阅读拉丁文经典,而且还能说拉

---

① Nicholas Orme, *English Schools in the Middle Ages*, Methuen & Ltd, London, 1973, P. 217.

② Nicholas Orme, *Education and Society in Medieval and Renaissance England*, The Hambledon Press, London, 1989, P. 12.

③ Nicholas Orme, *English Schools in the Middle Ages*, Methuen & Ltd, London, 1973, P. 197.

丁文。他们通过模仿声望最高的古代作家学习写作,虽然这种语言已经很少有人使用。他们在学习文法的同时,还要学习修辞、历史、地理和神话。一些教区牧师从事基础学科如阅读、音乐等教学工作,另外一些教区牧师有可能面向世俗男孩讲授文法知识。①

文法学校学生的入学年龄一般是七八岁。鞭打是常用的惩罚手段,教师的残暴更是众所周知,因而学习被认为是艰难和痛苦的事情。学习时间比较漫长,与 1563 年《学徒法》规定的工作时间一样,夏天从早上六点开始,冬天从早上七点开始,要持续七八个小时。学校托管人负责任命教师,捐赠者往往对教师有明确的要求,而且特别提出教师必须信奉正统的宗教和具有良好的道德。教师职位是永久的,即使他在教学方面被证明无能或过度粗暴,也难以开除他。但这些公立的、捐赠的和免费的学校决不是唯一提供文法教育的机构。②

到 17 世纪初,英国教育的快速发展引起了一些人的不安。有人指出,文法学校和大学的日益发展,造成受过教育的人远远多于社会期望。1611 年,弗朗西斯·培根曾反对建立集济贫院和文法学校于一体的伦敦查特豪斯学校。其理由是已经有了太多的文法学校,它们把年轻人从贸易和耕作中引诱出来,培养了多于国家期望和能利用的学者,这将破坏农业耕作的平衡。许多受过教育的人的不满被认为是对公共秩序的潜在威胁。这些不满者主要是出身于绅士家庭的幼子,他们失去了财产继承权,往往牢骚满腹,成为社会和政治制度的批评者。他们中许多人信奉异教,其激进的社会、政治和宗教观,为 1640 年英国革命创造了条件。因此文法学校的传统课程和教学方法受到许多人的批评。

文法学校的数量在王政复辟后的二三十年没有增加。当时英格兰最有名的文法学校是理查德·巴斯比(Richard Busby)领导下的威斯敏斯特学校。针对文法学校进行的一次问卷调查表明,许多文法学校既为大学输送了许多男孩,也为社区培养了商业秘书、文书、印刷匠、律师和出版商等。但是,农村地区的一些文法学校因为经济原因而开始蜕变成准英语学校甚至幼儿学校,另外一些文法学校则面临着与农村牧师任教的私立学校竞争。

17 世纪时虽然科学进步引起了学术界的广泛兴趣,但它对于维护古典教育传统的文法学校影响甚微。相比于私立学校和学园而言,文法学校的课程不能吸引正在成长中的工商业阶层,而且它们还面临着激烈竞争。学术质量越高的文法学校,课程越带有狭窄的古典

① Nicholas Orme, *English Schools in the Middle Ages*, Methuen & Ltd, London, 1973, P. 220.
② 徐辉、郑继伟编著:《英国教育史》,吉林人民出版社 1993 年版,第 80—82 页。

特征。"正是由于古典作家的权威性,使得 16 世纪和 17 世纪甚至后来一些时期的拉丁语学校教师,把许多年轻人的创造力埋葬在形式主义的坟墓里。"①随着工商业的不断发展,这些文法学校逐渐被时代所抛弃,至 18 世纪时文法学校已日趋没落。

二、公学

公学也是英国最古老的的学校,有人认为公元 598 年圣奥古斯丁在英国坎特伯雷创办的英王学校就是最早的"公学"②。然而,一般认为真正意义上的英国公学始于 1382 年建立的温彻斯特公学。这所学校虽然与教会有着密切的联系,但它并不依附于任何形式的宗教机构。温彻斯特公学实际上也是一种文法学校,它最初面向贫民子弟,提供神学、教会法和民法方面的教育,并为学生升入牛津大学的新学院做准备。在其影响下,到 15 世纪下半叶,英国已经有 9 所著名公学,而且它们都与教会有一定的联系。公学以古典文科教学为主,但由于学校与教会的密切联系,因而宗教课程和宗教仪式备受重视。后来,由于学校设备和条件优越,学费高昂,实行寄宿制,只有那些贵族子弟才能成为公学的学生。

自中世纪以来,公学就是为儿童未来从事法律或教会工作做准备。从 14 世纪到 17 世纪,英国公学确实为来自不同社会阶层的子弟提供了免费教育,是名副其实的"公学"。例如,1382 年一位名叫威廉·威克汉姆(William Wykeham)的富裕主教创办了温彻斯特公学,从建校起他就声明捐赠目的是建立教师和学生共同体。"年龄在 8 岁以上的学生要学习文法,为进入主教的姊妹机构牛津大学新学院做准备。在选拔入学时,优先考虑创办者的亲属,其次是温彻斯特教区的男孩,然后是那些拥有财产的教区的男孩。按照当时的计算方式他们都是'贫困'人口,依照法律规定其年收入不足 3.33 英镑;除了创办者的亲属外,这一规定同样适用于新学院。"③当时温彻斯特公学约有 70 名公费生、10 名来自贵族和富裕家庭的自费生,以及 16 名将来回到教堂的唱诗班成员。1440 年仿照温彻斯特公学建

---

① Robert Ulich, *History of Educational Thought*, American Book Company, New York, 1950, PP. 111 - 112.
② 原青林著:《揭示英才教育的秘诀——英国公学研究》,黑龙江大学出版社 2006 年版,第 18 页。
③ Clive Griggs, *Private Education in Britain*, The Falmer Press, London and Philadelphia, 1985, P. 6.

立的伊顿公学也有公费生和 20 名自费生,以及 13 名将来履行国家义务的免费贫困生。① 正如温彻斯特公学与牛津大学的新学院相衔接,伊顿公学也与剑桥大学的国王学院相衔接,因此来自伊顿公学的学生享有进入国王学院的特权。在 16 世纪时,拉格比和哈罗的居民人数并不多,但它们明确规定"创办者的目的是为所有本地男孩提供免费教育"②。

当温彻斯特和伊顿公学作为慈善机构建立时,人们会误以为它们是为穷人设计的。然而,由于公学的学生受过良好教育,有才智和能力去从事各种社会领导岗位。因此,这些学校没有考虑大量的贫困农村儿童,因为他们要忙于工作以增补家庭收入。公学主要招收来自富裕家庭并且有才干的儿童,它以培养神职人员为主,以古典学科为教学内容,其师资水平和教育质量较高,而且毕业生大多数供职于教会和政府部门。公学后来逐渐演变成只招收特权阶层和富家子弟的中等教育机构。16 世纪,大多数贵族子弟首先在家里受教育,一般到 14 岁左右结束;然后进入具有贵族色彩的公学就读,学习 5 至 6 年,直到 18 岁毕业。贵族子弟从原来蔑视知识,沉溺于打猎、娱乐和战争,逐渐成为了受教育阶层。

文法学校所面临的问题,在公学也不同程度地存在。但由于两者在办学目的方面的差异,它们的改革路径各不相同。公学大多具有良好的教学设备、优秀的教师和优异的教育质量,并以升学为目的。伊丽莎白公主的家庭教师阿卡姆在 1530 年描述了特权阶层青年男子的教育内涵:"骑术优雅,比武有方,各种武器都能上手,善于射箭,枪法当不在话下;如生龙活虎般地翻跟斗,至于跑、跳、摔跤、游泳更是无所不能;舞姿优美,善于歌唱,工于乐器;驯鹰、狩猎、打网球以及其他各种娱乐消遣无所不通,并能把这些赏心悦目的玩乐与劳作结合起来,在开阔地带和阳光下进行,既为战时作准备,也作为和平时期的愉快消遣。"③

公学在很大程度上受到了文艺复兴时期绅士教育理念的影响,它最初往往被视为一种进行人文主义教育,培养精英人才,为大学提供预备人选的中等教育机构。绅士教育的目的是培养"美德、公共精神、学识、世俗经验和良好的教养"④。在王政复辟时期,一些作家甚

---

① Clive Griggs, *Private Education in Britain*, The Falmer Press, London and Philadelphia, 1985, P. 6.

② Clive Griggs, *Private Education in Britain*, The Falmer Press, London and Philadelphia, 1985, P. 7.

③ [英]阿萨·布里格斯著:《英国社会史》,第 142 页。

④ George C. Brauer, JR, *The Education of a Gentleman*, Theories of Gentlemanly Education In England, 1660-1775, College & University Press, New Haven, 1959, P. 11.

至把"美德"称为高贵品质和身份的源泉,这种观念是源自中世纪和文艺复兴时期。17 世纪的作家认为上帝面前人人平等,但有些人因其良好的道德品质和模范行为,可以比他们的同辈地位更高。"正是美德首先使人与人之间区别开来,通过这种方式绅士的祖先获得了尊崇。"①但绅士的美德不仅仅是指英雄品质和公共精神,据说文艺复兴时期绅士还应具有像亚里士多德伦理学所要求的那种古典美德,如勇气和大度。到 17 世纪时,这种古典美德被基督教徒所强调的虔诚、敬畏上帝和近乎清教徒式的道德所取代。② 另外,作为本国领导阶层的成员和享有闲暇时间的富人,文艺复兴时期的绅士还要对社会负有责任。"为国王和国家服务是他的职责。在 16 世纪,那些使国家受益的美德是授予贵族头衔的主要理由。"③在王政复辟时期,爱国的美德和公共服务精神有时被视为贵族等级评定的主要因素。

　　公学不受国家和教会的管束,它们的课程是自定的,但这些课程的基本特征是极端保守主义和纯粹古典主义。学习拉丁文和希腊文的文法,阅读拉丁文和希腊文的原著(西塞罗、维吉尔、贺拉斯、荷马、色诺芬等),把英文翻译为拉丁文和希腊文并用这些文字作诗,阅读希腊文本的福音书等,是当时英国公学普遍设立的课程。英国历史学家卡莱尔(Thomas Carlyle)在描写一所公学时指出:"学校只用拉丁文文法和希腊文文法,学生的学习是模仿古典作散文和作诗,其他科目,像法文、算术、数学等在这个学校里是不教的。"④伊顿公学是当时英国最著名的公学之一,早在 16 世纪古典的拉丁文和希腊文就进入了伊顿公学。我们可以从 1560 年伊顿公学课程表中了解当时的课程和学习内容:一年级学习加图的《关于道德格言》和维夫斯的《拉丁语训练》;二年级学习泰伦斯的著作和鲁西安(Lucian)的《会话》;三年级学习泰伦斯的著作和《伊索寓言》以及《西塞罗书信集》;四年级学习泰伦斯的著作以及奥维德的《忧郁》和马休、卡图拉斯(Catullus)和莫尔的《警句》;五年级学习奥维德的《变形记》、贺拉斯的著作、西塞罗的《书信》以及马克西莫斯(Valerius Maximus)、福劳路斯(Lucius Florus)和茹斯丁的著作,还有苏珊布拉图(Susenbrotus)的《喻语概述》;六年级学习恺撒(Caesar)的演说词和西塞罗的《职责》和《友谊》,以及维吉尔、卢堪(Lucanus)的著作

① George C. Brauer, JR, *The Education of a Gentleman*, Theories of Gentlemanly Education In England, 1660 - 1775, College & University Press, New Haven, 1959, PP. 13 - 14.

② George C. Brauer, JR, *The Education of a Gentleman*, Theories of Gentlemanly Education In England, 1660 - 1775, College & University Press, New Haven, 1959, P. 13.

③ George C. Brauer, JR, *The Education of a Gentleman*, Theories of Gentlemanly Education In England, 1660 - 1775, College & University Press, New Haven, 1959, P. 34.

④ [苏联]米定斯基著:《世界教育史》,第 203 页。

和希腊文法。①

　　到16、17世纪，英国公学教育演变成一种辞典、文法、成语汇编形式的教育。其中，文法和修辞学几乎完全取代了古代雄辩术的地位。学生都要按照各种经典和各位名家著作的体裁进行拉丁文、诗篇、演说等练习，其中尤以西塞罗、泰伦斯等人的著作为主。关于会话的书，也经常采用伊拉斯谟、维夫斯等人的著作。有时还要求学生对学习内容进行自由选择，并分析其中的字句篇章，最后做出自己的判断。但从总体上看，教学方法仍以记忆和被动形式为主。

　　由此可见，英国公学中已有的人文主义开始堕落成一种狭隘的形式主义。在布林斯雷(John Brinsley)撰写的《文法学校》一书中，曾提及在公学中由于拉丁文的兴起，人们将注意力都放在对于某一论题或名家著作中的字尾变化、字句分析和注释讲解的功夫上，而对于英国文学、算术和其他科目都忽略了。学生只要把学习的内容熟记，援引的时候能够重复背诵，对于文章的意思不懂也不要紧。至于拉丁文的论说，则要求学生勤加苦练，不准荒废，一切会话都要运用某种成语汇编中的语句。希腊文在课程中所占分量很少。② 公学的状况无疑与社会进步和教育发展不相符。为此，公学开始日益注重对于学生的数学、现代语言、文学和各种科学的训练，具有现代色彩的课程开始和古典课程并行不悖。但人们仍然十分注重经典，而且传统的训练方法仍然盛行。公学所实施的人文主义教育和中世纪的教育区别不大，只不过是以文学和文字的科目替代辩学(逻辑学的旧称)和神学而已。当人们研究经典的时候，将所有重点都放在了文法、语言学和文章体裁方面，他们更为关注教育的形式而不是内容，在教育方法上记忆和模仿最为普遍。

　　在公学，学生的道德品质很容易因为不谨慎地选择同伴而败坏。即使是那些完全赞成公学的作家也承认，学生的道德品质在某种程度上受到了损害。查普曼(Chapman)指出："公学的孩子时常会道德败坏。"③他主张通过提高教师的薪水来补救，认为只有给予教师更高的工资，才能吸引更多优秀而且合格的男子从事教师职业，教师也不会因过上体面生活而接受那么多学生。那些公共教育的反对者认为，对于单个学生关注不够，不仅会导致邪恶的滋生，而且学生不可能取得在家庭教师指导下那样的学业进步。公学还因其对学生进

---

① 夏之莲主编：《外国教育发展史料选粹》(上册)，第187—188页。
② ［美］格莱夫斯著：《中世教育史》，第183—185页。
③ George C. Brauer, JR, *The Education of a Gentleman*, Theories of Gentlemanly Education In England, 1660 - 1775, College & University Press, New Haven, 1959, P. 200.

行体罚而受到批评,克拉克(Clarke)称之为"棍棒下的奴性管教"①。体罚的主要目的是防止培养一些邪恶的年轻绅士。克拉克认为惩罚公然的恶习(尤其是傲慢无礼)是明智的,但教师使用体罚太频繁而且很不合理。在他看来,桦树条会对男孩的道德品质如"胆量和意志"造成极大的伤害。② 还有一种反对体罚的理由是,它破坏了年轻绅士的自由独立精神,使他变得更加奴性和胆怯,并且扼杀了他的创造性。③ "到 18 世纪时,许多人认为公学已经过时。"④

但需要指出的是,公学不仅有力地推动了古典教育的恢复,而且它们在教育制度的创新,以及克服由于阶级差异而导致的教育不平等方面,都反映了当时英国中等教育的特色。可见,英国公学的出现不仅表明古希腊罗马文化已经得到实质性的恢复,同时在教育制度上也发生了重大变化。首先是教育权或学校所有权的转变。它已由教会和皇家办学转变为私人办学,这是西方教育史上学校所有权的重大变化。因为"公学"就其性质而言,实际上属于私立学校性质,它的经费来源全靠私人捐款。其次是实行了按程度分班教学和严格考核制。此外,公学值得大书特书的是,它在克服阶级差异的教育方面为人类树立了光辉的典范,它在招生中实行了维多里诺"快乐之家"的办法,让平民子弟与贵族子弟同校学习,同室而眠和共同进餐。这样就彻底打破了教育制度不平等的阶级壁垒。

第五节　学园及实科学校

"教育发展的历史表明,如果一种教育形式或者一类学校停滞不前和不能适应社会的需要,那么社会会创造出另一种教育形式或者另一些学校来适应特定的教育需求。"⑤当文

---

① George C. Brauer, JR, *The Education of a Gentleman*, *Theories of Gentlemanly Education In England*, *1660 - 1775*, College & University Press, New Haven, 1959, P. 203.

② George C. Brauer, JR, *The Education of a Gentleman*, *Theories of Gentlemanly Education In England*, *1660 - 1775*, College & University Press, New Haven, 1959, P. 204.

③ George C. Brauer, JR, *The Education of a Gentleman*, *Theories of Gentlemanly Education In England*, *1660 - 1775*, College & University Press, New Haven, 1959, P. 204.

④ George C. Brauer, JR, *The Education of a Gentleman*, *Theories of Gentlemanly Education In England*, *1660 - 1775*, College & University Press, New Haven, 1959, PP. 195 - 196.

⑤ 徐辉、郑继伟编著:《英国教育史》,第 120 页。

法学校无视社会变革,仍然沉溺于古典学科教学的时候,生气勃勃的学园开始扮演创新的角色。从法国人文主义教育家拉伯雷、蒙田(Michel de Montaigne)和英国的埃利奥特,再到培根、夸美纽斯、约翰·弥尔顿(John Milton)和威廉·配第(William Petty)等人的教育理论和主张,都被学园付诸实施。当时西欧各国都出现了一些新兴的学园。这些学园提供多种多样的实用课程,满足了资产阶级革命前夕工商业发展对实用性人才的需要。

一、学园的兴办

当文法学校依然沉醉和固守昔日传统的教育目标和方法时,散发着新时代气息的学园却明显呈现出多样化的特点。在英国,学园的多样性既与其举办者有关,也与学园的教学内容、教学方法及教学对象有关。从当时的情况来看,开办学园的人有着不同的社会背景,既有没读过书的人,也有自学成才的人;还有受过学术教育的异教牧师,以及受过文法学校教育和大学教育的国教会牧师等。学园的规模多种多样,最小的学园只有十几个学生、一个教师和一个助手;在最大的学园,学生数近两百人,校长需要长期雇佣几个助手和教授专门学科的教师。学园的课程模式也多种多样,少数学园只教授古典课程,常常是由牧师和以前的大学教师任教,主要为一批缴费生上大学做准备;而大多数学园提供了丰富多彩的课程,包括古典课程、英语语法、算术、会计、几何、历史、自然科学等,还有一些教师教授法语、音乐和舞蹈;另有一些学园除了教授一般课程之外,也教授商业、测量、航海、军事科学。

17世纪的英国已有不少绅士和贵族对教育有了独特的构想。其中,约翰·奥布里(John Aubrey)撰写的《绅士教育设想》表达了其独特的教育观念。他反对当时英国流行的家庭教育,而大力提倡公共教育。奥布里还亲自设计了带有贵族特色的学园。事实上,当时的英格兰和威尔士都出现了这种学园。这些学园环境优美,每一所学园都建立了带花园的房子,学生从9到17岁在学园学习,人数最多时达到60多人。在教育内容方面,奥布里有自己独特的看法。他主张年轻人既要学习书本知识,又要具备良好的行为举止,并对世界有一定的了解。在他的学园里,拉丁文和希腊文是不可缺少的教学内容,但他强调要采用新的教学方法。此外,学园还要教授逻辑、修辞和伦理学等传统课程,但要特别关注算术和地理,以及民法、政治学和经济学等课程。一旦修完这些课程,年轻人就被推荐到外国游学。

在所有学园中,私立的和非国教的学园都把现代学科作为教育的重要内容,既为中产阶级培养了实用性人才,也为推动社会变革发挥了重要作用。这种学园为青少年提供了上大学和从事专业工作的另一条通道,消除了文法学校不景气可能造成的影响。德国启蒙运动的斗士克里斯蒂安·沃尔夫(Christian Wolff)把学园运动解释为产生和传播新的科学知识和科学发明成果,它区别于以教学为目的的大学。① 学园通过教授数学和实验科学,既有助于工业革命得以发生的先进思想和态度的传播,也训练了一批作为工业革命先驱的职员、机械师、技术革新者和企业家。② 学园综合了文法学校和大学教育的功能,它们主要由被教会开除的非国教徒建立。为了逃避法律的惩罚,早期的非国教徒学园在远离城镇的地方办学,一旦他们开办的学园引起了地方法官的注意,他们便将学园从一个地方迁往另一个地方。这些学园大多为私立性质的小机构,只有一二十个男孩和青年,他们与私人教师住在一起。到 17 世纪末,有些学园也招收不愿进传统学校的信奉国教的人。尽管这类学园数量不多,但作为英格兰教育中具有独特性的一部分,它们在不断变化,并强有力地影响了其他形式的教育。

1702 年创办的德国哈勒学园,是以一所贵族学校为基础建立的,它招收高年级学生,并且实行寄宿制。哈勒学园仍然保存着传统的课程,但增加了一些新兴的学科。其主要学科仍是拉丁文,教学目标是精通语言以运用于会话和写作。值得注意的是,它在教学方法上有了一些改革,即教授读写时先用德语讲解;关于文法规则和词类变化,也是先用德语练习,并以实物教学为辅助,因为哈勒学园的理想是尽量运用直观教学。拉丁文法教学所用的课本,最早是塞拉利亚斯(Cellarius)编的,后来是郎格(J. Lange)编的,两者都是用德文编写。在每门课程开始前,首先要让学生懂得各科教材的意义,然后再由教师逐字逐句翻译课文,学生跟着反复练习,最后再解释和分析文法结构。到了高年级时,学生不仅要用拉丁文写诗和撰写演讲稿,还要用拉丁语公开演讲,参加拉丁语的辩论会,并且要朗读和讨论学术刊物上用拉丁文发表的文章。

哈勒学园除了教授古典语言之外,还讲授两种现代语言,即德文和法文。德文教学的目标是让学生熟练地写出典雅的德文。法文教学的目标,不仅是让学生学习法国文学,而且他们还要掌握法语。另一项值得注意的改革是班级编排,即按照学生所学习的各科进度

---

① [比利时]希尔德·德·里德-西蒙斯主编:《欧洲大学史》(第二卷),第 507 页。
② 徐辉、郑继伟编著:《英国教育史》,第 123 页。

分班。

在科学方面,哈勒学园设有数学、自然科学、历史和地理等学科,一般重点都放在实物教学和实际运用。因此,几何课尽可能增加野外实习;数学课要举一反三地进行说明,分数要以实物来讲解。夏季应到乡村或田野讲解生物学;冬季要利用雕刻和狗的尸体讲解解剖学。另外,还要带学生参观手工艺人的实地操作,以便获得人类艺术产品和手工生产的清晰概念,同时还要教学生学习所见所闻的事物的拉丁文名称。

哈勒学园企图把古典学科与现代语和现代科学结合起来,它是 18 世纪前半期所有规模较大的学校教育的典范。当时所有较有地位的学校都在课程中增添了法文和数学,不过它们并没有把这些学科作为主要课程和必修课程。

二、实科学校的诞生

受哈勒学园的影响,一种新的教育机构——实科学校开始在欧洲教育中萌芽。在 17 世纪,相对于大学和学院发展的停滞状态,法国的职业技术教育得到了显著发展。"统治者们最为关心的是如何提高军事和经济效率,而发展有效的职业教育被认为是达到目的的关键。"①因此,法国政府开始对工商业进行干预以促进国家强盛,这不可避免地推动了法国的技术复兴和职业教育发展,随之而来的是一批国家教育机构的建立。法王路易十三的宰相、红衣主教黎塞留(Richelieu,1585—1642)率先在朗格勒(Langres)为战争孤儿创办了一所贸易学校,提供数学和建筑学方面的理论指导,以及制衣和制鞋方面的实践训练。1657年,法国政府又在圣日耳曼德佩(Saint-Germain-des-Pres)建立了另外一所贸易学校。与此同时,法国政府也建立了教授艺术、设计和建筑学的学园,如皇家绘画学园(1648)、罗马学园(1665)和皇家建筑学园(1671)。在法国重商主义之父科尔伯特(Jean Baptiste Colbert,1619—1683)的努力下,1688 年波尔多(Bordeaux)建立了另外一所艺术学校,它在 18 世纪被许多市政当局所效仿。② 这一时期法国政府还创建了许多军事学校。黎塞留是军事和贸易学校的大力倡导者。他说:"对于建立和捍卫一个伟大的帝国而言,知识和武器同等重

① Andy Green, *Education and State Formation: The Rise of Education System in England, France and the USA*, The Macmillan Press Ltd, London, 1992, P. 134.

② Andy Green, *Education and State Formation: The Rise of Education System in England, France and the USA*, The Macmillan Press Ltd, London, 1992, P. 135.

要;前者可以使国家变得规范和文明,后者可以使国家强大和受到保护。"①黎塞留建立了法国第一所军事学校,到 1684 年该校已有学生 4 275 人。② 为了满足和平与战争时期的海事需要,1682 年法国政府建立了航海学校。"这些早期职业教育方面的探索,充分反映了 17 世纪国家的首要目标。"③有的学者指出:"在整个 17 世纪,发起和改革技术教育的努力是建立在重商主义的理论基础之上。为了使国家的军事和航海力量更加强大,为了提高制造业的质量和产量使之统领国内外市场,这是政治家的坚定目标。"④

西欧第一所实科学校(数学、力学和经济学实科学校),是 1708 年由德国教育家席姆勒(Christopher Semler, 1669—1740)在哈勒城创办。其教学内容除了宗教之外,还有数学、物理学、机械学、天文学、自然、地理、法律、绘画和制图等。教学采用直观原则,利用绘画、图表、标本和模型等教具,以增进学生的理解力。哈勒学校具有明显的功利主义及现实主义特征,它的蓝图是由弗兰克绘制的。但哈勒学校规模不大,而且存在时间很短。

由俄国皇帝彼得一世(Peter I , 1672—1725)创办的莫斯科数学与航海学校,差不多比席姆勒的哈勒学校早了 10 年。在学生数量(约 500 人)、组织和物质供应上,这所学校都显示出不可比拟的雄厚实力。这所学校是 1699 年由彼得一世创建,但敕令是在开办两年后的 1701 年才颁发。学校刚开始创办时,市民们表示了极大的疑惑,因为学校起初的所在地——苏哈列夫塔楼一直被认为是鬼神出没之地。因此,尽管学校下达了学生必须按时到校的命令,但仍有许多贵族子弟不愿上学。有鉴于此,学校对这些学生实行了最严厉的惩罚,强迫他们去服苦役,或者进行体罚并处以罚款。凡是中途逃学者,还要将学生家里的地产收归国有。同样,学校内部的管理也十分严厉。每个班级配备一名校役(旧时对学校中工友的称呼),一旦发现学生搞小动作,校役就会举起皮鞭打人,不管学生的出身如何。主持学校工作的是从英国聘请的法华逊(Farwardson)教授。另外,还有两个英国人教授专门的学科。教授数学科目的是俄国第一个数学家列昂奇。学校循序渐进地教授算术、几何

① Andy Green, *Education and State Formation*: *The Rise of Education System in England*, *France and the USA*, The Macmillan Press Ltd, London, 1992, P. 135.

② Andy Green, *Education and State Formation*: *The Rise of Education System in England*, *France and the USA*, The Macmillan Press Ltd, London, 1992, P. 135.

③ Andy Green, *Education and State Formation*: *The Rise of Education System in England*, *France and the USA*, The Macmillan Press Ltd, London, 1992, P. 135.

④ Andy Green, *Education and State Formation*: *The Rise of Education System in England*, *France and the USA*, The Macmillan Press Ltd, London, 1992, P. 135.

学、三角学、天文学、航海学、数学及地理知识等。学校为准备考入数学班的学生还特设了阅读、书法和初级算术。授课期限没有固定，按照当时习惯是每个学生各依自己的进度学习。这所学校培养了许多海员、工程师、炮兵、测量员、数学教员和其他专家等。① 不久，诺夫哥罗德、纳尔瓦、雷瓦尔和阿斯特拉罕等地也开办了类似的航海学校。

在数学与航海学校的基础上，1712 年莫斯科又成立了工程学校和炮兵学校等。这些都是由国家出资兴办的高级军官学校，其主要任务是培养大批专业技术人才。"这些学校的学生也都是来自社会不同的阶层，如果说这些学校原先既招收贵族子弟，同时也招收少数其他'阶层'的孩子，那么到后来，这些学校已完全成为特权阶层的贵族子弟封闭式学校。"②1707 年在莫斯科一家医院附设了五年制的外科学校，学生为 50 名。此外，在彼得一世的支持下，俄国也开办了其他各种实科学校，如矿山学校、船舶学校、航海学校、手工艺学校等。由于对通晓欧洲语言人才的渴求，彼得一世还开办了外语学校。该校除了开设新的语言课程外，仍实施广泛的普通教育。即使是模仿西欧教会学校编写的神学教程，在实际生活知识方面也胜过西欧许多中学。

总之，学园与实科学校都是适应社会经济发展的产物，它们虽然在课程中增添了一些民族语言和自然科学，但并没有把这些学科作为主要课程和必修课。这些教育机构大都为私立性质，只面向少数群体。然而，可喜的是这两类教育机构成为了现代中等教育的雏形，并预示着现代中等教育的未来发展方向。

第六节　耶稣会学院

1540 年 9 月 27 日，教皇发布《教会军事化管理》诏书，耶稣会（Society of Jesus）由此诞生。"耶稣会的目的是打击宗教异端，维护教会利益，强化教皇权威。"③它从一开始就制定了严格的军事化纪律，因为它要成为一个战斗修会，成为一个神圣的战斗组织。它要为宣

---

① 夏之莲主编：《外国教育发展史料选粹》（上册），第 529—531 页。
② ［俄］T. C. 格奥尔吉耶娃著，焦东建、董茉莉译：《俄罗斯文化史——历史与现代》，商务印书馆 2006 年版，第 161 页。
③ Ellwood P. Cubberley, *The History of Education*, Houghton Mifflin Company, Boston, 1920, P. 337.

传信仰而开展工作,尤其是要通过教育向年轻人宣传信仰。"它不仅是一个僧侣集团,而且是聚在一起为捍卫信仰而战的一群士兵。他们的武器不是长矛和子弹,而是用正确的教义进行辩论、说服和教育,而且在需要时,可以用更为世俗的方法施加影响。"①

1547 年至 1550 年,耶稣会创始人罗耀拉起草了《耶稣会章程》,之后经过反复修改于 1559 年正式发表。《耶稣会章程》第四部分专门论述教育问题,它后来成为耶稣会教育发展的纲领性文件。这一章程对耶稣会而言极具权威性,并迅速成为耶稣会学院的教学准则,直到 1773 年 8 月耶稣会被查禁以前,一直被认为无须进一步修订,可见其质量之高。"虽然《章程》逐渐被新课程和现代教学方法替代,但它的几个要素,特别是其构成的基本原则,在 20 世纪末的耶稣会教育中仍然保持着。"②1599 年耶稣会颁布的《教学大全》就是在这一章程基础上形成的,它是耶稣会教育信条的主要源泉。

耶稣会并不是严格意义上的教育机构,但鉴于神职人员无知带来的耻辱和灾难,它要求耶稣会会员应具有与其神职相称的文化和教育水平。因此,只要有地方可以办学,耶稣会士便建立学院,他们坚信强有力的天主教派只能依靠广为传播的文化和教育。1542 年耶稣会在意大利的帕多瓦建立了第一所学院(也有学者认为第一所耶稣会学院 1548 年创办于西西里岛),随后其他耶稣会学院相继创办。最负盛名的是 1551 年 2 月建立的罗马学院,它拥有一批优良的师资,并培养了许多高级教士。罗耀拉希望罗马学院成为其他耶稣会教育机构的典范。1600 年前后,在从西班牙塔古斯河(Tagus)到波兰维斯杜拉河(Vistula)之间的天主教国家,大部分高等教育机构(包括高级文科中学、神学院和哲学院)都已在耶稣会的掌握之中。③

一、耶稣会学院的教学

耶稣会学院分为初级部和高级部,初级部 6 年,儿童 10 岁入学,以学习预备性文学课程为主;高级部又名哲学部,2 至 3 年,主要为青少年开设哲学、神学或其他高级课程。学生应"掌握若干种语言、逻辑、自然哲学和道德哲学、形而上学以及神学、经院哲学和其他基督教

---

① [美]罗伯特·E. 勒纳、斯坦迪什·米查姆等著,王觉非等译:《西方文明史》(Ⅰ),中国青年出版社 2006 年版,第 483 页。

② [瑞典]T. 胡森等主编:《教育大百科全书》(第 2 卷),第 673 页。

③ [德]弗·鲍尔生著:《德国教育史》,第 54 页。

经典"①。高级部的神学课程只能学习《圣经》和托马斯·阿奎纳(也称阿奎那,Thomas Aquinas,约 1225—1274)的《神学大全》;至于拉丁文和希腊文作品,耶稣会学院只给学生提供节选的篇章或删减的书籍进行学习。它们希望从古典书籍中消除那些带有鲜明时代印记的著作,因此只节选一些优美的篇章段落和诗歌。在逻辑、自然哲学和道德哲学、形而上学方面,应讲授亚里士多德的著作。至于"七艺"的学习应像对待人文学科一样,要对作者加以挑选。耶稣会学院不从事医学和法律教学,它们认为这些学科与耶稣会的教育目标相差甚远。

作为宗教改革时期著名的天主教团体,耶稣会学院为了确立自己的形象,十分注重教学质量和教学方法。为了建立一套行之有效的教育制度,1584 年耶稣会第五任会长阿奎维瓦萌发了一个想法,即颁布一部对耶稣会所有学院都具有约束力的法规,以此对迄今为止的种种实践经验进行一番考察。他们在罗马设立了一个委员会,由建立耶稣会的每一个国家各派一名代表组成,包括法国、德国、奥地利、意大利、西班牙和葡萄牙。通过相互之间的协商,他们逐渐形成了一项规划,并经过罗马学院 12 位神父的修订,在各耶稣会学院试行了几年,最终在 1599 年第五次耶稣会大会上通过。这一新的计划以《教学大全》(也称为《教育章程》)而广为人知。《教学大全》的序言写道:"除非方法成熟和正确,否则事倍功半,投入大而收效微⋯⋯我们很难想象,如果我们不像保姆一样,将食物用最佳的方法包装起来,用同样的方法去喂养大批学生,我们怎么能实现公平和实现我们的理想。"②《教学大全》体现了那个时代的最佳教学实践并使之系统化,它被认为是"迄今为止所看到的最详尽和最彻底的学校教学方案"③。

与《耶稣会章程》不同,《教学大全》所涉及的都是教育问题。它总结了耶稣会 10 多年的办学经验,并对耶稣会学院的学科和方法等做出了明确规定。《教学大全》既是修道院院长处理教育问题的指南,也是耶稣会学院院长从事管理工作的指南。它"规定了以拉丁语作为课堂和学校用语,按每日、每周、每月及每年规定了工作进程;规定了学生生活管理详细规则;宣称圣·托马斯·阿奎那是必须效法的真正导师;指示教师要从可靠的资料去叙述他们的历史,以捍卫拉丁文《圣经》,并反驳所有其他译本的谬误"④。《教学大全》包括教

---

① 任钟印主编:《世界教育名著通览》,第 166 页。

② [英]罗伯特·R.拉斯克、詹姆斯·斯科特兰著,朱镜人、单中惠译:《伟大教育家的学说》,山东教育出版社 2013 版,第 68 页。

③ [英]罗伯特·R.拉斯克、詹姆斯·斯科特兰著:《伟大教育家的学说》,第 64 页。

④ [美]E.P.克伯雷选编:《西方教育经典文献》(上卷),第 337 页。

育的各个环节,从教学方法到课堂纪律,从娱乐活动到体操设备,直到学习内容和测验次数。"这部《教学大全》的相关规定是如此全面、系统和详尽,以至于现代读者似乎忘了《教学大全》是有史以来关于教育组织、管理和方法的最早的探索之一,它的分年级教学的做法在当时是不同寻常的。"①

在课程方面,耶稣会学院和新教的学校没有多少区别,两者在班级、年级编制和学科设置上也基本相同。"它所开设的人文主义课程可能是最为系统的。"②为了利用古典教育宣传天主教信仰,耶稣会学院特别重视拉丁语和希腊语。教育的目标也是培养能用拉丁语写作的学生,其造成的后果是作为母语的法语遭到摒弃。《教学大全》严禁用法语交流,只有在节日才能使用法语。因此,对拉丁语和希腊语的重视,使得作品分析、文法、修辞和诗歌等备受重视。这也体现在耶稣会学院的课程表中。例如,四、五、六年级上午学习拉丁作家(如西塞罗、奥维德、维吉尔等)的作品,拉丁语和希腊语语法、拉丁语翻译、母语与辅助练习等,下午学习拉丁作家和文法、拉丁作品翻译、希腊语作品等;三年级上午学习拉丁作家和文法、雄辩术原则和风格、母语和辅助练习等,下午继续学习拉丁作家和文法、拉丁诗文翻译和希腊作家(或法语作家)评论等;二年级没有专门的课程安排。③ 在解释作家的作品时,教师更注重语言而不是内容。他们引导学生关注精美的语言和修辞效果,而不是文章的思想。他们对古典作家充满畏惧感,担心学生会从中学到自我反思和批判精神。总之,语言形式不带有宗教色彩,它不会有损天主教教义。"耶稣会的智力训练不在于了解真正的事物,也不在于吸收不同领域的知识,而仅仅是为了获得优美的语言形式。"④另外,耶稣会学院仿效新教学校增加了宗教教育。学生不仅要学习教义问答,还要熟悉布道、忏悔、圣餐等宗教仪式。耶稣会学院也倡导人文主义教育,并有强烈的现实主义取向。"……这是因为人文主义对耶稣会士们来说,就是一种帷幕,他们在这帷幕后面追寻着自己的目标,人文主义本身更像是实现这项目标的某种手段。"⑤可以说,耶稣会会员掌握了当时的各种学术知识,无论文艺复兴的文化,还是经院哲学的逻辑,他们都非常精通。

在教学内容上,耶稣会学院主要传授"七艺"和神学。在初级阶段,侧重于文法及基本

① [英]罗伯特·R.拉斯克、詹姆斯·斯科特兰著:《伟大教育家的学说》,第64—65页。
② [美]杜普伊斯、高尔顿著:《历史视野中的西方教育哲学》,第65页。
③ 夏之莲主编:《外国教育发展史料选粹》(上册),第260—261页。
④ [法]加布里埃尔·孔佩雷著:《教育学史》,第111页。
⑤ [法]爱弥尔·涂尔干著:《教育思想的演进》,第355页。

知识的学习,高级阶段则主要学习神学和哲学。后来耶稣会学院也遵循时代的风尚,开设了历史及自然科学等课程。在语文教学中,拉丁文占据重要地位,它是学生互相交流的通用语言。语文教学以培养"雄辩"能力为目标,修辞学和诗歌(其中包括戏剧诗词和舞台表演)等学科的教学都极为认真。希腊文则无足轻重,甚至《圣经》原文也不读了。科学知识和世俗知识则合并为"博学课"。在哲学方面,采用经过天主教会筛选的亚里士多德学说。在神学方面,则把圣托马斯的著作作为研究的基础,这是必读科目。耶稣会对学生的读物加以严格控制,它要求所有学科的学习都应有益于发扬上帝的荣耀,而所有有害于信仰及品德的书籍都在禁止之列。

在教学方法上,耶稣会学院有讲演、讲授、阅读、写作、背诵、练习、辩论、考试和竞赛等。其中辩论是最常见的方式,每星期六组织一次辩论会,时间一般为两小时;每月及年终还要组织规模较大的辩论会,以此锻炼和检查学生的口头表达能力。《耶稣会章程》规定,要安排固定的时间组织学生特别是高年级学生进行辩论;辩论不仅在同一级学生中进行,还可以让低年级学生选择一些主题与高年级学生展开辩论。"唯一新的教学方式是耶稣会学校使用的讲演法,虽然它仍被看作是古典教学方式的变体,但这种方法中一系列明确的步骤还是希腊人或罗马人的著作中所没有的。"[1]考试和竞赛最能体现耶稣会学院教育的特点,它们都是利用年轻人争强好胜的心理,使他们的学习获得最好的效果。耶稣会学院的教学方法与其课程设置一样,它不是以创新为主,而是以有效取胜。这正是当时欧洲学校教育所缺乏的。培根评论说:"至于教学部分,最好的方式是请教耶稣会学院,因为没有人比它做得更好。"[2]

二、耶稣会学院的管理

从总体上看,耶稣会学院的组织管理具有统一、集中、规程化的特点。所谓统一是指设在各地的耶稣会学院有着同样的体制,遵循同样的路线,这是 1559 年《耶稣会章程》和 1599 年《教学大全》所勾画的。这两个文件在数个世纪一直规范和指导耶稣会学院的工作,使设立在各地的耶稣会学院像一根藤上的葡萄,虽有规模大小之分,数量多少之别,但其基本轮

---

① ［美］杜普伊斯、高尔顿著:《历史视野中的西方教育哲学》,第 66 页。

② Ellwood P. Cubberley, *The History of Education*, Houghton Mifflin Company, Boston, 1920, P. 338.

廓一样。耶稣会学院在组织管理上的统一,与当时欧洲学校教育的混乱涣散形成鲜明对照,其结果是为长期战乱和宗教纷争困扰的欧洲上流社会,形成了有利于耶稣会教育发展的社会舆论,而这正是耶稣会赖以存在和发展的社会基础。①

耶稣会教育采用了一种高度集权式的管理体制。根据章程规定,耶稣会最低一级的组织是学舍和学院,一定数量的学舍和学院组成行省,数个行省又组成大区。各级组织依次设有院长、省长、区长,他们一律由会长任命,在会长授予的职权范围内行使各自的权力。院长的职责是负责学院日常管理,检查章程是否被执行,关心学院所有的同仁;确保学生在道德和学识上获得进步,照看学院中所有的动产和不动产,慎重任命负责校内事务的人员。"院长不仅要为学舍提供足够数量的工作人员,还要让他们尽可能地称职。院长对每个人都应提出规划,包括他们所承担的几项职责,不要让任何人多管闲事。更重要的是,当需要的时候,他应该帮助他们,保证他们在空闲的时间里从事正当的、为上帝服务的事情。"②对于会长而言,院长是令行禁止的驯服工具,是具体政策的执行者;对于一般会员而言,院长则是会长之下、众人之上的长官,是必须服从与效忠的对象。"院长要使每个学生都服从负责各项工作的人员的命令。所有工作人员都服从院长助理和院长本人。可以这样来概括,每个人都要像总会长服从上帝一样地服从其上级。"③事实上,耶稣会学院的组织管理系统并不复杂。各司其职的院长、省长和万流归宗的会长实际上完成了大部分管理工作。

规程化是指耶稣会学院的行政管理工作有一套全面的规则可循。由于耶稣会强调会员的绝对服从和无条件效忠,人们通常会认为这是一个信奉长官意志,由会长大权独揽的组织。然而,从耶稣会教育的纲领性文件——《耶稣会章程》和《教学大全》中就能发现,无论是罗耀拉还是他的继任者,都努力建立一种永恒不变、系统全面的规则或程序作为管理耶稣会学院的依据。这种规则和程序具有法律效力,对于学校工作具有普遍指导意义,而且易于实际执行者掌握和运用。由于他们的努力,《耶稣会章程》和《教学大全》成了耶稣会学院"教育规则的汇编",以及有关教育方法和学校及课堂管理的实用手册。这种管理体制有效地避免了朝令夕改、政策不稳、上下级权力失控等弊病,使耶稣会学院的各级管理人员能各司其职,有条不紊和高效率地工作。耶稣会学院在学习、祈祷、做弥撒、讲课、吃饭、睡

---

① 史静寰:《耶稣会教育述评》,《教育史研究》1990 年第 2 期。
② 任钟印主编:《世界教育名著通览》,第 168 页。
③ 任钟印主编:《世界教育名著通览》,第 168 页。

觉及其他事情上都制定了细则。例如,在特定的时间应该打铃,铃声一响,所有人都立即去做该做的事情,不能有一刻迟缓。院长也可以根据季节变化或其他原因改变时间,他一旦决定了就要遵守。

耶稣会学院非常重视对学生纪律的约束。"耶稣会在纪律方面所作的贡献就像《教学大全》在教学实践方面所作的进步一样令人瞩目。"①《教学大全》规定学生必须认真听演讲或讲课,必须记忆、背诵和概述所学的功课。耶稣会学院设立了纪律监管者,专门负责教学纪律。而且他还进行暗中监视,鼓励互相告密,以利于控制学生。耶稣会学院的学生不能独处,监管者会到处跟随着他。在生活区和就寝区,监管者也始终在那里,检视学生的一切行为。更为突出的是,耶稣会学院实行"侦查制度",班长必须及时将全班学生的心理、道德和学业等问题报告上级,每位学生也必须"自我坦白"。耶稣会学院还把榜样作为纪律的一个基本要素,并设了许多奖项(如十字架、缎带、装饰物、头衔等),目的在于激发学生的学习热情和超越别人的斗志。《教学大全》写道:"有必要鼓励学生模仿好榜样的高贵行为。榜样是学习的重要动力。"②学生不仅因为行为表现良好而受到奖励,如果他们检举了别人的不良行为也会受到奖赏。

耶稣会学院全部为寄宿制,各级教育都实现免费。学校由富裕的赞助商、皇家圣俸或城市财政支持,并根据性格、能力和未来的领导才能选拔学生。它虽然会面临录取贵族子弟的压力,但优先录取那些无法在别处受教育的有资质的男孩。耶稣会学院规模较大,设施齐全,有宿舍、教室、餐厅和运动场。学生通常是 13 岁左右入学,首先在初级部学习 6 年,毕业后升入高级部学习 3 年,最后进入 5 年制的神学部。学生按所学的科目组成班级,教师以班级为单位进行集体授课,这种当时并不多见的教学方法有效地扩大了耶稣会学院的容量。在西班牙、法国、意大利、东欧和德国南部,数以百计的耶稣会学院有自己的膳食和教学设施。在 17世纪,西班牙、法国和德国分别有大约 100 所耶稣会学院建立了宿舍。③ 耶稣会学院注册人数平均约为 300 人,但有些学校达到 600 至 800 人,少数甚至高达 2 000 人。④ 为了加强对学生的管理,耶稣会学院设有学籍档案,将学生的学习成绩、在校表现及其他情况记录在

---

① [英]罗伯特·R.拉斯克、詹姆斯·斯科特兰著:《伟大教育家的学说》,第 70 页。
② [法]加布里埃尔·孔佩雷著:《教育学史》,第 112 页。
③ [比利时]希尔德·德·里德-西蒙斯主编:《欧洲大学史》(第二卷),第 350 页。
④ Ellwood P. Cubberley, *The History of Education*, Houghton Mifflin Company, Boston, 1920, P. 338.

案。耶稣会学院每周上课 6 天,另有半天到一天的休假。每年除节假日之外,还有一周到一个月不等的假期。学校每天的日程安排,除上课之外也有体育锻炼、文艺活动等。耶稣会学院提倡温和纪律,基本上取消了体罚。

三、耶稣会学院的教师

培养教师是耶稣会教育的一个重要内容。"该教团为天主教国家培养出来的教师都是最优秀的,最有学识的,也是最能胜任和最有责任心的。无知、愚昧、懒惰、拙劣、冷酷的人是不会得到耶稣会的推荐的,也是最不配充任教师的。"①在其创办初期,《耶稣会章程》明文规定,各地区耶稣会要注意使教师掌握教育的技能,所以耶稣会学院可以看作是最早培训高级教师的师范学院。它强调教师要训练有素,并在教学和学校管理工作中应具有非凡的能力和机智。它所培养的教师认真细致,思维缜密,并能不断地改进教学方法。他们既讲授宗教的教义,也讲授非宗教的知识。"他们知道天生的教师就像真正的诗人一样稀罕,而合格的好教员也不是马马虎虎就可以造就的,所以他们设计出了一套培养方法,包括对受训者大量灌输广博的知识,并在漫长的受训过程的每个阶段进行严格筛选。"②至于中世纪学校盛行的体罚,耶稣会的神父们运用得很少,而且也很慎重。在非用体罚不可时,他们是指定专人行使,学校的纪律委员、仆人或门房负责执行一切惩罚。教师不能对学生做这种可耻的事,教师亲自体罚学生有损尊严,他们对学生的态度应无比宽容与友善。"他们使学校更有趣,学习更愉快。他们的工作很彻底,他们的奉献是全身心的,他们的成就是非凡的,他们是那个时代最伟大的教师。"③

耶稣会成员经过两年专门的宗教训练,并修完规定的文学课程,再用三年时间学完哲学以后,就可以在文科中学低年级任教。任教几年后,青年教师再进入大学或研究机构学习神学或其他高深知识,最后才能成为合格的哲学教师。可见耶稣会教师的培养要经过较长时间的严格训练,耶稣会学院的教学质量较高与其拥有一支高水平的师资队伍密切相关。"他们激发了作家的创作,提高了学术水平,培养了许多伟人。"④耶稣会第五任会长阿

---

① [德]弗·鲍尔生著:《德国教育史》,第 56 页。
② [美]雅克·巴尔赞著:《从黎明到衰落:西方文化生活五百年,1500 年至今》(上),第 46 页。
③ Levi Seeley, *History of Education*, Complete Unabridged, New York, 2009, P. 98.
④ Levi Seeley, *History of Education*, Complete Unabridged, New York, 2009, P. 98.

奎维瓦任命的六人委员会发表报告指出："如果将来的教师由教学艺术高超的人来承担,在阅读、教法、写作、改错和班级管理方法等方面进行两个月以上的训练,学校更会受益匪浅。如果教师不预先学会这些东西,他们以后就不得不在损害学生的情况下重新学习;这样,他们就只能是在失去声望以后,才去学得本领;而且某些坏习惯会永远无法矫正。"①

四、耶稣会学院的影响

耶稣会创办的学校因其管理严格、教学质量高而赢得了社会的赞誉。耶稣会学院的成功与其较为科学的管理方式密不可分。耶稣会始终坚持以"才华出众"和"遵守纪律"作为选择会员的首要准则。会员主要是在已经过考核的人员中选录。他们必须在学舍和学院中度过了见习期,已经过两年的各种考验和审查,是"在上帝的葡萄园中耕耘学识的人"。他们加入耶稣会后,要宣誓保证"为上帝的光荣而工作一生"②。"耶稣会精心设计的培训自己的会士的教育制度取得极大的成功,不久其他修会便开始热情仿效。"③耶稣会教育体制具有贵族倾向性,这也是其教育制度的特征。为了吸引贵族子弟就读,耶稣会修建的学校往往校舍优美,设备精良。

耶稣会取得了辉煌的成绩,到 1600 年,它建立了 200 所学院(拉丁中学)、大学和神学院;1640 年有 372 所;1706 年达 769 所。直到 1773 年耶稣会被取消时,它拥有 22 589 名成员,其中约有一半是教师。④ 耶稣会学院(中学)和大学数量众多,耶稣会的工作在法国北部、比利时、荷兰、德国、奥地利、波兰和匈牙利最有成效。"的确,他们办的学校是这么有效,以致宗教仇恨的火焰开始平息之后,上层的新教徒有时宁愿送他们的孩子去接受耶稣会的教育。"⑤有的学者写道:"在 17 世纪中叶的欧洲,学校和学生比 19 世纪中叶时都多,甚至出现了学校过剩的抱怨。所有适龄青少年,不论贫富,都可以入学。"⑥17 世纪中期,仅在巴黎市耶稣会就拥有 14 000 名学生。到 17 世纪末,耶稣会的学生中诞生了 100 多位熠熠生

---

① [英]博伊德、金合著:《西方教育史》,第 203—204 页。
② 任钟印主编:《世界教育名著通览》,第 165 页。
③ [英]G. R. 埃尔顿编:《新编剑桥世界近代史》(第 2 卷),第 386 页。
④ Ellwood P. Cubberley, *The History of Education*, Houghton Mifflin Company, Boston, 1920, PP. 337 - 338.
⑤ [美]罗伯特·E. 勒纳、斯坦迪什·米查姆等著:《西方文明史》(Ⅰ),第 484 页。
⑥ [美]雅克·巴尔赞著:《从黎明到衰落:西方文化生活五百年,1500 年至今》(上),第 47 页。

辉的名人。① 例如，法国将领康迪（Conde）和卢森堡（Luxemboug）、英国诗人弗莱彻（Flechier）、法国作家波舒哀（Bossuet）、法国哲学家笛卡儿、法国剧作家高乃依（Corneille）和莫里哀（Moliere）等。可以说，这种成就主要归功于耶稣会独特的教育体制。"在 16、17 和 18 世纪，他们的教育制度是迄今为止最有效和最成功的。"②这个制度的优越性不久便因其所造就的灿若群星的人才而显现出来。从笛卡儿到伏尔泰（Voltaire），许多哲学家和科学家都是由耶稣会学院培养的。③ 然而，他们又反过来给予耶稣会和耶稣会学院以沉重的打击。涂尔干（Emile Durkheim）指出："……只要我们回想到，17 世纪和 18 世纪所有伟人都是耶稣会学校的学生：耶稣会的教育以一种普遍的方式，在我们民族精神的形成中扮演了重要的角色，赋予了它在自己完全成熟时展现出来的那些独有特征。……同样可以肯定的是，它在整个思想史上也已经显出了璀璨的光华。"④

在学校教育管理实践仍然较为落后的时期，耶稣会的做法无疑是有创见的。正如德国历史学家兰克（Leopold Von Ranke）所说，耶稣会在教育青年上所取得的成就，与其说是因为耶稣会士的学识和忠诚，不如说是由于他们方法的严格和精确。英国教育家奎克也认为，就单个耶稣会的教师而言不一定比新教的教师更优秀，但耶稣会由于其整体工作的成就而成为教育史上最引人瞩目的学校系统。严密的组织和管理系统是耶稣会学院最突出、最有特色的地方。"这种教育方法所取得的成绩，不仅表现于从耶稣会内部在数学、天文学、历史学、语言学和其他学科以及神学领域所培养出来的一批著名学者，而且也表现在所培养出来的一些卓越的世俗人士，如卡尔德隆、塔索、伽利略和笛卡儿等。不论新教在教育领域的成就如何伟大，耶稣会和其他天主教教育家的工作即使没有超过他们，也可与之匹敌。"⑤也正是这个原因，耶稣会创始人罗耀拉可以看作是一位伟大的教育家，正如他可以在圣徒中占有一席之地一样。

由于耶稣会学院没有提供社会生活所需要的教育，因而贵族和资产阶级对耶稣会学院的不满日益增加。法国政治家黎塞留和重商主义之父科尔伯特因其反对耶稣会学院的扩张而知名，他们认为耶稣会学院"消耗了国家重要的经济和军事力量，并且培养了多余的缺

---

① ［法］加布里埃尔·孔佩雷著：《教育学史》，第 108 页。
② Levi Seeley, *History of Education*, Complete Unabridged, New York, 2009, P. 98.
③ ［美］雅克·巴尔赞著：《从黎明到衰落：西方文化生活五百年，1500 年至今》（上），第 47 页。
④ ［法］爱弥尔·涂尔干著：《教育思想的演进》，第 331 页。
⑤ ［英］R. B. 沃纳姆编：《新编剑桥世界近代史》（第 3 卷），第 85 页。

乏生产力的古典学者"①。在 17 世纪,"统治者更加关心发展充分的技术和军事教育,因为这将有助于国家发展商业和制造业,发展公共事业和进行军事扩张"②。正当耶稣会学院蓬勃发展之际,有两个教团也对耶稣会的教育权威进行了挑战。1611 年成立的基督会圣乐会(Oratorio),是一个以发展中等教育为目标的组织。它开办了若干所学院和神学校,以便为年轻贵族提供教育。圣乐会成员都是牧师,其中很多人学识渊博。在他们讲授的课程中,古典文学占主导地位,但并不排斥近代学科如历史(特别是法国史)、数学、物理、地理和自然科学,而这些学科在耶稣会学院不受重视。他们用拉丁语和法语两种语言教学。拉丁语直到四年级才成为必修课程,四年级之前的历史课要用法语讲授。历史尤其是法国历史,在圣乐会学校受到高度重视。地理和自然科学也受重视,教室的墙壁上贴满了各种地图,还设立了化学实验室和解剖室。在纪律方面,"除了教鞭,还有很多有效的方法引导孩子去学习,例如,一个安慰、一个威吓、一个奖励、一种羞耻,这些都比教鞭更有效"③。圣乐会的教育活动一直持续到 1789 年法国革命。另一个是波特·诺亚尔(Port Royal)教团,虽然它存在的时间不如圣乐会那么长,但声望更高,影响更大。

由上可知,从文艺复兴到 17 世纪,学校教育制度的世俗性愈益明显。无论是人文主义者,还是宗教改革者,甚至反宗教改革者都力图将教育推向一个新的高度。他们的理想都是为了描绘和构建一个新的教育蓝图或框架。因此,所有热心教育事业的人士,无论他们是何种身份都在不断尝试各种新的实践,由此学校教育制度的革新才有了根基。

学校制度的不断革新和日益完善,无疑是这一时期教育发展的主旋律。由于学制涉及基本的教育结构体系,因而学制革新清晰地反映了特定时期教育制度的基本状况。那么,引发学校制度革新的因素有哪些呢? 首先,近代工商业的发展要求人们把几乎全部的精力投入到职业中去,从而使得学校教育的专门化成为可能;同时,近代工厂制度又为建立一种以集体教学为特点的学校提供了模式。其次,近代科学技术的发展为建立统一的学校制度提供了科学方法。近代科学的归纳法则为建立统一的学校制度提供了依据。夸美纽斯正是在归纳自然现象的基础上采用三段论阐述其教育思想。印刷术的西传为设置统一的教

① Andy Green, *Education and State Formation*: *The Rise of Education System in England*, *France and the USA*, The Macmillan Press Ltd, London, 1992, P. 132.

② Andy Green, *Education and State Formation*: *The Rise of Education System in England*, *France and the USA*, The Macmillan Press Ltd, London, 1992, P. 132.

③ [法]加布里埃尔·孔佩雷著:《教育学史》,第 116 页。

学计划、课程、教材提供了技术保障。到 1500 年,在欧洲 250 多个城市建立了印刷厂,印刷的书籍达 4 万版次,一次印刷就达 2000 万册,而此时欧洲人口仅有 8000 多万。例如,在 16 世纪的法国,一年印刷的书籍近 1000 种(约 100 万册),17 世纪最多的一年超过了 1000 种。18 世纪又有了大幅度的增长,最多的一年达到 4000 种。① 最后,工商业人士、世俗政府、宗教改革者是近代统一学校制度的直接推动者。随着生产力的不断提高,工商业界需要培养大批熟练工人,因而他们资助创办了职业学校或艺徒学校,如英国的绸缎商学校,德国的艺徒补习学校等。这些职业和艺徒学校对近代学校制度的产生有直接影响。世俗政府尤其是市政当局为了城市的发展,与封建教育和教会教育作斗争,并为市民开办初等学校,以满足他们学习本族语言、读写算和实用知识的需要。宗教改革者则认为每个人都有学习圣经的权利,人人都可通过阅读圣经接近上帝,因而他们提出建立统一的初等学校,以普及圣经和读写算的基本知识。因此,近代学校制度产生的直接原因,是近代手工工场带来的对知识的普遍需求和教育对象的扩大。

然而,这一时期的学制仍然存在着较大的缺陷。幼儿教育的重要性并未引起重视,初等教育在很多国家仍属于慈善事业。虽然有些国家开始关注初等教育,并颁布了相关法律,但鉴于当时的社会条件和整体教育水平,初等教育机构仍然非常简陋和稀少。至于中等教育,长期以来被社会上层阶级所把持。随着学校教育规模的扩大,为了满足不同年龄儿童受教育的需要,一些人士开始尝试设立分级制度,以使不同年龄的儿童能接受更合适的教育,同时也使得学校教育各方面的工作日益规范化。西方第一个全面阐述学制的是夸美纽斯。苏联学者克拉斯诺夫斯基说:"丝毫不容怀疑,在学校和教学过程的组织的问题上,夸美纽斯是大大超过了当时的实践的。这就使我们有权利说,他是学校管理这样一门科学的创始人,这门科学只是到了十九世纪末二十世纪初才开始形成起来。"②

---

① [英]彼得·伯克著:《欧洲近代早期的大众文化》,第 303—304 页。
② 王天一、方晓东编著:《西方教育思想史》,湖南教育出版社 1996 年版,第 182 页。

第四章

高 等 教 育
的 变 革

　　文艺复兴时期是欧洲中世纪大学向近现代大学的过渡时期,在人文主义思想的影响下,欧洲传统大学在数量、地域分布、管理体制、课程结构和科学研究等方面都有了较大的发展,这种进步为欧洲高等教育的近现代化奠定了重要基础。宗教改革时期,新教与天主教的对立毫无疑问地影响了欧洲大学的发展进程。宗教改革既使欧洲大学面临巨大的挑战,同时也作出了自己独特的、原创性的贡献。从总体上看,它主要表现为:推动大学向世俗化和民族化转变、大学课程的人文化和科学化、新式教学制度的设立及推广,以及催生了学术自由和教育公平的萌芽等。这些都预示着欧洲传统大学向近现代大学的转型。

第一节　文艺复兴时期的欧洲大学

　　文艺复兴是公元 14 世纪到 17 世纪欧洲在意识形态领域反叛中世纪精神权威和旧价值观念,开创新时代思想文化传统的运动。在这场运动的影响下,欧洲高等教育得到了迅速发展。"尽管 1350 到 1450 年间深重的经济、宗教以及政治危机使欧洲动荡不安,15 世纪的大学依然保持了扩张的势头。1500 年左右,在乌普萨拉、阿伯丁、帕尔马、克拉科的周边地区,大学仍然存在。在从鲁汶、维也纳到费拉拉和阿尔卡拉这一中心地区,地图上分布的大学变得很稠密。"① 同时,文艺复兴运动所倡导的人文主义文化对于欧洲高等教育制度的变迁也产生了十分深远的影响。

一、欧洲大学的迅速发展

　　文艺复兴之前,除了个别大学是由国王和教皇创建外,其他很多大学是在原有学校基础上为适应社会发展而自发形成的。例如,巴黎大学是以巴黎圣母院附属天主教学校为中心,逐渐聚集大批来自欧洲各地的学者和学生而建立起来的一所自然形成型大学。也有一些大学是由学者们在迁移过程中形成的,称为衍生型大学。例如,许多在巴黎大学学习的英国学者由于受到当地官员的迫害,曾多次返回本国,力图建立自己的大学,其中部分师生

---

① ［比利时］希尔德·德·里德-西蒙斯主编,张斌贤、张弛等译:《欧洲大学史》(第一卷),河北大学出版社 2008 年版,第 496 页。

在英国小镇牛津创办了牛津大学。后来,从牛津分离出去的师生又在剑桥建立了剑桥大学。

文艺复兴以后,由于大学在社会生活尤其是在世俗政权与教会势力的冲突中发挥了重大作用,原先由学者们自发形成和组织的大学日益减少,而由国家或教会创建的大学迅速增加。从 14 世纪起,这一创办大学的浪潮迅速遍及中欧、东欧和北欧。到了 14 世纪末,大学的总数达到 45 所。① 巴黎大学建立后,法国许多重要城市在原主教学校、法律学校和医学学校的基础上也相继成立了大学,如阿维尼翁大学(1303)、卡奥大学(1332)、格勒诺布尔大学(1339)、佩比尼昂大学(1350)、奥朗日大学(1365)、爱克斯-普罗旺斯大学(1409)、普瓦提埃大学(1431)、冈城大学(1432)、波尔多大学(1441)、多勒大学(1442)、瓦朗斯大学(1452)、南特大学(1461)、布尔日大学(1463)等。

相比而言,德国的大学起步较晚,直到 14 世纪中叶才建立自己的大学。此前德国学生大多前往意大利和法国上大学,其中巴黎大学是德国青年学子的主要求学之地。德国境内最早的大学是创办于 1348 年的布拉格大学。它原是一所国际性大学,但很快就被德国的教师和学生所占有。在 1378—1417 年西方教会大分裂期间,学者们成群结队地离开巴黎,致使布拉格大学的人数越来越多。在教会分裂以前,欧洲大学统一于罗马天主教会,只有得到罗马教皇的“训令”之后,大学才能取得合法地位。在教会分裂以后,来自德国地区的师生在巴黎大学处于尴尬境地,巴黎大学的毕业生既无法申请受俸神职,也不能在家乡找到教会的职位。在这种背景下,德国出现了最早的一批大学。布拉格大学被称为“第一所民族大学”,随后又相继建立了维也纳大学(1365)、海德堡大学(1385)、科隆大学(1388)、埃尔福特大学(1392)、维尔茨堡大学(1402)、莱比锡大学(1409)、罗斯托克大学(1419)等。

随着文艺复兴运动的发展,从 1456 年到 1506 年,德国又出现了第二批大学,它们是格赖夫斯瓦尔德大学(1456)、弗莱堡大学(1457)、特里尔大学(1457)、巴塞尔大学(1459)、英戈尔施塔特大学(1472)、美因茨大学(1477)、图宾根大学(1477)、维滕堡大学(1502)、法兰克福大学(1506)等。到 1506 年,德语地区共创建了 17 所大学。② 中世纪的德国大学主要效法巴黎大学。大学是教师社团,受到教会控制,设立神学、医学、法学和哲学四个系,并讲

① ［英］G. R. 埃尔顿编:《新编剑桥世界近代史》(第 2 卷),第 545 页。
② 周丽华著:《德国大学与国家的关系》,北京师范大学出版社 2008 年版,第 23 页。

授经院哲学。但与法国大学不同,德国大学是由地方政府创办,处于地方当局管理之下。据统计,自 1500 年后的三百年间,在德意志地区共创办了约 50 所大学,这些大学的创办者主要是地方统治者。"作为后来者,德国大学沿袭了欧洲中世纪大学的组织特征,包括它们所拥有的社团权利。"①

上述大学都以当时公认的巴黎大学为榜样,如 1386 年有关创办海德堡大学的文件规定:"将完全按照巴黎大学的学校法规和管理方法对海德堡大学进行组建、领导和管理"②,并赋予大学及其成员享有与巴黎大学师生同样的特权,如迁徙权、免税权和独立司法权等。"然而从一开始,这些大学在精神上就比它们的伟大原型更具有非宗教的色彩。其原因部分地是由于导致大学建立的对高等知识的渴望,在富有的自由民阶级中最为强烈;部分地是由于大学极大地仰赖具有人文主义兴趣并希望培养为他们服务的具有良好训练的人的那些君主们。"③

15 世纪的苏格兰也先后成立了 3 所大学,在数量上超过了英格兰。1410 年 5 月,一批原巴黎大学的毕业生和逃离牛津、剑桥大学的神职人员,开始在苏格兰沿海小镇圣安德鲁斯设立高等教育机构,讲授神学、逻辑及宗教等课程。1413 年 8 月,圣安德鲁斯地区的主教亨利·沃德洛(Henry Wadlow)承认了这所大学,并获得了罗马教皇本尼迪克十三世(Benedict XIII,约 1328—1423,1394—1423 年在位)的批准,于是苏格兰第一所大学宣告成立。1451 年,滕布尔主教在市政当局支持下创办了苏格兰第二所大学,即格拉斯哥大学。1495 年 2 月,威廉·埃尔芬斯通主教在阿伯丁建立了苏格兰第三所大学,即阿伯丁大学。这样加上牛津和剑桥,15 世纪时英国共有 5 所大学。

由于国家和教会的积极参与,瑞典、丹麦、意大利、奥地利、西班牙、荷兰等欧洲其他国家也相继出现了一些大学。例如,瑞典于 1477 年成立了第一所大学,即乌普萨拉大学,丹麦于 1478 年建立了第一所大学,即哥本哈根大学。这一时期,西班牙建立的大学有贡布鲁登塞大学(1499)、多莱托大学(1520)、巴埃萨大学(1538)、阿尔马格罗大学(1553)等;荷兰创建的新教大学有莱顿大学(1575)、弗拉纳克大学(1585)、乌得勒支大学(1634)、哈德尔维克大学(1648)。这些大学基本上是模仿意大利博洛尼亚大学和巴黎大学的办学模式,重视

① 周丽华著:《德国大学与国家的关系》,第 24 页。
② 杨萌恩编著:《海德堡大学》,湖南教育出版社 1991 年版,第 16 页。
③ [英]博伊德、金合著:《西方教育史》,第 183 页。

法学和神学教育。据统计,自13世纪至15世纪,欧洲主要国家新建立的大学数分别是:意大利17所、法国16所、德国16所、西班牙和葡萄牙15所、英国4所,其他国家6所。① 从某种意义上说,这些新大学是在文艺复兴时期所倡导的思想风格和精神原则指导下建立的,它们在许多方面体现和反映了人文主义的旨趣及特征。

这一时期,欧洲大学不仅在数量上迅速增长,而且在地域分布上也发生了较大变化。在14世纪末之前,中欧、东欧和北欧,特别是巴黎周围的大学数量极少,50%以上的大学分布在地中海沿岸的欧洲南部,特别是意大利和西班牙地区。但从14世纪末开始,欧洲大学的地域分布开始由意大利南部逐渐向西南欧、中欧和东欧其他地区扩展。根据英国学者拉什达尔(H. Rashdall)的研究,意大利的大学数量基本上呈递减趋势,而法国和德国的大学机构却保持了持续增长,特别是14世纪后德国大学的数量急剧增加。

到16世纪末,大学已在欧洲大陆的许多国家建立起来了,大学的总数已达105所。当时欧洲各国大学有许多共通之处,如课程设置、办学目标以及高等教育的精神气质等是相当一致的。但这一时期的高等教育机构却呈现出更多的民族特性,作为一种重要的政治力量,大学在社会各阶层的斗争中发挥了积极作用,并成为大学内部民族之间剧烈冲突的舞台。尤其重要的是,"民族国家之间的经济竞争、政治纷争和信仰差异,导致大学成为一个竞争的焦点,刺激了大学数量的骤增,使得统一性很强的中世纪大学演变为特色各异的大学机构,促进了大学的发展"②。许多新大学建立后,它们越来越注重从本民族招生,甚至从本地区招生,致使欧洲大学逐渐丧失了它的国际性特征。大学开始成为世俗政权和民族国家的工具,成为主要为本国、本地区服务的区域性大学。例如,在大量英格兰人因百年战争(1337—1453)而退学和德意志人因教会大分裂(1378—1417)离开以后,巴黎大学已经趋向于成为一所法国人的学校。巴黎大学在法国政治上发挥了重要作用,查理五世(Charles Ⅴ,1500—1558,1520—1556年在位)称它为"国王的大公主"。法国史学家雅克·勒戈夫(Jacques Le Goff)指出,"然而,大学数量的增加,如果不是废除了,也是削弱了那些最重要大学在国际范围内的招生,无论如何它是破坏了到那时为止一直很重要的大学多民族体系,这个多民族体系常常是大学结构中的主要特点"③。

① 黄福涛著:《欧洲高等教育近代化》,厦门大学出版社1998年版,第63页。
② 张应强著:《高等教育现代化的反思与建构》,黑龙江教育出版社2000年版,第80页。
③ [法]雅克·勒戈夫著,张弘译:《中世纪的知识分子》,商务印书馆2002年版,第125页。

二、欧洲大学的人文主义教育

中世纪后期,欧洲大学已严重滞后于社会发展,以经院主义哲学为核心的大学教育排斥一切新知识。"尽管有一些有趣的革新尝试,尽管有库萨的尼古拉的思想体系,他想把传统同新的需要协调一致,经院哲学仍然没有活力。它还进一步自相戕害。一方面有那些'古典派',他们现在毫无生气,是理念化的亚里士多德和圣托马斯的信徒。另一方面有'现代派',他们聚集在由奥卡姆倡导的唯名论的旗帜下。但他们仍在研究形式逻辑,无休止地为词语的定义绞尽脑汁,拘泥于矫揉造作的分类和再分类,束缚在'术语学'之中。"①

中世纪大学对人文主义的反应比较迟钝,对文艺复兴中现代化因素的抵抗,是文学院和其他专业学院的个性和特色,这些学院长年累月地讲授固定的教材,以便具有传统的权威性。在法学上最权威的经典是犹太法典,在医学上是盖伦(Claudius Galenus,129—199)或希波克拉底(Hippokrates,约公元前460—公元前370)的著作,在神学和文艺上把亚里士多德的著作视为经典。随着时间的推移,亚里士多德逐渐被确立为学术思想的最高权威。"当时欧洲大学中的保守人士把人文主义视为对学术兴趣的威胁,认为它破坏了大学的职业使命,甚至可能会颠覆高等教育一贯坚守的信念。"②当然,事实证明这些恐惧是多余的。"文艺复兴并没有真正改变大学,传统的院系组织和学术管理体制仍然和中世纪一样。然而,在当时的高等教育中,出现了与文艺复兴有关的一些新变化。"③

一般说来,1500年之后人文主义才在大学中确立了永久的地位。④ 到1550年以后,人文主义教育几乎在欧洲各地都得到了认可,甚至在考试制度上仍沿用中世纪模式的牛津和剑桥,也允许人文主义教育在各学院中蓬勃发展,以至于它在本科生教育中逐渐占据统治地位。人文主义思想成功地渗透到大学后,欧洲大学的灵魂才发生了一次质的飞跃。有的学者指出:"在文艺复兴和人文主义的影响下,不管是大学的组织结构还是其社会功能都发

① ［法］雅克·勒戈夫著:《中世纪的知识分子》,第132页。
② Willis Rudy, *The Universities of Europe*, *1100 - 1914*, London and Toronto：Associated University Presses，1984，P. 46.
③ Willis Rudy, *The Universities of Europe*, *1100 - 1914*, London and Toronto：Associated University Presses，1984，P. 46.
④ ［比利时］希尔德·德·里德-西蒙斯主编:《欧洲大学史》(第一卷),第514页。

生了根本的变化。另一方面,从意大利到英国,大学文学院的课程也发生了变化。"①

(一) 意大利

在意大利,中世纪大学主要有博洛尼亚大学(1088)、帕多瓦大学(1222)、那不勒斯大学(1224)、萨莱诺大学(1231)、罗马教廷大学(1245)、锡耶纳大学(1246)、佩鲁贾大学(1308)、维罗纳大学(1339)、比萨大学(1343)、佛罗伦萨大学(1349)、帕维亚大学(1361)、卢卡大学(1369)、费拉拉大学(1391)、都灵大学(1404)、帕尔马大学(1412)、威尼斯大学(1470)、热那亚大学(1471)。中世纪后期,这些大学由于固守传统的经院哲学和排斥一切新知识,已严重滞后于时代与社会发展的需要。这种状况直到文艺复兴运动出现后才发生根本性的变化。

由于文艺复兴最早发源于意大利,因而意大利的大学率先感受到了人文主义的新风气。在意大利的大学中,经院哲学并没有形成像巴黎和牛津那样的传统,其古典时代的文学传统保存得更好,并通过罗马时代的更新再次获得了新生;那些逃避土耳其人迫害的拜占庭学者的到来,进一步推动了古希腊文化的复兴。在那些拥有古典名著手稿,并具有解释这些手稿的知识及理解力的学者周围,往往聚集着大批意大利青年,他们把自己看作是古罗马帝国精神遗产的继承人,把拉丁文作品和希腊语看成是受过教育的人的共同财富。

在意大利宫廷和某些城市,一些地方显要人物本身对文学研究抱有热情,他们或者通过鼓励这方面的研究以博得声誉。例如,萨卢塔蒂(Coluccio Salutati, 1331—1406)不仅是一个人文主义者,同时也是一位政治活动家。他长期担任佛罗伦萨共和国的国务秘书,他的活动对意大利政治生活产生了重要影响。萨卢塔蒂继承了古罗马的自由传统,他是佛罗伦萨自由的坚决捍卫者,他利用其政治影响使佛罗伦萨成为当时人文主义者的荟萃之地。"萨卢塔蒂是第一个进行文献校勘和历史研究的人文主义学者。"②为了更好地履行国务秘书的职责,他最先系统地整理了古典文献,首创了通过对手稿文献进行系统比较的校勘法,并且用批判的眼光进行阐释,极大地推动了意大利北部大学中语法和修辞学教师转向人文学科的研究。萨卢塔蒂还引导许多有才能的学生学习高深的希腊语,他们中的很多人后来

① Willis Rudy, *The Universities of Europe*, *1100 - 1914*, London and Toronto: Associated University Presses, 1984, P. 56.
② [比利时]希尔德·德·里德-西蒙斯主编:《欧洲大学史》(第一卷),第504页。

成为大学的希腊语教师,并且在旅行过程中购买了大量的希腊文文献。14 世纪末,萨卢塔蒂的门徒安东尼奥·罗斯奇(Antonio Loschi)撰写了第一部人文主义的修辞学论著。罗斯奇的同窗巴齐扎(Gasparino Barziza)是帕维亚大学的文法和修辞学教师,后在帕多瓦大学讲授修辞学和道德哲学,其突出成就是对西塞罗的研究。作为语言学家和许多教科书的作者,巴齐扎为人文主义在大学的确立作出了重要贡献。

1397 年,拜占庭学者克里索罗拉(ChrysoLoras)接受萨卢塔蒂的邀请,在佛罗伦萨大学担任希腊语教授。克里索罗拉的教学取得了极大的成功,他的许多学生成为了意大利和欧洲学术界的领袖人物,其中最具影响力的有布鲁尼(Leonardo Bruni,1370—1444)、尼可利和弗吉里奥(Vergerius,1349—1420)等人。布鲁尼主张以人文主义学科为手段造就完整的人,而这首先要求实现完整的符合人性的教育。他在翻译亚里士多德的《政治学》时指出:"在对人类生活所作的道德教诲中,最重要的是关系到国家和政府的那部分,因为它们涉及到为所有人谋求幸福。如果说为一个人争取幸福是件好事的话,那么为整个国家争取幸福不是更好吗?幸福覆盖的范围越广泛,这种幸福也就越神圣……"①在布鲁尼等人文主义学者的影响下,佛罗伦萨大学成为了当时意大利的主要学术中心之一。另一方面,佛罗伦萨大学也致力于传统的形而上学、神学、法律和医学研究。"在中世纪和文艺复兴时期,佛罗伦萨的学术活动几乎完全是实用性的;它与特定的职业和专业相关……建立教育体系的目的是为了训练一些男孩经商的本领和从事其他一些职业,如法律、公证、医学和神学。"②

进入 15 世纪后,一批来自希腊的拜占庭学者开始在意大利大学讲授古希腊语言和文学课程,激发了意大利学生对于希腊学科的巨大兴趣。"第一批教授是来自拜占庭帝国的难民;拜占庭帝国早在 1453 年君士坦丁堡被占领之前就逐步落入土耳其人手中。多亏了这些难民,一些意大利学者才获得了阅读希腊原文的重要著作的能力。"③拜占庭学者所从事的开拓性工作由意大利学者发扬光大。意大利人文主义者及文学家洛伦佐·瓦拉(Lorenzo Valla,1407—1457)1431 年至 1436 年在帕维亚大学担任修辞学教授,1447 年至 1457 年又在罗马大学担任修辞学教授。1444 年瓦拉根据拉丁语圣经和希腊语小册子出版了一套《新约全书》注释,他的注释是对《圣经》进行历史诠释的第一次尝试,后来由伊拉斯

---

① [意]加林著:《意大利人文主义》,第 40 页。
② Willis Rudy, *The Universities of Europe*,*1100 -1914*,Associated University Presses,London and Toronto,1984,P. 41.
③ [英]彼得·伯克著:《文艺复兴》,第 34—35 页。

谟所继承和发扬。同年,瓦拉出版的《优雅的拉丁语》一书既保存了几个世纪以来的重要拉丁文文献,也为正确使用拉丁文文法奠定了基础。意大利人文主义者及文献学家尼科洛·莱昂希诺(Niccolo Leoniceno,1428—1524)将人文主义的校勘方法运用于医学文献,被伊拉斯谟誉为医学领域的人文主义复兴者。莱昂希诺在费拉拉大学教授了长达 60 年的医学、数学和希腊哲学,并且将盖伦和希波克拉底的著作译成拉丁文,将罗马历史学家的著作译成意大利文,在当时产生了广泛的影响。"到 15 世纪中叶,人文研究已经在意大利大学的文学院中确立了牢固的地位。"①

在 15 世纪中期,意大利人文主义者格里诺(也称瓜里诺)的讲学,吸引了从英国、法国、德国、匈牙利等地慕名而来的学生。格里诺曾在君士坦丁堡学习五年,后来成为了费拉拉大学的希腊文教授,并担任费拉拉和佛罗伦萨市议会的希腊文翻译。在格里诺的影响下,费拉拉从只有一所中世纪学校的城镇发展为人文主义学术的示范区,来自德国、英国的青年学子从这里把意大利人文主义学问及对古典著作的热情带回了家乡。"当这些学生回到自己的家乡时,带去了源于南方的人文主义,并把它们带进北部的生活和思想结构之中。这就导致了北方模式的文艺复兴改良和科技革命。"②格里诺的儿子巴提斯塔(Battista)继承父业,撰写了一篇教育论文以发展其父的学说。巴提斯塔在 1459 年的一封信中描述了格里诺在费拉拉大学的教学情况。"也许有点夸张,据说在寒冷的冬日,许多学生聚集在尚未开门的演讲室外,等待着他的出现。"③关于古典语言的问题,巴提斯塔认为会写拉丁文诗是一个有教养的人的主要标志。同时,他主张一个有教养的人还要熟悉希腊语言和文学。他坚信没有希腊文知识,任何真正意义上的拉丁学术是不可能的,因为拉丁文中有大量从希腊文借来的词语及由此产生的问题,如元音的音量、双元音的用法、含糊不清的正字法、词源学等。他认为学生应当首先通过荷马熟悉诗人的作品,因为维吉尔就是从荷马的作品中获得灵感;西塞罗似乎是从柏拉图的作品中汲取了各种营养。④ 佛罗伦萨大学希腊文和拉丁文教授安布罗吉尼(Ambrogini)由于具有较高的学术水平而深受学生好评。同样,菲勒弗(Francesco Filelfo)因其在威尼斯、博洛尼亚和佛罗伦萨教授古典学科而声名鹊起。事

---

① 〔比利时〕希尔德·德·里德-西蒙斯主编:《欧洲大学史》(第一卷),第 510 页。
② 〔美〕S. E. 佛罗斯特著:《西方教育的历史和哲学基础》,第 195 页。
③ Willis Rudy, *The Universities of Europe*,*1100 -1914*,Associated University Presses, London and Toronto,1984,P. 48.
④ 〔美〕E. P. 克伯雷选编:《西方教育经典文献》(上卷),第 250—251 页。

实上,在 15 世纪末期和 16 世纪上半期,巴黎大学的许多学院都成为了教授人文主义学科的教育机构,它们的地位一般是介于中等教育机构、文法学校和讲授哲学的大学学院之间。

然而,最兴旺发达的意大利人文主义学术中心并不是大学。"一些私立或半私立的学术组织为人文主义者提供了公共论坛和集会的场所。这些学术中心在整个意大利半岛都得到了发展,如佛罗伦萨、威尼斯、费拉拉、孟都亚、米兰、罗马和那不勒斯。这些志同道合的知识分子聚集地并没有固定的课程或讲座,他们偶尔在不同的私人住宅集会,如洛伦佐·美第奇的佛罗伦萨宫廷或他的菲尔索莱别墅。"①在这些学术组织中,最著名的是 15 世纪下半叶出现于佛罗伦萨的柏拉图学园(Platonic Academy)。这种学园依照著名的雅典学校方式汇聚了一批学者,目的在于传播基督教的柏拉图主义。柏拉图学园的会员经过了严格选择,由文学家、诗人、哲学家和贵族文化的探索者组成。这些发起人共同学习柏拉图对话集,评论其他的希腊文或拉丁文作品,或者思考关于人生的意义等。

意大利哲学家费奇诺(Marsilio Ficino,1433—1499)被认为是柏拉图学园的领袖,他于 1462 年在佛罗伦萨创立了柏拉图学园。他认为自己生活在一个黄金时代,由于重新发现了柏拉图哲学,诗歌与修辞、绘画与雕塑、建筑与音乐等再度兴起,天文学也趋于完美。费奇诺在其著作《柏拉图神学》的开头写道,人在这个世界上如果不能达到拯救自己的目的,那么他与其他动物相比将是最不幸的,因为只有人才能以其细微的感觉意识到自己无法消除的局限性。在他看来,一切事物都有它们的真实性,这就是它们的灵魂,无论植物、石头、天上的星星,莫不如此。这个灵魂也就是它们的生命的秘密所在,或者说一种节奏、一种形式、一种美的闪光。因为真实性绝非是一个逻辑词汇、一个抽象概念,而是一个灵魂,或者说一个活的生命、秩序和优美的根源。②

下面描述的是一所创建于 1425 年的罗马学园情况:"在(对于新学术不友好的)教皇的统治下,人文主义只可能在私人办的学园中繁荣起来。因而,我们发现罗马学者自己组成学园和学术社团。其中最著名的社团以其创始人儒略·旁普尼·李图(Julius Pomponius Laetus)的名字命名……旁普尼的学问来自瓦拉(Valla),并把全部热情贡献给拉丁文学,甚至拒不学习希腊文,唯恐分散注意力,使他不能集中精力于他所喜爱的学问。他极为认真

① Willis Rudy, *The Universities of Europe*, *1100-1914*, Associated University Presses, London and Toronto, 1984, P. 49.
② [意]欧金尼奥·加林著:《中世纪与文艺复兴》,第 292 页。

努力的目的,不仅是为了恢复古人的知识,而且使他的生活和风度符合古人的标准。他行为庄重、饮食简朴,并从事于农业活动,因而人们称他是加图(Cato)第二。……高等学校(大学)在许多方面都要归功于他的努力。他长年致力于讲授主要拉丁作家的作品,准确地评论它们,并筹备他们的著作的新的版本。……旁普尼•李图并不是作为一个教授而获得他的巨大声誉和留下了关于罗马社会的长久的印象,而是由于他组成一个学园,其目的是为了从事古代拉丁的风俗习惯的研究,并推动以古代风俗习惯用于现代的生活。学园的成员采用他们所喜爱的古典的名字,以代替他们的意大利的姓氏,如卡利马可、埃斯披利安、阿斯皮亚德……"①

弗吉里奥是意大利第一个系统阐明人文主义教育思想并将人文主义精神渗透于大学教育的人文主义者。他在帕多瓦大学任教逻辑学,并写了一篇题为《论绅士风度与自由学科》的论文,系统地阐述了人文主义教育思想。弗吉里奥所倡导的教育是博雅教育或通才教育,这种教育是通过教授人文学科或自由学科而实现的。他说:"我们称那些对自由人有价值的学科为自由学科,通过这些学科我们能获致美德和智慧,并成为美德和智慧的躬行者。博雅教育唤起、训练和发展那些蕴涵于人身心之中的最高才能,正是这些才能使人变得高贵。"②他认为,博雅教育应包括德育、智育、体育、军事教育和休闲教育等,它的目的不是培养武士、教士或某种专门职业者,而是培养充满世俗精神的身心和谐发展的人。人文学科是指被复兴的古典知识,包括古典语言、文法、修辞、历史、伦理学(道德知识)等。弗吉里奥将历史、道德哲学和雄辩术视为自由教育的基础,并将文学、体育、音乐和绘画视为重要学科。其中文学是自由学科的基石,它又分为语法、文法、逻辑学、修辞和诗歌等。弗吉里奥不重视医学、法律和神学,因为它们都是职业性的,与博雅教育的目标相悖。

到16世纪初,意大利的大学机构依然是中世纪的体系。"从总体上看,人文主义者对于大学发展的贡献在很长时期仍然相当小。正如其他地方一样,佛罗伦萨大学的人文主义起初主要是一项课外活动。"③博洛尼亚大学文学院的课程仍旧分为"低三艺"和"高四艺";

---

① [美]E.P.克伯雷选编:《外国教育史料》,第209页。

② 褚宏启著:《走出中世纪——文艺复兴时代的教育情怀》,北京师范大学出版社2000年版,第63页。

③ Willis Rudy, *The Universities of Europe*, *1100 -1914*, Associated University Presses, London and Toronto, 1984, PP. 42 - 43.

在博洛尼亚和帕多瓦大学,亚里士多德的地位至高无上,医学专业的学生对于希腊和阿拉伯自然哲学家的著作怀有浓厚兴趣。"作为中世纪哲学的主要支柱,亚里士多德哲学在文艺复兴时期的大学中继续得到了蓬勃发展。"①另外,这些为公众所关注的大学主要侧重于职业训练而不是人文主义教育,如博洛尼亚大学因其法律培训而广为人知,同样帕多瓦大学也因其医学院而著称。在这些大学,"与更多具体的职业教师相比,艺术和人文学科的教师数量仍然较少。大学的大部分预算用于法律和医学教育,在大学所有教授中,文学和艺术教师的薪水最低"②。

然而,这些古老的大学对于新学术并没有采取敌对态度,而是给予了极大的支持。在大量传统学术存在的同时,也可以发现人文主义的新价值观。"事实上,人文主义在意大利一些'新'大学如帕维亚、费拉拉、比萨和罗马取得了重大的进展。在那里,出现了一种新旧学术之间的和解。"③佛罗伦萨大学的波利蒂安,博洛尼亚大学的贝罗阿尔多、科德罗·乌尔切奥和邦巴西奥,帕多瓦大学的莱奥尼科·托梅奥和罗莫洛·阿马西奥等,都与那些神学家和教会法学者们并肩教学。在意大利的大学,新旧传统能够长期和谐共处而没有出现太多的敌对状态,大学的组织方式也使人文主义思想很容易通过文学院而渗透到法学院、医学院和神学院。

在文艺复兴时期,意大利之旅是那些想成为人文主义者的任何人所必需的。年轻的英国人、德国人、荷兰人、斯堪的纳维亚人、西班牙人和葡萄牙人纷纷造访博洛尼亚、帕多瓦、帕维亚、锡耶纳、比萨、费拉拉、佩鲁贾等意大利的大学,对这些大学中古典文化的源泉进行朝圣之旅。第一代到意大利学习的学生将希腊研究介绍到阿尔卑斯山北部各国,随后医学研究成为到意大利旅行的主要目的。在意大利的大学里,非意大利学生的比例很高,锡耶纳和费拉拉大学的德国学生最多(约占四分之三),其次是伊比利亚人和荷兰人;在比萨和佛罗伦萨大学,以西班牙和葡萄牙学生居多(占 40%),其次是德国学生(23%)和法国学生(14%);帕维亚大学的绝大多数学生来自德国及其邻近地区;博洛尼亚大学也有来自各国

① Willis Rudy, *The Universities of Europe*, *1100 - 1914*, Associated University Presses, London and Toronto, 1984, P. 43.

② Willis Rudy, *The Universities of Europe*, *1100 - 1914*, Associated University Presses, London and Toronto, 1984, P. 43.

③ Willis Rudy, *The Universities of Europe*, *1100 - 1914*, Associated University Presses, London and Toronto, 1984, PP. 48 - 49.

的学生。可以说,16 世纪前几十年是大学生游历意大利的黄金时代。

(二) 法国

在阿尔卑斯山以北,许多现象同样存在。"正如意大利一样,许多大学在培训神职人员时仍然强调亚里士多德哲学,它们重视法律和医学方面的职业训练,而把人文学科视为预备的或附加的课程。一些大学对于人文主义的最初反应甚至是敌对的。"①尽管法国与意大利近在咫尺,但在 15 世纪末之前巴黎大学的学者们却一直轻视意大利的人文主义影响,不屑在他们的课程表中做出任何变动,许多学者强烈反对"新学问"。巴黎大学迫使教师们长期忠于中世纪的各门学科,而法国贵族阶层认为学识与军人的勇敢行为不相容,因而他们也轻视"新学问"。直到 1450 年以后,巴黎大学文学系开始聘请少数意大利人文主义者担任希腊语教师,一些人文主义教科书逐渐取代了中世纪的拉丁文法,巴黎大学出版社也从 1470 年创办起就刊印一些人文主义书籍。在巴黎,拜占庭学者拉斯卡里斯还把数百册希腊语手稿从君士坦丁堡带到美第奇宫廷,并为教皇利奥十世建立了一家希腊语出版社。"但这些只是次要的改革,并未影响任何院系的学习方向;大学生活的中心依旧是阿奎纳派、司各脱派和奥卡姆派之间的激烈论战,以及很少变化的关于传统的逻辑问题和形而上学问题的讨论。那些在他们的精神教育中寻求更富于营养的食品的大学生们,从阅读中世纪晚期神秘主义者的作品中得到了满足。"②

1494 年,法国军队远征意大利时引进了一些意大利的生活方式和文化知识,随后人文主义开始在法国得到较快的发展。但即使在这个时候,反动势力仍然强大得足以阻止自由思想的传播。巴黎大学试图通过迫害异教徒和学术上的异端者,以竭尽全力遏制这场运动。例如,1474 年法国国王路易十一(Louis Ⅺ,1423—1483,1461—1483 年在位)禁止在巴黎大学讲授唯名论,并命令将唯名论者威廉·奥康(William Okan)、马西里乌斯、艾伯特及其他人的一些著作上交法国高等法院,后来由于有人说情才取消禁令。1499 年,路易十二(Louis Ⅻ,1462—1515,1498—1515 年在位)废除了教师的停课权和教师因其"教士"身份

---

① Willis Rudy, *The Universities of Europe*, *1100 –1914*, Associated University Presses, London and Toronto, 1984, P. 43.

② [英]G. R. 波特,中国社会科学院世界历史研究所组译:《新编剑桥世界近代史》(第 1 卷),中国社会科学出版社 1999 年版,第 84 页。

而享有的免于民事和刑事的裁判权,致使在西欧享有最大特权的巴黎大学最终丧失了自治权。"幸运的是,反对的主要结果,却激励新文化呈现出一种非凡的活力。而在意大利或者在其它曾经接受了这种新文化的国家,这种活力已经不复存在了。以后长达两个世纪内,法国成了古典学科的中心。"①

在法国国王弗兰西斯一世的推动下,法国大学纷纷开设了人文主义课程。在弗兰西斯一世的帮助下,著名人文主义者比代于 1530 年创建了设有希腊语、拉丁语、希伯来语、法语和哲学讲座的法兰西科学院(the college of France)。与此同时,波尔多、里昂、奥尔良、兰斯和蒙彼利埃(Montpellier)市政府也建立了类似的地方高等教育机构,它们同样热衷于人文主义教学。法兰西科学院不重视经院哲学,却热情欢迎新的古典主义教育和所有以人为中心的研究,它与教会大学分庭抗礼,开启了时代的新风。1534 年,安德烈·古维亚(Andre Gouvéa)在波尔多创办了一所人文主义性质的圭阳学院(the college of Guyenne)。以下是圭阳学院文学院一、二年级学生的课程计划:一年级(16 或 17 岁)学习亚里士多德的逻辑学、拉丁文读本、普菲利的"绪论"、希腊文、塞勒的数学概要、算术、音乐、几何和天文概要。二年级(17 或 18 岁)学习亚里士多德的物理学、《力学》以及其他自然科学著作、自然哲学研究、希腊文和数学、普罗克洛斯的《球面积》。② 法兰西科学院和圭阳学院成为当时法国人文主义学校的典范。为了推动新学问的传播,1526 年巴黎还成立了皇家报社(royal press),仿照意大利的图书馆也建立起来了。

尽管法国国王积极扶持人文主义教育,并建立了人文主义性质的法兰西科学院和圭阳学院,但法国的传统势力依然十分强大。1533 年法国人文主义作家拉伯雷出版的《巨人传》因对宗教生活进行了无情揭露而被巴黎大学宣布为禁书,拉伯雷本人被迫去意大利等地避难。受人文主义思想影响的诗人克莱芒·马罗(Clement Marot,1496—1544)由于翻译了《圣经》中的赞美诗并拥护新教,结果被巴黎大学判罪,马罗不得不逃往日内瓦。马丁·路德的学说同样遭到巴黎大学神学院的反对和禁止,路德教徒被定为异教徒。"……大部分比较古老的学校继续固守其阵地,疯狂地反对一切新鲜事物的到来。然而,这种反对的结果再一次与其愿望相反。为了弥补这种改革愿望所受到的挫折,主要在学校之外,产生了一种教育的理想主义。在这种教育理想主义里面,个人自由的激情,注定在欧洲教育思想

① [英]博伊德、金合著:《西方教育史》,第 214 页。
② [美]E. P. 克伯雷选编:《外国教育史料》,第 229 页。

中出现了。这种教育理想主义于十六世纪初期,在拉伯雷讽刺作品中,表现为其兴趣的一个方面。稍后一点,又成为拉谟斯大学改革实践领域中的一部分,最后在蒙田的《散文集》里,它得到了最充分的阐述。"①

拉谟斯(Peter Ramus,1515—1572)对大学进行改革的指导原则是实用主义,他试图把高等教育从中世纪传统的束缚下解救出来。他认为巴黎大学的所有工作似乎与事实无关,这种玩弄辞藻的争论毫无用处。拉谟斯虽然认为亚里士多德的三段论法则是错误的,但他并不是真正反对亚里士多德的学说,而是反对大学教学的整个精神和方法,特别是反对不加选择地求教于权威。拉谟斯要求获得自由思考的权利,而不愿成为像亚里士多德、西塞罗和昆体良这类大师们的盲目追随者。他的著作《辩证法基本原理》和《亚里士多德批判》遭到法国王室的谴责,并且他被禁止在巴黎大学讲授哲学。当然,这种禁令只是暂时的,随着新国王的即位,拉谟斯又在法兰西科学院获得了雄辩术和哲学讲座的席位,在这里他可以不受限制地传播其进步观点。正如他的反对者所言,拉谟斯是一位功利主义者。② 在他看来,各种知识的教学都应与现实生活相联系,各种教学科目从字母上讲全部是艺术,如文法是正确讲话的艺术,修辞学是正确运用语言的艺术,辩证法(或逻辑学)是正确辩论的艺术等。根据这种观点,所有学科都需要运用新的教学方法,如应当参照语言的实际运用来研究文法,通过对事实的调查来研究物理学等。教师的评论应当建立在"自然"的基础上,而不是依赖古人的意见。但拉谟斯并不满足于对教学方法的改革,他希望扩大大学学科的范围。他除了论述大学学科中的文法、修辞、逻辑、算术、几何、音乐和天文学之外,还成功地赋予了纯数学和应用数学一种新的意义,并为 17 世纪自然科学的划分开辟了道路。遗憾的是,在 1572 年的圣巴托罗缪新教徒大屠杀期间,拉谟斯不幸遇难,他所推行的大学改革被迫中断。

(三) 德国

德国人文主义运动是受意大利影响而发展起来的,但由于人文主义是新鲜事物,它既不为人所知,也脱离实际生活,因而起初其发展并不顺利。在德国大学,经院哲学根深蒂固,职业准备仍然是高等教育关注的重点。"对于许多德国人而言,'新学问'似乎是从外国

---

① [英]博伊德、金合著:《西方教育史》,第 215 页。
② [英]博伊德、金合著:《西方教育史》,第 220 页。

输入的一种颠覆性商品,它来自令人深恶痛绝的意大利。"①正是由于这些原因,一些德国大学对于新学问反应强烈。在德国大学中,维也纳、海德堡、埃尔福特、图宾根和莱比锡是引进新学问的重镇。在 15 世纪末,埃尔福特成为了人文主义的中心,1501 年德国印刷的第一本希腊书籍就是在这里。图宾根和海德堡是最早学习拉丁语、希腊语和希伯来语的中心。② 1493 年埃尔福特大学设立了诗歌与雄辩术的教授席位,1523 年维也纳大学设立了第一个希腊语教授席位,进一步推动了人文主义思想在德国大学的传播。同时,也有四所新的大学如维滕堡(1502)、马尔堡(1527)、哥尼斯堡(1544)和耶拿大学(1558)在人文主义基础上创办,并且从建校起就是新学的中心。另外,美因茨不仅是著名的人文主义运动中心,而且是德国印刷业的总部,绝大部分促进古典文学复兴的书籍是在这里出版的。

从总体上看,到 1500 年时多数德国大学都有了人文主义教育的倾向。彼得·路德(Peter Luder,1415—1474)是第一个在意大利学习的德国人文主义者,1456 年他从意大利留学回国后,开始在海德堡、埃尔福特、莱比锡、巴塞尔及维也纳大学讲授新学。1462 年,彼得·路德在莱比锡大学发表了一篇演说,后人认为这实际上是德国大学人文主义教育的序曲。路德作为"巡回演说家",经常从一所大学到另一所大学,热心宣扬新的观点和新世界观。他在莱比锡讲授人文主义,同时开设罗马喜剧诗人泰伦斯的修辞学课程。1486 年,一位曾在意大利研究人文主义的德国神学家凯塞尔斯堡(Johann von Kaisersberg,1440—1510)回到斯特拉斯堡,他是把意大利人文主义传入德国的学者之一。德国人文主义教育家温斐林(Jacob Wimpheling,1450—1528)是海德堡大学的诗学教授,后来又担任该校的校长。温斐林大力倡导教育改革,并且撰写了三本教育著作。在《教师手册》中,他详细地论述了学术和宗教并重的必要性,并建议语法教学应建立在流利地阅读和书写拉丁文基础上;《青年期》是为学生编写的诗文选读;在《告德国人书》中,他呼吁斯特拉斯堡市议会建立专门的文科中学。这种学校既不是完全讲授古典文学,也不是造就完美的学者;除了拉丁文学之外,学生还要学习古代和当代关于道德规范、战争、建筑和农业方面的著作。温斐林向市议会保证说,只要花费较少的时间和财力即可达到预期目标,并能使斯特拉斯堡成为全德国羡慕的对象。

---

① Willis Rudy, *The Universities of Europe*, *1100 -1914*, Associated University Presses, London and Toronto, 1984, PP. 44 - 45.

② Ellwood P. Cubberley, *The History of Education*, Houghton Mifflin Company, Boston, 1920, P. 270.

　　这一时期,还有一些意大利人文主义者也相继出现在莱比锡大学,最著名的是康拉德·策尔提斯(Conrad Celtis, 1459—1508)。他曾在意大利、波兰和匈牙利学习,后来在科隆、布拉格和维也纳大学任教。策尔提斯才华出众,是一位杰出的诗人。他讲授诗歌艺术、古代文化和德国历史时贯穿了人文主义思想,在大学生中产生了积极影响。策尔提斯在文学、历史、哲学、神学、医学和自然科学方面都有造诣,1487 年神圣罗马帝国皇帝腓特烈三世(Frederich Ⅲ, 1415—1493,1440—1493 年在位)封他为"桂冠诗人"。策尔提斯还在因戈尔施塔特、海德堡、纽伦堡、维也纳、奥格斯堡、美因茨建立"文学社团",吸引了社会上许多著名的人文主义者。策尔提斯对宗教持怀疑态度,他提出"人死后灵魂能否继续不灭?"和"果真有一个上帝?"等观点,既动摇了宗教信念,也使宗教界颇感震惊。遗憾的是,策尔提斯在人文主义事业中过早地逝世了。此时,宣传人文主义思想的萨穆埃尔·卡罗赫也被莱比锡大学所聘用,他的著名格言是"人是真理的创造者,与真理同源;人是上帝的侣伴,永恒的代表"①。1507 年后莱比锡邀请了不同的人文主义学者讲学,并且在 1519 年进行了全面改革,使得中世纪的学科从属于新学。

　　荷兰人文主义者阿格里科拉被称为"德国的彼得拉克"②。1476 年,他从意大利留学回来后应邀到海德堡大学执教,成为海德堡大学第一位希腊语教授,并使海德堡大学一度成为人文主义学习的中心。德国人文主义者罗伊希林 1481 年至 1490 年在佛罗伦萨和意大利其他地方学习希伯来语,1491 年他回国后成为了海德堡大学的教授。1520 年至 1522 年罗伊希林在因戈尔施塔特和图宾根大学讲授希腊语和希伯来语。他特别偏爱希伯来语,是德国希伯来语研究的创始人,被誉为"现代希伯来语研究之父"。1506 年罗伊希林出版了第一本希伯来语语法。③ 另一位德国人文主义者胡滕(Ulrich von Hutten, 1488—1523)早年曾在科隆和莱比锡等地学习,1512 年赴意大利学习并受到人文主义思想影响。回国后,胡滕在德国人文主义中心美因茨任教,并结识了伊拉斯谟。1517 年胡滕再度去意大利,对罗马教皇极尽讽刺,指责历来的教皇不是暴君便是压迫者。当马丁·路德掀起宗教改革时,他支持宗教改革,并为路德的《九十五条论纲》所吸引。胡滕不同于德国其他人文主义者,他

① 李遠元编著:《莱比锡大学》,湖南教育出版社 1998 年版,第 23 页。
② Ellwood P. Cubberley, *The History of Education*, Houghton Mifflin Company, Boston, 1920, P. 254.
③ Ellwood P. Cubberley, *The History of Education*, Houghton Mifflin Company, Boston, 1920, P. 254.

的人文主义思想富有民族情感。他主张把对罗马教皇的言论谴责变为实际行动,反对德国教会依附于罗马教皇,反对德国的分裂主义。"他以把祖国从无知中解放出来为目标,以把祖国从罗马的桎梏解放出来,把自己的文化提升到高于意大利文化为目标。"①在维滕堡大学,马丁·路德于 1508 年成为了神学教授,梅兰希顿于 1518 年成为了希腊语教授。

这批人文主义学者与经院主义学者不同,他们不贪恋象牙塔里的生活,喜欢冒险,希望更多地认识世界。他们反对经院主义教育,主张学习修辞、文体、诗学,倾心于诗歌和书信。在维也纳诗学院,拉丁文学已成为主要学科。在 15 世纪五六十年代,维也纳大学的波伊尔巴赫和雷乔蒙塔努斯开始将人文主义研究与数学、天文学和力学结合起来,这是文艺复兴晚期的一个重要特征。弗赖堡大学和巴塞尔大学也设有诗学讲座。"在德国,1500 年后人文主义学科取得了更大的进展,这也许是因为新学问与公众的宗教改革意识有关。在这方面,我们知道一些最杰出的德国人文主义者——像梅兰希顿一样的大学教授——在路德的宗教改革中发挥了积极的作用。"②

意大利人文主义者主要是文学家,如但丁、彼特拉克、薄伽丘等人以其文学作品为武器讽刺宗教;而德国人文主义者大多是语言学家,他们以"语言"为武器研究《圣经》原文,揭露罗马教会篡改原文和愚弄人民。"德国人文主义者恢复了对古典文学、希腊语、拉丁语和希伯来语的学习,到了 16 世纪初德国每一所大学都教授这些语言。……海德堡和图宾根成为了人文主义运动的中心,阿格里科拉、罗伊希林、伊拉斯谟则是伟大的领导者。"③到 16 世纪,维滕堡大学、耶拿大学等相继建立了新学。维滕堡大学还出现了像马丁·路德这样的修辞学教授,文艺复兴运动正是通过马丁·路德而扩展到宗教领域。"不管是什么原因,事实证明,在 16 世纪的德国大学,人文主义教学吸引了一大批听众,越来越多的新学科阐述者被任命为大学教授。"④人文主义学科的课程分支增加了,这些分支包括希腊文、希伯来文、诗歌、演讲术、历史学和拉丁文学等。与此同时,在德国大学中人文主义学科被纳入课程体系,这些大学包括埃尔福特大学、维滕堡大学、海德堡大学、纽伦堡大学、维也纳大学和

---

① [比利时]希尔德·德·里德-西蒙斯主编:《欧洲大学史》(第二卷),第 35 页。

② Willis Rudy, *The Universities of Europe*, *1100 -1914*, Associated University Presses, London and Toronto,1984,P. 51.

③ Levi Seeley, *History of Education*, Complete Unabridged, New York, 2009, P. 82.

④ Willis Rudy, *The Universities of Europe*, *1100 -1914*, Associated University Presses, London and Toronto,1984,P. 51.

巴塞尔大学。随着人文主义者势力的增强,他们认为必须向传统主义的维护者发起反击,尤其是要大力抨击经院式教学方法。"然而,在科隆大学和弗莱堡大学,经院主义者仍然具有较大的影响力,他们在很长时期坚持反对新学问。"①

新兴人文主义和传统经院主义在德国高等教育领域经过长期激烈的斗争后,人文主义最终取得了决定性的胜利。1520 年,马丁·路德要求市政当局对大学教学进行一系列改革。他说:"大学需要彻底改革。我必须说的是,不管是谁惹的祸……我相信没有比彻底改革大学更值得教皇和国王做的事了。同样,另一方面,没有什么事比未改革的大学更可怕和更糟糕。"②到 16 世纪 20 年代,德国各大学几乎都采取了改革措施,它们或多或少地接受了人文主义教育。这具体表现在三个方面:第一,学术社团接纳了雄辩家和诗人。第二,古典拉丁文取代了中世纪的拉丁文,即使在学校的教学中也不例外,亚里士多德著作的旧译本被新译本所代替,阅读和摹仿古典作家的诗歌和修辞被列为必修科目和考试项目。第三,设立了希腊文教授的席位。③ "与其他任何国家的大学相比,德国大学受到新学的影响更加深刻。在执政亲王的支持下,长期控制德国机构的修道院制度和经院哲学被推翻了;到 16 世纪 20 年代末,新的人文主义在德国各地都取得了成功。"④

虽然人文主义最初在德国受到大学教授的怀疑和反对,甚至遭到一部分学生的冷漠和嘲笑,但总的说来人文主义在德国的发展并没有遇到多大阻力,大学里的神学家们也不反对人文主义。"这部分地是由于人们不认为它有什么危险,但是也因为唯实论者与唯名论者之间的斗争过于引起学术界的注意。……起初,神学家们并不反对人文主义者,确实是欢迎他们,因为他们的研究对神学会有帮助。"⑤当时的皇帝和一些诸侯不仅不反对人文主义,还对人文主义予以保护和帮助,如在神圣罗马帝国皇帝马克西米利安一世(Maximilian I,1459—1519)周围聚集着一群学者和诗人,他本人则被誉为"人文主义者皇帝"。

① Willis Rudy, *The Universities of Europe*, *1100‐1914*, Associated University Presses, London and Toronto,1984,P. 52.

② Matthieu Arnold, *Martin Luther and Education*, Lutheran Quarterly, Vol. 33, No. 3, 2019, P. 289.

③ [德]弗·鲍尔生著:《德国教育史》,第 35 页。

④ Ellwood P. Cubberley, *The History of Education*, Houghton Mifflin Company, Boston, 1920, PP. 270‐271.

⑤ [英]G. R. 波特编:《新编剑桥世界近代史》(第 1 卷),第 155—156 页。

（四）英国

英国人文主义运动兴起于 15 世纪末。此前，在宗教方面尽管公众对天主教会不满，但他们依然虔信天主教，经院主义在大学占据统治地位；在文化方面，宗教文化和骑士文化依然是主流，出版的书籍大多是宗教著作。英国与意大利虽然有一些文化交流，但并不足以形成一场人文主义运动。英国赴意大利的人员大多是传教士或执行公务的官员，尽管他们把人文主义者的手稿和著述带回了英国，但并不真正理解这些作品的价值，因此他们回国后并未发起新文化运动，也没有成立反对经院主义哲学的社团。1452 年，约翰·甘索普(John Gunthorp)获得剑桥大学的文学硕士学位后前往意大利旅行，他在费拉拉大学学习了希腊文，并在意大利人文主义者格里诺的指导下进行研究。1460 年甘索普回到剑桥大学，担任国王学院的训导长，后出任伊丽莎白女王的掌玺大臣。当时还有一些在罗马教廷供职的英国人，不仅受到意大利人文主义观念的影响，而且带来了亚里士多德等人的古典著作。这些英格兰人是否把新学问融入正式教学，尽管这是十分可能的事情，但没有直接的证据予以说明。因此，"到 15 世纪末，拥有二三百万人口的英国仍然是一个植根于土地的国家，与意大利、德国和低地国家的城市相比，它没有伟大的文明中心"①。

英国人文主义的引进是与印刷术的传入同步进行的。1476 年，英国第一位印刷家卡克斯顿(William Caxton，1422—1491)在威斯敏斯特出版了第一本书。1500 年，英国只有 4 个城市有印刷机，而意大利有 73 个城市、德国有 50 个城市。② "正如人文主义一样，印刷术对学校的影响是一个渐进的过程。尽管学校为不同种类的书籍提供了一个潜在的市场，但卡克斯顿很少印刷课本，而是倾向于印刷那些文学作品。"③

直到 16 世纪初，英国人才开始意识到识字和学习的重要性。那些在欧洲大陆旅行的人员不仅去过意大利的大学，也作为商人去过安特卫普和其他主要城市，他们不得不承认英国落后很远。在他们的鼓动下，一些贵族开始聘请意大利人文主义学者到英国任教，英国的图书馆也增加了不少人文主义著作，一些大学还开设了希腊语课程。例如，意大利学

① Joan Simon，*Education and Society in Tudor England*，Cambridge University Press，1967，London，PP. 57 - 58.

② Joan Simon，*Education and Society in Tudor England*，Cambridge University Press，London，1967，P. 58.

③ Nicholas Orme，*Education and Society in Medieval and Renaissance England*，The Hambledon Press，London，1989，P. 17.

者斯特凡诺·苏里戈内(Stefano Surigone)大约从 1465 年至 1470 年就已经在牛津大学讲授拉丁语、修辞学和希腊语。科尔内利奥·维泰利(Cornelio Vitelli)从 1490 年起也在牛津大学埃克塞特学院讲授希腊语。与此同时,洛伦佐·特拉弗萨格里(Lorenzo Traversagni)1478 年受聘于剑桥大学,讲授西塞罗的《修辞学》和亚里士多德的《伦理学》;他完成了人文主义著作《新修辞学》,并由卡克斯顿出版发行。约翰·多格(John Doger)1473 年至 1486 年在剑桥大学讲授柏拉图的《斐多篇》,传授人文主义知识。"第一位接受人文主义者方法的英国教师似乎是约翰·安怀基尔(John Anwykyll),1481 至 1488 年他是牛津大学麦格达伦学院(Magdalen College,也称莫德林学院)的院长。从这里,人文主义逐渐影响到所有英国学校,大约在 1520 年代完成了人文主义的传播。"①但总的说来,15 世纪末以前人文主义对英国大学影响并不大。"在英国,人文主义新学问开始吸引一批特定的爱好者是在 15 世纪最后二十年。"②

15 世纪末期,一些外国学者如荷兰的伊拉斯谟把希腊的"新学"③和人文主义思想带到了英国。1499 年,伊拉斯谟来到英国并结识了五六位朋友,他们大部分在国外学习过,其拉丁语和希腊语学识可以与意大利学者媲美。尽管他们不在大学工作,但都生活在伦敦。1507 年,伊拉斯谟在巴黎写信给科利特说:"世界上没有哪个地方像你们伦敦那样给予我这么多朋友。"④不久,他返回伦敦协助创办了一所新型的学校,并且在剑桥大学工作过一段时间。对于大学教育,伊拉斯谟希望将基督教文化与古希腊罗马文明相结合,把理性和启示相调和,主张大学课程应包括基督教与古典作品两方面的内容。他认为学生掌握初步的语言知识后,便可学习有关《圣经》的内容,如《箴言》《传道书》《智慧篇》等,以及一些古典作品如普鲁塔克的《格言》《道德论》《传记》,塞涅卡的著作、亚里士多德的《政治学》和西塞罗的《论义务》等。伊拉斯谟的教育主张虽然没有完全体现在英国大学的课程设置中,但英国大学课程确实受到了人文主义的影响。这主要表现在,希腊语在大学课程中占有一席之地,牛津和剑桥大学纷纷设立了希腊语言和文学的讲师席位;古典拉丁语取代了经院式拉丁语,用清晰、纯正的拉丁语或希腊语翻译的古典作品取代了陈腐、篡改过的古典著作;古希

① Nicholas Orme, *Education and Society in Medieval and Renaissance England*, The Hambledon Press, London, 1989, P. 16.
② Willis Rudy, *The Universities of Europe, 1100-1914*, Associated University Presses, London and Toronto, 1984, P. 52.
③ 所谓"新学",是指直接阅读希腊原文的《新约圣经》,并研究古希腊罗马的世俗文学、哲学、法律等,而不再迷信罗马天主教会的拉丁译文和宗教解说。
④ Joan Simon, *Education and Society in Tudor England*, Cambridge University Press, 1967, P. 57.

腊罗马作品,尤其是诗歌和雄辩术开始被纳入大学课程。

与此同时,一批曾经留学意大利的早期人文主义者也开始在英国大学传授人文主义知识。"1500 年前后,游学欧洲大陆的英国早期人文主义者纷纷回国。与之前的人文主义者活跃于宗教和政治领域不同,他们在担任各种社会职务之余,也在大学讲授希腊语、拉丁语、古典文化等人文主义新学,从而在英国形成了牛津大学、剑桥大学两个人文主义运动的中心。"①牛津大学的人文主义社团又称为老牛津圈(the old Oxford circle),主要成员有格罗辛、威廉·格雷(William Grey)、科利特、林纳克、拉提谟、莫尔、李利等早期人文主义者。自 1490 年起,格罗辛在牛津大学讲授古希腊语言和文学长达五年,被誉为"教授希腊文的第一个英国人"。威廉·格雷曾在牛津大学麦格达伦学院讲授神学,后来前往意大利佛罗伦萨学习,回国后于 1491 年至 1493 年在牛津大学埃克塞特学院讲授希腊语。林纳克 1499 年在牛津讲授医学、希腊文和拉丁文,是牛津大学一位多才多艺的学者,他与格罗辛一起共同奠定了牛津大学古典研究的基础。英国史学家拉斯代尔指出,15 世纪 90 年代是一段属于科利特和格罗辛的时代,也是属于林纳克和伊拉斯谟的年代,在他们的努力下牛津大学的人文主义得到迅速发展。"这段历史不仅意味着中世纪大学制度发展到一个新的阶段,在某种程度上更标志着新的改革进程业已开始逐渐摧毁旧有的大学制度。"②

同样,科利特 1496 年至 1497 年在牛津大学用希腊语讲解《新约圣经》中的圣保罗书信,吸引了不同社会地位和不同学历层次的人。"他第一个运用'新学'的批判方法发现圣经的正确意义。……他发现了中世纪任何一个神学家所未能发现的东西,即圣经是个人的而不是教条的启示。"③科利特的讲学鼓舞了其他人文主义者献身于基督教神学研究,如红衣主教费希尔于 1502 年在剑桥设立了玛格丽特夫人神学教授席位,并亲自担任第一位教授。1511 年,费希尔还利用自己担任剑桥大学校长的身份,建立了一所致力于讲授"新学问"的圣约翰学院。他通过设立拉丁语、希腊语和希伯来语选修生奖学金的方式,极力促使圣约翰学院成为教授三种语言的学院。"也正是由于费希尔的极力邀请,当时最著名的人文主义学者伊拉斯谟来到剑桥大学讲授希腊语。"④

① 刘贵华著:《人文主义与近代早期英国大学教育》,第 43 页。
② [英]海斯汀·拉斯达尔著:《中世纪的欧洲大学——博雅教育的兴起》,第 106 页。
③ [英]托马斯·马丁·林赛著:《宗教改革史》(上卷),第 164 页。
④ Willis Rudy, *The Universities of Europe*,*1100 - 1914*,Associated University Presses,London and Toronto,1984,P. 52.

费希尔从 1504 年起担任剑桥大学校长达 30 年,由于他的长期努力,剑桥成了英国文艺复兴时期的学术中心。他潜心于研究圣经人文主义,并且邀请伊拉斯谟到剑桥教授神学、拉丁语和希腊语等知识,使得希腊语作为人文主义运动的最新成果在剑桥大学得以迅速传播。1511 年,伊拉斯谟在剑桥大学获得了女王资助的神学教授职位,首先开始了希腊语的研究。"1510 到 1513 年来自鹿特丹的伊拉斯谟在剑桥大学讲授希腊语期间,英国的古典和人文主义教育得到了长足的发展。"①在伊拉斯谟影响下,剑桥大学成为希腊语的研究中心,并且涌现出一批具有人文主义思想的学者。费希尔还延聘了不少学者到剑桥大学用希腊文和希伯来文传授新学,这些人组成了剑桥大学人文主义学术团体,进一步推动了剑桥大学希腊语研究的繁荣。1518 年,在费希尔的帮助下剑桥大学设立了希腊语教授席位。理查德·克罗克(Richard Croke)是第一个获此职位的人,他曾在牛津大学和格罗辛一起学习,在剑桥大学接受过伊拉斯谟的指导,后来去过巴黎和德国一些大学,1517 年回到英国并成为国王的古希腊语教师。不久,克罗克成为了圣约翰学院的教师,他为希腊语教授席位的设立奠定了基础。1540 年,约翰·契克被任命为圣约翰学院的希腊语教授,学生们在他的教导下用原始希腊语学习亚里士多德和柏拉图的著作,并且取得了优异的成绩。有的学者指出:"要评估圣约翰学院的影响并不容易,正是在这里人文主义教育计划首次得到彻底的实施,并影响了其他学院。"②这一时期,剑桥学生在学习 3 门古典学科和 4 门自然学科的同时,还要学习 3 门哲学和 2 门语言(即希腊语、希伯来语)。

1517 年,温彻斯特主教理查德·福克斯(Richard Fox)和埃克塞特主教休·奥尔德姆(Hugh Oldham)在牛津大学仿效费希尔的做法建立了基督圣体学院,并设立人文学、希腊语和神学讲席,使牛津成为一个古典文学特别是希腊语享有崇高地位的地方。基督圣体学院最初的许多研究员来自麦格达伦学院,第一位人文主义讲师是科利特的追随者托马斯·芦普塞特(Thomas Lupset),第二位是 1523 年任命的西班牙人文主义者维夫斯。这些人文主义者组成了一个在欧洲几乎没有谁能与之匹敌的人文主义社团,在他们的推动下英国大学的人文主义教育迅速而稳步地向前发展。

人文主义者主张用人文主义方法开展神学研究,这与经院主义者研究神学的方法针锋

---

① Willis Rudy, *The Universities of Europe*, *1100–1914*, Associated University Presses, London and Toronto, 1984, P. 55.

② Joan Simon, *Education and Society in Tudor England*, Cambridge University Press, 1967, P. 89.

相对。经院主义神学家把代表人文主义新学的希腊语著作看成异端邪说,并组成了一个"特洛伊协会",反对传授希腊语、拉丁语、希伯来语及所有古典知识,他们甚至提出"人文主义者,滚回家去!"的口号。1518 年,经院主义者和人文主义者在牛津大学展开了一场激烈的辩论。在这场论战中,莫尔、费希尔和福克斯都热情支持希腊语的教学和研究。

莫尔极力为人文主义新学的传播进行辩护,1518 年 3 月 29 日他致信牛津大学校长,要求保护人文学科的发展,其理由是:神学在大学教育中虽然至高无上,但它不应该是大学唯一的科目;熟悉古典文化对律师是有用的,也是必要的,因为它们有助于培养人们处理世俗事务的能力;即使是神学家也必须学习拉丁语、希腊语和希伯来语,如果没有古典语言的帮助,他们将无法真正理解《圣经》和早期教父的著作。[①]"因此,我并非只是给阁下提出关于保持古希腊语学习的好建议,我宁愿规劝你们尽你们的义务。你们不应该允许你们学校任何人由于在公共聚会或个人浅薄的见解受到恐吓而远离古希腊语的学习。因为古希腊语是在每一个地方的教会学校都必需的学科。常识足够使你们信服并不是所有学习古希腊语的人都是笨蛋;事实上部分是由于这些研究,你们学校在国内和国外获得了教育声望。"[②]

人文主义在英国的最后胜利是由王室促成的,1535 年国王亨利八世正式颁布一项训令,要求大学在讲座中使用希腊语和拉丁语;1540 年亨利八世在牛津和剑桥设立了钦定教授席位,以教授神学、民法、物理学、希伯来文和希腊文。至此,经过长期的努力,人文主义最终在英国大学立足。正如有的学者指出:"亨利八世时期的这代人文主义者,在把人文主义知识应用于国家统治者的教育和社会理论发展方面做出了重大贡献。"[③]另一方面,"人文主义对英国大学的影响非常明显,此前牛津和剑桥大学基本上是神职人员如侍从和牧师、修士和僧侣的培训学院,但在 16 世纪这些学院挤满了积极投身于世俗职业的平信徒,这些年轻人(包括他们的父母)把学习时尚的人文学科视为获得绅士尊称的通行证"[④]。他们学习民法和教会法,并希望将来能在政府任职。当时一位国教徒牧师指出:"如果有人懂希腊

---

① 刘贵华著:《人文主义与近代早期英国大学教育》,第 46 页。

② 李瑜译:《文艺复兴书信集》,第 30—31 页。

③ Fritz Caspari, *Humanism and the Social Order in Tudor England*, Teachers College Press, Columbia University, New York, 1968, PP. 39 - 40.

④ Willis Rudy, *The Universities of Europe, 1100 - 1914*, Associated University Presses, London and Toronto, 1984, P. 53.

语,他将获得执事职位;如果有人懂拉丁语,这意味着他会过上美好生活。"①到 16 世纪中期,牛津和剑桥大学涌入了一大批来自中上层家庭的学生,他们渴望接受大学教育。其中许多绅士子弟本身对"礼仪学习"并不感兴趣,但他们希望获得能实现自身社会和职业抱负的知识。

　　然而,人文主义思想对英格兰大学所产生的影响并未扩展到威尔士和爱尔兰。在 1470 年至 1520 年间,这两个地方的传统学术并未发生变化。相反,苏格兰大学在办学思想上与欧洲大陆有着不可分割的联系。许多有影响的学者都曾在欧洲大学学习,受意大利文艺复兴思想影响很深。例如,格拉斯哥大学的首席讲师约翰·梅杰毕业于牛津,执教于巴黎,后到圣安德鲁斯大学的圣萨尔瓦多学院任院长,他是当时著名的政治思想家和伟大的人文主义学者。曾经参与阿伯丁大学创建的海克特·波斯毕业于巴黎大学,他是苏格兰著名的历史学家。

(五) 其他国家

　　由于受到意大利人文主义的影响,西班牙大学从 1470 年起就表现出对人文学科的兴趣。西班牙早期人文主义者都在意大利上过大学,他们热心宣传新的价值观。同时,到西班牙从事教学的意大利学者在人文主义传播中也发挥了重要作用。

　　1473 年,意大利学者曼托瓦诺在萨拉曼卡大学(建于 1218—1219 年)讲授拉丁诗人的作品;1484 年和 1488 年,另外两名意大利学者马里内奥·西库洛和彼得罗·马尔蒂雷分别在萨拉曼卡大学讲授同样的课程。大学教学通常具有一种讲演的性质,并且被看作是表现伟大辩才的机会。② 有人描述了彼得罗的教学情况:"当时听众非常之多,以致他无法进入演讲厅,直到仪仗官和工作人员一起为他清理出一条通道;当这位来访者作完演讲后,他获得了成功,于是他告诉我们,他就像奥林匹克运动会的获胜者一样。"③西班牙人文主义学者安东尼奥·内布里加(Antonio Nebrija,1444—1522)在萨拉曼卡大学也占有一个语法讲席。内布里加在意大利留学 10 年,不仅精通各种人文学科,而且决心把意大利的文化介绍

---

① Willis Rudy, *The Universities of Europe*, *1100 - 1914*, Associated University Presses, London and Toronto, 1984, P. 53.
② [瑞士]雅各布·布克哈特著:《意大利文艺复兴时期的文化》,第 233 页。
③ [英]彼得·伯克著:《文艺复兴》,第 66 页。

到西班牙。作为一名学者,他除了编撰语法和辞典外,还编印和评注一些拉丁文古典作品,他是文艺复兴时期确立希腊语读音规则的首位学者。内布里加对西班牙古代文物和古代地理学家也进行了重要研究,并且很喜欢希伯来语;他的历史著作《新世界的几十年》是用人文主义传统叙述的。他在《圣经》研究方面具有独到的见解,认为只有以批评的眼光检查最古老的手稿,才能确定真正的拉丁文《圣经》。对于萨拉曼卡的神学家而言,这种对待圣经的态度显然是太革命了,最后内布里加于 1512 年左右被迫离开了萨拉曼卡大学,他前往阿尔卡拉大学(建于 1499 年)继续讲授古典作品。

在阿尔卡拉大学,克里特岛人杜卡斯从 1512 年到 1518 年就在这里担任希腊语讲席,1519 年由另一位人文主义者埃尔南·努涅斯接替。1514 年杜卡斯还出版了两部供学生使用的希腊语作品,包括拉斯卡里斯的语法和利安得的诗篇。后来埃尔南·努涅斯也刊印了两篇希腊语短文,并附上拉丁文译文。阿尔卡拉大学的希腊语学者共同编印的希腊语《新约圣经》,比伊拉斯谟在巴塞尔出版的原本要早两年左右。阿尔卡拉大学在文艺复兴时期发挥了先锋者的作用,它不仅为西班牙王室培养了急需的人才,也为后来的教会改革培养了神职人员。

波兰的克拉科夫大学(建于 1364 年,后改名克拉科夫大学)从建校起就对人文主义思想持欢迎态度,其哲学系率先以人文主义思想改革其教学内容。随后,一批克拉科夫大学毕业的作家和学者在人文主义思想鼓舞下,团结在意大利人文主义学者卡立玛赫周围,成立了波兰第一批学术社团和文艺社团。他们以自己的学术和文艺宣传人文主义思想,他们著书立说以推动波兰出版业的发展。当时涌现出一大批高水平的、反映时代潮流的作品。例如,以克拉科夫大学校长斯卡尔比米尔契克为首的"克拉科夫学派"发表了一系列论文,阐述了新时期的民族权利、国家主权、信仰自由等重要问题,在当时影响很大。克拉科夫大学也是公认的天文学中心,1450 年后克拉科夫许多杰出的天文学家都前往意大利接受人文主义教育。1491 年至 1495 年,哥白尼(Nicolaus Copernicus)在克拉科夫大学学习了数学、天文学、哲学和希腊文,他是人文主义教育的最大受益者。

从彼特拉克开始,荷兰各地就有对人文主义感兴趣的知识分子。例如,在德温特一所学校,荷兰人文主义学者亚历山大·赫吉亚斯(Alexander Hegius, 1433—1498)就在这里执教。可以肯定的是,自 1444 年以来,鲁汶大学的文学院就设有修辞学教授席位;1477 年至 1478 年其法学院也设立了诗学教授席位。到 1517 年,鲁汶大学的人文主义进入全盛期。16 世纪 30 年代,人文主义思想开始风行于丹麦。当时最重要的两位人文主义者是彼得森(Christiern Pedersen)和赫尔吉森(Poul Helgesen)。彼得森曾就读于哥本哈根大学(建于

1479 年),后出国留学。他在发掘、整理丹麦民族文学和历史遗产,以及把拉丁语《圣经》译成丹麦语等方面做了很多工作。彼得森还参加了克里斯蒂安二世(Christian Ⅱ,1481—1559)国王的教育改革,从而对哥本哈根大学和丹麦教育界产生了较大的影响。赫尔吉森是一位杰出的人文主义学者,他在人文主义传播中发挥了更为积极的作用。他于 1519 年担任哥本哈根大学教授圣经的高级讲师,他的讲学吸引了一大批热心听众。他还拥护克里斯蒂安二世以人文主义精神进行教会和教育改革的思想,但他很不满意国王对教会的过分干预。赫尔吉森在 1522 年进行的一次布道中触怒了国王,他被撤职后不得不离开了哥本哈根大学。深受赫尔吉森影响的一些学生后来和天主教会决裂,而改奉路德新教。

三、欧洲大学的管理体制及课程设置

13 世纪末以前,欧洲大部分地区的大学几乎与巴黎大学一样,其生存和发展基本上受教会所控制。但从 13 世纪末开始,以法国国王为代表的世俗力量日益强大,并逐渐控制了大学的管理权。大学成为世俗势力的御用工具后,逐渐失去了许多已经获得的特权。"在保障大学的豁免权方面,世俗当局开始取代教会;同时,大学的特权也受到了限制。学生和教师个人的权利尽管没有被废除,但开始受到控制。世俗官员和法庭对他们事务的介入日益增多,这使得学生的地位不断下降。"①从学校管理来看,全部决策几乎是由教师做出,如学位要求、课程设置、教师聘任等。学校最高行政官员是从高级教师中遴选,通常称为校长,其任期不长,权力也有限。巴黎大学的管理模式在当时被认为是一种占主导地位的模式。其原因是多方面的:(1)学生与所在大学的联系是短期的,因而在行政管理和课程上的连续性易于被打破;(2)随着欧洲高等教育的迅速发展,从巴黎大学留学回国的学生把其管理模式带回了本国;(3)各国政府和教会机构一般乐意与教师而不是学生打交道。因此,欧洲大学普遍采用了教师控制的巴黎大学模式,而没有采用学生管理的博洛尼亚大学模式②。

① [比利时]希尔德·德·里德-西蒙斯主编:《欧洲大学史》(第一卷),第 120 页。
② 博洛尼亚大学模式是由大学群组成,包括法律大学、文科大学、医学大学(在这里,大学和学院几乎是同义词)等,每一所大学的学生只能修一门学科;学生按照地理区域组成同乡会,教授也有自己的法人团体——博士协会。意大利的帕多瓦、锡耶纳、费拉拉、比萨、佩鲁贾、那不勒斯、罗马教廷大学和西班牙的大学基本上是仿效博洛尼亚模式。其他一些大学如蒙彼利埃、奥尔良、布拉格等虽然与博洛尼亚模式相近,但并不是严格仿效,它们的组织形式融合了博洛尼亚和巴黎大学两所原型大学的元素。

（一）法国

从大学内部组织来看,巴黎大学由学院和同乡会两大机构组成。学院(faculty)是指某一学科或某一学科领域的专家、大师聚集在一起实施教学的机构,如文学院、医学院、神学院等。学院成员包括教师和学生,它是大学的基本教学机构,也是大学最重要的分支机构。在巴黎大学和以巴黎大学为模式建立的大学中一般设有文学、法律、医学和神学四个学院,其中文学院是进入其他三个学院的预备教育机构,神学院位居各学院之首。作为一个学术社团,学院有自己的负责人(通常称为院长)和财务主管,以及一个共同的印章和章程(statutes)①。大学的行政和教学事务基本上由院长负责。院长最早出现在 13 世纪的巴黎大学和蒙彼利埃大学,14 世纪时才出现在其他地方。为了招收贫困学生,一些大学创建了住宿学院。最初的住宿学院基本上是施舍的机构,其创建者捐赠一些房屋或资金用于贫困生的居住和生活。巴黎大学第一批住宿学院始于 12 世纪,13 世纪开始大量增加。这些住宿学院试图将一些贫困生单独分开,对他们严加管教并要求统一着装。13 世纪中叶,一些住宿学院不局限于简单的居住功能,它们开始组织教学活动。虽然只是一些晚间组织的复习和辩论,但一些住宿学院(如建于 1257 年的索邦学院)的辩论获得了极大的声誉,这预示着住宿学院成为大学教学中心的时代即将到来。到 1300 年,巴黎已有 14 所住宿学院。② 在 1300 年至 1500 年间,巴黎至少创建了 50 所住宿学院,其中 27 所建于 1300 年至 1350 年之间。③

同乡会(nations)是隶属于学院的一个组织,大学产生初期同乡会也是最基本和最重要的组织。由于大学生和学者来自欧洲各地,在同一所大学中来自相同地区的学生和学者为了免受外界的迫害,自发地按照不同的地区组成了同乡会。这些同乡会在大学建立后迅速组织起来,它们以一种宽泛的地理划分为基础。巴黎大学的每个同乡会都形成了独特的法人团体,各同乡会不仅拥有自己的标志、印章、规则、档案、财务、节日和聚会地点等,还推选出本同乡会的首领参与大学管理。巴黎大学有四个同乡会,即法兰西同乡会、皮卡迪同乡

---

① 现存最早的章程是剑桥大学章程,它可以追溯到 1236—1254 年间。另外,牛津大学章程形成于 1313 年,图卢兹大学章程产生于 1309—1329 年间,蒙彼利埃大学章程是在 1339 年,博洛尼亚大学章程是在 1317—1432 年间,萨拉曼卡大学章程是在 1411 年。

② ［法］雅克·韦尔热著,王晓辉译:《中世纪大学》,上海人民出版社 2007 年版,第 57 页。

③ ［法］雅克·韦尔热著:《中世纪大学》,第 149 页。

会、诺曼底同乡会和英格兰同乡会。其首领往往由德高望重的教师担任,负责管理本同乡会的财务、财产和司法事务等。"从法律上来说,每个同乡会的首领可能都起着第一法庭的作用,并且与学生领袖一起来审理纪律案件和违法案件。同乡会首领负责召开同乡会会议,主持处理同乡会事务,代表同乡会参加文学院大会和全校大会。"①同乡会首领还是大学评议会成员和校长的咨询顾问,协助校长共同管理大学事务。同乡会是大学生活的重要组成部分,它直到15世纪中期后才开始走向衰落。这部分原因是百年战争(1337—1453)大大削弱了英国和德国同乡会,导致外地学者人数不断下降;另外,中世纪后期在法国的一些省份、德国、低地国家(荷兰、比利时和卢森堡)、波兰、匈牙利、斯堪的纳维亚半岛、苏格兰和西班牙等地建立了许多大学,结果使巴黎大学逐渐失去了作为一所国际大学的地位。

最初主教的代理人是大学的首领,他对学生和教师拥有绝对的权力。但在13世纪随着法人团体的形成,大部分主教代理人的司法权被转给了这个机构的负责人——校长。根据大学组织形式的不同,校长或在学生中选举产生(如博洛尼亚大学),或在教师中选举产生(如巴黎大学)。校长候选人必须满足下列条件才能当选,他必须已成年(通常年满25岁以上),他是一名神职人员,拥有一定的财产,是一位大学毕业生,并且行为无可挑剔。"校长是大学的行政首领、学校议会所采纳的决议的执行者、特权和章程执行的监督者。他管理学校的财政、主持会议、保管文件,在官方事务中担任学校的代表。"②尽管博洛尼亚大学的校长由学生担任,但他在大学内部的民事审判权得到了所有大学成员的认可。在巴黎大学,校长的司法审判权很受限制,章程只赋予他对大学成员和服务人员行使司法审判的权力。校长获准实施的处罚包括罚款、停职和开除教师;审讯的行为包括对旅馆租金的争议、对受大学管理的工匠和商人提出控诉,以及协调教师和学生之间的问题等。

在法国南部地区,有些大学是以意大利的博洛尼亚大学为样板,实行学生管理大学,或由教师和学生共同管理大学。例如,蒙彼利埃大学的医学院、法学院和文学院基本上是各自独立,它们实行完全不同的管理方式,实际上是三所不同的单科大学。"博洛尼亚大学和巴黎大学这些原型大学成了中世纪后期大学组织双重模式效仿的榜样,前者发展成为学生型的大学,后者则是教师型的大学。一般来说,欧洲北部的'studia'(讲习所)遵循巴黎大学

---

① [英]艾伦·B.科班著,周常明、王晓宇译:《中世纪大学:发展与组织》,山东教育出版社2013年版,第100页。

② [比利时]希尔德·德·里德-西蒙斯主编:《欧洲大学史》(第一卷),第132页。

的框架,而欧洲南部的大学则参照博洛尼亚大学的办学思想。但是,在复制这些大学模式时,每所大学基本上都做了调整和改进。"①

从 14 世纪初起,法国各大学文学院已普遍开设了有关亚里士多德的逻辑、哲学、伦理学,欧几里德(Euclid,约公元前 330—公元前 275)的《几何学》、托勒密(Claudius Ptolemaeus,约 90—168)的天文学以及阿拉伯哲学和科学等课程。原先以文法课程为核心的文学院逐渐转变为侧重于逻辑学的传授,逻辑和辩证法成为文学院的主要课程。神学院也不局限于学习《圣经》和《格言集》等,而是将亚里士多德的形而上学和道德哲学等纳入课程范围。以下是巴黎大学按照 1254 年颁布的法令为攻读文学学士和文学硕士规定的学习内容。②

1. "旧"逻辑

(1)亚里士多德的《范畴篇》等

(2)亚里士多德的《解释篇》等

2. "新"逻辑

(1)亚里士多德的《分析前篇》和《分析后篇》

(2)亚里士多德的《论诡辩式的反驳》

(3)亚里士多德的《论题篇》

3. 道德哲学

亚里士多德的《伦理学》(四卷)

4. 自然哲学(以下均为亚里士多德的著作)

(1)《物理学》

(2)《论天国与人世》

(3)《气象学》

(4)《论动物》

(5)《论灵魂》

(6)《论生育》

① [英]艾伦·B.科班著:《中世纪大学:发展与组织》,第 135 页。
② [美]E.P.克伯雷选编:《外国教育史料》,第 183—184 页。

(7)《感觉与可感事物》

(8)《睡与醒》

(9)《记忆与回忆》

(10)《生与死》

(11)《论植物》

5. 形而上学

亚里士多德的《形而上学》

6. 其他

(1) 吉尔伯特(Gilbert)的《论六项原则》

(2) 多纳图斯(Donatus)的《非规范语言》(第三册)

(3) 普利西安(Priscian)的《文法》

(4) 戈斯塔·本·卢卡的《论原因》和《论精神与灵魂的差异》

由上可知,在课程结构方面,文法的地位开始下降,雄辩术的传授几乎不在课程范围之内,并完全摒弃了"四艺"(算术、几何、天文、音乐);文学院的课程设置也不再建立在传统的"七艺"基础之上。这一时期有关亚里士多德的学术著作开始在文学院课程中占据统治位置。

(二) 英国

牛津和剑桥大学也是以巴黎大学为模式建立的,它们在大学内部组织方面是以各个学院(college)为基本教学和管理单位。英国大学学院制形成于 13 世纪。牛津大学最早的学院出现在 1208—1209 年。① 1249 年,达勒姆的威廉副主教去世后,留下 310 马克作为牛津大学研究神学的硕士们的房租;1280 年,他又专门购置了一幢宿舍楼用作读书的场所,这些人组成了牛津大学最早的学院。1263 年和 1264 年,牛津大学又成立了贝利奥尔学院和默顿学院。这些学院通常得到高级教士和有钱人的资助,如 1314 年埃克塞特主教沃尔特·斯坦普莱登(Walter Stapledon)在牛津建立了一所仅有 13 名学生的埃克塞特学院,用于培养神职人员。学院设立奖学金资助贫困生,使他们能攻读高级学位。1324 年,布罗姆

---

① [比利时]希尔德·德·里德-西蒙斯主编:《欧洲大学史》(第一卷),第 124 页。

(Brome)的亚当(Adam)建立了圣玛丽学院(St. Mary's College),因它位于奥利尔(Oriel),故一般称为奥利尔学院。1379 年,威廉·威克汉姆(William Wykeham)创办了牛津新学院,标志着学院发展进入一个新的阶段。首先,新学院明确规定了大学与学院的关系,它们相互之间是独立的;其次,新学院为大学本科生和高年级学生提供经费,并采用导师制;最后,在校舍和学生人数方面,它比以往的任何学院大得多。新学院拥有 1 位院长、70 名研究员以及一些大学牧师和唱诗班歌手。新学院的建筑包括附属教堂、大厅、单人套间和图书馆等,它们围成一个封闭的四边形,回廊朝西,厨房朝东。

新学院的做法为其他学院所效仿。剑桥大学最早创办的学院称为学园(House)或学堂(Hall),第一所学院是 1284 年建立的彼得学园(Peter House)。从 1317 年到 1352 年,剑桥大学共建立了 7 所学堂或学园,它们分别是国王学堂(1317 年创办,1337 年重建,1546 年并入三一学院)、迈克尔学园(Michael House,1324 年创办,1546 年并入三一学院)、大学学堂(University Hall,1321 年创办,1326 年重建后更名为克莱尔学院)、彭布罗克学堂(Pembroke Hall,1347 年创办,后称彭布罗克学院)、冈维尔学堂(Gonville Hall,1348 创办,1351 年重建,1557 年更名为 Gonville and Caius College,即冈维尔与凯斯学院)、三一学堂(Trinity Hall,1350)、圣体学院(Corpus Christi College,1352)。这些学院的创办人绝大部分是国王、王后、贵族、主教和富翁,而且大多数是男性,其办学目的是为了培养国家和教会所需要的行政官员、律师、教士和教师等。"当时一些'衰败'的修道院经常被捐赠给学院。1496 年英格兰政治家、主教约翰·阿尔科克(John Alcock)创建了耶稣学院,取代了本笃会的女修道院。基督学院从诺福克修道院获得了一些捐赠,圣约翰学院则接管了奥古斯丁医院的场地和土地。"①学院制的形成为英国大学进一步发展奠定了基础。

与巴黎、博洛尼亚和欧洲大陆其他大学相比,由于牛津和剑桥大学中来自国外的学生较少,因而无论在管理或学术方面同乡会的作用和影响都十分有限。起初,牛津大学仿照巴黎大学的做法也设立了四个同乡会,但由于来自英伦诸岛之外的学生数量很少,它就基于岛内地理位置划分为英国北部(苏格兰人)和南部(威尔士人、爱尔兰人及外国学生)两个同乡会。牛津大学的同乡会似乎没有太多的自治地位,也没有选举学生领袖,因而对学术事务的影响力并不大。或许只有在同乡会发生骚乱和纠纷时,英国大学的同乡会才与巴黎大学的同乡会发挥同样的作用。"因此,有一点很清楚,那就是牛津大学的同乡会,似乎也

① Joan Simon, "Education and Society in Tudor England", Cambridge University Press, 1967, P. 82.

包括剑桥大学的同乡会,只不过是巴黎大学同乡会苍白的仿制品而已。它们在大学机制中的作用并不大,由于它们没有持续存在的理由使自己拥有持久的生命力,因此,最终因在学术环境里没有多少与上层建筑的相关性而逐步萎缩了。"①然而,与巴黎大学相比,英国的大学校长所行使的权力要多得多。他们充当了大学和教会之间的缓冲器,并集中体现了学术团体的独立地位。英国大学校长的职务是独一无二的,他集民事和刑事管辖权于一身,拥有比欧洲大陆同行更加集中的权威。校长可以通过法庭对师生行使一定的司法管辖权,如剥夺教师的学术特权、取消教师的教学证书和将教师逐出教会等。"作为一个住校的大学主管,他像一个现代大学的执行校长,最终要负责监督讲习所的教育和行政生活的方方面面。"②

与巴黎大学相比,牛津大学的课程结构富有一定的弹性,亚里士多德的著作不甚突出。同时,牛津大学在课程中保留了中世纪的"七艺"。以下是 1409 年牛津大学攻读文学学士(the Bachelor of Arts,BA)和文学硕士(the Master of Arts,MA)学位的必读书目:③

1. 多纳图斯的《论非拉丁语》、吉尔伯特的《六原则》、算术等

2. 新旧逻辑学著作

3. "七艺"内容:

(1) 文法:普利西安的大文法与小文法(1 学期)

(2) 修辞学:亚里士多德的《修辞学》、波耳修斯(Bethius)的《论题目》或亚里士多德的《分析前篇》或《论题》(3 学期)

(3) 逻辑:亚里士多德的《论解释》(3 学期)

(4) 算术:波耳修斯(1 学期)

(5) 音乐:波耳修斯(1 学期)

(6) 几何:欧几里德的著作或阿尔哈森(Alhasen)(2 学期)或维特里奥(Vitellion)的《透视法》

(7) 天文学:《行星论》或托勒密的《至大论》(2 学期)

---

① [英]艾伦・B. 科班著:《中世纪大学:发展与组织》,第 121 页。

② [英]艾伦・B. 科班著:《中世纪大学:发展与组织》,第 119 页。

③ 黄福涛著:《欧洲高等教育近代化》,第 35 页。

4. 三种哲学：

（1）自然哲学：亚里士多德的《物理学》或《论天国与人世》（2 学期）

（2）道德哲学：亚里士多德的《伦理学》、《经济学》或《政治学》（3 学期）

（3）形而上学：亚里士多德的《形而上学》（2 学期）

由于当时纸张笔墨较为昂贵，无法印制考卷，因而考试采用公开答辩的形式。考取学士和博士者分属三种学科，即神学、法律或医学，其中神学最多。所有大学教师都必须是天主教会的神职人员，大多数学生的求学目的也是谋取神职或希望在教会得以晋升。例如，从 1307 年至 1499 年，在英国 9 所大教堂的首席祭司中，牛津大学毕业生约占 60％，其中 14 世纪仅占 5％左右，到 15 世纪高达 70％。从英国各地修道院院长职务来看，情况也基本如此。例如，13 世纪牛津大学的毕业生占 28％，14 世纪为 21％，15 世纪增至 25％。① 可见牛津大学毕业生几乎把持了英国神学界的大部分高级职位。

文学学士是第一级学位（the first level degree），本科生需修业 4 年才能获此学位。15 世纪 50 年代，为了满足社会的需要，剑桥大学的学生可以支付更高的学费在暑假学习，其学习年限可以减少为 3 年。文学学士继续学习四年，才能获得文学硕士学位。有些学生还需花费 6 至 10 年攻读法学、医学或神学博士学位，相当于今天的 PhD。法学和医学博士学位被戏称为"有利可图的学科"（the lucrative sciences）；神学博士学位则被称为"王后学科"（the queen of sciences）。② 学位证书是获得教师资格的必备条件，拥有学士学位者可以任英国文法学校校长；拥有硕士、博士学位者可以到基督教欧洲的任何大学任教。大学并非从事纯粹学术研究的"象牙塔"，它们培养的毕业生要为教会、国家、贵族、地主和商业服务。1379 年牛津大学的新学院（New College）章程声明，大学"培养了许多知识渊博的人，有益于上帝的教会，并且对国王和王国有用"③。

这一时期苏格兰的大学在管理结构上也类似于欧洲大陆，尤其是巴黎大学模式。尼古拉五世教皇在授予格拉斯哥大学特许状时，强调大学应拥有像博洛尼亚大学那样的特权与

---

① 黄福涛著：《欧洲高等教育的近代化》，第 38 页。

② David Palfreyman & Paul Temple, *Universities and Colleges：A Very Short Introduction*, Oxford University Press, Oxford, 2017, P. 7.

③ David Palfreyman & Paul Temple, *Universities and Colleges：A Very Short Introduction*, Oxford University Press, Oxford, 2017, P. 9.

豁免权。苏格兰的大学内部按学生来源分为苏格兰、英格兰、爱尔兰、威尔士四个学院。每个学院设院长 1 名,大学校长由全体人员选举产生,重大事务由校长召开全体师生大会决定。大学校长配有 4 名助手和 1 名财务官辅助,大学名誉校长通常是本教区的主教。大学的课程设置及教学机构和当时的欧洲大学相差无几,都是由学院负责教学和考试工作。但有趣的是,直到近代早期苏格兰大学中的法学院和医学院还只是"字面意义上的学院",只有文学院的学生才能学习完整的课程。

(三) 德国

德国大学与早期欧洲自然形成的大学不同,它一开始便是由诸侯或市政当局有意识地建立的。地方诸侯们往往从政治统治和控制臣民的意图出发建立自己的大学。由于德国中央权力薄弱,地方势力雄厚,使得德国大学的数量发展较快。但在 18 世纪以前,德国大学基本上是追随意大利或法国的大学,而没有突出的建树。

就其内部组织而言,德国大学是一个由教会和国王授予特权的师生独立社团。在这个合法的组织内,师生享有各种特权和豁免权。德国大学最主要的特权有三项:一是教学权以及学士、硕士、博士等学位的考试权和授予权,这是由罗马教廷赋予的特权;二是自治权,如大学章程和规则由大学自行确定;三是独立审判权,大学师生不受普通法庭的传唤,并免交各种租赋和税收,这是地区或市政当局赋予的特权。为了充分行使以上特权,德国大学具有双重组织关系:一方面,为便于掌握教学和考试权,大学实行学院制,即大学分成神学、法学和医学三个专业学院以及一个实施普通教育的文学院。各学院分别选举院长主持院务,如负责安排课程和分派教学任务,主持辩论会,办理考试和授予学位等。由于大学校长是由在教会有地位的人士担任,因此大学与教会在一些原则问题上是协调的。另一方面,为了行使自治权和审判权,一些大学的师生常常根据出生地组成若干"同乡会",各同乡会自行选举主席和财务人员。但德国大学的同乡会存在时间并不长,因为它一开始就是在王室或教会指示下建立的,而不是自发组成的同乡会。

由于地缘关系,德国大学深受巴黎大学的影响,其组织结构和课程体系基本上是以巴黎大学为样板。这一点可以从 1386 年海德堡大学的特许状看出来:"我们、莱茵伯爵、神圣帝国选侯、巴伐利亚公爵、大鲁伯特承蒙上帝天恩——唯恐滥用罗马教会赐予我们在海德堡仿照巴黎那样建立学习处所的特权,并且唯恐受到神的审判,因而,把我们所得的特权交出来——以卓有见识的意图发布命令，要求按照巴黎大学习惯上遵守的方式和事项来管理、安排、调整海德堡大学，这项命令将永远有效。并且要像巴黎大学的附属机关那样。——我们认为那是值得的——以后的措施也尽可能仿照着做。"①根据特许状，海德堡大学要设立四个系，即神学系、教会法和民法系、医学系、人文哲学系。海德堡要像巴黎大学那样划分为四个同乡会，所有的系合起来成为一所大学，无论哪个系的学生都是不可分的，就像属于一个母亲的合法的儿子一样。同样，海德堡大学由一位校长管理，聘请了不同学科的主任和教师，他们必须宣誓遵守共同的法规、法律，并享受特权、自由和公民权。他们无论升到什么级别，都不能泄露秘密，并要维护大学校长的荣誉。到15世纪末，德国各地建立的大学基本上是以巴黎大学为模式。

德国大学的课程结构和学习内容也受巴黎大学的影响。例如，莱比锡大学的课程分为初级课程和高级课程两类，初级课程包括语法、修辞和辩证法，高级课程包括"四艺"、逻辑学、物理学、伦理学、政治学、自然哲学和形而上学等。亚里士多德的著作是必读书目，佩特鲁斯·希斯帕努斯的《简易逻辑学》是逻辑学的基本教材，普里斯克阿努斯著的《语法基础》是学习拉丁语法的重要书籍。以下是莱比锡大学人文哲学系1410年为攻读文学学士和文学硕士指定的学习内容：②

1. 莱比锡大学文学学士必读书目（1410）：

（1）文法

普利西安文法后2册（2个月）

（2）逻辑学

论文（皮鲁斯·希斯帕纳）（2.5—3个月）

"旧"逻辑（3—4个月）

"新"逻辑（《论题篇》除外）（6.5—7个月）

（3）自然哲学

物理学（6—9个月）

论灵魂（2个月）

① 黄福涛著：《欧洲高等教育近代化》，第64页。
② ［美］E. P. 克伯雷选编：《外国教育史料》，第184—186页。

（4）数学

论物质世界（萨克罗博斯科）（5—6个月）

2. 莱比锡大学文学硕士必读书目（1410）：

（1）逻辑

海蒂斯堡的逻辑学

亚里士多德的论题篇（3—4个月）

（2）道德和实践哲学

伦理学（6—9个月）

政治学（4—9个月）

经济学（3周）

（3）自然哲学

论天国和人世（3.5—4个月）

论产生和毁灭（7周—2个月）

气象学（3.5—4个月）

小自然（2.5—3个月）

（4）形而上学

形而上学（5—9个月）

（5）数学

天文学：行星学说（5—6个月）

几何学：欧几里德（5—9个月）

算　术：普通算术（萨克罗博斯科）（3周—1个月）

音　乐：音乐（约翰·穆丽斯）（3周—1个月）

光　学：普通透镜（比萨的约翰）（3—3.5个月）

由上可知，德国大学中的人文哲学系所开设的课程与同一时期的巴黎和牛津等大学基本相似，它们都以古典文献作为课程主要内容。但与巴黎和牛津大学不同的是，德国大学的人文哲学系中有关亚里士多德的学说更少一些，而"七艺"中的"四艺"却占有较大比重，整个课程安排比较平衡。在神学、法学和医学三个系中，德国大学也并未完全模仿巴黎大学的模式。英国史学家拉什达尔认为，尽管德国早期大学基本上都仿照巴黎大学，建立了哲学、神学、法学和医学四个系,但法学系学生却享有极大的自主权,在这一点上他们受到意大利博洛尼亚等大学的影响。

第二节　宗教改革时期的欧洲大学

宗教改革和人文主义运动关系紧密。人文主义为宗教改革作了思想上的准备,宗教改革是人文主义运动的继续。16世纪的宗教改革由于带有诸多"革命因素",它比文艺复兴对欧洲大学的影响更加深远。"……宗教改革运动从一开始,就不仅仅是君主和主教的事情,而是与大学密切相关。由于教会和大学几个世纪以来的紧密关系,在任何地方都不存在纯世俗的大学,教会的改革不可避免地也会引起大学相应的变化。"①

由宗教改革引起的尖锐矛盾,在德国的三十年战争、法国的胡格诺战争及英国内战中达到了顶点,它不可避免地使教育事业的发展受到冲击。鲍尔生指出:"没有文艺复兴运动就不会有宗教改革运动的产生,更不会有后来的思想与学术的发展;因为哲学与自然科学,以及史学和人文科学,无一不是在文艺复兴运动的雨露滋润下成长起来的。从以封建制度为基础的中世纪国家,过渡到以民族文化和民族教育的利益为基础的现代国家,如果没有文艺复兴运动,也同样是不可想象的事。从中世纪末叶到现代历史时期的开始,这一百五十年间,文化与科学在广度方面的迅速发展,学术与教育在推行的范围方面的不断扩大,都应毫无疑义地归功于宗教改革运动。"②宗教改革运动和文艺复兴运动一起,共同推动欧洲传统大学在指导思想、组织结构、课程与教学内容等方面向世俗化、民族化、人文化、科学化、多样化方向发展,欧洲传统大学因此逐步发展为近代高等教育机构。

一、德国

1517年10月31日,在德国维滕堡这一安静的大学城,爆发了一场欧洲文明史上最重要的宗教革命。宗教改革后,德国社会地方分裂进一步加剧。根据1555年新教与天主教

---

① 贺国庆、王保星、朱文富等著:《外国高等教育史》,人民教育出版社2003年版,第83页。
② [德]弗·鲍尔生著:《德国教育史》,第61页。

共同签订的《奥格斯堡和约》，德国成为了一个教派分裂的帝国。该和约规定：出席帝国议会的各等级有权在信仰路德新教和天主教之间任选其一；新教享有与天主教平等的权利；各邦诸侯和自由市有举行礼拜的自由和实行宗教改革的权利。根据"教随国定"的原则，各邦可以规定居民信仰何种宗教。从此，德国被分割为天主教与新教并存的众多邦国。据统计，三十年战争(1618—1648)之后，德意志被分裂为 314 个邦国和 1 475 个骑士领地，这意味着当时共有 1 789 个独立的地方政权。① 这种地方主义与教派多元化对德国大学教育产生了重要影响。

宗教改革对教育机构特别是大学的打击是毁灭性的。"由于宗教改革具有诸多方面的'革命性'，因此，相对于文艺复兴而言它必然会对大学产生更大的影响。"②首先，宗教改革对大学入学率产生了重要影响。由宗教改革引发的 1524 年至 1525 年农民战争以及 1525 年至 1535 年的十年浩劫，使德国的学术与教育面临空前的灾难，德国大学生人数下降到十年前的四分之一。例如，在罗斯托克，学生入学人数从 1517 年的 300 人降至 1525 年的 15 人；在埃尔福特，学生入学人数也由 1520 年的 311 人降至 1525 年的 14 人；1526 年巴塞尔大学的入学人数仅 5 人。这种令人沮丧的数字同样可以在哥尼斯堡、格赖夫斯瓦尔德、科隆、美因茨、维也纳和其他许多机构看到。③ "的确，宗教改革所产生的效果，在一段时间里似乎在根本上是敌视文化的，因为，缪斯之神受到了神学斗争的惊扰和恐吓，而这个世纪里第二个十年期间的疾风骤雨，又让大学和其他学校几乎陷入了停顿。无怪乎伊拉斯谟声称，只要是路德派势力占优势的地方，便是知识的葬身之地。"④

宗教改革运动使大学中奄奄一息的神学教育重新抬头，并继续保持在大学中的主导地位。在人文主义运动中萌发的提倡人性、崇尚自由、尊重世俗等思想火花，也由于宗教改革运动的兴起而变得暗淡并逐渐泯灭。1527 年建立的马尔堡大学突出地反映了宗教改革时期的大学政策。马尔堡大学规定，神学、法学、医学、哲学、语言等学科必须以传授和论证神的存在为主要使命，如果大学教授有悖于上帝，无论是谁都要被逐出大学。然而，这种倒退

---

① 周丽华著：《德国大学与国家的关系》，第 32—33 页。

② Willis Rudy, *The Universities of Europe*, *1100‑1914*, Associated University Presses, London and Toronto, 1984, P. 62.

③ Willis Rudy, *The Universities of Europe*, *1100‑1914*, Associated University Presses, London and Toronto, 1984, P. 62.

④ ［德］弗里德里希·包尔生著，张弛、邬海霞等译：《德国大学与大学学习》，人民教育出版社 2009 年版，第 33 页。

的局面很快得到控制。随着地方权力的扩大、教会财产的征用以及罗马法的实施,世俗政权需要更多受过良好训练的人从事法律职业。在这种情况下,大学发展的不利局面被扭转,德国大学开始成为以培养神学家和法学家为目的的地方机构。

　　与此同时,德国新大学的数量不断扩充,如路德派新教创办了哥尼斯堡大学(1544)、耶拿大学(1558)和黑尔姆斯塔特大学(1576),天主教创办了迪林根大学(1549)、维尔茨堡大学(1582)和格拉茨大学(1585)。"导致如此多大学兴建的主要动力,源于教会以及当时的政治观点对于领地主权原则的强调。其结果是,大学开始成为政府的统治工具,成为帮助后者培养教会和世俗官员的职业学校。"①随着一批新大学的建立及政治生活的恢复,德国大学生人数又开始增长,这种增长一直持续到 1620 年。然而,"三十年战争"改变了这一趋势。虽然有些大学如哥尼斯堡和耶拿大学没有受到战争影响,其学生人数显著增加;但大多数学校受到战争的重创,如黑尔姆斯塔特大学在战争中被摧毁了,在被法国征服后斯特拉斯堡大学全面衰落。相比而言,天主教大学受到的影响较小,因为它们在组织上与耶稣会学院一致。因此,迪林根大学的学生人数一直比较稳定,因戈尔施塔特大学在 1641 年至 1648 年间学生超过了 1 000 人。

　　新教还对原来的大学进行了彻底改革。如 1542 年至 1544 年莫里茨公爵(Duke of Mortiz)领导了莱比锡大学的改革,他把中世纪后期由宗教监督大学,改变成大学为宗教、法律和教育界培养人才。在这次改革中,大学神学院和法学院得到了发展。从前牧师一律由教会任命,现在牧师必须接受大学教育。在莫里茨统治下发展起来的地方管理和裁判制度,也刺激了对法学人才的需求,进而促进了大学法学院的发展。1543 年,公爵还批准医学院可以进行解剖示范表演,这无疑是医学上的一次变革。莫里茨死后,他的弟弟奥古斯特(Augustus)继承王位,并继续对莱比锡大学进行改革。奥古斯特不仅确定了学生的专业,而且固定了专业教学人员,这对于发挥教员专长和促进学术发展无疑是一大贡献。奥古斯特还加强对大学的控制,1565 年他规定未经其许可大学不得聘用新人;1571 年他下令对大学的财政进行彻底检查。1589 年克雷尔(Claire)担任首相后,继续在大学中推行改革。他取消了承认路德派教规的大学章程,任用年轻有为的教员充实教学力量,使大学获得了新的生机。莱比锡大学的学生人数迅速增加,每年入学人数达 2 800 人左右。以上改革为德国大学带来了极大的声誉,而此前它们几乎被其他国家的学生所忽视。"任何需要人文主

---

① [德]弗里德里希·包尔生著:《德国大学与大学学习》,第 36—37 页。

义文学和神学教育的具有改革信念的人现在首先考虑德国大学。"①

在建立新大学和改造旧大学的运动中,梅兰希顿给予了大力支持和帮助。1512 年至 1518 年梅兰希顿就读于图宾根大学时,就成为了新文化运动的领导人之一。1518 年,他应邀担任维滕堡大学第一位希腊语教授。他在就职演说《论改进青年的学习》中阐明了一份完整的以人文主义为原则的大学改革计划,这也是德国大学改革的宣言书。马丁·路德写道:"所有在维滕堡学习神学的学生都在喧嚷着要学习希腊语",就是这次演说的结果。对于梅兰希顿的信徒而言,希腊语是获得所有正确知识的秘诀。在维滕堡工作的 15 年时间里,梅兰希顿被公认为新教德国有关大学和中学组织的最高权威人物。一方面,他使得改造维滕堡、图宾根等古代大学和建立马尔堡、哥尼斯堡等近代大学的计划付诸实施;另一方面,他作为许多城市和君主的顾问,为新学校的建立和许多学校的重组提出了详细计划。

在萨克森宫廷中的斯帕拉坦(Spalatin)协助下,梅兰希顿与马丁·路德一起对维滕堡大学进行了人文主义的教育改革,使维滕堡大学成为新教的研究中心。16 世纪上半叶,维滕堡大学是路德派成员最喜爱的大学,它吸引了许多来自国外的优秀学子如第谷·布拉赫(Tycho Brahe)、威廉·廷代尔(William Tyndale)、布鲁诺(Giordano Bruno)等。在保留大学文科体系的基础上,梅兰希顿强调希腊语对于神学和哲学的必要性。除了道德哲学和自然哲学外,他认为学科体系还应包括历史学,并亲自主讲历史课程。在神学领域,马丁·路德的影响已取代了那些支持奥古斯丁的经院哲学家,也取代了《旧约全书》和《新约全书》。同时,教会法规也被停止学习。总之,依据人文主义原则,维滕堡大学的科目无一例外地被彻底改组。这些改革精神充分表明了梅兰希顿的原则:一是使大学适应近代学习的需要;二是改革宗教信仰。梅兰希顿高度重视辩论,并把它作为一种必要的措施,以防机械地接受教师的思想或学识。他说:"一所大学如果没有一种精心组织的辩论制度,那它就不值得被称为'学校'。"②

梅兰希顿受马丁·路德过激情绪的影响,有一段时间曾经违背了自己的正确主张,他不仅反对经院主义哲学,也反对亚里士多德哲学,不过他很快就意识到自己的错误。当这种宗教狂热给学术与教育带来致命打击时,当各种激进分子宣传科学无用论和鼓吹宗教热情可以使人明了一切真理时,梅兰希顿竭尽全力与这种错误倾向展开斗争。他明确指出,

① [比利时]希尔德·德·里德-西蒙斯主编:《欧洲大学史》(第二卷),第 440 页。
② [英]威廉·哈里森·伍德沃德著:《文艺复兴时期教育研究》,第 246 页。

不学无术不可能保证新教教义的继续存在,更谈不上使之发扬光大了。他不知疲倦地宣传"教义必须与科学相结合",这种主张成为他的许多著作和学术演讲的主题,也是他作为大学教师坚持不懈的奋斗目标,更是他百折不挠地建立新教教育制度的主旨。1557 年,梅兰希顿应邀对海德堡大学体制的改革方案进行审定,他将人文主义与新教教义有机地融合在一起,为海德堡大学制定了一份新章程,使该大学的面貌焕然一新。他的弟子卡梅拉里乌斯(Joachim Camerarius)1541 年接受符腾堡公爵的邀请,与莱比锡大学校长卡斯帕尔·博尔内合作着手进行大学改革。

到 16 世纪 30 年代,维滕堡、图宾根、莱比锡、法兰克福、格赖夫斯瓦尔德、罗斯托克、海德堡等旧大学,都按照梅兰希顿的教育思想进行了彻底改革,由他亲手缔造的德国高等教育制度已牢固地建立起来。鲍尔生把梅兰希顿的贡献归纳为三点:(1)他奠定了新教大学和学校的组织原则,他参与过许多地方的教育决策工作,他或是亲自前往帮助,或是提出书面建议;(2)他编写的拉丁语、希腊文法、修辞学,以及逻辑学、心理学、伦理学、神学等学科的优秀教材一直沿用达数百年之久;(3)在其从事学术活动的四十二年中,他为满足德国高等教育需要而设立的新专业几乎涉及所有学术领域。"他确实是无与伦比的德意志人的伟大导师。"①鲍尔生指出:"主要由于他的缘故,德国信仰新教的那一半人在教育和文化领域战胜了天主教徒。无疑,最终的结果是:德国的哲学和科学、德国的文学和文化,都在新教的土壤里茁壮生长起来。人们也许还会把它们看作是宗教改革唤起的自由精神和思想独立的结果,虽然可能是远期的结果。"②英国学者博伊德和金也指出:"他被一致公认为'德意志教育家';这个称号,他是受之无愧的。"③同样,英国学者伍德沃德评论说:"在 16 世纪和 17 世纪的教育中,德国大学的统治地位的形成应该归于君主的支持、新教的认真和人文主义的方法等几个方面的结合。在形成这一联合的过程中,没有别的因素比梅兰希顿的个性和才华更为有效。"④

这一时期,德国大学以往所具有的世界性和国际性已不复存在,却普遍带有地区性特征。在因戈尔施塔特大学,只有 1.5% 的法学院学生是外国人,其中大多数是波兰人。科隆和弗莱堡大学主要在荷兰、瑞士等邻近国家招生。"……德国大学从其诞生之日起,就在相

① [德]弗·鲍尔生著:《德国教育史》,第 39—40 页。
② [德]弗里德里希·包尔生著:《德国大学与大学学习》,第 33—34 页。
③ [英]博伊德、金合著:《西方教育史》,第 190 页。
④ [英]威廉·哈里森·伍德沃德著:《文艺复兴时期教育研究》,第 248—249 页。

应的区域范围内开始了国家化的进程。它虽然仍摆脱不了教会的控制,但它已带上了'德意志的'大学的烙印。"①在16、17世纪,无论天主教或新教地区都创建了许多大学,并试图由大学承担培养教会和政府工作人员的任务,大学逐渐成了为国家服务的机构。"像欧洲其他大学一样,德国大学最初也是教会的'婢女'。而随着国家化进程的加快,德国大学逐渐成为国家的'婢女'。当大学的举办者是地方统治者时,大学便成为了国家的公共机构,为国家服务便成为了大学的当然之事。"②

另一方面,该时期德国大学的组织形式基本上没有变化。过去大学中的四个学院、校长和院长、讲授和论辩、考试和学位等,虽然经过多次风暴的洗礼,但都依然如故。四个学院之间的关系也没有改变,神学院地位最高,并拥有监督法学院、医学院、文学院以及其他各级学校的权力。此时文学院已更名为哲学院,它仍然是进入神学院、法学院和医学院的预备教育机构,其核心内容仍然是以亚里士多德学说作为一切学问的前提。不过此时已在哲学院中增加了人文主义教育内容,即有关古希腊和古罗马的经典著作,尤其是诗歌和雄辩术知识。数学和物理学在哲学院也开始受到重视。神学院的学生大大增加了,因为以前神职人员不需要从神学院毕业,而现在却成为新教神职人员的必备条件。

从17世纪开始,在德国大学中法学院的地位逐渐上升,课程内容也不断拓宽。其原因有两方面:(1)法学院已不仅仅是一种教学机构,只满足于讲解古老的法律文献,它还同时兼有处理诉讼案件、出面调停、委托谈判等职能,实际上它扮演着类似于法庭和律师事务所的角色。(2)这一时期罗马法被认为是最有效的帝国法律,现代政府机构和政府官员中也需要大量法律人才。"较其他三类学院而言,法学院与社会各种机构保持着更直接的联系,更多地涉及公众明显感兴趣的问题。国王、王子和主教要在法学院的毕业生中挑选地方议会成员、法官和文职人员,这些人员对他们领地的日常管理是必不可少的。……并且,就教师和学生数量来说,法学院都堪称大学中最大的学院。"③作为一种学术科目,罗马法为学生提供了法律事务方面的正规训练。罗马法学习的主要内容来自《法典》和《罗马法典》,二者都是根据公元6世纪东罗马帝国皇帝查士丁尼的法典编辑而成。

相比而言,医学院在这一时期是无足轻重的。与中世纪一样,此时它仍然是最薄弱的

---

① 周丽华著:《德国大学与国家的关系》,第30页。
② 周丽华著:《德国大学与国家的关系》,第39页。
③ [比利时]希尔德·德·里德-西蒙斯主编:《欧洲大学史》(第二卷),第635页。

学院,有的大学甚至没有设立医学院。"在转入 16 世纪的时候,没有几所大学设立了功能完善的医学院。尽管大多数大学已经得到了教皇的允许可以建立医学教育机构,但只有蒙彼利埃大学和巴黎大学设立了医学院,是仅有的不在意大利的重要的医学教育中心。这反映了在阿尔卑斯山以北地区人们对医学专业的不重视。"①的确,在很长时期德国大学的医学院远远落后于国外大学,学生数量也最少。直到 1805 年,在整个普鲁士大学中医学院的学生仅有 144 人,而法学院和神学院的学生却分别为 1 036 和 555 人。② 在 16 世纪医学教学方面的进步,主要是由意大利大学取得的,到了 17、18 世纪则是荷兰的大学进展最快。这一时期,医学院的课程内容和教学方式也有所更新,如解剖学和生理学已发展成为独立学科,观察和实验已逐渐成为医学院的主要教学手段。

从教学方法和教材来看,这一时期德国大学开始设立讲座。讲座制是德国大学的重要学术组织形式。"讲座"一词源于中世纪,是指对经典教科书的内容进行系统阐述。德国大学的讲座制始于 16 世纪初由政府资助的永久性讲师职位,在哲学院甚至还有最早的现代教授职位。"这种讲席的受任者有义务每周至少开办四次所在系有关科目的公共讲座。这些公共讲座是根据'学习日程表'进行安排的,在学院礼堂进行,包含了考试所要求的所有课程内容。"③在以往的德国大学文学院中,每位教师负责讲授所有的学科,全部课程用抽签或轮流的方法分配给教师任教。宗教改革时期已有几门学科开始设立讲座,由讲座教授专门讲解某门学科,开启了现代大学教授职位的先河。担任讲座的教授领取职务薪金,并有义务无偿地讲授他所负责的专门学科。讲座教授也有讲授其他学科的自由,但可酌情收取一定的报酬。例如,1536 年维滕堡大学哲学院设立的讲座职位就是一个典型的例子。该校设置了 10 门学科的正规讲座职位,即希伯来文、希腊文、诗歌、文法、数学(包含初等数学和高等数学两种讲座)、辩证法、修辞学、物理学和道德哲学。在教学中,人文主义语言学和经院主义哲学是相互结合的。有些大学把拉丁文文法、修辞和诗歌,以及希腊文和希伯来文分为语言和文学两个讲座,一些财力不足的大学通常由一位教师担任两个讲座的教授。

后来很多大学又增设了史学讲座,一般把史学讲座与修辞学或伦理学等讲座合并设置。各学科授课时间都有固定的课程表,学生按规定上课。例如,1558 年莱比锡大学规定

① [比利时]希尔德·德·里德-西蒙斯主编:《欧洲大学史》(第二卷),第 475 页。
② [德]弗里德里希·包尔生著:《德国大学与大学学习》,第 40 页。
③ [德]弗里德里希·包尔生著:《德国大学与大学学习》,第 38 页。

的学程如下：第一学期（半年）学习希腊和拉丁文法、辩证法和诗歌；第二学期继续学习拉丁文法和辩证法，另外增加修辞学；第三学期在学习诗歌和修辞学之外，再增加物理学和数学。然后对各学科进行考试，通过者获得学士学位。再经过两年的学习，即可参加硕士学位考试。在最后两年，学生必须学习古典著作，以及亚里士多德的物理学、伦理学和数学等。除听课之外，还需通过实习以巩固所学知识。实习以论辩和临摹练习为主。"演讲"是进行学术论辩的最佳方式，首先由教师进行公开演讲作为示范，然后由学生仿效练习。一般说来，大学教授每天都要在学院规定的授课时间登上讲台，进行长约 1 至 1.5 小时的演讲。演讲通常分为三部分：首先，教授诵读权威典籍中的内容；然后，教授对所选段落进行详细讲解，并得出一个权威性结论；最后，讲课以问答式的辩论结束，教授以学生对注释的理解为标准测试其功课。演讲是梅兰希顿在维滕堡大学首创的，后来各地大学竞相仿效。

宗教改革也带来其他令人烦恼的问题，一些大学的财政面临严峻的考验。在许多新教国家，教会的地产被没收，其中一部分财产被分配给大学和其他学校。但德国宗教改革对高等教育财政收入所造成的不良后果十分严重，尤其是导致教师的薪酬明显下降。一般说来，教师享有领取牧师俸禄的资格，并且依靠学生的学费、各种捐赠和政府预算而生活。很多大学除了工资、学费、酬谢礼物和其他形式的收入外，还给予教师实物如食品、啤酒、房子和纳税豁免的特权。然而，当时捐赠给学院和教师的款项被王侯与市政当局所没收，教师的牧师俸禄也被取消了，大学教授的报酬较低而且不稳定。"甚至在教士俸禄制度消亡后，政府更多地干预大学的经济生活时（还包括行政和政治生活），那些古老的大学依旧主要依靠各种名目的捐赠生存。"[1]依靠学生的学费和捐赠生存是危险的，当这些收入的来源减少时，很多教师处于一种非常拮据的经济状态。1537 年，海德堡大学的希腊语教授莫尔舍姆（Molshem）向校方请愿，理由是每年 60 弗罗林（Florin，一种金币）的收入无法维持生计，何况还要养家糊口。"16 世纪是一个通货膨胀的时代，一些教授不得不通过兼职来增加他们微薄的收入。"[2]例如，1558 年海德堡大学条例规定，允许教授们每年零售一定数量的酒以增加额外资金。凡是在薪酬很低的大学，教授们花费在教学活动的时间较少，他们不得不通过校外的其他职位增加收入，这种现象在 16、17 世纪尤为突出。例如，很多教授为那些

① ［比利时］希尔德·德·里德-西蒙斯主编：《欧洲大学史》（第二卷），第 249 页。
② Willis Rudy, *The Universities of Europe，1100 -1914*，Associated University Presses，London and Toronto，1984，P.70.

付费的学生提供私人辅导,这种私人教学可以保证他们拥有相当可观的收入。

此外,在宗教改革中因神学论战而出现的分裂也造成了一些混乱。例如,1535 年在图宾根大学坚持旧信仰的教师被强行驱逐;1539 年,根据维滕堡神学家的建议,在莱比锡大学所有不接受路德主义的教授都被萨克森公爵剥夺了教职。而且,随着宗教改革的发展,新教阵营内部也出现了纷争。路德新教徒和茨温利新教徒、加尔文新教徒之间的分歧导致了剧烈的学术论争,特别是路德死后其阵营一分为二,分别为梅兰希顿的门徒和弗拉希乌斯(Matthias Flacius, 1520—1575)的门徒。维滕堡大学坚守梅兰希顿的观点,耶拿大学则成了弗拉希乌斯派的大本营,几乎每一所新教大学都为这些争论所滋扰。1592 年,维滕堡大学要求所有教授赞成路德派的《奥格斯堡信纲》(the Lutheran Augsburg Confession)。作为新教徒的数学家和天文学家开普勒(Johannes Kepler)也被迫离开了天主教创办的格拉茨大学。1576 年,植物学家莱恩哈德·劳沃尔夫(Leonhard Rauwolf,1535—1596)因其新教信仰而被驱除。上述因素造成大学入学率普遍下降,德国大学入学人数在 16 世纪初期一直上升,到 16 世纪 20 年代后开始明显回落。例如,1501 年至 1505 年,德国大学总人数是3 346 人,1526 年至 1530 年下降为 1 135 人。①

二、法国

16 世纪后半期宗教战争横扫整个法国,大学的方方面面都必须遵循正统的信条。天主教会在法国享有不同寻常的地位,它既是国王统治下的政府机构,也是正统罗马教会的一部分。天主教会对新教怀有敌视态度,曾不遗余力地对抗宗教改革。当一些巴黎大学的教授受到笛卡儿哲学影响时,政府就派遣大主教让他们放弃这种新学说。"在这期间,索邦学院谴责和拒绝出版当时几乎所有重要的科学和学术著作。同时,胡格诺教徒建立的每一所新学院和大学都受到强行镇压。"②耶稣会就是天主教反对改革的重要工具,它把兴办教育视为实现其宗教和政治目的的主要手段。"16 世纪下半期,君主和地方官员不论是世俗的还是教会的,他们为了达到自己的目的,不断增强对耶稣会的利用。"③同时世俗政权也加强

---

① [英]G. R. 埃尔顿编:《新编剑桥世界近代史》(第 2 卷),第 566 页。

② Willis Rudy, *The Universities of Europe*, 1100 -1914, Associated University Presses, London and Toronto, 1984, P. 73.

③ [比利时]希尔德·德·里德-西蒙斯主编:《欧洲大学史》(第二卷),第 138 页。

了对大学的干预,如制定新的大学章程、推动课程内容的世俗化和科学化等。

1520 年左右,法国国王对思想自由采取的宽容和鼓励政策,受到了德国宗教改革暴风骤雨式的袭击。路德对法国的影响是巨大的,这位伟大的宗教改革家因其直率、真切、热烈并富有人情味的风格和文体立刻引起了人们的兴趣,一些法文著作都带有这种风格的痕迹,大量翻译作品的印刷和流传也扩大了路德的影响。1520 年,约有 1400 本书籍在法兰克福市场上出售,路德的著作成了抢手的热门货,深受所有新教前卫分子的欢迎。"这些书用木桶装着,混在商品中,或放在小贩的背包中,或藏在大包里。比如,在秘密偷运时以法律书和历史书作掩护,成百上千类似的箱子就这样进入法国,甚至运往很难到达的西班牙。"①

相比而言,加尔文教传播更广,信奉加尔文教的新教徒在法国被称为"胡格诺派"。城市市民和贫民都迫切要求进行宗教改革,许多城市出现了加尔文教社团。法王弗兰西斯一世意识到新教的传播对王权十分不利,便开始迫害新教徒,1540 年颁布《惩治异端条例》,1549 年还成立了专门惩治加尔文教徒的法庭。然而新教徒却有增无减,许多大贵族也纷纷接受加尔文教。1562 年至 1598 年(一说是 1559 年至 1594 年),胡格诺派与天主教派之间爆发了长达 30 余年的宗教战争,这场战争给法国造成极大破坏,致使经济衰退、民生凋敝、政局不稳,农民起义风起云涌,城市贫民的骚动也日益加剧。最后,天主教贵族、新教贵族和新兴资产阶级都感到只有建立强大的专制政权,才能使社会稳定和自身利益受到保护。1598 年 4 月,信奉新教的法国国王亨利四世重新皈依天主教,并颁布了《南特敕令》,从而结束了长期内战,避免了国家分裂与宗教冲突。《南特敕令》是世界近代史上第一份有关宗教宽容的敕令。它宣布天主教为法国的国教,同时承认新教的信仰自由。16 世纪,任何途径法国的外国人,无论是天主教徒还是新教徒,都要在巴黎停留一段时间。即使在宗教论战期间及《南特敕令》颁布之后,无论一个人的宗教信仰如何,他们都可以在法国旅行、学习,并且获得大学学位。

在 17 世纪,法国几乎所有的学校都由教会团体掌握,其成员皆献身于为上帝和教会服务,并恪守共同的教规。在这些教会团体中,耶稣会比其他任何组织的影响都要大得多,他们在全国各地创办了生机勃勃的大学和中学,这些大学学生人数之多,使巴黎大学都受到了影响。耶稣会在法国各级各类教育中占据绝对优势。到 17 世纪中叶,仅巴黎教区耶稣

---

① [英]G. R. 埃尔顿编:《新编剑桥世界近代史》(第 2 卷),第 274 页。

会就拥有 1 400 名学生;到 17 世纪末,耶稣会除大学外已有 612 所中学。①

从 16 世纪中叶起,耶稣会开始在巴黎教区创办学校,并于 1563 年建立第一所学院——克莱蒙学院。耶稣会创办的教育机构称为"学院",这种学院有的属于中等教育范畴,有的属于高等教育范畴。以往教会的注意力大多集中在小学教育,而耶稣会将办学重点放在更高层次的教育。耶稣会从一开始就制定了明确的教育目标和教育计划,先后颁布了三个文件,即《精神训练》《耶稣会章程》和《教学大全》。特别是 1599 年颁布的《教学大全》以权威形式对耶稣会学校和大学教育目的、性质、任务、学校管理、课程设置、教学内容和方法,以及对教师、学生的具体要求和规范等都做出了明确的规定。《教学大全》在随后两个多世纪成为世界各地耶稣会教育的最高准则和统一章程,直到 1832 年才增加了某些现代化学科。耶稣会学院曾培养了许多杰出的人才,如笛卡儿、孟德斯鸠(Charles Louis Montesquieu, 1689—1755)、伏尔泰、狄德罗(Denis Diderot,1713—1784)、爱尔维修(Claude Adrien Helvetius,1715—1771)、孔狄亚克(Condillac,1714—1780)等,这些著名人物早年都曾在耶稣会学院学习。"他们成功的秘密,部分地在于他们在履行自己的职责时把学术和信仰结合起来的极大的热情和忠诚。宗教改革的大变动,给天主教中思想更深刻、更高尚的分子注入了新的活力。"②1762 年耶稣会派被逐出法国后,耶稣会学院也随之停办,其大部分学生转入文科学习。

17 世纪以后,由于民族国家崛起、大学间国际交流的减少,以及人文主义运动、宗教改革运动等影响,大学原有的各种特权开始受到外界特别是世俗王权的限制和干涉。法国国王亨利四世于 1598 年至 1600 年曾试图为巴黎大学制定新的章程,以进行教育改革和推行世俗化教育,他规定大学的任务是培养适合公职需要并能胜任其职责的人。"1600 年法国政府全面控制了大学的学术生活。法王亨利四世宣布,从今以后巴黎大学直接受国家的监督,其课程的每一方面和学术程序都将被详细规定。"③虽然改革并未获得成功,但至少反映了世俗政权竭力控制大学的意图。1619 年国王路易十三取消了法国大学中由同乡会组成的大学评议会。大学中同乡会地位的下降,标志着欧洲大学丧失了最初的国际性特征。除了奥尔良、布尔日(Bourges)、蒙彼利埃和巴黎等地之外,从 16 世纪下半叶起法国大学只从

---

① [英]博伊德、金合著:《西方教育史》,第 252 页。
② [英]博伊德、金合著:《西方教育史》,第 202 页。
③ Willis Rudy, *The Universities of Europe, 1100-1914*, Associated University Presses, London and Toronto, 1984, P. 73.

特定地区招生。

随着文艺复兴和宗教改革运动的发展以及法国资本主义萌芽的出现,法国大学中的课程也相应地发生了一些变化,其中最为突出的是许多学科逐渐脱离哲学或神学而成为独立的学科。例如,巴黎大学文学院开始系统地传授有关自然哲学方面的知识,自然知识通常包括逻辑学、伦理学、物理学和形而上学四部分。其中逻辑学是有关正确思考的学问,伦理学研究人类行为,物理学探讨自然界规律,形而上学是一门关于存在本质的学问。1520 年至 1550 年,每年约有 1500—1750 名年轻人在巴黎大学文学院学习,但宗教战争后学生数量减少了一半。获得文学硕士学位是进入神学院的必备条件,后来也成为进入其他学院的前提。到 17 世纪中期,巴黎大学获得文学硕士学位的人数快速增长,1680 年达到 250人。① 17 世纪 80 年代,神学院和法学院的学生数量也增长很快。神学院课程一直以学习《圣经》和《格言集》为核心,但到 17 世纪时其课程结构和内容发生了某些变化。神学院的课程包括理论和实践两方面,即神学不仅讲授有关上帝以及上帝与人类之间的关系,而且通过培养真正的宗教信念和道德准则达到目的。法学院的课程包括教会法和民法两部分,民法以 6 世纪拜占庭帝国皇帝查士丁尼制定的《法典》为核心,教会法以 13 世纪格里高利九世(Gregory Ⅸ,约 1145—1241,1227—1241 年在位)颁布的五卷本《教会法令》为基础。相比而言,这一时期对民法的研究更加重视,它在大学中的地位超过教会法。17 世纪 80 年代以后,随着世俗权力的不断加强,法国法开始进入大学法律课程。1679 年,法国政治家科尔伯特在巴黎大学改革法学院时,不仅引进了罗马法的教学(自 1219 年以来已被禁止),而且增设了一个新的法国法教授职位。"如果说 16 世纪之前,教会的权威仍然高于世俗势力,那么这一时期,至少在大学法律系课程设置中,绝大多数学者都接受了如下的学说,即教会和王权彼此独立,但相互呼应和支持……"②

到 16 世纪末,解剖和植物采集在许多医学院已成为常规活动,巴黎大学声称拥有许多伟大的解剖学家,如第一个在解剖实验室中运用彩色染料的雅克·西尔维乌斯(Jacques Sylvius)。但医学院的课程设置直到 17 世纪初并未太多变化,主要包括生理学、病理学和治疗学,而且以课本讲解为主,所用教材是盖伦和希波克拉底的著作,有时也讲解一些阿维森纳(Avicenna,980—1037)的著作。17 世纪 20 年代,巴黎大学已经有了比较稳定的解剖

① [比利时]希尔德·德·里德-西蒙斯主编:《欧洲大学史》(第二卷),第 325 页。
② 黄福涛著:《欧洲高等教育近代化》,第 31 页。

学手术室,此前各种解剖是在临时搭建的沉闷的木制手术室或露天进行。17 世纪中期以后,医学院的课程有所拓宽,某些为教会禁止的课程如解剖学、植物学、外科学、药物学等开始成为大学课程的一部分。

然而,这一时期由宗教改革所引起的宗教论争,使大学教授的学术自由受到严重破坏。"围绕宗教教义的争论严重干扰了学术争论的正常开展,大学教师的学术自由权利被视为危险言论的庇护伞。⋯⋯在宗教战争所形成的严酷的社会氛围中,16 世纪后半期的法国大学不得不在各个方面保持正统性。"①例如,当巴黎大学几名教授受到笛卡儿哲学的影响时,法国政府派大主教去警告他们,责令他们放弃这些新学说。在禁止使用笛卡儿著作的同时,巴黎大学对于赞同詹森派观点的学者同样加以排斥。例如,神学博士安托万·阿尔罗勒在参加关于上帝恩惠的辩论中拥护詹森派教义,遭到神学院的指责。1656 年阿尔罗勒被巴黎大学除名。巴黎最高法院还明令禁止了一场有关反亚里士多德主义的辩论赛。"在当时的许多大学均禁止教授笛卡儿哲学以避免其取代传统的亚里士多德哲学。"②法国政府还强行关闭了所有胡格诺派新建的学院和大学,并于 1600 年最终实现了对学术生活的全面控制。同年,国王亨利四世宣布巴黎大学将由国家直接管理,政府将详细规定巴黎大学的课程和学术程序。

三、英国

在德国宗教改革的影响下,英国也紧随其后开始酝酿宗教改革。但英国的宗教改革与其他地方的宗教改革有所不同,别的国家在宗教动乱之后就出现了政治体制的重建,而英国脱离罗马是由政府领导的,其原因与宗教或信仰关系不大。1534 年英国通过的《至尊法案》规定,每位达到法定成人年龄的男女都要宣誓遵守这一法案,反对在英格兰树立外来的权威,教士没有获得特许则无权传教;国王亨利八世及其继位人是英格兰教会在世间唯一的最高首脑,是仅次于耶稣基督的人。"随后,很快就建立起了政治司法权与教会司法权之间的紧密联系,而曾在英格兰极具势力的教会,从那时起就臣属于君主了。1532 年,教会已

---

① 王保星著:《西方教育十二讲》,重庆出版社 2008 年版,第 89 页。

② 周光礼著:《学术自由与社会干预——大学学术自由的制度分析》,华中科技大学出版社 2003 年版,第 35 页。

经失去了它曾在整个国家拥有的神职人员的审判权,而在 1538 年,由于修道院的解散,教会连其财产也失去了。这些变革都伴以对于教育体系的重新认识。"①《至尊法案》还宣布建立民族教会——国教会。这样国王的权力从管理世俗事务扩大到宗教事务,教会权力对于王权的限制得以消除,专制王权在英国建立起来了,国王成为国家利益和民族利益的代言人。

英国宗教改革是国家范围内的政治改革,它对大学教育影响深远。早在 14 世纪,牛津大学教授威克里夫(John Wycliffe,1320—1384)把《圣经》翻译成本地语言,并且呼吁人们直接与上帝沟通。他还把教皇和红衣主教、为非作歹的主教和统治者、托钵僧称为基督教的敌人。"所有这三种人都是神的敌人,都是伪善的、贪婪的、对于神的律法熟视无睹的人。基督帮助他的教会反对这些恶魔,因为他们强烈地与基督为敌。"②威克里夫的理论在当时吸引了一大批追随者,他们抨击教皇及其放纵的不良习俗,并攻击教会的赎罪券理论。"当基督逆来顺受地经受极大的苦行徒步旅行以宣讲福音时,这些教皇更甚于皇帝,他们在充满了珍肴美味的各种卑劣勾当的宫殿里躺着睡大觉,他们不向基督徒宣讲福音,而是无止境地追逐荣誉和财富,他们制定新的律法以扩张其尘世的政府,这些都是基督及其使徒从来都不敢做的。……而且,最为恶劣的是,他们发放赎罪券,根据是他们凭券可以免除基督徒的施舍和债务。他们屠杀一切反对他们的贪欲的人。毫无疑问,这种行为看来是反基督及其热爱者的。"③

在这些追随者看来,不管是哪一个教皇和牧师,凡是其生活、教义、立法违背基督的,都是不折不扣的反基督分子,都是基督及其使徒的敌人。"在威克里夫之后的一个多世纪,英国大学在宗教改革中发挥了显著的作用。一群年轻的剑桥学者对从德国传入的路德新教颇感兴趣,他们开始定期地在白马客栈展开讨论。其核心成员有克莱尔学院的拉提谟、刚从牛津大学过来的廷代尔……以及后来英格兰教会中的泰斗克兰默。"④拉提谟强调教士不应该担任国家的高级职务,而绅士们则应该接受这方面的训练。1548 年 1 月,拉提谟写道:"英国的贵族和年轻绅士也许能在公益事业中履行职责,但为什么他们在宗教和学问方面

---

① [比利时]希尔德·德·里德-西蒙斯主编:《欧洲大学史》(第二卷),第 146 页。
② [美]E. P. 克伯雷选编:《西方教育经典文献》(上卷),第 275 页。
③ [美]E. P. 克伯雷选编:《西方教育经典文献》(上卷),第 276 页。
④ Willis Rudy, *The Universities of Europe*, *1100 - 1914*, Associated University Presses, London and Toronto, 1984, PP. 61 - 62.

没有受到训练？……他们长大后能为国王服务，为什么不把他们送到大学学习？"①如果年轻绅士受到了适当的教育，他们以后就不会爱慕虚荣。为什么贵族不能当大臣或首相，唯一的原因是他们没有在学习中成长。拉提谟给出了解决办法："任命教师和校长负责青年的教育，给予教师应有的津贴，让他们教给青年人文法、逻辑学、修辞学、哲学、民法及神学。"②大多数第一代英国宗教改革家都是路德改革的热情支持者，尤其是威廉·廷代尔。"他在圣经翻译方面的开创性工作，与路德部分作品的翻译密切相关，它们都是以谨慎的匿名方式发表。"③

从这时起，英国大学的命运便与国家和教会交织在一起了。宗教改革前牛津和剑桥大学主要为教会培养牧师，宗教改革以后绅士子弟开始大量进入牛津和剑桥，大学不再只是教会的教育机构，它们开始适应统治阶级对教育的需要。"对大学来说，宗教改革是一次付了极大代价的胜利。大学铸造了武器，但是世俗政府得到很多战利品。"④在英国王室加强对大学干预的同时，宗教改革时期英国大学也出现了一些新气象，如大学生人数的波动、大学生成分的变化、新学院的建立、律师学院的产生、大学课程与教学的改革、导师制度的推广等。

（一）大学生人数的波动

16 世纪以前，英国贵族几乎不上大学，因为他们的教育侧重于培养绅士风度，而这些不需要学术性知识。"直到 16 世纪前期，仍有人把大学当作'平庸之辈'为以后谋生而无奈进入的学堂。该世纪中叶以后，先有一些乡绅的儿子把进入大学当作时髦，尔后贵族子弟接踵而至……"⑤宗教改革对英国大学教育产生了重要影响，其中最突出的表现是大学生人数波动较大。宗教改革前每所大学每年招生 150 人左右，宗教改革后每所大学每年招生 300

① Joan Simon, *Education and Society in Tudor England*, Cambridge University Press, 1967, P. 247.

② Joan Simon, *Education and Society in Tudor England*, Cambridge University Press, 1967, PP. 247 - 248.

③ Diarmaid MacCulloch, *The Later Reformation in England 1547 - 1603*, Palgrave Macmillan, New York, 1990, P. 67.

④ ［美］伯顿·克拉克主编，王承绪、徐辉等译：《高等教育新论——多学科的研究》，浙江教育出版社 2001 年版，第 32 页。

⑤ 阎照祥著：《英国贵族史》，人民出版社 2015 年版，第 163—164 页。

或 400 人,到英国内战时则上升为 400 至 500 人,这一数字在 19 世纪以前是最高的。① 这些学生有的是贵族子弟,但更多的是绅士、商人、牧师和自由民子弟。

这一时期英国经济的迅速发展和社会结构变化影响了大学生人数。英国社会财富结构尤其是土地财富占有结构出现剧烈的变革,由此导致自诺曼征服以来沿袭数百年的传统社会结构开始松动。乡绅、约曼农(yeoman,又译自耕农或自由民)和城市富裕市民的迅速崛起,构成了一个极具实力的社会阶层。"在都铎王朝,乡绅是社会中的领头羊和最活跃的因素。那些在玫瑰战争中失去许多特权的贵族重新获得了一部分权力,……城市商人(尤其是伦敦)的财富和实力逐渐扩大,但他们的威望和影响力都不如地主阶级。"②土地所有权是英国贵族收入的主要来源。据估计,1436 年英格兰贵族占有全国 15%—20% 的土地,1690 年英格兰和威尔士贵族占有不列颠土地的 15%—20%。③ 在整个英国,乡绅们占有的土地大约从 15 世纪的四分之一增加到 1640 年的近一半,这些新占土地几乎全部来自教会和王室。④

经济实力的增强带来社会地位的变化以及教育观念的改变。"在英国,越来越多的富家子弟涌入大学。'骑士、领主和律师子弟'取代了'衣衫褴褛的职员、织布工和屠夫子弟',而后者在学院的早期是占据主流的。"⑤贵族教育的发展极大地提高了贵族的从政能力和文化素养,部分贵族由此进入学界,积极参与文化活动。"很显然,社会变革使得人们意识到高等教育不能轻易被丢弃,实际上它比以往更加需要。为了新的宗教信仰,神职人员必须受到某种训练;政府需要增加一批训练有素的官员,而新兴中产阶级子弟发现高等教育可以为其从政或经商提供必不可少的准备。总之,随着学生数量的增加,高等教育的性质变得更加多样化。"⑥

据统计,牛津大学 1505 年至 1509 年每年授予学位的人数超过了 150 人,随后每五年的

---

① [美]伯顿·克拉克主编:《高等教育新论——多学科的研究》,第 33 页。

② Fritz Caspari, *Humanism and the Social Order in Tudor England*, Teachers College Press, Columbia University, New York, 1968, P. 2.

③ 王晋新、姜德福著:《现代早期英国社会变迁》,上海三联书店 2008 年版,第 117 页。

④ [美]克莱顿·罗伯茨等著:《英国史:史前-1714 年》(上册),第 359 页。

⑤ Willis Rudy, *The Universities of Europe, 1100-1914*, Associated University Presses, London and Toronto, 1984, P. 71.

⑥ Willis Rudy, *The Universities of Europe, 1100-1914*, Associated University Presses, London and Toronto, 1984, P. 63.

平均数都在下降：1520年至1524年是116人，1540年至1544年是70人，1555年至1559年是67人。① 16世纪30年代至1661年间，贵族（公、侯、伯、子、男爵）、准男爵和骑士子弟的年度注册人数从45%左右降至16%。② 造成在校生人数下降的主要原因是宗教。当时牛津和剑桥大学的核心功能是培养基督教会的精英，大多数学生学习教会法。1535年，亨利八世废除了教会法的教学，并取消了相关的学位，使得大学的课堂很快空了。与此同时，激烈的神学辩论吓走了一些潜在的生源；神职人员名声败坏，让家长们觉得没必要再为自己的儿子支付如此昂贵的教育费用；解散修道院并没收它们的财产，也导致修习其他学科的学生人数减少。有人认为，"1500年和1600年间，本科生学生人数和社会背景和期望都发生了变化。学生人数的波动，至少部分地是对宗教变化趋向的反映，部分地是包括汗热病在内的黑死病所造成的结果"③。

但从16世纪60年代起，大学生汹涌而至。由于文法学校的迅速增加，越来越多的男孩进入大学学习。1580年至1640年间，每年进入牛津和剑桥的学生平均达450人。④ 1559年，伊丽莎白女王的首席顾问威廉·塞西尔（William Cecil，1520—1598）担任了剑桥大学校长，大学生人数增加到1267人；1564年莱斯特勋爵（Lord Leicester）担任牛津大学校长，但大学生人数不到剑桥的三分之二。⑤ 伊丽莎白女王统治时期（1558—1603），英国社会精英中的大部分人都是大学毕业生。1563年英国议会中只有67人上过大学，但到了1584年数量增加了一倍，1593年议会中的大学毕业生达到161名。⑥ 越来越多年轻的贵族子弟接受了大学教育，中位年龄的大学生占比很高。16世纪末，9%的牛津大学新生年龄在13岁或不足13岁，18%的新生年龄在14岁或不足14岁；到1637年至1639年，大学新生的平均年龄是17.1岁。我们有理由相信，大多数被录取的新生年龄介于17岁和18岁之间。⑦ 吸引贵族子弟的不只是牛津和剑桥大学，以法律教育著称的伦敦四个律师学院也受到青睐。至

① ［英］G. R. 埃尔顿编：《新编剑桥世界近代史》（第2卷），第567页。

② ［比利时］希尔德·德·里德-西蒙斯主编：《欧洲大学史》（第二卷），第332页。

③ ［英］伊丽莎白·里德姆-格林著，李自修译：《剑桥大学简史》，山东画报出版社2007年版，第65页。

④ ［比利时］希尔德·德·里德-西蒙斯主编：《欧洲大学史》（第二卷），第318页。

⑤ W. H. G. Armytage, *Four Hundred Years of English Education*, Cambridge University Press, London, 1964, P. 7.

⑥ ［比利时］希尔德·德·里德-西蒙斯主编：《欧洲大学史》（第二卷），第328页。

⑦ Rosemary O'Day, *Education and Society 1500 - 1800：The social foundations of education in early modern Britain*, Longman Group Limited, London and New York, 1982, P. 107.

1586年,英国大学生人数达到了最高峰,当时两所古典大学的人数共有3000人(各约1500人)。① 到17世纪30年代大学生人数超过4000人,这个数字直到19世纪60年代才被突破。

有的学者指出:"即便仅仅从学生数量徒增的情况看,在1560—1590年以及1604—1630年的英国的确存在两个教育发展的高峰时期,这两个高峰期共同构成了斯通和赖特森所说的'教育革命'。"②由于自费生人数的增加,加上强制住宿的规定,英国大学各学院人满为患。例如,1552年剑桥大学各学院的学生人数达761名(比7年前多出近200人)、各学堂(halls)达260人。③ 其中最负盛名的圣约翰学院在1565年学生达到了287人,规模较小的基督圣体学院也从1564年32人增加到1574年的91人。牛津大学女王学院1581年有自费生70名,而1612年达到了183名。④ 为适应大学学额日益增长的需求,各学院通过多种途径改善住宿条件,有些学院如奥里尔学院还重建了校舍以取代中世纪的建筑物;另有一些学院从镇上已解散的礼拜堂中购买土地以扩展它们的地盘,正如此前它们从修道院获得财产一样。

然而,17世纪60年代后,英国大学生人数日益减少。真正的危机始于1670年,到1685年,牛津因"缺少学生而濒于死亡",这种状况一直持续到19世纪初。每所大学每年的招生人数从17世纪60年代的400名,逐渐降到18世纪中期的250名(牛津)和不足200人(剑桥),这个数字一直持续到19世纪。⑤ 17世纪英国历史学家安东尼·伍德(Anthony Wood)在他的牛津日记中写道:"我们的学院变得越来越死气沉沉了。学校门可罗雀,酒店却人满为患。"⑥更糟糕的是,大学有叛逆、造反和激进主义的嫌疑。17世纪英国政治家和哲学家托马斯·霍布斯(Thomas Hobbes,1588—1679)指出:"叛乱的心脏是大学。"⑦在许多国教会贵族和绅士看来,牛津大学已成为懒散、无知、粗鲁、堕落和信奉罗马天主教的场所。英

---

① [美]威尔·杜兰著,台北幼狮文化公司译:《世界文明史:理性开始时代》,东方出版社1999年版,第66页。
② 许洁明著:《十七世纪的英国社会》,第167页。
③ Joan Simon, *Education and Society in Tudor England*, Cambridge University Press, 1967, P. 259.
④ 徐辉、郑继伟编著:《英国教育史》,第86—87页。
⑤ [美]伯顿·克拉克主编:《高等教育新论——多学科的研究》,第33页。
⑥ [美]伯顿·克拉克主编:《高等教育新论——多学科的研究》,第34页。
⑦ [美]伯顿·克拉克主编:《高等教育新论——多学科的研究》,第34页。

国大学的声誉和学生人数直到 19 世纪初才开始逐渐恢复,一直到 19 世纪 60 年代才赶上 17 世纪 60 年代,其原因在于英格兰和威尔士的人口激增;19 世纪 50 年代英国议会对古典大学进行改革,促使古典大学向非国教徒和新兴资产阶级开放,以及 19 世纪中叶一批新型大学和学院的兴起等。

(二) 大学生成分的变化

长期以来,英国大学既没有固定的入学年龄,也没有特定的入学要求,只需登记自己的名字和说明学习课程的计划,只要能在镇上的旅馆、客栈找到住处即可。16 世纪以前,牛津和剑桥大学来自上层社会家庭的学生占绝大多数,从 16 世纪末起这种情况略有变化,所有社会阶层出身的人都可进入大学学习。随着大学生人数的急剧增长,学生的家庭成分也有所变化,表现出明显的混合特征。据统计,从 1575 年到 1639 年,50％的牛津大学学生来自贵族阶层,41％来自平民阶层,9％来自牧师阶层。[1] 再以剑桥大学圣约翰学院和凯伊斯学院的学生为例,50％以下来自富贵家庭,约 15％来自工匠和店员家庭,12％—30％来自律师、医生、教师和商人家庭,另有约 15％的学生是小地主、农民、平民和中产阶级的子弟。[2] 1603 年斯图亚特王朝建立后,许多贵族子弟把接受大学教育作为增强从政能力的必由之路。贵族子弟希望获得一种文雅教育,以利于为统治阶级服务;律师、医生、商人、小地主等子弟希望通过教育提高或巩固自己的地位;许多平民子弟则希望将来成为牧师或文法学校的教师,他们受益于奖学金或得到主教和富人的经济支持。在这些学生中,向学院缴纳食宿费的自费生(fee-paying students)人数最多。

从 15 世纪 30 年代起,剑桥大学国王学堂就开始招收自费生。这是一个具有重要意义的教育事件,自费生的出现使大学生的成分发生了根本变化。"实际上,中世纪大学的职责是通过教育向自费生提供具体技能和培养其某种能力,自费生要支付导师的讲座费和大学组织的考试费。大学具有明显的功利性和职业性,它通过打开一扇通向职业生活的大门,以满足学生的职业目标。"[3]招收本科自费生也是牛津大学麦格达伦学院的创举,它在

---

① 徐辉、郑继伟编著:《英国教育史》,第 87 页。
② 滕大春主编:《外国近代教育史》,第 10 页。
③ David Palfreyman & Paul Temple, *Universities and Colleges：A Very Short Introduction*, Oxford University Press, Oxford, 2017, P. 9.

1479—1480 年的章程中明文规定,可以招收不超过 20 名的自费生。到 16 世纪末,牛津和剑桥大学的自费生占比 55％,1637 年至 1639 年间降至 37％,而且在此后的一百年里继续下降,直到 1810 年跌至 1％的低谷。① 这些自费生大多是达官显贵的子弟,他们往往需要缴纳高额的学费,但不通过考试即可获得学位。还有一部分自费生是享有俸禄的神职人员,他们都是获得教会的许可而进入大学攻读高级学位。剑桥大学国王学堂的自费生分为两个等级,即自费生和半自费生。前者需要支付自己的全部食宿费用,后者则只需支付较低水准的费用。学院把招收自费生看做增加收入的渠道。但随着时间的推移,除了利润外其他因素逐渐凸显。学院的创建者认识到,谨慎地使学院的生源多样化是有利的,与其让院士们居住在一个与世隔绝的环境里,还不如让他们适度地与更多志趣相投的同伴交流,这样会开拓视野和有益于身心健康。"自费生阶层是学院与更广泛的社会相互联系的主要桥梁之一。"②自费生踊跃进入大学读书,客观上加强了上层阶级的内部联系,有利于他们以后在政界的合作。

自费生可以支付额外的费用享受一些特权,如可以与研究员一起共餐,可以带自己的私人教师和仆人为他们服务等。但自费生并非指望依靠大学文凭去谋生,他们对学术研究不感兴趣,学习不是他们的目的。他们以上大学为时髦,但并不认真对待学业。"通常来说,在各个学院里,贵族生和其他阔绰的学生的地位不久即可享有与研究员拥有的共同的权利,成为可以在研究员餐桌上或公共食堂进餐的学生,日后以他们所穿的精致袍冠而与众不同。"③自费生不仅为城镇增加了许多居住场所和食物供应,还经常扰乱公共秩序,导致大学与城镇之间关系紧张。直到 20 世纪,这种纨绔子弟在剑桥和牛津仍占相当比例,他们背上了"懒散特权"的恶名声。贵族子弟很少有人希望将来供奉神职,不少人甚至没有完成文学学士的计划,而是想在一二年后就进入律师学院或赴国外游学以完成学业。随着自费生的增多,各学院也逐渐富裕起来,文娱活动变得丰富多彩。剑桥大学有不少人喜欢唱歌和演奏乐器,各学院在节日举行拉丁语戏剧和音乐演出;学院教堂内每天都有无伴奏合唱演出,许多学院还有自己的风琴伴奏合唱团。剑桥大学国王学院的奥兰多·吉本斯(Orlando Gibbons,1583—1625)原来在学院唱诗班里演唱,后来成为英国著名作曲家。剑

---

① [比利时]希尔德·德·里德-西蒙斯主编:《欧洲大学史》(第二卷),第 330 页。
② [英]艾伦·B. 科班著:《中世纪大学:发展与组织》,第 165 页。
③ [英]伊丽莎白·里德姆-格林著,《剑桥大学简史》,第 65—66 页。

桥大学彼得豪斯学院的汤玛士·坎比安既是医生,又能写配乐的抒情诗,还会弹琵琶,是一位琴棋书画都精通的人士。

这一时期贫困生并没有被彻底排除在外,许多男生被录取为工读生(也称为减费生)。学院为一些贫困生提供某种具有慈善性质的文法教学,当然这只有在学院财政许可的条件下才可以实施。除了学费以外,工读生和自费生在大学里地位平等。由于经济拮据,工读生或多或少地做些粗活以维持生计。他们通过充当学院的门卫、食堂的侍者、教堂的文书、图书馆的帮工等勤工俭学活动而获得食宿费;有些工读生则受益于奖学金或得到富有者的经济资助,提供资助的富有者有时雇佣他们为其服务。对于工读生而言,在大学里取得成功至关重要,有不少工读生中的佼佼者后来担任了领导职务。有证据表明,这个时期牧师接受大学教育的比例上升很快,1454 年至 1486 年间坎特伯雷主教区被授予圣职的牧师中只有 20% 是大学生,1570 年至 1580 年间在伊利担任圣职的牧师却有 73% 受过大学教育,而且他们绝大多数是平民出身。[1] 17 世纪 30 年代,剑桥大学圣约翰学院的贵族和平民子弟各占本科生 1/3 以上,牧师和其他专业人士子弟约占 1/4,另有约 50% 的学生则属于工读生。平民学生的增多无疑是英国大学教育公平的一种体现。到 16 世纪末期,平民子弟达到注册学生人数的 50%,17 世纪初牛津和剑桥大学出身平民与贵族家庭的学生比例是 5∶6。但在随后几年数量明显下降,截至 1601 年占比降至 42%。[2] 有的学者指出:"学术生活的费用不断增长和普遍的经济危机是两个重要因素,但是,除此之外,还有一个因素就是奖学金越来越难以获得,原因是富有者往往垄断了这些奖学金。"[3]由于富商和牧师子弟的竞争,穷人子弟几乎从大学完全消失,他们失去了获得奖学金和在教会任职的机会。同时由于学院寄宿费上涨,穷人子弟更是被排斥在大学门外。

(三) 大学新学院的建立

这一时期牛津和剑桥大学还涌现了一批由私人捐建的新学院。它通常由牧师创建,但有时也由王室或贵族建立。新学院的创建者无论是国王、女王、高级神职人员还是贵族成员,都把建立学院看做一项慈善和虔诚的事业。正如有的学者写道:"学院是由富人或有权

---

① 许洁明著:《十七世纪的英国社会》,第 183 页。
② [比利时]希尔德·德·里德-西蒙斯主编:《欧洲大学史》(第二卷),第 328 页。
③ [比利时]希尔德·德·里德-西蒙斯主编:《欧洲大学史》(第二卷),第 331 页。

势的人捐助,它作为一种慈善事业而创办;君主授予学院皇家特许状,作为一种认可和提供保护的方式。"①早在中世纪时,牛津大学贝利奥尔学院(1263)、默顿学院(1264)和剑桥大学彼得豪斯学院(1284)都是捐建的。从 13 世纪到 15 世纪,牛津大学建立了 10 所世俗学院,其中有 7 所是由教会创办;同一时期,剑桥大学也建立了 13 所学院,其中 3 所是由主教创建、2 所是由修道院院长创建,另外 8 所是由王室、富人、行会等创办。② 在某种意义上说,学院是牧师会主持的教堂发展的一个分支,它们由世俗教士组成,并且拥有附属的文法学校和歌咏学校。学院与教堂之间的区别是其功能不同,前者的主要目的是教育为上,宗教次之;而后者的情况正好相反。"大学是教会最关心的机构,它不仅要防止异端邪说,当修道院的影响减弱和普通法律师的权力面临新的挑战时,它更应该为世俗职员提供符合教规和民法的支持。"③牛津大学的主要地基属于僧侣和托钵僧,他们在建立学院过程中发挥了相当大的作用,如本笃会修道院负责格劳斯特学堂(Gloucester Hall)、达勒姆学院(Durham College)、坎特伯雷学院(Canterbury College)大学生住房的维修。

在 16 世纪 30 年代的英国宗教改革中,牛津和剑桥大学差点被废除。但幸运的是,亨利八世给予了大力支持。他宣称:"在英国没有哪块土地比献给我们的大学更好,因为正是它们的维护,我们的王国将在我们死亡和腐朽时仍得到很好的管理。"④1550 年至 1630 年间,牛津大学先后建立了 5 所学院,其中有 4 所是由财主捐建。例如,1571 年清教徒普顿斯为威尔士人建立了第一所耶稣学院(Jesus College),1612 年萨默塞特的乡绅为西部农民建立了沃德姆学院(Wadham College),1624 年阿宾登的牧场主和伯克希尔的牧师共同捐赠建立了彭布罗克学院(Pembroke College)。16 世纪剑桥大学也创建了一些新学院,包括基督学院(1505)、圣约翰学院(1511)、玛格达伦学院(1542)、圣三一学院(1546)、伊曼纽尔学院(1584)、西德尼·苏塞克斯学院(1596)等。到 1596 年,剑桥大学已有 16 所捐赠学院,虽然学院的建立者各不相同,但他们都很富裕。⑤ 此后,牛津和剑桥大学的学院数量不断增长,

① David Palfreyman & Paul Temple, *Universities and Colleges: A Very Short Introduction*, Oxford University Press, Oxford, 2017, P. 7.

② [英]艾伦·B. 科班著:《中世纪大学:发展与组织》,第 170 页。

③ Joan Simon, *Education and Society in Tudor England*, Cambridge University Press, 1967, P. 40.

④ David Palfreyman & Paul Temple, *Universities and Colleges: A Very Short Introduction*, Oxford University Press, Oxford, 2017, P. 9.

⑤ [美]约翰·塞林著,孙益、林伟、刘冬青译:《美国高等教育史》,北京大学出版社 2014 年版,第 8 页。

在 17 世纪 30 年代达到了顶峰,其学生数量占总人口的比例可能比 20 世纪前任何时候都要高。1621 年牛津大学录取的学生为 784 名,1883 年前没有超过这一数字。① 该时期英国教育大发展的原因主要有两方面:一是 16 世纪后英国社会流动的加剧刺激了中下层阶级对教育的需求;二是 16 世纪随着英国社会各阶层(尤其是约曼农阶层)生活水平的提高,他们已有较好的经济条件让子女接受高层次的教育。

大学的学院一般与文法学校相衔接,这种做法始于 14 世纪,并一直延续到近代早期。例如,牛津大学的新学院与温彻斯特公学、麦格达伦学院与林肯郡的韦恩弗利特学校衔接;剑桥大学的国王学院与伊顿公学、圣约翰学院与约克郡的塞德伯学校衔接。直到 15 世纪末,牛津和剑桥的各个学院都是一些规模不大的教育机构。学院通常由一个综合性学生住宿部(单间或普通宿舍)、一个食堂、一个小礼拜堂和一座图书馆构成。学院一般都设有教堂或小礼拜堂,在某些特殊的日子里学院成员为创办者的灵魂祈祷。在牛津和剑桥大学,那些新建的学院都是模仿中世纪大学的形式,到处可以看到四合院、门廊、大厅、附属教堂、图书馆、大钟和学院院长的住房。"如同教堂那样,在住宿学院可以见到回廊围绕的大方形庭院,四周为规模宏大的教堂、教室与会堂、图书馆、院长的住宅和学生的宿舍,钟楼居高临下,之外便是一些附属建筑、花园、墓地。这类平面图在以后所有英国大型住宿学院中见到……"②这些学院模仿修道院学校的做法,为学生提供比较好的生活和学习环境,但管理非常严格。1479 年至 1480 年,牛津大学的麦格达伦学院引入了讲座制度,这一教学制度后来成为英国大学学院制的一个永久性特征,此后几乎每一所新建的学院都开设了讲座。

大学的学院基本上是自治机构,它们有自己的管理条例和特权,有自己的房地产(自己负责建筑和维修)。"学院最成熟的形式是一个自治的、自我管理的和合法的实体,拥有稳固的捐赠以及自己的院规、特权和共同印章。"③各学院自主招生,并选举自己的院士。院士有权参与学院的管理,学院的重大事项都是经过所有院士投票,并由多数选票决定;学院的管理权交给由院长及院士组成的小型委员会。起初,学院是不管教学的,教学是属于同乡会负责的事务,学院在大学中的地位相对而言无足轻重。到了宗教改革时期,学院的性质已完全改变。事实上,从伊丽莎白女王登基开始,学院或多或少已成为自成一体的教学组

---

① [英]奥尔德里奇著:《简明英国教育史》,第 144 页。
② [法]雅克·韦尔热著:《中世纪大学》,第 151 页。
③ [英]艾伦·B. 科班著:《中世纪大学:发展与组织》,第 138 页。

织。到了 16 世纪七八十年代,学院已经成为大学中有效的教学机构。学生以所在的"学院"为中心,获得学术上的指导和参加课外活动,而"大学"负责开展考试和授予学位。本科生的教学和考试由学院院士负责,院士们分别担任导师、讲师或行政管理人员,高级院士的发言权很大。例如,牛津大学女王学院规定,除了院长、神学博士和教会法博士外,所有院士每周都要轮流担任学院事务的执事。牛津大学新学院和剑桥大学国王学院也有类似规定。"这些独立的社团对自己的自治地位极为珍视,将外部教会或大学当局的干预权降低到最小程度。"①一般说来,大学各学院依靠王室贵族捐赠的财物或土地收入维持,其中土地收入是促使它们兴旺发达的一个重要因素。例如,亨利八世曾给予剑桥大学三一学院大批钱财和土地,相当于原学院财产的四倍。"实际上,各大学的学院比大学本身富裕,剑桥大学三一学院最富有,它获得的捐赠约有 10 亿英镑。"②

在 16 世纪中叶前,学院在英国大学生活中起主导作用。学院院长与大学校长都是校理事会成员,大学负责安排教学和颁授学位,学院则负责提供学生食宿和个别辅导。"与欧洲大陆国家的学院不同的是,英国的学院赢得了决定自己命运的自由。"③英国的学院大多发展成了一个个教学孤岛,来自大学的干预非常少。"随着学院发展成为教学中心,大学的重要性逐渐衰退,随着时间的推移它仅仅成为学院集合体的名称,甚至大学教授和讲师也仅仅成了为向不同学院的本科生教授不同学科提供便利的参与者,这一点直到目前在很大程度上仍然如此。"④

(四) 律师学院的发展

早在 12 世纪和 13 世纪,伦敦城(City of London)已有许多大大小小的律师学习班,它们由牧师授课。但在 13 世纪发生了两件大事改变了这一传统:一是 1234 年 12 月亨利三世颁布禁令,不允许法律教育机构的存在;二是罗马教皇责令牧师只能讲授教会法,而不能涉及普通法。在其影响下,普通法的律师们纷纷逃出伦敦城。另一方面,当时大多数案件

① [英]艾伦·B.科班著:《中世纪大学:发展与组织》,第 144 页。
② David Palfreyman & Paul Temple, *Universities and Colleges: A Very Short Introduction*, Oxford University Press, Oxford, 2017, P. 9.
③ [比利时]希尔德·德·里德-西蒙斯主编:《欧洲大学史》(第二卷),第 306 页。
④ [美]亚伯拉罕·弗莱克斯纳著,徐辉、陈晓菲译:《现代大学论——美英德大学研究》,浙江教育出版社 2001 年版,第 234 页。

是在国王法庭、大法官法庭和其他高级法庭审理,因此地方法官必须在伦敦度过法定的任职期限。于是他们自发地组成行会或俱乐部,每一个行会或俱乐部都拥有自己的馆舍、厨师和佣人。在一些著名的职业律师周围还形成了一种学徒体系,人们通常称它为律师学院(The Inns of Court)。"到 14 世纪,普通法律师以律师学院为中心建立了他们自己的教育制度和附属于法院的小旅馆,它们坐落于威斯敏斯特的国王法庭与伦敦城之间。"①爱德华六世在位期间(1547—1553),已有许多青年贵族和乡绅子弟聚集在那里研修法律。

正如当时大学的学院一样,律师学院也兼具教学和住宿的功能。都铎王朝时期(1485—1603),律师学院十分繁荣,以至于可以和大学地位相当。1468 年至 1471 年,约翰·福特斯库爵士(Sir John Fortescue)撰写的关于英国法律的经典著作对律师学院进行了描述:它通常包括 10 所被称作法律预备学校的小学校,还有 4 所较大的称作律师学院或法学协会。它的旁边是宫廷,在那里每天都举行法律辩护和辩论,学习法律的学生在开庭期汹涌而至。律师学院除了授课设施,还包括图书馆、宿舍、餐厅和礼拜堂。"事实上,一个普通高等教育中心在律师学院形成了,但它与现存的大学相去甚远。"②需要指出的是,英国与欧洲大陆的法律体系存在很大差别。在欧洲大陆,大学是传播罗马法和教会法的工具,而且大学完全采用拉丁语教学,因为拉丁语是适用于教会法和民法的一种更具理论性和学术性的语言。在英国,世俗法院抵制罗马法规并开始建立本土普通法规,而且在法庭中进行诉讼时使用英语和法语。

律师学院从贵族家庭中吸引了一大批精英,为他们提供诉讼辩护方面的实际训练,并让他们为王室效劳。"如果说大学对教会感兴趣,那么律师学院则是为关心土地所有权和行政司法问题的贵族提供特定教育。到 15 世纪,律师学院提供的训练不仅吸引了那些想获得律师资格的人,也吸引了那些想获得一点法律知识和在公共事务中获得一些社区生活经验的人。"③律师学院有四所,即内殿律师学院(The Inner Temple,成立于 1388 年)、林肯律师学院(The Lincoln's Inn,成立于 1422 年)、格雷律师学院(The Gray's Inn,成立时间不详)和中殿律师学院(The Middle Temple,成立时间不详),它们均设立在伦敦。16 世纪中后期,律师学院的人数得到了扩充,年轻人比以往更多,但许多年轻人不是来自大学,而是

---

① Joan Simon, *Education and Society in Tudor England*, Cambridge University Press, 1967, P. 8.

② Joan Simon, *Education and Society in Tudor England*, Cambridge University Press, 1967, P. 21.

③ Joan Simon, *Education and Society in Tudor England*, Cambridge University Press, 1967, P. 9.

直接来自文法学校或接受过家庭教师的辅导。1560 年,格雷律师学院约有 220 名学生,内殿律师学院和中殿律师学院各有 190 名学生,林肯律师学院约有 160 名学生。① 一般说来,在成为外席律师(utter barrister)之前,需要在律师学院学习大约 8 年;在成为一名合格法官或律师学院会员之前,需要担任外席律师 12 年。训练方式包括研讨和辩论,学习法语和英语的诉状与立案,以及参加威斯敏斯特法庭的听证会。

约翰·福特斯库写道:"尽管律师学院并不授予学位,但它仿效大学的模式。它们在一个复杂而隆重的典礼上授予'一种并不亚于博士学位那样有声望和庄严的学位,称之为高级辩护律师(serjeant-at-law)'。"②高级辩护律师一旦获得职位,他们就会离开律师学院。但这个行业年龄较大的成员必须像大学那样训练年轻人,教给他们法律、音乐、舞蹈和所有适合贵族子弟的娱乐活动。正如上层阶级的教育一样,这种学徒训练模式除了相关技能的指导外,还关心礼仪与道德。"这确实是一种美德培养和对一切罪恶的驱逐,因此骑士、男爵和其他富豪纷纷把子弟送到律师学院,以确保他们能获得良好的教育。"③

根据福特斯库的记载,律师学院的住宿费昂贵,尤其是那些带着仆人的贵族子弟花费更多,大多数人支付不起每年约 13.6 英镑的费用。1594 年,菲茨威廉(Fitzwilliam)在伊曼纽尔学院学习了大约两年后进入格雷律师学院,他在音乐、舞蹈和击剑课程方面的开支,显然要比住宿费多。穷人没有这笔经费,商人也不愿意因为这种经济负担而减少库存,因此当时学习法律的人都出身高贵。这表明法律与贵族有关。④ 也有人把律师学院描绘为"适合于绅士的值得称赞的训练"中心。⑤ 在 17 世纪早期,律师学院的大部分学生来自贵族和绅士家庭。1610 年至 1639 年,在四个律师学院学习的学生中,约有 90% 的人来自贵族和绅士家庭,其余 10% 则来自商人和专业人士的上层家庭。⑥ 当时大学的法学专业主要研究罗马法,而律师学院则致力于研究英国法,并且讲授与贵族和王室相关的习俗。"如果没有律师学院的创立,就难以遏制大学不断提升罗马法地位的势头,也就不可能坚持英国法的传统体系。"⑦这四所律师学院履行法律方面的职业训练和普通高等教育的双重职能,其法律

① [比利时]希尔德·德·里德-西蒙斯主编:《欧洲大学史》(第二卷),第 476 页。
② Joan Simon, *Education and Society in Tudor England*, Cambridge University Press, 1967, P. 13.
③ Joan Simon, *Education and Society in Tudor England*, Cambridge University Press, 1967, P. 13.
④ Joan Simon, *Education and Society in Tudor England*, Cambridge University Press, 1967, P. 13.
⑤ Joan Simon, *Education and Society in Tudor England*, Cambridge University Press, 1967, P. 356.
⑥ 许洁明著:《十七世纪的英国社会》,第 173—174 页。
⑦ [比利时]希尔德·德·里德-西蒙斯主编:《欧洲大学史》(第二卷),第 476 页。

培训专业性很强,而且要求学习拉丁文知识和法国的法律。"讲授者或读者从标准的著作中阐释法律,阅读之后便是讨论或辩论,在这个过程中制定一些规则,学生的能力也可以得到评估。"①但律师学院只针对上层阶级的男孩,而不对他们的女儿提供这种教育。

最初高等法院把高级职员召集起来学习令状的起草,这相当于律师学院的预备学校,也是进入法律界的最便捷途径。但也有直接进入律师学院的,那些一流律师通常先在牛津或剑桥大学某个学堂或旅馆(由民法和教会法律师赞助)学习一段时间,然后直接进入其中一个律师学院。罗伯特·雷德(Robert Rede)在进入林肯律师学院之前,据说一直住在白金汉学院(Buckingham College)并且是剑桥大学国王学堂的成员;威廉·康宁斯比(William Coningsby)是一位著名律师的子弟,他在 1497 年进入内殿律师学院之前,先后就读于伊顿公学和剑桥大学国王学院。托马斯·莫尔也是一位著名律师的儿子,他 14 至 16 岁时是在牛津大学度过的,当父亲发现他在希腊语和哲学之类无关紧要的科目上浪费时间时停发了津贴,后来莫尔被送到一个高等法院学习并进入了林肯律师学院。正是这些普通法律师(the common lawyers)对英国议会程序的发展作出了突出贡献,当时法律知识和教育的进步也对后世产生了直接影响。作为法律教育的中心,15 世纪是律师学院发展的黄金时代。② 到伊丽莎白时代,律师学院成为了最重要的教育机构,因为它吸引了大批年轻绅士。1577 年英国学者威廉·哈里森(William Harrison)在《英格兰记事》中写道:"我们这个时代,英格兰有三所尊贵的大学,一所在牛津,另一所在剑桥,第三所在伦敦。"③在伊丽莎白统治时期,把律师学院称为一所大学已很常见,这是王国的"第三所大学"。

16 世纪下半叶,律师学院在英国高等教育中的声望达到了顶峰,它们得到了伊丽莎白女王首席顾问威廉·塞西尔的庇护和资助。16 世纪七八十年代,律师学院的学生人数一度超过了两所古典大学。这一时期许多威尔士人进入律师学院,如林肯律师学院 1570 年至1610 年间接纳了 89 名威尔士人。中殿律师学院的大厅于 1570 年落成,并接纳了一群有才华的年轻人。在 1563 年英国议会下院的 420 名议员中,有 108 人曾在四个律师学院学习;在 1584 年 460 名议员中有 164 人,而到了 1593 年已有 197 人曾是律师学院的学生。当时进入四个律师学院的学习者比进入大学的人数多得多。④ 17 世纪以后,牛津和剑桥大学的

① Joan Simon, *Education and Society in Tudor England*, Cambridge University Press, 1967, P. 55.
② Joan Simon, *Education and Society in Tudor England*, Cambridge University Press, 1967, P. 55.
③ [比利时]希尔德·德·里德-西蒙斯主编:《欧洲大学史》(第二卷),第 476 页。
④ [英]奥尔德里奇著:《简明英国教育史》,第 159 页。

几所学院开设了法律课程,前往学习者趋之若鹜,一些知名法学家也前往任教,导致律师学院的生源锐减。这样作为普通高等教育中心和有组织的职业教育场所,其重要性已逐渐下降。到英国内战前夕,律师学院就已失去"第三所大学"的地位了。

(五) 王室对大学的干预

宗教改革使得英国王室对大学的政治控制明显加强。国王亨利八世把大学看作实现政教合一和统一国教的主要力量。为了捍卫英国国教的正统性,1535 年亨利八世任命首席国务大臣托马斯·克伦威尔(Thomas Cromwell,1485—1540)担任皇家委员会主席,负责检查牛津和剑桥大学的事务;同时,要求它们不得帮助那些支持教皇的人(他们现在是国王眼中的叛徒),并迫使它们交出以前从教皇那里获得的特许状和所有的"教皇契据"(papistical muniments)、大学地产和其他财产清单。随后,国王又下令没收了牛津和剑桥所有的修道院财产和房屋。① 到 1538 年,剑桥大学幸存的修道院已经为数甚少。国王还命令每所大学选派 12 名代表,对某些书籍(包括廷代尔翻译的《圣经》和路德的著作)进行甄别。1536 年亨利八世明令禁止在大学学习天主教的教会法和经院哲学,并要求所有教师和课程都将直接由枢密院监督。1545 年通过的一项法案规定,解散所有大学附属的小教堂,把大学的一切财产置于国王支配之下。皇家委员会(the royal commission)声称大学需要进行真正的改革。据称有大量年长的神职人员居住在大学,但他们并不从事严肃的学习,而是把时间花费在娱乐场所和闲聊。他们懒散和不务正业,并且占用房间和享受原本打算用于救济贫困学生的商品。

爱德华六世(Edward VI,1537—1553,1547—1553 年在位)即位后,坚持执行其父亨利八世的英国国教政策,他是英格兰首位信奉新教的统治者。他于 1553 年颁布法令,规定所有学位申请者都必须赞成英国国教,所有毕业生都要参加至尊宣誓,以此作为服从正统国教的象征,而罗马天主教徒则基本上被排除在大学校门之外。1553 年玛丽一世(1553—1558 年在位)女王继位后全面恢复了天主教信仰,上演了一场反宗教改革的闹剧。"玛丽压倒一切的抱负是让王国回归正宗信仰,得到教皇赦免分裂之罪并根除异端。"②因此她废除

---

① Willis Rudy, *The Universities of Europe*, *1100 - 1914*, Associated University Presses, London and Toronto, 1984, P. 66.

② [英]G. R. 埃尔顿编:《新编剑桥世界近代史》(第 2 卷),第 320 页。

了反教皇的立法,并重新颁布了惩治异端的各项法令。在玛丽一世的迫害下,主张宗教改革的剑桥大学院士雷德利(Ridley)和坎特伯雷大主教克兰默(Thomas Cranmer)在牛津被烧死。雷德利是彭布罗克学院的院士,曾经帮助克兰默编写新教的祈祷书。当时两名曾在剑桥大学教学和传教的德国新教徒尸体也被挖出当众焚烧。1553 年,剑桥大学校长诺森伯兰公爵(Duke of Northumberland,1502—1553)因支持宗教改革和玛丽一世的政敌简・格蕾(Jane Grey)而被斩首。在玛丽一世掌权期间,有 300 余人由于宗教观点不同而在烈火中灰飞烟灭。① 同时,许多来自各阶层的新教徒流亡国外,在已知 472 位逃亡人士中,有 166 位绅士、67 位神职人员、40 位商人、119 名学生、32 位手工匠和 13 位仆人。② 甚至一些主教区也受到严重影响,如诺维奇教区的萨福克(Suffolk)、伦敦教区的埃塞克斯(Essex)、奇切斯特(Chichester)教区的东苏塞克斯(east Sussex)等。

1558 年 11 月,伊丽莎白女王继位后重新恢复了新教和国王的至尊地位。伊丽莎白"因同情新教徒而知名,她在玛丽统治期间经常处于半囚禁的危险境地,这些都使她成为了新教徒的希望所在"③。在女王的干预下,牛津和剑桥大学进行了许多重要改革。"在 1570 年代,伊丽莎白女王颁布了严格的大学法规,试图对大学生活的方方面面进行控制,包括授课时间、学位授予、辩论,甚至学生的服装。"④伊丽莎白女王宣称自己及国教会对两所大学拥有绝对的权力,大学成员必须是国教会的忠诚追随者。于是牛津和剑桥大学成为了纯粹的英国国教会机构,所有的成员必须遵守国教会的信条。1575 年,伊丽莎白女王宣告牛津和剑桥大学不允许罗马天主教徒的存在;1580 年,她又颁布法令规定对于不遵奉国教的教师进行惩罚。"凡雇用经常不去教堂做礼拜的教师的社团罚款 10 英镑;对于教师则解除职务,关进监狱。还要进一步立法规定,……假如未经大主教或其下层牧师的允许,教师擅自进行违反本法令的教学,要依法判处剥夺其教育青年的资格,并判处徒刑一年而不得保释。"⑤1581 年的法令规定牛津大学要进行效忠宣誓,剑桥大学也被期望进行类似宣誓。"教授宗教信仰的正统性不仅是教师得以任用的决定因素,也是教师被解雇的主要原因。

---

① [英]阿萨・布里格斯著:《英国社会史》,第 132 页。

② [英]阿萨・布里格斯著:《英国社会史》,第 147 页。

③ Diarmaid MacCulloch, *The Later Reformation in England 1547 - 1603*, Palgrave Macmillan, New York,1990,P. 27.

④ Willis Rudy, *The Universities of Europe, 1100 - 1914*, Associated University Presses, London and Toronto,1984,P. 67.

⑤ [美]E. P. 克伯雷选编:《西方教育经典文献》(上卷),第 309 页。

历史上几乎每一所大学都能找到教师因为宗教信仰而被开除的例子。"①

伊丽莎白在位期间(1558—1603),英国大学面貌焕然一新,大学的世俗性和贵族性也日益凸显。1564年,伊丽莎白女王来到剑桥国王学院视察,她积极参与那里的学术活动,听布道、演讲和辩论,用拉丁语或希腊语回答问题,并用拉丁语与学者们交谈,她还观看了学院里的戏剧演出。女王和学生们互相以拉丁语问候,最后还发表了一次拉丁语演说,表达了她支持学术界的愿望。伊丽莎白女王的大臣勃格利勋爵担任剑桥大学校长达40年之久,建树颇多。他反对极端的宗教观点,鼓吹新教,加强对大学行政和纪律的管理。1564年,女王还任命亲信罗伯特·达德利(Robert Dudley)伯爵为牛津大学校长,并曾两度访问牛津,每次兴致都很高。1566年,女王带领财政大臣罗伯特·塞西尔(Robert Cecil,伊丽莎白女王首席顾问威廉·塞西尔之子)、西班牙大使和男女侍从前往牛津大学。她听学者们用希腊语和拉丁语进行哲学、民法、神学和物理学方面的辩论,她本人也在圣玛丽教堂用拉丁语发表了演说。1592年夏,伊丽莎白女王第二次去牛津,她听了学术辩论,并参加了授予学位的仪式。离开时,她用拉丁语说:"别了,别了,亲爱的牛津。愿上帝祝福你,使你的儿子们数目增加,在圣洁和道德方面不断增进。"②

1593年,伊丽莎白女王任命托马斯·内维尔(Thomas Nevile)为剑桥大学三一学院的院长。为了建造宏伟壮观的大院,内维尔野蛮地拆除了一排排房屋和老建筑物,并且从坎特伯雷大教堂掠走很多书籍,以充实自己的图书馆。女王还给予大学派遣议会代表的权利,随后剑桥大学于1566年、牛津大学于1570年获得了这一权利,直到1948年才被取消。③ 1571年伊丽莎白女王制定的《剑桥大学章程》明文规定,大学权力不是像以往那样掌握在学院院长和大学学监手中,而是集中在副校长和起顾问作用的首脑机关那里。根据新章程,所有大学生都必须是学院成员,大学是独立的法人组织。"伊丽莎白时代的大学精神,尤其是剑桥大学的精神在美国殖民地教育机构中得到了体现。"④

1603年伊丽莎白女王的继位者詹姆士一世规定,任何攻读博士学位和神学学士学位的

① [比利时]希尔德·德·里德-西蒙斯主编:《欧洲大学史》(第二卷),第242页。
② 裘克安编著:《牛津大学》,湖南教育出版社1996年版,第36页。
③ W. H. G. Armytage, *Four Hundred Years of English Education*, Cambridge University Press, London,1964,P. 8.
④ W. H. G. Armytage, *Four Hundred Years of English Education*, Cambridge University Press, London,1964,P. 8.

学生都要参加宗教考试。坎特伯雷大主教劳德（William Laud）担任牛津大学校长 15 年（1630—1645），1636 年他制定了一部详细的校规，即《劳德规约》（Laudia Code），或称《劳德章程》，对大学的学术和宗教生活进行日常管理。劳德力图使大学和国教建立牢固的联系，并为师生确立了许多行为准则。例如，大学每年要选出两名学监作为管理员，以确保大学的公开辩论顺利进行。学监要组织考试和公开仪式，维护学生的秩序和纪律，并监督城镇的市场活动。"劳德规约的许多缜密规则涉及学术和宗教仪式要求，其主要目的是抑制本科生、研究生和教授们的破坏性行为，重建学术环境。"①劳德还向牛津大学博德利图书馆慷慨捐赠了希腊文和东方文手稿，并成立了阿拉伯文讲座基金会。从 16 世纪 60 年代起，牛津大学逐步形成了由副校长、学监和各院院长组成的管理体制。

（六）大学课程与教学的改革

虔诚地学习、保存知识和训练理智，是牛津和剑桥大学一贯坚持的目标。在牛津大学，亚里士多德哲学支配着人文学科。16 世纪大学章程规定的标准教科书是亚里士多德、柏拉图、维吉尔、贺拉斯、西塞罗、欧几里得、希波克拉底、盖伦等人的著作。从 17 世纪开始，亚里士多德的逻辑学、哲学与古典人文主义继续支配着英国大学的课程，当时的学习科目有逻辑学、伦理学、物理学、形而上学、数学、文法和修辞学。由于在大学中禁止讲授教会法，这一时期学习法律的人数锐减，而学习希腊文、拉丁文著作和从事圣经研究与教学的人数增加了。民法尽管是一门衰退的学科，但它在大主教法庭、宗教法庭和海事法庭仍然发挥作用，因而在大学课程中仍占据一席之地。1535 年亨利八世颁布了一项训令，要求大学举办的讲座必须使用希腊语和拉丁语；1540 年亨利八世钦定的五个教授职位（神学、希伯来语、古希腊语、医学和民法）反映了英国大学课程的改变以及王室关注的重点。同时大学继续为社会培养和输送神职人员，但由于课程的变化，这些神职人员无法在大学学习教会法并获得相应的学位。这时期一种旨在通过大学教育培养绅士阶层的观念正悄然兴起。从 16 世纪开始，英国大学除了保留培养牧师的相关课程外，大学教育的世俗色彩愈发浓郁，古典人文教育成为课程的核心内容。两所古典大学试图通过古典语言、历史及文学等方面的教育，提倡和追求人格的完善，以期达到造就绅士的目的。

---

① J. Patrick Raines and Charles G. Leathers, *The Economic Institutions of Higher Education*, Edward Elgar Publishing, Northampton, 2003, P. 27.

自 16 世纪以来,教学是英国大学各学院的主要职责,授予学位则是大学的权利。一般说来,大多数学生攻读文学学士(Bachelor of Arts,BA)学位,修业四年,为培养绅士服务的古典人文学科和经院主义哲学占据支配地位。1551 年 8 月,剑桥大学克莱尔学院制定了一套新法规,它重申了教学的功能,并声称文科课程(Arts Course)已覆盖整个学院。随后,克莱尔学院任命了 6 名讲师,其中 4 人讲授逻辑学和雄辩术,2 人讲授修辞学、拉丁文学和希腊语。根据 1570 年大学法案,剑桥大学的文科课程需要学习 7 年;在第四年结束后学生可以获得文学学士学位,继续学习三年可以获得文科硕士(Master of Arts,MA)学位。文学学士是学生在整个学业中的重要阶段,主要学习修辞学、逻辑学和哲学;然后继续学习自然哲学、道德哲学、形而上学、天文学、绘画和古希腊语,三年后可获得文科硕士学位。"这一原则同样适用于医学、教会法与民法、神学之类高等学院。"①在伊丽莎白统治时期(1558—1603),牛津大学的学生主要学习文法、修辞、辩证法、逻辑学、算术和音乐;如果想在四年后获得文学学士学位,还必须学习古希腊语、几何、天文学、自然哲学、道德哲学和形而上学。然而,"文科课程十分保守,据说大部分课程只是在文法学校的基础上重复了一遍而已"②。在医学院,文科硕士还要学习六年才能获得医学博士学位。实际上,当时牛津大学的医学和民法都比较薄弱,有时只有一位博士常驻学院,教学和考核明显不足。要想获得教会法博士学位,还需要学习三年的民法。在高等神学院,要求学习七年才能获得神学博士学位。

1571 年的剑桥大学法规定,除了耶稣学院、三一学院和国王学院唱诗班男孩之外,禁止把文法作为一门教学科目,其大部分课程是强调哲学的学习。一般而言,学生们的课程学习是连续性的而非同时进行,以便明显地看出他们的学习进展。例如,牛津大学的学生需要 2 个学期学习文法、4 个学期学习修辞、5 个学期学习辩证法或逻辑、3 个学期学习算术、2 个学期学习音乐。在 16 世纪末,有迹象表明全日制硕士课程越来越受欢迎,许多神职人员也选择了硕士课程。"到 1660 年王政复辟时,硕士是最受神职人员欢迎的学位。"③

17 世纪,有关牛津和剑桥大学的课程设置基本上反映在亨利·巴娄(Henry Barlow)的

① Joan Simon,*Education and Society in Tudor England*,Cambridge University Press,1967,P. 40.

② Rosemary O'Day,*Education and Society 1500 -1800:The social foundations of education in early modern Britain*,Longman Group Limited,London and New York,1982,PP. 106 - 107.

③ Rosemary O'Day,*Education and Society 1500 -1800:The social foundations of education in early modern Britain*,Longman Group Limited,London and New York,1982,P. 109.

《学生指导》和理查德·赫德沃斯(Richard Holdshorth)的《学生向导》两部教育文献中。由于两所大学开设的课程大同小异,因此这两部文献的差别并不大。牛津大学的《学生指导》开宗明义地指出,大学是为牧师和绅士提供"自由"教育的场所,因而其课程设置必须以古典人文主义教育为核心内容。大学既不能迫于政治压力成为国家的附属机构和工具,也不能急功近利地接纳所谓的科学或实用知识。大学的课程设置应分为两部分:上午学习经院主义哲学,下午钻研古典主义学问。第一年学习逻辑学和伦理学,第二年学习物理学和形而上学,第三年则学习更高层次的逻辑学和伦理学,第四年学习塞涅卡有关历史和道德方面的著作以及亚里士多德的《论组织》和《气象学》。[①]

当时的大学履行三种社会功能,即提供没有学历的普通教育;提供攻读文学学士的基础课程;同时为攻读文科硕士做好准备。1570 年大学法案规定,大学的主要教学方法是演讲和辩论(或练习)。剑桥大学的基督学院、三一学院、圣约翰学院和牛津大学的基督教堂学院章程规定,演讲是学院教学的主要方式。1573 年至 1587 年,罗伯特·诺盖特(Robert Norgate)担任了剑桥大学基督圣体学院的院长,他详细记录了该学院的教学情况:"每天有三场演讲:早晨 6:00 是关于亚里士多德《自然哲学》和《工具论》的演讲;中午 12:00 是关于古希腊语的演讲,其内容包括荷马、赫西俄德或伊索克拉底的篇章;下午 3:00 是关于修辞学的演讲……"[②]有证据表明,在 1540 年至 1640 年间大学演讲制度是建立在大量的捐赠基础上的。1540 年,英国王室在剑桥大学设立了神学、民法、医学、希伯来语和古希腊语教授职位;1546 年,英国王室在牛津大学也设立了以上五个教授职位。在伊丽莎白统治时期,牛津大学的文科演讲制度有了更坚实的捐赠基础。1579 年,剑桥大学也获赠设立了哲学、修辞学和逻辑学的讲师职位。[③] 与此同时,大学法案也强调辩论或练习在文科课程与教学中的作用。牛津大学的辩论从学生第二年的逻辑学课程开始,一般是在星期一、星期三和星期五下午进行。"口头辩论是伊丽莎白时期和斯图亚特早期学术交流的一般方式,它深深植根于中世纪大学的传统。"[④]大学考试采取公开答辩形式,主考人和应考人都需要穿学袍,

---

① 黄福涛著:《欧洲高等教育近代化》,第 43—44 页。

② Rosemary O'Day, *Education and Society 1500 -1800:The social foundations of education in early modern Britain*, Longman Group Limited, London and New York, 1982, P. 112.

③ Rosemary O'Day, *Education and Society 1500 -1800:The social foundations of education in early modern Britain*, Longman Group Limited, London and New York, 1982, P. 110.

④ Rosemary O'Day, *Education and Society 1500 -1800:The social foundations of education in early modern Britain*, Longman Group Limited, London and New York, 1982, P. 112.

主考人可以对考生多方刁难和盘诘,对他们的外表和表现评头品足,或对他们的答辩加以讽刺挖苦。由于主考人在公开答辩时坐在三脚木凳上,因而这种考试也称为"三脚凳",它一直沿用到18世纪。

总之,从课程结构及教学内容来看,16、17世纪的牛津和剑桥大学几乎没有什么变化。直到17世纪80年代,其教育目标依然是培养牧师和绅士,并且以经院主义哲学、逻辑学、伦理学、形而上学、物理学和古典学科、辩论术、诗歌、历史、文法为核心内容。两所大学都竭力排斥科学和近代理性主义哲学,表现出极大的保守性和滞后性。由于王政复辟剥夺了非国教徒的权力,从17世纪80年代起牛津和剑桥大学开始处于衰退之中,并持续了将近一百年之久,在18世纪五六十年代达到了最低点。① 1680年至1689年间,每年进入牛津和剑桥大学的人数分别是321人和294人;1690年至1699年间,两所大学每年的入学人数下降到303人和238人。② 宗教和政治斗争干扰了大学和学院生活,导致进入大学的学生人数大为减少,到18世纪时这种危机更加凸显。18世纪30年代后,剑桥大学每年的入学人数都低于200人。③ 尽管英国政府采取了一系列措施为社会各阶层提供教育,但大学未能从其早期的颓废状态中恢复过来。两所大学死气沉沉、与世隔绝,无法反映工业革命的需要,在工业革命中起主导作用的各类人才大多不是由大学培养。

(七)导师制的推广

早在1270年,牛津大学的默顿学院规定,从高年级学生中选拔教师助理,以辅导年龄较小学生的学业,并规范他们的道德行为;剑桥大学的彼得豪斯学院也实行类似的院规。一般说来,资深院士有义务在道德方面教育和影响社团中的年轻成员,这是大多数英国早期学院的普遍做法,也可以看做最基本的导师制形式。④ 但导师制最初只是一种非正式的、免费的和只限于学院成员的教学形式,有薪酬的导师制则始于1379年创建的牛津大学新学院。它规定,从学院基金中拨款用于支付那些作为社团年轻成员导师的院士的报酬,其初衷既是基于师生之间教与学的需要,也是为了监督、指导学生的学业和品行。到16世纪

---

① ［英］奥尔德里奇著:《简明英国教育史》,第150—151页。
② ［比利时］希尔德·德·里德-西蒙斯主编:《欧洲大学史》(第二卷),第318页。
③ ［比利时］希尔德·德·里德-西蒙斯主编:《欧洲大学史》(第二卷),第318页。
④ ［英］艾伦·B.科班著:《中世纪大学:发展与组织》,第159页。

后期,这种新的教学制度在牛津和剑桥大学被广泛采用,任何院士都可能成为导师候选人,只要有能力或意愿都可以招到学生。每位学生被指定一名导师,负责指导其学业和生活。这种一对一的关系是英国学院和大学体制中所特有的,在其他国家则很少见。在随后的几百年里,导师制已成为牛津和剑桥大学皇冠上一颗耀眼的明珠。

自 16 世纪中叶起,牛津和剑桥大学就采取学院联邦的形式,学院负责本科生教育及学生的生活、食宿和文化娱乐等,大学则负责考试、颁发学位及研究生教育。学院规定,每位学生都应有导师,每位导师有四五个学生,他们可以住在同一房间或同一楼层。导师规定学生的阅读内容,对他们进行个别辅导,监督他们的健康和道德状况,规定他们的作息时间,为他们支付账单,最后监督他们为获得学位而进行必要的训练。"为自己照顾的学生制定课程学习计划(可能采用阅读书目和指南的方式),并且为学生准备好易于理解的学习材料,这是导师的通常做法。"①学生根据自己的需要进行学习,导师则要求他们写出读书摘要。另外,学生还要提供书面作品给导师。例如,1609 年牛津大学学生哈维·巴格特(Harvey Bagot)写信告诉父亲,他正在进行辩论的训练。他的父亲要求儿子提供勤奋学习及其成绩的书面证明,并收到了儿子精心撰写的拉丁文论文和诗篇。1620 年,牛津大学奥利尔学院的学生约翰·甘迪(John Gandy)提交了一份书面形式的作品,他的导师米德先生(Mr Mead)仔细阅读后给予了评价。

当时牛津和剑桥大学涌现了许多认真、诚恳和博学的导师,他们对学生产生了重大影响。导师为每位学生单独拟订了一份读书目录,每天给学生讲课、个别指导、指定作业,清晨和睡前一起做祷告,与学生一起去公共食堂和学校附属教堂。"一个学生的教育质量取决于导师的态度是否勤勉和认真。"②例如,克里斯托弗·盖斯(Christopher Guise)的导师专注于学院的政治事务,因而没有履行对学生的义务,结果盖斯的时间花费在狂欢作乐和嫖娼。16 世纪 70 年代剑桥大学的加布里埃尔·哈维(Gabriel Harvey)曾批评彭布罗克学院的导师忽视拉丁语和希腊语教学。但也有一些导师和学院的讲师既勤奋又教学有方,如牛津大学基督圣体学院的托马斯·艾伦(Thomas Allen)、剑桥大学基督学院的约瑟夫·米德(Joseph Mead)等。16 世纪 70 年代牛津大学的许多学院如贝利奥尔(Balliol)、布拉斯诺

---

① Rosemary O'Day, *Education and Society 1500 -1800*: *The social foundations of education in early modern Britain*, Longman Group Limited, London and New York, 1982, P. 118.

② Rosemary O'Day, *Education and Society 1500 -1800*: *The social foundations of education in early modern Britain*, Longman Group Limited, London and New York, 1982, P. 113.

斯(Brasenose)正式建立了导师制,每个学生都会分配一名导师。① 从此以后,导师制成为
了牛津和剑桥大学及其所属各学院的特有标志。

导师和学生之间是面对面的接触与交流,这种师生交流有助于建立一种深厚的人际关
系,使得大学教师实际上承担了言传身教、促进学生德智体全面发展的职责。导师既帮助
青年学生解决学术及其他方面的问题,也负责他们的思想、道德和生活。1549 年剑桥大学
的克莱尔学院章程声明,导师必须勤勉地传授知识,并且教导学生如何正确地行事。这些
观点在其他学院的章程和 1570 年大学法案中得到了体现。"这种学术责任和监督责任的
结合极为重要,这意味着导师既关心学生的个人需要,也关心学生上大学的目的。"②大学教
育和学生学习的质量直接取决于导师的能力。"在 19 世纪中期和后期,当德国大学把研究
所和以科研为方向的研讨班制度化的时候,牛津和剑桥仍旧强有力地表现出本科生寄宿制
学院的力量,比较新的大学,即使按系组织,也坚决地赞成导师制。"③可见导师制成为了牛
津和剑桥大学的永恒特征。④ 也有英国学者认为,导师制的价值在于它所培植的心智的开
放性和灵活性、提问的意识、学会如何公正地评价,更重要的是来自争论交锋的生机勃勃的
自主意识,以及从讨论中获得的参与意识等。⑤ 美国学者弗莱克斯纳指出,牛津和剑桥大学
在本科生与导师之间确立的人际关系,尽管可能存在种种个人的局限性,却是世界上最有
效的教学关系。⑥

这一时期慈善事业对英国大学图书馆的发展也做出了重要贡献。1598 年,曾在牛津受
过教育的伊丽莎白女王的外交大臣托马斯·博德利(Thomas Bodley, 1545—1613)爵士重建
牛津大学图书馆,并捐赠了一大批资金。1602 年规模宏大的新图书馆落成,并获得了一项特
权,即此后在英国出版的每一种新书都要免费赠给牛津图书馆,这一传统保持至今。博德利
图书馆丰富的藏书和成百上千份手稿吸引了当时全欧洲的读者。"尽管当时印刷的书籍足够

① Rosemary O'Day, *Education and Society 1500 -1800*: *The social foundations of education in early modern Britain*, Longman Group Limited, London and New York, 1982, P. 111.
② Rosemary O'Day, *Education and Society 1500 -1800*: *The social foundations of education in early modern Britain*, Longman Group Limited, London and New York, 1982, P. 113.
③ [美]伯顿·克拉克著,王承绪译:《探究的场所——现代大学的科研和研究生教育》,浙江教育出版社 2001 年版,第 97 页。
④ [英]奥尔德里奇著:《简明英国教育史》,第 152 页。
⑤ 易红郡著:《战后英国高等教育政策研究》,湖南师范大学出版社 2016 年版,第 24 页。
⑥ [美]亚伯拉罕·弗莱克斯纳著:《现代大学论——美英德大学研究》,第 240 页。

导师和学生使用,但在牛津大学仍有可能租借教材用于复制。"①另外,牛津大学还依靠捐赠建立了植物园,开设了几何、天文学、自然哲学、道德哲学、古代史、解剖学和音乐等公共讲座。

然而,1642 年至 1651 年爆发的英国内战对于牛津和剑桥大学是一个致命打击。内战开始不久,国王查理一世(Charles Ⅰ,1600—1649,1625—1649 年在位)于 1642 年冬率部队从伦敦逃到牛津。随后的三年多时间牛津成了查理一世的临时驻地。许多学院被占用,学生也被编入卫队。国王住在基督教堂学院,王后住在默顿学院,军火贮存在新学院,从各学院收集的金银器皿用来铸造钱币。直到 1660 年的王政复辟②,牛津才恢复正常的教学秩序。同样,剑桥大学在内战期间也备受折腾。根据奥利弗·克伦威尔(Oliver Cromwell,1599—1658)制定的大学法令,各学院信奉国教的领导人几乎都换成了清教徒。180 多位院士被开除,被怀疑是保皇分子的人受到监视。由于学生人数锐减,大学到了难以维持的地步。1643 年,英国议会曾一度派兵驻扎在剑桥大学,并颁布法令要求毁掉宗教塑像,一些学院里的绘画也遭到破坏。1644 年,英国议会还禁止使用希腊语、拉丁语和希伯来语布道。如果不是克伦威尔解散了议会,议会还打算关闭牛津和剑桥大学。

在某种意义上说,16、17 世纪的牛津和剑桥大学因陷于政治与宗教斗争而长期处于停滞不前的状态。英国王室和各教派都想控制大学,给大学制定了各种约束条例。"英国政治的动荡反复——从亨利八世的皇家教会和爱德华六世极端的新教,到玛丽统治时的天主教反革命,最后到伊丽莎白统治下走中间道路的圣公会教义,几乎使大学无所适从,大学政策也跟着摇摆。持续的神学争论和政治上的不稳定无助于学术平静的发展。"③年轻的弗朗西斯·培根极其厌恶这种状况,他写道:"教会的争论违背真理、持重与和平。……大学是这种疾病的所在地,它从那里滋生并衍生到王国其他地方。"④亚当·斯密(Adam Smith)曾

---

① Rosemary O'Day, *Education and Society 1500 - 1800*: *The social foundations of education in early modern Britain*, Longman Group Limited, London and New York, 1982, P. 118.

② 1660 年 4 月,查理二世(Charles Ⅱ,1630—1685)公开承诺实行宗教宽容。他说:"我们郑重声明,人们在敏感的宗教信仰上享有自由,不再有人因为宗教问题上的不同观点而忧虑不安或遭到质疑,这些分歧也不会给王国的和平安宁带来纷扰。"(参见[英]J. C. D. 克拉克著,姜德福译:《1660—1832 年的英国社会》,商务印书馆 2014 年版,第 73—74 页)

③ Willis Rudy, *The Universities of Europe*, *1100 - 1914*, Associated University Presses, London and Toronto, 1984, P. 67.

④ Willis Rudy, *The Universities of Europe*, *1100 - 1914*, Associated University Presses, London and Toronto, 1984, P. 67.

把牛津和剑桥称之为"已经摧毁的体系和陈腐偏见的庇护所"①。该时期教师受到歧视与冷落,学生数量大为减少,学科狭隘、门第森严,英国传统大学正逐渐走向衰落。

在苏格兰,詹姆士一世打算使大学摆脱罗马教皇控制,从而形成统一的苏格兰大学体系,并将其置于苏格兰长老会管辖之下。1579 年颁布的《圣安鲁斯大学法》密切了新教派与大学的联系,加剧了反教皇和反政府的倾向。16 世纪 60 年代,约翰·诺克斯(John Knox,1513—1572)成为整个苏格兰新教的首领,他领导苏格兰教会进行改革,摆脱罗马教会的控制,建立了一个类似加尔文教派的独立教会和政府。在教育问题上,诺克斯像加尔文一样主张把宗教和道德教育置于教会控制之下,提出每一个乡村办一所小学,每一个城镇办一所中学,每一个有名望的城市建立一所大学。他说:"正如我们所说的,我们要建立普通中学和其他语言学校,然后有必要在全国建立三所大学,它们将设在传统的地方,第一所在圣安德鲁斯,第二所在格拉斯哥,第三所在阿伯丁。在圣安德鲁斯的第一所大学应设立三个学院。第一个学院为大学入门,设四个班次:一班是新生,专学辩证法;二班专学数学;三班专学物理;四班学医学。第二个学院设两个班次:一班学道德哲学;二班学法律。第三个学院设两个班次:一班学语言,即希腊语和希伯来语;二班学神学。……设在格拉斯哥的第二所大学,只有两个学院。在第一个学院中有一个辩证法班,一个数学班,第三个是物理班,一切同圣安德鲁斯大学。在第二个学院中有四个班。一班学道德哲学、伦理学、经济学和政治学;二班学习国内法和罗马法;三班学希伯来语;四班学神学。这些班次的组织方式同圣安德鲁斯大学一样。位于阿伯丁的第三所大学在各方面与格拉斯哥大学一样……"②诺克斯的理想虽然没有完全实现,但他对英国教育发展产生了重要影响。1582 年,苏格兰第四所大学爱丁堡大学宣告成立。这所大学由爱丁堡市政当局创办,得到苏格兰国王詹姆士六世(James Ⅵ,1566—1625,即英格兰的詹姆士一世)批准,它是唯一不受教会控制的大学。"在 17 世纪,苏格兰的几所大学超越了牛津和剑桥。"③

四、意大利

反宗教改革运动后,意大利大学的情况开始发生变化。耶稣会把大学视为战胜异教徒

---

① 张泰金著:《英国的高等教育:历史·现状》,上海外语教育出版社 1995 年版,第 11 页。
② 夏之莲主编:《外国教育发展史料选粹》(上),第 257—258 页。
③ [比利时]希尔德·德·里德-西蒙斯主编:《欧洲大学史》(第二卷),第 39 页。

的主要阵地,它复兴旧大学和建立新大学,在当时的欧洲十分活跃。"在耶稣会的帮助下,世俗和教会当局非常积极地重组现存的大学,并在受异教威胁的地区和国家建立新的教育机构,将哲学和神学的教学放在首位。"①16世纪末至17世纪初,由耶稣会创办的意大利大学有米兰大学(1556)、罗马大学(1556)、巴勒莫大学(1578)、卡利亚里大学(1606)、孟都亚大学(1625)等。这些大学成为耶稣会反对新教徒的急先锋,它们劝诱他人改宗天主教,专注于培养精干的神职人员。为了提供完整的基督教教育,1565年第一所神学院在罗马创立。随后,在米兰大主教辖区又建立了三所神学院。1564年教皇庇护四世(Pope Pius Ⅳ,1499—1565,1559—1565年在位)颁布诏书,要求大学师生进行效忠宣誓,明令禁止学生进入新教派的大学学习,并防止意大利的大学让外国新教徒不负责任地毕业。这一做法无疑阻碍了新教学生在意大利求学和获得学位,也造成了博洛尼亚、罗马、费拉拉和佩鲁贾等意大利大学留学生的流失,此后它们的外国学生都是天主教徒。1566年托斯卡纳大主教要求锡耶纳和比萨大学的学生宣誓忠诚于正统信仰,导致来自新教国家的学生数量急剧下降。

然而,这一政策并未得到完全实施。1587年威尼斯总督将对学生的宗教裁判权掌握在自己手中,这样就使学生免受宗教法庭的迫害。在威尼斯共和国,新教徒获得学位时不必向天主教宣誓;其学位也不是由主教批准,而是由君主授予。学生可以通过官方权威机构获准毕业,或由参议院决定。1616年,威尼斯议会还违背教皇的诏书,建立了自己的考试委员会。同样,帕多瓦大学常常被看作宽容和自由的天堂,它的师生还长期免于向罗马教会宣誓,甚至犹太学生都可以在帕多瓦大学学习,它既是欧洲人和犹太人学术训练的重要中心,也是希腊学生经常出入的避难所。由于对非天主教学生持宽容态度,1600年前后帕多瓦大学的学生数量超过了博洛尼亚大学。1550年至1559年帕多瓦大学约有6 000名德国学生,1517年至1619年约有不同国籍的80名犹太人先后毕业。② 许多犹太人在罗马教皇的特许下获得了学位,他们在锡耶纳、佩鲁贾、帕维亚和帕多瓦大学很受欢迎。

在博洛尼亚大学,日耳曼民族也获得了新的特权,这使得16世纪下半期来自新教地区特别是德国的学生数量明显增多。托斯卡纳大学和锡耶纳大学的情况类似,在16世纪末和17世纪初有许多非天主教学生入学。为了吸引阿尔卑斯山以北的学生,1596年锡耶纳大学为德国人、荷兰人、波兰人和波希米亚人开设了一个会所,为他们提供本国口味的烹饪

---

① [比利时]希尔德·德·里德-西蒙斯主编:《欧洲大学史》(第二卷),第442页。
② [比利时]希尔德·德·里德-西蒙斯主编:《欧洲大学史》(第二卷),第310—311页。

食物。"毫无疑问,在 16 世纪 70、80 年代对异教学生的迫害并导致大量学生离开锡耶纳之后,锡耶纳大学及城邦一直努力地在外国人中追求好名声。"①1573 年至 1600 年锡耶纳大学的德国籍学生超过了 3 000 人。② 随着《南特敕令》(1598)的颁布与宗教和解的到来,新教和天主教学生都得到了锡耶纳大学的认可,不久锡耶纳大学成为了意大利第三大外国留学生的中心。

另一方面,随着民族国家的兴起,各国政府想方设法控制大学为其服务,意大利大学也出现了明显的地方化倾向。1555 年查理五世颁布法令,要求法律陪审员至少要在帝国认可的一所大学学习五年法律。1559 年西班牙国王菲利普二世(Philip Ⅱ,1527—1598,1556—1598 年在位)规定,除了博洛尼亚、那不勒斯、罗马和葡萄牙的科英布拉(Coimbra,建于 1308 年)大学之外,禁止西班牙人到国外学习。同样,1570 年法国政府明令禁止居民到罗马城和罗马大学之外的地方学习。其他国家也颁布了类似的限制性法令以保护当地的大学,如波兰(1534)、葡萄牙(1538)、勃兰登堡(1564)、法国(1603)等。埃利奥特(J. H. Eliot)写道:"16 世纪中期,欧洲大约有 80 所大学从国际化机构转变为国家机构,……欧洲学者共同体本身也被宗教冲突搞得支离破碎。"③

统治者通过立法禁止学生在国外学习,认为外国大学是宗教和政治污染的源泉,而且学生出境学习会造成经济损失。在这种干预下,欧洲当时很多大学从国际性大学变成了地区性大学,尤其是对意大利大学冲击很大。"这样,就很容易理解这些法令导致 17 世纪出现了明显的大学地方化,以及随之产生的非意大利学生减少的情况了。"④这一时期意大利大学的学生数量有所下降,16 世纪末博洛尼亚大学和比萨大学的学生数大约在 600—700人之间,费拉拉大学在 1543 年至 1555 年间每年约有新生 513 人,帕维亚大学注册学生的人数约有 500 人,而佩鲁贾大学和锡耶纳大学的入学人数日益减少(15 世纪时学生数量有显著增加)。到 17 世纪,帕多瓦大学的学生人数不足 1 000 人,博洛尼亚大学的学生减少到平均每年仅为 400 人,费拉拉大学注册学生不足 100 人,锡耶纳大学人数更少。⑤

① [比利时]希尔德·德·里德-西蒙斯主编:《欧洲大学史》(第二卷),第 445 页。
② [比利时]希尔德·德·里德-西蒙斯主编:《欧洲大学史》(第二卷),第 310 页。
③ Willis Rudy, *The Universities of Europe*, 1100 -1914, Associated University Presses, London and Toronto, 1984, P. 65.
④ [比利时]希尔德·德·里德-西蒙斯主编:《欧洲大学史》(第二卷),第 161—162 页。
⑤ [比利时]希尔德·德·里德-西蒙斯主编:《欧洲大学史》(第二卷),第 323—324 页。

在课程方面,16世纪上半期帕多瓦大学和博洛尼亚大学已经开设了规范的解剖学,其他的意大利大学也纷纷效仿。"现代解剖学就是在帕多瓦大学的解剖室诞生的,这里设立了第一个解剖学教授职位(1609),从而使解剖学与外科终于分离开来。"①有的学者认为,也许是受到威尼斯共和国的保护,帕多瓦大学始终是科学研究的重要中心(哥白尼和维萨留斯曾在那里学习)。② 到16世纪中期,许多意大利大学都已建立严格的实践训练制度,并且提供解剖学、外科学、植物学和药剂学等课程的教学。为了确保教学的持久性,一些意大利大学还设立了教授职位,如帕多瓦大学(1533)、博洛尼亚大学(1534)、费拉拉大学(1541)、比萨大学(1544)分别设立植物学教授席位。1545年比萨大学建立了第一所植物园,后来帕多瓦大学(1546)和博洛尼亚大学(1561)也先后建立了植物园。意大利大学的改革很快影响到阿尔卑斯山以北,到16世纪结束时解剖学和植物学已成为许多医学院的常规教学。另外,在16世纪末期和17世纪早期,比萨大学、费拉拉大学、罗马大学和帕维亚大学还设立了柏拉图哲学的教授席位。

在16世纪,几乎每一个意大利城市均有一所或多所致力于哲学或科学探索的学园。③ 这些学园受到政府资助或者由私人建立,旨在打破中世纪大学作为高级教学和科研场所的垄断地位,它们是大学之外的文化活动中心。1560年,意大利科学家波尔塔(Della Porta)在那不勒斯创立纳特里学园。他规定任何成员只要有一项新发现,或观察一种自然现象均可加入这一团体。波尔塔曾周游法国、西班牙和意大利,参观了当地的图书馆,并与那些有新发现的学者和艺术家们交流,1589年他出版了长达20卷的《自然界奥秘》这一自然科学百科全书。1582年,佛罗伦萨的两位地方官员设立了黛拉·克鲁斯卡学园,其目的在于研究和推广托斯卡纳方言。1606年,该学园的成员伽利略(Galileo Galilei, 1564—1642)决定用托斯卡纳方言发表自己的论文,极大地促进了托斯卡纳方言成为意大利所有地方的官方语言。1603年,意大利亲王费德里戈·希西(Federigo Cesi)在罗马创立了林西学园。费德里戈是一位天才的博物学家,他不仅参与了植物分类研究,而且是第一位运用显微镜研究昆虫的人。1611年伽利略成为林西学园的教师,他的一些重要著作就是由该学园资助出版的。林西学园还出版了一部《西班牙新百科全书》,记录了大量关于美洲的自然

---

① [比利时]希尔德·德·里德-西蒙斯主编:《欧洲大学史》(第二卷),第474页。

② Willis Rudy, *The Universities of Europe, 1100 - 1914*, Associated University Presses, London and Toronto, 1984, PP. 71 - 72.

③ [比利时]希尔德·德·里德-西蒙斯主编:《欧洲大学史》(第二卷),第501页。

历史。1657 年由托斯卡纳大公爵费迪南德·美第奇(Ferdinand Medici,1610—1670)创办
的西门托佛罗伦提学园,目的在于促进实验科学的发展,伽利略的弟子维琴佐·维维安尼
(Vicenzo Viviani)就是该学园的著名学者。一般说来,上层阶级子弟进入那些新建立的贵
族学园,如佛罗伦萨、博洛尼亚、那不勒斯和帕尔马学园等。这些贵族学园大部分由耶稣会
教士控制,它们吸引了许多外国贵族,特别是德国贵族子弟。例如,帕尔马贵族学园建于
1601 年,其课程包含许多骑士教育的内容,招收的学生 40％为欧洲贵族。到 17 世纪时,学
园在阿尔卑斯山以北尤其是法国和英国得到了迅速发展。

持续的神学论战和宗教战争导致许多教授的生活不稳定,17 世纪意大利政府机构和
公众对大学的兴趣普遍减弱,教授的微薄薪金更进一步加剧了这一状况。为了生存和赚
钱,教授们常常开设私人讲座或从事第二职业,致使许多古老的意大利大学都变成了职业
学校。同时,一些科学家也进入新建立的专业学院,如维罗纳自然科学研究院等。科学家
们离开大学的主要原因在于寻求足够的时间和经费,以便开展科学研究工作。有的是为
王权服务,或追求研究的自由。伽利略离开帕多瓦大学的原因是薪水不够养家糊口,于是
被迫自己招收学生和提供食宿,同时还经营一家仪器加工厂以获得额外收入。这在很大
程度上影响他的科学研究,尤其是不能撰写反映自己研究成果的著作。毫无疑问,伽
利略的许多同事也深有同感。另外,文艺复兴时期意大利教授享有一定程度的自由,
但反宗教改革运动把宗教裁判所带到了意大利半岛,所有教授必须向罗马天主教宣誓
效忠。在一些意大利大学,人文主义学科长期不受重视,取而代之的是圣经教学和天
主教神学。

五、荷兰

1568 年,荷兰爆发了反对西班牙国王菲利普二世和殖民统治者独裁专制的起义,这场
反对西班牙殖民统治的战争持续了 80 年(1568—1648),史称"八十年战争"或荷兰独立战
争。1572 年 7 月,荷兰北方各省摆脱了西班牙的统治并建立独立国家。起义者在反殖民统
治的斗争中认识到,要想保卫所取得的胜利成果就必须摆脱罗马天主教的束缚,于是他们
禁止信奉罗马天主教而改信加尔文派新教。在这种情况下,荷兰的法学家、神学家和医学
家如果想继续到天主教大学深造就极其困难,因此迫切需要在荷兰本土建立一所自己的大
学。1575 年 2 月,荷兰历史上第一所高等学府莱顿大学诞生了。

　　莱顿大学创建之初,受天主教和加尔文教的影响并不大。1579 年哈雷姆天主教大教堂牧师阿森代尔夫特(Willem Van Assendelft)到莱顿大学任教,由于他经常给学生灌输天主教教义,1587 年被莱顿市法庭提起诉讼,并判决他不得继续在莱顿大学授课,而且要负刑事责任。但实际上学校并没有辞退阿森代尔夫特,只是不允许他利用讲课向学生散布天主教言论。欧洲人文主义者利普西斯(Justus Lipsius)到莱顿大学之前,曾在鲁汶大学任教,他受斯多葛教派的影响胜过加尔文教。加尔文教徒为了扩大自己的影响,想尽办法迫使利普西斯辞职。加尔文教徒莱塞斯特(Leicerster)曾写信给莱顿大学的学监进行威胁,要求解雇利普西斯,否则他无法继续待在那里。但莱顿大学留下了具有国际声望的利普西斯,而莱塞斯特却离开荷兰去了英国,其追随者神学家沙拉维亚(Saravia)和法学家多纳吕斯(Hugo Donellius)也相继离开了莱顿。随后加尔文教徒在莱顿大学的势力日益减弱。自沙拉维亚1587 年离开莱顿大学后,其神学院没有一位教授,后来才任命两位临时教授特赖尔卡图斯(Lucas Trelcatius)和尤尼斯(Franctscus Junius)。1592 年,莱顿大学神学院得到了国家提供的经费资助,其学生人数有所增加,加尔文教的影响也逐步扩大。

　　莱顿大学十分重视网罗人才,往往不惜重金招聘一流学者。1578 年利普西斯辞去鲁汶大学的职务来到莱顿大学任教,他的到来使莱顿大学开始闻名于欧洲知识界。随后,法国的法学家多纳吕斯从海德堡大学来到莱顿。1591 年利普西斯重返天主教的鲁汶大学后,莱顿大学急需聘请一位像他那样德高望重的人文主义者。1593 年著名语言学家、法国胡格诺派教徒斯卡里格(Justus Scaliger)应邀赴莱顿大学,其地位仅次于校长。在教学内容方面,莱顿大学除了开设神学、法学和医学课程外,也鼓励学生们研究古典作家的作品,因而语言学在当时处于重要地位。1587 年以前神学院使用的课本仅限于圣经,而没有开设教会史课程。法学院的教师则受到布尔格(Bourges)学派的影响,信奉"穷本溯源"的理念,不仅研究古罗马法律,而且探明其原义。医学院的医学专业及其附属学科如植物学等也主要以古典作品为授课内容。1592 年以后莱顿大学的教师都要学习古典作品,如语言学家要读西塞罗、塔西陀(Tacitus)、荷马和普鲁塔克的作品;哲学家要读亚里士多德的作品;神学家要读旧约和新约;医学家要读希波克拉底的作品。为了读懂古典作家的作品,各学科都必须学习语言学和掌握古典语言。

　　到 17 世纪时,随着荷兰经济实力的增强,莱顿大学也得到了迅速发展,成为当时欧洲著名学府之一,吸引了世界各地的学子前往学习。如果说在 16 世纪中期最重要的古典学术中心是巴黎大学,那么进入 17 世纪后巴黎大学的卓越地位已被新建立的莱顿大学所取代,后者作为古典学术研究中心达一个半世纪之久。① 由于统一使用拉丁语授课,来自德国、法国、苏格兰、爱尔兰、奥地利、波兰、俄国、瑞典和丹麦等国的学生都可以在莱顿大学毫无困难地听课,导致其学生人数迅速增长。据统计,在莱顿大学建校初期,学生总数为2700名(其中外国留学生650人);1600年至1625年学生人数为6236名;1626年至1650年学生人数达到11 076名。② 1650年以后,其学生人数才略有下降。

六、丹麦

哥本哈根大学是北欧最早的大学之一,1479年建校之初就按照其他欧洲大学的模式,设立文学、医学、法学、神学四个学院,并有权颁发学位。"哥本哈根大学就是成功地学习了维滕堡大学的模式。"③宗教改革时期,为了争夺王位继承权,1534年至1536年丹麦爆发了一场血腥内战,史称"伯爵之战"(The Count's War)。天主教会和宗教改革派都无暇顾及教育,导致哥本哈根大学的教育活动趋于停顿。内战结束后,获胜的克里斯蒂安三世(Christian Ⅲ,1503—1559)关押和废黜了所有的天主教主教,并着手制定新的教会法令和重建哥本哈根大学。1537年9月9日,克里斯蒂安三世宣布重建哥本哈根大学,遵循路德和梅兰希顿在维滕堡大学的教育方针培养新教牧师。当时还特意从维滕堡大学邀请布肯哈根协助重建工作,并聘请他担任哥本哈根大学的哲学教授。

哥本哈根大学重建后,成为一所纯粹的路德派大学。哥本哈根大学和丹麦新教教会都隶属于丹麦国王和新成立的政务会议。哥本哈根大学受到国王的保护,并为国王的政治利益服务。根据1539年6月颁布的新章程,哥本哈根大学有自己的裁判权,免征税赋,关税和国内货物税也享受减免,并准许免税售给教授和学生啤酒与葡萄酒。哥本哈根大学的经费主要来自被没收的教会地产和从两个教区收取的农产品什一税,另有圣母教堂产业收取的租金等。丹麦国王每年拨付200"达劳"(约相当于2克朗的钱币),一些寺院和教堂牧师会还负担贫困生的生活费。从当时教授们的年薪可以看出哥本哈根大学各学科的地位:神学教授年薪150达劳,医学教授140达劳,法学教授100达劳,哲学(文学)教授只有80达劳。④

① [比利时]希尔德·德·里德-西蒙斯主编:《欧洲大学史》(第二卷),第600页。
② 董俊新编著:《莱顿大学》,湖南教育出版社1998年版,第21页。
③ [比利时]希尔德·德·里德-西蒙斯主编:《欧洲大学史》(第二卷),第159页。
④ 成幼殊编著:《哥本哈根大学》,湖南教育出版社1996年版,第18页。

哥本哈根大学重建后的首要任务是培养路德新教的传教士,因而授课内容的性质与以往有所不同。语法是阅读和讲解圣经的必备条件,逻辑学对解释圣经有用,修辞学对布道有用,音乐和教堂礼拜有关等。学生入学不需经过考试,持有所在中学校长的证明信或其他知名人士的证明即可。证明信需说明学生已掌握进入大学所需的知识且品行良好。与欧洲许多大学一样,新生入学时要受到老生的戏弄,他们的脸被涂黑,戴上有两只角的傻瓜帽子,还安上长鼻子和驼背。受戏弄后才脱下小丑装束,洗干净脸再进入教室。在课堂上,要由一名新生代表用拉丁语向教务长致词,这种做法称为"被处理",象征着新生革除旧有习性,以进入更高的精神境界。

到16世纪下半叶,哥本哈根大学在校生有150至200人,教师有12至15人。这些教师一般先在文学院任教,如果能胜任教学或受到当局青睐,就能升入其他学院如神学院等。学生在进入其他三个学院之前必须学习一门文科课程,当时很多学生选择了神学,因为毕业后能得到可靠的职位。有些学生住在教授家里,由教授对他们进行单独培养,这样教授的收入也有所增加。但大多数学生来自较低社会阶层,支付不起这种费用。1569年国王捐赠153个农庄和92个教区的皇家农产品什一税,作为资助100名贫困生的奖学金。1573年,学校又在附近租了一所房子让贫困生练习用拉丁语辩论,并每周为他们提供两天的伙食。

由于学生毕业后收入微薄,贵族子弟一般不到哥本哈根大学求学,他们到国外接受高等教育,以谋取收入更高的职务。学生要取得学士学位,必须通过考试后再进行论文答辩,然后举行学位授予仪式。当时哥本哈根大学每年获得学士学位的约10人。取得硕士学位的程序和学士一样,不过要求更高。当时文学院最高学位是硕士,相当于其他学院的博士。硕士有资格担任中学校长,同时也是大学文学院聘任教授的条件。博士学位的颁发在圣母教堂进行,仪式庄严。如需取得法学和医学博士学位,学生还须去国外继续深造。

1636年,克里斯蒂安四世(Christian IV,1577—1648,1588—1648年在位)实施兴建哥本哈根大学的新规划,包括新建学生教堂、大学图书馆及天文台等,其中位于一座圆塔顶上的天文台刻有克里斯蒂安四世的徽章,成为哥本哈根大学的标志和科学的象征。此外,克里斯蒂安四世统治期间,丹麦皇室大力加强哥本哈根大学的硬件设施建设,包括新宿舍(至今仍然屹立在哥本哈根老城的中心)、教学楼、礼堂和教堂。与此同时,教职工人数及其工资也增加了。汉斯·雷森为提高大学的学术水平做了很多有益的工作。1629年神学院的学生在成为牧师之前必须展示布道的能力,1636年所有希望获得教师职位的学生必须通过神学考试。

德国学者里夏德·范迪尔门指出:"宗教改革使宗教发生了本质的变化,但它绝不是一个纯粹的宗教事件,而是包含了社会改革的思想、政治的观点和新的教育纲领,同时还以各种方式与人文主义有着密切的联系。"①同样,法国学者基佐写道:"可以看到,凡是宗教改革深入的地方,产生过重大作用的地方,不论其成败如何,都留下了一个总的、显要的、恒久的结果,即思想的活动和自由迈出了大步,向着人类心灵的解放前进。"②宗教改革对于欧洲大学无疑产生了重要影响。在意大利,由于国家政权未能有效地进行干预,大学中的保守主义曾一度能够阻止新学术的冲击。在新教的德国和天主教的西班牙,神学逐渐支配了大学生活,法学和医学丧失了以往的优势地位,而希腊语和希伯来语这些注释圣经的语言则建立了牢固地位。宗教改革后,大学中的语言学和文学都被用于服务宗教论争。"……在很多地方,由于那里对立的宗教信仰势均力敌,结果教派之间的斗争不是引起改革而是阻碍了改革,这就强化了学术上的保守主义,最后使大学在完成其使命时更加软弱无力。"③

宗教改革时期欧洲各国大学都得到了不同程度的发展,而且逐步体现了世俗性、民族性和国家性等特征。第一,随着世俗力量的加强,原先教学使用的语言逐步转变为民族语言,大学的国际主义逐渐消失,并逐渐由国际性机构转变为民族性机构。"由于宗教改革分裂了从前的天主教世界,又由于民族国家建立了它们自己的管理机构,使用根据它们自己的规格经过正式训练的人员,并寻求新的技能和先进的知识以促进经济的发展,从而发展了民族国家的大学。"④第二,民族国家取代教会后,大学的社会作用也发生了转变。"1500至1600年期间,大学经历了一次社会职能的变化。它们从从事特定专业的训练机构转变为起社会统治的工具作用的机构。"⑤法国学者雅克·韦尔热认为,对于大学社会作用的这一转变,在于许多大学的主动依附。⑥ 第三,尽管政府控制和宗教论争使大学学术自由受到严重破坏,宗教法庭和禁书目录使许多大学学者噤若寒蝉,"然而正是这种高压或迫害,又萌生出学术自由的种子"⑦;同时学术辩论也为大学注入了新的活力和热情。第四,继文艺

① [德]里夏德·范迪尔门著:《欧洲近代生活:宗教、巫术、启蒙运动》,第9页。
② [法]基佐著,程洪逵、沅芷译:《欧洲文明史》,商务印书馆2005年版,第222—223页。
③ [英]R.B.沃纳姆编:《新编剑桥世界近代史》(第3卷),第569页。
④ [美]克拉克·克尔著,王承绪译:《高等教育不能回避历史——21世纪的问题》,浙江教育出版社2003年版,第9页。
⑤ [美]伯顿·克拉克主编:《高等教育新论——多学科的研究》,第33页。
⑥ [法]雅克·韦尔热著:《中世纪大学》,第136页。
⑦ 贺国庆、王保星、朱文富等著:《外国高等教育史》,第93页。

复兴之后的宗教改革运动进一步否定了教会组织中的等级关系,它宣称"因信称义",结果使中世纪以来占据绝对地位的天主教会风光不再,人人在上帝面前取得了平等地位。基督教新教所宣传的平等精神,为现代教育平等观念的确立提供了文化支撑。

宗教改革标志着早期现代化进程中教育方面的巨大进步。欧洲大学模式最大的转变发生在宗教改革时期,大学被划分为天主教大学和新教大学,这是高等教育模式多样化的开始。"在整个16世纪,新大学在欧洲遍地开花。"①在西班牙,两所新大学建立起来,大学生的注册人数迅速增加。在瑞士,1559年加尔文建立了日内瓦大学。该大学创办之初就取得了成功,第一年它吸引了几百名学生。在加尔文神权政治的统治下,日内瓦大学为其他许多大学提供了学习的摹本,包括尼德兰的莱顿大学、苏格兰的爱丁堡大学、剑桥大学伊曼纽尔学院和新英格兰的哈佛学院。与此同时,在整个欧洲,耶稣会也很活跃,它既振兴老大学,也创办新大学。例如,在德国,帕德伯恩大学(1614)、明斯特-西费利亚大学(1622)、奥斯纳布吕克大学(1629)就是当时由耶稣会建立。这一时期,新教徒还建立了耶拿大学(1558)、黑尔姆施塔特大学(1575)和莱顿大学(1575)、都柏林大学(1592)等。由于耶稣会的努力,天主教徒的建树更多,如墨西哥大学和利马大学(1551)、迪林根大学(1554)、杜埃大学(1562)、蓬塔穆松大学(1572)、符茨堡大学和罗马的格里高利大学(1582)、格拉茨大学(1585)等。

宗教改革时期,在中世纪"四艺"(算术、几何、天文、音乐)和传统医学课程的庇护下,科学也有了一定的进步。例如,耶稣会学院鼓励地理学研究;萨拉曼卡大学开设了天文学讲座,并把哥白尼的论著列为必修教材。在帕多瓦大学、莱顿大学、博洛尼亚大学、巴塞尔大学、蒙彼利埃大学和萨拉曼卡大学,解剖学都十分盛兴,动物解剖已成为一项平常的教学实践活动。1594年帕多瓦大学建立了第一个独立的解剖学中心,随后莱顿大学于1597年也建立了解剖学中心。同样,人们对植物的兴趣也导致了若干植物园的建立。帕多瓦大学和比萨大学(1544)、博洛尼亚大学(1567)、莱比锡大学(1580)、莱顿大学(1587)、巴塞尔大学(1588)、海德堡大学(1593)分别建立了植物园。"毫无疑问,无论是新教大学还是天主教大学都得到了不同程度的发展。但相比天主教大学而言,新教大学似乎更乐于从事自然科学的研究。尽管有所区别,在宗教改革时期天主教和新教科学家都做了一些有

---

① Willis Rudy, *The Universities of Europe*, *1100 -1914*, Associated University Presses, London and Toronto, 1984, P. 63.

益的工作。"①

　　宗教改革后,由教士控制国家高级职位的局面被打破,新教学说得到了广泛传播。人们对教育表现出极大的兴趣,现代大学教育制度的某些特征初露端倪。正如有的学者指出:"欧洲大陆正规教育的起源与教会和宗教密不可分。它们是早期教育扩张的工具和制度化教学组织的首创者。然而,从宗教教育向正规学校教育制度的转型,以及为世俗和民族目的服务的设计工作是由国家完成的,这一过程的许多方面可追溯到16世纪。正是宗教改革首次迫使教育进入政治舞台,并促使王室对学校教育进行更多的干涉。"②各种迹象表明,高等教育机构比以往任何时候似乎更像国家的统治工具。"它在为政府官僚机构培养世俗官员和为教会培养神职人员方面发挥了关键作用。因此,所有的大学活跃分子都必须接受政治监督,大学里的所有成员都应该遵守官方的'条约'。"③通过宗教改革,世俗政府的职责在教会和大学中都被大大地扩展了。毫无疑问,宗教改革的结果是极大地加强了对大学的政治控制。"大学已在一种真正的意义上组成了一个教育的联邦共和国。"④

　　然而,也有学者认为,宗教改革对于许多大学而言是一场灾难。⑤ 如前所述,大学的院系被分裂和破坏,学生在各大学之间的自由流动被严厉禁止,宗教裁判所和禁书目录迫使许多大学教授保持沉默。"……宗教改革时期的大学为各种激烈的意识形态和公众冲突所困惑。宗教改革是一个剧烈变革的时代,大学不可避免地要付出代价。但尽管如此,大学幸免于难,也许它们的幸存是这个时代大学史上最重要的一个事实。"⑥宗教改革的另一结果是,在新建或重组的大学中神学目的很明显。因此,宗教改革并未彻底摧毁大学作为宗教保守主义堡垒的地位。宗教改革时期的大学,无论是被新教还是天主教控制,都在继续致力于神学论争,而不是以知识进步为己任,最终与近代科学革命失之交臂。由于神学在

① Willis Rudy, *The Universities of Europe*, *1100 -1914*, Associated University Presses, London and Toronto, 1984, P. 75.

② Andy Green, *Education and State Formation: The Rise of Education Systems in England, France and the USA*, The Macmillan Press Ltd, London, 1990, P. 111.

③ Willis Rudy, *The Universities of Europe*, *1100 -1914*, Associated University Presses, London and Toronto, 1984, P. 64.

④ [英]威廉·哈里森·伍德沃德著:《文艺复兴时期教育研究》,第248页。

⑤ Willis Rudy, *The Universities of Europe*, *1100 -1914*, Associated University Presses, London and Toronto, 1984, P. 76.

⑥ Willis Rudy, *The Universities of Europe*, *1100 -1914*, Associated University Presses, London and Toronto, 1984, P. 76.

各大学取得了支配性的地位,它相应地引起了法律和医学地位的下降。神学论战使天主教的辩护充满僵化守旧的倾向,并且在新教派中引起了剧烈的纷争。在这种环境下,大学无法推动真正的学术繁荣,那些已经实行的改革往往成为宗教冲突的牺牲品。结果,"除了神学获得了新的地位以外,其他正式学科的状况在各地都仍然几乎是中世纪式的"①。

第三节　德国大学的新气象

有的学者认为,除了某些例外,17 世纪和 18 世纪可以称为欧洲高等教育的黑暗时代。在这段时间里,欧洲大学不仅落后于时代发展,而且对学术进步贡献不大。"虽然在这个时期大学仍旧存在,但就大多数来讲,它们在各自国家的创造性智力生活中并没有发挥出什么重要的作用。它们的作用相当有限——培养少数尖子和保存传统的与现存的文化。在欧洲多数国家,大学的发展规模也并不快。科学研究也不在学校工作之列,几乎没有几个教授是富有创造性的知识分子。"②然而,17 世纪末在德国大学中出现了一股新气象,1694 年创办的哈勒大学率先倡导学术自由和教学自由,被一些教育家誉为现代大学的先驱,它对德国乃至欧洲高等教育的现代化产生了深远的影响。"宗教改革之后,欧洲的大学总的说来进入了这样一个时期,虽然大学在社会上的重要性稳步上升,上层阶级家庭的青年应当到大学里去学习一段时间已经成为惯例;但是,从狭义上说,大学在学术上的重要性正趋于降低。17 世纪所取得的巨大的知识进步与那些在死气沉沉、行将就木的学院中执教的博士和教师的关系甚微。颇具讽刺意味的是,当大学在很久之后开始复苏的时候,复兴正是在德国开始的。"③

一、哈勒大学的创办

17 世纪末,德国大学依然笼罩在中世纪大学学术传统的阴影之下,教学用语为拉丁文,神学争论充斥着大学讲坛,耗费了师生们的大部分时间;亚里士多德学说统治着哲学领域,

---

① ［英］R. B. 沃纳姆编:《新编剑桥世界近代史》(第 3 卷),第 580 页。
② ［美］菲利浦·G. 阿特巴赫著,符娟明、陈树清译:《比较高等教育》,文化教育出版社 1986 年版,第 27—28 页。
③ ［英］G. R. 埃尔顿编:《新编剑桥世界近代史》(第 2 卷),第 570—571 页。

真理的确定必须依赖于引经据典,划时代的自然科学和数学仍被排斥在大学之外,哥白尼、伽利略、开普勒、笛卡儿、牛顿、莱布尼茨(Gottfried Wilhelm Leibniz)等科学家的成就都是在大学之外取得的。在宫廷文化盛行时期,大学被看成是过时和逐渐衰亡的教育机构。一些著名人物如莱布尼茨、莱辛等都离开了大学,他们以大学为耻辱,认为置身于这样的机构有损自己的尊严。莱布尼茨甚至要求取消大学,以科学院取而代之,他曾说服勃兰登堡统治者创建一所科学院而不是大学。德国大学的声誉和欧洲其他国家大学一样已是一落千丈。到 17 世纪末,德国知识界发起了对大学的全面抨击,许多人要求彻底废除大学,德国大学已到了生死攸关的地步。

虔敬派率先向这种沉闷的大学气氛发起了挑战。虔敬派是 17 世纪后半期产生于德国西部的一种新教派,它反对路德新教重理性主义和追求宗教形式的做法,更强调面向实际和讲求实效,注重实际生活的兴趣,厌恶迂腐的学术和哲学家与神学家的苦思冥想。为了改变这种现状,同时也为了克服"三十年战争"对其领土的灾难性后果,以及扩大勃兰登堡-普鲁士在欧洲事务中的影响力,霍亨索伦政府(Hohenzollern government)于 1694 年创办了哈勒大学(University of Halle)。"许多不同的思潮,如虔信主义、自然科学和自然法哲学等,在 17 世纪末汇集起来并产生了一个重要的新的普鲁士机构——哈勒大学。这个得到国王大力支持的机构,也获得了虔敬派和理性主义者的赞助。"①哈勒大学被称为"第一所现代大学"②。创建之初,它就与邻邦萨克森在维滕堡和莱比锡开办的大学截然不同,因为萨克森的大学是极端保守的,它们严格坚守马丁·路德的主张。哈勒大学则汇集了当时全欧洲一些卓有远见的进步人士,其中包括医学教授弗里德里希·霍夫曼(Friedrich Hoffman)、化学教授格奥尔格·恩斯特·斯塔尔(Georg Ernst Stahl)、历史学教授塞缪尔·斯特利克(Samuel Stryke)、法学教授克里斯蒂安·托马西乌斯(Christian Thomasius)、哲学与数学教授克里斯蒂安·沃尔夫(Christian Wolff)和东方语言与宗教学教授赫尔曼·弗兰克(Hermann Francke)等。正是他们发起了哈勒大学的现代化运动,他们"引进被忽视了的、更适合于其目标的现代学科,如生物学、物理学、天文学等学科的学习"③。

---

① Willis Rudy, *The Universities of Europe*, 1100 -1914, Associated University Presses, London and Toronto, 1984, PP. 89 - 90.
② [美]S. E. 佛罗斯特著:《西方教育的历史和哲学基础》,第 334 页。
③ [美]罗伯特·金·默顿著,范岱年等译:《十七世纪英格兰的科学、技术与社会》,商务印书馆 2002 年版,第 170 页。

二、哈勒大学的教学

托马西乌斯既被称为"哈勒大学的第一位教师"和新大学学术的奠基人,也是一位伟大的思想家和"启蒙运动"的代表。他是德意志早期启蒙运动的领导人和强烈要求宽容和良心自由的理论家。① 托马西乌斯早年研究过伦理学和逻辑学,对自然科学兴致极高。其学术思想是激进的并具有革命倾向,因而普鲁士国王腓特烈一世(Frederich I,1657—1713,1701—1713 年在位)称他为"日耳曼的启蒙运动"之父。② 1688 年,托马西乌斯创办了一份抨击传统大学制度的期刊。他指出:"大学的许多知识是无用的、迂腐的,并隐藏在过时的教学方法和一种过时的语言之下。"③托马西乌斯曾在莱比锡大学任教,但由于与大学占统治地位的经院哲学派和正统神学派发生争议,被迫离开莱比锡。1690 年托马西乌斯来到柏林,受到国王腓特烈一世的欢迎。1692 年,国王准许他到哈勒骑士学院(建于 1680 年)给普鲁士贵族青年讲授逻辑学和法学。1694 年,在国王和虔敬派的支持下,托马西乌斯将哈勒骑士学院升格为哈勒大学。"从创办起,哈勒大学就坚持'实用主义'的原则,这可能是普鲁士政府热情支持它的主要原因。"④

托马西乌斯在哈勒大学讲授哲学、德语演说、法理学和自然法学。"他奋斗的唯一目标是粉碎老一辈学究所保持的像等级社会中科姓制度般的使人麻木不仁的魔力,是使科学和大学教育与实际生活紧密地联系起来,是以开明思想和实用知识教育青年,借以清除陈腐的博学和崇古的学风。"⑤托马西乌斯作为哲学教授和法学部主任,废除了中世纪大学遗留下来的经院主义课程,认为哲学应摆脱经院主义哲学的束缚,并从亚里士多德哲学中解脱出来。在法学上,他主张法律应减少穷人受无谓的诉讼的痛苦,否则无论在现行基督教教义还是伦理学中都找不到合乎道德规范的标准,法律如果要繁荣也必须从亚里士多德道德

---

① 王加丰著:《西欧16—17世纪的宗教与政治》,第 376 页。
② [美]威尔·杜兰著,台北幼狮文化公司译:《世界文明史:路易十四时代》,东方出版社 1999 年版,第 683 页。
③ Willis Rudy, *The Universities of Europe*, *1100 - 1914*, Associated University Presses, London and Toronto, 1984, P. 90.
④ Willis Rudy, *The Universities of Europe*, *1100 - 1914*, Associated University Presses, London and Toronto, 1984, P. 91.
⑤ [德]弗·鲍尔生著:《德国教育史》,第 80 页。

观的束缚中解脱出来。他还主张公法应从《法典》中独立出来,政治理论也应如此。托马西乌斯最先运用德语讲学,推翻了拉丁语在大学讲坛中的垄断地位,凸显了启蒙思想家的民族意识。托马西乌斯在讲授法学时强调实际知识和现实生活,重视对生活中实用科学的运用,蔑视无用的形而上学。他希望自己的学生日后在德国法学界能成为有用、有才干且面向世界的人才。托马西乌斯指出:"检验人的智慧的不是无用的拉丁知识,而是生活中的实用知识。"①这无疑表达了其教学的实用主义特征。腓特烈一世十分推崇托马西乌斯,并把他和莱布尼茨相提并论,认为他们是在现代社会中对德国人民的启蒙和教育贡献最大的人。

与托马西乌斯同时在哈勒大学任教的另一位著名学者是弗兰克。他最初讲授东方语言学,后来讲授神学。弗兰克是德国大学第一位讲授虔信主义神学的人。1695 年,他被聘为哈勒大学东方语言学教授后,还创办了一所规模较小的贫儿学校,它后来扩展为一个综合性的教育机构:包括 1 所普通小学、1 所孤儿院、1 所寄宿学校和 1 所教师训练学校。"……弗兰克成功地建立了一套非凡的制度,他的工作建立在对人性的关爱基础之上,并且依靠慈善事业来维持。结果引起了全欧洲的关注,其学生来自许多国家和地区。"②普鲁士国王腓特烈·威廉一世十分关心弗兰克的工作,并采纳了他关于国民教育重要性的意见,于 1716 年至 1717 年做出了实行强迫初等教育的决定。弗兰克自 1695 年起一直到 1727 年逝世都在哈勒大学任教。

哈勒大学第三位著名人士是沃尔夫。他一生中的大部分时间是在哈勒大学讲授哲学、数学和物理学。沃尔夫受笛卡儿和莱布尼茨的影响,在学术上讲求理性,被誉为启蒙哲学大师,其声誉并不亚于莱布尼茨。尽管沃尔夫的哲学体系主要源于笛卡儿哲学,但他像莱布尼茨一样仍保留了亚里士多德哲学的许多内容。沃尔夫还是普鲁士科学院和巴黎科学院院士、英国皇家学会会员。作为启蒙哲学家,沃尔夫和托马西乌斯一样用德语写作和讲课,他的部分著作如《完整的数学科学》先用德语写成,然后译成拉丁语,而莱布尼茨的著作却是用拉丁文写的。沃尔夫用德语写作和教学既促进了德国民族语言的发展,也是德语语言风格上的一次革命,极大地鼓舞了后人用本国语从事写作和教学的热情,也体现了启蒙学者的民族感情。沃尔夫还把哲学分为理论哲学(本体论、宇宙论和自然神学)和实践哲学

① [美]罗伯特·金·默顿著:《十七世纪英格兰的科学、技术与社会》,第 170 页。
② Levi Seeley, *History of Education*, Complete Unabridged, New York, 2009, P. 120.

（伦理学、经济学和政治学）两部分。其理论哲学接受了莱布尼茨的观点，主张用几何学方式证明哲学原理，以清晰的逻辑演绎概念代替经院哲学的模糊概念。康德（Immanuel Kant）在《纯粹理性批判》的前言中指出，在形而上学的未来体系中必须遵循沃尔夫的严格方法，并称赞他具有数理才能。但德国文学家海涅（Heinrich Heine）却认为沃尔夫继承了笛卡儿和斯宾诺莎（Benedictus Spinnoza）的方法，这种用数学形式证明哲学原理的方法是图解式的，不可忍受的。①

沃尔夫认为，伦理学应依据道德概念独立于宗教信仰，只要人畏惧伦理道德，伦理学便无需依赖上帝。他特别赞赏孔子的伦理学，因为它并非建立在超自然的神启之上，而是建立在人的理性基础上。沃尔夫是创建现代哲学体系的第一人，这种以数学和自然科学为基础的现代哲学十分适合于当时的大学教学。鲍尔生认为，在康德哲学取得统治地位之前，沃尔夫和他的学生支配着德国大学和德国的一般教育达半个多世纪。这种新哲学的基本原则与纯理性主义的"无理则无物"的格言完全一致。② 然而，沃尔夫在哈勒大学宣传莱布尼茨的观点时，却遭到了神学系主任和虔敬派代表弗兰克的反对，学生们被阻止去听他的课。沃尔夫被迫离开了哈勒大学而前往马尔堡大学，这说明当时虔敬派与理性主义是不可能长期共存的。

三、哈勒大学的创新

在以上三人的努力下，哈勒大学成为了学术自由的第一个发祥地，同时也成为理性主义的大本营。鲍尔生教授认为，作为普鲁士振兴新基石的哈勒大学是第一所现代大学，它不仅是德国而且是欧洲第一所具有现代意义的大学。③ 美国教育史家布鲁巴克（John S. Brubacher）指出："也许没有任何大学能比得上 17 世纪末建立的德国哈勒大学对这个高潮所起的巨大作用。这个高等教育机构以'第一所现代化大学'而闻名于世。一些新的特色使哈勒大学有资格享有这一称呼。……亚里士多德研究第一次丧失了它的正统性，而被建立在科学和数学方面进展基础上的近代哲学研究所取代。"④哈勒大学最初只有 700 名学

---

① 杜美著：《德国文化史》，北京大学出版社 1997 年版，第 104 页。
② ［德］弗·鲍尔生著：《德国教育史》，第 81 页。
③ ［德］弗·鲍尔生著：《德国教育史》，第 79 页。
④ ［美］约翰·S. 布鲁巴克著，单中惠、王强译：《教育问题史》，山东教育出版社 2012 年版，第 490 页。

生,但由于它抨击传统大学的教育目的、教学方法和课程设置,同时又通过实践验证了这种抨击的正确性,因而学生人数激增。到 1728 年,进入哈勒大学学习的人数达 18 208 名,多于其他任何德国大学。① 在这些学生中贵族青年居多,他们主要学习法学,并且给哈勒大学带来了较高的声望。

哈勒大学之所以声名显著,还由于它具有两个特点:第一,它采纳了现代哲学和现代科学;第二,它以思想自由和教学自由为基本原则。这两个特点正是现代大学生活的重要基石。在此之前,新教设立的大学和天主教大学一样,都必须以教会确定的教条为教育原则,教授要保证不触犯这些教条。这一点在神学和哲学教学中固然重要,但在法学和医学教育中同样如此。从哈勒大学创建起,自由主义哲学就成了公认的原则,现代哲学与科学进入大学并不是因为它们被官方认可,而是因为它们成了思想自由和研究自由等原则的基本依据。这样使得大学的性质完全改变,它不再是沿袭传统教条的机构,而是领导整个学术界进行创造性科学研究的基地和真理的拓荒者。1711 年,哈勒大学法学教授尼古拉斯·贡德林(Nicolas Gundling)在一次演讲中明确指出了哈勒大学与当时其他大学的区别。他认为大学的任务"就是把人们引向智慧。那就是说,引向分辨真理与谬误的能力。但如果对大学的研究有任何限制的话,这一任务就不可实现"②。曾留学德国的民国教育家田培林(1893—1975)先生也说:"哈勒大学中的研究工作是以'自由研究原则',代替 17 世纪以前大学中的'权威的解释原则'……对于传统的教条,以怀疑的态度,根据理性加以研究,并重新估价;甚至要以批评历史的态度去研究圣经。"③

从课程设置来看,哈勒大学主要在以下两方面区别于传统的中世纪大学:(1)哈勒大学首次在法律系中将绅士教育的内容(如骑马、击剑、外国语等)同培养国家或地方官吏必备的知识结合起来,以迎合当时贵族的需要,从而吸引了一大批贵族子弟,维持了哈勒大学的生存和繁荣。(2)哈勒大学哲学系不再是神学系的附庸,它基本上取得了与神学、法学、医学系同等的地位。沃尔夫认为,哲学系应独立于神学系,并在数学和物理等现代学科的基础上从事教学与研究。哲学应抛弃一切假设和偏见,自由地研究和发现真理。至于法律和伦理则应建立在人类生活和社会的理性知识基础之上。

---

① 贺国庆、王保星、朱文富等著:《外国高等教育史》,第 135 页。
② [美]S. E. 佛罗斯特著:《西方教育的历史和哲学基础》,第 334 页。
③ 张应强著:《高等教育现代化的反思与建构》,第 97 页。

哈勒大学不仅在课程设置上追求现代哲学和新兴自然科学，而且改革了人文主义的教学。它不欣赏西塞罗式的一味模仿，而是更富有批判精神。哈勒大学的另一特色是用本国语教学，教学内容不再采用呆板的"文摘大全"或"纪事大全"做教材，而是改用调查结果之类的文章。教学形式以自由研讨为主，从以前着眼于探讨已确定的真理转变为独立地追求高深知识。

四、哈勒大学的影响

哈勒大学的建立标志着德国大学的历史步入了一个新的发展阶段，它首次提出教学与科研相结合的主张，标志着德国新型大学的诞生。尽管它提出的某些主张尚未形成系统的理论，也没有真正在大学实践中得以贯彻，但它并不像传统大学那样仅仅重复或解释既定的知识和观念，而是把大学视为发现真理的机构。哈勒大学的创举表现在：（1）积极吸收最新的哲学和科学研究成果，摒弃宗教教条，率先大胆聘用崇尚理性、善于思考和具有冒险精神的学者任教，为大学注入了新的生机，奠定了大学高水平科研及教学的基础；（2）首次在大学中全面推行人文主义思想，倡导学术自由，设立了以先进的自然科学及其教学为基础的"自由哲学讲座"；（3）首次使亚里士多德在大学中失去了至高无上的统治地位，充分表达了时代对大学的改革要求。这种崇尚智慧的新气象给当时沉寂的大学校园带来了新生的曙光，并且从根本上改变了巴黎大学的传统模式。这股新风唤醒了当时德国的其他大学，它们纷纷转向哈勒大学寻求帮助与鼓励。

继哈勒大学之后，1737 年汉诺威邦（Hannover）仿效普鲁士邦的做法建立了另一所新大学，即哥廷根大学（University of Gottingen）。哥廷根大学的创建者闵希豪森（Adolf Von Muuchhausen）把思想宽容和研究自由看做大学的根本原则，使得哥廷根大学成了以思想、写作和出版自由而闻名的地方。闵希豪森汲取哈勒大学的教训，排除虔敬派的影响，杜绝教派之间的争斗，致力于创造一种宽容自由的学术氛围。他力图通过聘用在宗教信仰上保持中立态度的教授以保证和平共事，并且在大学条例中禁止公开指责教师的"异教"观点。与哈勒大学相比，哥廷根大学更彻底地实行了学术自由的原则，取消了自中世纪以来神学院享有的对其他学院的监督权，教授们有教学自由和不受检查的权利，可以自己选择教学内容和自行开设课程。课堂教学大多采用讨论、实验、观察等新方法，即使对古典文化的研究也抛弃了背诵和模仿等做法。另外，哥廷根大学创办之初，除了利用一部分教会财产外，其他经费均来自政府的直接拨款,它事实上已成为"国立大学"。这意味着当时将大学发展纳入国家体系的努力在某种程度上得以实现。总之,"相对于这一时期以牛津大学和剑桥大学为代表的英国大学的暮气沉沉,以巴黎大学为代表的法国大学脱离社会需要,18 世纪以哈勒大学和哥廷根大学为代表的德国大学借助于新大学运动的推行取得了明显成功"①。

哈勒大学的创建取得了巨大成功,一些现代大学的理念如学术自由、强调科学研究、注重现代科学和哲学等初见端倪。美国学者佛罗斯特指出,我们现代大学极其可贵的学术自由风气就是发轫于哈勒大学,它从那里传播开来,从而开创了高等教育的新局面。② 到 18 世纪末,所有德国大学包括新教大学和天主教大学都仿照哈勒大学的模式进行了改革。西方学者高度评价了哈勒大学对德国高等教育发展的贡献。鲍尔生把它概括为以下几点:(1)现代哲学和现代科学精神已经渗透到所有学院的教学领域,首当其冲的是哲学院,此前一直被视为"低级学院"的文学院这时也取得了主导地位。(2)科学研究自由和教学自由成为人们公认的原则,而且政府也承认它是大学的基本法。(3)大学教学方法发生了根本变化。以往根据标准教材照本宣科的方法已被学术报告所取代,传统的辩论方法也逐渐由各种课堂研讨所代替。课堂研讨目的不在于巩固已经确立的"真理",而是引导学生对学术研究的独立探索。(4)除了天主教大学的神学院和哲学报告仍坚持用拉丁语外,在大学中一般用德语授课。(5)古典文学学习不再以文学创作为目标,新拉丁文学逐渐消失,取而代之的是以新人文主义思想去探索古典文学,其目标是通过古典文学研究以促进人类文化的发展。③

总之,从 17 世纪末开始,德国大学开始洋溢着时代的新气息,并逐渐在文化和社会生活中占据前所未有的重要地位。德国人对于大学寄予厚望,他们不仅仰仗大学解决科学和哲学方面的问题,而且也期待大学在民族兴亡中发挥越来越重要的作用。"随着国家专制政体的完善,政府需要建立一个庞大的官僚机构去实现其目标。在这一点上,大学是政治不可或缺的工具。"④但与此同时,法国大学在大革命中已被完全废止;英国大学则暮气沉沉,早已落后于时代发展。1806 年耶拿战争后,法国军队占领了哈勒大学,拿破仑命令关闭曾作为抵抗运动中心的哈勒大学。1807 年哈勒大学并入拿破仑建立的威斯特伐利亚王国。

———————————

① 王保星:《德国现代大学制度的发轫及其意义映射》,《中国高教研究》2018 年第 9 期,第 44 页。
② [美]S.E.佛罗斯特著:《西方教育的历史和哲学基础》,第 335 页。
③ [德]弗·鲍尔生著:《德国教育史》,第 83—84 页。
④ Willis Rudy, *The Universities of Europe*, 1100 -1914, Associated University Presses, London and Toronto, 1984, PP. 88 - 89.

不久,哈勒大学教师代表团在法学教授施马尔茨(H. Schmals)的率领下,请求国王腓特烈·威廉三世(Frederick William Ⅲ,1770—1840,1797—1840 年在位)在柏林重建他们的大学,对失去哈勒大学十分痛心的国王欣然同意了他们的要求。1810 年柏林大学正是在这种情况下创办的,它秉承了哈勒大学学术自由和科学研究的传统,并使之进一步发扬光大。

第四节　欧洲大学中的科学研究

近代早期是科学发展的一个崭新阶段,欧洲大学在经历了人文主义洗礼和宗教改革冲突之后,在科学研究方面取得了一系列重大的进展,这一切既深化了人们对自然界和人类自身的认识,也为近代自然科学的兴起奠定了重要基础。

在近代早期科学史上,科学研究活动被描绘为一场"漫长的革命",它以中世纪为起点,横跨好几个世纪。这场革命不仅在科学发现上取得了辉煌成就,而且使人们的科学思想和自然观发生了深刻变化。有的学者认为,与 16、17 世纪具有普遍联系的科学革命事实上可以追溯到中世纪。"严格说来,中世纪的自然哲学家为 17 世纪的科学成就打下了基础,铺垫了道路,当一种新的科学框架在 17 世纪建立起来时,这一大厦包含有许多中世纪的砖瓦。"①早在中世纪时,欧洲大学就开设了一些以探索自然界和人类奥秘为内容的学科。例如,1254 年巴黎主教颁布的敕令规定,巴黎大学的课程包括亚里士多德的《物理学》《论天体与地球》《气象学》《论动物》《论灵魂》《论生育》《感觉和可感事物》《论睡和醒》《论记忆和回忆》《论生和死》《论植物》等。②

在 15 世纪牛津大学的课程中,亚里士多德的著作是必读书目,如《物理学》《气象学》《论灵魂》《论动物》《论植物》等。尤其是在巴黎大学为教皇所禁止的自然哲学以及法律系中的民法,在牛津大学可以不受约束地讲授和研究。与宗教神学色彩浓厚的巴黎大学相比,牛津大学在一定程度上能够摆脱教皇的直接控制而享受某种学术自由。几乎被巴黎大学所摒弃的"四艺",即属于自然科学内容的算术、几何和天文学,仍在很大程度上保留在牛

---

① [美]戴维·林德伯格著,王珺、刘晓峰等译:《西方科学的起源》,中国对外翻译出版公司 2003 年版,第 376 页。
② [美]E.P.克伯雷选编:《西方教育经典文献》(上卷),第 205 页。

津大学的课程之中。几何学以欧几里德的著作或维特利奥的《透视论》为主;天文学以《行星论》或托勒密的《至大论》为主。一些学者认为,牛津大学与巴黎大学之所以形成了截然不同的学术风气,原因在于"巴黎大学继承了 12 世纪法国学者如阿伯拉尔、圣维克多学校的辩证法传统,牛津大学继承了 12 世纪英国学者研究数学与自然的传统"①。巴黎大学关注道德哲学和形而上学,牛津大学更加强调实际和经验性研究。而且牛津大学偏居一隅,非教皇势力直接所及,并能较早地获得由阿拉伯人翻译的亚里士多德及其他自然哲学家的著作,因此能在大学中传授和研究包括自然科学在内的世俗性知识。

文艺复兴时期,尽管古典人文主义成为大学教育的主要内容,自然科学知识的地位很低,但与文艺复兴运动相伴而生的人文主义运动,无论是文学人文主义还是科学人文主义运动,都同西方中世纪末以来的学术复兴和文化变迁存在着内在的联系,都对西方科学复兴运动以及科学的世俗化产生了或多或少的影响。美国科学史家杜布斯指出:"在十四世纪的牛津大学和巴黎大学,对古代的科学教程采取了批判的态度,这种传统也许部分冲淡了十六、十七世纪许多著名大学的保守主义。这种批判工作与经院哲学的结合,已证明尤其有益于物理学的研究。在十六世纪的帕多瓦和意大利北部其他一些大学里,这种学术传统仍然很明显。"②这一时期,一些本质上属于近代科学的思想观念和科学人文主义精神正在迅速滋生,并且对欧洲大学的教学和学术研究产生了深刻影响。

同样,16 世纪的宗教改革也影响了科学发展的进程。"神学与科学的冲突,也就是权威与观察的冲突。科学家们并不因为某个显要的权威说过某些命题是正确的,就要求人们信奉它们;相反,他们诉之于感官的证据,并且仅仅坚持那种他们认为是以事实为依据的学说,这些事实对于所有愿意进行必要的观测的人来说都是明白无误的。这种新方法在理论和实践上获得了如此巨大的成就,以至于迫使神学逐渐地去适应科学。"③下面试以意大利、波兰、英国、丹麦、荷兰五国为例,阐述近代早期欧洲大学中科学研究的进展情况。

一、意大利

与欧洲其他国家相比,意大利从 15 世纪初起便拥有了比较自由的社会政治和宗教文

---

① 赵敦华著:《基督教哲学 1500 年》,人民出版社 1994 年版,第 330 页。
② [美]埃伦·G. 杜布斯著:《文艺复兴时期的人与自然》,第 6 页。
③ [英]罗素著,徐奕春、林国夫译:《宗教与科学》,商务印书馆 2005 年版,第 6 页。

化环境,在很大程度上避免了教会控制和宗教意识形态的干预,因而享有较多的思想自由。正是这种得天独厚的社会和文化环境,为科学人文主义者的成长和科学研究活动创造了有利条件。"……宗教政治意识形态的说教开始让位给对自然世界的调查研究,在方法上则由独断的信仰转向寻求因果关系,并通过试验求得验证。"[①]当别的民族对自然仍旧漠视的时候,意大利人却喜好研究自然和观察自然。意大利研究自然科学的人还从《神曲》中探索但丁对自然科学感兴趣的证明,认为在其伟大诗篇中有许多天文学上的隐喻。

帕多瓦大学成立于 1222 年,是欧洲最古老的大学之一。在这里,古代科学权威和哲学权威受到了高度推崇。14 世纪当巴黎学院派关于冲力学说和动力理论的大论战传到意大利各大学时,受到帕多瓦大学的热烈欢迎和积极响应;16 世纪的原动力学说也正是在帕多瓦大学得到发展的。这一切使它后来成为近代科学革命的重要基地和世界著名的学术中心。例如,生理学研究始终与帕多瓦大学有关,近代在生理学研究中具有杰出贡献的欧洲科学家,几乎都与帕多瓦大学有着这样或那样的渊源关系。1450 年至 1650 年间对医学做出重大贡献的科学家,绝大多数得益于在意大利大学所接受的医学教育。"在 16 和 17 世纪的大部分时期内,意大利医学院成为吸引来自欧洲所有地方的学生的场所,因为它把精良的教学设施(包括最早搜集的自然历史的材料和植物园)与医学发展中心的名声融合在一起了。……文艺复兴时期医学界的著名人物……几乎全是意大利医学院的教授。"[②]

1597 年,英国医学家威廉·哈维(William Harvey)前往帕多瓦大学留学,师从意大利解剖学家法布里修斯(Hieronymus Fabricius)并获得医学学位。正是由于他在帕多瓦大学接受的教育和训练,哈维才成为亚里士多德和盖伦的信徒。哈维摒弃了盖伦关于血液的论述,并依据亚里士多德的理论证明了血液循环的原理。1628 年哈维完成了《论心脏和血液的运动》一书,阐述了自己的观察结果和解剖学文献中的所有知识。"如果说一些人以前提到过神秘的血液循环,那么,哈维如今提出的是一种真正的实验、一种无法反驳的定量结论。人们能够理解,哈维的著作是对人体过程的第一个恰到好处的说明,它为现代生理学指点迷津。毫无疑问,从那以后,人们对生命过程的认识发生了一场变革。"[③]维萨留斯(Andreas Vesalius)、科隆坡(Realdo Colombo)和法布里修斯也曾在帕多瓦大学学习和工

---

① [奥地利]弗里德里希·希尔著,赵复三译:《欧洲思想史》,广西师范大学出版社 2007 年版,第 224 页。

② [比利时]希尔德·德·里德-西蒙斯主编:《欧洲大学史》(第二卷),第 584 页。

③ [美]埃伦·G. 杜布斯著:《文艺复兴时期的人与自然》,第 98—99 页。

作。维萨留斯在 1537 年成为帕多瓦大学教授之前,就已出版了关于古希腊医学家盖伦的著作。他发现了盖伦的许多错误,并于 1541 年致力于整理盖伦的著作。1543 年他出版了论述人体的巨著《人体结构论》,该书很快成为所有解剖学教科书中最有影响的著作。维萨留斯的《人体结构论》与哥白尼同年发表的《天体运行论》一起,共同促进了欧洲摆脱教权统治和学术统治的精神枷锁,使自然科学开始大踏步地从神学禁锢中走出来。科隆坡是意大利解剖学家,1541 年他获得帕多瓦大学医学学位后,被聘为帕多瓦大学解剖学教授。1559年,科隆坡证明了血液的肺循环,认为血液离开心脏经肺动脉到达肺脏,再经肺静脉返回,而不像盖伦所说的"血液穿过两个心室之间的壁"。"在帕杜阿(帕多瓦),从 14 世纪起,经过十代人对自然的观察,终于为欧洲的科学观带来了根本的变化。过去那种纯逻辑推理,从中引申出虚构的因果关系、等级关系的论证方法开始让位于观察试验的方法。"①

在其他学科的研究方面,帕多瓦大学也有骄人的成就。如 1496 年后哥白尼曾在帕多瓦大学学习天文学和数学,1592 年伽利略应邀到帕多瓦大学担任数学教授达 18 年之久(1592—1610),他们在这里度过了一生中的重要时期。英国科学史家巴特菲尔德(Herbert Butterfield)对帕多瓦大学曾给予高度评价和充分肯定。他说:"除了这些伟大人物的显赫之外,帕多瓦大学还有许多发展。这些发展会证明下述看法是正确的,即从任何角度看,都可断言作为科学革命宝座的荣誉,帕多瓦应当是首屈一指。"②

在帕多瓦大学的影响下,欧洲其他大学对于科学世俗化的发展也开始做出审慎的选择,并在一定程度上改变了大学的既定目标和学术传统,使其趋向于实用主义和世俗主义,而远离原来的宗教文化气息。法国史学家雅克·勒戈夫指出:"大学自身日益重视自己的社会作用。它们为国家培养出越来越多的法学家、医学家和学校教师,他们之中献身于较实用而较少虚名的职业的社会新阶层,努力追求一种更适合他们职业等级的知识。大学也为宫廷培养人才,宫廷确保了个别脱离教学的科学家的面包和荣誉。"③这种大学教育目标的调整和学术传统的变迁,为促进大学课程与教学内容的改革奠定了基础。瑞士学者布克哈特认为,"不管怎样,在十五世纪末,意大利因为有保罗·托斯卡内利、卢卡·巴乔洛和列奥那多·达芬奇诸人,所以在数学上和自然科学上是具有无可比拟的最崇高的地位的,而

① [奥地利]弗里德里希·希尔著:《欧洲思想史》,第 322 页。
② 何云坤著:《科学进步与高等教育变革史论》,岳麓书社 2000 年版,第 291 页。
③ [法]雅克·勒戈夫著:《中世纪的知识分子》,第 158 页。

每一个国家的学者,就连雷吉奥蒙达努斯和哥白尼也都承认他们自己是意大利的学生"。①

二、波兰

波兰的克拉科夫大学(Cracow University,现称雅盖沃大学)1364 年创建时就宣称:"愿该学堂成为异彩纷呈之科学明珠,用以造就学识渊博、品德优秀、技艺精通之贤才。"②建校之初,克拉科夫大学只设立了法学系、物理系(含医学和自然科学)和学艺系(哲学系)。由于没有设立神学系,教会逐渐对它失去了热情和关注,致使最后陷入财政困境而走向衰落。1400 年克拉科夫大学复校后,增设了神学系和医学系,并获得了政府的财政拨款。从 15 世纪初到 16 世纪初是波兰历史上的黄金时期,出现了社会安定、经济发展、科技发达的繁荣局面。

从 15 世纪中叶起,克拉科夫大学就把科研工作的重点由神学与法学转移到了数理与天文等学科。1410 年,由简·斯托普耐(Jan Stobner)捐资建立的数学与天文学教研室是当时欧洲最早的教研室。1459 年,玛尔琴·佐拉维奇(Marcin Zorawics)又捐资建立了星占学(也称占星术,是一种原始天文学)教研室。在 15 世纪和 16 世纪,克拉科夫大学通过这两个教研室共培养了整整三代优秀的数学家和天文学家。他们卓越的科研成就推动了天文学的蓬勃发展,并形成了天文学界的"克拉科夫学派"。这个学派第一代代表人物是玛尔琴·比姆(Marcin Biem)和他的弟子;第二代代表人物是玛尔琴·贝利卡(Marcin Bylica);第三代代表人物是沃伊切赫·布鲁兹沃(Wojciech Brudzewski)和简·布罗泽克(Jan Brozek)。他们在克拉科夫大学的天文学教研室工作了近 40 年,不仅本人著作传世,而且培养了一大批杰出的学生如哥白尼等,其中也包括不少慕名而来的外国学生。哥白尼 1491 年至 1495 年在克拉科夫大学学习期间,广泛地阅读了天文学和数学著作,并在天文学教授沃伊切赫指导下研究了托勒密的"地心说"。哥白尼于 1543 年发表《天体运行论》,建立了宇宙"日心说"的体系。他认为托勒密关于地球静止不动的观点不能成立,人们把自己看做世界的中心是一种偏见。在《天体运行论》这部著作中,哥白尼彻底推翻了千百年以来占统治地位的"地心说",牢固地确立了科学的"日心说"。这是天文学上的一次伟大革命,也是人类宇宙

---

① [瑞士]雅各布·布克哈特著:《意大利文艺复兴时期的文化》,第 286 页。
② 程继忠编著:《雅盖沃大学》,湖南教育出版社 1998 年版,第 27 页。

观的一次飞跃和革新。哥白尼对母校始终怀着深厚的感情,他在 1542 年写道:"对于我现有的一切,都归功于克拉科夫大学。"①

许多中欧地区大学的天文学教授也毕业于克拉科夫大学,如海德堡大学教授约翰·维尔敦,天文学维也纳学派的代表康拉德·采尔蒂斯、埃拉兹姆·许里茨、斯坦方·吕斯伦等都是克拉科夫大学的毕业生。历史学家赫尔德(Johann Gottfried Herder)写道:"在整个德国,没有一所大学在天文学方面能与克拉科夫大学相媲美。"②正是由于克拉科夫大学在天文学领域取得的突出成就,许多欧洲国家的天文学家都乐意与克拉科夫大学合作。当时克拉科夫大学的毕业生和学者应邀前往匈牙利、捷克、摩拉维亚、德国、奥地利、意大利等地讲学,并担任数学、天文学等方面的教授,仅意大利博洛尼亚大学的数学教研室就有 7 位波兰学者担任客座教授。波兰学者的论著也备受重视和欢迎。在慕尼黑、莱比锡、牛津、巴黎、威尼斯、维也纳、罗马、布拉格、柏林等欧洲较大的图书馆里,至今仍保存着当年波兰数学家和天文学家著作的手抄本。到 17 世纪初,克拉科夫大学医学系得到了较大的发展,已拥有 6 个教研室,其中包括新建的解剖学和医用植物教研室。医学系在卫生保健、预防传染病和开展公众医疗等方面作出了突出贡献,编辑出版了不少科普性和实用性的医药手册;同时还出版了儿科学、性病学、毒理学、传染病学、浴疗学、临床治疗学等专著。

三、英国

这一时期英国大学在很大程度上一直置身于科学发展的潮流之外,然而它们在某种程度上也证明了科学的重要性。从 16 世纪开始,牛津和剑桥等逐渐设立了一些自然科学课程,这从它们新增设的教授席位情况可以佐证。1546 年,亨利八世在牛津和剑桥设立了包括神学、希伯来语、希腊语、民法和医学在内的 5 个钦定教授席位。1597 年根据伦敦商人圣托马斯·格雷沙姆(Thomas Gresham)遗嘱而建立的格雷沙姆学院(Gresham College),被称为"第三所准大学"(a third quasi-university)。它最初聘请的 7 位教授都来自牛津和剑桥大学,他们负责讲授神学、民法、修辞学、音乐、物理学、几何学和天文学,并且鼓励教师用英语授课。其中数学和物理学与实际问题有关,讲授天文学时还要教授地理和航海学,以及

---

① 程继忠编著:《雅盖沃大学》,第 71 页。
② 程继忠编著:《雅盖沃大学》,第 69 页。

如何使用星盘、标尺和仪器等。格雷沙姆学院为城里大部分不懂拉丁语的居民提供天文学和几何学讲座。在 17 世纪前三十年，格雷沙姆学院的教授们为对数和航海仪器的发展作出了重要贡献。自 1635 年起，格雷沙姆学院开始衰退。尽管一些科学家拟定了一份激进的改革方案，设想进行纯科学的教学和增设磁学、光学和工艺学教授，但这些建议并未取得任何效果。1666 年伦敦大火后，市政当局接管了格雷沙姆学院的校舍，它后来成为英国皇家学会的会址。1583 年，爱丁堡大学设立了数学和自然哲学（科学）教授席位；同年，布鲁诺在剑桥大学讲授天文学，并声称太阳将因热能逐渐消逝而趋向死亡。

伊丽莎白统治时期，采矿、航海、河道整治和乡村住宅等推动了数学的发展，大学的数学教育也是由高明的人士赞助。伦敦市长亨利·比林斯雷（Henry Billingsley）在剑桥大学的伊曼纽尔学院和圣约翰学院设立了数学奖学金，并且在 1570 年出版了欧几里得著作的英文版；另一位伦敦商人托马斯·史密斯（Thomas Smith）率先筹措资金赞助伦敦的数学讲座。约翰·迪伊博士（Dr. John Dee）拥有当时英国最大的自然图书馆，其中约有 4 000 册中世纪手稿和当时的数学课本。从 1560 年至 1583 年，它是伊丽莎白时代英国的科学中心。① 理查德·马尔卡斯特先后担任过泰勒商人学校（1561—1586）和圣保罗学校的校长（1596—1608），他对两所学校的课程进行改革，增加了英国语言和文学。1581 年，马尔卡斯特主张学习数学越早越好。他建议在大学设立单独的数学学院，并考虑写作一本关于数学教学的著作。② "正如一些年轻的清教徒教师希望剥去罗马教堂的法衣，另外一些人则希望找到阻止这种理解方式的本质。正是这种理论与实践之间的不断结合产生了新科学。"③1570 年，牛津大学的理查德·哈克卢伊特（Richard Hakluyt）对海洋事务产生了浓厚的兴趣，12 年后他出版了第一本相关著作。此外，威廉·巴洛（William Barlow，据说他的磁石理论比英国物理学家威廉·吉尔伯特 William Gilbert 的还要早 20 年）、亨利·萨维尔（Henry Savile，1621 年捐助设立几何学讲座）、托马斯·艾伦（Thomas Allen，约翰·迪伊炼金术的数学伙伴）、托马斯·哈利奥特（Thomas Harriot，当时的天才之一）、约翰·戴维

---

① W. H. G. Armytage, *Four Hundred Years of English Education*, Cambridge University Press, London，1964，P. 10.

② W. H. G. Armytage, *Four Hundred Years of English Education*, Cambridge University Press, London，1964，P. 10.

③ W. H. G. Armytage, *Four Hundred Years of English Education*, Cambridge University Press, London，1964，P. 11.

斯(John Davies,后来军用器械的测验员)、约翰·桑博罗韦(John Thornborowe,化学家兼主教)等,印证了美国一些学者的看法,即"在某些方面,伊丽莎白时代的牛津大学似乎比剑桥大学更加活跃"①。牛津大学的亨利·布里格斯(Henry Briggs,擅长于对数)也认可这一观点。他在1619年写道:"我非常希望剑桥大学能够紧跟牛津大学的步伐走得更远。"②

1619年,牛津大学新设萨维尔几何学教授席位(the Savilian Professor of Geometry)。亨利·布里格斯是第一个几何学教授,他绘制了一张对数表并成为了牛津大学的萨维尔几何学教授。1621年,牛津大学新设色德来自然哲学教授席位(the Sedleian Professorship of Natural Philosophy)和萨维尔天文学教授席位(the Savilian Professorship of Astronomy);同年,培根向剑桥大学图书馆赠送了《伟大的复兴》,三年后又赠送了拉丁文本《广学论》,这两本书都力主大学提供更为广泛的基础教育,并且特别强调自然哲学的实验方法。1622年牛津大学建立但比伯爵植物园(Botanic Gardens by Sir Henry Danvers)。1669年新设植物学教授席位。1663年剑桥大学新设卢卡辛数学教授席位(the Lucasian Chair of Mathematics)。1702年剑桥大学新设化学教授席拉。1704年剑桥大学新设天文学教授席位。但当时一些有识之士对于大学里科学的缓慢发展十分不满,其中有位叫约翰·韦伯斯特(John Webster)的学者就此发表了一篇论文。他建议按照彻底的功利原则对英国大学教育体制进行改造,希望有"更多的数学、物理学和烟火制造术或化学这类高尚而又从未得到充分赏识的科学"③。英国文学家弥尔顿在剑桥大学的演讲中也发表了类似观点。他说诗歌、演讲和历史只能给人以娱乐,但它们都不是有用的;而研究各门自然科学,尤其是地理学、天文学和博物学,则更合乎需要。

这一时期,牛津和剑桥大学的科学研究也取得了一定进展。剑桥大学在16世纪就已经有了正规的园林。1526年英国植物学之父威廉·特纳(William Turner)来到彭布罗克学院从事植物学研究,并于1538年出版了《草药名称》一书。后来,特纳还在伦敦西南部建立了举世闻名的皇家植物园,吸引了当时英国各地不少学者前往剑桥研究植物。

1660年王政复辟后,英国建立了新的社会秩序,牛津也恢复了正常的教学生活。"一种

---

① W. H. G. Armytage, *Four Hundred Years of English Education*, Cambridge University Press, London, 1964, P. 11.

② W. H. G. Armytage, *Four Hundred Years of English Education*, Cambridge University Press, London, 1964, P. 11.

③ [美]罗伯特·金·默顿著:《十七世纪英格兰的科学、技术与社会》,第63页。

新的社会秩序预设了一套新的价值组合。对于新科学来说，也是如此。"①以沃德姆学院院长约翰·威尔金斯(John Wilkins)及其学生克里斯托弗·雷恩(Christopher Wren)为中心形成了一个锐意进取的科学家集团，他们在清教教义的激励下对学术研究做出了重大贡献。"新教伦理渗透在科学领域中，并在科学家对待科学工作的态度上打上了不可磨灭的印迹。在表达自己的动机时，在预期可能的反对意见时，在面对实际的责难时，科学家便到清教教义中寻找动力、核准和权威等等。"②威尔金斯对清教主义的原则怀有浓厚的兴趣。他宣称，关于自然的实验研究，是促使人们崇拜上帝的一种最有效的手段。③ 在他的影响下，涌现了一大批杰出的科学家。雷恩先学习天文学和医学，后来成为一名伟大的建筑师。牛津的谢尔登剧院(the Sheldonian Theatre)、基督教堂学院的汤姆楼(Tom Tower)以及伦敦在 1666 年大火后重建的圣保罗教堂等 52 座建筑物，都是雷恩设计建造的。雷恩还设计了一种"为水井、矿井和起重机服务的、能更便利地用绳索卷起重物"的工具。当时，在他们周围还有发现波义耳定律的化学家罗伯特·波义耳(Robert Boyle)、发明无限大符号∞的几何学家约翰·沃利斯(John Wallis)、天文学家塞思·沃德(Seth Ward)和劳伦斯·鲁克(Lawrence Rooke)、科学家兼文学家托马斯·斯普拉特(Thomas Sprat)、经济学家威廉·配第、年轻的实验科学家罗伯特·胡克(Robert Hooke)等。这些学者成为 1662 年正式成立的英国皇家学会第一批核心成员。

王政复辟后，剑桥大学的自然科学也开始发挥重要作用。当时大学和一些私人捐助者设立了一系列科学教授席位。1664 年，剑桥大学设立了卢卡辛数学教授席位，由圣三一学院院长艾萨克·巴洛(Issac Barrow)担任第一任教授。1667 年，牛顿(Issac Newton)成为圣三一学院院士。由于他业务突出，巴洛让位于牛顿。从 26 岁起，牛顿连续 33 年担任了卢卡辛数学教授。巴洛、牛顿以及他们的追随者使数学成为剑桥大学最重要的学科，并推动了整个大学的科学研究。除了设立卢卡辛数学教授席位外，剑桥大学还设立了化学、解剖学、植物学、实验哲学、冶金学的教授席位，以及普鲁米天文学教授席位(the Plumian Professor of Astronomy)、乌特沃德地质学教授席位(the Woodwardian Professor of Geology)、朗德天文学及地质学教授(the Lowndean Professor of Astronomy and Geometry)席位等。同一时

---

① ［美］罗伯特·金·默顿著：《十七世纪英格兰的科学、技术与社会》，第 122 页。
② ［美］罗伯特·金·默顿著：《十七世纪英格兰的科学、技术与社会》，第 123 页。
③ ［美］罗伯特·金·默顿著：《十七世纪英格兰的科学、技术与社会》，第 124 页。

期,剑桥大学还设立了汤玛士·阿当斯爵士和阿尔蒙纳勋爵两个阿拉伯语教授、耐特勃里奇道德哲学教授、钦定现代史教授、诺立斯神学教授、唐宁法学教授以及音乐教授等席位。大学里的科学研究开始变得时髦起来,并且得到了人们的高度赞扬。据统计,在 17 世纪末的 65 名英国科学家中,75% 曾在牛津和剑桥大学接受教育,另有 5% 是其他大学的毕业生;同样,在 1663 年伦敦皇家学会的 115 名成员中,也有 65 人曾在大学学习。①

16 世纪后期,在剑桥圣三一学院求学的弗朗西斯·培根,主张学校教育应传授百科全书式的知识,并强调发展自然科学的重要性。他认为,如果能够揭开大自然的秘密,人类就能找回失去的东西;只有点燃自然之光和通过实验,才能获得改善人类生活的新学科、天赋和商品。培根对当时的大学感到很失望,因为在那里知识被禁锢在某些作家的作品中,如果有人对这些作品提出不同看法,他就会被控告为一个骚乱者或革新者。培根要求詹姆斯一世国王资助出版一本百科全书,并在提案附录中描绘了一个大家共同遵守的社会制度,这就是1627 年由培根的秘书劳里博士(Dr Rawley)整理发表的《新大西岛》(the New Atlantic)。②

培根对当时的大学教育提出了许多宝贵意见,他认为大学教育的主要缺点如下:(1)大学的主要学科全是专业性的,而作为基础知识的人文学科和自然科学常常被忽视了。(2)实验设备不是完全没有,就是很不充足。(3)大学没有考虑到古代文献的取舍问题。(4)在没有对欧洲大学的成果进行概括情况下,还没有人企图寻找那些尚未探索的知识,也没有指定适当的人去描述或探究它们。③ 培根在《新工具》一书中还系统地阐述了科学的重要性及科学归纳法:(1)一切知识的目的赋予人征服自然的力量。人只要发现影响其生活的那些事物的原因,就完全能创造预期的结果。(2)获得有效力的知识的方法,就是要撇开一切陈见,以归纳的方法研究自然。(3)这种方法的运用绝对可靠,而且在运用时并不要求任何特殊才能,任何具有一定耐心和良好感觉的人都能依靠这种方法发现新知识。(4)作为发展知识的一种辅助,需要把各种知识加以整理和分类,以便了解什么是已知的知识,什么是仍需用科学方法去发现的新知识。④ 培根的上述思想反映了英国资产阶级在上升时期对发展科学的迫切要求。

---

① [比利时]希尔德·德·里德-西蒙斯主编:《欧洲大学史》(第二卷),第 567 页。
② W. H. G. Armytage, *Four Hundred Years of English Education*, Cambridge University Press, London, 1964, P. 15.
③ [英]博伊德、金合著:《西方教育史》,第 234—235 页。
④ [英]博伊德、金合著:《西方教育史》,第 235—236 页。

四、丹麦

创建于 1479 年的丹麦哥本哈根大学(University of Copenhagen),最初是以培养牧师为主,教学和科研仍囿于经院哲学的框架之内,对科学发展的贡献并不大。然而,文艺复兴时期的新思潮和科学观对它产生了巨大冲击,到 17 世纪哥本哈根大学出现了科学研究的鼎盛状况。[①] 除了曾就读于哥本哈根大学的病理学家瑟恩森(Peder Sorensen)和天文学家第谷之外,哥本哈根大学的一批学者和科学家在各个领域都作出了杰出的贡献。

隆哥蒙塔努斯(Christian Longomontanus, 1562—1647)是第谷的学生,他在哥本哈根大学担任数学和天文学教授达 40 年之久。1622 年他出版了《丹麦天文学》一书,借助第谷的观测资料系统地阐述了自己的天文学体系。1636 年,隆哥蒙塔努斯负责建造了哥本哈根大学圆塔和塔顶天文台,该建筑成为哥本哈根大学的标志和科学的象征。沃尔姆(Ole Worm,1588—1654)是哥本哈根大学医学教授,他于 1630 年创建了丹麦第一所博物馆,称为沃尔姆历史博物馆。那里收藏了许多古董和珍品,从鹿头、龟甲到古代弓箭、弦琴,无奇不有、琳琅满目。博物馆经后人整理分为自然史和人文史两大类。自然史包括动物、植物和矿物三种;人文史包括考古史和人种史,并出版了所有收藏品的目录和说明。在收集和研究古老碑石与铭文方面,沃尔姆作出了更为突出的贡献。1643 年,他出版了一部关于如尼铭文(Runes,最古老的丹麦文学)遗迹的巨著,成为丹麦考古史上的创举。

哥本哈根大学医学教授托马斯·巴托林(Thomas Bartholin,1616—1680)是丹麦第一位卓有贡献的解剖学家和生理学家。巴托林受英国生理学家哈维血液循环理论的启示,并认真研究了体液论者盖伦关于循环的理论。1652 年,巴托林在解剖实验中发现了乳糜,它被血液吸收后成为体内各种组织的营养物质。据此,他推翻了过去所谓肝脏制造全部血液之说。在此基础上,1654 年巴托林又发现了淋巴系统。他区分出淋巴管和乳糜管是两回事,成为第一个详尽描述人类淋巴系统的人。托马斯·巴托林的弟弟伊拉斯谟·巴托林(Erasmus Bartholin,1625—1698),在哥本哈根大学先后担任几何学和医学教授,其主要成就是研究冰岛长石(Iceland feldspar)的折射作用,并发现了光的双折射现象。伊拉斯谟·巴托林的女婿罗默(Ole Romer)也是一位天文学家,曾协助巴托林整理第谷遗留的天文观

---

① 成幼殊编著:《哥本哈根大学》,第 29—42 页。

测资料。他负责哥本哈根大学圆塔和塔顶天文台的重建工作,并在天文台安装了带有高度圈、方位圈和望远镜的仪器,以便精确地测量天体位置。随后他又增设了两座天文台。罗默还对光速进行了开拓性研究,发表了关于光速的理论。他认为光是按照既定速度运行,而不是转瞬即逝。

博尔克(Ole Borch,1626—1690)曾在荷兰、英国、法国和意大利留学,1660 年被聘为哥本哈根大学比较语言学、化学和植物学教授,并曾多次当选为校长。他是哥本哈根大学第一位化学家。他在英国化学家和自然哲学家波义耳的影响下,摒弃了亚里士多德关于自然界是由土、水、气、火四种元素构成的理论;他接受法国科学家伽桑狄(Pierre Gassendi)提出的古典原子论,写成了《论化学史》。博尔克在植物学方面的贡献,主要在于对丹麦植被的系统观察和草药的搜集,他同时提出了植物分类的基本原则。尼尔斯·斯滕森(Niels Stensen,1638—1686)是哥本哈根大学贡献最大、声望最高的学者之一,他在生理学、古生物学、地质学和结晶学方面都取得了杰出的成就。例如,斯滕森通过对羊的解剖发现了由腮腺通往口腔的分泌管道,在对口、鼻、眼、喉各种腺体的探索中又发现了泪管的功能和结构;他否定了盖伦所谓心脏是纤维组织而非肌肉的理论,认为心脏不是简单的肌肉,除了纤维之外还具有动脉、静脉、神经和结缔组织,这一理论成为世界医学史上的基石。斯滕森通过对鲨鱼齿和鱼、蚌等大量古生物化石的实地研究,于 1669 年出版了一部关于固体方面的著作,其中包含了地质学、古生物学及结晶学的原理,被认为是地质学文献的里程碑。斯滕森还通过观察矿物晶体如石英石、赤铁矿石、白铁矿石、钻石等,认为石英晶体虽然外观差别较大,但在相应晶面之间的角度相同,从而为晶体学奠定了基础。

五、荷兰

莱顿大学(Leiden University)创建于 1574 年。从 16 世纪末到 17 世纪末,莱顿大学对自然科学的研究取得了很大进步,尤其是在医学和物理等学科教学中注重理论与实践的结合。[①] 1589 年,生理学家皮特·保夫(Pieter Pauw)在莱顿大学进行了第一次公开尸体解剖并详细讲解,这在当时不仅是科学研究上的伟大尝试,同时在观念上也是对神权的挑战。后来,医学家赫尔曼·布尔哈夫(Herman Boerhaave)利用活猴做解剖实验,为人体解剖学研

---

① 董俊新编著:《莱顿大学》,第 16—32 页。

究奠定了基础。布尔哈夫的听众来自世界各国,1701 年至 1738 年间共有 1910 名学生听过他的演说,其中有 659 人来自英语国家。① 有的学者指出:"几乎全欧洲的医学院乃至远处的俄国都按照布尔哈夫在莱顿的医学课程和教学程序的模式重新改造,全欧洲的教师都统称为学术教授。这一模式由他的毕业生传播到所有欧洲国家。"②18 世纪早期,布尔哈夫还在莱顿大学设立了临床医学课程,他的革新工作由其弟子在其他地方继续实施,特别是在维也纳大学、爱丁堡大学和斯特拉斯堡大学。"布尔哈夫实际上变成了在各个医学院的权威标准。"③

1592 年,植物学家克鲁斯·科鲁西斯(Carolus Clusius)在莱顿大学建立了一个兼顾教学和观赏的植物园,收集植物达 1700 多种。同年,莱顿大学建造了一个解剖学直观教学大讲堂,当时欧洲许多老牌大学还没有这样的设施。解剖学直观教学课的开设,使医学教育前进了一大步,极大地促进了医学的发展。1633 年,根据东方语言学教授雅各布·高吕(Jacobus Golius)的建议,莱顿大学在教学楼顶部建立了一座用于物理学教学的小型天文台。与此同时,医学教学也开始同临床相结合。圣·卡西里亚医院(St. Caecilia Hospital)为此安排了两个大房间和 12 张床位用于师生实习。师生每周轮流去医院两次,并在那里做尸体解剖实习。莱顿大学在这一时期建立的植物园、解剖学直观教学大讲堂、天文台和附属医院等设施,为后来莱顿大学的科学研究奠定了基础。

17 世纪前半叶,莱顿大学的医学教育发展迅速。继保夫之后,法尔高布修斯(Falcoburgius)也进行了解剖学的实验。瓦勒(Wale)通过对动物进行实验证实了哈维的血液循环理论。从 1638 年起,莱顿大学的医学教授每周要到附属医院巡视两次,后来改为每天必须巡视一次。西尔维乌斯(Sylvius)是莱顿大学杰出的化学家,他利用在化学方面取得的研究成果完善了生理学和治疗学方面的理论。他发现当渗入酸性乳糜的血液在心脏同含有碱性胆汁的血液相遇时,人的体温会升高。此外,西尔维乌斯还发现了唾液的消化功能。化学和医学研究息息相关,自从西尔维乌斯进入莱顿大学以后,它才开始设立化学课程。1665 年,在辩证法、伦理学和政治学领域享有盛名的哲学家乔治·霍尼乌斯(Georgius Hornius)呼吁学校应该重视化学研究,后来学监们也意识到化学研究对医学院的重要性。1669 年,莱顿大学医学院设立了用于教学和科研的化学实验室。

----

① [比利时]希尔德·德·里德-西蒙斯主编:《欧洲大学史》(第二卷),第 456 页。
② [比利时]希尔德·德·里德-西蒙斯主编:《欧洲大学史》(第二卷),第 464 页。
③ [比利时]希尔德·德·里德-西蒙斯主编:《欧洲大学史》(第二卷),第 642 页。

　　除医学外,莱顿大学还开设了数学和物理学课程。在很长一段时间,数学专业只设两个教授席位。1600 年根据毛里茨亲王(Prince Maurice)的请求,其中一个教授席位专门留给工程师、有才干的军官或从事实际工作的人,由王室亲自任免,并规定要用荷兰语授课;另外一个教授席位由学校指定,并要求用拉丁语授课。数学包含了天文学、光学和物理学的部分内容。1613 年,荷兰数学和物理学家斯耐吕(Willebrord Snellius)的研究成果被命名为"斯耐吕光线折射定律"。相比而言,莱顿大学的物理学要比医学和化学发展缓慢。到 17世纪后半叶,物理学仍然主要用亚里士多德的著作授课。1670 年,佛尔德(De Volder)担任物理学教授后,莱顿大学的物理学研究开始进入一个新时期。1675 年,佛尔德创建了莱顿大学第一个物理实验室。后来,他的弟子和继承者在这所实验室完成了许多卓有成效的科学实验和科研成果。1690 年,物理学家惠更斯(Christiaan Huygens)提出了光的波动学说,即著名的"惠更斯原理"。根据这一原理,可以解释光的反射、折射、干涉和衍射等所有光学现象。后来,物理学家马森布洛克(Pieter Van Musschembroek)又发明了最早的电容器,为科学研究提供了一种有效的储电方法。总之,从 17 世纪末到 18 世纪初,莱顿大学涌现出了一大批杰出的科学家。

　　有关近代早期欧洲大学与科学研究的关系问题曾引起人们激烈论争。不少批评者认为,近代早期大学对自然界的探索充满浓厚的学究气,盲目照搬古人文章;探究自然的主要目标不是揭示自然规律,而是一些徒劳和咬文嚼字的争论;大学里的科学研究是一片荒野,既没有取得任何结果,也未能向人们提供任何启示。① 大学不仅没有充当科学的保护神,还把最先进的现代观察排除在外。培根指出:"……在学校中、学园中、大学中,以及类似的为集中学人和培植学术而设的各种团体中,一切习惯、制度都是与科学的进步背道而驰的。……因为在这些地方,一般人的研究只是局限于也可说是禁锢于某些作家的著作,而任何人如对他们稍持异议,就会径直被指控为倡乱者和革新家。"②有的史学家也认为,近代早期大学在科学研究方面所发挥的作用十分有限。"事实上,科学的伟大复兴主要是在大学外进行的,虽然各地并非都是如此。"③英国学者阿什比(Eric Ashby)指出:"科学革命的历史几乎完全与大学无关……任何情况下,欧洲的大学都不能被认为是科学革命的发起

① [比利时]希尔德·德·里德-西蒙斯主编:《欧洲大学史》(第二卷),第 555 页。
② [英]培根著,许宝骙译:《新工具》,商务印书馆 1997 年版,第 71 页。
③ [比利时]希尔德·德·里德-西蒙斯主编:《欧洲大学史》(第二卷),第 48 页。

者。"①科学家们的大批退出,使大学丧失了一批科学发展的开创者。"大学科学家的大量流失贯穿了整个 17 世纪。"②

相反,有的学者认为,如果大学不是科学的绿洲,那么它也不完全是科学的沙漠。"我们不应该被正式法规和官方课程所误导。在亚里士多德、托勒密、盖伦及其评论家置身其间的许多大学里,传统研究居于统治地位,新科学生存于夹缝间,并通过课外讲座、私人讲授及由教师和学生举办的专门研讨班而得以发展。"③研究表明,近代早期欧洲大学并非愚昧无知、墨守成规、僵化而不思变革的机构,它们也并非仅仅关注陈腐科学和医学的会议记录。在意大利、波兰、英国、丹麦和荷兰的一些大学里,科学研究十分活跃而且颇有成效。在 16、17 世纪,那些发生了巨大变革以及取得令人难以置信的进展的科学领域,恰恰是大学里最突出的课程。正如有的学者指出:"自 13 世纪以亚里士多德、欧几里得、托勒密、海桑及其评论家为中心、以传授'三艺'、'四艺'为基础的大学形成以来,所有这些广泛的科学领域——天文学、物理学、数学,以及更广泛的自然哲学——均深深地植根于大学的土壤之中。"④另外,在为科学革命作出杰出贡献的二三百名科学家中,只有极少数人没有接受过大学教育。在近代早期的科学发展中,绝大部分科学家是在大学里以教授为业;许多富有创造性的科学家均在大学里拥有教授职位。"在 16 和 17 世纪期间,是大学为这些人提供了生活保障——为他们发放薪水(虽然往往薪水不太高)和提供相对稳定的职位——没有这些很难想象一个现在受到支持的永久、稳定的国际科学共同体的存在。"⑤大学还为科学研究提供了个人无法获得或尚未占有的宝贵资料,图书馆的重要性自不待言,其他如药物园、博物馆、天文台、解剖室等都为科学研究奠定了基础。

总之,关于科学研究在大学里得到广泛培育的证据不胜枚举。因此,对于近代早期欧洲大学中的科学研究活动,我们要一分为二地加以分析和评论。有的学者指出:"用'僵化'、'颓废'、'麻木'等词来描绘近代早期大学,显然是不合适的。大学为科学革命奠定了基础;大学为科学革命造就了大部分的科学家和科学巨匠;科学革命率先突破的学科领域都是大学最主要的课程;一些卓越的大学成为科学教学的中心;若干大学对某些科学的重

---

① [比利时]希尔德·德·里德-西蒙斯主编:《欧洲大学史》(第二卷),第 556 页。
② [比利时]希尔德·德·里德-西蒙斯主编:《欧洲大学史》(第二卷),第 493 页。
③ [比利时]希尔德·德·里德-西蒙斯主编:《欧洲大学史》(第二卷),第 557 页。
④ [比利时]希尔德·德·里德-西蒙斯主编:《欧洲大学史》(第二卷),第 574 页。
⑤ [比利时]希尔德·德·里德-西蒙斯主编:《欧洲大学史》(第二卷),第 570 页。

大突破发挥了重要的作用。然而,由于大学长期为教会所把持和控制,哲学和科学成为神学的侍婢,大学在科学革命中的消极作用也是显而易见的。从整体上看,虽然近代早期的大部分时间里大学总数超过了 100 所,但大多数大学的表现是不尽如人意的,许多重要的科学发现是在大学之外取得的,大学没有形成有组织的科研团体,相关研究只得交由社会组织和各种学会来承担。"①既然大学不能独自承担科学革命的使命,其他机构就应运而生,在科学革命中弥补了大学的不足。

第五节　北美殖民地学院的诞生

北美殖民地学院是由各宗教团体所创办,其主要目的是培养受过良好文化教育的教士。当各教派的新教徒从英格兰、苏格兰、爱尔兰、法国、德国、荷兰等欧洲国家迁入北美殖民地时,他们带来了母国的文化,而基督教是他们在殖民地移植母国文化的基石。在母国的文化观念、宗教信仰支配下,移民们着手建立殖民地学院,并使之成为将文明传给后代的最佳手段。虽然殖民地学院在诸多方面刻意仿效英国和欧洲中世纪的大学模式,但由于殖民地的条件完全不同于英国和欧洲大陆,因此无法全盘照搬英国和欧洲大学的模式。正如有的学者指出:"美国殖民地时期的高等教育发端于这样一种特定文化的环境中,一方面受到西欧传统文化,尤其是英国传统文化的深刻影响;另一方面则受到殖民地新的社会、经济、政治、宗教等条件的影响。正是西欧文化尤其是英国文化与殖民地新条件的相互作用的结果,产生了美国殖民地时期独特的高等教育。"②弗吉尼亚殖民地是英国移民最初抵达之地,也是殖民地人才荟萃之地,因此最早的殖民地学院诞生在这里。

一、哈佛学院

(一) 哈佛学院的创办

17 世纪初,当英国向北美洲殖民地移民时,正值英国国内高等教育改革取得成效阶段。

---

① 贺国庆:《大学在科学革命中的作用》,《高等教育研究》2019 年第 10 期,第 89 页。
② 王廷芳主编:《美国高等教育史》,福建教育出版社 1995 年版,第 56 页。

英国高等教育的革新和变化被富于创造精神的移民带到了美洲大陆。美国学者狄克逊·福克斯(Dixon Ryan Fox)指出,普通教育和专业教育由英国向美国移植时经历了四个不同的阶段:第一,受过培训的人从宗主国到殖民地定居,并开始从事他们的行业;第二,最初有学识的人由那些去宗主国接受高等教育之后返回美洲的、本土出生的青年所代替;第三,殖民地高等教育机构的出现,虽然这些机构的最初阶段仍依赖宗主国为它们培养教师;第四,殖民地自己创办的院校成熟了,其教师能自给自足,并为殖民地提供受过高等教育的人。① 在最初移民新英格兰的清教徒中,很多是牛津和剑桥大学的毕业生,他们为了逃避宗教迫害,抱着在新大陆实现宗教理想的目的来到北美。

据德克斯特(Franklin B. Dexter)和莫里森(Samuel Eliot Morison)证实,在1646年之前的移民中,至少有130人受过大学教育:其中100人曾就读于剑桥大学,32人曾就读于牛津大学(显然有两人曾在两所大学读书);87人有学士学位,63人有硕士学位。在这些人中,98人在新英格兰担任神职,27人成为政府官员,15人教书,5人经商,3人行医。其中有些人可能不只是从事一种职业。在这些人中,有43人于王政复辟前又回到了英国。但即使是剩下的这些有学识的人,对于当时殖民地2.5万人口而言也是一个不同寻常的数目。② 但来自英国受过高等教育的移民显然不能满足殖民地社会发展的需要,而赴英国求学再回到殖民地的青年更是微乎其微。在这种情况下,移民们开始着手建立自己的高等教育机构。

早在1622年,弗吉尼亚殖民地就开始了创办学院的尝试。当时设立了一个由绅士组成的常务委员会,负责监督该计划的实施,并已筹集2000多英镑资金。弗吉尼亚公司还拨给9000英亩土地作为办校用地,准备创建亨利科(Henrico)大学。学校附属教堂举行了领受圣餐的仪式,图书馆也初具雏形,甚至任命了帕特里克·科普兰(Patrick Copeland)牧师为校长。但1622年的印第安人大屠杀及随后弗吉尼亚公司的解体对该计划的实施带来了沉重打击。哈佛学院正是在创建亨利科大学的设想成为泡影后诞生的。

创办哈佛学院的最早动议,来自1633年剑桥大学毕业生约翰·埃利奥特的一项提案。他致函马萨诸塞当局,阐述建立大学的意义。1636年10月28日,马萨诸塞议会通过一项议案,决定拨款400英镑建立一所大学或学院。后来,人们把这一天定为哈佛学院诞生日,

---

① [美]劳伦斯 A. 克雷明著:《美国教育史:殖民地时期的历程 1607—1783》(第1卷),第161页。
② [美]劳伦斯 A. 克雷明著:《美国教育史:殖民地时期的历程 1607—1783》(第1卷),第161页。

也被视为美国高等教育诞生日。1637年11月,马萨诸塞议会又下令将这所学院建立在新城(Newtown),并成立一个由6位行政官员和6位牧师组成的"校监督委员会"(Board of Overseers),负责学院的筹建和管理事务。12位校监督委员会成员都与英国大学有着直接或间接的关系,有的人毕业于牛津或剑桥大学,或其父亲毕业于英国大学。1637年底,毕业于剑桥大学伊曼纽尔学院的纳撒尼尔·伊顿(Nathaniel Eaton)被任命为院长(Master),并受托管理收到的捐赠。1638年5月,学院所在的新城更名为"剑桥"(Cambridge),学院也被称为"剑桥学院"(Cambridge College)。不久,在伊顿的主持下学院招收学生,正式开学授课。哈佛学院的建立标志着美国高等教育的肇始,开启了美国文化教育发展的新纪元。

创办哈佛学院的主要目的是确保殖民地拥有"博学而虔诚的牧师"。牧师是受过教育的有教养的人,这是当时清教徒和大多数殖民者的信念。无论是欧洲还是美洲,那时的牧师比其他任何职业的人更有教养。在殖民地时代,人们相信牧师是十分睿智的人,并且懂得如何生活。殖民者认为,牧师是值得信赖的知识分子。"因此,殖民地时代的牧师常常是所在社区的知识引领者。"①后来,哈佛学院也成为了培养其他专业人士的中心,包括律师和医生。哈佛学院的另一个目的是确保殖民地社会组织和领导人的连续性。有的学者指出,新教的使命感迫使马萨诸塞领导人建立了一所学院。新教联邦需要有能力的统治者,教会需要有知识的牧师,文明社会也需要那些有知识、有品位和有价值观的人。建立哈佛学院的目的就是为了培养牧师、教师和地方官员,只有这些人才能将文明与野蛮、天堂和地狱分开。② 17世纪哈佛学院毕业生的入职情况,也证实了它在培养宗教和社会领导人中的地位。

建校之初,哈佛学院的条件十分艰苦,其经费、校舍、教师、图书设备和生源都很缺乏。但凭着移民们的历史责任感和创业精神,学院终于建立起来了。"在美洲当时的环境中,建立这样的学府并非易事。要不是对服务上帝及人类的使命有信念,哈佛大概不会存在下去。学校经费总是左支右绌。待遇菲薄,教师年纪又轻,不大可能长久担任教职。每班学生也很少。"③1641年,马萨诸塞殖民当局派遣三位神职人员返回英国,他们的使命是为哈佛学院筹募资金。威廉·西本斯(William Hibbens)牧师在一年内为哈佛学院筹集了500

---

① William H. Jeynes, *American Educational History: School, Society, and the Common Good*, SAGE Publications, Thousand Oaks, 2007, P. 16.
② [美]韦恩·厄本、杰宁斯·瓦格纳著:《美国教育:一部历史档案》,第68页。
③ [美]费雷德·赫钦格、格雷丝·赫钦格合著,汤新楣译:《美国教育的演进》,美国驻华大使馆文化处1984年版,第115页。

英镑,后来又获得更多经费。① 托马斯·韦尔德(Thomas Weld)和休·彼得(Hugh Peter)在英国停留时间更长,他们写信给殖民地当局,要求获得介绍哈佛学院和新英格兰的小册子。这样美国第一份关于筹款的推广材料《新英格兰的早期成就》(*New England's First Fruits*)于 1643 年在伦敦出版。这份小册子声称:"在上帝把我们平安地带到新英格兰之后,我们建造了自己的房屋,提供了生活的必需品,并在附近建立了上帝的教堂,设立了市民政府;下一步我们所期望的就是得到高深的知识,使子孙后代得以生存;我们害怕在我们现有的牧师死后,给教会留下的是无知的牧师。"②

正当移民们考虑和磋商如何完成这一伟大使命时,1638 年 9 月 14 日由英国到达北美仅一年多的牧师、毕业于剑桥大学伊曼纽尔学院的约翰·哈佛(John Harvard)死于肺结核;他临终前立下遗嘱,将其带到北美的 260 册图书和遗产的一半(约 850 英镑)赠给新建的学院,另一半留给妻子。这是一笔很可观的财产(当时北美一个中等学校教师的年薪约 20 至30 英镑,哈佛第一任院长的年薪是 60 英镑),它相当于马萨诸塞议会拨款的两倍。为了纪念约翰·哈佛对建校的贡献,1639 年 3 月马萨诸塞议会决定将此前在剑桥建立的学院正式更名为"哈佛学院"(Harvard College)。这种捐资助学之风,不仅成为哈佛学院的传统,而且成为美国高等教育的传统。

在约翰·哈佛影响下,许多移民纷纷捐赠钱物资助哈佛学院。当时的捐赠兴学登记表描述了热心群众集资办学的动人情景:"我们看到一个人赠一群绵羊,另一个人捐献值 9 先令的棉布,第三个人捐赠一把锡制酒壶,值 10 先令,另一些捐赠一只精致的碟子,一把汤匙,一把上端镶银的大水壶,一只大盐碟,一只小的有垫盘的盐碟。这些捐赠或遗赠的价值,从 5 先令、9 先令到 1 镑、2 镑不等。"③如果没有移民们的大力支持,哈佛学院的创办将更加困难重重。后来成立的威廉·玛丽学院和耶鲁学院,同样仰仗那些有能力和有兴趣的捐赠者。"……由于人们对高等教育的关心变得日益广泛和深切,促使了美洲和英伦三岛数以万计的人们纷纷慷慨解囊捐赠现金,集腋成裘,聚集成相当可观的一笔数目,从而挽救了这些学校。"④这种通过政府拨款与民间集资相结合的方式兴办大学,成为美国的一种

---

① [美]弗兰克·H.奥利弗著,许东黎、陈峰译校:《美国高等教育筹款史》,广东人民出版社 2015 年版,第 3 页。

② [美]S.E.佛罗斯特著:《西方教育的历史和哲学基础》,第 306 页。

③ 夏之莲主编:《外国教育发展史料选粹》(上册),第 446 页。

④ [美]弗兰克·H.奥利弗著:《美国高等教育筹款史》,第 5 页。

传统。

创办初期的哈佛学院规模很小,最初只招收了 9 名学生,仅有 1 名校长、2 至 3 名导师、1 名财务人员、1 名厨师、1 名总管和几个仆人。① 虽然校舍简陋,但其建筑物比较漂亮,布局也比较合理。"每一座建筑物在建造的时候可能都是这个殖民地当时最宏伟、最豪华的建筑物。"②里面有一个宽敞的大厅用于公共食堂、演讲厅和运动场所;有一间赠送的大藏书室;还有用于学生学习的单人房和自习室,以及办公所需的房间、储藏室等。学院旁边有一所文法学校,面向年幼的学生,以学术类课程为主;当他们达到成熟的年龄时,就可以进入哈佛学院学习。

从 1640 年至 1701 年哈佛学院共有六任校长,他们分别是亨利·邓斯特(Henry Dunster,1640—1654)、查尔斯·昌西(Charles Chauncy,1654—1672)、利奥纳德·霍尔(Leonard Hoar,1672—1675)、尤里安·奥克斯(Urian Oakes,1675—1681)、约翰·罗杰斯(1682—1684)和英克利斯·马瑟(Increase Mather,1685—1701);教师共有 43 位,任期从几个月至 8 年不等。③ 哈佛学院刚成立时学生人数很少,1642 年为 20 人,1670 人为 60 人;自 1690 年至 1700 年,平均每年毕业生仅有 13 人。④ 哈佛学院在建校 35 年后可以培养自己的教师,建校 63 年后校长首次有了助理,建校 76 年后学院第一次有了神学教授。经过哈佛人的艰苦创业,哈佛学院逐渐壮大起来。

(二) 哈佛学院的课程设置

哈佛学院创建初期,由伊顿牧师管理日常工作,但实践证明选择他是错误的,他任职仅一年就被解聘了。伊顿毕业于剑桥大学,曾在英国当过教师,1637 年与哈佛同船抵达马萨诸塞。但他脾气暴戾,管理作风粗野。他的一位学生写道:"他更适合作宗教法庭的法官或是劳教所的主人,而不适合作信仰基督的青年的教师。"⑤在 1640 年以前,由伊顿对学生进行文法教育,他教授所有的科目。大约 1638 年,哈佛学院出现了最早的课程表,它规定了学生第一、二、三学年的课程:第一年包括逻辑、医学、修辞、神学、植物学史及种类、希腊语

① 张斌贤主编:《美国高等教育史》(上),教育科学出版社 2019 年版,第 85 页。
② [美]约翰·塞林著:《美国高等教育史》,第 9 页。
③ [美]劳伦斯 A. 克雷明著:《美国教育史:殖民地时期的历程 1607—1783》(第 1 卷),第 170 页。
④ 滕大春著:《美国教育史》,人民教育出版社 1994 年版,第 75 页。
⑤ [美]劳伦斯 A. 克雷明著:《美国教育史:殖民地时期的历程 1607—1783》(第 1 卷),第 166 页。

和希伯来文法;第二年包括伦理、政治、希腊散文和辩证法、修辞学、神学和植物分类学;第三年包括算术、天文和几何。① 伊顿残忍粗鲁,并且肆无忌惮地征收学生的学费。实际上他把学生当作犯人关押在家里,只教给他们一点点知识。更有甚者,伊顿的妻子给学生提供的饭菜没有一点肉腥,常常是酸面包和干布丁。伊顿的管理风格及暴躁性格影响了他的声誉,1639 年 9 月伊顿夫妇被校监察委员会解职,并被驱逐出新英格兰地区。此后一年,学生被遣散回家,哈佛学院实际上陷于停顿状态,襁褓中的哈佛学院面临着夭折的命运。

直到 1640 年 8 月,亨利·邓斯特被校监察委员会任命为哈佛学院校长(President)时,哈佛的命运才出现转机。邓斯特毕业于剑桥大学玛格达伦学院,于 1634 年获得文科硕士学位。他毕业后担任过教师和牧师,1640 年移民到马萨诸塞的波士顿。邓斯特是一位学识渊博、公正勤勉的人士,在他的领导下哈佛学院开始恢复正常的教学工作。学生被重新召回,教师也陆续返校任教,年轻的哈佛学院开始坚定地向前发展。邓斯特任职达十四年之久(1640—1654),他励精图治,艰苦创业,使哈佛不仅摆脱了生存危机,而且为其后来的发展奠定了坚实基础。

邓斯特上任之初就着手处理各种事务,他完成了在伊顿任职时开始的"老学院"建设,请求州议会、新英格兰联盟、英国议会和私有捐助者的帮助,寻求州议会永久性的法律认可等。同时,邓斯特还制定和完善学院的各项章程条例,他借鉴了爱丁堡大学对毕业论文的要求,借用牛津和剑桥大学的章程和古代典章中的措辞,并加以创新。"这样,到 1654 年这个羽翼未丰的学校已经形成了自己独特的本土化的传统。"②

1643 年出版的《新英格兰的早期成就》一书对邓斯特领导下的哈佛进行了生动全面的描述。从那时的章程可以明显地看出培养宗教人士是哈佛学院的首要原则,即明确地教导并恳切地敦促学生认识到,他们生命和学习的主要目的是"去了解作为永恒生命的上帝和耶稣基督,基督是所有真正知识和学问的唯一基础";每个人都应每天两次阅读圣经,以便"在对语言和逻辑的理论觉悟认识上,在实践和精神的真理方面,达到导师依据他的能力提出的要求,做到精通,取得进步";每个学生要认真参加所有的讲课和辅导,严格遵守学校的规章制度,坚决远离亵渎神灵的行为,不与放浪不检点的人交往;没有导师、父母或监护人的许可,任何人不得去其他城市。正规的课程历时三年,应达到能理解西塞罗的作品,相当

---

① [美]亚瑟·科恩著:《美国高等教育通史》,第 31 页。
② [美]劳伦斯 A. 克雷明著:《美国教育史:殖民地时期的历程 1607—1783》(第 1 卷),第 172 页。

熟练地运用拉丁文,并具备希腊语法方面的基本知识。论辩的主题分为文法、修辞、逻辑、物理、伦理学和形而上学等。①

邓斯特仿效他的母校剑桥大学开设课程,因而哈佛学院的课程设置表现出强烈的古典色彩。在哈佛学院的课程体系中,古典语言(拉丁语、希腊语、希伯来语)的学习占有较大比重,其中希腊语学习侧重于研读荷马作品和希腊抒情诗与田园诗;学生必须学习亚里士多德的自然哲学、道德哲学和心灵哲学,还应学习逻辑学、修辞学、伦理学、形而上学、天文学、物理学及数学等课程。

哈佛学院长期没有专职教师,由校长一人担任各年级全部课程的教学,因而教学内容贫乏,教育质量不高。1655年以前,哈佛只有3个年级,3学年的课程只有13门,包括逻辑学、物理学、希腊语、伦理学、政治学、迦勒底语、算术、几何、天文学、叙利亚语、历史、植物学以及神学、教义问答等宗教课程。教学用拉丁语进行,各门课程上课时间少得可怜。一年级的逻辑学每周两次、每次45分钟,物理每周两次、每次15分钟;二年级的伦理学和政治学每周两次、每次30分钟;三年级的算术和几何每周两次、每次45分钟,天文学每周两次、每次15分钟;历史和植物学各年级同时开设,植物学在夏天、每周1小时,历史在冬天、每周1小时。除了大量的辩论、演讲、练习和宗教活动外,一年级每周正式上课时间仅5小时,二、三年级大体相似。所有课程的安排是:周一至周四上午8点至9点为一年级学生上课,9点至10点为二年级学生上课,10点至11点为三年级学生上课,周五和周六为全体学生讲授修辞学和神学。下午的时间则是督导学生辩论、背诵以及进行多种多样的辅导练习。②"辩论是大学里的一项受欢迎的练习,因为这可以体现学生运用逻辑准则的知识水平和能力。学生们对每一件事,从管理的最好形式到血液是否循环,从怀疑哲学的开端到亚当是否有脐带,从大雨之前彩虹的出现到野蛮人的粗鲁是不是真正的勇敢等,无所不争。"③

有证据表明,邓斯特在任职前几年教授所有的课程,1643年校监察委员会决定选择两位学士做院长的临时助理,由院长安排他们给低年级学生朗读。1642年入学的约翰·巴克利(John Buckley)和乔治·唐宁(George Downing)担任了这个新设立的职务。此后邓斯特的助理更替频繁,共有8人相继接任这一职务。表4.1是1642年邓斯特制定的课程表。④

---

① [美]劳伦斯 A. 克雷明著:《美国教育史:殖民地时期的历程1607—1783》(第1卷),第167页。
② [美]E. P. 克伯雷选编:《外国教育史料》,第325—326页。
③ [美]S. E. 佛罗斯特著:《西方教育的历史和哲学基础》,第308页。
④ 贺国庆、王保星、朱文富等著:《外国高等教育史》,第180页。

表 4.1　1642 年哈佛课程表

	8:00	9:00	10:00	13:00	14:00	15:00	16:00
第一学年							
周一、二	逻辑物理	自修	自修		辩论	自修	自修
周三	希腊字源学　造句	自修	自修		希伯来文法　文学	自修	自修
周四	希伯来文法	自修	自修		希伯来圣经	自修	自修
周五	修辞	演说	修辞		修辞	修辞	
周六	教义问答	自修	自修	历史、植物史			
第二学年							
周一、二	自修	伦理学 政治学	自修 自修		自修 自修	辩论	自修
周三	自修	希腊诗 辩证法	自修		自修	希腊诗	自修
周四	自修	闪语①	自修		自修	闪语练习	自修
周五	修辞	演说	修辞				
周六	教义问答	自修		历史 植物史			
第三学年							
周一、二	自修	自修	算术、几何		自修	自修	辩论
周三	希腊理论	练习	天文		希腊作文	希腊作文	
周四	自修	自修	叙利亚语		自修	自修	《新约》研读
周五	修辞	演说	修辞		修辞		
周六	教义问答	话家常	自修				

　　这是一个以古典语言和神学为核心的课程体系，反映了文艺复兴和宗教改革时代的课程特征。邓斯特在哈佛学院亲自讲授希伯来语、希腊语、拉丁语、叙利亚语等古典语言和古

① 闪语是以谱系分类法分出的语系之一，分布在阿拉伯半岛、非洲东部和北部一带。闪语包括希伯来语、阿拉伯语等。

典人文学科,以使学生受到神学和基督教教义方面的教育。"我们有幸看到了学生们在学问上和宗教虔诚上的进步,确实超过我们的预料;他们在学问上的进步,已在拉丁语和希腊语的公开讲演中,在逻辑学和哲学的辩论中表现出来(除了在学院大厅进行平时练习外),他们已习惯于在每月固定的日期照常举行的,由地方长官、牧师和其他学者为考核他们在学问上的进步而接见他们时,作上述演讲和辩论;他们在宗教虔诚上的进步,由他们在虔诚对话时精神中的良好愿望以及各种形式表现出来。"①邓斯特在其任期内励精图治,为哈佛学院的发展打下了良好基础。"在 14 年内,他几乎是单枪匹马地把一个前途未卜、蹒跚学步的学校建设成十分令人满意的、完全能够生存下去的学院。"②1654 年邓斯特在与学生、校监督委员会和州议会发生一系列剧烈的冲突之后辞去了校长职务。这些冲突包括把本科课程从三年延长至四年、关于学校资金的管理、关于新生儿洗礼的问题等。到邓斯特辞职时,哈佛学院已拥有 74 位毕业生、一个藏书超过 1 000 册的图书馆、三栋建筑:包括一栋宽敞的带角楼的大建筑,称为"老学院";一栋称为"哥佛学院"的辅楼以及一栋校长住宅。

(三) 哈佛学院的学位授予

英国大学学位或由国王颁发,或由有崇高威望的大学颁发。但哈佛学院毕业生的学位无法由这类权威机构或学府颁发,邓斯特曾称哈佛学院颁发学位是向英王查理一世宣示独立。美国学者丹尼尔·布尔斯廷(Daniel J. Boorstin)指出,邓斯特最大胆的行动就是敢于颁发各种学位,这几乎是一个摆脱查理一世国王的独立宣言。他说:"如果英国那套经过正式注册成为法人、拥有颁授学位'垄断'权力的'大学'和所有其他类型的学校之间的明显区别被成功地移植到了美国,如果当初为全美殖民地创办了一所单一的皇家大学,或者如果明确而直截了当地禁止所有殖民地颁授学位的话,那么,美国高等教育的历史(很可能还有美国文化的许多其他领域)将会出现绝对不同的面貌。"③同时,他还指出:"哈佛的法律基础,其学位授予权的来源,以及它是否是、并且在何种法律意义上(如果有的话)是'学院'或'大学'——所有这一切直到进入二十世纪仍未确定和解决。哈佛的校长和教工们从一开

---

① [美]E. P. 克伯雷选编:《外国教育史料》,第 323 页。

② [美]劳伦斯 A. 克雷明著:《美国教育史:殖民地时期的历程 1607—1783》(第 1 卷),第 171 页。

③ [美]丹尼尔·布尔斯廷著,中国对外翻译出版公司译:《美国人:开拓历程》,生活·读书·新知三联书店 1993 年版,第 200—201 页。

始就利用了这种不确定性,行使其需要的任何权力。"①

哈佛学院不仅授予学士学位,而且授予硕士学位。学生毕业三年后,即可申请硕士学位。在建校第一个十年里,哈佛学院共有 55 人获得学士学位、18 人获得硕士学位。② 关于取得学位的条件,1642 年的《哈佛学院章程》规定:"凡学生被证明有能力用拉丁语阅读旧约和新约全书的原文,能够正确地理解;并具有虔诚的生活和社交;在任何公开场合的言行,都得到院监们和院长的赞许者,授予第一级学位。凡学生潜心于写出逻辑学、自然哲学和道德哲学、算术、几何学以及天文学的体系、概要或要点;并为他们的论文或主张的答辩做好准备;熟练掌握原文圣经,生活和社交虔诚,公开言行在行为通报上受到学监和院长的好评者,授予第二级学位。"③由此可见,哈佛学院授予学位的标准,基本上沿袭了牛津大学和剑桥大学的做法,是中世纪大学学位授予形式的延续。

1650 年的特许状虽然没有提及学位授予权,但哈佛学院早在 1642 年就授予了 9 个学士学位。当时在英国只有大学才能授予学位,初创的哈佛学院显然不具备这样的法律地位,但它不管宗主国的此类清规戒律。这一行为"无疑是向查理国王宣告独立"④。科顿·马瑟(Cotton Mather)是哈佛学院 1678 年的毕业生,他在 1702 年出版的论著中谈到了哈佛学院的学位。哈佛学士学位的学习年限为四年、硕士为三年。在四年博雅教育课程学习中,攻读学士学位的学生要参加每周一次的演讲会,还要参加由院长或教师主持的公开辩论会。临近毕业的学生在三周时间内每星期五和星期二坐在学院的大厅里,考试者要对他们的语言能力和学科知识进行检查。这三周称为"考核周"(weeks of visitation),一般安排在 6 月中旬之前。授予学位的典礼最初安排在 8 月的第二个星期二,后来改为 7 月的第一个星期三。地方官员、牧师和绅士们都要参加典礼。在典礼上,校长和毕业生代表分别致词。典礼的主要仪式是学位候选人公开答辩自己的论文,最后由校长向每个学位获得者颁发学位证书。硕士学位授予仪式与此相同。

按照英格兰和欧洲大学的传统,大学特许状一般要说明学位授予权,而哈佛只是一所小学院,立法者难以决断,于是干脆在特许状上避而不谈。直到 1780 年马萨诸塞宪法才写明给予哈佛学院学位授予权。可见,哈佛学院创建人在早期自行授予学位的做法是一种勇

---

① [美]丹尼尔·J.布尔斯廷著:《美国人:殖民地历程》,第 184 页。
② 张斌贤主编:《美国高等教育史》(上),第 114 页。
③ [美]E.P.克伯雷选编:《外国教育史料》,第 327 页。
④ [美]丹尼尔·布尔斯廷著:《美国人:开拓历程》,第 199 页。

敢的行为。1650 年哈佛学院颁发的学位证书首次得到牛津和剑桥大学的认可,这个成果来之不易。

哈佛学院早期的学生大多来自新英格兰清教徒家庭,但也有来自弗吉尼亚、新荷兰、百慕大及英国的学生,因而它具有一种国际性的特征。像英国的大学一样,哈佛学院的学生中牧师、商人、律师、官员、地主和专业人士的子弟占绝大多数,只有少数是农夫和小学教师的子弟,1673 年入学的约翰·怀斯(John Wise)可能是第一位契约仆役的儿子。1677—1703 年哈佛学院 300 名学生家长职业调查表显示,学生几乎来自社会各个阶层(见表 4.2)。

表 4.2　1677—1703 年哈佛学院学生家长的职业状况①

职业名称	人数
牧师	79
商人、商店老板、船长	45
州政府官员、律师	34
地主、军人、地方公务员	28
技工、海员、佣工	31
农夫	11
医生、小学教师	7
不确定	65
总数	300

哈佛学院是为了推进虔诚和学术而建立的。1663 年乔纳森·米切尔(Jonasson Mitchell)牧师在提交州议会的"如何办好剑桥的学院"议案中,不仅强调培养有文化的教士的重要性,还强调培养文法学校的教师、有学识的行政官员,以及各种职业的从业人员的必要性。1669 年,新罕布什尔的朴茨茅斯居民发表了一份声明,也提到了"在我们之中和我们的后代中传播、延续宗教和世俗的知识"的重要性。哈佛学院的办学目的有两个:一是为了培养教会所需要的教士。至 1696 年,在马萨诸塞和康涅狄格的 122 名牧师中,有 107 人在

---

① 郭健著:《哈佛大学发展史研究》,河北大学出版社 2016 年版,第 16 页。

哈佛受过教育。① 在 17 世纪结束之前,英国的清教徒领袖都把儿子送到大西洋彼岸的哈佛
学院上学,可见当时哈佛学院在清教徒心目中的崇高地位。二是为了培养世俗社会所需要
的专业人才和公职人员。以上目的从哈佛学院 1642—1689 年间毕业生的就业情况可以看
出。其毕业生中将近 50％的人成了牧师,另有约 50％的人进入医药、公共服务、商业、教育
和土地管理等领域(见表 4.3)。

表 4.3 1642—1689 年哈佛毕业生的职业②

	1642—1658	1659—1677	1678—1689	1642—1689
神职人员	76	62	42	180
医生	12	11	4	27
公职人员	13	17	12	42
教师	1	8	4	13
商人	3	6	1	10
乡村绅士	4	5	2	11
士兵、海员	0	1	4	5
跨行业者	2	3	0	5
早逝者	11	5	11	27
职业不明者	27	35	6	68
合计	149	153	86	388

(四)哈佛学院的管理制度

哈佛学院的创办一方面深受英国大学模式的影响,另一方面也受到殖民地社会、经济、
政治、宗教等新环境的制约,正是西欧文化尤其是英国文化与殖民地条件的相互作用,形成
了哈佛学院独特的管理模式。1642 年哈佛学院仿照剑桥大学的做法制定了《哈佛学院章
程》,详细规定了师生及管理人员的行为规范。1650 年 5 月 31 日,马萨诸塞州议会颁发了

---

① 郭健著:《哈佛大学发展史研究》,第 13 页。
② [美]劳伦斯 A. 克雷明著:《美国教育史:殖民地时期的历程 1607—1783》(第 1 卷),第 174 页。

哈佛学院特许状《The Harvard Charter》，确认该学院为自治机构，并享有一定的特权和豁免权。"……本议会及其当局明令：属于该校长或学院管辖范围内的所有土地、地产、财产、房屋和收入，其价值每年不超过五百英镑者，从今以后将免除全部市政税、地方税和国家税；属于该自治机构及其学生的所有动产，将免除各种捐税、关税和诸如此类的执照税；该校长同事和学生及其佣人，该校长和学院所需的其他办事员，不超过 10 人——其中 3 人属于校长，7 人属于学院——将免除全部的个人的公民服务、军事训练或服役、警卫或巡逻；这些人的财产，如每人不超过 100 英镑，将免除全部的国家税或诸如此类的地方税；此规定不适用于其他税收。"①在特许状的最后，还有马萨诸塞殖民地总督约瑟夫·达德利（Joseph Dudley）的签名。从此以后，哈佛学院有了正式的特许状，它初步承认了哈佛学院的法人地位。

特许状要求哈佛学院致力于教授"先进的、良好的文学、艺术和科学"以及促进"英国和印第安青年在知识和虔敬方面的教育"②。特许状还规定，设立由 1 名校长、1 名财务主管和 5 位理事组成的"校务委员会"（Corporation），负责处理学院事务，包括制定方针政策、管理学院财产、接受馈赠等。校务委员会是一个法人团体，并具有永久的继承权。但校务委员会的命令必须得到校监察委员会的认可，这样就使哈佛学院形成了两个管理机构，即一个由行政官员和牧师构成，另一个由学校管理者和教师组成。此后，哈佛一直实行"校监察委员会"与"校务委员会"共同管理的"双元制"。在哈佛学院建校之初，这种互相牵制的管理模式可以在一定程度上减少独断专行的决定。有的学者指出："这种发展相当契合英国大学世俗化的倾向，但却是殖民地地道的本土产物。"③后来的哈佛大学校长埃利奥特（Charles William Eliot）曾对"双元制"管理模式给予较高的评价，认为这一制度使得两个彼此间具有监督和约束作用的机构联合起来，共同维护大学的利益。从殖民地时期起，这种由外部控制的管理方式始终是美国高等院校的重要特征。

自中世纪以来，欧洲大学奉行自我管理模式，由教授们组成"学者行会"或类似社团承担大学管理职责。"聚集在大学里的学者们控制着那里的书籍、校舍、捐赠的基金以及挂名的职位，绝不愿意丢失他们的权力。对于他们来说，大学几乎就是他们的私产。……一个

---

① ［美］E. P. 克伯雷选编：《外国教育史料》，第 327 页。
② ［美］S. E. 佛罗斯特著：《西方教育的历史和哲学基础》，第 307 页。
③ ［美］劳伦斯 A. 克雷明著：《美国教育史：殖民地时期的历程 1607—1783》（第 1 卷），第 175 页。

明显的事实是，这使大学完全脱离社会，并使大学和社会互相脱节。"①在建校初期，哈佛学院就把管理事务交给由6位地方官员和6位教会牧师组成的"校监察委员会"（后演变为"董事会"），由校监察委员会制定学院的办学方针、决定人员聘任等事务。这意味着"美国的学院应当是服务于社会各种目标的机构，而不应当像牛津和剑桥大学那样成为民间的、工联主义的学者所独占的领地。那类学校常常完全漠视社会的利益，并缺乏自我改造的可能性"②。校监察委员会还赋予校长以管理权，这是与英国大学截然不同的管理模式。"这种组织是自上而下地产生的，即由创办该院校的团体建立一个上级机构——董事会，它拥有所有权力，然后按照它自己的意愿把权力委托给校长和教授。"③这种由校外非教育专业人士决定学校事务的管理方式与欧洲传统大学的自治模式迥然不同，它建立了一种持续的责任机制。"因此，从一开始，美国的高等教育机构就是由'外部势力'控制的：学校由国王或殖民地议会颁布特许状设立，学校经费由议会提供，校长和教师由董事会聘任，学校的管理根据特许状进行，等等，由此形成了创办人具有主办权的惯例。"④这种管理结构的创新和改进是哈佛学院的宝贵遗产，后来为北美殖民地其他学院所仿效，并成为当今美国大学的特色和成功的重要因素。

在经费筹集方面，哈佛学院与传统的英国大学也有很大差别。哈佛学院最初试图依靠政府资助、捐款、学费和征收各种费用（如马萨诸塞议会曾立法将查尔斯顿河的过渡费拨给哈佛）来维持，但实践证明这是远远不够的。对哈佛学院而言，政府资助是一项较为稳定的收入。"过桥税、许可证附加税、烟草交易税、彩票税，以及赠与的土地，这些都是殖民地政府提供给学院资金的各种来源。"⑤正是由于这种公共资助，使一些人误认为它是公立的，并要求政府加强对它的干预和控制。但哈佛学院并不想以丧失自己对学院的管理与控制权为代价，结果它所接受的政府资助越来越不稳定。哈佛学院开始尝试其他方案。1641年派休·彼得、托马斯·韦尔德和威廉·西本斯到英国筹集资金，并创立了基金会；殖民地联盟

① ［美］丹尼尔·布尔斯廷著：《美国人：开拓历程》，第201页。
② 贺国庆、王保星、朱文富等著：《外国高等教育史》，第175—176页。
③ ［加拿大］约翰·范德格拉夫等编著，王承绪、张维平、徐辉等译：《学术权力——七国高等教育管理体制比较》，浙江教育出版社2001年版，第107页。
④ 张斌贤：《艰难的创业：美国高等教育早期历史的特征与成因》，《高等教育研究》2015年第11期，第78—79页。
⑤ ［美］约翰·塞林著：《美国高等教育史》，第12页。

委员会建议制定"学院玉米"计划,要求新英格兰每一个愿意并有能力的家庭都应捐献四分之一蒲式耳(Bushel,计量单位,1 蒲式耳等于 8 加仑)玉米或与之相当的财物。17 世纪 70年代,新罕布什尔皮斯卡塔夸(Piscataqua)的市镇自愿募捐,并且由州议会直接拨给土地和税收,同意从 1654 年查尔斯·昌西任职起支付其薪水。但此类捐款的数额十分有限,哈佛学院建校 100 年间所获得的捐款总数仅为 11 500 英镑。① 到 1669 年至 1682 年,哈佛学院年收入的 52.7% 来源于政府拨款,而捐赠只占 12.1%,学费只占 9.4%。② 哈佛名属私立院校,实则公私合办。"于是,资金来源多元化的模式建立了。慈善事业,包括州议会定期或不定期的资助、学费、学院自己的募捐,发挥了重要作用。……这种模式成功地延续到这个国家后来的几乎所有学院。"③慈善事业与宗教密切相关,哈佛学院的资金募集计划表明,资助学院的慈善行为有助于一个人进入天堂。

　　哈佛学院试图在印第安人的教育方面有所创新,但这种尝试遭到了失败,因为印第安人和白人的社会文化背景并不相同。建立马萨诸塞殖民地的倡导者约翰·斯托顿(John Stolton)曾于 1634 年至 1636 年间提出设想,即"建立一个场所以供一些人学习语言并教育野蛮人和我们自己,并养育神父交给我们手中的所有印第安人的孩子"④。1655 年,哈佛学院应殖民地联盟委员会的要求,为教育 5—6 名有前途的印第安青年单独建造一栋房屋,称为印第安学院。然而当它刚刚落成时,查尔斯·昌西校长抱怨这栋两层楼建筑没有得到充分利用,只好让一些白人学生使用它,因为很少有印第安学生在哈佛学习。有证据表明,在印第安学院创办前的 1653 年左右,有一位叫作约翰·萨蒙(John Salmon)的印第安青年在哈佛学习了一二个学期。但 1689 年前在哈佛学习的印第安青年很可能不超过 4 人,其中只有一位叫迦勒比·切撒托马克(Galby Chesatomak)的印第安青年获得了学士学位。

　　哈佛学院是按照英国大学模式创建的,剑桥大学伊曼纽尔学院对哈佛影响最大。正如有的学者指出:"哈佛学院就是英国大学的派生物,它与英国大学具有一脉相承的直系血缘关系。确切言之,哈佛学院完全是以剑桥大学的伊曼纽尔学院为模型建立起来的。"⑤哈佛学院的校规、课程、学位要求、学生纪律等与剑桥大学极为相似。例如,关于学生入学的条

---

① 贺国庆、王保星、朱文富等著:《外国高等教育史》,第 178 页。

② [美]劳伦斯 A. 克雷明著:《美国教育史:殖民地时期的历程 1607—1783》(第 1 卷),第 175 页。

③ [美]亚瑟·科恩著:《美国高等教育通史》,第 42—43 页。

④ [美]劳伦斯 A. 克雷明著:《美国教育史:殖民地时期的历程 1607—1783》(第 1 卷),第 164 页。

⑤ 郭健著:《哈佛大学发展史研究》,第 12 页。

件,1642 年校规第一条规定:"任何学生能够当场读懂西塞罗的作品或像这样第一流拉丁文作家的作品,能够尽量靠自己的努力用纯正的拉丁语说出和写出诗歌和散文;同时,能按照变格规则完全无误地处理希腊语的动词和名词的变格。只有具备上述条件的人方可进入本院。"①从上述校规中,我们了解到当时哈佛学院要求新生必须精通拉丁文和希腊文,并能阅读古希腊罗马的古典作品。

哈佛学院的主要特征与它在英国的原型基本相同,即公共社会性。整个地区居民的道德教育和学习责任全由学院承担,学院制定的指导学生生活的规则十分繁琐,如禁止浪费时间、不许穿奇装异服等。这些规则与学院的课程设置相对应。在课程设置和其他方面,哈佛学院与当时牛津和剑桥的学院也极为相似。在邓斯特任职期间,一年级新生的入学年龄平均为 17 岁;到 1654 年查尔斯·昌西接任院长时降到了 15 岁左右,到 17 世纪末则一直保持在 16 岁以下。哈佛学院的学生生活方式几乎照搬了英国大学的做法,实行严格的道德纪律和寄宿制。同时,哈佛学院一直沿用了英国式的学院制。学院既是学生学习的中心,也是他们生活的场所。"哈佛学院建立时,就将英国大学的寄宿学院模式迁移到北美大陆。但由于新英格兰地区地广人稀,财力不足,师资匮乏,哈佛学院没能办成英国意义上的导师制寄宿学院。"②

此外,与欧洲的大学相比,哈佛学院的教派限制较松,教派只能控制学院却无法垄断,这与殖民地学院生源不足有关,几乎没有一个教派能为一所学院单独输送全部学生。这种非教派主义成为美国高等教育的特征之一。"在欧洲,大学有史以来便是一种教会学者的行会。这种行会在美洲无法存在,其原因很简单,那就是这里不存在大量饱学之士。对新学校的控制不可避免地落入整个社会的代表手中。……这样,在殖民地时期出现了一种外部控制方式,它将永远成为美国高等学校的特征。"③然而在英国,国教会对大学的控制十分严格,1662 年颁布的《国教统一法令》要求大学教师效忠于国王和国教,清教徒和天主教徒被排斥在大学之外,大学的教派性非常强烈。尽管哈佛学院受英国大学影响很深,但这种高等教育移植并非盲目照搬。哈佛学院只有走自己的道路才能适应北美洲的特殊情况,并形成自己独特的办学特征。

---

① [美]E. P. 克伯雷选编:《外国教育史料》,第 324 页。
② 郭健著:《哈佛大学发展史研究》,第 38 页。
③ [美]丹尼尔·J. 布尔斯廷著:《美国人:殖民地历程》,第 186—187 页。

二、威廉·玛丽学院

深受英国大学模式影响的哈佛学院,反过来又成为其他美国学院的榜样。在哈佛学院创办 57 年之后的 1693 年,北美殖民地出现了第二所高等院校——威廉·玛丽学院。1607 年,英国在北美洲建立了第一个永久性殖民地弗吉尼亚,10 年后弗吉尼亚移民就开始张罗要在亨利克城(City of Henrico)建立一所学院,以教育印第安人,并为建立英国人的学院打下基础。这一主张得到了英王詹姆士一世的赞许,他分别致信坎特伯雷和约克大主教,希望他们在自己的教区为办学募捐。各教区的主教和牧师积极响应国王的号召并开始筹资,这是英国殖民者在北美殖民地创办高等教育的第一次尝试。1619 年,主教们筹集了 1 500 英镑经费,并将之交给伦敦的弗吉尼亚公司。此前,弗吉尼亚公司曾拨出 10 000 英亩土地,并以每 100 亩每年 5 英镑的价格租给来自英国的 100 个佃农,这笔收入将用作创建学院的资金。1619 年 6 月,还成立了由 7 名弗吉尼亚公司的股东组成的学院委员会,专门负责学院的建设工作。1620 年春,伦敦的捐款已达到 2 043 英镑,其中 1 477 英镑已经分配给了学院,并且开始收到捐赠的图书。[1] 1621 年,一位从坎特伯雷来到弗吉尼亚殖民地的牧师托马斯·巴格莱福(Thomas Bargrave)去世,他留下遗嘱把个人图书馆捐给这所建设中的学院,价值约 100 英镑,这是英属北美殖民地第一份教育捐赠。[2]

然而,就在这所学院按部就班地筹建时,1622 年 3 月弗吉尼亚殖民地爆发了印第安人屠杀 347 名移民(其中包括 17 名管理学院土地的代表)事件,使这一计划流产了。"那时筹备建筑的大学教堂和图书馆都已作了安排,考普兰(Patrick Copeland)已被任为大学校长,而且印第安人的教育已被规定为大学的一项任务,这一切都因屠杀而化为乌有了。"[3]印第安人的袭击直接导致了学院计划的失败,也结束了英国殖民者试图通过教育教化印第安人的设想。"在某种程度上说,亨利克学院作为北美高等教育史上的第一次尝试,其成与败都可以归结于殖民政策。"[4]在随后数十年,弗吉尼亚当局再没有兴办过任何一所高等学校。

1661 年弗吉尼亚议会通过了一项鼓励殖民地建立"文理科学院"的法案,后来也没有结

---

[1] 张斌贤主编:《美国高等教育史》(上),第 98 页。
[2] 王晨、张斌贤主编:《美国教育的传统与变革》,第 381 页。
[3] 滕大春著:《美国教育史》,第 69 页。
[4] 张斌贤主编:《美国高等教育史》(上),第 101 页。

果。最终促成这一工作的是英国圣公会(国教会)牧师詹姆斯·布莱尔(James Blair),他是一位热情、富有想象力和十分勇敢的苏格兰人,先后毕业于阿伯丁大学和爱丁堡大学,一生致力于教育事业。当他 1685 年到达北美后,就投身于在殖民地创办学院的工作。当布莱尔前往伦敦请求威廉三世(William Ⅲ,1650—1702)及其妻子玛丽二世(Mary Ⅱ,1662—1694)为学院颁发特许状和派遣助教时,英国首席检察官爱德华·西摩(Edward Seymour)以经费紧张为由拒绝了他的请求。西摩认为学校没用,创办学院是浪费时间,弗吉尼亚的资源应该用于烟草;布莱尔据理力争,认为吸烟是一种恶习,而灵魂需要拯救,弗吉尼亚和英国一样需要创办大学以培养牧师。西摩叫嚷道:"让你的灵魂见鬼去吧,我要种烟草!"①这也是弗吉尼亚殖民地许多有钱人的普遍看法。

然而,国王和王后对灵魂更感兴趣,他们同意建立学院,捐献了 2 000 英镑,并允许用他们的名字命名这所学院。1693 年 2 月,英王威廉和王后玛丽向该学院授予皇家特许状《Charter of William and Mary》,学院遂命名为威廉·玛丽学院。这是英国国教会最早成立的北美殖民地高等院校,也是北美殖民地第一个获得英国王室特许状的学术法人。特许状任命布莱尔为校长,并阐明了建校的目的:"为了使全能的上帝得到荣耀,使弗吉尼亚教会有一所传递福音的神学院,使青年人受到虔诚的教育和有着良好的信仰及礼仪,并使基督教信仰在西部印第安人中间得以传播,应建立一个广泛学习的场所,也就是一所神学、哲学、语言及其他优良艺术与科学的永久性学院。"②威廉·玛丽学院虽然是北美殖民地第二所高等教育机构,但它是殖民地时期最早将印第安人列为教育对象的学院,并把自己视为亨利克学院的"继任者"。

威廉·玛丽学院是一所属于国教派的院校,所有的教师和学生都要宣誓效忠英王和国教会。与哈佛学院一样,威廉·玛丽学院肩负着为教会和国家培养领导人的双重职责。"这个学院主要致力于培养英国国教会的牧师,教化印第安人以及培养公职人员。"③学院不仅可以从政府获得经费,还可以获得教会和个人的捐赠。例如,在伦敦三个被判有罪的海盗同意给威廉·玛丽学院一笔价值 300 英镑的捐赠,作为他们被免除绞刑的回报。同时,

① William H. Jeynes, *American Educational History:School,Society,and the Common Good*,SAGE Publications,Thousand Oaks,2007,P. 17.

② Richard Hofstadter,Wilson Smith,*American Higher Education*,Volume I,The University of Chicago Press,Chicago,1961,P. 33.

③ [美]亚瑟·科恩著:《美国高等教育通史》,第 18 页。

它还可以从英国国王和王后那里获得一些赞助。殖民地立法机构还赠予它一块土地,并将从出口皮毛、烟草及进口酒类中所获得的税收赠予学院。威廉·玛丽学院受到苏格兰大学的影响较大,由董事会掌管校务,在董事会成员中世俗人士的代表多于教士。

在组织机构上,威廉·玛丽学院仿效英国牛津大学的女王学院,设立哲学系和神学系,以培养国教会教士;同时,设立一所印第安人学校,向印第安人传播教义。学院还设立文法学校作为进入大学教育的预科部,讲授古典语言。学院经费主要依靠烟草税和皮革、皮毛出口税的收入。学院的宗教色彩十分浓厚,校长和全体教师都是国教会教徒,校长还是弗吉尼亚国教会的领袖。"直到美国独立之前,威廉·玛丽学院的教授都不得不签名赞成英国国教会的三十九条信纲。"①这也是当时牛津和剑桥大学所共同遵守的准则。"正是由于国教会的严密控制,威廉·玛丽学院并没有表现出学术活力,也很难吸引足够的优秀学者到此任教。……因此,人们常用'荣耀名字下的空壳'来形容威廉·玛丽学院的尴尬局面。"②威廉·玛丽学院的培养目标在于,为教会提供宗教信仰虔诚的具有渊博知识和优雅举止的青年,并在印第安人中传播基督教。它的学生包括两种:一是自费生;二是由学院资助的学生。但在建校后的几十年内,威廉·玛丽学院的学生人数也只有几十名。威廉·玛丽学院早期的章程并不要求学生居住在学院里,父母或监护人可以自由地选择子弟的食宿。"因为我们的目的是让年轻人在尽可能少花钱的情况下,也能学到渊博的语言文字和其他自由艺术与科学;如果任何人在学院附近有自己的房子,从那里听得到学院的钟声、能遵守公共学习时间的话,这些章程并不会阻止他们为自己的孩子、朋友提供食宿,也不会阻止他们将自己的房子租借给这些人。"③

在管理制度上,与哈佛学院一样,威廉·玛丽学院也形成了"双元制"的管理模式,即接受由校内外社会名流共同组成的委员会管理。1693 年的特许状规定,学院由"监察委员会"管理,委员会成员由弗吉尼亚殖民地议会推选,由有威望的牧师和地方官员、乡绅组成。监察委员会主要是一个政策制定机构,它对学院进行宏观控制。学院的实际管理工作是由校长和教员掌握。威廉·玛丽学院的教员包括 2 名神学教授,1 名希腊文和拉丁文教师,1 名数学、天文学和物理学教师,1 名修辞学、逻辑学、伦理学和法律教师,1 名领导印第安人学

---

① 贺国庆著:《德国和美国大学发达史》,人民教育出版社 1998 年版,第 86 页。
② 张斌贤主编:《美国高等教育史》(上),第 120 页。
③ [美]约翰·塞林著:《美国高等教育史》,第 9 页。

校的教师。① 这种管理方法与牛津和剑桥大学以教授委员会治校的方式不同,但与苏格兰大学的管理方式极为相似,这与布莱尔在苏格兰的求学经历有关。布莱尔意识到,牛津和剑桥大学的管理方式并不适用于当时的弗吉尼亚,也很难为弗吉尼亚殖民地议会所接受。威廉·玛丽学院的课程设置与欧洲大学相似,强调"七艺"和古典语言、文学等课程,直到 18 世纪中期课程才发生根本转变。

在整个 17 世纪乃至以后相当长的时期内,尽管北美殖民地已有哈佛和威廉·玛丽两所学院,但殖民地上层人士的子弟仍然被送往欧洲接受高等教育。其中大多数人是在伦敦的四个法律协会接受律师训练,取得律师资格;或是到牛津大学、剑桥大学和爱丁堡大学学习。例如,在弗吉尼亚人中,约翰·里尔(John Lill)和拉尔夫·沃姆利(Ralph Wormley)分别于 1658 年和 1665 年进入牛津大学学习;亨利·佩罗特(Henry Perot)于 1673 年进入剑桥大学,次年转入格雷律师学院就读;威廉·斯宾塞(William Spencer)于 1684 年进入剑桥大学,一年后转入内殿律师学院学习。许多曾在哈佛学院读书的新英格兰青年也选择到英国继续学习文学、医学、法律和神学,到 1660 年至少有 12 名哈佛毕业生在英国大学获得了硕士学位。然而,去英国的旅途风险很大、费用极高,而且能到那里接受高等教育的人毕竟是少数,绝大多数有志于从事律师或医生职业的本土青年则留在殖民地,或独立学习,或师从某些开业者。但在宗教领域,没有受过高等教育的人想成为牧师十分困难。

从 1701 年至 1769 年,北美殖民地又陆续建立了七所学院,分别是耶鲁学院(1701)、新泽西学院(1746)、国王学院(1754)、费城学院(1755)、罗德岛学院(1764)、女王学院(1766)和达特茅斯学院(1769)。"这些殖民地学院既是牛津-剑桥模式在新世界的翻版,又显示出了巨大的创造性。一方面,它们继承了牛津大学、剑桥大学的学院制传统,保留了学院制中强调宗教信仰、重视秩序与纪律的传统,依赖学费支付、捐赠以及财政补贴来维持办学活动,通过王室或政府特许状获得合法的法人资格。另一方面,在发展过程中,殖民地学院的创建者也意识到了牛津大学、剑桥大学的自治所产生的弊端,使殖民地学院形成了某些不同于英格兰大学的发展特征。他们借鉴了苏格兰大学的管理模式,对牛津大学、剑桥大学的法人结构进行了翻转,把教师的控制转变成了外部董事会和校长的控制。"②在这些学院里,教师的主要职责是教学而不是研究。所有殖民地学院都秉承这样一种理念,即通过教育帮

---

① [美]S. E. 佛罗斯特著:《西方教育的历史和哲学基础》,第 321 页。
② 张斌贤主编:《美国高等教育史》(上),第 90 页。

助年青一代适应文化的需要及传承人文知识,不仅把年青一代培养成为神职人员,而且也培养成为国家的公职人员。"美洲学院的主要目标不是要增加这个大陆所拥有的有教养者,而是为本地区输送有学识的教士、律师、医生、商人和政治领袖。"①殖民地是一个基督教的世界,更准确地说是一个新教的世界,每个殖民地及其学院都处于某一特殊的新教教派控制之下。"在殖民地,我们从来没有发现过附属于罗马天主教会的学院。"②殖民地学院受基督教派的影响很大。"总的来看,殖民地以及它们的学院表现出一些宗教多样性,但并不必然是宗教宽容。学院参与的是培养从事'公共事业'的学生,但这些学生既不是平等主义者,也不是民主主义者。"③

早期殖民地学院并非是"微型的牛津和剑桥",牛津和剑桥是由一群学院组成,每个学院都有自己的遗产、传统和资金。然而,殖民地学院是一些今日称为文理学院的小型学院,它的形式比较独特,是单一的独立开办的学院而不是大学。这些学院是由各种各样的宗教团体,如公理会、长老会、浸礼会等举办,是经过批准获得特许状的法人,并由外部人士控制。早期殖民地学院继承了欧洲古老的学术法人制度。这一制度始于中世纪大学,它意味着某种程度的独立和内部的凝聚力。大学作为一个法人社团,可以颁发盖有印章的证书,在民事案件中提起诉讼,自己制定章程并强迫成员服从。这一古老的欧洲大学传统,到哈佛学院创办时已历经数百年的变迁,成为一种比较成熟的制度。学术法人制度的建立,在法律上确定了学院相对于外部权威(教会和殖民地政府)的独立性,为高等教育机构的自治提供了制度保障。学术法人不仅有效地保证了殖民地学院的生存,而且成为美国高等教育机构普遍遵循的原则,它奠定了美国高等教育发展的法律基础。学术法人制度的一个重要结果是,产生了一种"高等教育独立于政府却对它负责"的基本观念,它最终成为美国高等教育机构在自治与公众问责之间保持平衡的思想基础。"如果说学术法人制度是从欧洲继承的重要财富,那么,由董事会控制学术法人的制度则是殖民地时期最富创造性的设计。"④无论是哈佛学院、威廉•玛丽学院的董事会与监事会并存的"双元制",还是后来耶鲁学院和其他殖民地学院的"一元制",这种由外部人士组成最高权力机构进行控制的制度,

① [美]丹尼尔•J.布尔斯廷著:《美国人:殖民地历程》,第190—191页。
② [美]约翰•塞林著:《美国高等教育史》,第13页。
③ [美]约翰•塞林著:《美国高等教育史》,第32—33页。
④ 张斌贤、王慧敏:《美国高等教育沿革的阶段特征与历史分期》,《教育研究》2018年第6期,第151页。

已被美国所有公立和私立高等教育机构采用。

早期殖民地学院的课程主要以牛津和剑桥的教学大纲为依据。"在每一所大学,课程主要限于希腊文和拉丁文、亚里士多德伦理学的训练、基础数学的肤浅研究和自然科学的少量浅薄知识。为了照顾较有抱负的神学学生起见,有时加上了希伯来文。"①英国文学、历史、地理和政治经济学等学科不受重视。在开发和建立殖民地时期,英国产生了莎士比亚、埃德蒙·斯宾塞(Edmund Spenser)、弗朗西斯·培根、约翰·班扬(John Bunyan)、乔纳森·斯威夫特(Jonathan Swift)、约瑟夫·艾迪生(Joseph Addison)、丹尼尔·笛福(Daniel Defoe)等作家,但在早期殖民地学院并没有教授这些英国作家的作品。在教师心目中,拉丁文比一般英国人使用的语言更有价值。"甚至当大众语言终于从拉丁文解脱出来,并有了一批用大众语言写成的杰出著作后,对英语的研究还没有在大学的教学中获得地位。"②在北美殖民地早期,女子教育受到歧视,因为她们不能担任传教士、演说家、政治家、医生或律师。虽然她们渴望获得人文教育,但当时既不存在女性个人选择的观念,也未赋予女性接受正规教育的机会。"总之,除非有家庭教师,享受高等教育的门径对于女子来说是自动关闭的。……在那些日子,正如温斯罗普总督所宣称的那样,妇女被认为应当坚持管好家务,避免干预'只宜由智力较强的男子去做的事情'。"③

由上可知,早期殖民地学院的历史是一段充满艰辛、磨难和曲折的历史,是一段筚路蓝缕、崎岖坎坷的旅程,也是一部艰苦卓绝的创业史。乔尔·斯普林(Joel Spring)写道:"要理解新英格兰殖民地的教育就必须看到其背景是一群生活在未知的荒凉世界的人为生存而斗争。"④殖民地学院既没有雄伟的校舍,也无舒适的图书馆等设备,它们和英国历史悠久、富丽堂皇的大学无法相比。正如有的学者指出:"所有殖民地学院的建立和早期岁月都充满了艰辛、困难和挫折,或长期得不到特许状,或经费短缺,或缺少办学空间,或校舍简陋,甚至于没有足够的学生。总之,都面临着政治、法律、经济、宗教、社会等方面的严峻挑战。对于襁褓中的殖民地学院而言,其中任何因素的变化,都足以使其夭折,甚至一个偶然事件都足以从根本上改变一个学院的命运。"⑤

---

① [美]查尔斯·A.比尔德、玛丽·R.比尔德著:《美国文明的兴起》(上卷),第193页。
② [美]查尔斯·A.比尔德、玛丽·R.比尔德著:《美国文明的兴起》(上卷),第194页。
③ [美]查尔斯·A.比尔德、玛丽·R.比尔德著:《美国文明的兴起》(上卷),第203—204页。
④ [美]乔尔·斯普林著:《美国学校:教育传统与变革》,第25页。
⑤ 张斌贤:《艰难的创业:美国高等教育早期历史的特征与成因》,第80页。

　　北美殖民地学院的建立意义重大,它既是北美大陆高等教育的肇始,也是美国高等教育发展的奠基石。正是在殖民地早期,遭遇了一系列挫折和经历了一系列探索之后,美国高等教育逐渐形成了与欧洲大学完全不同的形式和特质。"实际上,殖民地时期美国的学院都是卓尔不群和错综复杂的,是传统、移植、缜密计划和无意识改造综合而成的混血儿。"①随着时间的推移,这些形式和特质逐步成为塑造美国式高等教育的基本元素。有学者指出:"在美国高等教育发展的早期阶段,通过继承欧洲的历史遗产和适应本地社会环境和社会需要而进行的探索,美国高等教育制度框架的大致轮廓初步形成,制度所包含的内在特质初现端倪,美国高等教育历史发展的基础业已基本确立。"②早期殖民地学院还影响了参加美国独立战争的一代人的观念和行动。"尽管存在各种障碍,条件也很差,这些学院教育出了几代聪明且善于表达的年轻人,比他们同时代的英国学术同伴能干得多。"③

---

① ［美］约翰·塞林著:《美国高等教育史》,第 10 页。
② 张斌贤、王慧敏:《美国高等教育沿革的阶段特征与历史分期》,第 151 页。
③ ［美］约翰·塞林著:《美国高等教育史》,第 34 页。

第五章

科学教育的兴起

16世纪至17世纪自然科学在各个领域取得了前所未有的成就,自然科学的勃兴促进了教育发展,使教育理论和实践逐渐走向成熟。自然科学的成就推动了近代科学教育的传播,一批倡导科学教育的先驱在其拟定的教学计划中,都赋予了自然科学以特别重要的地位;自然科学的发展催生了一批新型的中等学校,并推动了教学内容和教学方法的改革。在自然科学的启示下,教育家们开始探索教育过程中的客观规律和秩序,以使教育工作更加合理和科学化。

第一节　自然科学的勃兴

一、科学革命的肇始

科学革命始于文艺复兴时期,而17世纪是欧洲自然科学蓬勃发展的时期,被人们誉为欧洲历史上"科学的世纪"。美国学者爱德华·格兰特(Edward Grant)认为,"尽管科学植根于古希腊和美索不达米亚,历史十分漫长,但无可争议的是,近代科学诞生于17世纪的西欧,而不是别的地方"①。英国哲学家罗素(Bertrand Russell)指出:"近代世界与先前各世纪的区别,几乎每一点都能归源于科学,科学在17世纪收到了极奇伟壮丽的成功。"②

中世纪欧洲的本质特征是封建主义与宗教神学的联合统治,具体表现为等级森严的宗法制、残暴的君主专制、严密的思想控制和对人性的野蛮扼杀。与此相应,中世纪人们对自然现象普遍缺乏兴趣,其根源在于一种超自然的观点和向往来世的思想占据了支配地位。尽管如此,中世纪却为近代科学的发展奠定了基础。

科学革命的第一个前提条件,是希腊-阿拉伯的科学和自然哲学著作于12、13世纪被译成拉丁文。伊斯兰学者曾将大量希腊科学译成阿拉伯文,然后又补充了许多原创性的东西,形成了所谓的希腊-阿拉伯科学,其核心是亚里士多德的著作以及对它的评注。这些学

---

① [美]爱德华·格兰特著,张卜天译:《近代科学在中世纪的基础》,湖南科学技术出版社2010年版,第206页。
② [英]罗素著,马元德译:《西方哲学史》(下卷),商务印书馆1997年版,第43页。

术作品后来传到了西方世界。12 世纪传入欧洲的希腊-阿拉伯科学,不仅丰富了欠发达的拉丁科学,而且意味着与过去的决裂和新的开端。从此以后,逻辑、科学和自然哲学在新兴的大学中被制度化。如果没有希腊-阿拉伯科学遗产,近代科学即使诞生,也肯定会推迟几个世纪。"中世纪文明的进步,尤其是在科学与技术方面,极大地得益于对外界知识的吸收,而不是欧洲本土的发明。西方科学复兴的先决条件是得到古代拉丁文著作。这些著作部分可以直接从希腊得到,而更常见的是阿拉伯文译本。古代穆斯林哲学家、数学家和物理学家的著作几乎具有同样的权威性。"①

第二个前提条件是中世纪大学的形成。有的学者认为,12 世纪之后是科学技术迅速发展的时期之一,大学的兴起从智力上武装了自然科学研究,而后者大多建立在古希腊著作的基础之上。在大约五百年的时间里,中世纪大学所确立的科学和自然哲学课程一直保持不变。逻辑、自然哲学、几何、算术、音乐、天文学等课程构成了学士和硕士学位的基础科目,而自然哲学正是其中最重要的组成部分。自然哲学被称为"一切科学之母",它可以划分为力学、流体静力学、流体动力学、水力学、气体力学、声学、光学、天文学、电学、流电学、磁学和色彩学等。"中世纪自然哲学家提出了关于自然的数百个疑问,他们给出的回答包含了大量科学信息。……从 1200 年左右开始,大学里的中世纪自然哲学家对物理世界的本性和结构表现出极大关注。科学革命的缔造者继续了这一传统,它那时已经成为西方社会思想生活不可分割的一部分。"②随着亚里士多德的著作和希腊-阿拉伯科学的传入,传统的"七艺"不再占据首要地位,而是成为通向自然哲学的门径,或者说成了它的婢女。中世纪大学不仅流传下来历经数个世纪的传统自然哲学,而且留下了一份非凡的遗产,那就是相对自由的理性探索。

第三个前提条件是神学家-自然哲学家的出现。他们不仅受过神学训练,也受过相当好的艺学训练。虽然神学一直是自然哲学研究的一个潜在障碍,但神学家并不反对自然哲学,他们相信自然哲学也是阐释神学的有用工具,而且能够比较容易和自信地将自然哲学与神学联系起来。无论是将科学和自然哲学运用于《圣经》解释,还是援引《圣经》条文以支持或对抗科学观念和理论,神学家都有很大的思想自由。如果没有大学的神学家赞成和首

① [英]E. E. 里奇、C. H. 威尔逊主编,张锦冬、钟和、晏波译:《剑桥欧洲经济史》(第四卷),经济科学出版社 2003 年版,第 87 页。

② [美]爱德华·格兰特著:《近代科学在中世纪的基础》,第 242 页。

肯,希腊-阿拉伯科学和亚里士多德的自然哲学就不可能成为大学的正规课程。"希腊-阿拉伯科学和自然哲学在进入西欧时并未受到多大破坏,随后科学和自然哲学在西方思想中获得了崇高地位,这在很大程度上要归功于这些神学家-自然哲学家。……神学家在神学论著中热情拥护自然哲学,以至于教会有时不得不告诫他们不要轻率地用自然哲学来解决神学问题。"①正是由于这批神学家-自然哲学家的出现,神学与科学之间才极少发生冲突。

"如果说人文主义真的重新发现了对人、人的能力和人对各种事物的理解力的信念,那么科学试验的新方式、革新了的世界观、企图征服和利用自然的新努力也应当归功于人文主义的影响。"②文艺复兴时期人们开始表现出对研究自然的兴趣,这主要受到三种力量的驱使:一是古代文化的复兴向人们展示了亚里士多德以外的古希腊各派自然哲学,启发人们重新认识自然;二是自14世纪以来经验学科和工艺技术积累了丰富的感性材料,它们要求用新的理论进行概括;三是地理大发现和哥白尼"日心说"开拓了人们的眼界,激发了人们探索自然奥秘的好奇心。③ 自然主义与超自然主义截然不同,前者关注现实生活,重视经验和事实;后者则倾向于神秘。"那时期比较鲁莽的人,要揭示外在世界的秘密,却采取荒诞不经和虚伪欺骗的手法。他们不运用观察和实验的方法,却不耐烦地希望用神秘的手段和高于感官知觉的特殊的内在的启示,来迫使自然供出自己的秘密。"④其他人则并不满足于这种探究自然秘密的方法,而是急于要掌握控制它的能力,迫使它符合自己的愿望。"但他们确实认为自然是神秘力量的表现,相信同这些精灵发生神交就可以控制自然现象。他们希望通过秘密的技术和符号以及各种各样神秘的方式,或者发现毕达哥拉斯学说所指出的写成自然这部书的隐秘的数字,来达到这种目的。这就是巫术或魔术。行星也为精灵所控制,占星术乃成为爱好神秘术者的学说的重要部分。他们还极重视用巫术的方法转化金属,这就是制造金子的技术或炼金术。"⑤

在科学史上,16世纪是科学思想和科学方法缓慢形成的时期。这一时期的科学,中世纪成分多于现代成分。"中世纪科学解释的一些核心观点在16世纪仍未受到挑战。在生理学和医学方面还是盖伦的四体液说;在物质概念及其变化形式方面还是亚里士多德的四

① [美]爱德华·格兰特著:《近代科学在中世纪的基础》,第214页。
② [意]加林著:《意大利人文主义》,第215页。
③ 赵敦华著:《西方哲学史》(第一卷),北京大学出版社2000年版,第625页。
④ [美]梯利著,伍德增补,葛力译:《西方哲学史》,商务印书馆2004年版,第241页。
⑤ [美]梯利著:《西方哲学史》,第241页。

元素说；在天文学方面，还在坚持天体必然做完美的圆周运动；在物理学方面，仍将运动分为两类：暴力引起的运动和自然的运动。"①在16世纪的大部分时间里，科学知识的来源首先是古代的经典著作，其次是从13世纪到14世纪所涌现出来的成果。《科学入门》和《科学鸟瞰》之类的通俗读物几乎都是中世纪的产物。直到17世纪中期，不论是饱学之士还是文盲，大多数人都认为宇宙是由神秘的力量所驱使，除了巫师外，人类对这种力量几乎无法理解，并且无法加以控制。

人们希望能找到探索自然奥秘的试金石，并对自然能完全加以控制。在1660年前后，一种机械论的世界观荡涤了神秘主义，妖魔仅仅成为儿童读物中的角色。"此后，自然界被认为像最精致的机械钟一样运转——可以被准确无误地预测，同时可以为人类充分地理解。"②当然，此前的经院主义学者对人类理性的强调，以及文艺复兴时期重新发掘古代希腊书籍，都有助于使欧洲思想迈进科学之门。随着时间的推移，荒唐的因素逐渐被剥离，炼金术演化为化学，占星术演化为天文学，巫术演化为实验，而神秘的毕达哥拉斯数论则培养了人们对数学的兴趣。科学研究不再是冥思苦想的理论知识，而是更加贴近现实生活的实用知识。文艺复兴时期的科学研究与中世纪有着必然的连续性，如哥白尼的天文学保留了自托勒密以来的天文学定理，伽利略理论的主要部分源于中世纪的一些定理，包括"均速定率"和"默顿规则"。"连续性同样也表现在占星术、炼金术、解剖学、生理学、医学和自然史这些学科中，当早期的近代科学在16、17世纪出现时，它保持了与过去相当复杂的联系。"③

中世纪时西方把上帝和来世作为思想的中心，文艺复兴则把注意力集中在人和现实世界，这种变化在科学上引起了强烈反响，神学从此失去其超越一切的意义，而对人和自然的兴趣占据了上风。英国学者沃尔夫（Abraham Wolf）指出："科学的近代是跟着文艺复兴接踵而来的，文艺复兴复活了一些反对中世纪观点的古代倾向，而且部分地也是由于这个原因，那些对中世纪的生活和实在观心怀不满的人都拥护文艺复兴。不信宗教的古代和中世纪的基督教世界泾渭分明。中世纪基督教趋向于自我克制和向往来世。恪守宗教生活誓约的理想的基督教徒一心想着天国。他对自然界和自然现象，从根本上说毫无兴趣。自然的欲望必须转变成隐秘的神迷；自发的个人思想必须服从权威。重见天日的希腊和罗马古

---

① ［英］G. R. 埃尔顿编：《新编剑桥世界近代史》（第2卷），第508页。
② ［美］罗伯特·E. 勒纳等著：《西方文明史》（Ⅱ），第612页。
③ ［美］戴维·林德伯格著：《西方科学的起源》，第380页。

籍犹如清新的海风吹进这沉闷压抑的气氛之中。诗人、画家和其他人激起了对自然现象的新的兴趣;有些勇敢的人充满了一种渴望自主的理智和情感的冲动……"①

文艺复兴时期,随着人文主义者对人性和人的自然本质的揭示,他们开始对自然界及其运动规律进行新的探索。"近代科学和用真正的科学方法研究大自然就是从文艺复兴开始的。"②尤其是通往东方的新航路的开辟,进一步振奋了人们的探索精神。人们不再把对自然界的理解建立在信仰和启示之上,而是直接诉诸对自然界的考察和探究。"和中世纪的思想家大多开始于对传统文本的阅读不同,近代早期的科学家最为看重的是观察和假说的建构。"③在中世纪的黑暗之后,科学以意想不到的力量蓬勃兴起,并且以惊人的速度发展。"世间再度看见往昔于二千年前在希腊化的亚历山大里亚所见的景象——为数众多的研究者与教师、实验室、资料收藏、交换知识观念的设施,简言之,一种适宜于科学进步的社会与知识环境。"④这是地球从未经历过的最伟大的一次革命,也是一场伟大的科学复兴。在这场科学革命中出现了像哥白尼、开普勒、伽利略等科学巨匠,他们成功地利用了当时的数学和物理学研究成果,在天文学上突破了占统治地位的托勒密"地心说",创立并发展了"日心说",由此揭开了近代科学革命的序幕。

二、科学家们的贡献

随着自然科学的空前发展,发现、发明和创造的科学成果也层出不穷。人们开始重新认识和发现自然界,并对周围事物产生极大的好奇心,这是当时的时代个性。由于印刷术的改进,古典科学著作得到传播,这就有利于人们去征服自然,从而推动人们摆脱希腊和拉丁古典作家的观念及经院主义哲学的束缚。文艺复兴时期的科学进步离不开一大批科学家们的不断探索。"近代科学的先驱者们坚持不懈地致力于使科学和哲学摆脱神学以及随后又使科学同哲学分离,……他们都本能地试图保持他们的科学工作脱离他们的神学和哲

---

① [英]亚·沃尔夫著,周昌忠等译:《十六、十七世纪科学、技术和哲学史》(上册),商务印书馆 1997 年版,第 5—6 页。
② [英]托马斯·马丁·林赛著:《宗教改革史》(上卷),第 46 页。
③ [美]撒穆尔·伊诺克·斯通普夫等著,丁三东、张传友等译:《西方哲学史》,中华书局 2005 年版,第 305 页。
④ [美]布林顿著,王德昭译:《西方近代思想史》,华东师范大学出版社 2005 年版,第 94 页。

学,取得了程度不等的成功。"①

约翰·布里丹(John Buridan,1295—1358)是法国哲学家及 14 世纪自然科学精神的主要倡导者。他在巴黎大学哲学院任教长达 30 年之久,曾一度担任巴黎大学校长。布里丹提出了经验证据的相对性思想,认为证据分为绝对和相对两类,绝对证据是与人的自然本性相符合的证据,如几何公理;相对证据是与事物的自然本性相符合的证据,即大多数人在正常条件下可以观察到的事实。布里丹并不否认自然界的奇迹,但他认为奇迹并不损害相对证据的有效性。他认为,自然科学的原则和结论所必需的是相对证据,只要取得相对证据,就能得出符合事物本性和自然一般进程的判断。布里丹指出,普遍有效性不等于逻辑必然性,不需要由第一原则证明的原则数目几乎是无限的,它们或自明地被知,或通过感觉、经验,或通过词项的内涵而被知。②

布里丹把唯名论基本原则运用于经验科学领域,认为科学的对象是心灵之外的个别事物,只有这些事物才能提供科学所需的相对证据。然而,科学的对象不受时间限制,它不随个别事物的消亡而消亡,它研究的是已不存在或尚未存在的对象。科学对象的永恒性与个别性是不可分的,科学不能撇开个别事物的存在而专门研究它们的本质。也就是说,人们既要承认科学对象的抽象性、普遍性,也要承认它们的具体性、特殊性,只有这样才能获得经验证据。布里丹在科学研究上取得的成果之一是冲力理论。他反对亚里士多德把理智视为天体运动推动者的学说,而是用一个物体作用于另一物体的冲力解释物体运动。冲力与推动物体的速度与被推动物体的重量成正比。他说,如果用同样的速度抛掷木块与铁块,如果木块与铁块体积形状相等,那么铁块被抛得更远,因为它受到的冲力更大。布里丹的理论类似于伽里略的推力理论和笛卡儿的量的运动理论,在当时具有重大的创新意义。

哥白尼(Nicolaus Copernicus,1473—1543)是文艺复兴时期波兰最伟大的科学家,也是克拉科夫大学最杰出的学生。他 18 岁时进入克拉科夫大学学习,并在天文学教授沃伊切赫的指导下研究了托勒密的"地心说",认为托勒密关于地球静止不动的观点不能成立。1496 年哥白尼到了意大利,先后进入博洛尼亚、帕多瓦和费拉拉大学学习天文学、法律、数学、神学和医学。在学习期间,哥白尼同天文学教授诺瓦拉(Domenico Novara)一起观测天

① [英]亚·沃尔夫著,周昌志等译:《十六、十七世纪科学、技术和哲学史》(下册),商务印书馆 1997 年版,第 704 页。
② 徐兵:《欧洲中世纪大学的科学研究与科学教育》,《高等教育研究》1996 年第 6 期。

象,共同探讨改革托勒密学说的问题。从 1515 年至 1543 年间,哥白尼开始写作《天体运行论》,并概述了"日心说"的要点。他指出:"太阳居于群星的中央。在这个辉煌无比的庙堂中,这个发光体现在能够同时普照一切,难道谁还能够把它放在另一个比这更好的位置上吗?……因此,太阳俨然高踞王位之上,君临围绕着他的群星。"[1]在他的体系中,地球绕自己的轴转动,而且又作为行星绕太阳旋转。哥白尼写道:"以此为契机,我也开始思考地球运动的能力。虽然这种思想看起来荒诞不经,但是我知道,有人在我之前已自由地想象他们要用哪些圆圈以便解释天文现象。因此我想,我不也可以尝试一下,假定地球具有某种运动,看看能不能为天球的转动比别人找到更加有效的论证。"[2]根据《天体运行论》提出的理论所编制的星表,就能够很容易地计算太阳、月球和行星在任何给定时刻的位置。

为避免遭受教会迫害和担心人们嘲笑,这部石破天惊的著作直到哥白尼病危的 1543 年,在其弟子德国新教徒雷蒂库斯(George Joachim Rheticus)的一再敦促下才公开出版。有学者认为,当时公开他的学说有可能败坏科学革命的名声,从而延误整个科学革命。过早公开那种让人目瞪口呆的创新可能是不明智的,在能够证明之前不应该宣布,哥白尼的胆怯可能是更明智之举。在《天体运行论》中,哥白尼彻底推翻了千百年以来占统治地位的"地心说",牢固地确立了科学的"日心说"。这是天文学上的一次伟大革命,也是人类宇宙观的一次飞跃和革新。"对于哥白尼来说,日心观点仅仅代表行星最对称的排列,以及用以解释观察到的行星运动的最简单的方式。但是对于开普勒来说,它是他发现行星运动定律的必要前提,而对牛顿来说,它打开了一条合理解释这些定律的道路。最后,从拉普拉斯到琼斯等天体演化学家认识到太阳中央有一个母体,原先就是在离心力或潮汐力的作用下而从中抛射出行星物质。他们由此而赋予日心观点以一种新的发生的意义。"[3]哥白尼学说沉重地打击了封建神权统治,从此自然科学开始从神学中解放出来,科学在这场革命中获得了新生。"具体讲,科学的胜利前进是由哥白尼发动的。他不再凭感觉去解释太空现象,而应用推理和数学图解来说明这些现象了。"[4]哥白尼天文学体系建立后,不少科学家以他的学说为起点进一步探索宇宙奥秘,其中贡献最大的是布鲁诺、第谷、开普勒和伽利略。

布鲁诺(1548—1600)是意大利自然科学家、哲学家和文学家,他不仅是"日心说"的捍

① ［英］亚·沃尔夫著:《十六、十七世纪科学、技术和哲学史》(上册),第 21 页。
② ［英］亚·沃尔夫著:《十六、十七世纪科学、技术和哲学史》(上册),第 20—21 页。
③ ［英］亚·沃尔夫著:《十六、十七世纪科学、技术和哲学史》(上册),第 30 页。
④ ［德］弗·鲍尔生著:《德国教育史》,第 65 页。

卫者,同时也发展了"日心说"。布鲁诺认为宇宙是无限的,宇宙中不止一个太阳系,因而宇宙不可能有一个中心。太阳不是宇宙的中心,而只是太阳系的中心。宇宙所有的恒星都有自己的星系,都是散布在天空中的一个个太阳。哥白尼恢复了地球是普通行星的面貌,而布鲁诺则恢复了太阳是普通恒星的面貌,这是布鲁诺对哥白尼"日心说"的重要纠正和发展。布鲁诺还凭直觉预言了许多天文现象,这些现象后来为观察所证实。例如,太阳围绕着它的轴转动,地球在两极处呈扁平状。布鲁诺把彗星看作是一种行星,并猜测太阳系中的行星可能不止当时所知道的那些。在某种意义上,布鲁诺还预言了能量守恒的学说。他认为,在这个变幻不定的世界,唯一永恒的东西是构成万物之基础的能量。

第谷(1546—1601)是丹麦天文学家,其最大的贡献在于用毕生精力对星体进行定期观测,并以空前的精确度记录了行星运动。1576年,第谷在丹麦国王腓特烈二世(Frederich Ⅱ,1559—1588)的资助下,在赫威恩岛上建造了城堡和天文台。天文台四周是花园,里面除了一些观测室外,还有一个制造仪器的工场、一个图书馆、一个化学实验室和印刷厂等。在助手们的协助下,从1576年到1597年第谷一直在赫威恩岛进行观测。他使用自己设计的观象仪器,比哥白尼的数据精确20度,数据误差只小于半分。因此,第谷是欧洲公认的天文学观测家,也是近代天文观测实验学的奠基人。在临终时,第谷把毕生研究成果和积累的全部资料托付给助手开普勒。正是在第谷所提供的大量丰富、准确的观测数据基础上,开普勒对哥白尼建立的天文学理论体系做出了重大改进。

开普勒(1571—1630)是德国天文学家和数学家。他在图宾根大学学习期间就酷爱天文学和数学,并在天文学教授麦克尔·马斯特林(Michael Maestlin)的影响下,逐渐成为了哥白尼学说的崇拜者。1593年,开普勒大学毕业后,在奥地利格拉茨一所中学任数学和天文学教师,并在教学之余从事哥白尼天文学研究。1596年,开普勒出版了第一部著作《宇宙的奥秘》,这本书包含了他后来所进行的一切探索工作的萌芽。开普勒假设太阳居于星球的中心,包括地球在内的其他星球由上帝按照大小不同的比例确定了它们与太阳的关系。他以此捍卫了哥白尼的"日心说",并得到第谷的支持和鼓励。1600年,开普勒应第谷之邀到布拉格天文台工作。1601年第谷去世后,开普勒成为丹麦王室的天文学家。

1609年开普勒出版了《新天文学》一书,阐述了关于行星运动的两条定律。第一,行星绕太阳运行是沿着椭圆形轨道进行,太阳位于椭圆的一个焦点上。这一重大发现打破了自亚里士多德以来认为行星是沿着正圆轨道运动的传统观念,是对哥白尼"日心说"的重大突破,具有划时代的历史意义。第二,在相等的时间内,连接行星和太阳的直线所扫过的面积是相等的。这说明行星绕太阳运行的速度是不均匀的,距太阳越近速度越快,距太阳越远速度越慢。这条定律也是对哥白尼"日心说"的一个重大突破。哥白尼认为行星绕太阳运行是匀速运动或匀速运动的组合。正因如此,他不能解释行星运动的不均匀现象。开普勒定律弥补了"日心说"的不足,解决了哥白尼悬而未决的问题,使"日心说"真正建立在科学基础之上。1618 年至 1621 年,开普勒出版了一本全面介绍哥白尼天文学的著作,即《哥白尼天文学概论》。在这部著作中,他将两条行星运动定律推广到其他行星、月球以及木星的美第奇卫星(Medicean Stars,现在称为伽利略卫星)。1619 年开普勒又出版了《宇宙和谐论》,提出了行星运动的第三条定律,即行星绕太阳公转周期的平方与行星轨道半径的立方成正比。在这里,他把行星公转运动的速度视为一种和谐。开普勒的三大定律为牛顿发现万有引力定律奠定了基础。开普勒对光学研究也很有造诣。1609 年至 1611 年,他先后出版了《天文学中的光学》和《光学》两本著作。他在前人研究的基础上解释了视觉的形成,揭开了视网膜的作用,指出了近视和远视的成因。在某种意义上,开普勒被认为是太阳黑子的发现者。他还研究了望远镜原理,改进了折射望远镜,发现用凸透镜作为目镜效果更佳。1613 年,开普勒制作了第一架望远镜。

伽利略(1564—1642)是意大利天文学家、数学家和物理学家,曾在比萨大学和帕多瓦大学任教。1608 年,伽利略听说荷兰有位眼镜师发明了一种能使远距离物体放大的"怪眼镜",深受启发并立即着手研究。1609 年,他根据光的折射原理制造了一架荷兰式天体望远镜,并首次把它用作一种科学仪器,从而成为世界上第一个用望远镜探索宇宙奥秘的科学家。伽利略用自制的望远镜观测天体,发现了一系列既新奇又重要的天文现象。他发现月球同地球一样表面凸凹不平,有高山和深谷,这说明天体并不像亚里士多德所说的完美无缺;他还发现在木星的轨道上有四颗卫星围绕它转动,金星有盈有亏,土星有美丽的光环,太阳有黑子并且太阳本身也在运动等。1610 年 1 月 30 日伽利略在信中写道:"我惊喜若狂,无限感谢上帝,他喜欢和允许我发现这么多前所未知的伟大奇迹。月球是一个类似地球的天体,这一点我以前就已深信不疑。我也观察到了大量前所未见的恒星,它们比肉眼可以看到的要多十几倍。……我现在已经知道银河究竟是什么了。"[①]伽利略的发现首次向人们揭示了天体的本真面貌,并证明了亚里士多德和托勒密天体学说是错误的。

1610 年伽利略把观测结果记录在他的《星际使者》中,1613 年他出版了《关于太阳黑子

---

① 〔英〕亚·沃尔夫著:《十六、十七世纪科学、技术和哲学史》(上册),第 36 页。

的通信》,这两本书在当时反响极大,伽利略被人们称为"天空的哥白尼"。1632 年伽利略发表了《关于托勒密和哥白尼两大世界体系的对话》,被认为是近代天文学最伟大的杰作之一。伽利略的发现无疑是对宗教教义的公开反叛,也是对所谓不可侵犯的权威的公开挑战。他的观点引起了罗马教廷的注意,宗教裁判所把他的书列为禁书,但这并未阻止他对科学的探索。伽利略在力学方面也作出了划时代的贡献。他关于落体定律、摆的震动、抛射体、虚速度原理、碰撞动力学、流体静力学、气体力学、声学、光学和磁学等研究,树立了把定量实验与数学论证相结合的典范,至今仍是精密科学的理想方法。伽利略还首先运用试验方法在比萨斜塔做了落体实验,否定了亚里士多德关于"物体下落的速度和重量成正比"的观点。

　　文艺复兴时期,伴随着自然哲学与天文学的进步,数学不仅作为应用学科,而且作为理论学科也得到了长足的发展。

　　数学中的三次方程是一个难以解决的问题。大约在 1515 年,意大利博洛尼亚大学数学教授费尔洛(Ferro)用代数方法成功地解出了不含二次项的三次方程,但他没有公布具体的解法。意大利另一名数学家方塔纳(Nicolo Fontana)得知这一消息后继续苦心钻研,不仅发现了不含二次项的三次方程的代数解法,而且还找到了不含一次项的三次方程的代数解法。由于取得了重大的研究成果,方塔纳被聘为威尼斯大学教授并应邀到意大利各大学讲学。后来,方塔纳撰写了被称为 16 世纪最好的意大利版的算术教科书,全面论述了当时的数值运算方法和商业规范。方塔纳还翻译并出版了欧几里德和阿基米德(Archimedes,公元前 287—公元前 212)的一些著作,极大地推进了 16 世纪数学的发展。

　　正如哥白尼的"日心说"在天文学领域向基督教神学发起挑战一样,比利时医学家维萨留斯(1515—1564)以新的《人体构造论》在生命科学领域也向基督教神学发出了勇敢的挑战。维萨留斯曾在鲁汶大学和巴黎大学学医,1537 年获得帕多瓦大学医学博士学位,并被任命为帕多瓦大学医学和解剖学教授。在教学中,维萨留斯表现出独有的创造性,他突破传统的教学方法,不只是念盖伦的著作,而是一边清晰地讲解,一边引导学生仔细观察事先准备好的各系统图表。如果是解剖课,他就亲自动手,而不是把这项工作交给外科医生。维萨留斯认为古代的文献不能盲从,只有通过解剖得到的知识才是可靠的。他每次上解剖课时都吸引了数百名学生和医生前往观摩。在帕多瓦大学教学期间,维萨留斯出版了两本著作,一本是《六叶集》,包括六张解剖学的绘解图;另一本是对盖伦解剖手册的修订和增补本。在这两本著作中,维萨留斯阐述了自己关于解剖学的独立见解,特别是他明确地反对盖伦的"心脏的收缩是与动脉搏动同时发生"的观点,这在当时的医学界引起极大反响,并赢得了广大学生的尊重和崇拜。1543年维萨留斯出版了《人体构造论》,系统地总结了他的解剖实践,并用配有精美图解的解剖学说明了人体的构造。该书虽未从根本上推翻盖伦的医学体系,但它对盖伦关于"人体血液从右心室通过中隔微孔流入左心室"等结论进行了否定,这无疑给予教会与神学一个沉重的打击。维萨留斯的《人体构造论》与哥白尼同年发表的《天体运行论》一起,共同促进了欧洲摆脱教权统治和学术统治双重枷锁的束缚,使自然科学开始大踏步地从神学禁锢中走出来。

文艺复兴时期,欧洲科学家在摆脱了中世纪神学思想的束缚之后,取得了一系列重大的发现和发明,这一切为近现代科学技术的进一步发展奠定了重要基础。恩格斯(Friedrich Engels,1820—1895)评价说,文艺复兴运动"是地球上从来没有经历过的最伟大的一次革命。自然科学也就在这一场革命中诞生和形成起来,⋯⋯这时候,自然科学也发布了自己的独立宣言,诚然,宣言并不是在一开头就立即发布的,正如路德并非第一个新教徒一样。在宗教领域内是路德焚毁教谕,在自然科学领域内是哥白尼⋯⋯向教会的迷信提出了挑战。从此以后,自然科学基本上从宗教下面解放出来了,⋯⋯科学的发展从此便大踏步地前进"①。

随着文艺复兴运动广泛深入的发展,文化科学领域也发生了深刻变化,而16世纪末出现的新思想与新方法则更加有利于精确科学如数学和物理学的成长。到了17世纪,科学研究并不局限于掌握古代的研究成果,而是要全面运用观察和实验方法。一些科学家开始通过认识事物及其产生的原因推论事物的规律。"厌恶独尊的权威,嫌弃唯经典是从而崇尚对事实做客观的研究,这些都象征着近代的曙光。"②

牛顿(1642—1727)是17世纪英国著名科学家,他在物理学、数学、天文学等领域都取得了巨大成就。牛顿的经典力学开创了人类认识与改造世界的新纪元,是西方近代文明最为丰硕的成果之一。1661年至1665年,牛顿就读于剑桥大学三一学院,毕业后成为该校的教授。牛顿通过对机械的研究,提出了运动的三条基本定律,即惯性定律、加速定律和作用力与反作用力相等定律。他在伽利略、开普勒等人研究成果的基础上进一步探究,发现了著名的万有引力定律。后来,在英国天文学家哈雷(Edmond Halley,1656—1742)的赞助

① 中央编译局:《马克思恩格斯全集》(第二十卷),人民出版社1995年版,第533—534页。
② [英]亚·沃尔夫著:《十六、十七世纪科学、技术和哲学史》(下册),第468页。

下,牛顿将这一伟大发现和运动三定律汇集写成了《自然哲学的数学原理》。这部划时代的著作奠定了经典力学的基础,说明了当时人们所能理解的一切力学现象,解决了行星运动、落体运动、振子运动、微粒运动、声音和波、潮涨潮落以及地球扁圆形状等各种各样的问题。"一旦宇宙的本质被重新界定,各个领域的思想家就可以满怀信心地进行他们的工作,科学而不是迷信将成为当时的新时尚。"①有学者指出:"牛顿的《原理》公认是科学史上最伟大的著作。在对当代和后代思想的影响上,无疑没有什么别的杰作可以同《原理》相媲美。二百多年来,它一直是全部天文学和宇宙学思想的基础。"②

在数学方面,牛顿和莱布尼茨并称为微积分的创始人,他还创立了二项式定理,发展了方程式理论。在光学方面,牛顿致力于色的现象及光的本性研究,他用三棱镜把白光分解成七色光,并确定每种颜色光的折射率,制作了牛顿色盘。关于光的本性,牛顿主张光的微粒说,认为光是从光源发出的一种物质微粒,并在均匀媒质中以一定的速度传播。在热学方面,牛顿提出了冷却定律,即当物体表面与周围存在温差时,单位时间从单位面积散失的热量与温差成正比。在天文学方面,牛顿制作了反射望远镜,初步观察了行星运动规律,并预言地球不是正球体。对于牛顿在自然科学领域所作出的开拓性贡献,恩格斯给予了高度评价。他说:"牛顿由于发明了万有引力定律而创立了科学的天文学,由于进行了光的分解而创立了科学的光学,由于创立了二项式定理和无限理论而创立了科学的数学,由于认识了力的本性而创立了科学的力学。"③牛顿把始于哥白尼学说的第一次科学革命推向了高峰,是近代科学发展的第一次大综合,标志着人类科学时代的开始。"哥白尼把地球看作是太阳系里的一颗小行星,以这一革命性思想为发端,经过伽利略、第谷·布拉赫和刻卜勒(开普勒)等人的工作,最后导致牛顿对物理世界的伟大综合。于是,传统的地上与天上世界的分隔以及与之相关的自然与超自然的划分,我们世界与其他世界的划分都被抛弃或者动摇了。因为,已经表明,整个物理宇宙服从同一条万有引力定律和同一些运动定律,所以宇宙一个部分的所有物理客体或事件要对其余一切产生一定影响,这样就形成了各部分互相联系的宇宙体系。"④

17世纪数学研究取得了辉煌成就。对数的发明,特别是笛卡儿解释几何的创立;把变

① [美]罗伯特·E.勒纳等著:《西方文明史》(Ⅱ),第615页。

② [英]亚·沃尔夫著:《十六、十七世纪科学、技术和哲学史》(上册),第179页。

③ 中央编译局:《马克思恩格斯全集》(第一卷),人民出版社1995年版,第657页。

④ [英]亚·沃尔夫著:《十六、十七世纪科学、技术和哲学史》(上册),第161页。

数引进数学,并经牛顿和莱布尼茨把变数推广到无限小量与无限大量,建立了微积分和积分学,从而实现了从初等数学到以变量为中心的高等数学的历史性飞跃。1594 年左右英国人耐普尔(John Napier,1550—1617)发明了对数,使乘除运算转化为加减运算。后来,牛津大学数学教授亨利·布里格斯与耐普尔共同研讨了进一步完善计算方法的问题。1617 年,亨利·布里格斯出版了《一千个数的对数》一书,确立了通用的对数计算方法。1624 年,亨利·布里格斯又出版了《对数算术》一书,其中包括 3 万个数的常用对数表,而且精确到小数后 14 位。对数发明后,有人应用对数原理制成计算尺,使后人在运算时节约了大量时间和精力。与此同时,法国数学家费尔玛(Pierre de Fermat,1601—1665)和笛卡儿把变数概念引进数学,并把代数和几何结合起来建立了解析几何。1629 年费尔玛写成《平面和立体的轨迹引论》一书,论述了解析几何的基本思路和方法。笛卡儿是一个理性主义者和数学大师,因此他用完全不同的方法研究科学。在 1637 年出版的《更好地指导推理和寻求科学真理的方法论》一书附录中,笛卡儿系统地阐述了解析几何的原理,并建立了"笛卡儿坐标"。解析几何的建立意义重大,它不仅以其在计算方法上的优点而被广泛运用于各个科学领域,而且它把变数引进了数学,成为数学发展中的转折点,并为微积分的出现创造了条件。正是在前人研究成果的基础上,牛顿与莱布尼茨分别在研究力学和几何学过程中,建立了导数、积分的概念和运算法则,阐明了求导数和求积分是互逆的两种运算,从而奠定了微积分数的基础。牛顿和莱布尼茨是各自独立地建立微积分学的,牛顿要比莱布尼茨早,但后者的著作却先于前者出版,而且后者的表述方式比前者先进。在 17 世纪后半期,经过牛顿和莱布尼茨的努力,微积分已成为一门独立的科学。

这一时期,物理学、化学、医学、生物学等也获得了重大发展。在物理学方面,意大利数学家和物理学家托里策利(Evangelista Torricelli,1608—1647)发明了水银气压计,制成了一架显微镜。英国物理学家和天文学家胡克发明了显微镜、望远镜等实验仪器,改进了天文观测记时所用的钟摆。胡克还对物体的弹性进行了深入研究,并于 1676 年发现了弹力定律——胡克定律,即在弹性限度内,弹簧的弹力和弹簧伸长或缩短的长度成正比。在化学方面,英国化学家和物理学家波义耳区别了混合物和化合物,并给化学元素、化学反应及化学分析下了最初的定义,从而把化学从点金术中分离出来。波义耳还改进了气体化学,发现了燃烧中的吸氧现象。他提出了著名的气体定律,即"波义耳-马略特定律";他将化学定性试验归纳为一个系统,并开始了分析化学的研究。在胡克的帮助下波义耳制成了真空泵,并在自己制造的真空里证明了伽利略关于落体运动的观点。波义耳对真空的研究促进了流体力学的发展,为 17 世纪蒸汽机的发明奠定了理论基础。在医学方面,英国生理学家哈维运用实验方法发现了许多生理现象,揭示了心脏在生命过程中的功能,发现了血液循环。他证明血液由心脏输出,并按同一方向运行,由此推翻了盖伦提出的血液分别由肝脏和心脏两个中心输出的论点。在生物学方面,荷兰生物学家列文虎克(Antony van Leeuwenhoek,1632—1723)是第一个用镜片制作显微镜的人。他用透镜进行显微观察,发现了红血球、滴虫和精虫,并观察到毛细血管中的血球运动,从而推动了解剖学和生理学的发展。

使用科学仪器是近代自然科学的主要特征之一,科学仪器为近代科学的发展提供了重要帮助。它们能使观察者大大改进原来仅用感官进行过的观察,虽然还不是那么完善,但可以使他们发觉那些根本觉察不到的东西。它们便于人们对各种现象进行精密测量,使人们能够在可以严格控制的条件下研究一个现象,并有理由认为所得出的结论可靠。在 17世纪,至少发明和使用了六种重要的科学仪器,即显微镜、望远镜、温度计、气压计、抽气机和钟摆。天文学家用望远镜比用肉眼能够更清楚地看到遥远的天体,同样利用显微镜可以研究微小的物体。使用气压计和温度计能够分别观察与测量气压和温度的变化;使用抽气机能让物理学家在设置的条件下进行空气性质的研究;使用摆钟能够测量微小的时间间隔等。如果没有这些科学仪器的帮助,很难想象近代科学是否会存在。

同时,由于印刷术的发明,这一时期大量科学著作得以出版,这对于当时科学思想的传播发挥了重要作用。"思想一旦被印刷成书,一切禁止和压制思想的企图——检查措施从印刷术诞生之日便开始了——都无例外地以失败而告终。在知识方面焕发出五光十色的惊人异彩,成了近代欧洲的特点,我们可以肯定,这种惊人的异彩是同印刷术的发展密切相关的。"[1]据统计,1500 年前出版的书籍有 1044 种、3000 多版,约 650 位作者,其中意大利出版社的发行量占很高比例。[2] 16 世纪出版的书籍种类更多,范围更广,包括医学和外科学、航海及应用数学方面的论文。

由上可知,16、17 世纪是近代科学蓬勃发展的时期。在近代自然科学中蕴含着一种怀疑与探索真理的科学精神,这对于中世纪欧洲严密的思想禁锢而言无疑是一股强大的冲击力。"在大学的外面,到处都充满了对科学的好奇,这种好奇心在信徒中比在神职人员中更富于创造力,因为长期以来神职人员几乎是学术的惟一的监护人。在意大利以及别的地

① [德]弗·鲍尔生著:《德国教育史》,第 62 页。
② [英]G. R. 埃尔顿编:《新编剑桥世界近代史》(第 2 卷),第 511—512 页。

方,科学团体正在兴起,讲师的职位正在设立,重要的本国语著作也不乏撰写之人。应用科学包括数学、物理学和化学正在飞速发展。不久,培根将强调自然知识的功用,并把手艺人的经验提升到几乎与哲学家的见识相等同的水平。尽管到此时为止对古典著述家公认的权威提出的重大挑战还很少,尽管这些挑战遭到大多数人的抵制,但挑战毕竟开始了,而且后来证明是卓有成效的。"①发轫于文艺复兴时期的近代自然科学,以强调实践、敢于怀疑、尊重事实、勇于探索、反对封建迷信与盲目崇拜权威的战斗精神,武装了新生的欧洲资产阶级,为随后的社会变革提供了理论依据。

自然科学造就了一个不同于中世纪欧洲的社会文化环境。中世纪欧洲社会的重要特征是公开宣扬和推行宗教蒙昧主义,并把文明、古代哲学、政治和法律等一扫而光,严重扼杀了人类的精神活动,阻碍了社会文化教育的发展。这场发生在自然科学领域的革命,极大地改变了人们对整个宇宙的认识与理解,并为整个欧洲思想界带来了翻天覆地的变化。对于这种科学文化界的巨大变化,鲍尔生指出:"其主要原因,一方面是超自然主义的旧神学的崩溃,另一方面是自然科学,尤其是作为现世主义的新哲学基础的数学的迅猛发展。人们对于神学和基督教的兴趣,在宗教改革运动和反改革运动的斗争中,曾经再度兴起,并曾在世界上占了统治地位,在某时期还几乎压倒文艺复兴所提倡的世俗教育的势力;在现在这个历史时期,宗教兴趣却被现代哲学和科学的学术势力所排挤,而且在很多领域中确实被消灭了。"②正如地理大发现改变了人们的思维习惯,近代自然科学的兴起也启发了人们的思想,它培育了人们的理性、自信心、优越感、乐观主义和科学探索精神。

到17世纪末,人们普遍认为,与其浪费时间去争论那些无法令人信服的"宿命论"和"圣体实在论"等问题,还不如去研究数学、物理学、地理学和天文学等既能使人理解而又可验证的科学。他们相信种类繁多的科学可以为现世生活提供创造幸福的新知识,而超现世的冥想除了产生像神学家那样诚惶诚恐的蠢物之外,则毫无用处。对于神学甚至宗教和来世的怀疑与冷漠,成为当时知识分子的普遍态度。

三、科学社团的建立

近代科学研究的主要场所不是大学,而是与大学分而设之的科学院或科学社团。科学

---

① [英]G. R. 埃尔顿编:《新编剑桥世界近代史》(第2卷),第539—540页。
② [德]弗·鲍尔生著:《德国教育史》,第64页。

社团是那个时代精神的重要标志。沃尔夫写道:"这是开拓者的黄金时代。人的精神长期受传统和权威的禁锢。……然而,反抗的力量在逐渐增长;尽管既有的权威横加阻拦,但一些勇敢的有识之士还是冲破了经院哲学的枷锁,冒险航行到地图上没有标绘过的海洋,想亲眼看看世界,用自己的理智解释它。大学渴望带头,或者至少参与这个理智解放运动。但是它们根本没有这样做,因为它们受教会控制。哲学仅仅是神学的侍婢,而大学则是教会的灰姑娘。事实上,这个时代的鲜明特点是,绝大多数现代思想先驱都完全脱离了大学,或者只同大学保持松弛的联系。为了培育新的精神,使之能够发现自己,就必须有新的、本质上真正世俗的组织。弗朗西斯·培根在他的《新大西岛》中向往这样的机构。他的后继者在一定程度上受其远见的激励,目睹了他的梦想成为现实。科学社团正是顺应新时代需要而诞生的。就在这些社团里,现代科学找到了机会,受到了激励,而大学不仅在 17 世纪,而且在以后相当长的时间里都一直拒绝给予这些。"[1]

当大学对科学采取冷漠态度的时候,一些新的研究机构或社团为了促进实验科学而建立起来了。从 16 世纪下半叶开始,意大利、英国、法国、德国、荷兰等先后成立了一些致力于科学研究的业余爱好者协会和科学学会,它们集合作研究、交流成果、反对独裁和发展新科学、新文化等多种社会职能于一体,对推动西方近代科学的发展产生了重要影响。美国科学史家科恩(I. B. Cohen)指出:"近代科学革命的一个主要特点是科学共同体的产生,如各种科学社团所体现的科学共同体。"[2]在这些新的研究机构中,著名的有佛罗伦萨的西芒托学院(建于 1657 年)、伦敦的皇家学会(建于 1662 年)和巴黎科学院(建于 1666 年)。在某种程度上,这些研究机构受到政府的鼓励,政府期待它们做出更多有用的研究。

(一) 法兰西科学院

法国最早的科学社团可以追溯到 16 世纪。1530 年,法国国王弗兰西斯一世创立了皇家学院(the College Royal),后改名为法兰西科学院(the College de Frannce),也称为巴黎科学院。当时的法兰西科学院是人文主义者荟萃之地,它除了进行人文科学研究之外,还涉及自然科学的研究。法兰西科学院的学者大多是科学运动的佼佼者,他们经常举行集会,交流科学信息。最初,他们在普罗旺斯一位地方法官的家里集会,后来法国物理学家和

---

① [英]亚·沃尔夫著:《十六、十七世纪科学、技术和哲学史》(上册),第 64—65 页。
② [美]I·伯纳德·科恩著,杨爱华等译:《科学革命史》,军事科学出版社 1992 年版,第 92 页。

修道士马林·默森(Marin Mersenne)的寓所成了科学家们的聚会场所与交流科学信息的
中心。默森是伽利略的弟子,他在伽利略的指导下从事声学研究,首次测量了振动频率和
空气传声速度。默森和笛卡儿、霍布斯通过信,并在他的修道院和伽桑狄、费尔玛、布莱
斯·帕斯卡(Blaise Pascal)等学者见过面。后期聚会是在巴黎行政法院审查官蒙特摩
(Montmort)的家里举行。这些聚会约在 1654 年成为正式集会。由于经费日渐拮据,1663
年蒙特摩学会向路易十四的大臣科尔伯特求助,声称科学进步将使法国的经济受益。科尔
伯特是一位开明人士,深知科学的应用对于发展国家工商业有利,并决定在国王的赞助下
成立一个新的科学机构。1666 年 12 月 22 日,巴黎科学院正式成立。它有 66 名院士,由国
家发给薪俸。巴黎科学院分为物理、化学、生物、医学等 11 个学部,它致力于研究那些皇家
大臣交给的问题。

巴黎科学院自成立之日起就是一个国家机构,其会员全部是专业科学家,由国家任命,
薪俸优厚,物质条件优越,拥有充足的研究经费。"……肯定无疑的是,其他多数国家都追
随法国这种建立全国性科学院的范例:由公家支持,不过并不一定由政府控制;法国皇家科
学院由于具有专业性质和拥有适当的赠款,因而导致的直接后果是,它在 18 世纪的后半期
完全超越了英国皇家学会。"①

巴黎科学院的研究分为数学(包括力学、天文学)和物理学(包括化学、植物学、解剖学、
生理学)两部分,院士们每周在毗邻实验室的皇家图书馆聚会两次,共同研究和讨论物理学
与数学问题。在纯物理学方面,他们重做了意大利西芒托学院和英国皇家学会的许多实
验。他们研究了水凝固时的膨胀力、某些金属焙烧时所表现出来的重量增加,以及动物和
植物器官的构造及功能等。在纯数学方面,他们主要讨论了笛卡儿在数学领域的工作和几
何学中应用无限小量所引起的种种问题。科尔伯特对巴黎科学院的研究不加任何干涉,只
做出一般性指示。1683 年科尔伯特去世后,其继任者卢瓦(F. M. Louvois)要求院士们研究
一些公共事务中的实际问题,如凡尔赛的测量、排水管道、皇家喷水池和宫廷赌博等。1692
年比尼翁(Abbe Bignon)接管巴黎科学院的工作。1699 年,比尼翁制定了巴黎科学院新章
程,并把科学院迁往卢浮宫,增设了图书馆、物理和化学实验设备及生物学标本。在卢浮
宫,巴黎科学院与其他四个学会比邻,成为领导法国科学工作的主要机构,一直到 1793 年

① [英]J. S. 布朗伯利编,中国社会科学院世界历史研究所组译:《新编剑桥世界近代史》(第 6 卷),中
国社会科学出版社 2008 年版,第 54 页。

取缔为止。比尼翁增设了 70 名院士,并把他们的职位分为荣誉院士、领薪院士、实习院士不同等级,使院士们享受的待遇和权利差别较大。院士的薪俸仍由国王支付,金额增加视成果而定,并且由皇家大臣控制。领薪成员必须居住在巴黎,并有明确的休假制度。

巴黎科学院的院士们各自进行研究工作,但他们必须根据研究的计划和成果提出年度报告。他们要在每周举行的会议上讲解他们的发现,根据自己的研究领域提交出版的书籍,根据新的发明和机器提出报告,与外国学者通信并发表专题报告,每年举行两次公开会议介绍自己的研究情况。这种组织形式直到 1789 年法国大革命才改变。巴黎科学院早期受培根著作的影响。院士们采纳培根的建议,编写了一部自然和工艺史、一部动植物博物史,以及一部有关机械发明的详细目录。他们还绘制了法国地图,并为在大海中测定经度问题做了大量工作。卢瓦掌权时期,培根的影响迅速下降,法国地图的绘制和经度测定工作基本上中断了。随后,笛卡儿的观点比较盛行,法国人的科学兴趣由实用转向科学理论和哲学方面。到 18 世纪中期,巴黎以外的其他省份共成立了 37 个科学社团,它们都与巴黎科学院有着密切的联系。

(二) 英国皇家学会

16 世纪末,在伦敦和英国其他大城市,一些有识之士为了传播科学技术知识和促进科学发展,在咖啡屋等场所成立了科学社团,为知识分子提供讲坛。科学社团在各地普遍开展活动,他们在全国的大城市巡回演讲,进行力学、光学、气体力学、流体静力学和天文学的演示和实验,力图用更科学的方法和实验去研究学问。这些活动得到大量出版物如书籍、报纸和杂志的支持。在这些社团中最著名的是格雷沙姆学院(Gresham College)和英国皇家学会(the Royal Society)。

早在 1574 年,拉尔夫·拉班德(Ralph Rabbands)就提议创办一所基于公共财政的学会或学院,在那里"有才能的人、有政治头脑的人、有学问的人和能工巧匠"可以一起工作。① 1596 年,英国富商格雷沙姆捐赠伦敦的房地产和住宅,用于创建一所以科学和技术教育为主的学院。格雷沙姆学院(Gresham College)的办学体制与传统大学明显不同。它最初聘请的 7 位教授都来自牛津和剑桥大学,他们用英语授课,负责讲解神学、民法、修辞

---

① W. H. G. Armytage, *Four Hundred Years of English Education*, Cambridge University Press, London, 1964, P. 17.

学、音乐、物理学、几何学和天文学七门学科。格雷沙姆学院的教授都与造船家、航海家以及当时的商人有交往，并向商人、海员、零售商、造船人、绅士、工匠等提供咨询服务。格雷沙姆学院不是由教士而是由麦塞斯公司和伦敦市长及参议员管理，它在 17 世纪上半叶成为英国科学活动的主要中心。从 1635 年起，格雷沙姆学院开始衰落。1666 年 9 月伦敦发生大火后，市政当局接管了格雷沙姆学院的校舍，它后来成为英国皇家学会的会址。

英国皇家学会起源于17 世纪 40 年代由数学家、科学家和物理学家组成的非正式社团。约从 1645 年起，这些人经常在天文学家塞缪尔·福斯特(Samuel Forster)的私人住宅和格雷沙姆学院聚会，由哈特利布和德国学者西奥多·哈克(Theodore Haak)担任秘书，定期汇报各自的实验和自然科学的进展，但把神学和政治排除在讨论范围之外。"这些聚会关注从佛罗伦萨的伽利略时代到英国的培根时代那些所谓的新哲学，以及在意大利、法国、德国和国外其他地区诞生的大量新哲学，此外也有英国自己的新哲学。"[1]1648 年，皇家学会的秘书约翰·威尔金斯出任牛津大学沃德姆学院院长，聚会中心随之转移到了牛津大学，并在威尔金斯周围很快聚集着一批最优秀的科学家。在哈特利布看来，"威尔金斯是一个非常机智的人，他在机械研究方面卓有成效。他很喜欢做实验，他的大脑就像永动机那样一直在运转"[2]。1659 年，当威尔金斯离开牛津出任剑桥大学圣三一学院院长时，在那儿又聚集了一个科学家群体。"他们不仅进行科学发明，而且从事工艺技术的研究，并将研究的进程和结果用书信的形式向欧洲大陆传播。"[3]这种大学中产生的自发性学术团体便是皇家学会的胚胎。1658 年由于政局动荡，这些聚会曾一度中断，格雷沙姆学院也成为了兵营。1660 年这个社团拒绝了建立旨在促进"物理和数学实验研究"的学院的要求，但仍同意定期聚会讨论有关问题。王政复辟后不久，这一社团又恢复了在格雷沙姆学院的聚会；同时他们还试图建立一个致力于探索实验知识的正式学会。"无论是以皇家学会的名义正式聚会，还是在咖啡馆和私人寓所内非正式地碰头，这个科学家群体都无休止地探讨与王国利益直接相关的技术问题。"[4]

---

① W. H. G. Armytage, *Four Hundred Years of English Education*, Cambridge University Press, London, 1964, P. 24.

② W. H. G. Armytage, *Four Hundred Years of English Education*, Cambridge University Press, London, 1964, P. 24.

③ 殷企平著：《英国高等科技教育》，杭州大学出版社 1995 年版，第 4 页。

④ ［美］罗伯特·金·默顿著：《十七世纪英格兰的科学、技术与社会》，第 217 页。

1662 年 7 月 15 日,在查理二世的赞助下,英国皇家学会正式成立。第一批会员共 41 人,由威尔金斯担任首届主席。皇家学会不仅是英国最早的科学学会,也是欧洲最早的学会之一。"为了生存,皇家学会拒绝卷入神学或政治争论。"①皇家学会的宗旨在于"增进关于自然事物的知识和一切有用的技艺、制造业、机械作业、引擎和用实验从事发明(但不插手神学、形而上学、道德政治、文法、修辞学或逻辑),是试图恢复现在失传的这类可用的技艺和发明;是考察古代或近代任何重要作家在自然界方面、数学方面和机械方面所发明的,或者记录下来的,或者实行的一切体系、原理、假说、纲要、历史和实验;俾能编成一个完整而踏实的哲学体系,来解决自然界的或者技艺所引起的一切现象,并将事物原因的理智解释记录下来"②。由于它当时是人们交流思想、实验结果和信息的场所,因而被称为"隐形学院"。

皇家学会继续开展先前在牛津大学和格雷沙姆学院的科学活动,其主要成员也与牛津大学保持联系,如皇家学会的创建人之一雷恩从 1661 年至 1673 年仍在牛津大学担任天文学教授。1662 年至 1703 年,物理学家和天文学家胡克担任了皇家学会第一任专职干事,其主要职责是为每次会议准备三四项他自己或别人的实验,以应学会的不时之需。胡克是皇家学会最有才干的实验家和最有独创性、富有想象力的发明家。为了确定重力是否随着距离地球中心的远近而明显减少,胡克在威斯敏斯特教堂的尖顶上做实验,后来又在圣保罗教堂的尖顶上重做实验。胡克还用自己设计的仪器进行了一系列关于透明液体的折射率的测量。作为皇家学会的干事,胡克还被要求考察制砖、玻璃、制皂、制盐、制糖等行业的工艺流程,并提出可能的改进意见。

英国皇家学会早期的科学活动仍是继承培根的传统,关注实验及其运用。正如雷恩在起草的皇家学会章程草案中所说:"……我们明白,再没有什么比提倡有用的技术和科学更能促进这样圆满的政治的实现了。通过周密的考察,我们发现有用的技术和科学是文明社会和自由政体的基础。……因此,我们的理智告诉我们,我们自己在国外旅行的见闻也充分证明,我们只有增加可以促进我国臣民的舒适、利润和健康的有用发明,才能有效地发展自然实验哲学,特别是其中同增进贸易有关的部分。这项工作最好由有资格研究此种学问

① W. H. G. Armytage, *Four Hundred Years of English Education*, Cambridge University Press, London, 1964, P. 25.

② 徐辉著:《高等教育发展的新阶段——论大学与工业的关系》,杭州大学出版社 1990 年版,第 16—17 页。

的有发明天才和有学问的人组成一个社团来进行。他们将以此事作为自己的主要工作和研究内容,并组成为拥有一切正当特权和豁免权的正式学会。"①

英国皇家学会基本上是一个民间机构,它与欧洲大陆由国家主办的科学院明显不同。大陆的学会接受政府管理,其成员由政府提供薪金,但失去了思想和行动的独立性。皇家学会则完全由自己管理,选举会员时既吸收专业工作者,也吸收业余爱好者;它不接受国家的财政支持和物质供应,不承担为英国政府工作的义务。而且皇家学会是一个打破了宗教派别界限的组织,它不涉足神学和政治,清教徒、保皇派、非国教徒和国教徒可以一起讨论共同感兴趣的问题,交流各自的研究心得。事实证明,学术自由是科学进步的重要因素。皇家学会在相当程度上受到培根的影响,注重实验、发明和实效性研究。皇家学会的成员在天文、物理、化学、解剖学、医学、生物学等方面进行了大量实验研究,他们的研究报告对于发展海运业、矿业、酿酒业、羊毛制造业等具有一定价值。1665 年 3 月,皇家学会创办了学术刊物《皇家学会哲学会刊》,用于刊登会员的研究成果,报道最新科学成就,开展学术争鸣,从而促进科学的繁荣。这是西方最早的学术期刊之一。皇家学会下设若干委员会,如机械委员会、化学委员会、天文学委员会、解剖学委员会等,其中与商业贸易密切相关的科学知识最受重视。

除了从事物理和化学研究之外,皇家学会的会员尤其是医学家还重视生物学研究,他们对动物进行了大量的解剖和实验。皇家学会的特权之一就是解剖死囚的尸体,并成立了一个专门委员会,主持每逢处决死囚时的尸体解剖。会员们还广泛进行动物解剖实验,虽然没有获得有用的结论。皇家学会对于水下装置一直保持着兴趣,从潜水钟到胡克建议的设备齐全、可以与泰晤士河上赛艇速度相媲美的潜水艇;而且当时许多科学家都把注意力集中于由航海问题引出的课题,以及由此衍生的科学研究。航海方面的进步是皇家学会的主要成就之一。为了储存学会获得的日益增多的自然标本(如动物、植物、地质等),1663 年皇家学会设立了一个陈列室,并由胡克负责管理。陈列室还保存了会员们制造或发明的许多仪器和机械装置。皇家学会对国外的状况及其自然物产进行了探究,并欢迎探险家、船长和其他人提供报告,以及他们发现的任何有价值的矿石标本。

英国皇家学会创办之初就形成了一个惯例,即把具体的研究任务分配给会员或小

---

① [英]D. J. 贝尔纳著,陈体芳译:《科学的社会功能》,广西师范大学出版社 2003 年版,第 28—29 页。

组，并要求他们及时汇报研究成果。"开展和接受实验报道成为伦敦皇家协会的主要任务之一。"①学会鼓励会员进行任何能促进科学目标的新实验，如用化合方法生产颜料、测量空气的密度、比较不同金属丝的硬度、通过焙烧锑检验其重量是否增加等。因此，早期皇家学会的会议都是由会员作报告和发表演说，或演示实验，或展示各种稀奇的东西，并进行热烈的讨论。然而，正是由于对一切新奇的自然现象普遍感到好奇，导致了早期皇家学会的衰弱。"他们把研究的网撒得太宽，因此丧失了统一地长期集中研究一组有限的问题所会带来的好处。所以，应当说，这个年轻学会对发展科学的真正意义，与其说在于它对科学知识的积累做出了共同贡献，还不如说在于它对它所聚集的那些杰出人物产生了激奋性的影响……"②

　　巴黎科学院和英国皇家学会都遵循弗朗西斯·培根的意见，认为科学既要发挥文明教化的作用，同时也要具有实用价值，而且都强调科学研究的实验性质。"英法两国所建立的全国性科学院虽各有不同，但都成为其他国家仿效的榜样——那些年代里，科学院被认为是装备一个现代国家所不可或缺的。在荷兰和意大利，重要的工作仍在进行，而德意志人、瑞士人和斯堪的纳维亚人对自然也都作出了重大发现，这种对自然的了解即使在那时也已被认为是一次知识革命。"③

（三）西芒托学院

　　意大利最著名的科学社团是 1657 年在佛罗伦萨成立的西芒托学院（Academia del Cimento）。该学院由伽利略的两个门徒维琴佐·维维安尼（Vicenzo Viviani）和托里策利发起创办，由美第奇家族提供必要的资助。此前，美第奇家族也创办过一个实验室，配备了当时所能获得的科学仪器。1651 年至 1657 年间，各领域的科学家为了进行试验和探讨问题，多次定期在这个实验室聚会。西芒托学院是这种非正式团体中比较正式的组织，它主要从事实验研究，并把物理实验作为理论基础，其成员包括解剖学家波雷里（Giovanni Affonso Borelli）、丹麦解剖学家和矿物学家斯特诺（Nicolaus Steno）、胚胎学家雷迪（Francesco Redi）和天文学家多米尼科·卡西尼（Domenico Cassini）。这些科学家在西芒托学院工作的十年

---

① ［比利时］希尔德·德·里德-西蒙斯主编：《欧洲大学史》（第二卷），第 579 页。
② ［英］亚·沃尔夫著：《十六、十七世纪科学、技术和哲学史》（上册），第 76 页。
③ ［英］J. S. 布朗伯利编：《新编剑桥世界近代史》（第 6 卷），第 48 页。

时间里(1657—1667)做了许多有关温度和大气压测量方面的物理实验,如空气自然压力、固体和液体的热膨胀等。他们重复进行了波义耳的几个实验,包括温水煮沸等;他们观察了动物在没有空气情况下的行为;他们进行了大量关于水和其他液体凝固的实验,有些实验应用了笛卡儿在其《气象学》中提及的那种冰和盐的冷凝剂;他们研究了固体和液体的热膨胀,以及某些物质溶解在水中时热的释放和吸收;他们重复了伽利略测定光速的尝试,但得出了否定的结论;他们首次进行了几个伽利略所提出的抛射体实验;他们发明了几种仪器,用于演示大气压如何随着地面以上高度的增加而减少。此外,托里策利还用几何学方法研究了透镜的性质,并且制造了望远镜;波雷里发现液体上升的高度与管子直径成反比等。

1667年西芒托学院关闭时出版了《西芒托学院自然实验文集》,报告了在实验中的一些新发现。沃尔夫指出:"如可能已经注意到的那样,西芒托学院的研究就下述意义而言,是严格科学的:采用精密的实验方法,所得出的结论严格限制于观察证据的必然,而不试图作思辨的遐想。这种自我约束可能主要是由于相互批评所使然,而这种批评是成员们共同研究的合作的自然结果。"[①]

(四) 柏林学院

17世纪德国也建立了许多科学社团。1622年,生物学家荣吉乌斯(Joachim Jungius)在罗斯托克创办了旨在促进和传播自然科学的艾勒欧勒狄卡学会,但它只存在了两年左右。三十年后德国又建立了自然研究学会,它相当于医生行会,出版了一份期刊,用于发表会员的医学研究成果。1672年数学家斯图谟创办了实验研究学会,并把自己精心收集的一批物理仪器用于学会的实验工作。但在德国,能与巴黎科学院和英国皇家学会并驾齐驱的科学社团是1700年成立的柏林学院。

柏林学院的主要倡导者是科学家和哲学家莱布尼茨,其成员包括法国哲学家德·拉美特利(De La Mettrie)、伏尔泰和数学家拉格朗日(Joseph Louis Lagrange)等。柏林学院是莱布尼茨多年精心规划和大力倡导的结果,他反对只强调抽象思维和纯粹文字的教学,认为青年教育应该注重客观事实。莱布尼茨指出,适当地讲授数学、物理学、生物学、地理学

---

① ［英］亚·沃尔夫著:《十六、十七世纪科学、技术和哲学史》(上册),第69页。

和历史学等学科具有重要意义,并希望用德文取代拉丁文作为教学语言。他说:"如果采取了这一步骤,那么知识就会传遍全国,语言与陈腐思想的结合也就会在德国被冲破,像它们已在英国和法国为培根和笛卡儿的国语著作的影响所冲破一样。"①莱布尼茨认为,以他和志同道合者组成的社团为媒介,便能最有效地宣传他的观点和实现他的改革。他所设想的社团由人数有限的学者组成,他们的职责是记载实验,与其他学者和外国科学社团合作,建立一个大型图书馆,并就有关商业和技术问题提供咨询。社团的兴趣应非常广泛,除科学和技术外,还应包括历史、商业、档案、艺术、教育等。社团应广泛进行解剖学和生理学研究,结合患病贫民救济、孤儿教育和监狱管理等,检验社会科学的各种新方法。社团还将出版一份期刊,以使任何人的发明都能得到广泛传播。

莱布尼茨在 1670 年左右撰写的两份备忘录中指出,在德国一些重要的发明没有尽其所能地应用于实际生活,它们常常被遗弃或者被传到国外,后来又作为新事物再次传入德国。他认为,如果有一个社团保护和发展这些发明,那么就能挽救这种状况。不久,莱布尼茨到巴黎和伦敦访问,实地考察了巴黎科学院和英国皇家学会的工作,随后提出了一个新的计划。他设想建立一个人员精干、经费充足且装备实验仪器的社团,每个成员都应致力于就某个选定的问题进行实验,并用德文报告实验结果。这样汇集起来的知识就能有系统地用于造福人类,最后编撰成囊括一切科学的百科全书。莱布尼茨的设想得到普鲁士选帝侯腓特烈一世的批准,1700 年 7 月柏林学院正式成立,莱布尼茨出任院长。像英国皇家学会一样,柏林学院也成立了一个院务会,负责行政管理和选举院士的工作。为了谋求正常活动,拥有自己的场所和章程,柏林学院奋斗了十年之久。1710 年,柏林学院用拉丁文出版了《柏林学院集刊》,共收录 58 篇论文,主要涉及科学和数学。

科学学会和科学社团的成立,既开创了科学专业化和社会组织化发展的先河,也为科学进步和科学的大众传播开辟了新道路。英国科学史家丹皮尔(W. C. Dampier)指出:"这些学会进行了充分地讨论,集中了科学家的意见,公布了会员们的研究成果,因而这些组织成立后,科学的发展愈加迅速,特别是大半的学会不久都开始发行定期刊物。"②英国皇家学会的《哲学会报》和类似刊物的问世,在很大程度上废除了以往通过个人通信交流新思想的

---

① 〔英〕亚·沃尔夫著:《十六、十七世纪科学、技术和哲学史》(上册),第 82 页。
② 〔英〕W. C. 丹皮尔著,李珩译:《科学史及其与哲学和宗教的关系》,商务印书馆 1979 年版,第
221 页。

传统方式,建立了公开发布和交流科研成果的新体制。这既是科学社团正式产生的基本标志,也是科学社团进一步发展壮大的重要基础。从1665年起,一些具有创见的科研成果开始见刊。从1670年起,德国、丹麦、荷兰和其他一些地方兴办了医学刊物,用于专门刊登与医学有关的问题。从1682年起,德国的《知识杂志》定期以拉丁文在莱比锡出版,刊登欧洲学者撰写的科学论文;莱布尼茨就是在《知识杂志》上发表了关于微积分的论文。随着科学影响的不断扩大,一种新的行业已经成长起来。各国政府都向科学社团提供资助,期望得到有益的回报。科学报刊也日益增加,它们在众多的门外汉中间传播一种新的自然科学。"科学和科学方法开始取代传统的形而上学,成为标准的智力规范。与此同时,具有智力影响的地理中心也有转移。英国的思想空前地渗透到欧洲其他地区,而这首先是英国的着重经验的观念取得胜利。"①

科学社团的创建必然会对高等教育的近代化和近代高等教育的发展产生深远影响。第一,社团成员是对科学具有共同兴趣爱好的志同道合者,他们竭力培植和维护一种不同于大学传统科学的新科学,即培根式的实验科学、应用科学和工艺技术。这既与大学的科学在类型和形式上互补,同时也向传统大学对于学术和知识的垄断权提出了挑战。第二,建立了合作研究的制度,这既有利于解决实验室建设的财政负担问题,也有利于发挥对科学课题研究的定向作用;同时有利于通过集体攻关在短期内取得突破,并形成稳定的研究方向,进而推动学科的分化和发展。第三,建立了科学信息交流制度和科学成果评价机制,既有利于信息的快速交流,也有利于相互批评指正,从而使科学发展有了可靠的保障机制。"对科学自身的发展来说,学会性科研机构承诺成为科研活动的推进器、科学信息交流中心,尤其要凭借科学出版物成为国际性的科学知识传播和知识产权登记的渠道,而大学几乎无望做到这一点。"②从总体上说,科学社团具有大学无法比拟的体制优势,因而形成了与大学竞争发展的局面,为大学改革提供了多方面的动力和影响。第四,科学社团具有"隐形学院"的作用。"隐形学院"其实是"有形的",那就是社团成员通过信息媒体交流和传播科学知识与科研成果。因此,"隐形学院"不仅对传统大学的组织形式、管理体制和教学模式提出了严峻的挑战,而且从思想观念和教育实践来看也极大地扩展了高等教育的概念、范畴和内涵。

---

① ［英］J. S. 布朗伯利编:《新编剑桥世界近代史》(第6卷),第53页。
② ［比利时］希尔德·德·里德-西蒙斯主编:《欧洲大学史》(第二卷),第580页。

"在许多方面,正是大学把机械哲学作为理论进行公开传播的,但是当科研人员需要占有机械设备(水泵、望远镜、显微镜、弹簧、阀、杠杆和类似设备)时——就像他们在17世纪末期所做的那样,大学之外的场所能更好地满足了他们开展科学实验的需要。……自17世纪末机械哲学把实验运用到热、火、光、声音、大气压等现象中时,促进了科学知识生产中心从大学到封闭性学园或者开放性协会的转变。"①但是到18世纪初,有些大学已经发生了根本的变化,在数学、天文学、物理学、化学、解剖学、植物学、地质学等科学领域设立了新的教授席位。此外,在荷兰,莱顿大学开始把伽利略的落体定律融入有限宇宙和四元素学说的传统体系,它还引进了关于牛顿学说的一种解释和实验哲学。在法国,托勒密的宇宙论普遍被第谷的宇宙体系所取代。在意大利,从1709年起物理学家波伦尼(Giovanni Poleni)就在帕多瓦大学的教学中一直运用实验方法。在英国,剑桥大学的教授们似乎很早就放弃了亚里士多德的经院哲学,而发展了牛顿学说的综合理论体系。然而,意义更为重大的是在大学建立了天文台、解剖室与植物园,甚至成立了物理和化学实验室。"此后,大学和其他知识生产机构共同分享了科学进步的成果,这类知识生产机构包括如皇家学会、自愿协会和诸如观察站之类的专业性知识研究中心。较大学而言,这类知识生产机构在18世纪可能更好地满足了科学研究的需要。"②

第二节　科学教育的先驱

16世纪哥白尼"日心说"的提出、17世纪初开普勒三大行星运动规律的发现,以及其他自然科学成就的取得,为近代科学教育发展奠定了基础。自然界的可认识性和规律性,使人们在大自然面前发现了人类主观能动性的巨大威力,同时也认识到自然规律不以人的意志为转移的客观性。如果没有近代自然科学,尤其是没有近代天文学对宇宙规律性的揭示,人类就不会对自身的价值充满信心,也不会认识到教育在启迪人类心智上的巨大力量。

欧洲近代教育的核心是形成了一套崭新的知识体系,使其能够培育出完全不同于中世纪的人才,以服务于资本主义发展。近代自然科学中的天文学、力学、地质学以及诸多人文

---

① ［比利时］希尔德·德·里德-西蒙斯主编:《欧洲大学史》(第二卷),第579页。
② ［比利时］希尔德·德·里德-西蒙斯主编:《欧洲大学史》(第二卷),第586页。

学科的发展,使许多近代教育家认识到科学的巨大威力和实用价值,因而主张在学校教育中大量增加有关自然科学与社会科学的新学科。例如,夸美纽斯就为各级学校规定了百科全书式的教学内容,主张开设物理、数学、地理、历史(包括自然科学史、技术史、世界史、本国史)、几何、天文学等,反映了新兴资产阶级的需要,即重视与提倡学习广泛的、对现实生活有用的科学知识,以适应资本主义经济发展的客观要求。这些科目的设立是近代科学教育兴起的一个根本性标志。此后,尽管中世纪神学仍在欧洲教育中占有一席之地,但它已成为一门单独的科目,而不是贯穿于各个学科的灵魂。

随着近代自然科学的兴起,人们探索科学教育的兴趣空前高涨。一批具有远见卓识的思想家,最早敏锐地洞察到科学的实用价值及其教育意义,并积极倡导科学知识的传播和推广。拉伯雷的《巨人传》、培根的"所罗门宫"、弥尔顿的学园、夸美纽斯的泛智论、康帕内拉(Tommaso Campanella)的《太阳城》、安德里亚(Johann Valentin Andreae)的《基督城》、配第的科学组织,甚至洛克的绅士教育,几乎涉及自然科学的所有领域。

一、拉伯雷与《巨人传》

拉伯雷(1494—1553)是文艺复兴时期法国重要的人文主义作家,他在长篇小说《巨人传》中通过描述巨人高康大受教育的过程,把经院主义教育和新人文主义教育进行了鲜明对比,讥讽经院主义教育的可笑和无用,突出科学教育在人文主义教育中的重要作用。高康大最初跟一位经院主义学者学习,他用了 5 年零 3 个月的时间学习方块字母,然后用 13年零 6 个半月的时间学习拉丁文课本,又用 18 年零 11 个月的时间学习毫无价值的经院主义书籍,最后又用了 16 年零 11 个月的时间学习通俗历书。高康大的继任教师又让他学习《问答集》《修辞》《圣经注释》《饮食规范》等书籍。高康大对于所学功课不仅能全部背诵,甚至可以倒背如流。但他生活方式腐化,每日活动无非是吃饭、睡觉、喝酒、做弥撒,每天只做半小时功课。这种教育和生活方式使原本生气勃勃的高康大变成了一个糊涂、痴呆的傻子。高康大的父亲为此感到十分痛心和生气,最后为高康大聘请了一位人文主义教师。从此,高康大开始了新的生活方式,也受到了现实主义的教育,使其个性得到了自由发展。

高康大每天起床很早,大部分时间用于学习文学和科学,也注意体育、游戏和军事训练。高康大和新教师经常去牧场或草木茂盛的地方散步,研究各种植物的果实、种子、根、茎、叶子。晚饭后,他们进行讨论、唱歌、演奏乐器、讲笑话等活动,或参加文人集会,或观察天象并预测气候。临睡前,高康大向老师扼要汇报一天中的所见所闻和读过、学会以及做过的事情。他们每月必须到郊区旅行一次,领略大自然的美景并尽情玩耍。下雨天不能去田野活动,他们就在家里参加劳动。他们到商店研究商品,到工场参观纺织、钟表、制琴和印刷等。他们研究冶炼金属和铸造枪炮的过程,观察工艺上的技术改造等;他们还要拜访炼金术士、造币工、装饰工、织工、丝绒工、钟表匠、镜匠、印刷工、乐器制造匠,以及诸如此类的工匠。通过直观教学和实地考察的教育方式,高康大的个性和智力都得到了很大发展。

拉伯雷的科学教育思想集中反映在高康大给他的儿子庞大固埃的信中。在这封信中,高康大不再作为一个愚蠢的巨人,而是以一位开明君主的面目出现。他把自己青年时代的学习情况和当时的法国教育进行比较后,为儿子拟定了一份新的教育大纲:"……至于七艺中的几何、算术和音乐,在你年轻的时候(那时候你不过五六岁),我曾经教过你一点儿,你要继续学习下去,如果可能,把余下的都学完。至于天文学,要学习所有的规则。但不必学习卜卦、星占学和勒列厄斯的炼丹术,因为它们只是一些曲解和没有价值的东西。……至于自然科学知识,我要你仔细地学习;要做到没有一处海洋、河流和泉水里的鱼类你不知道;天空中的飞鸟、森林里或是在果园里的一切灌木和乔木、生长在地面的各种草和花卉、隐藏在地球内部的各种矿产以及世界东方和南方可以见到的各种各样的宝石,所有这一切你都应该知道。此外,必须非常仔细地阅读希腊、阿拉伯和罗马各地医学家的著作,也不要轻视犹太法典的学者和谶纬学家的学说;你应该学习解剖学,获得关于微观世界即人的充分的知识……"[1]高康大的要求几乎包括了当时自然界的全部内容,这是一个培养全面发展的人的知识体系,是一幅现实主义教育的宏伟蓝图。高康大认为,检验学习效果的最好方法是参加各种讨论会,公开接受对一切学问的答辩,任何人都可以和你展开辩论。庞大固埃读完这封信后,振作了精神和鼓起了勇气,并激发了从学习中获益的愿望。"……他在学习中所表现的活跃的精神,好像干柴碰到烈火一样。他是那么地兴奋、有力和永不疲倦。"[2]

拉伯雷虽然没有形成完整的科学教育思想,但他已经意识到了自然科学知识在整个完美生活中的重要地位。他关于重视自然科学的学习,重视直观教学及劳动实践等观点,为后来科学教育思想的形成提供了宝贵的参考资料。

---

① 华东师范大学教育系、浙江大学教育系选编:《西方古代教育论著选》,第 344 页。
② 华东师范大学教育系、浙江大学教育系选编:《西方古代教育论著选》,第 345 页。

二、培根与"所罗门宫"

弗朗西斯·培根(1561—1626)是英国唯物主义哲学家、近代科学归纳方法的创始人，也被称为"现代实验科学的真正的始祖"。在英国资本主义发展的初始阶段，培根为适应当时生产的需要提出了实施科学教育的要求。在他的著作中，处处洋溢着对新知识、新发明以及科学的热情向往和赞扬，充满着对僵死的、空洞的经院哲学的嘲讽和轻蔑。培根认为哲学的目的是为了认识自然，只有认识自然才能征服自然。他极力倡导自然科学，提出了著名的"知识就是力量"的口号。他认为感觉是可靠的，它是全部知识的源泉，全部科学都应以经验为基础；他拟订了科学教育方案，主张传授百科全书式的知识，注重科学人才的培养；他认为近代科学是以实验为基础的，只有通过实验才能获得可靠的经验材料，科学知识正是建立在实验基础上的感性认识和理性认识相结合的产物。培根形象地把单纯的经验主义者比作蚂蚁，把先验的理性主义者比作蜘蛛，而把正确的科学家比作蜜蜂。他说："实验家像蚂蚁，它们只知采集和利用；推理家犹如蜘蛛，用它们自己的物质编织蜘蛛网。但蜜蜂走中间路线；它从花园和田野里的花朵采集原料，但用它自己的力量来变革和处理这原料。"[①]培根主张把实验的和理性的这两种机能更紧密、更精准地结合起来。

在1594年圣诞节演出中，培根曾借剧本中一个"王子"之口表达了征服自然的科学教育理想。在剧中，王子向殿下提出了四点建议：(1)建立一个最完备、最广博的图书馆，以便收藏一切对启发理智有价值的书籍，而不管它们的出版年代、印刷方法、使用的语言和地区等因素。(2)建造一个宽敞奇妙的花园，里面生长着各种各样的十分茂盛的植物。花园与放养适当鱼类的两个湖(一个淡水湖和一个咸水湖)相连。在花园四周的房屋里饲养着一些珍禽异兽。(3)开设一个美丽的陈列室，分类陈列任何人工或机器所制造的东西。(4)开办一个设有工厂的实验室，拥有生产工具、熔炉和实验器具等。培根的科学教育理想后来成为他在《新大西岛》一书中所描述的"所罗门宫"的雏形。

在培根所设想的乌托邦国家里，立法者所罗门(Solomon)宽厚仁慈，一心一意为他的国家和人民谋幸福。在那里，政府官员都是科学家，人们最大限度地尊重和利用科学。他们兴建和创办了一个规模较大的科学研究机构，即"所罗门宫"。"它是一个教团，一个公会，

---

① ［英］亚·沃尔夫著：《十六、十七世纪科学、技术和哲学史》(下册)，第711页。

是世界上一个最崇高的组织,也是这个国家的指明路灯。它是专为研究上帝所创造的自然和人类而建立的。"①其目的在于"探讨事物的本质和它们运动的秘密,并扩大人类的知识领域,以使一切理想的实现成为可能。"②"所罗门"本是《圣经旧约》中所记载的一个以智慧著称的古希伯来国王的名字,培根以此命名,旨在强调它是一个智慧之所。

"所罗门宫"具有从事科学研究所需要的各种设施:

(1)用于凝结、冷冻和保存各种物体的大洞穴。在那里,可以仿造各种天然矿物,并利用现有的化合物和原料以及地下物质生产人造金属;有时也可利用这些洞穴来治疗疾病和作为延年益寿的场所。

(2)建造在高山上不同位置的高塔。它们被用来观察气象,如风、雨、雪、冰雹和其他突变的气候;还有一些可用来进行气象研究和试验的宏伟宽敞的建筑。

(3)面积很大的咸水湖和淡水湖。它们被用来养鱼和水禽。有时也在那里埋藏一些自然物体,因为埋藏在土里或地下与埋藏在水里不同。还有应用科学技术从盐池中吸出淡水或把淡水变成盐水的池子;以及利用海中的岩石或海岸上的港湾从事海上空气与雾气的研究工作,利用奔放的河流和汹涌的瀑布提供动力,利用许多机器来增强风力以发动各种机器等。

(4)仿照天然的泉水和温泉建成的人造井、疗养院和温泉,以及放有各种药水的浴池。它们被用来治疗各种疾病,祛除身体的疲劳和增进健康。

(5)用于进行土壤实验和嫁接、发芽、试验的各种果园与花园。在那里,根据土质和肥沃程度种植各种花草树木,利用果子酿制各种酒类,应用各种技术使花草树木的成熟早于或晚于它们的季节,并结出更多、更大、更甜的果实,以供医学上使用。

(6)饲养着各种鸟兽的动物园。它不仅用作观赏,也被用于做试验和解剖,以便把得到的知识应用于人体。人们不仅利用这些动物试验各种药品,而且应用各种技术进行生长、繁殖和杂交等实验。那里还有饲养鱼类的池塘,可以在鱼类身上做实验。

(7)用于配制各种各样的药草制剂、药材和药品的药房与药店。在配制这些药品时,人们不仅利用微火、各种过滤器进行最完善的过滤和分析,而且采用最准确的配剂方法,使配制的药品如同天然产品一样。

① 华东师范大学教育系、浙江大学教育系选编:《西方古代教育论著选》,第 421 页。
② 华东师范大学教育系、浙江大学教育系选编:《西方古代教育论著选》,第 423 页。

此外,"所罗门宫"还拥有进行各种科学试验的实验馆:

(1)光学馆。在那里,可以做各种颜色的光线和辐射试验。例如,能使无色透明的东西变成有颜色的东西,能增加光的强度使它照射得更远;能使光线具有各种颜色,使视觉在形状、大小、动作和颜色上产生各种错觉与假象,并做各种影像的试验;还能用比现在的眼镜更好的方法来矫正视力;用镜子清晰完整地看到十分微小的物体,以及用其他方法看不到的昆虫的形状和颜色、米粒和宝玉上的瑕疵等。

(2)音乐馆。在那里,可以做各种声音和发音的试验;可以弹奏各式各样的乐器,演奏柔和动听与铿锵悦耳的声音,或模仿各种语言的发音和各种鸟啼兽叫;还可借用助听器来帮助听觉,或使用筒子和管子把声音传到不同的方向和不同的距离。

(3)香料室。在那里,可以制造一种混合香味,或仿造出各种各样的美味。它还附设了能制造各种干湿的糖果、酒类、奶类、肉汤和青菜的糕点室。

(4)机器馆。在那里,可以用各式各样的机器装置制造多种机器和工具,或制造一些机械使其运行速度比发射的子弹或任何机器都快,或制造各种武器军械和各种火药与供观赏用的焰火,或制造机器人、机器兽、机器鸟、机器鱼、机器蛇等,或制造其他各种各样匀称、精致的机器。

(5)数学馆。在那里,可以制造非常精密的几何学和天文学仪器。

(6)魔术室。在那里,可以表演各种魔术,并揭露其秘密。但绝不能把原有的事物加以夸大或伪作神奇,而只是使人们看清它们的本来面目。

"所罗门宫"的科学研究被分解为若干不同的环节,由不同的工作人员分工协作去完成。例如,有 12 人到国外专门收集各地的书籍和论文以及各种实验模型,有 3 人专门收集各种书籍中所记载的试验记录,有 3 人专门收集所有关于机械工艺和高深技术的实验方法以及各种实际操作方法,有 3 人从事他们认为有用的新实验,有 3 人把上述实验制成图表以便从中得出新的知识和定理,有 3 人专门观察同伴的实验并从中总结对于人类的生命和实际工作有用的东西,有 3 人专门从事新的更高级的、更深入于自然奥秘的试验,有 3 人专门进行计划中的试验并提出报告,另有 3 人把以前试验中的发现提升为更完善的经验、定理和格言等。

总之,在科学主宰着一切的"所罗门宫",科学与学术享有极大的自由,人们热心从事各种科学研究。那里实行一种奖励制度,如果有人创造了一项有价值的新发明,就要为他塑造雕像并给予奖赏。"我们有两个很长的美丽的长廊,其中一个陈列着各种特别新奇而有价值的发明的模型和样品,另一个中陈列着主要发现者、发明家的雕像。那里有你们发现西印度群岛的哥伦布,还有轮船的发明者,有你们那个发明大炮和火药的僧人,有音乐发明者,文字发明者,印刷术发明者,天文观察的发明者,金属器具发明者,玻璃发明者,蚕丝发明者,酒类发明者,谷类和面包发明者,糖的发明者。……每一个有价值的发明我们都为它的发明者建立雕像,给他一个优厚的和荣誉的奖赏。那些雕像有铜的,有大理石的和碧玉的,有柏木的和其他特种木料经过金漆和涂饰的,有铁的、银的和金的。"①

从科学研究与教学方法来看,培根认为人们要认识自然和掌握科学知识,需要在思维方式上进行一场革命。他所倡导的归纳法和实验法对于科学教育是适用的。可以说,培根在科学上是有远见卓识的,他几乎预见到现代科学所需进行的各种实验和创造发明活动,他提出的伟大科学预见为近代科学教育的兴起提供了参考。"培根所极力提倡的自然科学知识,跨进了学校的大门;他所系统地提出的实验的归纳法,使学校教育开始与形式主义、崇尚书本、呆读死记分离,而充满着生机;他所精心描绘的理想教育制度,为近代科学教育的实施提供了一张蓝图。概括地说,他吹响了近代科学教育兴起的号角,开辟了近代科学教育发展的道路,使学校教育中的课程、教学原则和方法,乃至学生学习的课本都开始起了变化。"②后来,德国教育家拉特克、捷克教育家夸美纽斯、英国教育家洛克等,接受了培根关于传授百科全书式知识及感觉是一切知识的源泉的思想,他们沿着培根开辟的道路,依据培根的思想和方法,进一步推动了近代科学教育的发展。同时,培根的后继者受其鼓舞把"所罗门宫"的梦想变成了现实,各国科学社团正是顺应新时代的需要而诞生的。

三、弥尔顿的科学教育观

弥尔顿(1608—1674)是 17 世纪英国著名诗人和政论家,也是科学教育的倡导者。弥尔顿对传统的经院主义教育进行了猛烈抨击。他说:"由于出现了错误,致使学习普遍的不快和失败。首先,我们不恰当地花费七八年时间仅仅用于可怜的拉丁文和希腊文上。本来,用别的有效方法加上勤奋,在一年内就可以学成。在这点上,我们日后要精炼。在中小学和大学校里,我们的时间部分浪费在愚蠢的空虚中,部分浪费在荒谬的强求上,强迫儿童

---

① 华东师范大学教育系、浙江大学教育系选编:《西方古代教育论著选》,第 429—430 页。
② 赵荣昌、单中惠主编:《外国教育史教学参考资料》,华东师范大学出版社 1991 年版,第 185 页。

用空洞的理智去作文、写诗和演说,这就是最好的判断,也是儿童脑子里长期充满优雅的谚语、格言和丰富的虚构的最后结果。"①弥尔顿指出:"这种学习直到青年时代,还在各方面要求或影响他们,不是让其去当一个有野心和贪财的人,就是去当一个无知的热情崇拜者。一些人被引诱去做法律买卖,他们的目的不是放在对正义和公平的慎重和神圣的思考上(并未教给他们这些),而是放在争论名词的思考上,无休的争论和流水的酬金上。其他人从事国务工作,他们的灵魂没放在道德的原则上和真正宽宏大量的培养上,而把阿谀、奉承、诡计和一些什么警句作为无上的智慧。……这些都是在大、中、小学中我们浪费青春少年时间的结果。"②

鉴于传统教育内容陈旧,方法落后,培养出来的是无德、无知和无能的庸人,弥尔顿建议创办一种重视自然科学知识兼具实科性质的学校,他称之为学园(Academy)。他主张在每一个城市建立学园,招收 150 至 200 名年龄介于 12 和 21 岁之间的学生。弥尔顿指出,人们生活的必需品和维持生计的需求只能依靠自然界,为适应社会生产的需要,青年人应该学习物理学、数学、天文学、生理学和医学等各种科学知识。在学习自然科学知识的过程中,他们可以获得未来从事生产与生活的各种知识与经验。他说:"在学习中去了解整个天空和它的星星,了解大气环境变化的全部运动和变化的本质是多么大的愉快啊!无论是由轰隆隆的雷声或由拖着长尾巴的彗星,还是大气冻结成雪、冰雹和变成毛毛细雨或露水等,这些大自然的奥秘,我们都可以在学习中得到。在学习中还可以明白风向变化的原因、大地和海洋为什么发出蒸汽和雾,以及植物和金属的内在消耗。如果可能的话,还可以懂得一切生物的本质和情感,懂得人体的精致结构和保护身体健康的技术。最大的愉快莫过于了解人的心灵的非凡能力和力量,和得到关于称之为神灵、精灵等这些东西的知识。除了这些,还有大量的无穷的事物,大部分都可以在很短的时间内学到。"③

弥尔顿学园的课程计划包括人文科学、社会科学、神学和自然科学四个组成部分。人文科学包括语言、文法、喜剧、悲剧、诗歌、逻辑学、修辞学等。社会科学包括政治学、法律、经济学、伦理学等。神学包括古代和近代教会史、希伯来文原版圣经以及简易的宗教原理和圣经故事。在学园的课程计划中,自然科学占很大比重。弥尔顿为学园拟定的自然科学

---

① 任钟印主编:《西方近代教育论著选》,人民教育出版社 2001 年版,第 3 页。
② 任钟印主编:《西方近代教育论著选》,第 4 页。
③ 吴元训选编:《中世纪教育文选》,第 563—564 页。

和应用科学范围广泛,包括算术、几何、天文、地理、物理、数学、三角、筑城学、建筑学、工程、航海、农业、生理学、医学、解剖学、气象史、矿物学史、植物学史、动物学史以及自然哲学的方法论。他还主张学生阅读一些医学家的著作,便于他们了解一个人的气质、脾气、幽默,以及如何应对粗鲁。弥尔顿主张把猎人、捕野禽者、渔夫、牧羊人、园丁、药剂师和其他科学家、建筑师、工程师、航海家、解剖师的实践经验引入自然科学的教学。"这些知识和经验给他们染上真实的自然色彩,使他们不会忘掉,并且给他们以与日俱增的快乐。"①

在弥尔顿生活的时代,近代自然科学还处于起步阶段,1644 年他写作《论教育》的前两年(即 1642 年)牛顿才出生,1662 年英国皇家学会才正式建立,自然科学所取得的成就还不足以取代古典著作的权威。因而他虽然重视自然科学知识,却主张学生从古希腊罗马的著作中去学习自然科学。这说明弥尔顿的科学教育观具有新旧交替时期的两重性,这种使古典主义课程和实科教育相结合的理想,在 17 世纪 70 年代英国率先创办的学园中变成了现实,而且在洛克的《教育漫话》中得到进一步发挥。

四、夸美纽斯的泛智教育

从 1634 年起,夸美纽斯就开始致力于探讨"泛智"问题。所谓"泛智",即广泛的、全面的科学或智慧,其目的有两个:一是要求人们掌握现实生活所必需的、一切有用的知识;二是主张这些知识应该为所有的人所掌握。夸美纽斯在《大教学论》中写道:"我们已经表明,每个人都应在学校中接受一种广博的教育。但是不要因此而想象我们是要求一切人掌握一切人文学科和科学的知识(即是说精确或深奥的知识)。这既对知识本身是无益的,由于生命的短促,也是任何人都不可能达到的。因为我们知道,每一门科学都是如此宽广、如此复杂(例如物理学、算术、几何、天文学甚至农学和树木栽培),即使是智力最强的人,如果他们想通过研究和实验完全精通它,也要耗尽他毕生的精力。"②在他看来,人们可以在研究和普及"泛智"知识中找到改造社会的途径,建立起公平、合理、和谐的社会。在随后的三十多年中,夸美纽斯花费了大量精力研究"泛智学",试图以百科全书的形式概括关于上帝、自然和社会的普遍知识,建立一个"泛智"体系。

---

① 任钟印主编:《西方近代教育论著选》,第 7 页。
② [捷]夸美纽斯著,任钟印译:《大教学论·教学法解析》,人民教育出版社 2006 年版,第 69 页。

夸美纽斯的想法得到英国学者和慈善家哈特利布的大力支持。在哈特利布的帮助下，夸美纽斯于 1637 年出版了《泛智论提要》。1639 年，夸美纽斯对《泛智论提要》加以修改和充实后，以《泛智的先声》为名再次出版。该书的出版引起了当时欧洲学术界的广泛瞩目，不少著名学者对此书表现出浓厚的兴趣，法国哲学家笛卡儿还写书评高度评价了夸美纽斯的泛智思想。1641 年，英国议会决定成立研究泛智论的学术委员会，并热心邀请夸美纽斯主持这一工作。但当他欣然前往伦敦后不久，爱尔兰爆发了民族起义，英国议会无暇考虑夸美纽斯的任何建议，研究工作被迫终止。然而，夸美纽斯的泛智思想和他在旅英期间的活动，对于 1662 年英国皇家学会的建立产生了积极影响。

1650 年，夸美纽斯被推选为"捷克兄弟会"大主教，不久又接受匈牙利政府的邀请担任教育顾问。在匈牙利工作期间，夸美纽斯在沙罗斯-帕特克地区创办了一所"泛智学校"，并为该校拟定了一份教学计划，名曰"泛智学校蓝图"。这份计划内容丰富，自然科学的学习占较大比重，如五年级逻辑班教室门口上方写着："不懂自然哲学的人，不得入内。"其大意是，如果一个人未能用事物的形象充实灵性，即具有体察事物的能力，那么他就不可能领悟并在某种程度上掌握和探索事物。逻辑班教室的墙上贴满了逻辑法则，学习内容有数学、地理、天文学、光学、机械发明史、希腊语、戏剧表演等。但该计划并未完全付诸实施，拟创设的七个年级实际上只设立了三个年级。

夸美纽斯的泛智思想和重视科学教育的倾向主要体现在他的一系列著作之中。1631 年出版的《语言入门》一书用 100 个不同的章节标题囊括了如下内容：世界的起源、要素、苍天、火、流星、水、土、石、金属性、树、水果、灌木、动物；人、人体、国外的人、国内的人、人体的质；疾病、溃疡和外伤；外部的感觉；内部的感觉；头脑、意愿、感情（或爱好）；手工的艺术；住宅和它的部分；婚姻、家庭；州市经济；语法、修辞学、辩证法和各种知识系列；伦理学；游戏和竞赛；死、葬礼、天意；信使。

在《母育学校》中，夸美纽斯为 6 岁以下儿童提供了一个广泛详细的教学计划，内容包括自然、光学、天文学、地理学、年代学、历史学、家政、政治学、辩证法、算术、几何学、音乐、语言等学科。他认为通过这种启蒙性质的教育可以为儿童奠定各门科学知识的初步基础。他说："树木刚一生成便长出日后成为主干的嫩枝，在这最初的学校里面，我们也必须把一个人在人生的旅途中所当具备的全部知识的种子播种到他身上。"[①]例如，儿童抬头看到月

---

① ［捷］夸美纽斯著：《大教学论》，第 224 页。

亮,是获得光学知识的开端;应时常带儿童到果园、田地和河边,在那里让他们看动物、树木、植物、花草、流水、风车等。"儿童二三岁时,就最远的距离而言,可以学习天文学的因素,比如仰观天空和辨日、月、星辰。四五岁时,他们将会理解日月的升落,知道月亮有时会圆,有时半圆,有时又是一个新月。这是可以而且应当指给他们看的。六岁时,他们可以附带地学习冬季昼短,之后,夜间最长;相反,夏季昼长而夜短。"①

在《大教学论》中,夸美纽斯拟定的国语学校课程除当时流行的读、写、算、宗教和唱歌外,还增加了经济学、政治学、天文学、地理、自然、世界历史等常识。他说:"假如这种种学科都在国语学校得到了熟练的处理,结果,青年人开始研究拉丁语或从事农业、商业或其他职业生活时就不至遇到任何绝对生疏的事情了;他们的行业的细节,他们在教堂里听到的话语,以及从书本上获得的知识就不过是他们所已熟悉的事实的更详细的揭露或更具体的应用而已。他们便会发现他们自己更能运用他们的悟性,他们的活动的力量和他们的判断了。"②在拉丁语学校,除了开设文法、辩证法、修辞学、算术、几何、音乐和天文学外,还增设了物理学、地理、年代学、历史等学科。"青年人学会以后,即使对于这种种学科没有具备一种完全的知识(事实上,在他们这种年龄,完善是不可能的,因为他们获得的理论知识需要经验去完成,而且学问之海不是六年功夫就可能竭尽的),至少也应打下一个坚实的基础,以为后来再受高深教育的预备。"③

至于大学课程,夸美纽斯认为更应该周全,应学习人类知识的一切领域,把有天分的学生培养成具有百科全书式知识的人。为此,大学必须具有:(1)精通一切科学和人文学科的有能力的教授,能在任何学科上把知识传授给全体学生;(2)一所藏有选择得当的图书的图书馆,以供大家利用。夸美纽斯还编写了一本《物理学概观》,包括天文、物理、化学、动物、植物以及人类学等一切科学知识的要素,并亲自担任中学高级班的物理学教师,足见他对于传授自然科学知识的高度重视。总之,夸美纽斯主张扩大各级学校的教学内容,加强新兴的自然科学知识教学,对学生进行一种"百科全书"式的教育。

夸美纽斯针对科学教学法改革也提出了许多卓越的见解。他说:"凡想探索科学的神秘的青年,就必须小心地遵守这样四条规则:(1)他必须保持他的心眼的纯洁。(2)他必须

---

① 任钟印选编,任宝祥等译:《夸美纽斯教育论著选》,人民教育出版社 2005 年版,第 39 页。
② [捷]夸美纽斯著:《大教学论》,第 232 页。
③ [捷]夸美纽斯著:《大教学论》,第 238 页。

使目标接近他的心眼。(3)他必须注意。(4)他必须按照一种合适的方法,从一个目标走向另一个目标。因为,这样他就可以有把握地、容易地领会一切事物。"①夸美纽斯把教学中的直观性原则奉为"金科玉律",即在可能的范围内一切事物都应该尽量地放到感官前。"人类必须尽可能研究天、地、橡树和山毛榉之类的东西,去学会变聪明,而不依靠书本学习;就是说,他们必须学会了解并考察事物本身,不是别人对事物所已作的观察。"②如果事物本身不能得到,便可利用它们的模型或图像。植物学家、几何学家、动物学家、地理学家和医学家都可以采用制作的模型、标本、绘图等,以取代不能直接观察的事物。夸美纽斯依据直观原则编写了世界上第一本图文并茂的教科书《世界图解》,全书共 150 课,由插图及对插图加以解说的课文组成。夸美纽斯希望这种编排方式能带来如下好处:一是激发孩子们的兴趣,免除他们在校学习的痛苦,尝到其中的乐趣;二是吸引孩子们的注意力,并使之集中到一个个事物上,变得更加敏锐;三是当孩子们由于对画图产生兴趣,通过游戏而集中注意力时,他们将会获得有关世上主要事物的概念。③ 夸美纽斯想利用《世界图解》对学前儿童进行家庭教育和启蒙教育。他在序言中说:"呈现在大家面前的这本书篇幅不大,可是却对整个大千世界、全部语言作了简要的介绍,给各种事物配上了画图,给予了名称和描述。"④《世界图解》体现了夸美纽斯的"泛智"思想和直观性教育原则,由于它内容丰富、生动有趣,富于启迪,深受世界各地儿童的喜爱,并在西欧各国流行达两个世纪之久。

夸美纽斯的泛智论是探索将一切实用知识教给一切人的理论。他说:"我们希望知识领域里的全部精华都能在头脑里生根,即年轻的未来的智慧者,对于天上、地上、水里、地心深处、人的灵魂与肉体中、圣书上、手艺、经济、国家生活、教会、生与死及永恒本身中的万事万物,无不充分理解,他们都通晓必要的知识,懂得万事的原因,懂得正确地运用一切知识和挽救的办法。"⑤作为一种知识结构,泛智论贯穿在夸美纽斯为各级学校所设计的教学内容之中。这一理论适应了张扬理性、尊重科学知识的时代潮流,表达了夸美纽斯重视普及教育和科学教育的美好愿望。后来,这一计划部分地被付诸实施,其中许多观点成了近代教育理论的重要组成部分。

---

① [捷]夸美纽斯著:《大教学论》,第 155 页。
② [捷]夸美纽斯著:《大教学论》,第 126 页。
③ 任钟印选编:《夸美纽斯教育论著选》,第 88—89 页。
④ 任钟印选编:《夸美纽斯教育论著选》,第 88 页。
⑤ 任钟印主编:《西方近代教育论著选》,第 71—72 页。

五、康帕内拉与《太阳城》

康帕内拉(1568—1639)是意大利著名思想家和作家,也是早期空想社会主义的代表人物。他在狱中以惊人的毅力写作了《太阳城》,这是一部通过管理员和航海家之间对话写成的重要的空想社会主义著作。在《太阳城》中,康帕内拉对当时的封建制度和私有制进行了猛烈抨击,并设计了一个理想的共产主义社会方案。在他的方案里,可以明显地看到柏拉图《理想国》及莫尔《乌托邦》的影响,但康帕内拉没有完全照搬《理想国》和《乌托邦》的模式,而是独创地提出了一些可贵的见解。

太阳城的政治制度是按照民主和"贤人政治"原则建立的。最高权力掌握在祭司手中,祭司就是"太阳"。太阳拥有无限权力,一切事务要由他做出最后决定。太阳下面设三位统治者:"威力""智慧"和"爱"。"威力"掌管军事;"智慧"掌管艺术、手工业和各种科学部门;"爱"掌管农业、畜牧业、物质分配、生育和教育。"'太阳'手下的三位统治者应当研究的只是属于他们管理范围内的科学,他们只是通过直观教学的方法,学习大家都要学习的其他科学。自然,他们必须比其他任何人更精通各种东西。例如威力就必须精通骑术,建军,安营,各种武器和军械的制造。必须精通军事诈术以及一般的军事学。而且这些统治者还必须是哲学家、历史学家、政治家和物理学家。"①

太阳城里完全废除了私有制,一切财产包括土地、房屋、日常用品等均为公有,由国家统一管理和分配。每个居民都必须参加生产劳动,并实行按需分配的原则。教育事业由国家办理,所有男女都有平等受教育的权利。"在太阳城里,一切公职、艺术工作、劳动和工作,却是分配给大家来承担的,而且每人每天只做不超过四小时的工作;其余的时间都用来愉快地研究各种科学、开座谈会、阅读、讲故事、写信、散步以及从事发展脑力和体力的活动,而且大家都乐意从事这一切活动。"②

康帕内拉十分重视自然科学的学习和研究。因为在他生活的时代,自然科学得到了很大发展,他看到了自然科学在发展生产和增进人类幸福方面的重大作用。按照康帕内拉的设想,儿童从二三岁起就在有学问的老人带领下,一边在城市中散步和游戏,一边观看和学

---

① [意]康帕内拉著,陈大维等译:《太阳城》,商务印书馆1995年版,第15页。
② [意]康帕内拉著:《太阳城》,第24页。

习四周城墙上的图画，从而获得最简单的科学知识。稍大后，这些老人就教儿童体操、跑步、掷铁饼和其他能锻炼四肢的游戏。从七八岁起，儿童一边学习初等数学和其他自然科学，一边从事自己所喜爱的生产劳动，如各种手工业、农业和畜牧业等。接着，开始研究比较抽象的科学，如数学、医学和其他学科，并经常进行讨论和辩论。最后，大家在各个科学和手工业部门获得与其能力相符的职务。

按照统治者"智慧"的命令，太阳城各个城区的内外城墙上都悬挂着美丽的图表，这些图表几乎包括了所有的自然科学和社会科学，如天文、占星学、几何、历史、逻辑、修辞、文法、医学、物理、农学、地理、动物学、地质学、政治等。一切值得研究的东西都画有醒目的图形，并在下面附有说明。

太阳城分为六个城区，第一个城区的内墙上画着各种数学公式的图表，其大小和城墙的宽度成比例，并在每张图表上配有相应的诗加以说明，人们在这里可以看到某些定义和定理等。外墙上画着全球和各个地区的地图，并有介绍各地风俗习惯、法律、居民起源的散文，以及所有地区使用的文字的字母表。第二个城区的内墙上画着各种宝石、矿石和金属的图形及标本，并在每种东西下面用两行诗加以说明。外墙上画着海洋、河流、湖泊、泉水以及酒、油和其他各种液体，并标明它们的产地、特性和功用。城墙的凸出部分摆放着一些器皿，里面装满了保存很久用于治疗各种疾病的液体。此外，城墙上还逼真地画着雪、冰雹、雷电等各种自然现象，并有相应的诗句加以说明。第三个城区的内墙上画着标明产地、性质及用途的各种花草树木，其中有些植物种在瓦盆里，并摆在城墙的显要位置。外墙上画着各种鱼类，如河鱼、湖鱼和海鱼，并附有关于其习性、特点和生存繁殖的文字；这里还可看到各种蜗牛、牡蛎等。第四个城区的内墙上画着各种鸟类，以及关于其习性、体积、颜色和生活方式的说明。外墙上画着各种虫类，如蛇、蜥蜴、蠕虫、苍蝇、蚊子、牛虻和甲虫等，并介绍了它们的特性、毒性及利用方法。第五个城区的内外墙上画满了很多奇怪的高级动物。"它们的种类真是多得惊人。我们所认识的，还不到其中的千分之一。它们的数目是这样多，规模是这样大，以致不得不把它们画到墙外。"①第六个城区的内墙上画着各种手工业工具和各国人民所使用的工具，这些手工业按其性质加以排列并附有说明；这里还画着各种工具发明者的肖像。外墙上画着各种科学和武器的发明者，以及某些立法者的肖像。

太阳城有许多教师负责讲授这些图表和绘画的意义，因此儿童在 10 岁以前就能轻松

---

① ［意］康帕内拉著：《太阳城》，第 8 页。

地通过直观教学掌握各种科学的基本知识。康帕内拉认为,仅从书本上研究某种科学的人,只能是一些外行和学究。只有联系实际的教学,才能培养随机应变的有才智的人。

康帕内拉在《太阳城》中创立了一个社会主义的国家学说,在一个文明国家、一个太阳城里,知识统帅权力;除了按知识划分外,人人平等,没有阶级差别。"《太阳城》之所以能引人注意,能在西欧各国广泛流传,并不是由于作者的文学天才,而是由于作者规定了十分明确的共产主义的原则。完全没有私有财产,大家从事义务劳动,由社会组织生产和分配,对公民进行劳动教育——这就是康帕内拉的社会思想的总体。正是这些思想使《太阳城》流传了三百年,使它能拥有很多读者和景仰者。"①在太阳城,教育是普及和强迫的,它以数学和自然科学为基础,训练学生适应各种职业。康帕内拉还建议通过戏剧、露天学校和实物教学进行学习。《太阳城》是继《乌托邦》之后又一部重要的空想社会主义著作,其中的教育思想尤其是科学教育主张对后世产生了深远影响。

六、安德里亚与《基督城》

安德里亚(1586—1654)是17世纪德国思想家。他在康帕内拉《太阳城》和莫尔《乌托邦》的影响下,于1618年写成《基督城》,并于1619年正式出版。安德里亚出身于宗教家庭,其祖父曾任图宾根大学神学教授和校长,积极推行宗教改革;他的父亲是路德派教士,曾任赫伦堡神学院院长,后改任哥尼斯堡修道院院长。安德里亚自幼喜欢熟读宗教经典和探究自然界的奥秘。1601年他进入图宾根大学,学习了天文学、神学、历史和文学,研读了李维和伊拉斯谟等人的著作,掌握了拉丁文、希腊文、希伯来文、法文、西班牙文、意大利文和英文,还热衷于音乐和绘画。1605年安德里亚获得硕士学位。1607年他开始周游世界,去过法国、西班牙、奥地利、意大利和瑞士。1611年,安德里亚访问了瑞士的洛桑和日内瓦,那里宗教改革的新成就、加尔文教徒平等和谐的社会组织,给他留下了深刻的印象。为期五年的国内外旅行极大地开阔了安德里亚的视野,为其后来撰写空想社会主义著作提供了重要源泉。安德里亚毕生从事教职工作,因而《基督城》充满了宗教色彩。他希望仿效基督的生活来建立理想国家,并运用已经掌握的各种科学知识,结合多年国内外游历的见闻,以其信奉的基督教教义为宗旨,精心构思了基督教的理想国——基督城。在安德里亚设想的"基

---

① [意]康帕内拉著:《太阳城》,第93页。

督城",实行生产资料公有制,没有贫富差异,没有战争,人们和睦相处。

基督城十分重视科学研究,建立了很多科研机构。走进城堡的大楼,第一个房间就是图书馆,里面既有种类繁多和精美的文艺作品,也有各种语言文字和著作。毗邻图书馆的是档案馆,里面保存了法院的记录、法律和国家公布的条例,以及编年史和先辈业绩的记录。紧挨着档案馆的是印刷所,在这里不管什么研究资料只要对学校教育有益,都会被大量印刷。在基督城的国库后面建立了一个化学实验室,里面配备了最精巧的炉子和化合与分解物质的各种机械装置。在这里,科技工作者们对金属、矿石、植物的性质,甚至牲畜的生命进行检验、精炼和繁殖研究,使它们能为人类所利用,并有益于身心健康。"这里,天国和人间糅合在一起;深存在这个土地上神圣奥秘的事物都被发现了;在这里,人们学会控制火,利用空气分析水和化验泥土。在这里,大自然的模仿者有其必要的手段可供摆布,当他一面竭力仿效自然界的主要面目时,由于有了大型机械装置,结果他同时又造成了另外一些精密的和极其优美的东西来。"①在大门外面有一家药房,它既为人们提供医疗服务,又可以进行药物研究。"由于这里公民对于自然科学都有一种强烈的爱好,所以这家药店对他们来说确是整个自然界名副其实的缩影。不论自然力贡献些什么,不管技艺改善些什么,不管全部创造物提供些什么,它都被搜集到这里来了,其目的不仅限于保健,而且总为着教育的进步。"②在解剖室里,研究者们从事动物和人体解剖实验,以帮助人们弄清人体各种器官的位置,认识生命和各个器官的运转,以实现延续生命力的价值。为此,他们还分门别类地备有不少骨骼。

在物理大楼,展示着自然发展史的各种图像,包括气象万千的天空、各个地区迷人的景色、不同种族的人们、动物的画像、万物的形态以及各种各样的石头和宝石。"在这里,你可以看到亲和的力量和对立的力量;你可以看到毒药和解药,你可以看到有的东西对人体的某些器官有益,有的则有害。"③这些都是用于科学研究的珍贵、奇特和不同凡响的自然界样品。基督城还有机械器具陈列室,包括近期发明的望远镜和供几何学习用的所有器具。在数学大楼,有供研究用的天体图和地图,有星罗棋布的天空图和日月星辰的仿制品等。"不管你想不想看,半球的凸面、凹面和平面;个别星星特殊的和准确的形状;天体的和谐和它

---

① [意]约翰·凡·安德里亚著,黄宗汉译:《基督城》,商务印书馆 1997 年版,第 66 页。
② [意]约翰·凡·安德里亚著:《基督城》,第 67 页。
③ [意]约翰·凡·安德里亚著:《基督城》,第 70 页。

们彼此之间令人赞美的均衡;地球的地理图表;各种图表说明的工具和机器,小小的模型,几何的形状;机械工艺的器具,也都一一画出来了,并附上名称和解释——所有这些都应有尽有,以满足人们的要求。在那里,人们有机会对天体的各个部位从事精密的观察……"①总之,基督城的研究机构集当时科研成果之大成,各种发明与创造的器具都十分齐全。

基督城注重科研成果的应用,并建立了有利于科学技术应用的各种工场。这些工场既从事金属的加热、冶炼、熔化和铸造,也从事制盐、制砖、制造玻璃和陶器等,从而使科学技术转化为物质产品。基督城拥有很多高级技师,如时钟制造师、金箔锤制师、镌刻师、雕刻师等;同时,也拥有一大批技工,如铁匠、铜匠、锡匠、锻工、车工、纺织工、漂洗工、制革工,以及制盐、制砖、制造玻璃和陶器的技术工人。技工们经常开展竞赛活动,其目的在于使人拥有某种技艺,并且利用这种技艺使他们最显著的优点能够通过各种不同的机器展现出来。基督城强调培养公民的科技兴趣,要求人人接受科学教育,因而在自然科学研究和科技应用中这里的公民对于科学都有一种特殊的感情。"这里没有人像驮畜干活那样被迫去做他们所不熟悉的工作,但他们在很久以前就受过训练,深谙科学工作的个中三昧,并且对于自然界的内部奥秘感到由衷的兴趣。"②

基督城对于科学教育的重视也体现在学校的教育内容中。在基督城中心,有一所宽敞漂亮的学校,它设有8个讲堂,分别是文法、算术、逻辑、天文学、自然科学、音乐、伦理学和神学,青少年可以自由地在8个讲堂接受科学教育和训练。文法、算术、逻辑、天文学、自然科学5个讲堂主要目的在于增加学生的各种知识和进行智力训练。文法讲堂分为文法和古代语言(希伯来语、希腊语、拉丁语)、演讲术、现代语言三部分;逻辑包括教学法、形而上学和神智学三部分;算术包括算术和几何学的内容;天文学主要学习有关天文的知识和占星学;自然科学在于使学生发现物质的构成因素,"它们的形状、程度、位置和时间;天体是怎样运行的,它们是怎样显露出来的,各种元素是怎样组合在一起的,它们又是怎样增殖的,动物和植物为何而生长,金属有什么用处"③。音乐可以陶冶情操,使人变得更加高尚,而不会出现狂欢乱舞、靡靡之音和酗酒闹事的现象;伦理学可以培养谨慎、正义、公道和勇

① [意]约翰·凡·安德里亚著:《基督城》,第73页。
② [意]约翰·凡·安德里亚著:《基督城》,第24页。
③ [意]约翰·凡·安德里亚著:《基督城》,第99页。

敢等品质,使人们做到言行一致、表里如一;神学对于基督城而言也是必不可少的。"神学是人类所掌握的最出类拔萃的事物,也是哲学中的哲学。"①另外,学生还可以接受医学教育。"其原因并非完全由于医学把长寿献给我们,或者用它与死亡相抗衡,而是由于我们非凡的上帝一直希望,通过他的创造物和它们所产生的效用,必然会给我们带来好处。"②基督城还为医学配备了专门的教学与实习场地,如设有进行外科手术的房间等。

与康帕内拉一样,安德里亚重视通过直观教学进行科学教育。在基督城,与科学教育相关的设施有实验室、解剖室、药品供应室、绘画和图片工作室、数学实验室等,让学生在这些实验室接触实物,能更形象地认识事物。

安德里亚的《基督城》是继莫尔的《乌托邦》、康帕内拉的《太阳城》之后第三部具有重大影响的空想社会主义著作,他在其中倡导人道主义,尊重理性,重视直接经验和科学实验,注重科学教育等思想对后世具有深远的影响。然而,基督城的公民毕竟是基督徒,因而基督城的教育带有浓厚的宗教色彩;在教育中,宗教是首位的,数学、天文学、音乐等都是为宗教服务的,它们是通向对神灵冥想的途径。在论述教育的性质时,安德里亚指出:"……首要的、最崇高的行动就是以一颗纯洁、忠实的心去敬仰上帝;其次是争取树立最美好、最纯洁的德性;再次是,培养精神力量。"③

七、配第的科学教育观

配第(1623—1687)是 17 世纪英国经济学家、皇家学会的创始人之一。配第十分推崇培根和霍布斯所倡导的自然科学研究方法,他在巴黎学习时就结识了霍布斯,在牛津大学又参加了伦敦哲学会组织的培根实验哲学研究。配第把他们的自然科学研究方法运用到社会科学(如经济学、教育学),是最早对人口和死亡率统计进行系统研究的学者之一。他第一个明确提出应用定量方法研究社会和政治现象,提倡采用一种人口调查表的制度,体现其年龄、性别、头衔、职业、婚姻状况及宗教信仰等。他说:"和只使用比较级和最高级的词汇以及单纯作思维的论证相反,我却采用了这样的方法,即用数字、重量和尺度来表达我

---

① [意]约翰·凡·安德里亚著:《基督城》,第 108 页。
② [意]约翰·凡·安德里亚著:《基督城》,第 114 页。
③ [意]约翰·凡·安德里亚著:《基督城》,第 78 页。

自己想说的事情,只进行能诉诸人们的感官的论证和考察在性质上有可见的根据的原因,至于那些以某些人的容易变动的思想、意见、胃口和情绪为依据的原因,则留待别人去研究。"①在他看来,社会问题是能够诉诸感官论证的,可以用数字、重量、尺度来衡量,他把这种分析方法称为"政治算术"。配第对教育问题的分析也是以这种方法论为基础。他强调应对全国的人口数量、产业结构和财政状况进行统计,并通过全面的教育调查以确定教育机构的类型、数量、生源及专业设置,从而使教育更合理有效地实施。另一方面,配第主张加强科学技术教育,将教育与科技及手工业生产结合起来。

1648年配第在给当时的教育慈善家哈特利布提出的《关于促进学问的某些特殊部分的建议》中,阐述了自己理想的教改方案。

首先,针对当时人们从事科学研究各自为政的弊端,配第主张建立一个有利于科技传播与发展的科学组织。他说:"我们看到许多智慧和精巧发明分散在世界各地,有些人现在正在辛辛苦苦地做别人已经完成的事情,有些人则致力于重新发明别人已经发明的东西,我们看到另一些人由于没有任何人指点而深陷于困境之中,(然而如果有人遇到他),别人是既有能力也愿意轻而易举地给他以指点的;此外,一个人缺乏实现某种设计所需要的一点钱,也许另一个人有双倍的钱准备捐献出来以实行上述设计,而这两个人却从来没有办法听到对方的意见……"②配第认为,如果我们建立一个科学组织将这些智慧汇集在一起,它们就会发出令人鼓舞的光和热。他的这一建议被认为是英国皇家学会创办的先声。

其次,为使教育与生产劳动相结合和普及科学技术教育,配第建议创办劳动学校(小学)和机械中学。劳动学校主要对儿童进行基础知识及能力的训练和制造业的训练,因而课程分为两部分,前者包括阅读、写作、绘画、制图、算术、几何、外语、音乐等;后者包括车工、制作数学仪器、制作钟表、雕刻、制作乐器、磨制玻璃工艺、植物栽培和园艺、船舰模型、地球仪、解剖学等实用技术。"所有的人,由于具备了这些理智,他们将少受工匠的欺骗;他们一般地会变得更加勤劳;他们一定会完成卓越的工作,像绅士们一样,有超过普通工人的雄心壮志;他们能亲手做实验,较之别人为他们做这种实验,能以更少的费用、更细心地去进行;高尚的工艺将会大有进步,当人们变得富裕和能干时,也会愿意进行启发性的实

---

① 杨汉麟、周采主编:《外国教育思想通史》(第五卷),第101页。
② 任钟印主编:《世界教育名著通览》,第365页。

验……"①劳动学校特别强调制造工艺的学习，反映了当时社会发展的需要。机械中学实际上是一种实科中学，学生在这里除了学习科学之外，还要学习旋工、制钟表、雕刻、造船、制地球仪、罗盘针、香料等。机械中学还应设立一所生物示范园，"在那里用栏圈和笼子豢养着各种珍奇的野兽和飞禽，有水池和温室养着各种外国产的鱼类；在这里，所有的动物都能够适应某种劳动和工作的需要，活着时和死亡时都同样有用；这里应当有一所藏有古代各种珍稀的天然物和人工制品的陈列馆，各种美妙的杰出的机器的模型，各种花园和建筑物的设计和台榭，最精巧的喷泉和供水系统，一座藏有优秀图书的图书馆，一座观察天体和大气的天文观测台，供各种农业实验用的大片土地，备有珍贵绘画和雕塑的长廊，有精美的地球仪，绘制得很优秀的地图；只要力所能及，我们要使这个地方成为整个世界的缩影和概览。这样一来，一个人只要精通了校园内的一切，就一定会成为比所谓活字典更杰出的学者，尽管他既不会写，也不会读"②。机械中学从每一门手工业中挑选最优秀的人才，让他们从事专门的科研活动，并为他们提供优厚的生活和研究条件，如漂亮的住房、丰富的实验和资料等。

最后，为更好地了解手工业知识的发展状况，配第建议对所有知识进行重新审查，去粗取精，去伪存真，从中筛选一切有关实际或实验的知识，并将它们编成一部大型百科全书。他说："这里将会出现最有利的和最有效的机会和方法，来写一部完善的、准确的手工艺发展史，而所有的车间和操作将给那些伶俐的、善于思考的才智之士提供多么丰富的实验和资料，以便从中推断出对自然的解释，而世上现有的对自然的解释竟是如此稀少、如此粗劣！"③受培根感觉主义和经验主义的影响，配第主张采用直观教学原则，强调学习与劳动相结合，重视儿童在工场中的实际操作。

配第是第一个运用培根的方法论，从经济学角度论述教育问题的人。他强调教育与科技及手工业生产相结合，设计新的学校模式，反映了17世纪资本主义发展的需要以及人们强烈要求改革传统教育的愿望。他主张人人都应学会一门手工技艺的思想，开创了英国职业技术教育的先河。配第关于收集各种科学知识汇编成书的建议，是夸美纽斯的泛智论和以后百科全书的先导；他所描述的机械中学博物馆，与培根《新大西岛》中的所罗门宫交相

---

① 任钟印主编：《世界教育名著通览》，第366页。
② 任钟印主编：《世界教育名著通览》，第367页。
③ 任钟印主编：《世界教育名著通览》，第367页。

辉映。配第在教育史上首次使用了"实科"这个词,半个多世纪以后,德国教育家席姆勒在哈勒创办的新学校使用了这个词,他称之为"实科中学"。

八、洛克的科学教育观

洛克(1632—1704)是17世纪英国哲学家和教育家。他在《教育漫话》中明确提出,教育的目的在于培养绅士。这种绅士既不是教士和学究,也不是朝臣,而是事业家。洛克认为,"绅士需要的是事业家的知识,合乎他的地位的举止,同时要能按照自己的身份,使自己成为国内著名的和有益于国家的一个人物"①。为此,年轻绅士必须具有强健的身体,还应具备德行、智慧、礼仪和学问。

出于对培养事业家的考虑,洛克对当时的学校教育进行了批评。他指出:"现在欧洲一般学校时兴的学问和教育上的照例文章,对一个绅士说来,大部分都是不必要的,不要它,对于他自己固然没有任何重大的贬损,对于他的事业也没有妨碍。"②他认为绅士应该学习"在世上最需用、最常用的事物"。为使绅士掌握各种有用的知识和技艺,洛克提出了一份内容广泛的教学计划。在这份教学计划中,他依据"功用"原则选择学习科目,主张课程设置应把现代实用科目与古典科目结合起来,兼顾装饰与实用。洛克要求绅士学习的科目有书写、阅读、图画、速记、法文、拉丁文、希腊文、地理、作文(写作)、算术、商业、数学、天文、几何、历史、年代学、伦理学、法律、逻辑学、修辞学、自然哲学、跳舞、音乐、击剑、游泳、骑马、园艺、细木工等。这些知识反映了当时英国社会生活的需要。有的学者指出:"这是一个既广又窄的课程表。说它广,是因为它囊括了当时盛行的宫廷教育中所有的能够使青年绅士适应宫廷生活和公共事务所需要的科目;说它窄,是因为摒弃了从文化的标准来要求的文学以及其他广泛的美学兴趣。这是由于他的功利主义局限性使某些科目突出,然而,它却填补了先前教育家们所忽略了的科目。"③

洛克认为,一个人如果能够在许多领域内探索,广泛地阅读,大量地研究人类及其思想和生活方式,就会具有精神上的自由与灵活性,而一个虽然深入彻底但只研究了少数几门

① [英]约翰·洛克著,傅任敢译:《教育漫话》,人民教育出版社1985年版,第97页。
② [英]约翰·洛克著:《教育漫话》,第96页。
③ [英]博伊德、金合著:《西方教育史》,第275页。

学科的人绝不可能达到这一目的。他说："我已经观察到,教育的职责并不像我所想的那样使学习者精通于所有科学,而在于打开和安排他们的心灵,使他们有能力在需要时专心于任何一门学科。"①洛克倡导实物教学,主张让儿童亲自观察各种事物,使他们获得有关事物鲜明的印象,从而牢固地记住它们。

洛克以功利主义思想为指导,论述了绅士学习各种科目的意义。在他看来,除了读、写、算的基本知识对于绅士处理各种事务有实际用途外,商业数学、法律、历史、年代学、自然哲学、各种手工艺等科目也很有用。洛克认为,商业数学虽然不能帮助一个绅士去获得财富,但它可以使他保持原有的财富,因为绅士都要管理自己的财产。所以从经商理财的角度来看,绅士一定要学好商业数学。绅士要处理社会事务就应学习法律,洛克建议从保安官到总长都应了解法律,尤其是民法,以便在日常工作中依法办事。至于历史和年代学,洛克的理解是历史能给人以教训,而年代学便于绅士了解历史进程。洛克把自然哲学视为一种"思辨的科学",认为它是一种关于事物本身的原则、本质和作用的知识。自然哲学包括关于精神及其本性与品质的以及关于物质的两部分知识,前者通常指玄学,后者是指自然知识。他说:"我并不因为我们所有的或所能有的关于自然的知识都不能成为一种科学,便反对别人去研究自然。自然界中有许多事情是一个绅士容易知道与必需知道的。"②他认为那些与农艺、种植和园艺相关的知识对于绅士的事业有帮助。洛克还强调绅士应该学习手工艺,这对于年轻绅士来说是一种合适而又健康的娱乐,同时也可以让他们了解管理产业的有关工作。洛克提倡的手工艺活动包括园艺、细木工、车工、油饰、雕刻、金工、铜工、铁工、银工、刻板、琢磨光学玻璃等。

洛克受培根、波义耳和牛顿等人的影响,十分重视科学教育和各种工艺技术。他为年轻绅士所拟定的教学计划反映了当时新兴资产阶级对教育的需要,是弥尔顿科学教育观的新发展。洛克的《教育漫话》成了 17 世纪 70 年代在英国兴起的学园(Academy)的理论支柱,直到 18 世纪末以前这种新型学校在英国长盛不衰,并对后来美国中等学校产生了重大影响。

在近代自然科学的影响下,上述思想家从不同的立场和视角探索科学教育理论,大力倡导科学教育,这种科学思潮是教育理论中对经院主义教学内容进行改造的催化剂,有力

---

① ［美］S. E. 佛罗斯特著:《西方教育的历史和哲学基础》,第 330 页。
② ［英］约翰·洛克著:《教育漫话》,第 191 页。

地冲击了当时学校中盛行宗教神学、古典主义和脱离实际的倾向,推动学校教育进一步贴近生活和社会实际。

第三节　学校中的科学教育

伴随着近代自然科学的兴起和资本主义经济的发展,以及思想家们对科学教育的探索和大力倡导,在欧洲主要国家诞生了一批新型的中等学校。这些学校除了开设原有的古典主义学科外,科学技术知识开始受到普遍重视,一些新的教学方法如实物教学、直观教学、观察、实验、实习等也得到广泛运用,从而极大地推动了近代科学教育的传播。

一、德国

16 世纪,梅兰希顿按照新教思想与人文主义相结合的原则建立的新型中等学校,其主要课程除人文学科、古典语言和宗教外,在规模较大的学校高年级还讲授科学基础知识,如数学、几何学、物理学和天文学等。在 17 世纪后半期就开始酝酿的哈勒学园堪称当时教育革新的典范,这是一所以贵族学校为基础招收高年级学生的寄宿学校,它试图把传统的古典学科与现代语言、现代科学结合起来。在现代科学方面,学园设有数学、自然科学、历史、地理等学科,而且把重点放在实物教学和实际应用上。例如,几何课尽可能增加野外实习;数学中的分数要利用实物讲解;夏季应到乡村或田野讲授生物学;冬季要利用雕刻或动物尸体讲授解剖学。另外,还要带学生参观手工艺人的实地操作,或给学生提供实地练习车削工艺、磨镜片工艺和锯木工作等机会;历史和地理教学则通过图画和大量地图以帮助学生记忆。

在哈勒学园的影响下,大多数地位较高的学校都在课程中增加了现代语言和数学等自然科学。1708 年,虔敬派信徒席姆勒在哈勒创办了一所"数学、力学和经济学实科学校"。这所学校以数学、自然科学和经济学研究为中心,讲授数学、物理、机械学、自然、天文学、地理、法律、绘画和制图等实用科目,在教学方法上广泛应用了绘画、图表、标本、模型等直观教具,带有明显的功利主义和现实主义色彩。这所学校规模不大,存在的时间很短。1747 年,赫克在柏林又创办了"经济—数学实科学校",设有算术、几何、力学、建筑学、制图、贸易、商品制造、自然知识、人体知识、动物学、植物学、桑树栽培和养蚕等课程,学生按制造业、建筑业、农业、簿记、矿业、商业等分为不同的班级,先接受数理基本知识教育,然后按志愿进行专门的职业训练。这无疑在科学技术教育上迈出了一大步,随后在德国许多城市出现了一批类似的实科中学,并成为德国教育制度的重要组成部分。

发端于 16 世纪末的骑士学院,既是德国教育发展中的特殊产物,也是中世纪骑士教育在 17 世纪德国的延续。其主要目标是为包括王子在内的贵族子弟提供政治教育,以培养他们能胜任军队或政府机关的职务为主旨。这些学校相继产生于图宾根(1589)、卡尔斯鲁厄(1599)、哈勒(1680)、埃尔朗根(1699)、勃兰登堡(1704)、柏林(1706)等地。就骑士学院的课程看,现代语言和自然科学占首要地位。现代语言包括法语、意大利语、西班牙语和英语,自然科学包括数学、物理、天文学、地理学、建筑学、机械学等,并且重视骑马、舞蹈、角力、击剑等骑士技艺,这些学科对于未来的新贵族阶级而言具有应用价值。骑士学院作为中等学校和大学之间过渡阶段的教育机构,为普通青年提供了良好的科学和哲学教育,同时也为新兴资产阶级提供了较为广泛和自由的社会教育。骑士学院在 17、18 世纪得到迅速发展,19 世纪逐渐消失。

二、法国

17 世纪,法国几乎所有学校都掌握在教会团体手中,学生均需服务教会并恪守共同的教规。在这些教会团体中,耶稣会在法国教育中占绝对优势。1637 年,曾在耶稣会学院受过教育的笛卡儿发表了《论正确指导理性和在科学中寻求真理的方法》一文。他在回顾青年时期的学业时,发现耶稣会教育并未给他留下任何确定的信念,于是转而依靠理性的方法研究哲学和科学。他说:"凡是不能明晰地在人们头脑中证明其存在的,都不能认为是真实的;必须把每个问题分解为最基本的要素,一步一步地进行,从简单的可靠知识到复杂的可靠知识,并在全面的检查中概括所有的事实。"[1]笛卡儿认为,按照这种方法进行研究,其结果是确定无疑的。"笛卡儿的理性主义及其对清晰和无可非议真理的强调,对一个想要改革的教会来说,是非常理想的。"[2]

---

① [英]博伊德、金合著:《西方教育史》,第 253 页。
② [美]S. E. 佛罗斯特著:《西方教育的历史和哲学基础》,第 275 页。

受笛卡儿的影响，1611 年成立的"基督教圣乐会"首先对耶稣会的教育权威提出了挑战。圣乐会崇尚笛卡儿的理性主义哲学，致力于建立和改革中等学校，到 1626 年已在法国创办了 50 余所中学。与耶稣会教育不同的是，圣乐会中学的课程和教学方法体现了新教育观，尤其是现实主义的观点。在课程中，古典文学虽占显著地位，但也包括法语、现代外语、法国史以及数学、地理、物理、化学、解剖学等自然科学。大多数课程用法语教学，强调历史、代数和算术，运用地图和其他直观教具讲授地理，在实验室从事物理、化学和解剖学研究。圣乐会虽在名望和势力方面不能与耶稣会相匹敌，但其教育活动一直延续到法国大革命。

该时期由于宗教改革运动和宗教战争所带来的社会巨变，法国贵族和地主阶级同教士、中等阶级之间的分离日益明显，而当时的文法学校主要是为后者服务；贵族子弟的教育形式除了家庭教育外，还可以进入专门为贵族青年设立的学院。在欧洲，法国的宫廷较为兴盛且权势显赫，它已成为贵族教育的中心，吸引了各国的贵族子弟前往学习。这一时期法国的贵族教育在课程设置上发生了根本变化，除了学习绅士的必修科目拉丁语外，更注重学习法语、西班牙语和英语等现代语言。经院哲学被笛卡儿哲学所取代，数学和新兴科学代替了传统的"四艺"，并采用直接联系实际的方法进行讲授。为了提高贵族子弟未来的行政管理能力，历史、地理、法律和政治备受重视。此外，剑术、骑马、打猎、网球、跳舞等也是日常的训练科目。这种贵族式教育曾盛行于 17、18 世纪，一直到工业化和法国大革命后才逐渐消失。

法国中央集权的国家机器产生于 17 世纪，这主要归功于黎塞留、科尔伯特等政治家和专制君主路易十四。由于军事需要和商业利益的驱动，法国专制政府经常通过提供赞助和颁布法令的方式干预教育。"17 世纪的统治者更关心的是发展充分的技术和军事教育，以支持国家发展贸易和机器生产，发展公共工程，进行军事扩张。"[1]这一时期国家对工商业的干预也刺激了法国科学教育的传播。法国技术教育史家阿兹（Frederick Artz）认为它们极大地推动了法国的科学技术复兴。[2] 17 世纪中期，黎塞留在朗格勒为战争孤儿开办了一所贸易学校，开设数学和建筑学理论课程以及织布和制鞋等实践课程。同时，法国政府也成立了一些学园，教授艺术、设计和建筑等科学知识，如 1648 年的皇家绘画学园、1671 年的皇

---

① ［英］安迪·格林著：《教育与国家形成——英、法、美教育体系起源之比较》，第 144 页。
② ［英］安迪·格林著：《教育与国家形成——英、法、美教育体系起源之比较》，第 146 页。

家建筑学园、1688 年的艺术学园等。黎塞留是军事和贸易学校的倡导者,他率先在法国建立了一所军事专科学校。他写道:"字母和士兵对于建立和维持一个伟大的帝国同样重要,前者能规范和开化国民,后者可以拓展并保护这个国家。"①为满足和平与战争时期的航海需要,1682 年法国还建立了航海学校。到 18 世纪,法国的高级技术学校得到进一步发展。为了给海陆军部队和建筑业培养工程师,1716 年奥尔良公爵成立了"路桥人才集团",以监督国家建筑方案,专门提供建筑、数学、物理和化学教育的路桥学校由此诞生,它是欧洲最好的土木工程学校之一。在法国大革命前,政府还授权建立了一所采矿学校,提供为期三年的化学、矿物、金属、物理、输水和矿井通风等课程。与此同时,绘图学校、商业学校、军事学校、航海学校也纷纷建立起来。科学教育的迅速发展使得当时法国在技术教育方面遥遥领先于欧洲其他国家。

三、英国

在英国,古典中学无法满足资产阶级的需要,日益发展的工商业则要求学校以数学、自然科学及现代语为学科中心,并在普通科目之外增设若干应用科目。在 16、17 世纪,许多进步人士(包括诗人弥尔顿、经济学家威廉·配第)提出了创办实科中学的计划,但这些计划并未实现。例如,16 世纪中叶物理学家威廉·吉尔伯特拟订了一份中学课程计划,主张以现代语取代古典语的地位,并应开设数学、航海学、农学、自然科学、军事学,但这一计划也未实现。"在 19 世纪 70 年代以前,英国始终未能着手建立起专门的全日制国家技术学校体系,也没有学习欧洲国家在初等教育、中等教育和高等教育各个层次上建立工艺学校的做法,这是导致英国职业教育落后的真正原因。相反,英国建立了学徒制,这种制度是绝大多数行业和新兴职业仅有的训练手段,学习场所是大量的成人夜校。最早流行的是技工学校,以后辅之以由科学与艺术署资助的学习班。然而,学徒制的效果令人怀疑,而且这种培训根本很少理会基本的实践技能以外的知识……"②

17 世纪中叶,弥尔顿在其著作《教育论》中提出了一个实科中学的草案,但他并不排斥

① 〔英〕安迪·格林著:《教育与国家形成——英、法、美教育体系起源之比较》,第 146 页。
② 〔英〕安迪·格林著,朱旭东、徐卫红等译:《教育、全球化与民族国家》,教育科学出版社 2004 年版,第 57—58 页。

拉丁文和希腊文,而是要求它们服务于实际目的,如研究古代哲学家有关农业、自然科学、历史、政治等著作。弥尔顿认为,学校最主要的科目应是数学、自然科学、历史、地理、政治、法学。与此同时,他对英国中学进行了严厉的批评,指出它们与生活脱节、经院主义和形式主义盛行等。1646年威廉·配第也提出了一个学校改革计划,他批评当时的学校和实际生活脱节,认为理想的小学是一个"科学的工场",儿童在这里学习各种木工、物理学和数学仪器的制作、雕刻、园艺等。配第也称之为"劳动学校"。继这类学校之后的是"机械学校"。在机械学校,所有学生(包括贵族子弟)除了学习理论之外,还应学习制作时钟、雕刻、造船、地球仪、罗盘针及香料等。

在英国,实行科学教学的先驱教育机构当推"学园"。由于文法学校和大学都掌握在国教徒手中,许多非国教派教士创立了一种规模小且收费廉的新型中等学校。他们吸收了弥尔顿和洛克的教育理念,重视自然科学和现代外语,并用英语教学。1675年,他们在伦敦创办了纽因顿·格林学园。1715年,瓦特(Thomar Watt)在伦敦创办了一所实科学校,配有各种各样的实验仪器,建造了科学实验室,采用演示和验证等进步教学方法,传授数学、天文学、地理学、航海学、军事学、簿记和自然科学等。1719年,英国皇家学会会员克莱尔(Martin Clare)在伦敦创办了一所实科学校,设有实验室和图书馆,其教学既重视实证又联系生活实际;其教学科目除希腊文、拉丁文等古典课程外,更重视代数、三角学、天文学、地理学、航海学、物理学、建筑学等。1740年,由约瑟夫·兰德尔(Joseph Randall)建立的希思豪学园,专门为中上层阶级提供所需的课程。该校8至18岁的学生人数达170人,图书馆拥有藏书1400册,科学仪器包括太阳系仪等。后来,兰德尔在约克开办了另一所学园,宣称不采用文法学校僵化、专制和以书本为中心的教学方法,而采用更加灵活和实用的方法。随后,化学家普里斯特利(Joseph Priestley)创建的瓦林顿学园在课程现代化上更进了一步,其课程有英国文学和文法、历史、化学、地理、解剖学和自然科学等。

18世纪末,弗罗兰(J. B. Florian)在巴斯创办了另一所学园,其课程分为三类:第一类阐明人与自然的关系,包括数学、物理学、化学、天文学、博物学和应用科学;第二类论述人与人类自身的关系,包括拉丁文、法文、意大利文、文法、逻辑、修辞学、诗、绘画、音乐和体育;第三类探讨人与人之间的关系,包括古代和近代史、政治学、经济学和名人传。学园招收年满7岁的儿童入学,修业10年,17岁毕业。与此同时,弗罗兰的妻子也为女子建立了一所实科学校,其办学精神和男校基本一致。由于这类学校注重科学知识教学,适应了当时资本主义发展的需要,因而深受社会特别是中产阶级的欢迎。同时,它们有助于传播工业革命的先进思想,并训练了一批作为工业革命先驱的职员、机械师、技术革新者和企业家。18 世纪中叶,美国教育家富兰克林(B. Franklin)仿照英国学园的模式,在费城创办了一所文实中学(Academy),教给学生兼具实用性和装饰性的知识,开设的课程有现代语言、历史、地理、年代学、伦理学、修辞学、书写、商业算术、几何、代数、测量术、计量法、航海术、天文学、绘画、物理学、机械原理等。这种学校在 19 世纪成为美国中等学校的主要形式。

这一时期英国传统的公学和文法学校也开始增加一些现代学科。例如,17 世纪 70 年代在基督公学内设立的皇家数学学校,为大约 40 名男孩当航海艺徒做准备。1770 年伍得彻尔文法学校的教师在招生广告上承诺,除了教授希腊语和拉丁语外,还讲授算术、簿记、对数、几何学、测定法、量计、三角学、力学、测量术、航海术、地理学、自然哲学、天文学以及地球仪的使用等。

四、俄国

16 世纪至 17 世纪,乌克兰和白俄罗斯在反对波兰压迫和天主教的斗争中创立了兄弟会。兄弟会产生于城市的行会组织,最初从事慈善事业。当耶稣会教徒加强天主教宣传时,兄弟会就开始推广东正教的教义,继而创办了兄弟会学校。兄弟会学校在组织上比较民主,它招收城市各阶层的儿童,并为他们提供广泛的知识。创办于 1615 年的基辅兄弟会学校,在 1632 年改组为基辅莫吉拉学院(简称基辅学院),这是俄国第一所高等教育机构。"这个学院比起当时西欧各校——中世纪的大学和耶稣教会的学院来并无逊色。十七世纪后半期和十八世纪初叶俄罗斯国家的许多活动家都曾在这个学院中受到教育。"①基辅学院分为初级部、中级部和高级部,学习内容有斯拉夫语、波兰语、拉丁语、希腊语、诗歌、音乐、算术、修辞、哲学等,后来还增加了法文、德文、数学、历史、地理、建筑学、绘画等科目。在 17 世纪和 18 世纪,基辅学院成为俄罗斯西南部最大的科学文化教育中心。基辅学院的学生和教师后来成为彼得一世改革的支持者,莫斯科大学最早的一批教授也在这所学院受过教育。

17 世纪 80 年代,俄国仍是一个落后的封建农业国家,文化教育发展缓慢,莫斯科市只

---

① [苏联]沙巴也娃主编,邰爽秋、李子卓、毛礼锐等译:《教育史》,人民教育出版社 1955 年版,第 33 页。

有 24％的居民(成年男性)识字。① 尽管如此,17 世纪后半期俄国的社会经济和文化生活得到了极大的发展。俄罗斯人和西伯利亚人、伏尔加河流域和中亚细亚各族人民,在经济和文化上的联系日益加强。"人民为了熟悉广大的领土而从事的活动,促进了数学、力学、地理学和包括教育思想史在内的社会史等科学部门的发展。"②有的学者指出:"正是在 17—18 世纪之交的时候,原先占主导地位的思想体系得到了彻底扭转,文化领域也同样发生了巨变,所以这一时期的俄罗斯文化与其他民族曾有过的文艺复兴时期的文化十分相似,最主要的是这个阶段为彼得大帝的改革创造了先决条件。"③

1697 年 3 月,沙皇彼得一世率团出使西欧,这次"伟大之举"历时一年多。"这次不同寻常的、在俄国王室历史上前所未有的旅行,是出于下面两个目的:第一,或许是比较重要的一个,是为了获得各种技术知识,首先是关于造船和航海方面的知识。在这一点上,彼得取得了很大的成功。……不仅如此,沙皇这次旅行的直接结果是,俄国获得了近千名外国专家为它效劳,这些专家包括海员、炮手、造船木工、数学家、外科医生、工程师和各个方面的熟练工人,以及他们随身带来的书籍和工具。"④1698 年底,彼得一世实行一系列重大改革,宣布要使俄国"西方化",这对于俄国来说无疑是一场革命。此前,俄国统治者都以敌视的目光面对西方,蔑视西方文明。

为增强国力,彼得一世在军事、财政、工商业、农业、文化教育和科学方面进行了全方位改革,其中创建实科学校进行科学教育是一项重要的改革措施。为了培养军事和工业部门的各种专门人才,1701 年 1 月彼得一世下令在莫斯科建立了炮兵学校,要求教给炮兵及其他官员的子弟以读、写、算及工程技术方面的科学知识。炮兵学校创办伊始,共有学生 180 人,1704 年增至 300 人;但后来学生人数减少了,到 1707 年只剩下 136 人。⑤ 炮兵学校分为初级和高级班,前者学习读、写、算;后者学习几何、三角、制图及炮兵技术等。炮兵学校学制四年,合格者送往部队或参加其他工作,不合格者送到炮兵厂当工人,一些有天分的学生被派往国外学习。

---

① [俄]M. P. 泽齐娜等著,刘文飞、苏玲译:《俄罗斯文化史》,上海译文出版社 1999 年版,第 84 页。
② [苏联]沙巴也娃主编:《教育史》,第 34 页。
③ [俄]T. C. 格奥尔吉耶娃著:《俄罗斯文化史——历史与现代》,第 144 页。
④ [英]J. S. 布朗伯利编:《新编剑桥世界近代史》(第 6 卷),第 972—973 页。
⑤ [苏联]卡芬加乌兹、巴普连科主编,王忠、刘逢祺等译:《彼得一世的改革》(下册),商务印书馆 1997 年版,第 267 页。

随后,彼得一世又颁布法令创办了第一所新型的学校——数学和航海学校,并要求教授数学和航海方面的知识。这是欧洲第一所实科学校。① "就这所学校的教育内容来说,是不同于从前的一切俄国学校的,因为在那些学校中主要的教学科目是圣经(新旧约全书)。而数学和航海学校在当时是世界上第一所实科学校,其主要的教学科目是一些世俗科学。"②学校分为数学班和航海班,学制四年,所设课程有数学、天文学、地理学、测量学、航海学等。其学生主要来自下层阶级家庭的子弟,贵族子弟只占很小的比例。他们毕业后大多前往荷兰、英国等地深造,回国后再担任舰队的军官。1715 年,这所学校的航海班迁往圣彼得堡,并在此基础上成立了海军学院。从 1701 年至 1716 年,数学与航海学校为俄国海军培养了 1200 名骨干。③ 它还培养了许多优秀的数学家、航海家、造船业的专家和教师,是 18 世纪初创办的其他类型世俗学校的典范。彼得一世在写给该校校长的信中写道:"这所学校不仅对于航海是需要的,对于炮兵和工程技术也是需要的。"④这句话充分说明了航海学校的重要性。

18 世纪初,彼得一世还允许建立了医科学校、工程学校、外国语学校、计算学校、矿业学校等,这些学校在科学教育的传播中发挥了重要作用。"在这些学校中,知识的世俗倾向、新的教育形式、与实践的联系扩大了人的视野,增强了人认识周围世界的可能性。所有这些都极大地拓展了世俗文化的活动范围。"⑤

在 17 世纪,机械和医学知识的运用已十分广泛。在建筑业和工场手工业中都开始运用各种机械装置,如绞盘、滑车、圆盘锯、木制螺旋起重机等。当时俄罗斯许多工厂都安装了先进的机械设备,并且采用了比较先进的技术,所以人们对于物理、化学原理及其相关知识的需求随之增多,他们渴望得到这方面的教学用书。炮业专家阿尼西姆·米哈伊洛夫编写的《军事、制炮等操作规章》就是一种尝试,它包括物理、化学、机械和几何等方面的知识。在医学方面,俄罗斯人民积累了丰富的草药知识和治疗方法。莫斯科药管局的医疗专家编写的《通俗医书》和《本草集》,收录了俄罗斯几百年民间医疗的经验,在当时被广泛地推广

---

① 1708 年在德国哈勒创办的另一所实科学校是"数学、力学和经济学实科学校",它是私立的,学生很少(只有 12 人),而且只存在了几年。数学和航海学校是国立的,存在于 18 世纪的前半期,每年约有 500 名学生。

② [苏联]沙巴也娃主编:《教育史》,第 38 页。

③ 滕大春主编:《外国近代教育史》,第 38 页。

④ [苏联]卡芬加乌兹、巴普连科主编:《彼得一世的改革》(下册),第 263—264 页。

⑤ [俄]M. P. 泽齐娜等著:《俄罗斯文化史》,第 120 页。

使用。1654 年,莫斯科药管局开办了一所"俄国医师学校",学制为五至七年。有些医师毕业后又被派遣到英国、法国和意大利继续深造,他们学成归国后不仅从事临床治疗,还积极编写医学方面的著作。

17 世纪时科学文献的流行也成为传播科学知识的重要工具。《索哈地亩册》既是一本关于俄国 15 世纪至 17 世纪城乡土地的登记册,也是俄罗斯国家税收的依据。该书包含了一些几何学知识以及这些知识在土地丈量方面的运用。1621 年,罗德舍夫斯基编写了《战事、炮兵及其他相关军事科学操典》,对于当时俄罗斯炮兵积累的实践经验进行了概括。该书包含了一些实际应用的数学知识(如借助毕达哥拉斯定理测定目标的距离)、物理知识(如大炮的射程与口径的关系、铅和铁的不同比重、消声技术等),描述了大炮上的有关仪器如罗盘、测角仪等,并详细介绍了一些化学方面的实用知识,这是制造和使用炸药时必不可少的。1696 年,霍尔莫戈雷大主教阿法纳西依据民间医学经验编写了一部《医书》,对于许多疾病进行了描述,并提出了相应的治疗方法。当时的医院已拥有丰富的医学和其他自然科学方面的藏书,它们担负着培养医务人员的工作,学徒在医生的指导下接受医学教育。解剖学和天文学方面的知识主要来自翻译著作,如叶皮凡尼·斯拉维涅茨基翻译了科学解剖学奠基人维萨留斯的著作《人体构造论》以及介绍哥白尼"日心说"的著作《宇宙概貌》第一卷。15 世纪末至 16 世纪初,诺夫哥罗德和莫斯科的异教徒还翻译了一批阿拉伯与犹太民族的科学文献,其中包括两部天文学方面的书籍,即《月亮运行 6 个周期表》和《宇宙志》。

17 世纪是一个俄罗斯地理发现的伟大世纪,随着俄国人的地理知识大为扩充,学习本国地理受到极大的鼓励。16 世纪末和 17 世纪初,就编写了俄罗斯国家《大地图》,遗憾的是没有保存下来。1627 年,吏部衙门编写了《大地图说明书》(一种地图索引),书中含有城市名录和城市间的距离、国家不同地区的平面图和实用地理学手册。《大地图说明书》和各地驿站《里程书》一起,被视为执行公差任务时的指南。后来,俄罗斯航海家和探险家又通过对西伯利亚的实地考察,于 1640 年编成《西伯利亚城市和城堡一览表》《西伯利亚地图》等。到 17 世纪中期,吏部衙门已收藏约 230 幅地图,包括一些要塞和其他防地、河流渡口、道路和森林等。[①] 俄罗斯的地理发现对欧洲地理科学产生了重大影响,外国人千方百计想获得俄国人的地理记述和俄国地图,俄国的地理资料随后得到了广泛应用。欧洲 17 世纪出版

---

① [苏联]苏科院历史所列宁格勒分所编,张开、张曼真等译:《俄国文化史纲》(从远古至 1917 年),商务印书馆 1994 年版,第 174 页。

的地图,如赫里奇的东欧地图(1614)和西欧学者的许多地理著作,都是根据俄国人的地理资料编写的。到 1700 年,莫斯科印刷厂的印书种类已达 500 种。①

由上可见,在近代自然科学蓬勃发展的背景下,欧洲主要国家的学校教育也发生了根本变化,它主要表现为一批新型学校的建立、课程内容的世俗化、科学知识的广泛传播及新式教学方法的运用等。在这场科学革命中形成的新知识、新理念与新方法,不仅给欧洲教育发展提出了新要求,而且也提供了新的机遇。从此,欧洲教育逐渐朝着科学与理性所指引的方向迈进。

第四节　科学发展对教育的推动

近代自然科学的兴起对教育理论和实践产生了重大影响,它为人们打开了更为广阔的新天地,激发起人们强烈的求知欲,并鼓舞了人们探索教育教学规律的勇气。它帮助人们对自然、人和生活有了更深一步的了解,促进了文化教育的世俗化;它为人们提供了研究事物的新方法和新原则,引导文化教育开始走向科学之路。与此同时,科学发展也使教育理论和实践逐渐走向成熟。

一、对人的认识不断深化

在人的认识上,中世纪盛行的观点是:"肉体是灵魂的监狱",人只有摧残肉体和压制情欲,才能获得灵魂的拯救。16、17 世纪随着生物科学、医学和心理学等近代科学的发展,人们对人的认识不断深化。

中世纪普遍厌恶直接研究自然现象,而倾向于依赖书本的权威,其中亚里士多德和盖伦的权威至高无上。从 13 世纪起,这种状况被彻底打破,解剖人体的做法逐渐恢复。"甚至在近代之初,生物学家已经不囿于只注意活有机体的外部特征,而已试图弄清楚它们的内部机构以及它们的发展。这种倾向随着时间的推移愈趋显著,尤其是当显微镜使人观察

① ［俄］T.C.格奥尔吉耶娃著:《俄罗斯文化史——历史与现代》,第 127 页。

到许多前所未知的有关动植物各个部分的结构和功能的事实之后。"①到了 14 世纪,意大利各医学流派普遍推崇人体解剖学的做法。"文艺复兴时期,解剖学研究所达到的热烈程度,也许是以前任何一个时代所无法比拟的,其结果是促成了对人体的新理解。"②15 世纪,意大利最伟大的画家和解剖学家之一达·芬奇(1452—1519)对人体解剖学的发展产生了较大影响,他的 750 幅解剖素描是这一领域的天才明证。但遗憾的是,由于它们没有出版而影响甚微。16 世纪,比利时医学家维萨留斯率先发起了对生物科学领域权威的攻击,引入了新的方法和仪器,复兴了对解剖学的直接研究。1543 年维萨留斯出版了《人体构造论》这部著作,在具有独创性的最后一章介绍了他的活体解剖方法,并使用了新颖的方法和器械,这些在很大程度上仍是现代解剖技术的基础。在维萨留斯看来,心脏的中膈与心脏其他部分一样厚实严密,哪怕是最小的微粒也不能从右心室通过中膈到达左心室。同时,静脉最细微的支脉都彼此连合,在许多地方还结为一体而呈现连续状。但维萨留斯始终没有意识到血液是循环的,迈出这一步的是他的同学、西班牙医学家迈克尔·塞尔维特(Michael Servetus, 1511—1553)。

塞尔维特在他的著作《基督教的复兴》中阐述了血液的肺循环。他写道:"我们为要能够理解血液为何就是生命所在,那首先就必须知道由吸入空气和非常精细的血液所组成和滋养的那活力灵气是怎样产生的。活力灵气起源于左心室,肺尤其促进其形成;它是一种热力所养成的精细的灵气,浅色,能够燃烧……它是由吸入的空气和从右心室流向左心室的精细血液在肺中混合而形成的。这种流动不是像一般所认为的那样经过心脏的中膈,而是有一种专门的手段把精细血液从右心室驱入肺中的一条直通道。它的颜色变得更淡,并从肺动脉注入肺静脉。"③后来,意大利解剖学家法布里修斯(1537—1619)在发现血液循环方面又迈出了一大步。1603 年他出版了《论静脉瓣膜》一书,描述了静脉内壁上的小薄膜,它们朝心脏方向打开,朝相反方向关闭。瓣膜能阻止血液的流动,还能防止血液流动的不规则。但法布里修斯并没有意识到瓣膜的真正作用是影响血液循环本身,而是认为血液运动是一种涨落,即静脉把新鲜血液从肝脏送到组织,再把陈旧的血液从组织带回肝脏。

对血液循环做出正确解释的是法布里修斯的学生、英国解剖学家哈维(1578—1657)。

---

① [英]亚·沃尔夫著:《十六、十七世纪科学、技术和哲学史》(下册),第 467 页。

② [美]埃伦·G. 杜布斯著:《文艺复兴时期的人与自然》,第 74 页。

③ [英]亚·沃尔夫著:《十六、十七世纪科学、技术和哲学史》(下册),第 471—472 页。

1628 年,哈维出版了《论心脏和血液的运动》一书,批驳当时有关心脏、动脉、静脉和血液等问题上流行的错误观点,解释和论证了他的系统血液循环理论。哈维的主要观点如下:首先,心脏是一块中空的肌肉,其运动特征是收缩和舒张,收缩把在心脏扩张期间进入心脏的血液从心脏排出;这些收缩的规则重复使血液保持在血管中运动。其次,心脏在半小时内所推动的血液数量超过整个人体在任一时刻所包含的全部血液。观察和实验表明,血液一刻不停地做连续循环运动,血管系统中的各种瓣膜保证这种运动沿同一方向进行。动脉中的血液总是沿离开心脏的方向流动,而静脉中的血液总是沿朝向心脏的方向流动,因此血液从心脏到动脉,从动脉到静脉,再从静脉回到心脏连续地循环,如此流动不息,直至生命结束。哈维的血液循环理论使生物科学摆脱了蒙昧主义的影响,开创了生理学发展的新纪元,沿此方向人们对人体构造进行了大量研究。"……哈维的著作是对人体过程的第一个恰到好处的说明,它为现代生物学指点迷津。毫无疑问,从那以后,人们对生命过程的认识发生了一场变革。以前提出来的天生的和飘忽不定的热、气体的力、动物的精气以及内在的精素(archi),统统被一种全新的、更简洁的生理学概念所取代了。"[1]

现代医学与生物科学(尤其是解剖学和生理学)、化学和物理学关系密切。16、17 世纪维萨留斯的解剖学工作,哈维发现血液循环,洛厄(Richard Lower)成功地进行了输血手术,波义耳、胡克、洛厄和梅奥(John Mayow)等人关于空气在动物机体中的功能,以及列文虎克和基歇尔(Athanasius Kircher)发现细菌等,这一切无疑对医学和卫生学的理论与实践产生了重大影响。

医学的进步取决于定量方法和科学仪器的适当应用,这些仪器包括体温计、脉搏计和天平等。第一支体温计是意大利医学家桑克托留斯(Sanctorius,1561—1636)制造的,利用它发现了人体健康时的温度和患病时的体温变化。桑克托留斯制作的脉搏计能比较精确地测定脉搏率。桑克托留斯还制造了一架大型天平,在天平的一个秤盘上放置一把椅子,他自己大部分时间坐在这张称量椅上,仔细记录他的体重在进餐、睡眠、活动、休息,以及情绪安静和激动时的变化。他最后得出的结论是,健康的维持有赖于我们人体机构在摄取和排泄两方面保持适当的平衡。

在外科手术和一般创伤治疗方面也有许多改进。1514 年,意大利外科医生乔万尼·达·维哥(Giovanni da Vigo)采用结扎动脉的方法止血,这种方法后来得以推广。1674 年,

---

① [美]埃伦·G.杜布斯著:《文艺复兴时期的人与自然》,第 98—99 页。

法国医生莫雷尔(Morel)发明了用一条止血带压迫主动脉的方法。1646 年,塞维利诺(Marco Aurelio Severino)提出用冰和雪作为手术用的局部麻醉剂。1536 年,法国外科医生帕雷(Ambroise Pare)成功地尝试用一种由玫瑰油、松节油和蛋黄制成的简单药膏治疗枪伤的新方法。1616 年,切萨利·马加蒂(Cesare Magati)提倡用一种简便而更为有效的方法治疗一般创伤。1696 年奥古斯丁·贝罗斯塔(Augustin Bellosta)指出,必须保护伤口使其免受空气中传染杂质的侵害,并倡导用酒精防止伤口溃烂。

在治疗方法上的进步还表现为以下方面:1550 年,霍勒留斯(Hollerius)和其他眼科医生开始为近视眼患者配眼镜。1584 年,约翰·格雷芬伯格(Johann Grafenberg)提出对窒息病人采用人工呼吸方法。1650 年,弗兰西斯·格里森(Francis Glisson)提议利用按摩和体操医疗佝偻病。这一时期还发明了用人造物代替由于事故或疾病而损害的身体部分。例如,1575 年卡斯帕尔·塔里亚科扎(Caspar Tagliacozza)设计了人造耳,1617 年法布里修斯提倡用玻璃的人造眼睛,1640 年马尔库斯·班策尔(Marcus Banzer)成功地用人造鼓膜取代已损坏的鼓膜。

在 16、17 世纪,不少新药物得以广泛应用。1526 年,瑞士化学家帕腊塞耳苏斯(Philippus Paracelsus, 1493—1541)通过外用汞治疗梅毒病人,他列出的药方还包括锑、铜、铁、铅的制剂、鸦片制剂和磷乳,当时锑的制剂和锑杯已相当流行。英国医学家西德纳姆(Thomas Sydenham)和威利斯(Thomas Willis)在药物中运用铁治疗贫血者和虚弱者,并把银的制剂用于治疗癫痫和忧郁症患者;炼金土是用于治疗一切病痛的灵丹良药,也作为延年益寿的酏剂(含有糖和挥发油等酒精溶液的制剂)。1540 年,瑞士植物学家康拉德·格斯内(Konrad Gesner)用颠茄解痛。1580 年,普罗斯珀·阿尔比努斯(Prosper Albinus)把艾应用于烧灼术;同年费比奥·科拉姆纳(Fabio Columna)将缬草用于治疗癫痫。伦贝图斯·多多内乌斯(Rembertus Dodonaeus)则用旱金莲属植物治疗坏血病,并把番茄用于各种药物。1610 年,雷蒙德·明德雷尔(Raymond Minderer)首次把中国的藤黄(一种草药)用做泻剂,并把氨用于医药。1640 年秘鲁树皮首次引入西班牙,不久又传遍整个欧洲作为治疗发烧的药物。1650 年,西尔维乌斯运用氯化钾作为解热剂。1697 年,约翰·雅各比(Johann Jacobi)用砷和钾碱的水溶液治疗间歇热。

在医学上,对于疾病的专业化研究也取得了重要进展。1546 年,意大利医生法拉卡斯托留斯(Fracastorius)写了一本专著《论传染疾病》,首次明确区分了疾病的三种传染方式:(1)通过直接接触感染;(2)通过经由媒介物即污染物的感染;(3)超距感染。1540 年,法国医生帕雷研究了梅毒的遗传性。1578年,纪尧姆·德·巴尤(Guillaume de Baillou)最早描述了百日咳。1583年,格奥尔格·巴蒂施(Georg Bartisch)最早对眼病进行说明,并描述了各种治疗眼疾的新器械和新手术。1590年,阿科斯塔(Giovanni di Acosta)首次描述了高山病,认为它是由于高原地区空气稀薄所致。1600年,法布里茨·冯·希尔登(Fabriz von Hilden)描述了外耳的结构和功能,并发明了一种用于检查耳朵的器械(耳窥器)。同年,法布里修斯出版了专著《论发声器官喉》,首次完整地说明了作为发声器官的喉。

在17世纪,关于身体各部分及有关疾病的专门研究大量增加。1608年,卢多维科·麦卡托(Ludovico Mercato)在其《医学作品》中论述了间歇热。1611年,维拉·雷亚尔(Villa Real)描述了白喉。1620年,比利时化学家赫耳蒙特(Jan Baptista van Helmont)描述了消化,认为它本质上是一种发酵过程,其中碱性的胆汁中和了消化食物的酸性。1644年,赫耳蒙特又发表了关于尿的性质的研究成果。1630年,塞缪尔·哈芬雷弗(Samuel Hafenreffer)对各种皮肤病做了详尽研究。1650年,弗兰西斯·格里森描述了佝偻病,并建议借助按摩、体操和利用支撑物治疗这种疾病。1658年,约翰·雅各布·韦普弗(Johann Jacob Wepfer)首次发表了关于中风的研究成果。1667年托马斯·威利斯对脑进行了比较完整的说明;1670年他又论述了糖尿病的病因及其疗法。1680年,贝那提乌斯·拉马齐尼(Bernardius Ramazzini)首次论述了各种与职业有关的特殊疾病。1692年,格奥尔格·恩斯特·斯塔尔论述了精神病,并于1698年描述了门静脉疾病。

近代心理科学作为人类行为研究的一部分,与生物学和医学的发展密切相关。17世纪前,科学探究的统治力量来自教条和权威,人们往往从亚里士多德和其他古代学者的著作中,或从圣经中寻找解决问题的答案。"但是在17世纪,一种新的力量——经验主义——对自然本身的观察逐渐占优势。从而对过去传下来的知识,对哲学和神学的教条逐渐产生了怀疑。"①

近代第一个对心理学进行全面论述的学者是托马斯·霍布斯(1588—1679),其心理学观点主要体现在《论人性》和《利维坦》两本著作之中。他认为,一切认识都是当某个外部客体或刺激作用于感官时而获得的,但由此产生的感觉、表象或者概念并不在外部客体中,而是在感觉的主体之中;认识过程主要是外部刺激作用于感官,并引起头脑运动的结果。动机过程包括从头脑向外通过心脏的运动,这种外向运动促进或者阻碍心脏的生理运动。

———————————

① [美]杜·舒尔茨著,杨立能等译:《现代心理学史》,人民教育出版社1988年版,第18页。

"当它促进时，它就叫做高兴、满意或快乐……；而当这种运动减弱或阻碍这生理运动时，那就叫做痛苦。……这种构成快乐或痛苦的运动也是一种诱惑或激发，使得或者接近于快乐的事物，或者离开不快乐的事物……"①霍布斯认为，我们直接从感觉获得的一切概念都是高兴或痛苦、欲望或恐惧；同样感觉后的一切想象也是如此。霍布斯摈弃对灵魂实体的神学思辨，把心理同身体和脑视为不可分割的东西，主张用自然法则说明各种具体的心理现象。

笛卡儿也对心理学作出了重要贡献，他解决了争论长达几百年的心灵和肉体之间的关系问题。按照笛卡儿的观点，心灵和肉体是两个根本不同的实体。肉体或物质世界与心灵之间没有质的相似性，物质和肉体是有广延性的实体，它是按机械原理操作，我们也可以根据机械原理解释它。灵魂或心灵是无广延性、自由、非实体或缺乏实体的。身心虽然是完全分开和有区别的，但在人的有机体中却能相互作用。心能影响身，身能影响心，这就是所谓的"心身交感论"。笛卡儿认为，除了意志、思维、记忆和"天赋观念"是心灵直接控制的活动外，其他心理活动如感觉、想象和本能等都是由于心灵和身体联合作用的结果。笛卡儿在《论心灵的各种情感》这部著作中研究了心灵的属性问题，并把它们划分为被动状态和主动状态两个活动范畴。他认为情绪和感觉一样都是由于外物（如声、光）和体内变化（如饥、渴）所引起的一种被动心理状态，但有些情绪主要是心灵的作用，如看小说或戏剧中可歌可泣的情节而使内心感到一种喜悦。人的原始情绪有六种，即惊奇、爱悦、憎恶、欲望、欢乐和悲哀，这些情绪均和一定的对象相联系。例如，惊奇是由新异的事物而引起的惊讶情绪，爱悦是由有益的对象联合而引起的适意情绪，憎恶是由有害的对象而引起的远离情绪等。笛卡儿的"心身二元论"摆脱了神学对科学的控制，把人们的思想从对灵魂的争论转向对人体机能的理性思维和具体研究，从而在对人的认识领域中开辟了新的前景。"笛卡儿的工作对于心理学以后的许多重要发展趋势来说是最重要的促进因素。他的最重要的系统概念是关于身体的机械观、心-身交感说、心的机能在脑中的定位以及天赋观念说。"②

荷兰哲学家斯宾诺莎（1632—1677）认为，肉体和灵魂不是两个彼此没有直接关系而需要各种中介的实体，它们是同一实体的两个部分、方面或表现。身体和心理过程是同一有机体两种并存的表现，它们之间不需要外在的中介，因此肉体和心理活动可以分别加以描

---

① ［英］亚·沃尔夫著：《十六、十七世纪科学、技术和哲学史》（下册），第 633 页。
② ［美］杜·舒尔茨著：《现代心理学史》，第 25 页。

述。在他看来,一切肉体都有生气,而一切灵魂都有肉体。哪里有肉体,哪里就有观念或精神现象;哪里有精神活动变化,哪里就有肉体。因此斯宾诺莎称人的精神为人的肉体的观念。人的肉体十分复杂,它由许多部分所组成;人的精神也由许多观念所组成。一个肉体愈复杂,与它对应的精神可能就愈充分。人的精神不仅是肉体的观念,而且还能意识到自身的活动,即自我意识。斯宾诺莎称之为"精神的观念"。只有当精神掌握肉体变化的观念时,它才能认识自己。他认为,心灵的本质就是思维,心灵的最大特征是认识活动。

在斯宾诺莎看来,人的认识活动可以分为三个等级:一是建立在想象和感官知觉基础上的模糊不清的认识;二是具有真正普遍性的理性认识;三是最高级的认识,即"直觉知识"。与认识或思维相伴的是情感和情绪。情感是与生理状态相应的混乱和不适当的观念,它属于人的精神的被动方面。当心灵了解事物的意义或有适当的观念时,它就没有情绪,而且不受束缚。一个人的认识越混乱,他就越为情绪所奴役,越受限制和越无能为力;一个人的认识越清楚,他越是合乎理性,那么他越能摆脱情绪而少受其影响。就心灵认识观念而言,它是智慧或理智;从它肯定或否定真和假方面来看,我们称之为意志。智慧和意志在本质上是相同的,意志是肯定或否定它自己的一种观念,这种肯定或否定(判断)活动不是自由选择的活动,而是由观念本身决定。斯宾诺莎虽然没有区分认识、情感或情绪、意志,但他显然对这三种心理功能已有自己的认识。像笛卡儿一样,斯宾诺莎是近代生理心理学的先驱之一。

洛克(1632—1704)是唯物主义经验论心理学的主要代表,他在 1690 年出版的《人类理智论》一书中指出:"我将探索一个人所注意到并且自己意识到他在心灵中所具有的那些观念、概念或者随便你叫它们什么的东西的起源;以及理智获得它们的方式。"①洛克首先否认"天赋观念"的存在,认为人出生时不具备任何知识。那么心灵是如何获得观念呢? 它是从哪里获得理性和知识的全部材料的呢? 洛克断定是通过经验。他认为全部知识都建立在经验基础上,归根结底都导源于经验。在他看来,心灵的原始状态是一块白板、一个"暗室"、一个"空箱"或一张"白纸",其中没有任何字样和任何观念。人类的观念有两个来源:一是外部经验即感觉,它是由客观对象刺激我们的感官引起,如颜色、声音、大小、形状、运动等观念;二是内部经验即反省,它是通过对人的"心灵"的内部活动体验而获得,如知觉、思维、怀疑、信仰、推论、认识和愿望等。由于洛克把观念的来源归结为物和心两个方面,因

---

① [英]亚·沃尔夫著:《十六、十七世纪科学、技术和哲学史》(下册),第 644 页。

而使他陷入了"二重经验论"。洛克还把观念分为简单观念和复杂观念两种,前者是消极被动和外面强加的,可以作为知识的原始材料;后者则要求理智的能动作用,具体表现为将简单观念组成复杂观念的过程。洛克首先提出了"联想"一词,并用联想原则说明观念的结合,解释情绪的形成和对儿童教育工作的重要性。总之,洛克对人类理性充满信心,并认为人类有能力达到对世界和自身的认识。

莱布尼茨(1646—1716)认为,实在是由单纯的实体或力(他称之为单子)组成的,从心理学观点来看有三种单子,即自我意识精神或理性灵魂或智能、意识而非自我意识灵魂(像低级动物的灵魂)、无意识或下意识灵魂(如构成所谓物质的那些单子)。高级单子既具有低级单子的能力,又具有自己独特的能力;甚至最低级的单子也有某种知觉,因为单子没有知觉便不能存在。知觉相应地分成三个等级。欲望或意志也有三个等级,即单纯冲动、动物本能和自我意识。比较高级的单子能经验到较低级形式的欲望,以及它们自己独特类型的欲望。但一个单子所经历的变化都发端于内部而不是由于外部的原因。莱布尼茨设想心灵或单子只有内部感觉,认为个别单子的全部心理活动是从内部进行,根本没有什么东西从外部通过肉体感觉到达心灵。事实上肉体只是低级单子的社会,而所谓感觉只是混乱的知觉。与洛克不同,莱布尼茨认为一切观念都是天赋。灵魂决不是一张白纸,而是从一开始就像一块大理石,其纹路预先决定了它最后的雕刻形式。莱布尼茨把下意识、混乱的知觉向清晰、有意识的观念升华称为"统觉"。后来,心理学史上对于无意识或下意识知觉的重视在很大程度上都归因于莱布尼茨。

除了以上提到的洛克"白板说"、莱布尼茨"大理石说"之外,培根的"魔镜说"和夸美纽斯的"种子说"也充分肯定了人的发展的无限可能性。培根认为人的心灵像一面魔镜,这面魔镜常常给出虚假的反映而不是正确的反映,因此感觉经验并不可靠,只有将经验主义和理性主义结合起来,将仔细观察和正确推理结合起来,才能获得正确的知识。夸美纽斯认为人天生具有智慧、德行和虔信的种子,要使这些种子发芽和茁壮成长,就必须依赖于教育,所以教育是必要的。人文主义思想家虽然肯定上帝的存在,认为人是上帝的造物,但并没有给予上帝真正的地位,任何人都可以成为上帝的代言人。

二、科学方法的价值及缺陷

由上可知,培根是近代科学教育的先驱之一,他在大力提倡科学知识的同时,对于如何获得科学知识的新方法也进行了探讨。培根认为,过去科学和哲学之所以毫无结果,是由于缺乏正确的方法,双手得不到帮助;头脑独自思考,力量微薄。因此,我们必须找到求知的一种新途径及头脑所用的新机械,那就是新逻辑与新工具。

在《新工具》第一卷,培根首先论述了认识的起源问题,认为一切知识来源于感觉经验,来自感官对外部世界的感受。他说:"探求和发现真理,只有也只能有两条道路。一条道路是从感官和特殊的东西飞跃到最普遍的原理,其真理性即被视为已定而不可动摇,而由这些原则进而去判断,进而去发现一些中级的公理。这是现在流行的方法。另一条道路是从感官和特殊的东西引出一些原理,经由逐步而无间断地上升,直至最后才达到最普遍的原理。这是正确的方法,但迄今还未试行过。"①这两条道路都是从感官和特殊的东西出发,探求最普遍的原理,但两者之间有着本质区别。"前者对于经验和特殊的东西只是瞥眼而过,而后者则是适当地和按序地贯注于它们。还有,前者是开始时就一下子建立起某些抽象的、无用的、普遍的东西,而后者则是逐渐循级上升到自然秩序中先在的而为人们知道得较明白的东西。"②在这一思想基础上,培根提出了归纳法的概念,认为一切知识都是由归纳而来,可靠的知识必定来源于正确的归纳法。

培根在《新工具》第二卷详细地论证了科学的归纳法。他认为归纳法是以认识论为基础的,主要说明如何对由实验和观察所获得的感性材料进行归纳,从而实现认识由个别到一般的过渡,以期得出科学的结论,并获得对普遍规律的认识。在描述这种新方法之前,培根坚持必须清除头脑中一切错误的意见、偏见或幻象。他列举了四种:(1)种族幻象。这是人类本性所固有的。人们经常把人类的本性混杂到事物本性中,因而歪曲了事物的真相。(2)洞穴幻象。这是个别人所特有的,主要由后天获得。它因个人的特殊性格、教育、习惯和某些偶然因素引起。(3)市场幻象。这是最繁杂的一种,涉及词语对人的认识的影响。如果文字本身不完善或运用不当,就会影响人类认识能力的进步,阻碍正确认识的形成和真理的获得。(4)剧场幻象。这种幻象源自错误的理论或哲学体系,以及被歪曲了的论证规律。人的头脑必须清除这些幻象,必须单纯从事认识的工作而不受其他干扰。培根说:"我们必须以坚定的和严肃的决心把所有这些东西都弃尽摒绝,使理解力得到彻底的解放

---

① [英]培根著:《新工具》,第 12 页。
② [英]培根著:《新工具》,第 13 页。

和洗涤。"①

　　培根的归纳法分为以下几个步骤：（1）用观察和实验的方法收集材料。（2）用三表法对感性材料进行整理。三表法是指肯定事例表、否定事例表、比较表或程度表。肯定事例表是把具有某种相同性质的例证列为一表。他说："给定了一个本质，我们就必须首先把一切已知的虽然在实体上迥异但在这个本质上一致的事例收集起来，摆到理智的面前。"②例如，研究"热的形式"就应在本表中列举太阳光线、雷电、火焰、天然温泉、火花、燃烧的固体、潮湿的生石灰等事例。否定事例表是把肯定事例表中所列物体相近但缺乏这种性质的事例列为一表。例如，关于热的否定事例包括月亮、恒星和流星的光线，空气、水和其他处于自然状态的流体，干的生石灰等。比较表或程度表是把同一属性在不同事物中存在程度不同的事例列为一表。培根共列举了 41 种在不同程度下出现的热的例证。利用三表法既整理了正面的例证，又整理了反面的例证，还整理了在不同情况下不同程度的例证。借助这些例证，就可以对它们进行比较和分析。（3）通过概括与排除以淘汰非本质的东西。他说："当这项排拒或排除工作恰当地做过之后，在一切轻浮意见都化烟散净之余，到底就将剩下一个坚实的、正确的、界定得当的正面法式。"③培根认为这是整个归纳法最关键的一步。（4）在对一切事例加以分析和比较的基础上，最后进行归纳和概括，从而得出合乎事物内在规律的结论。例如，通过对热的性质进行分析和比较后，得出最后结论，即热的本质属性就是运动。当完成对感性材料的整理后，归纳法的全部程序基本结束。但培根并不认为自己的归纳法完美无缺，他所获得的只是一个有待证明的假设。他说："我们在进行排除的过程中已经为真正的归纳法打下基础，但真正的归纳法不到取得一个正面的东西时是还不算完成的。……因此，我既充分知道也没有忘记我所从事的工作是何等重大，就是要使得人类理解力能够成为事物和自然的对手，所以我决不满足而停止于我所已经订定的条规，而要更进一步为理解力的使用设计并供给一些更有力的帮助……"④培根蔑视旧的归纳法，认为它只从少数几个实验就得出一般规律；而新归纳法要通过渐次增加一般性的诸多步骤向前推进，并且应当以收集详尽的例证为基础。

　　培根既是近代归纳法的奠基人，也是第一个"使长期沉浸在词语争辩中的思辨学者的

①　［英］培根著：《新工具》，第 44 页。
②　［英］亚·沃尔夫著：《十六、十七世纪科学、技术和哲学史》（下册），第 714 页。
③　［英］培根著：《新工具》，第 145 页。
④　［英］培根著：《新工具》，第 149—150 页。

智力转向去发现新的有用的真理的人"①。归纳法使人们的思想从经院哲学的束缚下解放出来,并提供了崭新的世界观和方法论。它对于推动和促进事实材料的积累和整理起了很好的作用,对正处于积累材料阶段的自然科学具有重要意义,对当时及后来的科学发展都产生过重大影响。"通过鼓励人们探讨新的真理,培根鼓励了人们使用归纳法,即使旧式的哲学家和学者自己来评判,这也是能够发现新真理的唯一方法。通过鼓励人们发现有用的真理,他给他们准确精心地使用归纳法提供了动力。"②沃尔夫指出,培根对于科学方法的说明作出了相当大的贡献。他的三表法虽然并不完整,但也为那些最为重要的归纳方法的应用提供了必需的资料。肯定事例表提供了应用"契合法"所需的资料;比较表提供了"共变法"所必需的资料;而肯定事例表和否定事例表的结合应用为"差异法"和"契合差异并用法"的应用提供了所需的资料。这是科学方法论研究的一大成就。培根强调经验的必要性和可控实验的重要性。他把神学逐出物理科学,虽然没有逐出哲学;他认识到否定的、关键的和特别的事例的重要意义。这些都是对科学方法研究的重要贡献。③ 培根自己对归纳法的评价是,它能告诉我们如何整理科学必须依据的观察资料,我们既不应该像蜘蛛从自己肚里抽丝结网,也不可像蚂蚁只采集,而必须像蜜蜂一样既采集又整理。在这里他主张把经验和理性巧妙地结合起来。

有关培根的影响及重要性,英国哲学家索利(William R. Sorley)指出:"他比任何人都更多地有助于把理智从先入为主的概念中解放出来,并指导它对事实进行无偏见的研究,无论是对自然、对心灵的事实,还是对社会的事实都是如此;他证明了实证科学的独立地位,而且就主要的而论,他在近代思想史上的地位即归因于此。"④然而,培根的归纳法也存在一些缺陷。"它没有为研究者借以工作的概念的可靠性和精确性提供保证,而且它还需要一个完全的例证收集,而这就事情的本性说是不可能的。与上述缺陷联系在一起,并且是由这些缺陷产生出来的,是培根对假设的真实性质与作用的误解,以及他对演绎法的谴责,而一切科学进展都离不开假设,演绎法是实验证实的一件必要工具。科学的发现与证明的方法并不能被归结成《新工具》第 2 卷中的那个公式。"⑤尽管培根兴趣广泛,尤其是在

① [美]E. P. 克伯雷选编:《外国教育史料》,第 364 页。
② [美]E. P. 克伯雷选编:《外国教育史料》,第 364 页。
③ [英]亚·沃尔夫著:《十六、十七世纪科学、技术和哲学史》(下册),第 716 页。
④ [英]索利著,段德智译:《英国哲学史》,山东人民出版社 1996 年版,第 35—36 页。
⑤ [英]索利著:《英国哲学史》,第 31—32 页。

科学领域,但他自己并没有做出任何新的发现。他的思想既显示了洞察力,也具有一定的粗糙性。培根试图制定科学方法的准则,使得几乎任何具有常识的人都能做出科学发现。他把《新工具》比作圆规,就像圆规能使甚至没有技能的人也能画出很好的圆一样,这种新方法也应使普通人都能成为科学发现者。在这里,培根大大低估了独创性和洞察力在科学工作中的重要作用,以及把它简化成仅凭经验方法所存在的困难。事实上,培根发现不可能令人满意地应用他自己精心制定的规则,即使编制三种类型的表也是一项费时而又麻烦的工作。归纳法本身还具有形而上学的片面性,正如恩格斯指出:"这种观察事物的方法被培根和洛克从自然科学中移植到哲学中以后,就造成了最近几个世纪所特有的局限,即形而上学的思维方式。"①

培根的归纳法虽然还不完善,而且含义晦涩,但在 17 世纪它对于人们的思维方式和教育思想产生了巨大影响。罗素指出,培根是"给科学研究程序进行逻辑组织化的先驱,所以尽管他的哲学有许多地方欠圆满,他仍旧占有永久不倒的重要地位"②。培根取代了亚里士多德的地位,成为那些试图认识事物和教学的学者们的大师。后来,一些教育家如拉特克、夸美纽斯、洛克等把培根的方法论直接应用到学校教育中,进一步推动了近代科学教育的发展。

三、尝试探索教育教学规律

文艺复兴时期,人文主义教育家和思想家都十分关心教育问题,为培养新兴资产阶级所需要的人才,他们对学校教育教学进行了大量的理论探索,他们的真知灼见标志着这个时期教育理论的发展。

在人文主义教育思想中,"自然"有着极为丰富的内涵。自然意味着宽厚、慈祥,它与专制形成鲜明对比;自然是上帝意志的体现,是真、善、美的标准;自然既是指自然界或规律,也是指人的自然素质和天性特征。人文主义者以自然为武器与教会和神学作斗争。教会用所谓"自然"的事实来说明人的罪恶和区分人的等级;同样人文主义者也用"自然"的事实来肯定和歌颂人的天性。人文主义者认为,人与自然融为一体,人在自然中生活,人的发展

① [德]恩格斯著,马恩列斯著作编译局译:《反杜林论》,人民出版社 1970 年版,第 19 页。
② [英]罗素著:《西方哲学史》(下卷),第 61 页。

也是自然的、和谐的,人是自然中最高贵的、最伟大的,人仅次于上帝。人们在开始认识客观世界时,自然是人们认识的对象,是人们崇拜的对象,也是人们模仿的对象。人们往往把各种自然现象归纳起来形成经验,然后模仿着自然生活和工作。在文艺复兴时期,人文主义教育家所从事的工作,无论是创建新的学校制度,还是对教育教学规律的探索,都是开天辟地的工作。

人文主义教育家把学校设在自然环境中,让学生在自然中学习,尊重儿童的自然天性,反对强迫教育。意大利人文主义学者维多里诺在孟都亚创办的"快乐之家"就是这样一所"自然学校"。学校坐落在郊外的湖滨旁边,附近是田野和公园,环境优美安静。教室宽敞明亮,阳光和空气充足,教室墙壁挂满了儿童游戏的壁画。维多里诺认为,创造理想的学习环境对于儿童非常重要,使他们接受自然的陶冶,让他们在轻松愉快的氛围中学习,有利于获得知识和健康人格的形成。维多里诺的自然原则还表现在对学生能力的培养和提高方面。在"自然学校"里,他提倡学生自治和实行自我管理。但这并不意味着放任自流,学校有章程制度可循,同时废除了体罚,体现了新式教育对人格的尊重。维多里诺遵循自然原则的人文主义思想,为近代教育理论的发展奠定了基础。

法国人文主义者蒙田(1533—1592)也是一位提倡遵循自然原则进行教育的教育家。蒙田是自然的崇拜者,他把自然比作伟大的母亲,认为人生活在自然中,做任何事情都必须遵循母亲——自然的法则,教育也不例外。蒙田把人文主义和自然论的思想融合在一起,抨击形式主义、咬文嚼字及盲目依赖权威的现象。他认为,如果教师能依据儿童的不同智力和心理特征去引导他们的发展,那么其效果肯定不错。他说:"教师让学生在前面小跑,判断他的速度,然后决定自己该怎么调节来适应学生的力量,这是个好方法。如果缺了师生的这种配合什么都做不好。善于选择这种配合,稳步渐进,据我所知这是最艰难的工作之一;名师高瞻远瞩,其高明处就是俯就少年的步伐,指导他前进。"[1]在蒙田看来,不论学生的资质与表现如何,如果都用统一的教材与规则进行教导,那么在一大群儿童中只能培养出二三个学有所成者,也就不足为奇了。因此,蒙田得出结论:最高的训练就是依顺自然。"一开始,根据他所教的人的智力,因势利导,教他体会事物,自己选择与辨别;有时给他指出道路,有时让他自己开拓道路。我不要老师独自选题,独自讲解,我要他反过来听学生说

---

[1] [法]米歇尔·德·蒙田著,马振骋译:《论儿童教育》,上海人民出版社2016年版,第7页。

话。"①"依顺自然"表达了对人的尊重,以及对人的自然差异的承认,这是一种高尚的情怀和唯物主义的态度。蒙田的《随笔集》(1580—1588)是对教育的反思和过分学究气的批判,它在法国和英国受到广泛欢迎,其中一些教育观为洛克和卢梭(Jean Jacques Rousseau)所采纳。

遵循自然原则在夸美纽斯的教育理论中体现得尤为突出。可以说,从形式上看夸美纽斯的教学原则大多是由这一原则演绎出来的,或者说是以此为依据的;但他根据时代特点和需要对这一原则进行了新的阐释。夸美纽斯认为,"自然"的含义非常丰富,它不仅包括外在的大自然界,同时也包括人类社会和人与生俱来、未经败坏的本性。在他看来,自然界存在着一种普遍的"秩序"或法则,这些法则无论在动植物还是人类活动中都发生作用,它们是保证万物和谐发展的"灵魂"。人作为自然界(即客观世界)的一部分,必须服从自然界的普遍法则;以培养人为主要任务的教育工作也必须遵循自然法则,要从自然中寻找教育工作的"秩序"。他说:"教导的严谨秩序应当以自然为借鉴,并且必须是不受任何阻碍的。"②那么什么是秩序呢? 夸美纽斯认为,秩序是把一切事物教给一切人们的教学艺术的主导原则,它只能以自然的作用为借鉴。"一旦这个原则彻底地被掌握以后,艺术的进行立刻便会同自然的运行一样容易,一样自然。"③

夸美纽斯提出教育应当模仿自然。"这是我们的信仰,我们的建议是要经心地注视自然的作用,要去模仿它们。"④根据这一原则,夸美纽斯论证了学校工作制度、教学组织形式、教学原则、教学方法、学校纪律等。他在论证时往往分成四个步骤:(1)找出自然界的基本法则;(2)从动植物或人类活动中举例说明这种法则的运用;(3)指出在教学过程中与自然法则相悖之处;(4)指出正确的教学原则或规则。例如,在论证"教与学的便易性原则"时,夸美纽斯指出:"步随自然的后尘,我们发现教育的过程会来得容易。"⑤他提出:(1)自然不强迫任何事物去进行非它自己成熟了的力量所驱使的事;(2)所以小鸟在羽毛未长好之前并不强迫它去飞;(3)在教学上学生的能力受到强迫,如被迫学习一些与他们的年龄和能力不相称的东西;(4)正确的方法是,无论什么事情,除非是学生的年龄与心理能力所允许,并

---

① [法]米歇尔·德·蒙田著:《论儿童教育》,第 6 页。
② [捷]夸美纽斯著:《大教学论》,第 79 页。
③ [捷]夸美纽斯著:《大教学论》,第 80—81 页。
④ [捷]夸美纽斯著:《大教学论》,第 81 页。
⑤ [捷]夸美纽斯著:《大教学论》,第 105 页。

且是它们所要求的,否则都不应该教给他们。夸美纽斯对教育教学规律的探索基本上是根据这一模式进行论证的。

过去人们往往引用圣经或宗教信条论证教育规则,夸美纽斯虽然没有完全摆脱旧传统的窠臼,但他在引用圣经之余,力图寻找一个新的理论依据和论证方式以说明自己的主张。受前人影响并经过自己的探索,他最终找到了引证自然的原则。夸美纽斯引证自然的做法在教育发展史上具有重要意义。它表明了夸美纽斯探索教育教学规律的可贵尝试,试图将过去人们在教育实践中积累起来的孤立、零星、直观的教育经验上升为理论,尽管其立论的依据似乎牵强附会,但这一主张在当时是一个重大进步。但由于当时科学发展水平的限制,夸美纽斯并没有真正找到人与自然发展的普遍规律,更不了解教育与自然的本质区别。他所提出的遵循自然的教育原则和方法往往是机械的、亦步亦趋的,这种简单地将人类的教育活动与自然现象进行类比的做法显然不妥。"在儿童的发展中有自然的要素,就这点说,从自然类推也许是有益的。但是,人的成长与鸟的成长(夸美纽斯往往拿鸟来作比方)相比,前者是处在一个更高的阶段。因此,这个类比在最重要的一点上注定要失败。……至于夸美纽斯成功地使自然过程成为教学艺术的模式,把一般的方法应用于不同的科目,这是由于他把他当教师取得的经验搬进了他的理论的结果。事实上,他的实际方法既来之于他的理论,也同样来之于他在实践中的洞察力。"[①]

四、对教育科学化的贡献

自然科学的成就对西方近代教育理论和实践都产生了巨大的冲击力。在近代自然科学的影响下,自然科学知识获得空前增长,科学研究方法取得突破性进展,科学理性精神得以确立,这些变化对西方教育理论及学校教育制度产生了重要影响,极大地促进了教育内容、教学方法和教育理论的科学化,是推动西方近代教育发展的强大动力。

首先,自然科学的发展促进了学科分化,出现了许多新兴的独立学科,从而导致了新型学校的产生及教育的世俗化。天文学、物理学、化学、力学、光学、热学、电学、气象学、地质学、地理学、解剖学、医学、生理学、药学、植物学、动物学、建筑学等,都在16、17世纪得到长足发展,极大地推动了教学内容的科学化。新的科学不仅简化了现存的知识,而且大大拓

---

① [英]博伊德、金合著:《西方教育史》,第247页。

展了知识的范围。从此以后,再也没有人像亚里士多德那样,指望依靠一个人有限的头脑理解所有的知识。随着近代科学教育的兴起,具有实用价值的自然科学和社会科学逐渐扩大了在课程中的影响,并日益取得主导地位,而不切实际的宗教神学和古典主义受到排斥。经验主义认识论的代表人物如培根、洛克等,明确阐述了与形而上学和神学知识观截然不同的新知识观——科学知识观。"因此,如果说,在知识观念问题上,16世纪还只是一个对形而上学和神学知识观进行怀疑的世纪的话,那么17世纪则是一个真正解构和建构的世纪。"①美国学者布鲁巴克指出:"一些人对通过感觉经验的新方法探究自然表现出极大的热情,例如,英国的哲学家培根和捷克教育家夸美纽斯,他们已经看到一个新的课程轮廓,即依据科学而构建的百科全书式课程。事实上,这是古希腊百科全书式课程理想的再现。"②自然科学对教学内容的冲击打破了传统的学制框架,导致了新型学校的产生,如弥尔顿的学园、夸美纽斯的泛智学校、配第的机械中学、各种实科学校等,对后来西方学校教育制度产生了深远的影响。新型学校的出现,一方面扩大了教育对象,使中产阶级和平民子弟也有机会接受中等教育;另一方面削弱了宗教教育的统治地位,促进了教育的世俗化,并对长期以来盛行的古典主义提出了挑战。

其次,自然科学注重观察、实验、经验、独立思考,否定传统与权威,从而推动了教学方法的科学化。近代科学与古代思想相似,而与中世纪思想不同,它采取一种世俗化且注重事实的态度。"近代科学始终坚持尽可能精确定量的描述和定律的理想。"③随着自然科学的发展,自然科学理论中的某些新方法、新工具被引入学校教学活动,以取代往日机械背诵、强迫记忆、盲目服从权威的教育方法,在教学方法上打破了口耳相传的旧传统。"自然科学理论是建立在大量经验和实验观察事实基础上的,它通过对经验和实验结果的归纳和分析,提出一种逻辑构造型的理论体系作为理论框架"④实物教学、直观教学、模型、标本、图表、参观、实验、实习、制作等新的教学方法,使教学活动更加生动活泼和丰富多彩,有助于提高学习兴趣和教学效果,培养学生的创造能力。培根是近代科学教育的先驱,他在大力提倡科学知识的同时,对于如何获得科学知识的新方法进行了探讨。他指出:"科学当

---

① 石中英著:《知识转型与教育改革》,教育科学出版社2005年版,第61页。

② [美]约翰·S.布鲁巴克著:《教育问题史》,第273页。

③ [英]亚·沃尔夫著:《十六、十七世纪科学、技术和哲学史》(上册),第9页。

④ 瞿葆奎主编,叶澜、施良方选编:《教育学文集·教育研究方法》,人民教育出版社1988年版,第115页。

中迄今所做到的一些发现是邻于流俗概念，很少钻过表面。为要钻入自然的内部和深处，必须使概念和原理都是通过一条更为确实和更有保障的道路从事物引申而得；必须替智力的动作引进一个更好和更准确的方法。"①为此，培根提出了科学归纳法，主张通过观察和实验从许多具体事物中寻找共同规律。他认为一切知识都是由归纳而来，可靠的知识必定来源于正确的归纳法。同样，夸美纽斯深信以感觉经验为基础的教学方法最可靠，洛克认为感觉是心灵"白板"获取知识的唯一途径，这些思想都深刻地影响了教学方法的革新。

再次，自然科学发现了宇宙内部存在的客观规律和秩序，在其启示下一些教育家努力探索存在于教育工作中的客观规律，使教育教学研究由单纯的经验总结上升为教育理论，使感性认识上升为理性认识，从而促进了教育理论的科学化。顺应自然既是人文主义学者在教育活动中遵循的原则，也是一种工作方法，同时还是他们进行理论探索的依据。例如，夸美纽斯提出教育应当模仿自然，认为教导的确切规则只能从自然借取。夸美纽斯引证自然的做法，突破了教会宣传"圣经包含一切真理"的禁区，使人们的注意力从天国转向现实生活，有利于教育工作摆脱宗教神学的桎梏。有的学者指出："在教育学史上，是夸美纽斯首次从科学认识的角度强调并试图探讨教育规律。……在教育学史整个发展谱系上，夸美纽斯开创了近代的'自然主义教育学'理论流派之先河。"②可见，在教育理论中自然适应性、向自然学习、模仿自然，反映了人们探索教育及教学客观规律的愿望。

最后，自然科学使人们重新认识了自己，抛弃了以往有关人性问题的原罪论、宿命论和悲观论，从而改变了人们对教育目的观的看法。罗素指出："科学引起的另一件事就是关于人类在宇宙间的地位的想法发生了深刻的变化。……哥白尼学说本来应当有伤人类自尊心，但是实际上却产生相反效果，因为科学的辉煌胜利使人的自尊复活了。"③一些人文主义学者和思想家热情歌颂人性，崇尚人性的美好，以全新的观点重新讨论人性问题，改变了对教育目的观的看法，主张教育为现实生活服务、培养适应社会发展需要的实用性人才。"新的教育目的观将在科学精神和人文主义精神的结合中得以建构。甚至由于自然科学的发

---

① ［英］培根著：《新工具》，第12页。
② 王坤庆著：《教育学史论纲》，湖北教育出版社2000年版，第62—63页。
③ ［英］罗素著：《西方哲学史》（下卷），第57—58页。

展,人文主义的传统从此慢慢让位于科学知识对社会生活一切方面的影响,包括对教育目的观的影响。"①另外,随着自然科学的兴起,以巴黎科学院、英国皇家学会、意大利西芒托学院和柏林学院为代表的科学社团也应运而生,既开创了科学专业化和社会组织化发展的先河,也从思想观念和教育实践方面极大地扩展了高等教育的范畴;同时这些专门的科学社团也是推动科学知识传播的主要机构。

---

① 陈佑清著:《教育目的论》,湖北教育出版社1994年版,第23页。

第六章

教 育 制 度
的 探 索

西方教育制度走出中世纪,发展成近代教育制度,经历了一个漫长、缓慢又曲折的过程。这个过程随着经济、政治、社会、科学技术及意识形态的演进而稳步向前延伸。西方近代教育制度萌芽于中世纪,初具雏形于 17 世纪,发展于 18 世纪,完成于 19 世纪,改革、完善于 20 世纪,并将在 21 世纪发生质的飞跃。在 16、17 世纪时,西方近代教育制度的轮廓已跃然可见。但只有那些目光犀利、对时代脉搏敏感的人物,才能独具慧眼,善于识别尚处于萌发状态的有前途的新生事物,并扶持新生事物的发展。这些锐意进取的思想家、教育家,不得不在与传统、保守势力的斗争中为新生事物开辟前进的道路。然而,他们自己也是背着沉重的历史包袱为新生事物开辟前进道路的。他们探索新教育制度的过程,既是战胜传统的过程,也是战胜自我的过程。

第一节　近代教育制度的雏形

近代早期西方教育制度是在中世纪教育制度的基础上发展而来的,教育制度各个因素的最初萌芽开始时并不是很明显,但经过长期发展,到 16、17 世纪时近代教育制度的雏形已经形成。

一、教育管理制度

近代教育管理制度是在古代教育管理的基础上,吸收了耶稣会和新教派教育管理的优点,历经数百年的发展过程逐步形成的。在 16、17 世纪,西方教育管理制度已出现了如下特征:教育管理权从教会向世俗政权转移;地方分权制;以穷人教育作为普及教育的重点和难点;强制征收教育税;教育调查和视导制度等。

(一) 教育管理权从基督教会向世俗政权转移

教育管理权从基督教会手里向世俗政权转移,这是教育世俗化趋势的一个重要方面。这一转变过程经过数个世纪缓慢的、量变的积累,到 18 世纪末才发生质变,但这一演变过程早在宗教改革以前就已开始。

公元 8 世纪,法兰克国王查理曼大帝(Charles the Great,742—814,768—814 年在位)兴学重教的成果没有维持长久。查理曼大帝去世后,西欧社会苦于分裂和内部争斗,8 至 11 世纪又有北方蛮族的入侵,普遍的劫难使本来为数不多的学校几乎被破坏无遗。直到 11 世纪,西欧社会才平静下来,逐渐恢复元气。城市的兴起,给西欧社会增添了活力。自治城市中市民力量的发展和对文化、教育兴趣的增长,为教育世俗化提供了动力。欧洲南部特别是意大利,是自治城市发展最早的地区。早在 11 世纪,意大利就已经有一些自治城市建立了自治国家(城邦)。12 世纪时,博洛尼亚率先打破教会对办学权的垄断,建立了自治大学。13 世纪时,意大利已有 9 所自发地建立起来的大学。1348 年佛罗伦萨建立了一所大学。同样,西班牙的城市自治活动也很活跃,由市政当局和国王建立的大学在 13 世纪有 3 所,14 世纪有 3 所,15 世纪有 6 所。虽然教皇极力恢复对大学的控制权,但教育管理权的转移已是不可逆转的客观趋势。

12 世纪以后,大学是西欧中世纪教育事业发展的排头兵。随着大学的兴起,普通教育也发展起来,并不断地向教会的教育管理权提出挑战。北欧的大学发展较迟,但在 13 世纪荷兰人对公众控制学校和扶助教育发展有巨大兴趣。1461 年哈伦(Harrlem)市已有了市立学校。这些最初的稀有现象预示了未来教育的发展方向。在宗教改革以前,英格兰也出现了普通教育脱离教会控制的最初迹象,如基尔特学校已不再受教会控制。

教师任命权的转移大体经历了三个阶段。最初,教师由修道院的教士垄断。12 世纪时,寺院制度处于支配地位,学校由寺院管理,但教师已不再由寺院的教士垄断,而是从教区牧师中吸收教师。但 12 世纪时,在博洛尼亚只要能招到学生,任何学者都可以进行教学,不必先得到教会的允许。15 世纪时,英格兰也出现了不再由牧师垄断教学的现象。在德国和苏格兰兴起的自治市学校,已由世俗市政当局为学校提供经费和任命教师。

校长的任命权也经历了由教会到世俗政权的转变。15 世纪时,英格兰约克大教堂的文法学校连续三任校长都是俗人而不是牧师;以后甚至有法规规定,校长必须是由俗人而不能是牧师担任。1464 年,苏格兰一个自治市的当局不经教会同意,直接任命了一所学校的校长。1509 年,苏格兰的阿伯丁自治市公然违抗教会司法官的意旨,直接任命一所学校的校长。

宗教改革以后,教育管理权由教会向世俗政权转移的速度加快了。宗教改革时,新教派的领袖一方面紧紧抓住宗教对教育事务的影响,同时又在客观上有力地推动了学校事业的世俗化。路德在提倡强迫义务教育时,赋予世俗市政当局以权力和责任。他认为应由市政当局提供教育,以公费维持学校,并运用市政当局手中的权力推行强迫义务教育。路德强调学校教育事业对世俗政权的市政当局和国家的重要意义。他认为,即便没有灵魂,没有天国和地狱,只有世俗事务需要考虑,也必须有良好的学校,培养善于治国的男子和善于理家的女子。路德又说,一个城市的兴旺并不在于巨大的财富、坚固的城墙和漂亮的住宅,而在于有聪明、能干、智慧,有荣誉感,并能获得、保存和利用一切财富与财产的受过良好教育的公民。同样,加尔文也重视教育的世俗意义。他认为,为了保证治理国家,为了保证教会安然无恙,也为了保持人类的博爱,教育是必不可少的。加尔文在 1541 年制定的《基督教法规》中对教育的世俗性有明确规定,认为大学为教会和社会的共同福利所不可缺少,大学生应当学习世俗科学,既为将来担任牧师做准备,也为担任公职做准备。当加尔文去世时,在他的势力范围内公立学校的学生已有 300 人。新教领袖们的新思维,为教育管理权向世俗政权的转移定了基调,它是宗教改革后教育管理权转移步伐加快的一个重要原因。

如果说宗教改革以前教育管理权出现转移迹象的先行者是意大利;那么,宗教改革以后教育管理权转移在欧洲的先驱便是德国。宗教改革后,德国部分中心城市的城市学校得到整顿,学校数量也有所增加。萨克森公国选帝侯于 1543 年后又建立了三所由国家(邦)资助和管理的学校。17 世纪以后,随着义务教育在德意志各邦的普遍推行,德国的学校管理体系开始发生变化,教育管理权逐渐由教会向政府转移。17 世纪时,哥达公国的欧内斯特公爵任命了一位哥达中学的校长,该校长在 1642 年 1 月起草的关于教学法的备忘录中,明确维护国家对教育的控制。

在法国,人文主义者比代于 1530 年未经教会批准创建了独立于教会的法兰西科学院。1534 年,安德列·古维亚在法国西南部自治城市波尔多创办人文主义学校居依内学院(College of Guyenee,亦译圭阳学院)。1600 年,法国国王亨利四世对巴黎大学进行强制改革,但世俗政权这一干预成果维持不久。17 世纪,耶稣会在法国教育中占绝对优势,几乎所有学校都掌握在教会团体手中。

世俗政权干预教育的现象也出现在荷兰。1522 年,哈伦市市长为学校校长提供薪金。1536 年,海牙一所学校靠向学生收费维持,同时市政当局还为教师补助薪金。1522 年,乌特列支省和乌特列支市为世俗公立学校校长提供薪金;1567 年,该市为学生拨款,其后又为贫穷学生免费提供教育拨款;1576 年,该市决定拨出足够的薪金以维持圣·哲罗姆学校。1574 年,在荷兰举行的多特宗教会议责成"世俗当局为教师提供足够的薪金"。从 1580 年开始,荷兰各省着手制定管理学校的章程制度。1612 年,乌特列支市政当局对于挑选教师、确定课程和一般管理完全负责;1644 年,该市又通过了一个免费教育穷人的详细计划,并把他们安排在该市的四所主教学校里。到 17 世纪中叶,荷兰各地(包括农村地区和城镇)都有了由世俗政权管理和资助的各级学校。

在苏格兰,宗教改革从 1560 年开始后就出现了世俗政权干预学校的迹象。1616 年枢密院命令各教区建立一所学校,此命令于 1633 年为苏格兰议会所承认。1646 年 2 月,在苏格兰第五次会议上又通过了关于学校的法规。其主要内容如下:"要依据教会长老的建议,在没有学校和教师的各教区创立学校,任命教师;为达到此目的,要求每个会众组合的继任人彼此会晤,为学校提供宽敞的校舍,并规定教师的薪俸在 100 麦克(Merk)至 200 麦克之间,一年分两学期支付。为了做到这一点,他们应对教区内每一个人的农具、家畜和土地按照其价值规定一定数额的税金,以维持学校支付教师的薪俸。"①

从上述情况可以看出,教育管理权由基督教会转入世俗政权之手,在不同时期、不同地区有着不同形式。第一种形式是自治城市的市民、学者个人争权,他们不顾教会的禁令,把办学权掌握在自己手里;第二种形式是自治城市市政当局越权,它们无视教会的权威,毅然担负起兴办学校的职责;第三种形式是教会部分地放权、让权,当学校发展到教会已无力包揽全部教育事业的迫不得已情况下,教会才会将教育管理权部分地推诿给世俗政权。不管哪一种形式都反映了教会权威的低落、世俗政权地位的加强,以及自治城市经济实力的增长和城市独立性的增强、新兴市民对知识的兴趣提高等。在 16、17 世纪,德国的各诸侯国接受路德新教的居多,所以德国教育管理权向世俗政权转移的趋势最为明显。法国天主教特别是耶稣会势力强大,教育管理转移步履艰难。英国的宗教改革是走过场,英国国教会不热心兴办教育,却醉心于控制教育;它不能容忍非国教徒涉足教育,却在客观上迫使被摒弃的非国教徒发展了新型中等学校,并迫使清教徒在北美马萨诸塞海湾殖民地放手建立公立教育制度。经过八百年的反复较量,西欧世俗政权与基督教会争夺教育管理权的斗争终于在 18 世纪末取得胜利。到 19 世纪,国家在教育中的作用加强了。

(二) 教育管理体制上地方分权制的肇端

在教育管理方面,地方分权制的雏形最早出现于北美殖民地。从 17 世纪初开始,先后

---

① [美]E. P. 克伯雷选编:《西方教育经典文献》(上卷),第 336 页。

在北美殖民地定居的欧洲移民成分十分复杂。他们所属的民族、语言、文化背景、宗教信仰、在原出生地的职业、社会地位、移居北美的动机等各不相同,移民大都按民族、语言、宗教信仰聚群而居,各殖民地也按移民们原来的传统、风格和宗教信条进行管理。各殖民地之间没有协调,更没有凌驾于各殖民地之上统一的移民管理机构,于是各殖民地自发地形成了独具特色的教育管理体制。

这种情况大体上有三类:一是以弗吉尼亚为中心的南部殖民地移民大多是英国国教会的信徒,他们在母国都是颇有资产和社会地位的上层人物。他们移民北美的动机是寻找黄金,发财致富。他们按本国国教会的政策,对广大民众的教育毫无热情。除极少数附有屈辱条件的慈善性质的赤贫子弟学校外,他们没有建立任何公立的民众学校。奴隶主和种植园主则将自己的儿子送回英国本土受教育。所以,这里除赤贫学校和学徒制外,民众教育一片空白。二是北部殖民地以马萨诸塞海湾殖民地为中心,是英国清教徒的聚居区。移民们是为逃避在英国本土国教会的宗教迫害、怀着宗教信仰自由的理想来到北美。移民中剑桥大学的毕业生占据很大比例,他们对建立公立教育制度、普及民众教育、发展中等和高等教育饱含热情,这里一直是美国教育发展的模范地区和先锋。三是以纽约为中心的中部殖民地,这里是各种民族、各种语言和各种宗教信仰的移民杂居的地区。

新阿姆斯特丹是荷兰新教加尔文派移民的聚居区,这里按荷兰新教的教区学校制度兴办学校。英国人夺走新阿姆斯特丹并改名纽约后,教育处于停滞、倒退的无人照管状态。宾夕法尼亚殖民地是贵格会(教友派)信徒的聚居地,该殖民地统治者威廉·佩恩十分重视教育,因此它是北美教育发达地区之一。此外,中部地区还有来自德国、瑞典、比利时等地的移民,其中许多人是为了躲避欧洲大陆的战乱来到北美,他们都按本国的习俗兴办教育,所以中部地区没有统一或相似的教育制度。在 17 世纪,北美各殖民地自发地形成了地方分权制的教育管理模式。后来美国建国时,宪法中没有关于教育的条文,因为各州不愿将太多权力交给中央政府。宪法第 10 条修正案将教育管理权赋予各州,于是教育管理上的地方分权制有了宪法依据,成为美国后来中央集权制和地方分权制之争的一个长久的话题。在北美形成的地方分权制教育管理模式,与后来以法国为代表的中央集权制教育管理模式形成鲜明对比,给教育理论家提出了一个永无止境的比较研究的课题。

(三) 教育宏观管理上特别关注穷人教育

西方教育史上一个极有借鉴意义的优良传统,是在普及教育的过程中自始至终关注穷人教育。穷人是社会中的弱势群体，而且往往占人口的很大比例。忽视穷人的教育，就无法提高全社会的整体教育水平，就会增加社会进步的障碍。在西方历史上，许多基督教会、世俗政权、社会团体、热心教育事业的个人都对穷人教育问题十分关注，这是西方历史上普及教育发展较早的重要因素之一，也是宝贵经验之一。

早在 1179 年的第三次罗马拉特兰大教堂会议中，就提出了穷人教育问题。"因为上帝的教会像慈母一样，有义务为贫困的人既提供与保养身体有关的必需品，而且也提供有益于灵魂的必需品，使不能得到父母财产帮助的穷人，不会被剥夺读书和深造的机会，每个大教堂都将把充足的俸禄给与教师，他将免费教同一个教会的职员和贫穷的学生。"①文艺复兴初期，维多里诺主持一所招收贵胄子弟的宫廷学校，但他特例在该校招收有才华的穷苦学生免费入学。宗教改革以后，新教教会和接受新教的世俗政权更加大了资助穷人教育的力度。

在德国，哥达中学的校长安德里斯（Andreas）奉哥达公国欧内斯特公爵之命起草并于 1642 年发表了《学校指南》。该指南的宗旨是阐明在公爵的保护下哥达公国的乡村男女儿童和下层阶级子女，怎样才能获得简要而有成效的教育。根据这一宗旨努力奋斗三十年以后，哥达公国的整体教育水平大为提高。当时有一句谚语十分流行："欧内斯特公爵治下的农夫都比其他地方贵族所受的教育好得多。"②后来，德国的虔敬派也为贫苦民众办学，如弗兰克在哈勒办了一所贫民免费学校、一所孤儿院及流浪儿童教养院。

在英国，1432 年 7 月一位名叫威廉·塞维诺克（William Sevenock）的伦敦杂货商临终前立下遗嘱，在死后将自己的财产捐助创办一所文法学校。"学校的目的就是对所有愿意来上学的穷苦儿童施以教育而不必从他们的父母、亲友收取分文学费。"③1503 年伦敦市前市长立下遗嘱，在死后将财产遗赠创办一所"免费文法学校"。英格兰曾有一种医院附属学校（Schools Connected with Hospitals），起初这些学校是为贫穷儿童设立的，其中最有名的是 1553 年伦敦基督医院（Christ's Hospital）创办的蓝衣学校（Blue Coat School）。

在苏格兰，1560 年教会与罗马教廷正式决裂，新教领袖约翰·诺克斯等四位牧师起草制定了新教规，旨在教会控制下为所有社会阶层建立一整套教育制度。就其广度而言，当

① ［英］博伊德、金合著：《西方教育史》，第 154 页。
② ［英］博伊德、金合著：《西方教育史》，第 251 页。
③ ［美］E. P. 克伯雷选编：《西方教育经典文献》（上卷），第 264—265 页。

时没有别的教育计划可以与之媲美。新教规对教育问题十分重视,它指出:"贫苦学生,不能自立或由朋友资助的学生,尤其高地山区的学生,还须资助食物,使之能坚持学业。……出身贫苦的学生须由教会供养,除非负疾受审,而不论其有无驯服精神。一旦发现能文善学之士,则不允许其(指穷人子弟及富家子弟二者)拒绝学习。必须使之继续学业,使国家因他们而有所慰藉。"①

1650年,活跃于英国的教育改革家哈特利布向国会提出《扩大伦敦的慈善事业》的议案,其主要内容是要求准许贫苦儿童受教育。后来,英国在1699年成立"基督教知识促进会",1701年成立"海外福音宣传会",1750年成立"贫民宗教知识普及协会"。这些宗教团体在英国本土和海外殖民地(尤其是北美)宣传基督教知识,同时也在贫苦群众中推广识字教育,在客观上促进了贫民普及教育的发展。英国卫理公会(新教派别之一,由英国教徒约翰·卫斯理创立)的教义与德国虔敬派接近,两派都强调通过虔诚获得个人得救的重要性以及每个灵魂的潜在价值,而无需在耶稣受难像前祈祷。为了传道工作的需要,它们在贫民知识普及上也开展了特别广泛的活动。

在法国,1560年奥尔良议会里的新教贵族向国王递交了一份请愿书,要求建立小学教育,强迫包括贫苦儿童在内的所有儿童入学。但是随着新教势力在法国的衰落和天主教势力的强大,特别是耶稣会的活跃,上述请愿书被束之高阁。17世纪一些慈善组织或献身于宗教的特殊团体都认为应给穷人一些教育。1681年"基督教学校兄弟会"成立,它所制定的《学校指南》第30条规定:"他们要对所有贫苦的学生一视同仁,要爱穷人事业更甚于爱富人事业,因为本会的目标就是教育穷人。"②但基督教学校兄弟会的实际贡献微不足道。

在荷兰地区,穷人教育也受到加尔文教派和世俗政权的高度重视。1567年,乌特列支市政当局为学校的板凳费拨款,几年后又为免费教育贫苦儿童拨款。1644年,乌特列支市通过了一个免费教育穷人的详细计划。1571年,荷兰新教(加尔文派)的教会领袖在厄姆登(Emden)举行第二次全国宗教会议(首次全国宗教会议于1559年3月在巴黎召开),要求各级教会在定期举行的会议上询问每个教会"是否关怀了穷人和学校"。1618年至1619年的荷兰多特宗教会议十分关注教育问题,并提出穷人子女应免费受教育,使他们不致被摒弃于学校利益之外。

---

① [英]博伊德、金合著:《西方教育史》,第199页。
② [美]E. P. 克伯雷选编:《西方教育经典文献》(上卷),第340页。

　　所谓教育民主化、普及教育、强迫义务教育,其重点和难点就是穷人及其子女的教育。如果贫穷人口受教育的问题得不到妥善解决,普及教育就是一句空话。非贫穷人口既有受教育的自觉和要求,也有受教育的可能性,只要为他们提供学校、教师、设备,在他们中间普及教育是没有困难的。至于贫穷人口,他们迫于生计,既无受教育的可能,甚至也缺乏受教育的迫切要求,如果没有特殊的帮助,很难在他们中普及教育。

　　在近代早期西方教育史上,解决贫穷人口教育问题的经验可概括为以下五点:(1)在指导思想上,明确认识贫穷人口是普及教育的重点、难点,需要特别重视,投入特别的力量;(2)权力部门从财力上应给予穷人教育以特殊支持;(3)贫穷学生教育免费,必要时给予食物和用品上的资助,以保证其完成学业;(4)教会行政部门、社会团体、热心教育事业的个人共同努力,以推动穷人教育事业;(5)在督促和检查教育工作时,应特别提出贫穷人口中的教育问题,以引起全社会的重视。在西方教育管理中这一方面的经验,具有重大的借鉴意义。

(四) 为教育强制征税的渊源

　　最早为教育而强制征税的先例是英国的《济贫法》。在资本主义原始积累过程中,由于"羊吃人"的圈地运动,英国大批被迫失去土地的农民流落城市,生活没有依靠。政府在使用驱逐、鞭挞、屠杀等残酷镇压手段之外,也采取了一些"济贫"的慈善措施。首先,限制贫民不得在指定的范围以外行乞。其次,规定一些小镇、教区和村庄必须用慈善救济金维持贫民的生活,以使贫民不再公开行乞,并在星期天为他们募捐。再次,在一个特定星期天的礼拜之后,募捐人要登记各住户在第二年每周认捐的数字。如果户主拒绝捐款,在经过牧师、主教反复劝说以后,仍顽固拒交者就处以罚金。实际上,自愿的清贫捐献蜕变成了强制性的济贫纳税。这一先例导致了英国 1601 年《济贫法》的产生,后来也延伸到为教育强制征税。这个法令的主要内容是建立一个贫民监督理事会,授予它强行征税的权力,授权它接受某些儿童当学徒;它还可以强迫富裕教区援助贫穷教区。美国教育史家克伯雷指出,《济贫法》"有趣地说明了为贫民的照顾和教育而强制征税这一观念的逐步发展。我们美国早期的教育立法就是以这个先例为基础的"①。他还说英国《济贫法》含有后来学校征税中所体现的本质特点。

---

① [美]E. P. 克伯雷选编:《西方教育经典文献》(上卷),第 322 页。

17 世纪时,苏格兰也是为教育强制征税的先行者。1646 年的《苏格兰学校法》规定,要在没有学校和教师的教区创办学校,任命教师。为达此目的,他们应对教区内每个人的农具、家畜和土地进行登记,按照其价值规定一定数额的税金,以维持学校和支持教师薪俸。

由上可知,教育强制征税的传统逐渐形成。但在 19 世纪的美国,征收教育税问题曾引发一场广泛的大辩论。一些富人反对教育征税,他们认为不应该由自己为穷人的孩子支付学费。后来,经过贺拉斯·曼(Horace Mann)富有说服力的宣传、解释、辩论,最后才取得认识上的一致,确立了为教育征税的政策。

(五) 教育调查方法的产生

教育调查是教育宏观管理的有效手段之一,现在它已成为普遍采用的教育研究方法之一。教育调查所获得的资料是制定教育政策、进行宏观决策的客观依据,它使教育决策避免主观盲目性。最早的教育调查产生于 16 世纪宗教改革爆发以后的德国。1527 年,德国萨克森公国的选帝侯要求新教改革家梅兰希顿带领一个三人小组进行全国教育调查,以便报告国家需要学校的情况。这次调查的结果导致 1529 年《考察报告书》的产生,并根据调查结果拟定了一份详尽的《学校计划》。

1641 年当三十年战争尚在进行时,萨克森-柯堡-哥达公国的统治者欧内斯特公爵任命了一个"学校调查团",以了解学校和教会的情况。这次调查的结果是发表了一份《学校指南》,该文件对学校的性质,各级各类学校的课程、行为规范、教师、家长、考试制度等做了详尽规定,这是西方教育史上一个重要教育文献。1654 年,公爵还出版了关于儿童上学、午餐时、在家里、在教堂、做游戏、晚餐、就寝、与陌生人交往、早起等行为准则的《简易读本》。这个读本不仅在每个乡村家喻户晓,而且公爵发布命令要求每所学校在考试日宣读。19 世纪美国教育家亨利·巴纳德(Henry Barnard)对这次学校调查及据此制定的《学校指南》的价值进行了高度评价。他认为这是欧内斯特公爵许多重要改革中最主要的成就,"当生命和财产惨遭蹂躏,当无法无天的暴徒顽固地抵抗学校的建立的时候,这是注定要为德国的新大厦奠定基础的工作,因为 A. H. 弗朗克(其父是公爵的顾问)后来在哈勒实施了指南的原理,并使它成了应用于一切学校的指南"①。

---

① ［美］E. P. 克伯雷选编:《西方教育经典文献》(上卷),第 307 页。

(六) 教育视导制度的萌芽

教育视导(督学)制度是督促、检察教育政策、法规、制度实施情况,考察教师工作成效、教育质量、学生进步情况的有效手段。这项教育管理制度在 17 世纪的西欧即已出现。1618 年至 1619 年举行的荷兰多特宗教会议通过的学校条例中就有关于视导制度的规定。"为了对学生的勤奋和青年的进步获得应有的了解,教会首脑的责任是会同一位长老,如有必要,还会同地方官员经常视察所有公、私立学校,以便激励教师们的认真勤勉,鼓励他们忠于教学的职守,并向他们提出建议,通过用友善可亲的态度向他们发问、谈话,以提供一个榜样,激起他们及早做到虔诚、勤奋和严谨。如果发现任何教师有怠忽或失检,牧师就要诚恳地告诫他们;必要时,由监督法院告诫他们,这是与他们能否继续任职有关系的。"①17世纪 40 年代,德国哥达公国的欧内斯特公爵建立了新的视学制度。基督教学校兄弟会于1681 拟定、1720 年出版发行的《学校指南》包括关于督学的规定。《指南》第 58 条规定:"会员中的长老即是所在集镇所有学校的督学;当兄弟会的一个团体需要不止一个督学时,其他的督学则要一周两次向长老汇报每一位会员的操行、他所指导班级的状况及其学生的进度。"②17 世纪以后,视导、督学制度在各国得到推广。

从学校教育管理工作来看,由于大批世俗性学校的问世,教会垄断教育的局面受到冲击,国家开始参与学校教育的管理,并以教育法令、学校指南等形式发挥作用。

二、学校教育制度

(一) 西方近代学制的渊源

西方近代学制不是古代罗马学校制度的直接继承。公元 476 年西罗马帝国灭亡后,蛮族成为西方社会生活的主人,古代学校制度几乎都消失了。除高卢和意大利尚有个别学校的孑遗外,整个西欧大陆陷入了愚昧、黑暗时期,有组织的教育的历史在欧洲暂时中断了。

---

① [美]E. P. 克伯雷选编:《西方教育经典文献》(上卷),第 331 页。
② [美]E. P. 克伯雷选编:《西方教育经典文献》(上卷),第 341 页。

西方近代学制是在欧洲中世纪文化教育废墟上重新发芽、生长的,它大约产生于公元 7 世纪初。欧洲中世纪教育机构有两个源头:

第一个源头是公元 529 年本尼迪克在卡西诺山上建立的修道院。"对中世纪文化起源的任何研究,都不可免地要给西方修道院制度的历史以重要地位,因为,在从古典文明的衰落到 12 世纪欧洲各大学的兴起这一长达 700 多年的整个时期内,修道院是贯穿于其中的最为典型的文化组织。"[①] 本尼迪克修道院的院规中有关于学习的规定,后来修道院又招收"院外生"。本尼迪克式的修道院很快遍布于欧洲各地。但修道院教育发展并不普遍,因为并不是所有修道院建立者都像本尼迪克一样重视教育,另一些修道院则并不具备这种条件,同时也有一些教会上层人物反对并限制修道院的教育工作。他们认为,为了信仰,应当使教士保持愚昧,即所谓"无知是信仰之母"。

第二个源头在英格兰,后来西方学校制度的形成主要是受英格兰学制的影响。在罗马占领时期(公元 43—410),罗马人曾为英格兰上层社会家庭提供罗马式的学校教育。温斯顿·丘吉尔(Winston Churchill)在《英语国家史略》中曾多次提到这种学校和雄辩术教师。丘吉尔在回顾英格兰这段历史时赞不绝口,几乎把它描绘成英格兰历史上的黄金时代。公元 407 年,罗马军团撤出英格兰,永远终结了对英格兰的占领。公元 410 年,罗马帝国终止对英格兰的保护,从此英格兰陷入一片混乱,原有的学校全部被毁,没有留下任何记载,也没有任何遗迹。当 5 世纪中叶盎格鲁-萨克逊人来到英格兰成为新主人时,发现罗马人的事业早已被毁无余,岛上一片破败荒芜,没有中央政府,许多小公国乱成一团。盎格鲁-萨克逊人定居以后,更是交通闭塞,王侯四起,群雄割据,武力当道,没有文字和文化教育,英格兰重新回到原始蛮荒时代。丘吉尔关于英格兰罗马式学校教育的记载只是合于逻辑的推想,而不是根据确凿的证据。这样的证据已无法找到,那一段历史只留下一片空白。

英格兰的学校在荒漠上重新产生应归功于基督教。公元 597 年(或 596 年),教皇格里高利一世(Gregory Ⅰ,约 540—604)派遣以圣奥古斯丁为首的包括 40 名教职人员的传教团到英格兰传播基督教,他们在肯特登陆。传教团到达后不久,就在坎特伯雷(Canterbury)建立教堂,这座教堂后来变成一个大教堂。为了传教的需要,该教堂还履行两种学校教育即文法学校和唱歌学校的职能。

---

① [英]克里斯托弗·道森著,长川某译:《宗教与西方文化的兴起》,四川人民出版社 1989 年版,第 40 页。

　　文法学校实际上就是语文学校，它是教授拉丁语言和文字的学校，因为宗教仪式必须用拉丁文。当时盎格鲁-萨克逊人还没有成熟的文字，要在荒蛮粗野的盎格鲁-萨克逊人中传播基督教，首先必须教他们阅读，在他们中间传播文化。基督教徒为了驯化野蛮人，将他们引进文明人类的行列，进行了艰苦卓绝的工作。文法学校的教育属于普通教育性质。唱歌学校则属专业教育性质，它的任务是为教堂的唱诗班培养歌手和侍僧——牧师举行礼拜仪式时的助手。英格兰最初的文法学校和唱歌学校并没有分开，它只是在教堂中一个方便的地方，由教会人员集中一些年龄不等的人，教以文法和唱歌。"如同一对孪生兄弟的文法学校和唱歌学校常常被人们搅混，误认为是一所学校。"①后来两种学校分开设立，但它们仍然既无专用的校舍，又无专职的教师队伍。再后来有了专门的校舍和教师队伍，但学校仍然附属于教堂，而不是独立的机构。

　　最早于公元7世纪初（公元600年前后）产生于坎特伯雷的文法学校，便是现代西方中等教育学校的起源。随着基督教在英格兰的广泛传播，坎特伯雷的学校制度传到英格兰各地和爱尔兰，以后又传入法兰克王国。后来法兰克王国分裂成法国和德国，所以法、德两国的学校制度都源于英格兰。

　　后来，盎格鲁-萨克逊人有了自己粗鄙的文字。随着时间的推移，文法学校逐渐要求学生在入学时能用本族文字阅读，为满足这种要求便产生了阅读学校和写字学校。它们有时是唱歌学校或文法学校的预备班，有时单独设立。唱歌学校曾普遍设立于各地，它存在的时间很长。到中世纪后期，唱歌学校渐渐消失，或者与阅读学校和写字学校一起融入蒙学堂（Pettie），这就是现代的初等学校或小学的起源。

　　早期学校都是其他机构的附属机构，学校或附属于大教堂，或附属于有牧师会组织的教会，或附属于修道院，或附属于歌祷堂，或附属于医院。大学产生以后，它们是大学中学院的附属机构。不属于任何其他机构而单独设立的学校产生于14世纪下半期。1382年温彻斯特的主教威廉创立圣·玛丽学院（Saint Marie College），这是一所单独设立的学校。教育史家李奇（Arthur F. Leach）写道："由此，第一次出现了作为一个享有主权的独立机构。它自己存在，为自己而存在，以自我为中心，进行自我管理。"温彻斯特的学院是一所寄宿学校，有的英国教育史学者认为这就是英国公学的起源。

　　早期文法学校甚至公学并不是贵族和富豪的专利品，圣·玛丽学院为贫困学生保留70

① ［美］E. P. 克伯雷选编：《西方教育经典文献》（上卷），第125页。

个免费名额,留给显贵子弟的只有 10 个名额,他们必须交纳学费和膳宿费。但这 10 名显贵
子弟的名额未必满员,因为英国在中世纪的传统习惯是显贵家庭并不送孩子进学校,而是
在家里雇用家庭教师。在中世纪的英格兰,文法学校是家庭财力有限的孩子们受教育的地
方——小贵族、自耕农、零售商和工匠,偶尔还有佃农(villein)和农奴。几乎所有的文法学
校都有贫穷学生免费的名额,还有奖学金。少数真正有才能的学生可以得到赞助和奖学
金,并且能够一直读到大学。

现代高等学校最早产生于 12 世纪的意大利博洛尼亚、法国巴黎和英国牛津,德国的大
学产生于 14 世纪中叶以后。到 1500 年时,欧洲已有 79 所大学。

由以上的简略叙述,可以看出西方近代学制产生的几个要点:(1)西方近代学制产生于
公元 600 年左右,这是根据奥古斯丁在肯特登陆的 597 年这个时间推定的。(2)从先后时序
看,普通教育学校的产生先于高等学校。在普通教育学校中,中等学校先于初等学校。
(3)初期的学校是其他机构的附属机构,后来才出现独立的学校机构。(4)早期中等学校的
大门主要是向穷人开放,并没有被富人独占。(5)早期学校无一例外是由基督教会创办和
管理,教师都是教会人员;学校的宗旨是为教会服务,宗教在教育中占据重要地位。

(二) 西方近代学制的形成

1528 年,梅兰希顿为萨克森邦所拟定的学制计划,被视为近代新学制的源泉。到 17 世
纪时,西方教育的初、中、高三级学制已基本形成。

1. 初等学校

宗教改革时期,欧洲初等学校的管理权分为三种类型。德国的初等学校由世俗政权建
立和管理,各公国先后颁布了众多学校条例,以规范初等学校的设立、年限和课程。英国实
行"教育与国家无关的政策"(No Business of the State Policy),认为受教育是私人的事情,
办学校不是国家的职责,国家将建立和管理初等学校的事情完全推诿给教会和私人慈善团
体。法国的实践则属于两个极端之间,世俗政权颁布了一系列教育法令,但初等学校的实
际管理权操纵在天主教会,特别是耶稣会手里。

现代初等学校虽然最早产生于英格兰,但到宗教改革时期德国是初等教育最发达的国
家。德国的市立学校是与大学同时兴起的,到 15 世纪末,几乎每个城市都有一所学校,甚
至在小城镇和乡村也不少见。同时出现了私立德语学校,这种德语学校起初不受重视,但

它却是德国现代初等学校的先导。尽管到中世纪晚期初等学校已在德国城乡大量存在,但德国教育史家鲍尔生仍然将德国现代初等学校的诞生归功于宗教改革运动。他说:"初等学校的诞生也应该归功于,至少是间接地归功于宗教改革运动。"①

路德在 1524 年的致市长书中要求儿童每天上学 1—2 小时,在 1530 年的布道词中又提出"强迫人民送他们的孩子上学"②。宗教改革运动中的教育家约翰·布肯哈根致力于在德国北部城镇和乡村建立国民学校,1529 年的汉堡学校条例中有关于德语写字学校的规定。③ 1559 年首次发布的维滕堡学校章程规定:德语学校属于启蒙学校,实行男女分校,讲授德文的阅读和写作、宗教和音乐,教师免除杂役和教堂的服役;德语学校建立于每个乡村,并免费为群众办学。至此,德语学校得到正式承认。后来,维滕堡学校章程又于 1580 年被萨克森公国仿效,德语学校也得到了迅速发展。

初等学校的入学年龄并不统一。1537 年斯图谟接办的斯特拉斯堡文法学校规定 7 岁入学,1642 年萨克森-柯堡-哥达公国学校规定 5 岁入学,1717 年的普鲁士学校法令和 1763 年腓特烈三世的学校总法规都是规定 5 岁入学。

在德国土地上进行的三十年战争,给德国社会造成严重破坏。"昔日经常云集着欢乐和勤劳人群的地方,昔日大自然曾倾注它最美妙的祝福,和那曾是繁荣昌盛的地方,现在已是一片荒芜。……焚毁的宫殿、荒野的土地、烧成灰烬的村庄,触目皆是,一派家破人亡的景象。"④也有学者指出:"三十年战争对德国的经济和社会是一场灾难,它可能是 20 世纪以前德国历史上最具破坏性的事件。人口的减少令人觉得可怕,大约有三分之一的城市居民和五分之二的农村居民死亡。德国全境人口锐减,有些死于战乱,有些则死于疾病——伤寒、痢疾……鼠疫以及在军中传播的梅毒,还有成千上万难民逃离家园。"⑤三十年战争使德国的人口由 2000 万减少到 1350 万,直到 1700 年又恢复到 2000 万。⑥ 由于人口锐减,学校事业也随之惨遭挫折,直到 18 世纪末、19 世纪上半期,德国教育才重现生机。

宗教改革以后,英国的初等学校发展缓慢。17 世纪末(1699)成立的"基督教知识促进

① [德]弗·鲍尔生著:《德国教育史》,第 50 页。
② [美]E. P. 克伯雷选编:《西方教育经典文献》(上卷),第 295 页。
③ [美]E. P. 克伯雷选编:《西方教育经典文献》(上卷),第 296 页。
④ [德]弗里德里希·席勒著:《三十年战争史》,第 324 页。
⑤ [美]约翰·巴克勒、贝内特·希尔等著,霍文利、赵燕灵等译:《西方社会史》(第二卷),广西师范大学出版社 2006 年版,第 191 页。
⑥ [美]威尔·杜兰著:《世界文明史:路易十四时代》,第 587 页。

会"和 18 世纪初(1701)成立的"海外福音宣传会"在普通民众中进行了大量以宗教教育为主的简单识字教育。法国的教育权控制在耶稣会手里,耶稣会注重的是中高等教育,以培养天主教的骨干神职人员和教师。但为了争夺信徒群众,巩固、恢复、扩大天主教的阵地,他们也重视初等学校。宗教斗争的需要推动了法国初等学校的发展。初等学校的课程包括教会史、祈祷、教义问答、读、写、算和教会音乐。

2. 中等学校

中等学校在中世纪欧洲已有很大发展。《中世纪欧洲的大学》的作者拉什达尔认为,至少在中世纪晚期,"除了那些非常遥远和人口稀少的地区以外,儿童不必离家很远就可以找到一所正规的文法中学"①。

宗教改革以后,德、英、法诸国的中等学校各有特色,对欧洲中等教育的发展有不同的奉献。德国教育史家鲍尔生根据所建立的中等学校机构,将宗教改革后德国中学的主要类型分为市立学校、邦立学校两种。市立学校是中世纪城市学校改革后的产物,有些是在宗教改革以后新建的。邦立学校是宗教改革后的新生事物,它是由地方行政当局建立、管理的。鲍尔生认为德国的邦立学校类似于英国的公学。他说:"这些学校在德国教育上所占的重要地位,恰如英国的公学在英国教育中所占的地位。"②同时,他认为德国的文科中学是在市立学校和邦立学校的基础上创办的。

如果按修业年限区分,则可将 16、17 世纪的德国中学区分为拉丁中学和文科中学两种类型。拉丁中学是由梅兰希顿创建,修业 3 年,后来又扩充到 5—6 年、8—9 年,9 年制的拉丁中学改称为文科中学。1538 年,斯图谟在斯特拉斯堡创办的文科中学修业 10 年。到 16 世纪下半期,德国已开办大批中等学校。17 世纪上半期,德国有大学的城市都有文科中学,在其他城市则有修业 4—6 年的拉丁中学。

除以上两种类型外,按照 1559 年维滕堡公国的学校章程,还有初级修道院学校或文法学校,这是为教会培养服务人员的学校。学生上完 6 年制拉丁中学的前三年即可入学(12—14 岁),修业 3 年,其课程内容与拉丁中学的后三年大致相同,只是更重视神学。高级修道院学校是大学预科性质,15—16 岁入学,修业一年。18 世纪初,德国产生了实科中学。

---

① ［美]E. P. 克伯雷选编:《西方教育经典文献》(上卷),第 288 页。
② ［德]弗·鲍尔生著:《德国教育史》,第 45 页。

17世纪时,英国的中等学校有三种类型:文法学校、公学和文实中学。英国文法学校到17世纪时已有了1000年的历史,但当时英国本土及殖民地的四年制文法学校则是模仿德国宗教改革以后由梅兰希顿创办的拉丁中学。公学原来也是文法学校,它是在文法学校的基础上发展而成。到17世纪初,英国已形成了著名的九大公学。其中14世纪和15世纪各建立1所,16世纪建立6所,17世纪初建立1所。

它们创建的年代如下:

1382年	温彻斯特公学	(Wynchester)
1446年	伊顿公学	(Eton)
1509年	圣保罗公学	(St. Paul)
1540年	威斯特敏斯特公学	(Westminster)
1552年	什鲁兹伯里公学	(Shrewbury)
1560年	泰勒公学	(Merchant Taylor)
1567年	拉格比公学	(Rugby)
1571年	哈罗公学	(Harrow)
1611年	查特豪斯公学	(Charterhouse)

公学最初并不拒绝有才能的穷人孩子入学,18世纪以后公学才变成富人的专利品。

宗教改革以后,英国国教会加紧对不遵奉国教的教师的迫害。1580年英国王室就提出要将不服从国教的教师开除并进行控告。1662年《国教统一法令》颁布后,对不信奉国教的教师实行更严厉的惩罚,一些有才能的不信奉国教的教师被排挤出学校。于是这批被赶走的教师另起炉灶,按照弥尔顿的设想建立了一种新型中等学校——文实中学(Academy)。这种学校将古典教学和实际生活需要的有用知识和技能结合起来,兼顾学生毕业后升学和就业两种选择,实现中等学校的双重职能和使命。文实中学和公学的古典主义气氛形成鲜明对照,为英国中等教育注入了新鲜空气。

宗教改革在法国成效有限,90%的地区仍然由天主教控制,法国的中等学校完全由教会特别是耶稣会控制。到17世纪末,耶稣会已有612所中学,在法国中等教育中占绝对优势。耶稣会的中等学校是当时欧洲有名的学校,1629年圣乐会已有50所中学。

3. 大学

17世纪欧洲的大学仍然继承中世的传统,分为神学、法学、医学三个专业学院和一个预科性质的文学院,大学中弥漫着古典主义气氛。15世纪下半期开始的自然科学发展冲不开大学紧闭的校门,大学仍然游离于时代潮流的进程之外,与实际生活严重脱节,只有德国于 17 世纪末(1694)创办的哈勒大学略有新气象。

在上述三级学制形成的同时,属于中等教育阶段的师范学校也已产生。第一所师范学校是由德米亚神父(Father Dèmia)于 1672 年建于法国的里昂。第二所师范学校由拉萨尔神父于 1685 年建于法国的兰斯。第三所师范学校于 1696 年由弗兰克在德国的哈勒创办。到 1719 年拉萨尔去世时,基督教学校兄弟会已有一所综合师范学校、四所师范学校和三所实习学校。尽管这种师资培训是短期训练班性质的,但它却是世界师范教育的开端。

(三) 学校内部管理体制的形成

学校内部管理体制形成的核心问题是将学生按程度划分班级(或年级),只有将学生分成班级,学校全部教学工作才能井然有序和便于管理。这项制度发端于荷兰,普及于新教地区,后来又被耶稣会模仿,最后由夸美纽斯加以总结,成为学校固定的制度。

1376 年荷兰成立了平民生活兄弟会,亚历山大·赫吉亚斯在 1465 年至 1498 年担任兄弟会创办的德文特学校校长时,将学生分成 8 个班级。伊拉斯谟曾是德文特学校的学生,熟悉这种分班制度。

1496 年,兄弟会在列日(Liège)建立学校,仿照德文特学校的制度,也将学生分成 8 个班级,每个班级又分成 10 人小组(队),每组(队)由一个年龄较大的学生协助照管学生。斯图谟曾是列日学校的学生。

1529 年,梅兰希顿在萨克森公国进行学校教育状况调查后,撰写了一份调查报告,提出"必须把儿童划分为不同的班级"[①]。

1534 年,法国波尔多市政府自治机构根据新人文主义精神改组学校,并将新的文法学校分成 10 个班级。

1538 年,斯图谟在斯特拉斯堡创办的文科中学模仿列日的制度分成 9 个年级,后增加到 10 个年级。每班又分成 10 人小组,一人任组长。

1538 年至 1541 年,加尔文在斯特拉斯堡文科中学任教,将斯图谟的分班制度带到日内瓦。

---

① ［美］E. P. 克伯雷选编:《西方教育经典文献》(上卷),第 299 页。

1541年,亨利八世改组坎特伯雷的学校,将学生分成6个年级。

1559年,加尔文办的日内瓦滨江学院模仿斯图谟的计划,将学生分成7个年级,每班也分成10人小组。日内瓦的学校法规影响到法国胡格诺派、荷兰新教加尔文派、英国清教徒和长老会。苏格兰新教领袖诺克斯在日内瓦住过,熟知加尔文的学制。

1559年,德国维滕堡公国颁布的学校章程规定拉丁语学校分成6个年级。

1581年,路德派的布利格学校条例规定了"班级的划分及划分的基础",并规定了"组长和班长的职责"(10条)。①

耶稣会研究过当时最优秀的天主教学校和新教学校的经验,他们摒弃教派的门户之见,采用了路德派斯图谟的方法,也将学生分成班级,每班再分成10人小组。与学生分班、分组制度紧密相关的是循序渐进地安排各个年级的课程,以及学习成绩的考试、考查和升留级制度的建立。

考试制度在欧洲由来已久。公元789年,亚琛(Aachen)宗教会议遵照查理曼大帝的建议,规定司祭必须经过严格的考试,考试及格才可任职。大学产生以后,大学的特权之一就是对申请硕士、博士学位的人进行严格考试,考试由各学院的院长主持。到宗教改革时期,随着学生分班制的推广,考试制度也被普遍接受。1541年亨利八世改组坎特伯雷教会学校时,规定教师必须每周对全校学生考察二至三次,以测试学生的勤奋程度和学业、德行的进步情况,将不合格的学生劝退,而合格的、勤勉的学生每年至少有三次升入较高年级的机会。1642年萨克森-柯堡-哥达公国《学校指南》第十三章规定:"年度考试。学校的考试、教师的考试、牧师和督学对孩子的考试。"②欧内斯特公爵于1654年发布的命令中规定每所学校应该有"考试日"。1581年路德派的布利格学校条例也有"考试和升级"的规定。③ 此后,考试升级制度成为学校管理中一项固定的制度。

学校内部管理的另一个重要内容是教职员和学生行为规范的厘订。宗教改革以后,德国的学校章程最为完备,关于教学人员行为规范的规定也比较具体。如路德派于1581年制定的布利格《学校条例》第二部分,规定如下:

---

① [美]E. P. 克伯雷选编:《西方教育经典文献》(上卷),第297—298页。
② [美]E. P. 克伯雷选编:《西方教育经典文献》(上卷),第306页。
③ [美]E. P. 克伯雷选编:《西方教育经典文献》(上卷),第297页。

(1) 校长：职责和权限。

(2) 教授和助教的职责。

(3) 学生总的任务。

(4) 虔敬行为。

(5) 学生对教师的义务。

(6) 学生在校的义务。

(7) 关于学习、文体和背诵功课的训练(11 条规则)。

(8) 放学(4 条离校和回家的规则)。

(9) 在校外的举止行为(10 条规则)。

(10) 在家中的行为和劳务(11 条规则)。

(11) 对待陌生人的责任(10 条规则)。

(12) 教师和助教的责任(13 条规则)。

(13) 住读生的义务(12 条规则)。

(14) 学校雇员(10 条规则)。

(15) 葬礼(10 条规则)。

(16) 惩罚(10 条规则)。

(17) 组长和班长的职责(10 条规则)。

(18) 辩论和演讲(10 条规则)。

(19) 贫苦学生和领取生活津贴者(10 条规则)。

(20) 娱乐和消除疲劳(21 条规则)。

结束语：告诫老师和学生遵守规则。①

以上条规对于学校的全部生活做了细致、周密的安排,使学生全部工作、活动都在明确的规范中运行。

1642 年德国萨克森-柯堡-哥达公国公布的《学校指南》规定：

第九章　关于基督教徒的纪律和虔诚。好的纪律和惩罚是必要的。

---

① ［美］E. P. 克伯雷选编：《西方教育经典文献》(上卷),第 297—298 页。

　　第十章　学生的品行和义务。包括德行、到校的考勤情况、祷告、习惯、清洁、礼貌、脏话、偷窃行为、撒谎。

　　第十一章　教师及助手的责任。精力集中,和气、惩罚……

　　第十二章　父母及监护人的责任。父母有教育、关心并指导他们的孩子的义务;孩子不上学要对父母处以罚金;家庭中的良好纪律。①

　　同样,1586年创办的乌克兰里沃夫兄弟会学校也制定了一份著名的《学校章程》,对兄弟会学校的内部管理进行了详细说明。章程规定:兄弟会学校的校长和教师是由兄弟会全体大会选举产生;兄弟会的每个成员都有权访问学校,以便了解它的工作;父亲送儿童入学时应与校长签订合同,在合同中指出学校应当教给儿童什么,并且规定家长对学校的责任,如在学业结束前不得让儿童退学,不能妨碍儿童准时到校等;所有阶层的儿童不论其物质条件如何都可进入学校学习,孤儿上学的费用完全由兄弟会资助;儿童应当在早晨九点钟到校,不允许旷课和迟到,如果发现某个学生没有到校时,教师必须到学生家中查明原因;到校时学生应把在家完成的书面作业交给教师检查,并由教师进行口头提问;午间休息后教师指定家庭作业,星期六复习一周内学习的所有功课;斯拉夫语在兄弟会学校占有首要地位,其他课程包括希腊语、拉丁语、语法、修辞学、辩论术、算术、几何、天文学、音乐等。

　　该章程还详细规定了教师应具备的品质,他们应当以严格而又仁爱的态度对待儿童,是"笃信神祇、富于理性、温顺贤明、持身温恭、进退有节、不贪杯、不淫乱、不唯利是图、不暴躁善怒、不嫉妒他人、不滑稽取笑、不口齿下流、不蛊惑迷人、不谈无稽的话、不助长异教的人"②。乌克兰兄弟会学校在当时是先进的,其中许多特点如民主性质、分班上课制度、考察儿童出勤率和学业成绩的方法等,后来为乌克兰和白俄罗斯的其他兄弟会学校所效仿,并且反映在夸美纽斯的《大教学论》,尤其是在他"组织良好的学校的准则"之中。

　　在北美殖民地,1684年位于纽黑文的霍普金斯文法学校制定的《学校管理章程和条例》规定:只有在以前学习过字母拼音并已开始阅读,但需要进一步完善其正确的拼音、阅读、写字、计算的学生,才能进入本校学习;凡是年龄太小、未学过字母拼音的学生不得进入本

---

① ［美］E. P. 克伯雷选编:《西方教育经典文献》(上卷),第306页。

② ［苏联］康斯坦丁诺夫、米定斯基、沙巴也娃著,李子卓、于卓等译:《教育史》,人民教育出版社1958年版,第202页。

校学习;另外,女孩和未经理事会许可的其他居民点男孩也不得进入本校学习。学生在任何时候都要尊敬教师,同学之间要保持庄重和文静,不得打斗、争吵或互骂,不得亵渎神灵的名字,或有其他污秽的脏话。如有违反,教师要及时纠正。如屡教不改,将开除学籍。如果发现学生在安息日的集会上或其他公共礼拜场所玩耍、睡觉,举止粗暴无礼、不守秩序,教师应根据他们犯过失的程度及时纠正,而且所采取的措施要恰如其分。所有学习拉丁文的男孩,未经教师许可不得以任何托词(生病或不能学习者除外)缺课或逃学;如果没有父母或亲友的证明书,教师不得准假。该《章程》对于教师的职责也提出了以下严格要求:教师和学生都应准时到校上课;教师应制定一份学生名册,每天在固定时间点名,并记下迟到和缺课的学生;每天早上教师要把学生召集起来先进行简短的祈祷,然后开始一天的功课;教师要根据学生的学习进度安排座位,学生如果没有教师的允许不得离开教室;每周最后一天下午,教师要抓住机会和有能力的学生进行教义问答,以对他们加以引导。①

　　总之,以上各种学校管理条例对于各年级的课程设置都有明细规定,使师生有章可循。耶稣会学院对学生的品德、行为有更严格的规定和监督措施。到 17 世纪时,学校内部管理的各项章程已相当完备,德国和耶稣会派在这方面的贡献尤为显著。夸美纽斯的学校管理思想就是上述实践经验的系统总结。有的学者指出:"动荡混乱是这一时期欧洲的社会特点,规范化则是这一时期欧洲学校管理所追求的目标之一。"②

第二节　未来教育制度的发展

　　在 16、17 世纪,已经初具雏形的西方近代教育制度的发展趋势是世俗化、民族化、民主化、实际化、劳动化、科学化及法制化,下面分别对这些趋势做进一步阐述。

一、世俗化

　　世俗化即非宗教化,教育的世俗化意味着教育与宗教分离。教育世俗化是西方教育近

---

① ［美］E. P. 克伯雷选编:《西方教育经典文献》(上卷),第 356—357 页。
② 陈孝彬主编:《外国教育管理史》,第 62 页。

代化过程中的一个特殊问题,这个问题不存在于中国教育近代化的过程中。

在古代西方,教育本来是世俗的。当时还没有任何一种宗教社团在社会生活中取得至高无上的支配地位,更没有任何一种宗教社团取得对教育的垄断权。学校是世俗政权或世俗个人创办的,教育的职能是为现实的社会需要培养人才,教育的内容与实际生活密切联系。在课程中,没有读经、祈祷、忏悔等宗教活动的地位,道德教育的内容是社会生活中实际的伦理规范,教师虽然可能有各自的宗教信仰,但不必是某个特定宗教社团的成员,在教学过程中充满自由讨论、独立思考、争辩的活跃气氛。总的说来,当时的教育生动活泼,接近生活,有益于现世人生,有益于社会进步,但这种情况在基督教会垄断学校事业以后发生了变化。

基督教在公元1世纪中期产生以后,到罗马帝国末期它在社会生活中的影响日益扩大,终至成为罗马帝国的国教。教会与国家政权的结盟,提高了基督教会的地位。进入中世纪以后,基督教会逐渐发展成为经济上、政治上、意识形态上的支配势力,教育也随之落入教会的掌控之中。教育与基督教会的紧密结合,在西欧当时的社会条件下是历史的必然,是对社会进步有益的。基督教会当初也曾为西欧教育的发展做过许多有益的工作,有过历史贡献。早在罗马帝国末期,一些基督教徒就深入野蛮人的部落,在对野蛮人传布基督教教义的同时,也把文明带给了野蛮人。基督教徒教野蛮人识字,用文明社会的行为准则和道德规范驯化他们,帮助他们逐渐脱离原始荒蛮的状态,提升到文明人类的行列。基督教徒的这些活动扩大了文化传播范围,推动了人类文明的进步,为西方社会后来的发展播下了稀疏的种子。这是基督教会对西方教育的一大贡献。

在中世纪初期,原来缺乏文化的野蛮人成了社会生活的主人,造成了一段时期之内文明的普遍低落。艺术品遭受破坏,文化遭受摧残,公元529年以后学校几乎从西欧社会生活中消失了。正如恩格斯所说,中世纪完全是从原始状态中发展出来的。它消灭了古代文明、古代哲学、政治和法律,它使一切都从头开始。中世纪从死去的古代世界接收过来的,是基督教和几座半毁的、失去了它们过去全部文明的城市。其结果便是基督教教士取得了对知识教育的垄断权,使得教育本身大部分带有神学色彩。在中世纪的文化荒漠里,得到迅速发展的基督教修道院是当时西欧社会唯一藏书、抄书、读书的地方,它在西欧早期封建社会的漫漫黑夜中放射出丝丝微弱的文明之光,使西方文明不绝如缕,许多古代的珍贵文化典籍得以保存下来(例如亚里士多德、昆体良等人的著作手稿)。这是基督教会在西方教育史上的第二个贡献。

公元 8 世纪以后,在查理曼大帝的提倡和基督教会的操作下,开始重新在欧洲大陆建立学校,恢复久已消失的学校教育。随着学校教育的发展,神学、哲学、医学、法学、史学、文学、艺术、自然科学也在基督教义的阴影笼罩下、在教会团体的严密监控下得到艰难、缓慢的发展。西欧社会在早期中世纪的黑暗之后,重见了文明的曙光,成为以后西方文化教育发展的前奏曲。这是基督教会在西方教育史上的第三个贡献。

宗教改革以后,随着众多教派的出现,各个教派为扩大本教派的影响,争取更多群众成为本教派的信徒,纷纷开办初等、中等乃至高等学校,特别是初等学校以空前的规模和速度发展,扩大了受教育的群众面,推动了文化知识的普及,为以后的普及教育做了许多前期工作。这是基督教会在西方教育史上的第四个贡献。

在历史转换的新时期,许多新哲学观点的提出,自然科学的新发现、社会改革、宗教改革及教育改革新方案的拟定,新的教育内容、教育组织、教育方法的阐述都是由受到时代洗礼的、具有革新精神的真诚的基督教徒完成。16、17 世纪著名的哲学家、科学家、教育家、社会改革家都无一例外地是虔诚的基督教信徒乃至神学家。这是基督教会在西方教育史上的第五个贡献。

从以上诸端可以看出,充分肯定基督教在西方教育史上的地位是有根据的。如果说没有古希腊罗马的奴隶制就没有近代欧洲的文明,那么同样可以说,没有基督教也就没有近代欧洲的文明,没有基督教就没有近代西方教育制度。

然而,毋庸讳言,基督教会对学校事业的垄断,神学对教育的统治,也具有许多先天的弊端。这些弊端严重地妨碍了启蒙群众的教育事业的发展。基督教会垄断办学权,扼杀了热心教育事业的社会团体和社会人士的办学积极性,不利于教育普及。神学在教育中至高无上的地位,造成了文化教育、学术领域中万马齐暗、一家独鸣的冷清场面,排斥了对自然、社会中许多迫切的实际问题和理论问题的研究,阻碍了社会科学和自然科学的发展,窒息了人们的独立思考,摧残了任何一点新思想的萌芽,从而压制了一切革新、创造,堵塞了文化、教育、学术、科学的前进道路。在教育内容中,教会用神学迷信、宗教教条代替智育,用禁欲主义残害人的身体发展,用读经、祈祷、忏悔、灌输宗教信条代替道德教育。在教育教学方法上,盛行武断、盲目服从、强迫纪律、体罚、机械背诵、崇拜权威,压抑个性的发展。许多充任教师的神职人员不学无术,道德败坏,愚蠢迂腐,误人子弟。

在 13 世纪发展到顶峰的经院哲学,更是以其教条主义、形式主义、神秘荒诞、脱离现实、迂阔烦琐,严重阻碍文化教育和学术的发展,成为文明进步的绊脚石。16 世纪的宗教改革消除了基督教教义和教会中的一些弊端,但宗教改革中的各个教派不是削弱了而是重新加强了宗教对教育的束缚。各个宗教派别都牢牢地把教育控制在自己手里。正如马克思(Karl Heinrich Marx)的分析,路德战胜了信神的奴役制,只是因为他用信仰的奴役制代替它。他破除了对权威的信仰,却恢复了信仰的权威。他把僧侣变成了俗人,但又把俗人变成了僧侣。他把人从外在宗教解放出来,但又把宗教变成了人的内心世界。他把肉体从锁链中解放出来,但又给俗人的心灵套上了锁链。基督教在西欧社会一千多年中形成的无所不在的影响,仍然根深蒂固地束缚着教育制度的进一步发展。

事物在变化,时代在前进,历史在发展。许多在旧时代具有合理性的东西,在新世纪的光辉面前渐渐失去了它的合理性。到 17 世纪,随着生产的发展、科技的进步、新世界观的传播、群众对文化知识需求的增长,基督教会对学校事业的垄断和神学在教育中的统治地位渐渐成为不合时宜的累赘。新时代需要新人,更需要新教育造就新人。于是打破教会对学校事业的垄断,淡化宗教对教育的影响,争取教育向世俗化方向发展,便成了历史的必然趋向。

教育世俗化的趋势是缓慢形成的。世俗政权在与罗马教廷争夺最高领导权的斗争中节节胜利,教会权威日益低落,这是教育世俗化趋势发展的大环境。工商业发展对教育的促进,这是教育世俗化趋势发展的动力。自然科学的发展是教育世俗化趋势发展的条件。最先打破教会对学校的垄断的是大学。早在 12 世纪,意大利北部一些热心教育和学术的学者和市民,开始不经教会批准,独立创办大学。大学本身形成自治组织,对教会保持独立。基督教会随之创办巴黎大学,以与自治大学相对抗。12 世纪以后,初等教育中出现了非教会的行会学校,它们由手工业者行会和商人行会①创办,后来发展成为由市政机关经营的城市学校(市立学校)。基督教会对新学校的师生进行疯狂迫害,以维护自己对学校的垄断权。但教育世俗化是客观的历史趋势,教会的阻挡是徒劳的。到 15 世纪时,所有西欧的较大城市都有了市立初等学校。教会再也无法垄断对学校的开办权和管理权。1530 年成立的法兰西科学院已是独立于教会的机构。到 17、18 世纪,西欧社会中学校的开办权已经由基督教会转入国家之手。德国的许多公国颁布了教育法令。法国大学中教会的影响日益削弱,国家的影响逐渐加强,教授由政府任命而不是由教会委派。

---

① 商人行会是一个典型的中世纪机构,它既是一个为特定城镇的商人提供经济利益保护的群体,也是一个提供所有宴请、交际和娱乐的兄弟会。

在教育内容上,最早出现的市立初等学校开始将课程重心从背诵《圣经》和《教义问答》转向具有世俗价值的文法和算术。一些市立学校开始不再用基督教会的官方语言(拉丁语)进行教学,而是以本民族的语言作为教学语言。文艺复兴时期,人文主义者提倡打破神学在课程中一统天下的局面,扩大学科范围,增加世俗生活需要的自然科学、社会科学、现代语言。文艺复兴以后,古典语言(希腊文、拉丁文)、文学与自然科学逐渐成为课程的中心,以代替神学为中心的课程,笼罩在课程中的宗教阴影逐渐淡化。

基督教会视人的肉体为灵魂的监狱,提倡摧残人的肉体以拯救灵魂。古代西方活跃的体育活动被教会禁止。为了打破禁欲主义的禁锢,维多里诺已经在他的新学校中提倡骑马、角力、击剑、游泳等游戏和体育活动,在体育被排斥于正式教育之外一千多年以后,西欧学校首先恢复了体育。拉伯雷也极力主张开展各种体育运动,以发展人的身体。这种趋势在后来得到进一步发展。

文艺复兴以后非宗教道德的观念逐步发展。17世纪中期德国的骑士学院率先将伦理学从神学中独立出来,以伦理学与神学并列。这是学校中的道德教育从宗教教育中解放出来的先声。但直到19世纪,学校中的宗教教育才最终完全被世俗的公民道德教育所取代。

在教育目的上,人文主义思想家伊拉斯谟进行了很好的概括。他认为对于教育而言,"首要而基本的功能是,使脆弱的灵魂在虔信的土壤中得到养分;其次,能够全身心地热爱和学习人文主义作品;第三,能够了解与生活职责相关的知识;第四,从童年起就养成礼貌的行为方式"[1]。这种新的教育目的既是古希腊罗马时期自由教育理想的复活,也是对基督教教育目的的继承,还保留了世俗的骑士教育理想。文艺复兴时期,一些人文主义教育家还在论著中阐述了廷臣的培养,如卡斯底格朗的《宫廷人物》和埃利奥特的《行政官之书》。廷臣需要知道如何打仗、游戏、跳舞和谈爱,而且要通晓古典作品、诗歌和演说;他们还要具备法律知识,因为他们负有管理国家事务的职责。"实际上,廷臣是古老的封建贵族制度与新兴的商业阶级融合的产物。"[2]16、17世纪维夫斯、拉伯雷、弥尔顿等都赞同人文主义教育目的,并且通过注入现实主义元素,进一步加强了人文主义力量。蒙田则寻求更具现实主义的教育目的,他不仅力求避免空洞的语言文字形式,而且将旅行和社会考察作为教育目标。他认为,广泛接触世界有助于对人性的判断,可以做到洞若观火。"这个大千世界,有

---

① [美]约翰·S.布鲁巴克著:《教育问题史》,第8页。
② [美]约翰·S.布鲁巴克著:《教育问题史》,第8页。

人还把它看做是恒河一沙,是一面镜子,我们必须对镜自照,从正确角度认识自己。总之我希望把世界作为我的学生的教科书。"①

　　到17、18世纪,拉丁语学校开始增加学业年限,文科中学的任务是培养各公国所需要的官吏,并为那些有志于从事学术性职业——法官、医生——的人做好上大学的准备。这种"新人"应该具有强健的体魄、文雅礼貌的举止、处理各种事务的能力。他们不仅可以理解和欣赏过去的伟大历史,而且能创造和享受现实的幸福生活,特别是有能力从事城市工商业的管理。这种"新人"理论是人文主义对中世纪传统教育目标的一次重大变革。另外,国家作用的加强削弱了教会的影响,改变了中等教育的培养目标,推动了教育的世俗化进程。在教学方法与教师的选择上,教会和宗教的影响也逐渐淡化,培养牧师已成为次要任务。

　　夸美纽斯是社会改革家、宗教改革家和教育改革家,他给了教育的世俗化进程以强有力的推动。在夸美纽斯的理念中,教育的主体和对象——人不再是神的卑贱的奴隶,而是最崇高、最完美、最美好的创造物。上帝创造了人的祖先,但人是由教育形成的。人永生的目的只是虚晃一枪,其立脚点在于今生的幸福。人必须皈依上帝,但不是靠读经、祈祷、禁欲,而是靠认识自己,认识万物,用道德规范约束自己。对于人的培养来说,虔信是必需的,但重点在于学问和道德。从《世界图解》看,在教育内容中,认识自己、认识社会、认识自然,知道宇宙万物已处于压倒一切的首要地位,宗教教育成了落日余晖、夕阳残照。这一特点也明显反映在夸美纽斯对初、中、高等学校的课程设置中。在《大教学论》中,夸美纽斯已摒弃了禁欲主义,立专章论述健康教育。道德教育已从宗教教育中独立出来,取得与宗教教育平等的地位。到17世纪末,在洛克的教育理论中,教育的世俗化更前进了一大步。但是基督教会的力量仍然很强大,要使全部教育实现完全的世俗化,还要走很长的历史道路。

二、民族化

　　宗教改革并非仅仅是宗教纠纷,在很多国家它不仅吸引了众多的平民百姓,而且受到君主王侯、贵族和世俗政权(国家机构)的保护与支持。因此,从政治意义上来说,它反映了近代民族精神的形成。"宗教改革标志着君主政体同超然的罗马教廷和天主教会的分裂,

---

① 〔法〕米歇尔·德·蒙田著:《论儿童教育》,第16页。

以及作为原始民族主义意识形态的新教主义的到来。"①由于这一特点,宗教改革时期出现
的学校,特别是新教学校,具有明显的民族特性。这一时期的教育发展也带有民族化趋势。
在宗教改革时期,民族国家兴起的必然结果之一,就是民族意识的增强和民族区别的加强。
"不断的战争、本国语越来越多地使用以及认为每个民族和其他民族都不同(而且好于其他
民族)的想法不断增长,这些都导致了民族重要性情绪和爱国主义情绪的产生。在构建民
族主义精神的过程中,学校和教育起到了很大的作用。"②

　　教育民族化倾向的主要表现,首先是强调国家与教育的关系。宗教改革兴起后不久的
1524 年,马丁·路德就写了著名的《告德国各市长和地方长官书》,强烈要求他们创办学校。
他说:"尊敬的统治者们,如果我们认为有必要每年在大炮、公路、桥梁、堤坝等成千种诸如
此类的设施上花费大笔开支,以便维持秩序、和平与安宁,难道我们不应该出钱拯救正在苦
难中的青年,至少花点钱为他们请一两个老师吗? ……因为现在在我们之中,有许多既在
语言方面,又在文学艺术方面知识丰富的、卓越的、有才华的青年,如果我们让他们去完成
教授年幼的儿童的任务,他们会做出很大的贡献。"③路德认为,创办学校是市政官员应尽的
职责,也是青年们非常渴望的。没有学校,无论是俗界还是天堂,其后果都是不堪设想的。
1530 年路德又写了《论强迫义务教育》,再次呼吁王公贵族和世俗统治者开办学校,甚至提
出国家有权强迫儿童入学。"我认为,当权者要求其臣民送他们的孩子上学念书,是义不容
辞的;毫无疑问,确保上述官职和地位后继有人,使布道者、法官、副牧师、抄写员、医生、学
校教师等,不至于从我们之中断绝,这是当权者的责任;因为,我们不能没有这些人。"④路德
要求家长送子女入学,是为了孩子自身的利益和公众福利。由此看出,对后世欧美教育发
展影响重大的两条原则——国家管理教育和由国家推行普及义务(强迫)教育,就是这一时
期出现的。尽管这两条原则在当时并未真正实现,但它们的提出是教育管理体制的重大变
革,也是近代早期西方教育发展史上的巨大进步。

　　教育民族化的第二个表现,是强调教育服务于民族和国家的功能,即通过学校教育培
养有用的国家公民。路德在《论强迫义务教育》中指出,办学施教不仅是为了教会的利益,
也是为了培养可靠的臣民。他说:"假如你引导你的儿子关心国家事务,并送他上学的话,

---

① 〔英〕安迪·格林著:《教育、全球化与民族国家》,第 143 页。
② 〔美〕R. 弗里曼·伯茨著:《西方教育文化史》,第 206 页。
③ 〔美〕E. P. 克伯雷选编:《西方教育经典文献》(上卷),第 291 页。
④ 〔美〕E. P. 克伯雷选编:《西方教育经典文献》(上卷),第 295 页。

那么……他也能成为这样一个有用的人。……你的儿子将成为帝国的使者、皇帝的传道者、世俗和平的基石,上帝正注视着他所做的一切!"①同样,加尔文要求教会、国家和家庭都应高度重视教育,把教育年轻一代当作一项非常重要的事业。他明确提出由国家负责实施对全体公民进行强迫教育的主张,认为国家和政府的重要责任是促进宗教信仰,君主和当权者都应保护好教会。因此,政府应努力使全体公民受到良好的教育。加尔文提出了普及和免费的教育主张,认为所有儿童不分性别和贫富贵贱都应当接受教育,以学习基督教教义和日常生活所必需的知识。实施普及和免费教育,不仅是为了促进宗教信仰,也是为了世俗国家的利益。它有利于国家的意志、法律和政令的执行,有利于社会秩序的稳定和道德的进步。

以上新教思想家所追求的教育民族化特点强化了教育服务于民族国家的功能,随后教育民族化与世俗化趋势相得益彰,推动欧洲教育从中世纪走向近代化。从此以后,教育不再是教会垄断的专利,而是成为涉及国家和民族前途,并与普通民众生活直接相关的事业。近代欧洲的国家教育管理制度正是奠基于这一时期。

三、民主化

教育民主化意味着将正式教育的权利和义务扩大到广大劳动群众,这是历史发展到一定阶段的客观要求。

在史前社会,受教育是氏族全体成员的权利和义务。在西欧进入奴隶制社会的过程中,随着文字的产生、知识的积累,产生了学校,随之也产生了少数人对知识的垄断,广大劳动群众被排斥在学校之外,被剥夺了享受正式教育的权利。这是与阶级的产生、社会最大的一次分工——脑力劳动和体力劳动之间的分工——的出现相适应的。在当时的历史条件下,劳心与劳力分离,劳心者治人,劳力者治于人,是"天下之通义",是历史的必然。它是社会进步的结果,也是社会存在和继续发展的必要条件。正如恩格斯指出:当人的劳动生产率还非常低,除了必需的生活资料只能提供微少的剩余时,生产力的提高、交换的扩大、国家和法律的发展、艺术和科学的创立,都只有通过更大的分工才有可能。这种分工的基础是,从事单纯体力劳动的群众同管理劳动、经营商业和掌握国事,以及后来从事艺术和科

---

① 任钟印主编:《世界教育名著通览》,第159页。

学的少数特权分子之间的大分工。这种分工最简单的完全自发的形式正是奴隶制,而奴隶制在当时是既为人所公认、同时又为人所必需的社会制度。

在西方古代奴隶制社会中,也有个别奴隶主在自己家里为奴隶开办学校,教奴隶学习识字和计算,教师由奴隶主本人担任,或由被释奴隶甚至识字的奴隶担任,以提高奴隶记账和管理家务的能力,也是因为识字的奴隶可以在奴隶市场上以极高的价格出售。也有少数奴隶在陪伴小主人上学的过程中学会了识字,通过自学成为有文化的人。在古代罗马的奴隶制度下,上层社会的人不屑于担任初等学校教师,所以初等学校教师大多是由被释奴隶担任。昆体良的老师帕利门(Remius Palaemon)原是奴隶出身,他通过自学成为有学识的人,是罗马著名的中等学校教师,并编写了文法教科书。此外,奴隶的重要来源之一是战俘。一些有文化的甚至造诣很深的学者也可能在战争中被俘,成为奴隶。所以,奴隶中也曾有过著名的哲学家。

柏拉图首次提出了"强迫教育"的观点。他说:"儿童们不允许根据他们父亲的一个念头上学或不上学。只要有可能,'每个人'(如同谚语所说的那样)必须强迫接受教育,因为他们首先属于国家,其次才属于他们的父母。我必须强调指出,我的这项法律同样适用于男孩和女孩。"[①]但柏拉图的强迫教育只限于公民的子女,占人口大多数的奴隶的子女被排斥在外。所以,柏拉图的强迫教育与普及义务教育无缘。

以上这些少有的例外,都不能改变奴隶制社会中劳心者与劳力者分离的历史事实。在西欧中世纪,处于社会等级最上层的是基督教的教士阶层,他们垄断了知识,也垄断了学校教育。在禁欲主义盛行的条件下,基督教教士实行独身制,教士本身不能繁衍后代。但为了后继有人,他们必须从修道院以外甚至俗人中吸收新的成员,以补充自己的队伍。于是修道院逐渐吸收外来的子弟,从中培养教士阶层的接班人。受教育权的这种有限的延伸,不是出于教会的仁慈或民主愿望,而是为了教会本身的生存和延续。

市立初等学校的出现,无疑有利于教育的普及。在文艺复兴初期,维多里诺在自己的学校中不仅接收贵族子弟,也免费接收平民中的天才儿童入学。

将上述点滴历史进步概括成一个教育上的理论原则,就是普及义务初等教育的提出,这是教育民主化趋势的真正开端。

在 16 世纪,最早提出普及义务初等教育思想的是早期空想社会主义者托马斯·莫尔

---

① [古希腊]柏拉图著,张智仁、何勤华译:《法律篇》,商务印书馆 2016 年版,第 221 页。

和宗教改革家路德。在 17 世纪,是意大利的空想社会主义者康帕内拉,德国空想社会主义者、路德派牧师安德里亚,捷克教育改革家夸美纽斯和英国贵格会社会改革家约翰·贝勒斯(John Bellers,1654—1725)。莫尔在 1516 年出版的《乌托邦》中率先提出要让所有儿童受初等教育,男女教育平等,全体公民都要成为精通一切学问的人。八年以后,即 1524 年(宗教改革爆发后的第七年),路德在告市长书中,号召市长为全市居民建立市立学校,令所有儿童 6 岁入学。他认为世俗当局有责任督促、强迫人们送子女上学,政府应有专门的机构给他们以支持。

在康帕内拉构思的理想社会《太阳城》中,所有儿童从二三岁起就交给专门负责幼儿教育的人,从事游戏和各种体育锻炼;7 岁以后开始学习各种自然科学和劳动。教育是免费普及于全体儿童的。在安德里亚构思的理想社会《基督城》中,儿童 6 岁以前在家庭受教育,7 岁以后就送到公共的教育机构受教育,而且所有儿童都要学习和劳动。夸美纽斯在《大教学论》中建议每个村庄设立国语学校(初等学校,用本民族语言教学),要将全部男女少年儿童都送到公立学校上学。夸美纽斯甚至认为拉丁语学校(中等学校)也不应该只招收富人、贵族和官吏的子女,而应该向所有人开放。约翰·贝勒斯主张消灭贫困和失业,实行全民免费教育和免费健康服务,男女儿童从四五岁就开始一边读书、一边参加简单劳动。

上述教育家的言论阐述了以下几个基本观点:(1)学校教育应普及到每一个社会成员,不论他们的社会地位、财产状况、宗教信仰如何。(2)送子女上学不仅是一种权利,也是对社会和国家的义务。因此,义务教育不仅是个人的自愿,也具有强迫性质。(3)女童具有和男童同等的入学权。(4)政权机关应有专门机构实施强迫教育,并对家境贫寒、无力送子女上学的家长给予经济上的资助。(5)普及义务教育应是免费的。

由于工商业发展的需要、世俗政权影响力的增强和先进思想家的提倡,许多城市做出了推进教育民主化的努力。1530 年,德国斯特拉斯堡市参议会决议创办 6 所男童小学,此外还有 4 所女童小学。到 16 世纪下半期,维滕堡有德语学校 156 所,其中有许多设在农村。到 16 世纪末,德国境内已有拉丁语学校 343 所,达到每万人中有一所。在 16 世纪至 17 世纪,俄国兄弟会学校章程要求在教师与家长、教育者与学生中间建立民主的关系。教师应以仁慈的、关心的态度对待儿童,在处罚他们的时候不要像暴君一样,不要过分,而要适当;不要狂暴,而要温和。章程规定:"教师还必须教导并热爱所有儿童,不论是富家子弟和贫苦孤儿,或那些街头行乞的丐童,都应一视同仁。教导儿童应该视其才力之所能及,不得对某些学生努力教导,而对另一些学生教导不力。"①

　　将普及义务教育纳入法制的轨道,以法律强制实施普及义务教育,这是教育民主化趋势发展的一个新阶段。这种趋势首先出现于德国的各公国。萨克森于 1557 年、1580 年,维滕堡于 1559 年,魏玛于 1619 年先后颁布学校法令,强制父母送儿童入学,规定"世俗政权强迫履行这个不变的义务"。1642 年,萨克森-柯堡-哥达公国颁布法令,规定孩子从 5 岁开始接受义务教育,违者处以罚金。1649 年,维滕堡颁布义务教育法。1717 年,普鲁士学校法规定 5—12 岁的儿童受强迫义务教育。1763 年,德国皇帝腓特烈二世颁行学校总法规,规定对 5—13 岁儿童实施强制义务教育,违者处以罚金。到 18 世纪末,德国已有学校 2000 多所,学校普及于乡村和女童。

　　法国从 16 世纪下半期开始实施强迫初等义务教育的法令。1566 年、1567 年、1598 年都有这样的法令颁行。1606 年、1626 年、1685 年的法令更将强迫义务教育的年龄延长到 14 岁。到 18 世纪(1704、1724),法国又颁布了强迫义务教育的法令。在英语国家,最先颁布普及教育法令的是北美马萨诸塞殖民地于 1642 年、1647 年颁布的教育法令。在普及教育方面最为滞后的是英国,它从伊丽莎白时代(1558—1603)起就奉行一项政策,认为办教育不是国家的职责,而是教会和私人的事情,直到 19 世纪下半期(1870)英国才颁布普及初等义务教育的法律。

　　但颁布法律是一回事,实施法律却是另一回事。当社会条件尚不具备、社会还不能为普及义务教育提供物质保证(如校舍、设备、教材、师资等)、广大劳动群众还不能摆脱贫困的时候,实施强迫教育的任何惩罚条款都是无济于事的。例如,北美马萨诸塞殖民地曾经将违法市镇的罚金从 5 磅提高到 10 磅、20 磅,仍然无法实施普及教育,因为雇用一名教师的年薪远远高于罚金的数额。西欧社会花了将近 400 年的艰苦努力,才在 19 世纪末基本实现初等义务教育的普及。到 20 世纪,普及教育才延伸到中等教育。

四、实际化

　　教育实际化是指教育与生活联系,教育为现实服务。这一趋势是对教育脱离生活、脱离实际等积弊的矫正,是近代教育制度的一个重要特征。

---

① 〔苏联〕康斯坦丁诺夫、米定斯基、沙巴也娃著:《教育史》,第 202 页。

在古代西方,教育原本是与实际结合和为现实生活服务的,教育中充满了生活气息,但教育中这一积极、健康的特征后来消失了。到 16、17 世纪时,教育脱离生活、脱离实际的积习主要表现在两方面:一是宗教神学的神秘主义,二是古典主义。

宗教神学的神秘主义由来已久。自从基督教会垄断学校事业以后,它一直是挥之不去的幽灵。基督教鼓吹永生的幸福,宣扬来世,轻视、贬抑现世生活。基督教从不考虑如何改善人们的现世生活,它劝说人们忍受今生苦难,等待来世升天堂。教会禁止研究社会和自然中的实际问题,认为这是干涉神的事业,是对神的冒犯。教育教学的全部内容主要是读经、祈祷、忏悔、禁欲,它把人们引入神秘、虚幻、怪诞的妄想之中,与现实完全脱节。教会所造就的是一批只知背诵、引述《圣经》,对现实生活一无所知的愚昧、迂腐之徒。经院哲学使这种脱离现实的教育发展到极端。文艺复兴以后,经院主义便成了一切进步教育家嘲笑、抨击的对象。

西方教育中的古典主义、形式主义出现于文艺复兴时期,形成于 15 世纪末,盛行于 16 世纪下半期。文艺复兴的主要特征是托古改制。厌倦了经院哲学和禁欲主义的人文主义者对古代希腊、罗马生动活泼的世俗文化产生了浓厚兴趣。古代人热爱生活,珍视人生、以人为本、探究自然的奥秘、独立思考、自由辩论、百家争鸣。人文主义者渴望从古代文化中汲取有益的营养,以适应时代的新变化,形成新的世界观。于是,学习古代语文(希腊文、原始纯正而不是后来被基督教会污损了的拉丁文),阅读古代希腊罗马作家的作品,一时成为时尚。这种风气在开始时具有积极向上的特征。但在同时,一种不健康的为古典而古典的形式主义倾向也出现苗头。这种倾向认为,学习拉丁文学作品的目的不在于从中汲取智慧和精神力量,使之有益于现实生活。他们认为古典文学教育的目的就在于古典文学本身。会写拉丁韵文,就是受过教育的人的重要标志之一。学习的重点不在于文学作品的思想内容,而在于语法规则和韵律规则。他们过高地评价西塞罗的文体,认为它是唯一正确的作文范例,因而模仿西塞罗的文体成为时尚。这种形式主义倾向的代表人物便是意大利人文主义者格里诺。到 15 世纪末,出现了一个更为极端的西塞罗学派,他们主张在西塞罗作品中没有出现过的词汇和习惯语便不可使用,主张在学术上只考虑文体,不考虑内容。这种消极倾向发展的结果,便是古代研究变成了枯燥乏味的形式主义。它引导人们向后看,厚古薄今,脱离现实。到 17 世纪,学校中盛行的古典主义成了教育进一步发展的严重阻碍。

教育实际化趋势推动了课程设置和教学方法的改革,也促进了新型学校的创建。现实生活的需要是教育实际化趋势发展的基础,人文主义者的先进思想给予了这一趋势以有力的推动。维多里诺已经在自己主持的学校中教授绘画、测量面积和体积等实际知识。拉伯雷提倡实物教学、观察自然、观测星星、研究植物、参观商店和多种工场、研究工业发明,从而学习实际生活中有用的知识。维夫斯主张学习应以事物为主,而非以文字为主;要注重应用科学,研究自然科学、历史和数学。莫尔也主张学习实用的知识。

17世纪,在德国新出现的高级小学中,课程除4R(读、写、算、宗教)外,开始有几何、自然、地理、物理。有的学校还开设商品学、簿记、测地学。在德国虔敬派开办的初等学校中,课程内容列入了木工、玻璃制造、装订。夸美纽斯的教育思想对于虔敬派学校的教学方法产生了重要影响,简明性、直观性和主动性是虔敬派学校的教授法则。宗教教育在虔敬派学校虽然占据主导地位,但虔敬派的教育活动尤其是教育方法在当时是进步的。弗兰克的学校甚至设立了自然科学及历史博物馆、物理实验室,并且经常带领学生去观察自然。

商业学校在16世纪最早产生于意大利,17世纪时出现于德国的一些城市。汉堡青年商人养成所的课程有宗教、历史、商业地理、法文、德文、意大利文、英文、簿记、商品学。德国骑士学院从16世纪末期起,就在课程中列入了现代语、数学、物理、天文、筑城、建筑学、机械学。以上新气象反映了工商业发展对教育提出的新要求,教育的实际化与生活化已势不可挡。

斯图谟于1538年创办的文科中学以教授拉丁语和雄辩术为主,学生不学数学。学生从文科中学学习十年毕业后毫无数学知识,甚至不会翻书的页码,其脱离实际竟至如此。在教育实际化潮流的冲击下,文科中学不得不从16世纪60年代末开始教授数学、地理、历史。后来,文科中学又废止了要求师生说拉丁语的传统。三十年战争以后,文科中学不仅为毕业生升大学做准备,也训练走向生活、进入上流社会的贵族青年,为他们开设德语、法语、英语、几何、天文、系谱学、纹章学、军事学、建筑学。

教育实际化的趋势也影响到高等学校。德国于1694年创办的哈勒大学以德语取代拉丁语,增加了地理、应用数学、物理、历史、政治、法律等与实际生活联系的新学科。

教育实际化趋势推动了新型学校的产生,除上述高等小学、商业学校、骑士学院外,对后世产生重大影响的当推弥尔顿所倡议(1644)的学园(Academy)和18世纪初产生于德国的实科中学(Realschule)。弥尔顿倡议的学园在17世纪60年代以后在英国得到发展,18世纪中叶富兰克林将这种学校移植到美国,并在19世纪得到大量发展,成为美国中等学校的主要类型。实科中学在开始时其地位低于文科中学,但在实科中学的冲击下,到18世纪下半期文科中学也不得不增设实科班。

夸美纽斯是教育实际化思想的杰出代表,他提出对事物的学习重于对文字的学习,不学无用的学科。以后,洛克、赫伯特·斯宾塞(Herbert Spencer)、约翰·杜威(John Dewey)将教育实际化、教育与生活联系推进到了新的水平。但实际生活永远不会停止前进的步伐,和实际生活相比,教育的发展滞后,这是不可避免的常规。因此,不断进行教育改革,不断加强教育与生活的联系,将是一个永恒的课题,这个过程没有终点。教育实际化的一个重要内容是教育劳动化。教育劳动化又是教育民主化进程发展的必然结果。

五、劳动化

正式教育与体力劳动和体力劳动者分离已延续了数千年,要突破这个悠久的历史传统必须具备两个前提:一是出现了体力劳动者接受正式教育的可能和必要;二是某些新兴行业中的体力劳动本身增加了知识和科学技术的含量,完全没有文化知识的劳动者已不能适应新的生产发展要求。这两个前提的成熟是资本主义生产发展的产物。

资本主义生产最早萌芽于 14 世纪地中海沿岸各国。随着资本主义生产的发展,教育民主化的趋势不断加强,正式教育不再是体力劳动者及其子女的禁地。生产的发展推动了科学技术的进步,新的自然规律和生产技术不断被发现。反之,新科学技术在生产过程中的应用又促进了前所未有的新材料、新工艺、新产品、新市场的出现。例如,印刷术和生产玻璃、钟表、望远镜、显微镜、各种数学仪器、科学仪器、天文仪器,枪炮等。商业,特别是海外贸易的发展,新的地理发现,更提高了文化知识、科学技术在商品的生产、贮存、流通过程中的意义。现在,除了生产管理者以外,体力劳动者也必须掌握一定的文化知识。他们所需要掌握的文化知识,已不再是背诵《圣经》和《教义问答》,或背诵、模仿西塞罗的范文,劳动者必须掌握与生产劳动直接相关的各种实际知识,这是生产继续发展的必要条件。于是,教育实际化进一步向教育劳动化发展便成了客观需要,将生产劳动知识和技能引进正式教育,这是历史的趋势。

然而,劳动教育思想的兴起还有更复杂的社会原因。在 16、17 世纪,资产阶级是新兴的社会力量,他们代表先进的生产力和生产关系,在当时是积极向上、奋发有为、朝气蓬勃、披荆斩棘、开拓创新的社会群体。他们提倡勤劳、节俭、敢于冒险,他们对教士阶层和世俗贵族的懒惰腐朽、游手好闲、饱食终日、无所用心的寄生虫生活嗤之以鼻。新兴资产阶级也希望通过劳动教育和适当参加一些体力劳动,使本阶级未来的接班人养成勤劳节俭的习惯,体验创业的艰难,培养奋发有为的精神和纯正高尚的道德。因此,资产阶级思想家洛克也认为未来绅士的教育应该包括劳动教育。

英国资本主义原始积累的历史是用剑与火的文字写成的。在 16 世纪英国"羊吃人"的圈地运动中,大批农民被驱赶离开自己的家园。他们流落到城市,而数量有限的工场手工业远远不能吸纳愈来愈多失去土地的农民,这些无依无靠,衣食无着,被剥夺劳动权的游民,被迫沦为乞丐、小偷、盗匪。托马斯•莫尔在《乌托邦》中生动地描述了他们的悲惨境遇。英国政府用监禁、成批处死、驱赶对付这些游民。但游民斩不尽,杀不绝,有增无减。于是,英国议会在 1601 年通过了《济贫法》(Poor Law),提出组织贫民及其子女学习手艺,帮助他们寻找工作。在这一法律精神推动下,出现了多种多样对劳动者及其子女进行识字教育与劳动教育相结合的建议。他们提出建立贫民习艺所(Workhouse)或工读学校,对劳动者及其子女进行劳动技能教育和简单的文化教育。当权者及其代言人希望通过贫民习艺所或工读学校,增加贫民就业的机会,以减轻政府和教会的济贫负担,减少无业游民和违法犯罪、道德堕落,以维护法制,保持社会的安定和秩序。经济学家将贫民习艺所视为增加生产的途径,人道主义者、慈善家、社会改革家则视教育与生产劳动结合为改善穷人境遇,实现社会公平和谐的手段。因此,在 16、17 世纪,劳动教育思想的代表人物出现在社会问题最严重的英国,也就不足为奇。

宗教改革推动了劳动教育思想的发展。宗教改革的实质是将适应中世纪社会需要的基督教,改造成为适应资本主义发展要求的基督教。宗教改革既是资本主义发展的产物,又是资本主义发展的推动力之一。基督教的这种与时俱进的品格是基督教得以长盛不衰的一个重要原因。

早期基督教有重视劳动的传统。使徒保罗有过"不劳动者不得食"[1]的教诫。早期基督教的社团、修道院都实行有劳动能力者人人劳动,他们把俭朴、勤劳看作禁欲和拯救灵魂、接近上帝的途径。例如,本尼迪克修道院教规规定:"关于每天的体力劳动。懒惰是灵魂的敌人。所以,教友们要在固定时间从事体力劳动。此外,还要在固定时间读圣书。……从复活节直到 10 月初一,他们要早出去,从事 4 个小时必要的体力劳动。此外,从 4 点到 6 点左右,他们要空下来从事阅读。"[2]基督教在政治、经济、意识形态上取得支配地位后,重视劳

---

① 《圣经》的译文是:"若有人不肯工作,就不可吃饭。"
② 〔美〕E. P. 克伯雷选编:《西方教育经典文献》(上卷),第 73 页。

动的优良传统渐被遗忘。托马斯·阿奎纳更认为保罗的名言不适用于毋须以劳动为生的人,因为修道生活的最高成就不是通过劳动而是用祈祷和圣歌来充实圣体。这无疑为教士阶层逃避劳动、脱离生产、游手好闲、不劳而食提供了理论上的依据,使保罗的遗训成为空谈。

宗教改革后,新教各派的神学家适应新时代的需要,恢复并弘扬了保罗的教诫。"同天主教的态度相比,宗教改革本身的后果只是有组织的从事一项职业的世俗劳动受到越来越高的道德重视、越来越多的教会许可。"①宗教改革后的新教各派都一致认为,上帝应许的唯一生存方式,不是要人们以苦修的禁欲主义超越世俗道德,而是要人完成个人在现世里所处地位赋予他的责任和义务,这是他的天职。② 路德认为修道士的生活放弃现世的义务是自私行为,而履行职业的劳动是博爱的外在表现。加尔文派认为,尘世中基督徒的社会生活完全是为了增加上帝的荣耀,为尘世生活服务的职业中的劳动也是如此。清教徒认为,期望自己一贫如洗,不啻是希望自己病入膏肓,是为贬损上帝的荣耀;特别不能容忍有工作能力却靠乞讨为生的行径,这是犯了懒惰罪,亵渎了使徒们所说的博爱义务。"这种对世俗活动的道德辩护是宗教改革最重要的后果之一。"③

清教神学家巴克斯特(Baxter,1615—1691,长老会派)认为,唯有劳作而非悠闲享乐方可增益上帝荣耀,虚掷光阴是万恶之首。人须恒常不懈地践行艰苦的体力或智力劳动,这是他主要的工作。劳动是历来所推崇的禁欲途径,把劳动本身作为人生目的,这是上帝的圣训。巴克斯特认为保罗的名言"不劳动者不得食"适用于每一个人,任何人不能例外。富人也不可不劳而食,即使他不需靠劳动挣得生活必需品,他们也必须和穷人一样服从上帝的圣训。上帝为人安排了各事其业,辛勤劳作,这显然是对托马斯·阿奎纳的批驳。巴克斯特认为上帝已严格命令人人从事劳动,即使有财富的人也必须和最穷苦者一样劳动。虔敬派认为人生堕落后不能从事某种职业,尽忠职守有助于消除人的自私欲念。勤劳于职业乃是爱邻人的表征,感激神恩的义务。摩拉维亚兄弟会主张:过一种积极的基督徒生活在于传教,以及从事一种职业劳动。摩拉维亚兄弟会的神学家亲岑道夫(Zinzendorf,1700—1760)认为"劳动非为生存,生存却为劳动"。摩门教的信条中说,懒鬼闲汉不能成为基督徒并获救。

新教神学家借上帝和使徒之口传达了时代的真理,他们为劳动教育提供了神学上的依

---

① [德]马克斯·韦伯著,于晓、陈维刚等译:《新教伦理与资本主义精神》,生活·读书·新知三联书店 1992 年版,第 61 页。
② [德]马克斯·韦伯著:《新教伦理与资本主义精神》,第 59 页。
③ [德]马克斯·韦伯著:《新教伦理与资本主义精神》,第 60 页。

据。而在 16、17 世纪,所有热情宣传劳动教育的思想家无一不是基督徒,而且在宗教改革以后无一不是新教徒。

在近代西方,最早提出教育与生产劳动联系的是托马斯·莫尔。他在《乌托邦》中构思了一幅理想的图画:(1)所有儿童都要学习,同时所有儿童不分男女从小就学习劳动、参加劳动。(2)所有的人都学习农业。(3)每个人学会一门或二门手工艺,将农业劳动和手工业劳动结合起来。(4)学习农业劳动包括在学校中学习理论和在劳动实践中学会实际操作,将理论与实际结合。(5)每个人每天劳动 6 小时,大多数人都在劳动之余的空闲时间从事学习和科学研究,使学习和研究成为终身的任务。(6)极少数从小聪慧而且愿意致力于有用学问研究的人,经过审议特许可免除体力劳动,专门从事科学研究。如果他们辜负了寄托于他们的期望,没有在科学研究上取得成就,就重新派他们去从事体力劳动。(7)在专门从事体力劳动和专门从事科学研究的人之间,并没有不可逾越的鸿沟。一个体力劳动者倘若在闲暇时热心做学问,勇猛精进,成绩卓著,就可脱离自己的手艺,去专门做学问。

在康帕内拉所构思的理想社会《太阳城》中,也描绘了一幅教育与生产劳动联系的图景。每个儿童不分男女从 7 岁开始学习各种自然科学,同时把他们送到一些作坊去学做鞋匠、面包师、铁匠、木匠和画师等,以从中了解每个人将来的志向。8 岁以后,就派他们到田野和畜牧场去观察和学习农业和畜牧业。凡是精通技艺和手艺的人就会受人重视和尊敬。《太阳城》的公民每天只劳动 4 小时,其余的空闲时间用来从事学习和科学研究。

托马斯·莫尔和康帕内拉所描绘的社会主义图画,在 19 世纪空想社会主义者的著作和试验中得到了进一步具体化,更增添了色彩。

1648 年配第还在牛津大学求学时,就提出了一个实行教育与生产劳动结合的建议。这时配第还没有成为"轻浮的、掠夺成性的、毫无气节的冒险家",也还没有成为"政治经济学之父""统计学的创始人"。[①] 配第建议创办一种工读学堂(Literary-Work houses),儿童在这里既可受到干活、做事以维持生计的教育,又可受到读和写的教育。所有年满 7 岁的儿童都要接受这种教育,任何人不得借口贫穷或父母缺乏能力而被排除在外。配第还提出,所有儿童即使是出身名门,在少年时代也要学习一些高尚的制造业,诸如车工,制作数学和天文仪器、钟表,在玻璃上绘画、雕刻、蚀刻(etching),宝石工艺,光学仪器,乐器,造船,化学工艺,食品制作,解剖标本,航海仪器,园艺等。配第认为这种与学习生产劳动技艺相结合

---

① 以上均为马克思的评语。

的教育有助于培养勤劳的习惯,树立完成卓越工作的雄心壮志,促进工艺的进步、增加社会的繁荣。配第的观点显然是与新教伦理观及教育观相吻合的。

弥尔顿应哈特利布之约撰写的教育方案的宗旨是培养绅士。弥尔顿认为,未来绅士在学习自然和数学方面的一切学科时,"在必要时都可以取得猎人、捕禽者、渔夫、牧羊人、园丁、药剂师的有益经验,而在其他科学中取得建筑师、工程师、海员、解剖师的有益经验"①。劳动教育对未来的绅士也是不可缺少的。

英国贵格会教徒、社会改革家约翰·贝勒斯熟知伦敦贫民的悲惨境遇,认为对贫民进行与生产劳动相结合的教育,是使贫民改善生活状况的有效途径。贝勒斯在 1695 年提出了建立劳动学院的计划——《关于创办一所一切有用的手工业和农业的劳动学院的建议》,他的建议有三个目的:富人获利,穷人过富裕生活,青少年受到良好教育。贝勒斯将保罗的那句名言"不劳动者不得食"写在这份计划的卷首:"箴言:劳动带来富裕。懒汉衣衫褴褛。不劳动者不得食。"②贝勒斯认为,劳动是生命力的源泉,"劳动为生命之灯加油,而思考则把灯点亮","劳动使人强壮"。在贝勒斯所设计的劳动学院里,男女儿童从四五岁开始,就一边读书,一边学习编织、纺纱等。年龄大一点的孩子就学习车工等技术。通过参加劳动,可以使人运用理智,变得更加聪明、善良,更易于服从上帝的意志。劳动学院里有各种各样的行业和工具,可供每一个年龄和不同能力的人使用。在这里,可以学习各种语言和学问,因为有许多国家的手艺人把他们的母语教给学院的青年人。劳动学院还有一个图书馆、一个认识药草的药物园和一个制备药品的实验室。"总之,因为学院集合了一切有用的手工业,可以成为世界的缩影;它可以提供一个人所需要的基督教徒所使用的一切便利和使生活舒适的事物。"③

贝勒斯是劳动教育的创始人之一,他的劳动学院计划反映了宗教改革后新教各派崇尚劳动的宗教观、伦理观及教育观。他的建议后来受到罗伯特·欧文(Robert Owen)和马克思的高度评价。1817 年 7 月 25 日,欧文在致《泰晤士报》的信中,否认他的建立"新和谐村"原则的首创性。他说:"我相信,这些原则中没有一个能自称有首创性:很久以前,就为有才智之士反复倡议过。我甚至无权自称首先把这些原则形成理论;就我所知,这首先属于约翰·贝勒斯,他发表了这些原则,1696 年他显示出极大的才干,建议把这些原则付诸实施。"④马

① 任钟印主编:《世界教育名著通览》,第 359 页。
② 任钟印主编:《世界教育名著通览》,第 409 页。
③ 任钟印主编:《世界教育名著通览》,第 416 页。
④ 任钟印主编:《世界教育名著通览》,第 408 页。

克思在《资本论》中称贝勒斯"早在 17 世纪末就非常清楚地懂得,必须结束现行的教育和分工,因为这种教育和分工在社会对立的两极造成一端肥胖,一端枯瘦。"①

16、17 世纪的劳动教育观点开启了西方劳动教育思想的先河。当时的思想家、教育家和神学家们几乎已触及劳动教育问题的一切方面。关于劳动教育的意义,他们已提到:(1)劳动教育是生产和科学技术发展的结果,又是促进生产发展、推动工艺进步的途径。(2)穷人接受劳动教育,可以学会谋生的技能,扩大就业的机会,摆脱贫困的处境,实现社会的公平、和谐,也可以减轻社会济贫的负担,有利于社会的稳定、治安;富人接受劳动教育,可以使他们知道稼穑之艰难,养成节俭、勤劳的习惯和高尚的道德。(3)劳动教育可以促进人们运用理智,变得聪明;可以使人身体强壮,可以使人变得善良。(4)参加劳动是服从上帝的圣训,克尽人的天职,增添上帝的荣耀。关于劳动教育的实施,16、17 世纪的思想家已提到:(1)文化科学的学习与生产劳动相结合;(2)农业劳动和手工业劳动相结合;(3)学习劳动的理论知识与生产劳动的实践相结合;(4)教育与生产劳动结合普及于一切儿童和成人、穷人和富人;(5)改革学校制度,建立实施教育与生产劳动相结合的新型学校,以打破读书学校一统天下的局面。

教育与生产劳动相结合的思想,后来经过卢梭、雷佩尔提(Lepelletier)、裴斯泰洛齐、查尔斯·傅立叶(Charles Fourier)、罗伯特·欧文、马克思、恩格斯、列宁(Lenin)、克鲁普斯卡娅、约翰·杜威、凯兴斯泰纳(Georg Kerschensteiner)等人得到进一步的发扬,并且从教育与生产劳动相结合的思想中衍生出职业技术教育的思想,促进了教育体制、学校类型、课程设置、教学设备、师资培训向多样化方向发展,使教育的含义更加丰富多彩。但在普通教育中如何实施教育与生产劳动相结合,过去有过多种设想和计划,有过实验,但始终左摇右摆,迄未找到恰当途径。

六、科学化

教育科学化是推动西方近代学制发展的强大动力,它包含三个方面的内容:(1)教育内容的科学化。具有实用价值的自然科学和社会科学逐渐扩大了在课程中的地位和影响,它们排挤不切实际的神学和古典文学,并日益取得主导地位。(2)教学方法的科学化。将自

---

① 任钟印主编:《世界教育名著通览》,第 408 页。

然科学研究中的某些新方法、新工具引进学校的教学活动,以取代旧时机械背诵、强迫记忆、盲目服从权威的教育教学方法。随着自然科学的发展,在教学方法上打破了口耳相传的旧传统。实物教学、直观教学、模型、标本、图表、参观、实验、实习、制作,使教学活动更加生动活泼,丰富多彩,有助于提高学习兴趣,增强教学效果,培养创造能力。(3)教育理论的科学化。教育教学理论的研究由单纯的经验集结,进展到探索存在于教育教学活动背后的客观规律,使教育经验上升为教育理论,使感性认识上升为理性认识,这是自然科学发展影响的结果。在教育科学化的推动下,西方的学校教育制度发生了前所未有的革命性变化,大踏步地从中世纪走向近代。恩格斯曾经指出:"现代自然科学和整个近代史一样,是从这样一个伟人的时代算起,……这是从 15 世纪下半叶开始的时代。"①恩格斯又说:"如果说,在中世纪的黑夜之后,科学以意想不到的力量一下子重新兴起,并且以神奇的速度发展起来,那么,我们要再次把这个奇迹归功于生产。"②

生产力发展推动了科学和技术的新发明、新发现。1302 年出现了改良罗盘针,1436 年发明印刷术,1500 年发明钟表,1530 年发明纺车,1543 年哥白尼发表了太阳系学说,1590 年伽利略发现了物体下坠的原理,1590 年发明显微镜,1600 年发明望远镜。同时,温度计、气压计、抽气机、各种航海仪器也都在这一时期被发明出来。

自然科学的发展促进了学科的分化,出现了许多新的独立的学科,从而丰富了课程的内容。力学、光学、热学、磁学、电学、气象学、地质学、解剖学、医学、生理学、显微生理学、药学,都在 16、17 世纪得到长足发展。

各种科学社团的产生是自然科学勃兴的重要标志。1657 年西芒托学院在佛罗伦萨成立,1662 年英国皇家学会成立,1666 年法兰西科学院成立,1700 年柏林学院成立。这些学术机构成了推动自然科学发展的动力。

16、17 世纪是科学大师群星灿烂的时代。哥白尼、伽利略、开普勒、牛顿、帕腊塞耳苏斯、威廉·哈维、迈克尔·塞尔维特、笛卡儿等人奠定了现代自然科学的基础。

早在文艺复兴时代,自然科学就开始冲击陈旧的课程。拉伯雷借高康大之口表达了探究大自然奥秘的强烈愿望。"至于自然界的事物,我亦希望你抱着好奇心去探索,务使没有一处江河湖海你不认得它的渔产;举凡空中的飞鸟,森林里的大小树木和荆棘,地上的青

---

① 《马克思恩格斯选集》(第 3 卷),第 444 页。
② 《马克思恩格斯选集》(第 3 卷),第 523 页。

草,山腹和海底的矿藏,东方和南国的宝石,没有一种你不闻其名而知其实。"①在教育中盛行经院主义的当时,这不啻是打开一扇天窗注入新鲜空气,给沉闷的教育增添活力。

培根的"所罗门宫"是一个乌托邦社会中的规模宏大的科学院。它反映了培根对发展自然科学充满激情,对自然科学造福人类持有深刻信念,对未来科学发展充满幻想。培根不是教育家,但是他对经院主义的抨击,对科学的崇尚,特别是他在科学研究方法上的建树对于17世纪的教育理论有着强烈影响。

安德里亚的《基督城》无异于一所文理兼备的综合大学,其中有化学实验室、物理实验室、数学实验室、解剖室、数学工具室、图书馆、档案馆。这些理想后来都在学校中变成了现实,进而改变了学校的面貌。

夸美纽斯在《世界图解》中为幼儿拟定的课程共150课,其中只有第一课和最后一课是关于宗教信仰,而与认识自然和各种工艺有关的课文占60%以上。其余是有关社会和人自身的知识,关于各种宗教的课目也是作为社会知识介绍的。在《大教学论》中,夸美纽斯为母育学校拟定的课程是以认识自然的知识为主导。

在弥尔顿建议的学园中,自然科学取得了与古典课程同样重要的地位。尽管弥尔顿是一位过渡性的人物,但他关注现代胜于古代,熟悉古代胜于现代。他面向现代,背靠古代,提倡学习古代罗马人在自然科学方面的著作,为现代服务。自然科学对课程的冲击打破了传统的学制框架,导致了新型学校的产生。按照弥尔顿建议创办的学园以及完全排除古典课程的实科中学,对以后西方的学制产生了深远影响。

在16世纪初,德国的大学没有实验室、陈列室,医学教学没有解剖室,解剖学只凭口头讲授。16世纪中叶后,几所大学才偶有实验室。在德国虔敬派代表弗兰克所办的学校,建立了自然科学及历史博物馆、物理实验室。以后,实验室、陈列馆逐渐普及于大中学校,完全改变了教学环境和条件,这都是自然科学之赐。

对自然现象背后规律的探索和发现,启发了人们去揭示人性和教育在人的形成中的作用。洛克发展了柏拉图和亚里士多德的白板说;莱布尼茨修正了洛克的白板说,提出人性如一块大理石,它的纹路预先决定了它最后的雕刻形式,教育不是万能的;培根提出了人性如一面魔镜的观点;夸美纽斯提出了人性如一粒种子的观点,但他认为人要成长为人还须通过教育。这些理论和观点都是对加尔文派预定论的否定,它是教育理论从神学中解放出

---

① 任钟印主编:《世界教育名著通览》,第203页。

来的重要一步,也是教育理论科学化的前奏。

在17世纪,自然规律的发现对文学、法学等众多学科产生了影响,自然主义成为时尚。在教育理论中,提倡自然适应性、向自然学习、模仿自然等,反映了人们探索教育教学客观规律的愿望。虽然夸美纽斯的论证方法过于简单、原始和肤浅,但它反映了教育理论从经验搜集上升到理性认识的第一步。夸美纽斯的《大教学论》在外形框架上已具备了教育学作为一门独立学科的大致轮廓。

自然科学推动了唯物主义认识论的发展,它们合起来又为直观教学、实物教学提供了理论依据。在中世纪久已被人遗忘的亚里士多德的命题"凡是感觉中未曾有过的东西,就不存在于理智中"又受到人们的重视,成为改革教学法的指导思想。在自然科学的冲击下,学校中的宗教阴影更加暗淡,进而推动了学校的世俗化。

自然科学的发展冲开了传统影响根深蒂固的剑桥大学校门。在1707年为剑桥大学拟定的学习计划中,包括了地理学、欧几里德几何原理、算术、代数、实验哲学和矿物化学、植物学、动物学、解剖学、光学、屈光学、二次曲线的断面和曲线的性质、机械哲学、静力学、流体静力学、万有引力、微积分、无穷级数、无穷数算术、天文学、对数和三角学等。① 尽管完全实施这个计划还需要时间。

总之,教育科学化是一个漫长的历史过程,直到19世纪斯宾塞和赫胥黎才对课程的科学化给予了强有力的推动。

七、法制化

将教育纳入法制轨道,是人类对年轻一代教育重要性的认识提高了的结果。以教育立法规范教育行为,可以防止教育工作的任意性和不作为,积极的教育立法可以推动教育的发展,消极的立法则阻碍教育的发展。从教育史上看,教育立法始于近代,它是伴随着国家或世俗政府对教育的干预而出现的。教育立法是政府干预教育的重要手段。

古代没有现代这种完备的立法程序,法律或由最高统治者制定,或由统治集团(如元老院)制定,或由地方的统治者制定。最高统治者的命令、敕令、诏书等也具有法律的效力。基督教会在社会生活中取得支配地位以后,教皇、主教、宗教会议所制定的法规、指令、特许

---

① 〔美〕E. P. 克伯雷选编:《西方教育经典文献》(下卷),第430—431页。

状、训令都具有法律的效力,是强制性的,它们都属于教育立法的范畴。

西方的教育立法有着悠久的历史,最早可以追溯到公元前 9 世纪斯巴达的统治者莱库古(Lycurgus,又译吕库古,公元前 700—公元前 630)。据普鲁塔克的追记,莱库古立法中关于年轻一代的教育问题受到高度重视,并有详细的规定。这是我们所能知道的希腊最古老的教育立法。

公元前 4 世纪,柏拉图(公元前 427—公元前 347 年)的晚期巨著《法律篇》标志着从《理想国》中的圣王(哲学家)治国到以法治国的转变。从人治到法治,是柏拉图多次受挫的经验总结。在《法律篇》中,柏拉图对教育进行了比《理想国》更详细的阐述,也对《理想国》中某些不切实际的内容进行了修正。柏拉图认为,"教育"是儿童对美德的最初获得,"一个儿童最早的感觉是快乐和痛苦,这是美德和邪恶首次进入灵魂的路径"①。一种"正确的"教育必须在每个方面都显示出力量,使我们的身心尽可能美好。"……教育已被证明是一个吸引的过程,即引导儿童们接受正确的原则的过程。这些原则为法律所阐明,并作为完全正确的东西得到具有高度道德水平和年纪大、经历丰富的人们所赞同。不要让儿童的灵魂变得习惯于感觉那些不为法律所允许的快乐和痛苦,并成为信从这种苦乐观的人。"②柏拉图主张用法律形式对孤儿的监护做出规定,这是古代西方最早的教育法案建议。他说:"任何作为男孩或女孩的监护人,任何监护并受命规制监护人的法律维护者,必须向不幸失去父母的孩子表示出对自己孩子的同样的爱心。"③如果孤儿长大后认为被监护人虐待了,他可以控诉后者犯了不胜任监护的罪。如果监护人被判定有罪,法庭就要推定他应受何种处罚或赔偿多少。亚里士多德(公元前 384—前 322)则明确提出了"教育应该订有规程(法制)以及教育应该由城邦办理"的思想。④ 他说:"大家当一致同意,少年的教育为立法家最应关心的事业。……邦国如果忽视教育,其政制必将毁损。"⑤但亚里士多德的主张是太过于超前的预言,"阳春白雪,和者盖寡",它在古希腊人中没有引起共鸣,更没有付诸实施。

古罗马人以立法著称于世,但教育问题在他们的立法中受到忽视。公元前 5 世纪的十二铜表法中没有关于教育的条文。在以后长达一千年中,值得一提的只有公元前 92 年罗

① [古希腊]柏拉图著:《法律篇》,第 41 页。
② [古希腊]柏拉图著:《法律篇》,第 50—51 页。
③ [古希腊]柏拉图著:《法律篇》,第 365 页。
④ [古希腊]亚里士多德著,吴寿彭译:《政治学》,商务印书馆 1997 年版,第 407 页。
⑤ [古希腊]亚里士多德著:《政治学》,第 406 页。

马检察官关于禁止开办雄辩术学校的法令,公元 161 年罗马元老院关于排斥希腊哲学家和雄辩家的法令,公元 333 年君士坦丁皇帝奥古斯都关于授予医生和教师豁免权的诏书和戴克里先(Diocletianus,244—312)皇帝涉及教师工资标准的几道敕令。

总之,在古希腊罗马,教育立法尚处于酝酿、萌芽的阶段,它还没有形成普遍的现实,也没有形成制度。

在西欧社会进入中世纪以后,粗野无文的蛮人成了社会生活的主人,他们不知学校为何物,不知文化为何事,一切学习都降到低谷。西欧的学校教育几近消亡,只有高卢和意大利北部尚有极少数学校的孑遗;英格兰在公元 7 世纪初才由基督教会在坎特伯雷建立学校,但后来也被丹麦人的入侵扫荡无遗。从公元 476 年西罗马帝国灭亡到公元 8 世纪查理曼大帝登位的三百多年中,西欧大陆处于文化上的黑暗时期,没有正式教育,更谈不上教育立法。在这段教育立法的历史空白时期,只有本尼迪克修道院的院规留下了关于教育的若干记载,这是漫漫长夜中一丝幽暗的文明之光。

将法兰克王国查理曼大帝公元 787 年和 789 年关于提倡学习和建立学校的公告说成是"文化复兴",虽然它的意义被夸大了,但它毕竟标志着西欧历史上黑暗时期的终结。查理曼大帝的兴学公告产生了两方面的结果:一是在西欧大陆重新建立了已消失数百年的学校,并逐渐得到发展。随着学校的发展,各种学术也缓慢发展;二是学校教育不再具有古代的世俗性质,它完全落入基督教会的严密控制之下。学校由教会开办,教师由教会委派教士担任,神学在学校中处于至高无上的地位,全部教育浸透着宗教神秘主义。在教会垄断教育的情况下,教育立法权也被教会垄断。准确地说,在西欧中世纪的早期和中期,根本就没有什么严格意义上的教育立法,只有宗教会议或教皇几项有关教育问题的规定和指令,如 1210 年巴黎宗教会议关于禁止阅读亚里士多德著作的规定;1231 年教皇格里高利九世关于禁止阅读自然哲学著作的指令,关于授予巴黎大学罢教权及其教授教学执照的训令;1292 年教皇尼古拉四世(Nicholas Ⅳ,1227—1292,1288—1292 年在位)发布了授予巴黎大学的硕士和博士教学执照权力的训令。① 在中世纪中期,西欧发生了世俗政权与罗马教廷争夺最高领导权的曲折斗争。世俗政权也发布过几道与教育有关的指示,如 1158 年腓特烈·巴巴罗斯(Frederich Barbarossa,1122—1190,1155—1190 年在位)大帝发布授予留学生特权的指令,1200 年间菲利普·奥古斯都(Philippe Auguste,1165—1223,1180—1223

---

① [美]E. P. 克伯雷选编:《西方教育经典文献》(上卷),第 200—203 页。

年在位)授予巴黎学生特权的指令,1314 年菲利普四世(Philip Ⅳ,1268—1314,1285—1314 年在位)颁发了巴黎大学师生免税的特许状,1386 年德国地方政府颁布给海德堡大学的特许状等。①

在西欧中世纪末期向近代社会转变的过程中,随着教育事业的勃兴,教育立法也发展起来。宗教改革的最大结果是"在西欧相当大的区域内为社会各阶层创立了一系列的学校,实现了教育权力由教会到国家的转移"②。但这种转变不是一蹴而就,而是缓慢演变的。在宗教改革初期,"当时所发生的变化只涉及一种教会统治形式对另一种教会统治形式的取代"③。在神权和世俗政权合而为一的国家、城市、地区,教育权究竟是属于国家还是属于教会,很难区分清楚。事实上,直到 17、18 世纪,办学权才由教会手里转到国家手里,教育的完全世俗化则是更晚的事。

教育权的这种新旧交替的过渡性质,正是 16、17 世纪教育立法的特征。无论如何,这一时期的教育立法是与学校事业本身成正比发展的。路德的教育主张对德国学校法规的制定有着明显影响。

在 16、17 世纪的西欧和北美,教育立法在不同国家和地区有不同的特色。在德国、法国和北美殖民地的新英格兰地区,教育立法是积极的、建设性的,它们在客观上推动了教育事业向前发展;在英国本土,教育立法是消极的、防范性的、限制性和禁止性的,它们严重地阻滞和破坏了英国教育事业的发展,并有长远的后遗症。

就教育法规的形式而言,16、17 世纪的教育立法以针对一些具体问题的单项法规居多,同时也有综合性的涉及各级各类学校的全面性教育法规。就教育法规的内容而言,16、17 世纪的教育立法大致可概括成四个方面:

一是涉及各级各类学校的全面的教育立法。德国是世界上最早通过立法推动教育发展的国家,可以说德国近代教育能够领先于英法等老牌资本主义国家,在很大程度上得益于教育立法。最典型的是德国维滕堡公国于 1559 年发布、1565 年得到国会承认的学校章程,它标志着德国学校制度的真正开端,成了全德国学校制度的典范。该章程规定了德语学校、拉丁语学校、初级修道院学校或文法学校、高级修道院学校、国立图宾根大学等各级

---

① ［美］E. P. 克伯雷选编:《西方教育经典文献》(上卷),第 191—198 页。

② ［英］博伊德、金合著:《西方教育史》,第 182 页。

③ ［英］博伊德、金合著:《西方教育史》,第 182 页。

各类学校的入学年龄、年级划分,以及各年级的课程设置、教材、教学法等,还规定了德语学校为免费教育、教师享有豁免权等。这个章程奠定了德国学制的基础,并一直沿用到 19 世纪。① "维滕堡公国的学校章程在德国首次建立了一个完整的学校制度。这个学校制度也是西方第一个完整的学校制度。"②由于路德普及义务教育思想的传播,德国各公国纷纷效仿这一学校制度。随着大批学校的建立,德国成为了当时教育最发达的国家。

德国萨克森-柯堡-哥达公国于 1642 年颁布,后来经过修改又于 1648 年、1653 年、1662 年、1672 年重新公布的学校指南,也是一项综合性的教育法规。它详细规定了有关学校、教师、学校管理及领导、父母和儿童与学校的关系等诸多方面。其主要内容如下:第一章,学校的性质、上学的义务;第二章,低年级的教育;第三章,中年级的教育;第四章,高年级的教育;第五章,课程安排;第六章,有效地教授教义问答的方法;第七章,对讲道的记忆和考查的方法;第八章,如何教授自然科学和应用科学;第九章,关于基督教徒的纪律和虔诚;第十章,学生的品行和义务;第十一章,教师及助手的责任;第十二章,父母及监护人的责任;第十三章,年度考试。③

在宗教改革以后,为统一教会和学校的改革,德国产生了上百个教育"条例",汉堡于 1529 年通过的"教会条例"包括 49 项,其中有关教育的有 10 项,它们是:"(1)学校条例;(2)关于教师精选学生的规定;(3)关于保持学校的永恒性条例;(4)公开讲学条例;(5)图书馆;(6)德文的写字学校;(7)女子学校;(8)学生;(11)教师和讲道者的挑选;(17)讲授教义问答的专门时间……"④

与英国和法国相比,德国是一个后进的国家,但它却是西方各国教育立法较早的国家之一。早在宗教改革后不久,德意志境内各邦就先后颁布了普及义务教育法令。在 16 世纪下半期和 17 世纪初期,综合性的、全面的、比较完善的教育法规都产生于德国,各公国都颁布了许多学校法令,强制父母把儿童送入学校。德国是当时西欧教育的先进国家,但三十年战争几乎使德国变成废墟。在以后的两百年中,德国成为西欧默默无闻的国家,直到 19 世纪上半期才逐渐恢复元气。

二是关于普及初等义务教育的立法。除前述德国各公国和法国普及初等义务教育的

---

① [美]E. P. 克伯雷选编:《西方教育经典文献》(上卷),第 302—304 页。
② 李其龙著:《世界教育大系·德国教育》,吉林教育出版社 2000 年版,第 6 页。
③ [美]E. P. 克伯雷选编:《西方教育经典文献》(上卷),第 305—306 页。
④ [美]E. P. 克伯雷选编:《西方教育经典文献》(上卷),第 296 页。

立法外,在北美殖民地出现了新英格兰地区马萨诸塞殖民地 1642 年、1645 年、1647 年、1648 年的学校法,康涅狄克殖民地 1650 年、1690 年学校法,中部殖民地宾夕法尼亚 1683 年的教育法等。虽然新英格兰和宾夕法尼亚都由政教合一的权力机构进行管理,他们实行两块牌子,一套人马,但美国人还是将北部、中部殖民地的教育法规视为美国公立教育制度的开端。17 世纪北美殖民地的教育法规分为三类:(1)英国王室关于北美殖民地教育的一些敕令、批文和指示,其主旨是宗教教育,尤其是在印第安人中传播基督教,以"驯化"那些"野蛮人"和"不信教者";(2)新英格兰地区和宾夕法尼亚的教育法规,其特点是在移民儿童中实行普及教育;(3)以弗吉尼亚为代表的南部各殖民地的教育法规,其目的在于解决穷人孩子和孤儿的职业教育与宗教教育,使他们既能自食其力,又能成为忠顺的臣民。可见北美殖民地三类教育法规的主旨十分明确。"在 17 世纪,所有与教育相关的法规都是建立在英国济贫法基础之上,如前所述,包括贫困儿童的强迫性学徒制、行业培训和要求公共部门必须提供这种类型的教育机会,以及利用当地和殖民地的基金达此目的。"①

三是对教育事业进行干预、限制、禁止、阻挠的消极的教育立法。这一类教育立法主要产生于英国本土。英国的宗教改革是一场有名无实、换汤不换药的闹剧。亨利八世利用宗教改革之机脱离罗马教廷,自立为英国教会的最高首脑之后,并未履行其"将教会中所有沿袭至今的弊病、异端、恶行及陈规消除殆尽"的许诺;相反,为了巩固自己的权力,他加强了宗教迫害,强迫教师宣誓效忠,残酷打击不信奉国教的教师。伊丽莎白女王和查理二世仍变本加厉地坚持这项逆历史潮流而动的政策。1558 年伊丽莎白女王上任伊始,就规定不准给不信国教者授予大学学位,这一法令一直沿用到 1871 年才废止,为害三百多年。1573 年艾利莎姆免费学校一位教师因不严格遵奉国教会的宗教仪式被革职,1580 年王室枢密院指示大主教对不信奉国教的教师予以免职并进行控告。1662 年英王查理二世颁布英国《国教统一法令》,规定驱赶一切不信奉英国国教的牧师。此项法律又被推广到学校,"每一所学院、讲堂、学堂或育婴堂的一切校长和其他负责人、研究员牧师和导师,每一个知名的教授和大学以及任何其他学院的讲师,……每一个办理任何公、私立学校的校长,每一个以家庭教师或学校教师身份在任何学堂或私人家中教育任何青少年的人,……"②都必须进行宗教宣誓,遵奉国教会的礼拜仪式,取得主教的特许状并缴纳捐款,才能从事教育工作,违者处

---

① Ellwood P. Cubberley, *The History of Education*, Houghton Mifflin Company, Boston, 1920, P.372.
② [美]E. P. 克伯雷选编:《西方教育经典文献》(上卷),第 310 页。

以监禁或罚款。1665 年查理二世又颁布"五英里法令",规定在市区五英里以内禁止分离派
(dissenters)的教师任教,违者处以监禁并罚款。

美国教育史家克伯雷认为,《国教统一法令》是英国最后一个、也是最严厉的一个宗教
统一法令,它在两个世纪中"压垮了英国的中等学校"①。"其结果是中等学校影响下降了,
在两个世纪中它实际上从国民生活中消失了。孟特莫仁西说:'如果只允许政治上的和宗
教上的伪君子们当教师,人们是不愿意当教师的。'"②

四是关于初级职业教育的立法,如英国 1563 年的学徒法,1601 年的济贫法和学徒法。
英国的济贫法一直沿用到 19 世纪,并经过修改于 1834 年颁布了新济贫法。在北美殖民地,
以弗吉尼亚为中心的南部殖民地是美国国教会的势力范围。殖民者将英国国教会的教育
政策带到殖民地,他们认为孩子的教育是私人的事情,殖民地当局对普通人民的教育毫无
兴趣。但为了减少无业游民,维持社会治安和稳定,他们按照英国本土济贫法的精神,先后
颁布了关于贫民子弟初级职业培训的教育立法,如 1643 年弗吉尼亚学徒法,1646 年弗吉尼
亚为贫穷儿童开办贫民习艺所法,1668 年授权弗吉尼亚县议会建立贫民习艺所的立法,
1715 年北卡罗来纳殖民地关于孤儿院的立法等。根据这些法令,殖民当局强迫将孤儿或父
母无力照管的男女儿童,以契约方式交给某一工匠师傅当学徒,工匠必须供给他们生活必
需品,教给他们一门手艺,并负责教他们识字,直到他们成年或结婚;最后还必须送给他们
一套生产工具和生活必需品,使他们能自立谋生。弗吉尼亚殖民当局和新英格兰地区对待
国民教育的态度,反差十分明显。新英格兰地区一直是美国教育发展的先锋和楷模。

近代早期,西方教育制度是从中世纪的蒙昧主义、神学至尊、原罪论、预定论、禁欲主
义、经院哲学、权威主义、棍棒纪律和最后的古典主义阴影中走出,进而迈向世俗化、民族
化、民主化、实际化、劳动化、科学化、法制化的现代教育制度的大道,这是一个伟大的历史
转折。这个历史转折艰难而缓慢,但它预示了以后西方教育制度的发展方向。西方教育制
度近代化的过程,就是这些趋势发展的结果。西方教育制度近代化的经验,就是促进这些
新趋势的发展、壮大。历史是人创造的。西方教育制度近代化萌芽的最终原动力是社会生
活的需要,但先进思想家的见微知著,领先呐喊,鸣锣开道却有着不可磨灭的历史功绩。没
有敢想、敢说的先知先觉者的探索、引路,教育制度的任何创新和实验都是不可能的。

① [美]E. P. 克伯雷选编:《西方教育经典文献》(上卷),第 310 页。
② [美]E. P. 克伯雷选编:《西方教育经典文献》(上卷),第 312 页。

结　　　语

　　西方近代早期的教育是在中世纪教育的基础上发展而来的,但它又与中世纪教育有着本质上的不同。有些人认为近代早期是一段与过去彻底决裂的时期,这种解释严重歪曲了事实。实际上,西方社会一直延续着漫长的发展历程,回到古代是为了满足当时的需要,在此既有连贯性也有复兴的意义。正如美国学者佛罗斯特指出:"文艺复兴时期的很多变化根植于11、12世纪。在这两个世纪中,西方人在他们的文化中恢复了古希腊、罗马人的思想。正是这种思想迷住和控制了他们的心灵。文艺复兴是这个过程的继续,是一段人们关心人超过关心神的时期。当过去的闸门一旦打开,人们又陷入了对古代过分虔诚和崇拜的危险之中,以至于在以后的几个世纪中,人们还得来重新平衡人与神、理智与感情、物质与精神的关系。"①近代早期西方教育的演进,受到文艺复兴和宗教改革两大运动的深刻影响,它的主要变化表现为古典教育的复兴、国民教育的起源、学校制度的革新、高等教育的变革、科学教育的兴起和教育制度的探索;与此同时,教育世俗化、教育民族化、教育科学化、教育法制化等成为这一时期西方教育发展的新趋势。

一

　　在漫长的中世纪,传教士就开始热衷于创办学校,以培养他们的接班人。施教的内容无论在西班牙、高卢(古代西欧地区)、爱尔兰或不列颠都是相同的,包括《圣经》、教会的礼拜仪式和早期教父们的著作。"正是通过学校,这些孩童得以被吸收进共同的西方基督教世界的系统中,并成为以罗马为中心的一个更大世界的公民。"②这一时期,教育是建立在拉丁语的基础之上,而拉丁语也只能经由文学的渠道习得。在共同的《圣经》、教会、拉丁语基础上,西欧教育才得以确立,而且它所采取的形式几乎毫无变化地被保留了一千多年。从此西欧教育被打上了一种共同的印记,不同的国家却受到相同精神的熏陶,其后果是压制(甚至在许多国家几乎毁灭)了追求自我表现的地方生活和民族文化。同样,大学的整个教学也是用拉丁语进行,全部教学过程是一个漫长的神学学习过程。可见,学校成为了一种工具,通过这个工具西方被全面纳入到教会的文化和宗教氛围之中。

① ［美］S. E. 佛罗斯特著:《西方教育的历史和哲学基础》,第179页。
② ［英］弗朗西斯·马尔文等著,屈伯文译:《西方文明的统一》,大象出版社2013年版,第140—141页。

从 14 世纪开始,西欧进入了"文艺复兴"时期。这一时期出现了学术的复兴,人们已不再满足于接受神学、禁欲主义和教会权威的观念,个人的感情和理想、自信和希望,以及对于美和自然的新观念开始占据优势。当人们考察过去时发现,古人对个体的自信和世俗生活具有同样的兴趣。因此人们希望详尽地研究过去,以学习使人的创造力自由发挥的方法。杜威指出:"毫无疑问,当时受教育的人们充满了新的观点,为了获得志趣相投的支持和加强,他们热切地求助希腊文学,这种对希腊思想的兴趣,在相当程度上,不在于为文学而文学,而在于这种文学所表现的精神。思想的自由,对于自然的秩序和美的感受,激励着希腊人的表现手法,唤起人们以同样自由自在的方式进行思维和观察。"①

在教育问题上,掌握希腊语和拉丁语是进入古代思想文化世界的必备钥匙。"学术的复兴从根本上说是一次教育运动,它从一开始就主要与学校联系在一起。它以教育主题与教育精神的彻底改变为其目标。它总是从希腊文学中汲取灵感,而这意味着最全面的人类思想自由、思考自由以及探索人类生存环境的自由。此外,它尤其是对中世纪教会禁欲观念的反叛,以及对人类身体和思想尊严的确认。"②在人文主义精神影响下一种新的教育产生了,它产生于那些传承古代文化的重要中心。首先是佛罗伦萨,它同但丁和薄伽丘有关;其次是威尼斯,它是和希腊大陆进行贸易的中心;再次是帕多瓦,它是来自欧洲各国学者们的聚集之地。在意大利,原来的城市学校得以恢复,一些开明君主也开始设立新的学校。

在文艺复兴运动中兴起的人文主义体现了一种新的时代精神,其核心是充分肯定人的价值和尊严。人的意识的普遍觉醒开启了一个崭新的时代,在这个时代里沉睡了几个世纪的文学和艺术被唤起了新的生机。人文主义使人处于一切思考的中心。③"它激发了艺术、科学、探索、发明等各种形式的创新活动。"④文艺复兴借助于对人的发现和对世俗生活的肯定,进而影响到这一时期对人的教育。人文主义者认为,教育是让人从自然状态中脱离出来,并且发现自己的过程。"教育除了要开发其智力以外,还需要培养他的社会适应能力:在崇尚暴力的时代,他得学会控制情绪;在暴政肆虐的时代,他得做到委婉谦卑;⋯⋯而在

---

① [美]约翰·杜威著:《民主主义与教育》,第 299 页。
② [英]弗朗西斯·马尔文等著:《西方文明的统一》,第 144 页。
③ [法]德尼兹·加亚尔等著:《欧洲史》,第 359 页。
④ Levi Seeley, *History of Education*, Complete Unabridged, New York, 2009, P. 82.

一个崇尚出类拔萃、容不得平庸的时代,教育的目的就是要培养精英,而不是生产专门人才。"①文艺复兴时期的人文主义教育家都强调学习古典文化,特别是由古典语言和古典著作构成的人文学科,古典语言是指拉丁语、希腊语和希伯来语;古典著作是指古希腊罗马时代的文学、历史、哲学、伦理学、法学、医学及天文学等方面的书籍。他们认为,在古典著作中蕴含着丰富的人文精神,通过学习有助于世界观和人生观的形成,也有助于培养睿智和美德。在人文主义教育家的推动下,意大利、法国、荷兰、德国和英国等地出现了古典文化和古典教育的复兴。"古典的复兴反过来导致了民族语言的繁荣,接踵而至的是以拉伯雷、蒙田、莎士比亚、弥尔顿、塞万提斯和卡蒙斯等人为代表的文学黄金时代。从此以后,这些国家的文化永远处于古典复兴的滋润之下,但却不再依靠拉丁语的输血。"②

　　总之,近代早期西方教育的演进与人类整个历史发展进程一样,它是一步一步循序渐进的,它不能也不允许跨越或飞跃。但促进这种教育演变的动力则是文艺复兴运动,特别是人文主义思想及随后的宗教改革运动和资本主义经济的发展。

二

　　近代早期,西方教育的一大特征是其发展和演变过程与宗教紧密地联系在一起。自中世纪起,布道(preach)和礼拜仪式(liturgy)就是一种重要的教育形式。中世纪大学的作用是为广大社区培养传教士,这在剑桥大学史上十分明显。到15世纪时,剑桥大学已经确立了一个深受欢迎的布道传统。同样,1489年至1490年牛津大学要求授权校长和神学博士颁发布道的许可证。不久,剑桥大学也成功地获得了颁发布道许可证的权力。③"礼拜仪式是中世纪培养男女信徒宗教信仰的重要途径。正是在教堂和通过教会的服务,人们明白了作为一名基督教徒的职责;这是他们最重要的宗教'学校'。"④从礼拜仪式中,男女信徒明白了宗教的存在。也就是说,礼拜仪式告诉人们如何生活以及上帝(尤其是基督)、圣母和圣

---

① ［英］阿伦·布洛克著:《西方人文主义传统》,第33—34页。
② ［英］阿伦·布洛克著:《西方人文主义传统》,第36页。
③ Ronald B. Begley and Joseph W. Koterski, *Medieval Education*, Fordham University Press, New York, 2005, P. 90.
④ Ronald B. Begley and Joseph W. Koterski, *Medieval Education*, Fordham University Press, New York, 2005, P. 20.

徒的存在。从礼拜仪式中,男女信徒懂得了宗教感情。"以礼拜仪式为基础的基督教,强烈地增强了信徒对于上帝、圣母和圣徒的慈爱、信任、恐惧、悲伤之类感情与情绪,这远远超过了知识分子对于教义和信条的认同。"①

文艺复兴运动在 16 世纪达到顶点,同时文艺复兴运动又引发了宗教改革运动,宗教改革最终结束了西方基督教的统一。"宗教革命与文艺复兴是同一精神下的产物。文艺复兴的要点是批评的态度,这种态度在教会的权威的问题上,便是宗教革命。进一步说,是科学精神与教会权威的冲突。这种冲突是不可避免的。换言之,宗教革命与其说是革命不如说是进化。"②宗教改革产生的冲击力势不可挡,"这场反对教皇专制权力与神职人员特权的运动的大爆发,转变了欧洲的政治、思想、社会和宗教的性质"③。同样,宗教改革所到之处,也给当地的传统教育体制带来了灾难。"大学失去了数量众多的学生。修女院和修道院学校由于修道院的解散而停办。天主教学校在教会削减了其教学人员后,招生人数也不得不减少。甚至城镇里的书写学校也受到了影响。宗教改革对教会和整个社会的影响是深远的;在许多方面,新教育体制不能简单地建立在旧体制上,而是必须依靠大量新的学术机构和平民学校。"④

宗教改革之所以获得成功,固然是由于那些世俗统治者想得到教会的地产,以及缔造独立自主的国家的雄心,但他们对于宗教改革者的说教心悦诚服地拥护则起着关键作用。在宗教改革运动中,德国出现了以马丁·路德为领袖的路德派,瑞士出现了以加尔文为领袖的加尔文派。"路德和加尔文并没有提出全新的宗教思想,他们从认可的经院哲学家那里接受了许多神学理论,而且在他们之前也有像威克里夫、胡斯和萨沃纳罗拉这样的宗教改革者。但改革的时机已经成熟。"⑤这一时期新的势力崛起,旧文明的根基正在解体,神圣罗马帝国代表的政治统一思想已经消失。宗教改革反对天主教会的专制,主张"因信称义",提倡普及初等义务教育,从而形成了新教教育思想。"因信称义"意味着一种宗教平等,而宗教平等又衍生出一种受教育权利的平等。"因信称义"所确定的信仰是个人的主观体验

---

① Ronald B. Begley and Joseph W. Koterski, *Medieval Education*, Fordham University Press, New York, 2005, P. 28.

② 瞿世英编:《西洋教育思想史》,第 20 页。

③ [英]G. R. 埃尔顿编:《新编剑桥世界近代史》(第 2 卷),第 3 页。

④ [瑞典]T. 胡森等主编:《教育大百科全书》(第 2 卷),第 647 页。

⑤ Robert Ulich, *History of Educational Thought*, American Book Company, New York, 1950, P. 104.

和内心活动,是个人与上帝之间的秘密关系,这就从理论上产生了一种新的教育观:使每个人都具有阅读《圣经》和参与教会事务的能力,强迫教育就成为实现这一宗教目的的基本途径。宗教改革将教育导入世俗、实用和现世的道德方向,否定了教会和神职人员在灵魂与上帝之间的救赎作用,使人获得了一种真正的精神自由,从而为 17 世纪的宗教宽容和科学理性的产生奠定了基础。

宗教改革运动又导致了反宗教改革运动,由此产生了旷日持久的宗教战争。天主教会为对抗新教势力而成立的"耶稣会",把教育青年和巩固天主教的影响作为主要任务。然而,"天主教中的反宗教改革运动并不满足于恢复宗教法庭以及创立像耶稣会那样的激进修会,而是像新教一样,寄希望于国家的世俗权力实施对思想自由的禁令"①。在宗教改革的冲击下,欧洲各教派积极兴办各种学校,使学校成为宣传各自教义的主要阵地。"宗教改革的结果是鼓励教会致力于从事小学、中学和大学教育。在 16 世纪和 17 世纪,我们发现许多教会颁布的法令以及主教们的劝诫,敦促扩大现有教会教育的规模,以便为所有信徒的子女提供基本的宗教训练。结果,许多教学团体(teaching orders)得以形成,其目的是帮助教会为城市的劳动阶级和工匠的子女提供基本知识和宗教教育。"②与此同时,欧洲一些主要国家如荷兰、法国,尤其是德国颁布了最早的初等义务教育法令。

正如我国教育史家瞿菊农先生所言:"宗教革命的教育,除耶稣会派以外大半注重初等教育;我们很可以说宗教革命的教育,结果是初等学校之设置,国语(各国本国语言)的教授和国家办教育的计划。"③英国学者丹尼斯·劳顿(Denis Lawton)和彼得·戈登(Peter Gordon)指出:"宗教改革的结果不仅仅是提高了识字率,同时对于教育本质和教育对象态度的改变产生了深远影响。同样地,反宗教改革不只是为了抵制新教徒的教育思想,而是为了采取最有效的教育改革和改进教育所实施的一项政策。虽然宗教、教育和民主之间的关系不宜夸大,但从长远来看,这种扩大教育参与的举措十分重要。同样重要的是个人观念的逐步发展,如个人的权利、责任和受教育权。"④在这个时期,西欧还出现了教育调查、学

① ［英］阿伦·布洛克著:《西方人文主义传统》,第 48 页。
② Ellwood P. Cubberley, *The History of Education*, Houghton Mifflin Company, Boston, 1920, P. 345.
③ 瞿世英编:《西洋教育思想史》,第 22—23 页。
④ Denis Lawton and Peter Gordon, *A History of Western Educational Ideas*, Woburn Press, London,2002,PP. 84‑85.

校视导、教师认定、师资培养的萌芽,近代资本主义国家的双轨制轮廓也已经清楚地显现出来了。

三

在西方教育史上,12世纪学术复兴的结果是中世纪大学的诞生。到13世纪末,大学虽然在数量上仍然很少,但它已经成为欧洲文化生活的核心机构;它是真正的"知识权力"场所,也是培养教廷和城市精英的核心机构,对于思想的产生和传播作出了重要贡献。在文艺复兴和宗教改革时期,欧洲大学也发生了一些变革。"在德国,所有早期建立的大学,包括维也纳大学和布拉格大学,以及15世纪反映学校的世俗和教会捐助人文化和政治愿望的新建大学的迅速发展,都是由人文主义教育的迅猛发展而激励的。"①德国的情况同样出现于西欧其他一些国家。由于人文主义在大学获得了一席之地,它对大学的影响十分明显,其标志是引入了人文主义新知识。人文主义新学科打破了经院主义神学和哲学独霸大学讲坛的局面,虽然它的影响仅限于大学文学院,但正是文学院引领了欧洲大学的近代化运动,并推动了整个大学的变革。"从长远来看,文艺复兴和人文主义为高等教育贡献了一种新的重要精神,即一种获得'解放'的自由精神。……毕竟文艺复兴的本质是一种冒险精神,即个人追求卓越和取得有意义的成就。正是在这种意义上,艺术与文化获得了重生,人文主义学者也找到了自己的探索之旅。"②

文艺复兴时期高等教育的变革主要表现在课程方面,尤其是人文学科(the arts)的设置。"许多以人为本的新课程如希腊文学、修辞学、诗歌、历史和柏拉图哲学,实际上取代了旧的经院式课程。这些课程尽管与职业课程毫不相关,或者只是一些选修科目,但可以肯定的是它们至少得到了认可。"③尽管这一时期大学对科学知识贡献不多,在大学课程中自然科学还没有地位,但文艺复兴将科学从千余年沦为神学奴婢的地位中解放出来,导致了近代科学的诞生。在15世纪末,欧洲大学生数量尤其是外国学生的数量有所增加;学生和

① [比利时]希尔德·德·里德-西蒙斯主编:《欧洲大学史》(第二卷),第35页。
② Willis Rudy, *The Universities of Europe*, *1100 - 1914*, Associated University Presses, London and Toronto, 1984, P.57.
③ Willis Rudy, *The Universities of Europe*, *1100 - 1914*, Associated University Presses, London and Toronto, 1984, P.47.

教师的地域流动性盛况空前,意大利大学是人文主义者的圣地。"年轻的英国人、德国人、荷兰人、斯堪的纳维亚人、西班牙人和葡萄牙人造访大量位于博洛尼亚和帕多瓦、帕维亚、锡耶纳和比萨以及少量位于费拉拉和佩鲁贾的意大利大学,对这些文化源泉进行智力上的朝圣之旅。"①

　　与文艺复兴相比,宗教改革对大学的影响更加深刻。一方面,宗教改革使控制大学的权力由教会转入政府,导致了一些大学资金短缺和入学人数的下降;另一方面,宗教改革引发的宗教论争使大学教授的学术自由受到破坏,宗教迫害事件屡见不鲜。在16世纪,宗教迫害的主要动机是政治原因,即担心宗教分歧会破坏国家的统一与权力,而且导致少数派与外国政权结成联盟。但这一时期欧洲大学仍然取得了多方面的进展,如人文主义课程在许多大学得以保留;大学中的科学研究并未停止,许多大学成为了重要的研究中心;大学成为了世俗化的工具,并服务于国家的需要;大学的通用语言拉丁语为各民族的语言所取代,大学由国际性大学转变为民族性大学。这一时期,统治者通过立法禁止学生在国外学习,试图将他们限制在国内。统治者认为国外大学是宗教和政治污染的源泉,而且学生出境学习对本地大学造成很大的经济和财政损失。16世纪末和17世纪初,随着社会的日益稳定,这一限制性的立法开始生效,并对大学的国际性特征产生了深远影响。另在耶稣会的帮助下,世俗和教会当局也积极地重组现存的大学,并在受异教威胁的地区和国家建立新的教育机构,将哲学和神学的教学置于首位。宗教战争、各种新教派的崛起以及天主教的迫害等产生了大量的逃亡者,大学作为避难所接纳了一部分年轻人。大学里有一些专门的学院接纳和培养年轻的避难者,鲁汶、杜埃(法国北部城市)、巴黎、萨拉曼卡、罗马和科隆成为苏格兰人、英格兰人、爱尔兰人、荷兰人和德国人的教育中心。

　　此外,从整个16世纪到大约1600年,贵族子弟大量涌入大学,并往往通过游历欧洲大陆完成教育。这些贵族子弟在游学时通常有贫穷子弟和助手随行,像巴黎大学、莱顿大学、鲁汶大学、萨拉曼卡大学、博洛尼亚大学、帕多瓦大学、海德堡大学、维也纳大学和克拉科夫大学具有较大的吸引力。博洛尼亚大学的法学、帕多瓦大学的医学、萨拉曼卡大学的神学、巴黎大学的哲学等享有盛誉,吸引了德国、波兰和英国等地的学生。到1600年,贵族教育已发生了巨大的变化。贵族子弟不仅要培养骑士精神,也要学习文学和法律等,为以后服务于国家的各项事业做准备。因此只有那些提供数学、建筑学、行政学、管理学、外交学、文

①　[比利时]希尔德·德·里德-西蒙斯主编:《欧洲大学史》(第二卷),第435页。

学和造型艺术等新兴学科的大学,才有希望吸引年轻的贵族。"英国人和德国人以最热心的学术旅行者著称,正如他们自己所承认的那样,因为他们缺乏文明和文雅。大旅行的狂热者也包括荷兰、波兰、匈牙利,以及捷克的贵族。总而言之,欧洲精英追随了这种时尚。新教徒比天主教徒更热衷于大旅行。与法国人、意大利人和西班牙人相比,有更多说英语、德语和斯拉夫语的人追求这种时尚。"①

在经历了人文主义洗礼和宗教改革的冲突之后,欧洲大学在科学研究方面也取得了一系列重大的进展,这一切既深化了人们对自然界和人类自身的认识,也为近代自然科学的兴起奠定了重要基础。总之,宗教改革时期欧洲大学虽然面临各种教派和政治纷争,但事实上结果比预期的要好。"在某种程度上,大学的传统得以继续保持;神学科目虽然比以往更加受到重视,但同时人文主义课程在许多机构得以保留。可追溯到中世纪的传统院系组织依然如旧,古典学科仍然是培养神职人员、公职人员甚至未来绅士的重要途径。"②

四

17世纪是西欧资本主义迅速发展的时期,也是自然科学蓬勃兴起和欧洲移民开发北美洲的时期。这一时期,从经济到政治、从思想到文化,各种历史事件和时代潮流为欧洲打下了深刻的烙印。"从文明进步与发展的角度看,17世纪开始迎来人类历史上第二个科学研究的高潮,它对于改变欧洲乃至世界面貌的作用,较之政治和思想范围内的变革,或许显得更为不可或缺,更加引人瞩目。"③另外,随着民族国家的出现、中产阶级的诞生、工商业的复兴,以及对新兴市场的渴望,一些探险家们和移民纷纷来到北美大陆进行殖民活动。

在教育领域,自然科学为欧洲近代教育提供了一套完整的科学知识体系。"诚然,文艺复兴通过与自然主义的异教相接触而向基督教世界吹进了一股清新的凉风。但它更关心的是书本知识,而不是对自然的第一手研究。而且在大学里,古典文学的研究也证明不利于科学研究。至于宗教改革运动的领袖们,他们至少也像天主教一样容不得异端。然而,

① [比利时]希尔德·德·里德-西蒙斯主编:《欧洲大学史》(第二卷),第451页。
② Willis Rudy, *The Universities of Europe*, *1100-1914*, Associated University Presses, London and Toronto, 1984, P. 74.
③ 张泽乾著:《法国文明史》,第292页。

这两个运动都间接地对科学事业有所贡献。"①正如杜威写道:"16 世纪的科学史表明,渐露端倪的自然科学,主要从对希腊文学的新的兴趣借来它们的出发点。……新的自然科学乃是人文主义的女儿。"②另一方面,"教派争吵不休和教会专横的偏狭使一些出类拔萃的人对它退避三舍,他们转而诉诸理性之光来探求真理,漠视一切教派声称的天启的权威"③。因此,随着文艺复兴和宗教改革的发展,特别是 1648 年宗教战争的结束,西欧社会涌现了一大批诸如达芬奇、哥白尼、培根、开普勒、伽利略、哈维、牛顿等在科学史上占有重要地位的人物。自然科学的兴起,推动了科学教育的发展和一批新型中等学校的创办。同时一批富有远见卓识的思想家,如拉伯雷、培根、弥尔顿、配第、夸美纽斯、康帕内拉、安德里亚、洛克等,在他们的著作中也积极倡导科学教育,要求学校扩充实用知识,改进教育和教学方法。这种思想无疑反映了近代西方教育科学化的发展趋势。

17 世纪随着欧洲移民的涌入,在北美殖民地出现了由移民创办的初等学校、文法学校和早期的殖民地学院,这些学校的教育宗旨都是宗教性的,而且是移植欧洲教育的模式。"溯本探源,英国教育是美国教育的主要源泉。因为原为 13 州的广大地区是英国殖民地,居民 80% 来自英国,其政治、经济、社会、文化都操于英国殖民者之手,其教育更多从宗主国移植而来,因此,史学家们特别强调英、美教育之间的血缘关系。这种见解是符合史实的。"④随着英国政府在北美殖民地稳步推行英国式政治、法律和商贸制度,移民们似乎更愿意在信念、信仰和教育方面保持相对的开放。"其结果是形成了这样一种殖民理念:殖民地成了一个有多种不同教育模式的社区,无论是正规的还是非正规的,每种都寻求在塑造未来中发挥重要作用。"⑤从 17 世纪 40 年代起,北美殖民地开始大量从英国和欧洲其他国家移植各级各类学校,如主妇学校、贫儿学校、慈善学校和读写学校,还有拉丁文法学校和完全依照英国大学模式创建的哈佛学院等。移民们都试图在某种程度上将他们熟悉的社区法则和相关机构移植到新大陆,新教徒也不例外。但正如有的学者指出,殖民地教育的发展就好像这个国家的地形一样波澜起伏。"尽管一切都是新的,但新大陆上的欧洲殖民地却倾向于移植那些在欧洲的习俗、传统以及设想,在教育事务上也是如此。尽管一切都是

---

① [英]亚·沃尔夫著:《十六、十七世纪科学、技术和哲学史》(上册),第 13 页。

② [美]约翰·杜威著:《民主主义与教育》,第 299 页。

③ [英]亚·沃尔夫著:《十六、十七世纪科学、技术和哲学史》(上册),第 13 页。

④ 滕大春著:《美国教育史》,第 1—2 页。

⑤ [美]劳伦斯 A. 克雷明著:《美国教育史:殖民地时期的历程 1607—1783》(第 1 卷)前言,第 16 页。

那么地开放,美洲殖民地的教育机构和设置,却在本质上充满了阶级性,在教育机会上甚至是极端不平等的。在大部分情况下,教育在教学过程和目的上都是有权威取向的,其本质在于强化宗教传统、种族界限和政治理念,在于实现对普通人的控制。"①

五

社会进化论为近代早期西方教育的演进提供了理论依据。社会进化论的基本特征在于以生物有机体比拟社会有机体,以生物进化推论社会进化。生物进化的重要概念是适应、变异、天择、遗传。在社会进化论者看来,社会进化的过程也不外乎是社会适应、社会变异、社会选择和社会遗传不断地相互作用的过程。社会生活得以进化的原因有赖于自然的、生物的、心理的和社会的四种要素相互影响。② 但社会进化论者认为社会进化与生物进化具有许多不同之处:第一,任何社会都有一种特殊的自然环境,社会生活不仅要适应社会环境,而且要适应自然环境。第二,每种社会所处的自然环境和社会环境不同,因此在社会适应环境的过程中便发生了变异。社会变异既有渐变也有革命,渐变是进化的常态,突变及革命是进化的特例。第三,社会变异之后便有社会选择,凡是适应社会生活的变异就自然存留,否则就会被淘汰。第四,社会所选择的文化由前代传递给后代,即所谓社会遗传。生物遗传靠细胞,社会遗传靠文化。③ 社会进化论者认为,社会不断向前发展,进化的速度会时快时慢,但总的说来是渐进的。其原因在于进化的过程有许多阶段,非经过前一阶段就不能进入后一阶段。社会发展要受自然法则支配,渐进和阶段性是社会进化的公理。在某种意义上,社会进化或迟或早、或多或少都会对教育产生影响,而且最终导致教育的发展。社会渐变的主要作用在于促使教育系统进行某种"微调",即以不改变整体特质为前提的适当调整;社会剧变的主要作用在于给整个社会注入了"新"的内涵,促使教育不得不向社会"靠拢"和进行自身的"重构"。近代早期西方教育的演进同样遵循社会进化的原则。

近代早期西方教育的演进绝非一个孤立的历史过程。虽然社会诸方面的发展具有不均衡性,但社会进步毕竟是一个整体性的过程,社会政治、经济、文化等方面的变革必然会

① [美]韦恩·厄本、杰宁斯·瓦格纳著:《美国教育:一部历史档案》,第84页。
② 吴忠魁、张俊洪著:《教育变革的理论模式》,四川教育出版社1988年版,第24页。
③ 吴忠魁、张俊洪著:《教育变革的理论模式》,第25页。

对教育产生影响。因此,无论是教育演进的背景及原因,还是其过程和后果,文艺复兴、宗教改革、三十年战争、经济发展、民族国家、社会变迁和科学革命都是最令人瞩目的几个因素,它们引发、推动并决定了西方教育演进的进程和性质。"只有从整体上把握社会环境各种因素之间的相互关系,从整体上把握这些因素对教育系统发生作用机制的内在联系,才可能更全面、深刻地理解每一种社会因素对教育系统整体与部分的作用方式、机制、程度。"①

　　文艺复兴运动和古典教育的复兴揭开了近代早期西方教育的序幕,由人文主义思想所引发的欧洲社会生活,尤其是文化教育的世俗化趋势十分明显,它具体表现为确立了培养"新人"的教育目标、新型学校的出现,以及教学内容与方法的变革等。宗教改革运动则推动了初等教育的大发展,进而催生了最早的初等义务教育法及国民教育,使这一时期的教育发展带有民族特性。事实上,文艺复兴与宗教改革对于西方文化教育的发展起着前后呼应的作用。"随着教会的衰落,民族国家的兴起,人们开始以自己独特的民族文化、特定的语言和传统为荣,中央政府取代了旧的封建制度,因为它有无数的行会、法人和人与人之间复杂的忠诚关系,使得政治行动难以协调一致。……中央政府知道如何集中力量和代表自己的国家去充当艺术和学问的保卫者。"②新教思想家所追求的教育民族化特点,也强化了教育服务于民族国家的功能。但由于宗教因素是导致初等学校出现的重要原因,因此这一时期的国民教育宗教色彩十分浓厚。另外,学校制度也发生了相应的变革,如办学权的转移,分级制的滥觞,拉丁语学校、文科中学、文法学校及公学的改革,学园及实科学校的问世等。

　　近代早期西方教育的演进存在明显的前后相继关系,反映出变化的渐进性。"因此,尽管新的时代给人们生活的各方面带来了巨大变化,但它不是革命的结果,而是渐进发展的产物。"③无论是学校制度的革新还是高等教育的变革,任何一种制度创新和重要的改革,都不是突如其来地发生和完成的,而是经过了一段较长时间的酝酿、摸索和试验,这一过程无疑充满了艰辛和痛苦。由于利益集团的存在和利益冲突的不可避免,任何社会都存在抗拒

---

① 张斌贤著:《教育史学论稿》,浙江教育出版社 2019 年版,第 213 页。

② Robert Ulich, *History of Educational Thought*, American Book Company, New York, 1950, P. 103.

③ Robert Ulich, *History of Educational Thought*, American Book Company, New York, 1950, P. 104.

变革的力量,这种力量构成了教育演进的阻力。阻碍西方教育演进的因素存在于各个层面,观念层面、制度层面和物质条件层面存在的问题都可能会延缓这一进程。在西方社会发生深刻变化的历史背景下,教育观念也日趋近代化;而教育观念的变化又推动了教育制度方面的变革,这一变革贯穿于整个近代早期。经过长达几个世纪的演进,到17世纪末西方近代教育制度的雏形已经形成,而且表现出世俗化、民族化、民主化、实际化、劳动化、科学化及法制化的发展趋势。

在近代早期教育演进的方向上,虽然西方社会保持着同质性,但在具体的教育实践中各国又表现出鲜明的民族性。英国就是一个明显的例子,它的发展道路与欧洲大陆有所不同。由于英国的修道院组织长期占据着优势地位,其大教堂的财富和影响力都不如欧洲大陆,因而它与欧洲大陆在教育立场上并不相同。[1] 在英国,修道院不可避免地承担起教育领导者的责任,修道僧不仅在基督教教义方面,而且还要在作为古典语言和仪式语言的拉丁文方面指导信徒,他们不得不教授读写和那些为教会事务及仪式所必需的科目,如绘画、音乐、年代学和历法知识等。"14世纪以前的英国社会是世界性的,英国文化是一种拉丁文化或法兰西文化。……拉丁语是学习用语,而法语是宫廷和法律用语。贵族说法语,而其他人说英语,因此国家处于分裂状态。然而,在14世纪诸多因素已经在起作用,正在快速地创造一个英吉利民族。到这个世纪末,英国语言、英国文学、英国艺术和英国思维方式已给这个岛国的人民贴上了独特的标签。"[2]在西欧所有国家中,英国最早实现了民族统一,并建立了具有折中色彩的民族教会。但在其他任何国家,即使像美国那样教派林立的国家,宗教纷争也没有像英国这样如此长时间地阻碍国民教育的发展。"在16世纪,英国教育发展摆脱了盛行于早期的模式,开始出现现代意义上的教育制度,即为不同社会阶层的人们设计一种教育方式。如果要追踪这一变化的过程和方向,它的起点必定是中世纪后期教育的全面供给。……评估这些问题的最佳方式是,必须考虑到产生特定教育需求和供给的社会趋势。"[3]在高等教育领域,英国大学始终掌握着管理内部事务的权力。自16、17世纪起,英国大学教育所进行的一系列改革,完全是由大学或学院本身推行的,英国政府在整个过程

---

① Joan Simon, *Education and Society in Tudor England*, Cambridge University Press, London, 1967, P. 8.

② [美]克莱顿·罗伯茨等著:《英国史:史前—1714年》(上册),第209—210页。

③ Joan Simon, *Education and Society in Tudor England*, Cambridge University Press, London, 1967, PP. 4 - 5.

中所发挥的作用十分有限。

在德国,由于三十年战争的影响,在战争结束后的近一个世纪,德国各地的教育基本上处于停滞状态。只有普鲁士等局部地区,从 17 世纪中期起才出现了教育复兴的迹象。无论是与 16 世纪相比,还是与 18、19 世纪相比,17 世纪后半期是一个相对平静的时期,既没有宗教纷争,也没有急剧的变革。正是在这种宁静状态中,17 世纪为德国近代教育发展作出了重要贡献。"在某种意义上可以这样说,经过宗教改革时期的喧闹,17 世纪的宁静实际上起了一种缓冲、平衡的作用。也只有在这样一种相对的平静中,才有可能进行深入的摸索、探索。也只有经过这样的摸索和探索,才有可能迎来 18 世纪德国教育的剧烈变革。在这个意义上,17 世纪的价值就不仅仅在于恢复、复兴,也在于它为 18 世纪德国教育的高速起飞奠定了坚实的基础。……17 世纪的价值还在于,它在德国教育最终从中世纪向近代过渡的进程中迈出了重要的一步。……正是通过 17 世纪这座桥梁,德国教育从中世纪走向了近代。"①在美国,殖民地时期教育与经济发展的关系,远不如教育与宗教文化和政治的关系那么密切。我们可以说,殖民地的宗教文化和政治决定了殖民地教育的结构形态。在 17 世纪,新英格兰殖民地的教育被看成是维护政府和宗教权威的工具,人们被教以读和写,其目的不仅是为了保证他们能够阅读《圣经》和宗教小册子,而且是为了使他们能服从上帝和法律。这在殖民地关于教育的最早法律《1642 年马萨诸塞法》中得到了明显的体现。英国学者安迪·格林(Andy Green)认为,不同国家在教育演进过程中所反映出来的特殊的民族性,是解释各国教育体系不同性质的根本因素。②

从历史的角度看,相比各国教育演进的多元化结构而言,近代早期西方教育的同质化发展促进了教育更快速、更有创意的变化,其中最显著的变化是教育结构的分化,它包括学生、教师、教育管理体制、学校教育结构、课程结构等诸多方面。教育结构的持续分化是教育发展的重要特征之一,与之相伴的是教育功能的分化。"结构发生变化到一定程度会导致系统出现新的功能;功能发展到一定程度也会导致系统出现新的结构。结构与功能对立统一。"③正是这种教育结构的不断分化,使得近代早期西方教育系统变得更加复杂,其功能变得更加多样。"在这个系统中,各个组成部分、各种元素之间不断以各种方式发生着各种

---

① 吴式颖、诸宏启主编:《外国教育现代化进程研究》,第 260—261 页。
② [英]安迪·格林著:《教育与国家形成——英、法、美教育体系起源之比较》,第 229—230 页。
③ 吴忠魁、张俊茨著:《教育变革的理论模式》,第 79 页。

不同程度的相互关系和联系,并由于这种关系、联系而作用于整个系统的结构、功能,从而引起系统本身的改变。"①在近代早期,随着西方各国一些新的教育机构诞生、新的教育制度形成、新的教学内容出现、新的教育法案颁布,这种分化意味着一种新的教育价值观的肇始,以及新生力量对传统力量的变革。

---

① 张斌贤著:《教育史学论稿》,第 211 页。

参考文献

［1］［奥地利］弗里德里希·希尔著，赵复三译：《欧洲思想史》，广西师范大学出版社 2007 年版。

［2］［比利时］亨利·皮雷纳著，陈国樑译：《中世纪的城市》，商务印书馆 2006 年版。

［3］［比利时］希尔德·德·里德-西蒙斯主编，张斌贤、张弛等译：《欧洲大学史》（第一卷），河北大学出版社 2008 年版。

［4］［比利时］希尔德·德·里德-西蒙斯主编，贺国庆、王保星、屈书杰等译：《欧洲大学史》（第二卷），河北大学出版社 2008 年版。

［5］［德］恩格斯著，马恩列斯著作编译局译：《反杜林论》，人民出版社 1970 年版。

［6］［德］弗里德里希·席勒著，沈国琴、丁建弘译：《三十年战争史》，商务印书馆 2010 年版。

［7］［德］弗里德里希·包尔生著，张弛、郄海霞等译：《德国大学与大学学习》，人民教育出版社 2009 年版。

［8］［德］弗·鲍尔生著，滕大春、滕大生译：《德国教育史》，人民教育出版社 1985 年版。

［9］［德］里夏德·范迪尔门著，王亚平译：《欧洲近代生活：宗教、巫术、启蒙运动》，东方出版社 2005 年版。

［10］［德］马克斯·布劳巴赫等著，陆世澄、王昭仁译：《德意志史》（第 2 卷），商务印书馆 1998 年版。

［11］［德］马克斯·韦伯著，于晓、陈维刚等译：《新教伦理与资本主义精神》，生活·读书·新知三联书店 1992 年版。

［12］［俄］M. P. 泽齐娜等著，刘文飞、苏玲译：《俄罗斯文化史》，上海译文出版社 1999 年版。

［13］［俄］T. C. 格奥尔吉耶娃著，焦东建、董茉莉译：《俄罗斯文化史——历史与现代》，商务印书馆 2006 年版。

［14］［法］爱弥尔·涂尔干著，李康译：《教育思想的演进》，上海人民出版社 2003 年版。

［15］［法］阿兰·克鲁瓦、让·凯尼亚著，傅绍梅、钱林森译：《法国文化史（卷二）：从文艺复兴到启蒙前夜》，华东师范大学出版社 2012 年版。

［16］［法］德尼兹·加亚尔等著，蔡鸿滨等译：《欧洲史》，海南出版社 2000 年版。

［17］［法］费尔南·布罗代尔著，肖昶、冯棠等译：《文明史纲》，广西师范大学出版社 2003 年版。

［18］［法］基佐著，程洪逵、沅芷译：《欧洲文明史》，商务印书馆 2005 年版。

［19］［法］亨利-伊雷内·马鲁著，龚觅、孟玉秋译：《古典教育史》（希腊卷），华东师范大学出版社 2017 年版。

［20］［法］亨利-伊雷内·马鲁著，王晓侠、龚觅、孟玉秋译：《古典教育史》（罗马卷），华东师范大学出版社 2017 年版。

[21][法]加布里埃尔·孔佩雷著,张瑜、王强译:《教育学史》,山东教育出版社2013年版。

[22][法]雷吉娜·佩尔努著,康新文等译:《法国资产阶级史》(上册),上海译文出版社1993年版。

[23][法]米歇尔·德·蒙田著,马振骋译:《论儿童教育》,上海人民出版社2016年版。

[24][法]皮埃尔·米盖尔著,蔡鸿滨、张冠尧等译:《法国史》,商务印书馆1985年版。

[25][法]雅克·勒戈夫著,张弘译:《中世纪的知识分子》,商务印书馆2002年版。

[26][法]雅克·韦尔热著,王晓辉译:《中世纪大学》,上海人民出版社2007年版。

[27][古希腊]柏拉图著,郭斌和、张竹明译:《理想国》,商务印书馆1997年版。

[28][古希腊]柏拉图著,张智仁、何勤华译:《法律篇》,商务印书馆2016年版。

[29][古希腊]亚里士多德著,吴寿彭译:《政治学》,商务印书馆1997年版。

[30][荷]伊拉斯谟著,李康译:《论基督君主的教育》,上海人民出版社2003年版。

[31][加拿大]梁鹤年著:《西方文明的文化基因》,生活·读书·新知三联书店2014年版。

[32][加拿大]约翰·范德格拉夫等编著,王承绪、张维平、徐辉等译:《学术权力——七国高等教育管理体制比较》,浙江教育出版社2001年版。

[33][捷]夸美纽斯著,任钟印选编:《夸美纽斯教育论著选》,人民教育出版社2005年版。

[34][捷]夸美纽斯著,傅任敢译:《大教学论》,教育科学出版社1999年版。

[35][捷]夸美纽斯著,傅任敢译:《大教学论》,人民教育出版社1985年版。

[36][美]爱德华·格兰特著,张卜天译:《近代科学在中世纪的基础》,湖南科学技术出版社2010年版。

[37][美]埃伦.G.杜布斯著,陆建华、刘源译:《文艺复兴时期的人与自然》,浙江人民出版社1988年版。

[38][美]伯顿·克拉克主编,王承绪、徐辉等译:《高等教育新论——多学科的研究》,浙江教育出版社2001年版。

[39][美]伯顿·克拉克著,王承绪译:《探究的场所——现代大学的科研和研究生教育》,浙江教育出版社2001年版。

[40][美]伯纳德·贝林著,王晨、章欢译:《教育与美国社会的形成》,安徽教育出版社2013年版。

[41][美]布鲁斯·雪莱著,刘平译:《基督教会史》,北京大学出版社2004年版。

[42][美]布林顿著,王德昭译:《西方近代思想史》,华东师范大学出版社2005年版。

[43][美]C.沃伦·霍莱斯特著,陶松寿译:《欧洲中世纪简史》,商务印书馆1988年版。

[44][美]C.W.凯林道夫编,任钟印译:《人文主义教育经典文选》,北京大学出版社2012年版。

[45][美]查尔斯·A.比尔德、玛丽·R.比尔德著,许亚芬译:《美国文明的兴起》(上卷),商务印书馆2017年版。

[46][美]杜·舒尔茨著,杨立能等译:《现代心理学史》,人民教育出版社1988年版。

[47][美]杜普伊斯、高尔顿著,彭正梅、朱承译:《历史视野中的西方教育哲学》,北京师范大学出版社2006年版。

[48] [美]丹尼尔・布尔斯廷著,中国对外翻译出版公司译:《美国人:开拓历程》,生活・读书・新知三联书店 1993 年版。

[49] [美]丹尼尔.J. 布尔斯廷著,时殷弘等译:《美国人:殖民地历程》,上海译文出版社 2009 年版。

[50] [美]戴维・林德伯格著,王珺、刘晓峰等译:《西方科学的起源》,中国对外翻译出版公司 2003 年版。

[51] [美]梯利著,伍德增补,葛力译:《西方哲学史》,商务印书馆 2004 年版。

[52] [美]E. P. 克伯雷选编,华中师范大学、西南师范大学教育系等译:《外国教育史料》,华中师范大学出版社 1991 年版。

[53] [美]E. P. 克伯雷选编,任钟印译:《西方教育经典文献》(上、下卷),人民教育出版社 2016 年版。

[54] [美]弗兰克・H. 奥利弗著,许东黎、陈峰译校:《美国高等教育筹款史》,广东人民出版社 2015 年版。

[55] [美]菲利普・李・拉尔夫、罗伯特・E. 勒纳等著,赵丰、罗培森等译:《世界文明史》(上卷),商务印书馆 1998 年版。

[56] [美]费雷德・赫钦格、格雷丝・赫钦格合著,汤新楣译:《美国教育的演进》,美国驻华大使馆文化处 1984 年版。

[57] [美]格莱夫斯著,吴康译:《中世教育史》,华东师范大学出版社 2005 年版。

[58] [美]I・伯纳德・科恩著,杨爱华等译:《科学革命史》,军事科学出版社 1992 年版。

[59] [美]杰里・本特利、赫伯特・齐格勒著,魏凤莲、张颖等译:《新全球史》,北京大学出版社 2008 年版。

[60] [美]坚尼・布鲁克尔著,朱龙华译:《文艺复兴时期的佛罗伦萨》,生活・读书・新知三联书店 1985 年版。

[61] [美]科林・布朗著,查常平译:《基督教与西方思想》(卷一),北京大学出版社 2005 年版。

[62] [美]克伯莱著,杨亮功译:《西洋教育史》(上册),台北协志工业丛书出版股份有限公司 1955 年版。

[63] [美]克莱顿・罗伯茨等著,潘兴明等译:《英国史:史前—1714 年》(上册),商务印书馆 2013 年版。

[64] [美]克拉克・克尔著,王承绪译:《高等教育不能回避历史——21 世纪的问题》,浙江教育出版社 2003 年版。

[65] [美]罗伯特・E. 勒纳、斯坦迪什・米查姆等著,王觉非等译:《西方文明史》(Ⅰ),中国青年出版社 2006 年版。

[66] [美]罗伯特・E. 勒纳、斯坦迪什・米查姆等著,王觉非等译:《西方文明史》(Ⅱ),中国青年出版社 2006 年版。

[67] [美]罗伯特・金・默顿著,范岱年等译:《十七世纪英格兰的科学、技术与社会》,商务印书馆 2002 年版。

[68]〔美〕理查德·E.苏里文、丹尼斯·谢尔曼、约翰·B.哈里森著,赵宇烽、赵伯炜译:《西方文明史》,海南出版社 2009 年版。

[69]〔美〕卢瑟.S.路德克主编,王波、王一多等译:《构建美国——美国的社会与文化》,江苏人民出版社 2006 年版。

[70]〔美〕劳伦斯 A.克雷明著,周玉军、苑龙、陈少英译:《美国教育史:殖民地时期的历程 1607—1783》(第 1 卷),北京师范大学出版社 2003 年版。

[71]〔美〕L.迪安·韦布著,陈露茜、李朝阳译:《美国教育史:一场伟大的美国实验》,安徽教育出版社 2010 年版。

[72]〔美〕迈克尔·卡门著,王晶译:《自相矛盾的民族——美国文化的起源》,江苏人民出版社 2006 年版。

[73]〔美〕玛格丽特·L.金著,李平译:《欧洲文艺复兴》,上海人民出版社 2015 年版。

[74]〔美〕娜塔莉·泽蒙·戴维斯著,钟孜译:《法国近代早期的社会与文化》,中国人民大学出版社 2011 年版。

[75]〔美〕乔尔·斯普林著,史静寰、姚运标等译:《美国学校:教育传统与变革》,人民教育出版社 2010 年版。

[76]〔美〕R.弗里曼·伯茨著,王凤玉译:《西方教育文化史》,山东教育出版社 2013 年版。

[77]〔美〕R. Freeman Butts 著,徐宗林译:《西洋教育史》(上、下册),台北黎明文化事业股份有限公司 1982 年版。

[78]〔美〕S.E.佛罗斯特著,吴元训等译:《西方教育的历史和哲学基础》,华夏出版社 1987 年版。

[79]〔美〕撒穆尔·伊诺克·斯通普夫等著,丁三东、张传友等译:《西方哲学史》,中华书局 2005 年版。

[80]〔美〕斯塔夫里阿诺斯著,吴象婴、梁赤民译:《全球通史:1500 年以前的世界》,上海社会科学出版社 1999 年版。

[81]〔美〕威尔·杜兰著,台北幼狮文化公司译:《世界文明史:宗教改革》,东方出版社 1998 年版。

[82]〔美〕威尔·杜兰著,台北幼狮文化公司译:《世界文明史:路易十四时代》,东方出版社 1999 年版。

[83]〔美〕威尔·杜兰著,台北幼狮文化公司译:《世界文明史:理性开始时代》,东方出版社 1999 年版。

[84]〔美〕威尔·杜兰著,台北幼狮文化公司译:《马丁·路德时代》,东方出版社 2007 年版。

[85]〔美〕韦恩·厄本、杰宁斯·瓦格纳著,周晟、谢爱磊译:《美国教育:一部历史档案》,中国人民大学出版社 2009 年版。

[86]〔美〕亚瑟·科恩著,李子江译:《美国高等教育通史》,北京大学出版社 2010 年版。

[87]〔美〕亚伯拉罕·弗莱克斯纳著,徐辉、陈晓菲译:《现代大学论——美英德大学研究》,浙江教育出版社 2001 年版。

［88］［美]约翰·塞林著,孙益、林伟、刘冬青译:《美国高等教育史》,北京大学出版社 2014 年版。

［89］［美]约翰·巴克勒、贝内特·希尔等著,霍文利、赵燕灵等译:《西方社会史》(第二卷),广西师范大学出版社 2006 年版。

［90］［美]约翰·杜威著,王承绪译:《民主主义与教育》,人民教育出版社 2001 年版。

［91］［美]约翰·S.布鲁巴克著,吴元训主译:《教育问题史》,安徽教育出版社 1991 年版。

［92］［美]约翰·S.布鲁巴克著,单中惠、王强译:《教育问题史》,山东教育出版社 2012 年版。

［93］［美]雅克·巴尔赞著,林华译:《从黎明到衰落:西方文化生活五百年,1500 年至今》(上),中信出版社 2014 年版。

［94］［美]詹姆斯·W.汤普逊著,徐家玲等译:《中世纪晚期欧洲经济社会史》,商务印书馆 1996 年版。

［95］［瑞士]雅各布·布克哈特著,何新译:《意大利文艺复兴时期的文化》,商务印书馆 2002 年版。

［96］［瑞典]T.胡森等主编,张斌贤等译:《教育大百科全书》(第 2 卷),西南师范大学出版社 2006 年版。

［97］［苏联]哥兰塔、加业林著,柏嘉译:《世界教育学史》,上海作家书屋发行 1953 年版。

［98］［苏联]卡芬加乌兹、巴普连科主编,王忠、刘逢祺等译:《彼得一世的改革》(下册),商务印书馆 1997 年版。

［99］［苏联]康斯坦丁诺夫、米定斯基、沙巴也娃著,李子卓、于卓等译:《教育史》,人民教育出版社 1958 年版。

［100］［苏联]康斯坦丁诺夫主编,邵鹤亭、叶文雄等译:《世界教育史纲》(第一册),人民教育出版社 1954 年版。

［101］［苏联]麦丁斯基著,叶文雄译:《世界教育史》,五十年代出版社 1949 年版。

［102］［苏联]米定斯基著,叶文雄译:《世界教育史》,生活·读书·新知三联书店 1950 年版。

［103］［苏联]沙巴也娃主编,邸爽秋、李子卓、毛礼锐等译:《教育史》,人民教育出版社 1955 年版。

［104］［苏联]苏科院历史所列宁格勒分所编,张开、张曼真等译:《俄国文化史纲》(从远古至 1917 年),商务印书馆 1994 年版。

［105］［意]加林著,李玉成译:《意大利人文主义》,生活·读书·新知三联书店 1998 年版。

［106］［意]康帕内拉著,陈大维等译:《太阳城》,商务印书馆 1995 年版。

［107］［意]欧金尼奥·加林著,李玉成、李进译:《中世纪与文艺复兴》,商务印书馆 2017 年版。

［108］［意]约翰·凡·安德里亚著,黄宗汉译:《基督城》,商务印书馆 1997 年版。

［109］［英]艾伦·B.科班著,周常明、王晓宇译:《中世纪大学:发展与组织》,山东教育出版社 2013 年版。

［110］［英]奥尔德里奇著,诸惠芳等译:《简明英国教育史》,人民教育出版社 1987 年版。

［111］［英]安迪·格林著,王春华等译:《教育与国家形成——英、法、美教育体系起源之比较》,教育科学出版社 2004 年版。

[112]［英］安迪·格林著，朱旭东、徐卫红等译：《教育、全球化与民族国家》，教育科学出版社 2004
年版。

[113]［英］阿萨·布里格斯著，陈叔平、陈小惠等译：《英国社会史》，商务印书馆 2015 年版。

[114]［英］阿伦·布洛克著，董乐山译：《西方人文主义传统》，群言出版社 2012 年版。

[115]［英］阿利斯特·麦格拉斯著，蔡锦图、陈佐人译：《宗教改革运动思潮》，中国社会科学出版社
2009 年版。

[116]［英］彼得·伯克著，梁赤民译：《文艺复兴》，北京大学出版社 2013 年版。

[117]［英］彼得·伯克著，杨豫、王海良等译：《欧洲近代早期的大众文化》，上海人民出版社 2005
年版。

[118]［英］博伊德、金合著，任宝祥、吴元训主译：《西方教育史》，人民教育出版社 1986 年版。

[119]［英］D. J. 贝尔纳著，陈体芳译：《科学的社会功能》，广西师范大学出版社 2003 年版。

[120]［英］E. E. 里奇、C. H. 威尔逊主编，张锦冬、钟和、晏波译：《剑桥欧洲经济史》（第四卷），经济科
学出版社 2003 年版。

[121]［英］弗朗西斯·马尔文等著，屈伯文译：《西方文明的统一》，大象出版社 2013 年版。

[122]［英］葛怀恩著，黄汉林译：《古罗马的教育》，华夏出版社 2015 年版。

[123]［英］G. R. 波特编，中国社会科学院世界历史研究所组译：《新编剑桥世界近代史》（第 1 卷），中
国社会科学出版社 1999 年版。

[124]［英］G. R. 埃尔顿编，中国社会科学院世界历史研究所组译：《新编剑桥世界近代史》（第 2 卷），
中国社会科学出版社 2003 年版。

[125]［英］海斯汀·拉斯达尔著，邓磊译：《中世纪的欧洲大学——博雅教育的兴起》，重庆大学出版
社 2011 年版。

[126]［英］J. C. D. 克拉克著，姜德福译：《1660—1832 年的英国社会》，商务印书馆 2014 年版。

[127]［英］J. S. 布朗伯利编，中国社会科学院世界历史研究所组译：《新编剑桥世界近代史》（第 6
卷），中国社会科学出版社 2008 年版。

[128]［英］肯尼思·约翰·弗里曼著，朱镜人译：《希腊的学校》，山东教育出版社 2009 年版。

[129]［英］劳伦斯·斯通著，刁筱华译：《英国的家庭、性与婚姻 1500—1800》，商务印书馆 2011 年版。

[130]［英］罗素著，马元德译：《西方哲学史》（下卷），商务印书馆 1997 年版。

[131]［英］罗素著，徐奕春、林国夫译：《宗教与科学》，商务印书馆 2005 年版。

[132]［英］罗伯特·R. 拉斯克、詹姆斯·斯科特兰著，朱镜人、单中惠译：《伟大教育家的学说》，山东
教育出版社 2013 年版。

[133]［英］培根著，许宝骙译：《新工具》，商务印书馆 1997 年版。

[134]［英］R. H. 托尼著，赵月瑟、夏镇平译：《宗教与资本主义的兴起》，上海译文出版社 2006 年版。

[135]［英］R. B. 沃纳姆编，中国社会科学院世界历史研究所组译：《新编剑桥世界近代史》（第 3 卷），
中国社会科学出版社 1999 年版。

[136] [英]索利著,段德智译:《英国哲学史》,山东人民出版社 1996 年版。

[137] [英]托马斯·马丁·林赛著,孔祥民、令彪等译:《宗教改革史》(上、下卷),商务印书馆 2017 年版。

[138] [英]W. C. 丹皮尔著,李珩译:《科学史及其与哲学和宗教的关系》,商务印书馆 1979 年版。

[139] [英]温斯顿·丘吉尔著,薛力敏、林林译:《英语国家史略》(上),新华出版社 1985 年版。

[140] [英]威廉·哈里森·伍德沃德著,赵卫平、赵花兰译:《文艺复兴时期教育研究》,山东教育出版社 2013 年版。

[141] [英]亚·沃尔夫著,周昌忠等译:《十六、十七世纪科学、技术和哲学史》(上、下册),商务印书馆 1997 年版。

[142] [英]伊丽莎白·劳伦斯著,纪晓林译:《现代教育的起源和发展》,北京语言学院出版社 1992 年版。

[143] [英]伊丽莎白·里德姆-格林著,李自修译:《剑桥大学简史》,山东画报出版社 2007 年版。

[144] [英]约翰·洛克著,傅任敢译:《教育漫话》,人民教育出版社 1985 年版。

[145] 中央编译局:《马克思恩格斯全集》(第一卷),人民出版社 1995 年版。

[146] 中央编译局:《马克思恩格斯选集》(第四卷),人民出版社 1995 年版。

[147] 中央编译局:《马克思恩格斯全集》(第二十卷),人民出版社 1995 年版。

[148] 陈文海著:《法国史》,人民出版社 2004 年版。

[149] 陈孝彬主编:《外国教育管理史》,人民教育出版社 2002 年版。

[150] 成幼殊编著:《哥本哈根大学》,湖南教育出版社 1996 年版。

[151] 程继忠编著:《雅盖沃大学》,湖南教育出版社 1998 年版。

[152] 程方平编:《划时代的伟大教育家——夸美纽斯诞辰 400 周年纪念论集》,开明出版社 1996 年版。

[153] 褚宏启、吴国珍主编:《外国教育思想通史》(第四卷),北京师范大学出版社 2017 年版。

[154] 褚宏启著:《走出中世纪——文艺复兴时代的教育情怀》,北京师范大学出版社 2000 年版。

[155] 董俊新编著:《莱顿大学》,湖南教育出版社 1998 年版。

[156] 杜美著:《德国文化史》,北京大学出版社 1997 年版。

[157] 丁建定著:《英国济贫法制度史》,人民出版社 2014 年版。

[158] 郭健著:《哈佛大学发展史研究》,河北大学出版社 2016 年版。

[159] 顾明远主编:《教育大辞典》(下册),上海教育出版社 1998 年版。

[160] 黄福涛著:《欧洲高等教育近代化》,厦门大学出版社 1998 年版。

[161] 何云坤著:《科学进步与高等教育变革史论》,岳麓书社 2000 年版。

[162] 贺国庆、王保星、朱文富等著:《外国高等教育史》,人民教育出版社 2003 年版。

[163] 贺国庆著:《德国和美国大学发达史》,人民教育出版社 1998 年版。

[164] 贺国庆著:《近代欧洲对美国教育的影响》,河北大学出版社 1994 年版。

［165］华东师范大学教育系、浙江大学教育系选编：《西方古代教育论著选》，人民教育出版社 2001年版。

［166］侯建新主编：《欧洲中世纪城市、乡村与文化》，人民出版社 2014 年版。

［167］蒋径三编：《西洋教育思想史》（上册），福建教育出版社 2011 年版。

［168］鲁成文著：《荷兰文化》，上海社会科学院出版社 2013 年版。

［169］雷通群著：《西洋教育通史》，北京商务印书馆 1934 年版。

［170］李其龙著：《世界教育大系·德国教育》，吉林教育出版社 2000 年版。

［171］李瑜译：《文艺复兴书信集》，学林出版社 2002 年版。

［172］李建鸣著：《美国通史：美国的奠基时代，1585—1775》（第 1 卷），人民出版社 2001 年版。

［173］李邃元编著：《莱比锡大学》，湖南教育出版社 1998 年版。

［174］刘新成主编：《西欧中世纪社会史研究》，人民出版社 2007 年版。

［175］刘贵华著：《人文主义与近代早期英国大学教育》，中国社会科学出版社 2016 年版。

［176］马骥雄著：《外国教育史略》，人民教育出版社 1991 年版。

［177］马克垚主编：《世界文明史》（上、下册），北京大学出版社 2004 年版。

［178］欧阳祖经编：《欧美女子教育史》，上海商务印书馆 1926 年版。

［179］裘克安编著：《牛津大学》，湖南教育出版社 1996 年版。

［180］瞿葆奎、马骥雄等编：《曹孚教育论稿》，华东师范大学出版社 1989 年版。

［181］瞿世英编：《西洋教育思想史》，福建教育出版社 2011 年版。

［182］屈书杰著：《美国黑人教育发展研究》，河北大学出版社 2016 年版。

［183］任钟印选编，任宝祥等译：《夸美纽斯教育论著选》，人民教育出版社 2005 年版。

［184］任钟印、黄学溥、吴式颖主编：《外国教育思想通史》（第一卷），北京师范大学出版社 2017 年版。

［185］任钟印主编：《世界教育名著通览》，湖北教育出版社 1994 年版。

［186］任钟印选编：《夸美纽斯教育论著选》，人民教育出版社 2005 年版。

［187］任钟印主编：《西方近代教育论著选》，人民教育出版社 2001 年版。

［188］任钟印选译：《昆体良教育论著选》，人民教育出版社 2001 年版。

［189］单中惠主编：《西方教育问题史》，人民教育出版社 2011 年版。

［190］滕大春主编：《外国教育通史》（第 2 卷），山东教育出版社 1995 年版。

［191］滕大春主编：《外国教育通史》（第 3 卷），山东教育出版社 1995 年版。

［192］滕大春主编：《外国近代教育史》，人民教育出版社 1989 年版。

［193］滕大春著：《美国教育史》，人民教育出版社 1994 年版。

［194］王天一、方晓东编著：《西方教育思想史》，湖南教育出版社 1996 年版。

［195］王加丰著：《西欧 16—17 世纪的宗教与政治》，安徽大学出版社 2010 年版。

［196］王晋新、姜德福著：《现代早期英国社会变迁》，上海三联书店 2008 年版。

［197］王廷芳主编：《美国高等教育史》，福建教育出版社 1995 年版。

[198] 王晨、张斌贤主编：《美国教育的传统与变革》，中国社会科学出版社 2018 年版。

[199] 王保星著：《西方教育十二讲》，重庆出版社 2008 年版。

[200] 吴式颖、阎国华主编：《中外教育比较史纲》（近代卷），山东教育出版社 1997 年版。

[201] 吴式颖、褚宏启主编：《外国教育现代化进程研究》，山西教育出版社 2006 年版。

[202] 吴式颖主编：《外国教育史教程》，人民教育出版社 1999 年版。

[203] 吴元训选编：《中世纪教育文选》，人民教育出版社 2005 年版。

[204] 吴忠魁、张俊洪著：《教育变革的理论模式》，四川教育出版社 1988 年版。

[205] 徐辉、郑继伟编著：《英国教育史》，吉林人民出版社 1993 年版。

[206] 徐辉著：《高等教育发展的新阶段——论大学与工业的关系》，杭州大学出版社 1990 年版。

[207] 夏之莲主编：《外国教育发展史料选粹》，北京师范大学出版社 1999 年版。

[208] 许洁明著：《十七世纪的英国社会》，中国社会科学出版社 2004 年版。

[209] 阎宗临著：《欧洲文化史论》，广西师范大学出版社 2007 年版。

[210] 阎照祥著：《英国贵族史》，人民出版社 2015 年版。

[211] 易红郡著：《从冲突到融合：20 世纪英国中等教育政策研究》，湖南教育出版社 2005 年版。

[212] 易红郡著：《战后英国高等教育政策研究》，湖南师范大学出版社 2016 年版。

[213] 易红郡著：《英国教育的文化阐释》，华东师范大学出版社 2009 年版。

[214] 易红郡著：《英国教育思想史》，华东师范大学出版社 2017 年版。

[215] 殷企平著：《英国高等科技教育》，杭州大学出版社 1995 年版。

[216] 杨汉麟、周采主编：《外国教育思想通史》（第五卷），北京师范大学出版社 2017 年版。

[217] 杨萌恩编著：《海德堡大学》，湖南教育出版社 1991 年版。

[218] 张斌贤著：《教育史学论稿》，浙江教育出版社 2019 年版。

[219] 张斌贤主编：《美国高等教育史》（上），教育科学出版社 2019 年版。

[220] 张泽乾著：《法国文明史》，武汉大学出版社 1997 年版。

[221] 张应强著：《高等教育现代化的反思与建构》，黑龙江教育出版社 2000 年版。

[222] 张晓梅著：《女子学园与美国早期女性的公共参与》，人民出版社 2016 年版。

[223] 张泰金著：《英国的高等教育：历史·现状》，上海外语教育出版社 1995 年版。

[224] 曾天山主编：《外国教育管理发展史略》，教育科学出版社 1995 年版。

[225] 赵祥麟主编：《外国教育家评传》（1），上海教育出版社 2003 年版。

[226] 赵敦华著：《基督教哲学 1500 年》，人民出版社 1994 年版。

[227] 赵荣昌、单中惠主编：《外国教育史教学参考资料》，华东师范大学出版社 1991 年版。

[228] 周丽华著：《德国大学与国家的关系》，北京师范大学出版社 2008 年版。

[229] 周光礼著：《学术自由与社会干预——大学学术自由的制度分析》，华中科技大学出版社 2003 年版。

[230] 周一良、吴国璜主编：《世界通史》（中古部分），人民出版社 1972 年。

［231］周愚文著：《英国教育史：近代篇(1780—1944)》,学富文化事业有限公司 2008 年版。

［232］贺国庆：《中世纪大学向现代大学的过渡——文艺复兴与宗教改革时期欧洲大学的变迁》,教育研究 2003 年第 11 期。

［233］贺国庆：《大学在科学革命中的作用》,《高等教育研究》2019 年第 10 期。

［234］马世力：《论科学技术在近代欧洲崛起中的历史地位》,《东北师大学报》(哲社版)1993 年第 2 期。

［235］史静寰：《耶稣会教育述评》,《教育史研究》1990 年第 2 期。

［236］王保星：《德国现代大学制度的发轫及其意义映射》,《中国高教研究》2018 年第 9 期。

［237］王健、袁文芳：《近代欧洲科学教育的先驱：科学社团》,《湖南师范大学教育科学学报》2013 年第 1 期。

［238］徐兵：《欧洲中世纪大学的科学研究与科学教育》,《高等教育研究》1996 年第 6 期。

［239］易红郡：《哈勒大学：现代大学的先声》,《内蒙古师范大学学报》(教育科学版)2005 年第 1 期。

［240］易红郡、刘东敏：《文艺复兴时期欧洲大学的变迁》,《清华大学教育研究》2005 年第 3 期。

［241］易红郡：《宗教改革时期欧洲大学的变革：以德、法、英三国大学为例》,《现代大学教育》2012 年第 6 期。

［242］易红郡：《近代早期欧洲大学中的科学研究》,《中国人民大学教育学刊》2012 年第 6 期。

［243］易红郡：《从科学教育到教育科学化：近代自然科学对教育的影响》,《华南师范大学学报》(社科版)2014 年第 1 期。

［244］易红郡、曾咏柳：《宗教改革时期英国大学的变迁》,《大学教育学科》2021 年第 5 期。

［245］易红郡：《近代早期西方教育演进的逻辑》,《教育文化论坛》2021 年第 3 期。

［246］张斌贤：《艰难的创业：美国高等教育早期历史的特征与成因》,《高等教育研究》2015 年第 11 期。

［247］张斌贤、王慧敏：《美国高等教育沿革的阶段特征与历史分期》,《教育研究》2018 年第 6 期。

［248］Andy Green, *Education and State Formation：The Rise of Education Systems in England, France and the USA*, The Macmillan Press Ltd, London, 1990.

［249］Clive Griggs, *Private Education in Britain*, The Falmer Press, London and Philadelphia, 1985.

［250］David Palfreyman & Paul Temple, *Universities and Colleges：A Very Short Introduction*, Oxford University Press, Oxford, 2017.

［251］Denis Lawton and Peter Gordon, *A History of Western Educational Ideas*, Woburn Press, London, 2002.

［252］Diarmaid MacCulloch, *The Later Reformation in England 1547－1603*, Palgrave Macmillan, New York, 1990.

［253］Ellwood P. Cubberley, *The History of Education*, Houghton Mifflin Company, Boston,

1920.

[254] Frank Pierrepont Graves, *History of Education in Modern Times*, Akashdeep Publishing House, New Delhi, 1990.

[255] Fritz Caspari, *Humanism and the Social Order in Tudor England*, Teachers College Press, Columbia University, New York, 1968.

[256] George C. Brauer, JR., *The Education of a Gentleman: Theories of Gentlemanly Education in England, 1660 - 1775*, College & University Press, New Haven, 1959.

[257] Gerald L. Gutek, *Education in the United States: An Historical Perspective*, Prentice-Hall, Inc., Englewood Cliffs, New Jersey, 1986.

[258] Joan Simon, *Education and Society in Tudor England*, Cambridge University Press, London, 1967.

[259] Levi Seeley, *History of Education*, Complete Unabridged, New York, 2009.

[260] Matthieu Arnold, *Martin Luther and Education*, Lutheran Quarterly, Vol. 33, No. 3, 2019.

[261] Nicholas Orme, *Education and Society in Medieval and Renaissance England*, The Hambledon Press, London, 1989.

[262] Nicholas Orme, *English Schools in the Middle Ages*, Methuen & Co Ltd, London, 1973.

[263] Robert Ulich, *History of Educational Thought*, American Book Company, New York, 1950.

[264] Ronald B. Begley and Joseph W. Koterski, *Medieval Education*, Fordham University Press, New York, 2005.

[265] Rosemary O'Day, *Education and Society 1500 - 1800: The social foundations of education in early modern Britain*, Longman Group Limited, London and New York, 1982.

[266] W. H. G. Armytage, *Four Hundred Years of English Education*, Cambrideg University Press, London, 1964.

[267] William H. Jeynes, *American Educational History: School, Society, and the Common Good*, SAGE Publications, Thousand Oaks, 2007.

[268] Willis Rudy, *The Universities of Europe, 1100 - 1914: A History*, Associated University Presses, London and Toronto, 1984.

[269] Yi Hongjun, *Scientific Research at Early Modern European University*, Chinese Studies in History, Vol. 50, No. 1, 2017.

人名索引

A

Acosta, Giovanni di　乔瓦尼·迪·阿科斯塔

Acquaviva, Claudius　克劳迪斯·阿奎维瓦

Addison, Joseph　约瑟夫·艾迪生

Agricola, Rudolphus　鲁道夫斯·阿格里科拉

Agrippa, Henricus Cornelius　亨利库斯·科尼
利厄斯·阿格里帕

Albinus, Prosper　普罗斯珀·阿尔比努斯

Albrecht　阿尔伯特

Alcock, John　约翰·阿尔科克

Alexander Ⅵ　亚历山大六世

Alexios Ⅰ　阿历克塞一世

Alhasen　阿尔哈森

Alighieri, Dante　阿利吉耶里·但丁

Allen, Thomas　托马斯·艾伦

Ambrogini　安布罗吉尼

Andreae, Johann Valentin　约翰·凡·安德
里亚

Andreas　安德里斯

Anwykyll, John　约翰·安怀基尔

Aquinas, Thomas　托马斯·阿奎纳

Archimedes　阿基米德

Aristotle　亚里士多德

Arnauld, Antoine　安东尼·阿诺尔德

Artz, Frederick　弗雷德里克·阿兹

Ascham, Roger　罗格·阿卡姆

Ashby, Eric　埃里克·阿什比

Assendelft, Willem Van　威廉·凡·阿森代尔
夫特

Aubrey, John　约翰·奥布里

Auguste, Philippe　菲利普·奥古斯都

Augustine　奥古斯丁

Augustus, Gaius Octavius　盖乌斯·屋大维·
奥古斯都

Augustus　奥古斯特

Avicenna　阿维森纳

Azarias　阿扎里亚斯

B

Bacon, Francis　弗朗西斯·培根

Bacon, Thomas　托马斯·培根

Bagot, Harvey　哈维·巴格特

Baillou, Guillaume de　纪尧姆·德·巴尤

Banzer, Marcus　马尔库斯·班策尔

Bargrave, Thomas　托马斯·巴格莱福

Barlow, Henry　亨利·巴娄

Barlow, William　威廉·巴洛

Barnard, Henry　亨利·巴纳德

Barrow, Issac　艾萨克·巴洛

Bartholin, Erasmus　伊拉斯谟·巴托林

Bartholin, Thomas　托马斯·巴托林

Bartisch, Georg　格奥尔格·巴蒂施

后 记

这部《近代早期西方教育的演进》系全国教育科学"十三五"规划国家一般项目的研究成果。初稿完成于 2004 年 6 月,后来由于种种原因搁置了十几年。本书最初的提纲是由华中师范大学教育学院杨汉麟教授拟订,并且由他和我组织了初稿的写作,其中我承担了初稿第四、五两章的写作。

2017 年 6 月,我开始着手整理这份搁置十几年的书稿,在征求杨汉麟教授意见的基础上,准备进一步完善和出版这部书稿,以告慰外国教育史学界老前辈、华中师范大学教育学院任钟印先生和陈炳文先生在天之灵。两位先生都参加了初稿的写作,而且非常认真地写在稿纸上,遗憾的是前几年他们已先后辞世。近四年来,我又查阅了大量的中英文文献,仔细推敲了书稿的结构和标题,增加了书稿的前言和结语,并在原稿基础上进行了大幅度的修改和充实,补充了一些新发现的史料和原稿中缺失的引文出处,删除了一些不妥之处,而且对书中的人名、地名和引文逐一进行了核查;书中很多地方是我重写的,篇幅也由最初 20 余万字扩展到了 60 余万字,其中本人承担了三分之二以上的写作。除了前言和结语,全书分为六章。具体分工如下:前言(易红郡)、第一章(陈炳文 易红郡)、第二章(延建林 易红郡)、第三章(龚兵 易红郡)、第四章(易红郡)、第五章(易红郡)、第六章(任钟印 易红郡)、结语(易红郡)。

这部书稿的出版,首先要感谢我的老师杨汉麟教授,正是他的谋篇布局为初稿写作奠定了基础,也正是他胸襟宽广和奖掖后学,激励着我重拾信心去完善书稿。杨老师是我的良师益友,也是我的学术引路人,我们平日联系较多,经常探讨一些学术问题。可以说,如果没有他的指导、鼓励、厚爱、提携和支持,这部书稿难以面世。其次要感谢湖南师范大学教育科学学院刘铁芳教授,当他得知我手中这部尘封已久的书稿后,一直关注书稿修改的进展情况,期待我为学科建设贡献自己的力量。我还要感谢华东师范大学教育学部的单中惠教授,单老师是我最敬重的当代外国教育史学家之一,2000 年我在北师大读博士时就结识了他,2007 年我在华东师大做博士后时也经常和他见面,他撰写的许多论著为我的学术研究提供了帮助。这次我冒昧地请他写序,他欣然应允,令我感动不已。

最后,感谢华东师范大学出版社教育心理分社彭呈军老师,我前面已在华东师范大学出版社出版了《英国教育的文化阐释》(2009)和《英国教育思想史》(2017)两部著作,出版社编辑们的敬业精神和对学术著作的高标准、严要求,给我留下了深刻的印象,彭老师更是付出了很多的心血。

在书稿的写作过程中,我们参考和引用了诸多学者的成果,在此也向他们表示衷心的感谢!书中的错误和不当之处,恳请各位读者批评和指正!

易红郡

2021 年 10 月 25 日